高速铁路轨道工程丛书

高速铁路轨道动力学程序设计

雷晓燕　著

科学出版社
北　京

内 容 简 介

本书是《高速铁路轨道动力学——模型、算法与应用》的姊妹篇，重点论述若干典型的高速铁路车辆-轨道耦合系统动力学模型与程序设计，包括轨道不平顺功率谱及数值模拟、轨道结构动力分析的傅里叶变换法与程序、轨道单元模型与轨道结构动力有限元方程、车辆垂向振动模型及动力学方程、车辆-轨道非线性耦合系统动力分析的交叉迭代算法与程序、列车-轨道-桥梁耦合系统纵向/垂向动力有限元模型与程序、动轮单元-轨道-桥梁耦合系统动力有限元模型与程序、列车-轨道耦合系统动力有限元模型与程序、车辆-轨道耦合系统动力学模型中的几个问题，基于谱单元法的轨道结构中高频振动分析及程序，以及车辆-轨道-大地耦合系统振动敏感频率分布规律。

本书可供交通、土木、道路与铁道工程等相关专业的本科生、研究生、教师和工程技术人员参考使用。

图书在版编目（CIP）数据

高速铁路轨道动力学程序设计/雷晓燕著.—北京：科学出版社，2024.1
（高速铁路轨道工程丛书）
ISBN 978-7-03-077594-8

Ⅰ.①高… Ⅱ.①雷… Ⅲ.①高速铁路–轨道力学–动力学–程序设计 Ⅳ.①U213.2

中国国家版本馆 CIP 数据核字（2023）第 252868 号

责任编辑：张艳芬 / 责任校对：崔向琳
责任印制：师艳茹 / 封面设计：无极书装

科学出版社 出版
北京东黄城根北街 16 号
邮政编码：100717
http://www.sciencep.com
三河市春园印刷有限公司 印刷
科学出版社发行　各地新华书店经销

*

2024 年 1 月第 一 版　开本：720×1000　1/16
2024 年 1 月第一次印刷　印张：24　插页：12
字数：512 000

定价：240.00 元
（如有印装质量问题，我社负责调换）

作者简介

雷晓燕，华东交通大学教授，博士生导师，1989年获清华大学固体力学博士学位。国家首批"百千万人才工程"第一、二层次人才、江西省主要学科学术和技术带头人，"赣鄱英才555工程"领军人才、江西省"井冈学者"特聘教授。

雷晓燕教授主要从事高速铁路轨道动力学、轨道交通环境振动与噪声等方面的研究，发表学术论文250余篇，出版学术专著8部，授权发明专利15项，计算机软件著作权20项。主持国家重点基础研究发展计划，国际科技合作与交流专项，国家、省部自然科学基金，重大国际招标，教育部、中国国家铁路集团有限公司等项目60余项。作为第一完成人获国家科技进步奖二等奖(2011年)、江西省自然科学奖一等奖(2005年)、江西省科技进步奖一等奖(2009年、2018年)、铁道科学技术奖一等奖(2011年)、高等学校科学研究优秀成果奖自然科学奖二等奖(2010年)、高等学校科学研究优秀成果奖科技进步奖二等奖(2017年)、江西省优秀教学成果奖一等奖(2010年)。《现代轨道理论研究》入选国家新闻出版广电总局"三个一百"原创出版工程(2007年)。2022年获Best Researcher Award(最佳研究者奖)。2023年入选全球前2%终身影响力和年度影响力顶尖科学家榜单。

"高速铁路轨道工程丛书"编委会

顾　问：陈政清　杜彦良
主　编：雷晓燕
副主编：赵国堂　高　亮　王　平　刘林芽
　　　　魏英杰　尹学军
秘书长：冯青松
编　委：杨国涛　王继军　蔡小培　陈　嵘
　　　　练松良　叶霞飞　谢伟平　罗文俊
　　　　陈华鹏　张鹏飞　罗　锟　王卫东
　　　　娄　平　陈进杰　岳祖润　农兴中
　　　　罗信伟　李　斌　李秋义　姚　力

"高速铁路轨道工程丛书"序

高速铁路具有速度快、运能大、安全性高、全天候运行、节能环保等优势，已成为航空、水运、公路、铁路四大交通中最经济、最有效、最环保的运输方式，是解决我国交通需求矛盾优先发展的方向。

进入 21 世纪以来，中国高速铁路发展迅猛，取得了举世瞩目的成就。截至 2021 年底，中国高速铁路运营里程突破 4 万公里，居世界第一。高速铁路的迅猛发展，缩短了人们的时空距离，改善了人们的生活水平，极大地促进了社会进步和经济发展。高速铁路的建设不仅带动了信息、材料、能源、制造等领域高新技术的进步与发展，还促进了制造业、建筑业、农业、能源工业、旅游业等行业的繁荣发展。在今后相当长的一段时期中，高速铁路对我国经济社会发展和城市化进程将发挥重要的促进和推动作用。

轨道工程是高速铁路、普速铁路、重载铁路、城市轨道交通及磁悬浮铁路中的重要基础设施，主要涉及轨道-路基系统，轨道-桥梁系统和轨道-隧道系统的结构设计、施工、建造、运维、安全保障及与环境协调技术。高速铁路轨道工程是支撑国家高速铁路和轨道交通建设、运维、保障安全与可持续发展的重要工程。当前我国高速铁路正从大规模设计、建造逐步转入检测维护、运营安全保障和运营品质提升。为进一步推动我国高速铁路轨道工程技术发展，引领国际轨道交通发展，亟须深入系统地总结我国高铁轨道工程的技术经验，解决建设和运营中诸多科技难题与挑战，厘清其中的关键科学技术问题，把握前沿发展方向，规划布局并推进关键基础理论和技术研究创新，更好地支撑轨道交通事业的快速发展。

"高速铁路轨道工程丛书"联合了国内相关领域的主要高等院校、科研机构和设计院等单位，围绕高速铁路轨道工程复杂系统的安全性、可靠性、耐久性、可维护性及与环境协调等工程科学与技术问题，系统总结和论述高速铁路轨道动力学理论、模型与算法，轨道交通环境振动与噪声预测、评估与控制技术，轨道结构服役性能检测与状态评估技术，轨道结构全寿命周期服役性能保持技术，以及轨道结构智能运维技术等关键科学问题，为高速铁路轨道工程设计、建设、运营、维护和可持续发展提供技术支撑。丛书将系统论述基本概念、理论模型、数值方法、实验技术、技术规范、检测与评估方法，以及工程实例，力求系统性、先进性、实用性和前瞻性。

希望该丛书的出版,对我国交通强国建设、人才培养起到积极的推动作用。

"高速铁路轨道工程丛书"编委会
2023 年 6 月

前　言

中国高速铁路的建设和发展取得了令人瞩目的成就。截至 2021 年底，我国铁路运营总里程约为 15 万公里，其中高速铁路运营总里程已突破 4 万公里，成为世界上高速铁路投产运营里程最长、在建规模最大的国家。与此同时，我国已有 50 个大中城市拥有城市轨道交通，总里程达 9192 公里，居世界第一。高速铁路和轨道交通已成为拉动经济社会发展的重要引擎，为国民经济又好又快发展做出了重要贡献，同时也极大提升了中国在国际上的地位。

然而，随着列车速度的不断提高、行车密度的不断加大、运输重量的不断增加，列车与轨道间的相互作用也不断加剧，导致轨道结构病害频繁出现。为适应铁路发展的这种变化，世界各国都加强了技术创新，在轨道交通中广泛采用新技术、新工艺、新材料、新设计和科学管理方法，涌现一批新的轨道结构型式及用于特定目的的特殊轨道，如德国的博客板轨道、双块式轨道，中国的 CRST III 型轨道、75kg 重型轨道，以及用于减振降噪的钢弹簧浮置板轨道和嵌入式轨道等。轨道动力学作为轨道结构设计和制造的基础，在轨道技术创新中发挥着越来越重要的作用。高速列车在轨道上运行时，机车车辆与轨道结构通过轮轨关系相互关联、相互作用，是一个复杂的动态耦合系统。在研究机车车辆动力学性能时，不能简单地视线路为外激干扰。同样，线路也不存在独立于列车的激扰特性。因此，在分析列车和轨道结构的动力特性时，必须将车辆和轨道结构作为一个耦合系统加以研究。目前，国内外学者和工程技术人员在车辆-轨道耦合动力学研究中，主要采用商业软件和自编软件。商业软件，如 ANSYS、ABAQUS、UM 等，尽管功能十分强大，前后处理能力出色，但是只能处理一般的、带有共性的工程技术问题，对行驶于随机不平顺轨道上的列车引起的车辆-轨道耦合振动则无能为力。因此，深入研究列车-轨道耦合系统动力学性能更多地需要依靠自编软件。

本书作者从事铁道工程专业研究生培养二十余年，在教学实践中发现，大部分研究生都能较好地掌握轨道动力学理论、模型和算法，但只有少数同学具备程序编制的能力。为了缩小学生在学习理论模型与程序编制之间的差距，同时为从事轨道动力学研究与设计的学者和工程技术人员提供参考，作者将部分编制的车辆-轨道(-桥梁)耦合系统动力学程序加以整理、补充和完善，增加程序模块说明和注释，并给出源程序和计算实例，在此基础上形成这本专著。

本书在构建各种车辆-轨道耦合系统动力学模型、算法及程序设计时，特别注重模型的合理与简易、算法的精确与高效、软件的易读与可移植，以及程序的工程实用性。书中建立的模型和开发的程序经过多年检算、修改和完善，已基本成熟。期望本书对读者能有一些启发和帮助。

本书的出版得到国家自然科学基金项目(51978264)和江西省科技专项(2023AEI91004)的资助。在本书付梓之际，向关心和支持过作者研究的单位和个人致以诚挚的谢意！特别要感谢博士孙魁、研究生王海、潘鹏和邢聪聪，他们协助编制了部分程序。最后要感谢我的同事和研究生们，以及科学出版社的魏英杰编审，本书的出版是他们共同努力的结果。

限于作者水平，书中难免存在不妥之处，恳请读者批评指正。

2023 年于孔目湖

目 录

"高速铁路轨道工程丛书"序
前言
第1章 轨道随机不平顺及数值模拟 ··· 1
  1.1 轨道随机不平顺特征 ··· 1
  1.2 轨道结构随机不平顺功率谱 ··· 2
    1.2.1 美国轨道不平顺功率谱 ··· 3
    1.2.2 德国高速铁路轨道不平顺功率谱 ··· 4
    1.2.3 日本轨道不平顺 Sato 谱 ·· 5
    1.2.4 中国轨道不平顺功率谱 ··· 5
    1.2.5 合—武客运专线轨道不平顺谱 ·· 7
  1.3 轨道结构随机不平顺的数值模拟 ··· 11
  1.4 三角级数法 ··· 12
    1.4.1 三角级数法 1 ·· 12
    1.4.2 三角级数法 2 ·· 12
    1.4.3 三角级数法 3 ·· 13
    1.4.4 三角级数法 4 ·· 13
  1.5 基于轨道不平顺谱构建轨道随机不平顺样本程序 ······································ 13
    1.5.1 程序简介 ··· 13
    1.5.2 程序模块 ··· 14
  1.6 轨道结构随机不平顺样本 ··· 14
  1.7 轨道局部不平顺 ··· 16
  参考文献 ·· 17
第2章 轨道结构动力分析的傅里叶变换法与程序 ··· 18
  2.1 轨道结构连续弹性单层梁模型 ·· 18
    2.1.1 傅里叶变换 ··· 18
    2.1.2 快速离散傅里叶逆变换 ··· 20
    2.1.3 Matlab 快速离散傅里叶逆变换函数 ·· 21
  2.2 轨道结构连续弹性双层梁模型 ·· 22
  2.3 有砟轨道结构连续弹性三层梁模型 ·· 23

2.4　基于傅里叶变换法的有砟轨道结构振动分析程序 …………………… 26
　　2.5　有砟轨道结构振动分析 …………………………………………………… 26
　　2.6　无砟轨道结构连续弹性三层梁模型 …………………………………… 31
　　　　2.6.1　轨道随机不平顺的数值模拟 ……………………………………… 32
　　　　2.6.2　求解无砟轨道结构连续弹性三层梁模型的傅里叶变换法 …… 32
　　2.7　无砟轨道结构振动分析 …………………………………………………… 33
　　参考文献 ……………………………………………………………………………… 38

第3章　轨道单元模型与轨道结构动力有限元方程 ………………………… 39
　　3.1　动力有限元概述 …………………………………………………………… 39
　　3.2　二维有限元梁单元模型 ………………………………………………… 42
　　　　3.2.1　二维梁单元位移模式 ……………………………………………… 42
　　　　3.2.2　二维梁单元特性矩阵 ……………………………………………… 43
　　3.3　有砟轨道单元模型及动力有限元方程 ………………………………… 46
　　　　3.3.1　基本假设 …………………………………………………………… 46
　　　　3.3.2　有砟轨道结构广义梁单元模型 ……………………………………… 47
　　3.4　有砟轨道单元模型 ………………………………………………………… 51
　　3.5　板式轨道单元模型 ………………………………………………………… 53
　　　　3.5.1　基本假设 …………………………………………………………… 53
　　　　3.5.2　板式轨道单元模型 ………………………………………………… 54
　　3.6　考虑轨道板接缝的板式轨道单元模型 ………………………………… 60
　　3.7　板式轨道-桥梁单元模型 ………………………………………………… 61
　　　　3.7.1　基本假设 …………………………………………………………… 61
　　　　3.7.2　板式轨道-桥梁单元模型 …………………………………………… 61
　　3.8　考虑梁端接缝的板式轨道-桥梁单元模型 …………………………… 64
　　3.9　移动轴荷载作用下轨道动力学模型 …………………………………… 65
　　参考文献 ……………………………………………………………………………… 66

第4章　车辆垂向振动模型及动力学方程 …………………………………… 68
　　4.1　单轮附有一系悬挂的车辆模型 ………………………………………… 68
　　4.2　单轮附有二系悬挂的车辆模型 ………………………………………… 70
　　4.3　半车附有二系悬挂的车辆模型 ………………………………………… 71
　　4.4　整车附有二系悬挂的车辆模型 ………………………………………… 73
　　参考文献 ……………………………………………………………………………… 75

第5章　车辆-轨道非线性耦合系统动力分析的交叉迭代算法与程序 … 77
　　5.1　车辆-轨道非线性耦合系统动力分析的交叉迭代算法 …………… 77
　　5.2　车辆-轨道非线性耦合系统交叉迭代法程序设计 ………………… 82

	5.2.1 模型简介	82
	5.2.2 程序模块	83
5.3	车辆-轨道非线性耦合系统动力分析	84
5.4	车辆-轨道-桥梁非线性耦合系统动力分析	90
5.5	结论	101
参考文献		102

第6章 列车-轨道-桥梁耦合系统纵向/垂向动力有限元模型与程序 103

6.1	考虑纵向/垂向振动的车辆模型	103
	6.1.1 车辆单元的势能	104
	6.1.2 车辆单元的动能	105
	6.1.3 车辆单元的耗散能	105
	6.1.4 车辆单元的动力学方程	106
6.2	考虑纵向/垂向振动的无砟轨道-桥梁单元模型	107
	6.2.1 基本假设	107
	6.2.2 考虑纵向/垂向振动的无砟轨道-桥梁结构单元模型	107
	6.2.3 单元质量矩阵	108
	6.2.4 单元刚度矩阵	110
	6.2.5 单元阻尼矩阵	113
	6.2.6 单元结点荷载向量	113
	6.2.7 考虑纵向/垂向振动的无砟轨道-桥梁结构动力有限元方程	114
6.3	列车-轨道-桥梁耦合系统纵向/垂向动力有限元方程交叉迭代算法	114
6.4	列车-轨道-桥梁耦合系统纵向/垂向动力有限元程序设计	115
	6.4.1 模型简介	115
	6.4.2 程序模块	116
6.5	列车-无砟轨道-桥梁耦合系统纵向/垂向振动分析	116
参考文献		124

第7章 动轮单元-轨道-桥梁耦合系统动力有限元模型与程序 125

7.1	动轮单元模型	125
	7.1.1 动轮单元的动能	126
	7.1.2 动轮单元的势能	126
	7.1.3 动轮单元动力学方程	127
7.2	考虑一系悬挂的动轮单元模型	127
7.3	考虑二系悬挂的动轮单元模型	129
7.4	单轮过桥动力分析模型及算法	131
7.5	动轮单元-轨道-桥梁耦合系统动力有限元程序设计	133

  7.5.1 模型简介 ·· 133
  7.5.2 程序模块 ·· 134
 7.6 列车-轨道-桥梁耦合系统动力有限元分析 ······································· 134
 参考文献 ··· 141

第 8 章 列车-轨道耦合系统动力有限元模型与程序 ··································· 142
 8.1 车辆单元模型 ·· 142
  8.1.1 车辆单元的势能 ·· 143
  8.1.2 车辆单元的动能 ·· 145
  8.1.3 车辆单元的耗散能 ·· 146
 8.2 车辆-轨道耦合系统动力有限元方程及算法 ···································· 146
  8.2.1 车辆-轨道耦合系统动力有限元方程 ·· 146
  8.2.2 求解车辆-轨道耦合系统动力有限元方程算法 ···························· 147
 8.3 车辆-轨道耦合系统动力有限元程序设计 ······································· 148
  8.3.1 模型简介 ·· 148
  8.3.2 程序模块 ·· 149
 8.4 列车-轨道耦合系统动力有限元分析 ·· 150
 参考文献 ··· 155

第 9 章 车辆-轨道耦合系统动力学模型中的几个问题 ······························· 156
 9.1 轨道结构层状梁模型的适应性 ··· 156
  9.1.1 轨道结构层状梁模型与三维块体单元模型对比 ·························· 156
  9.1.2 轨道结构层状梁模型与轨道结构半无限空间模型对比 ················· 159
 9.2 列车-轨道耦合系统 4 种模型和算法对比分析 ······························ 161
 9.3 列车-轨道耦合系统单节车模型与多节车模型对比分析 ··················· 176
 9.4 列车-轨道-桥梁耦合系统单节车模型与多节车模型对比分析 ············ 183
 9.5 结论 ··· 191
 参考文献 ··· 192

第 10 章 基于谱单元法的轨道结构中高频振动分析及程序 ························ 193
 10.1 引言 ··· 193
 10.2 轨道结构单层梁模型 ··· 194
  10.2.1 轨道结构单层梁模型谱单元刚度矩阵 ····································· 194
  10.2.2 由钢轨扣件引起的轨道结构谱单元刚度矩阵 ···························· 198
  10.2.3 二维梁截断谱单元刚度矩阵 ·· 199
  10.2.4 整体结构的谱刚度矩阵 ·· 200
 10.3 无砟轨道结构三层梁模型谱单元刚度矩阵 ·································· 200
 10.4 基于谱单元法的轨道结构中高频振动分析程序 ···························· 205

10.5 无砟轨道结构中高频振动分析 205
10.6 无砟轨道结构中高频振动参数分析 211
 10.6.1 轨下垫板和扣件刚度的影响 211
 10.6.2 CA 砂浆刚度的影响 214
 10.6.3 路基刚度的影响 217
 10.6.4 结论 219
参考文献 220

第 11 章 车辆-轨道-大地耦合系统振动敏感频率 221
11.1 高速列车作用下轨道不平顺对轨道结构振动影响分析 221
11.2 轨道不平顺各工况对轨道结构各部件的动力影响分析 228
11.3 高速列车作用下轨道不平顺对车辆振动影响分析 232
11.4 无砟轨道结构位移和加速度导纳分析 239
11.5 高速列车诱发大地振动现场测试 240
11.6 车辆-轨道-大地耦合系统各部件振动敏感频率 243
参考文献 244

附录 1 基于轨道不平顺谱构建轨道随机不平顺样本程序 Track_Sample 246
附录 2 基于傅里叶变换法的有砟轨道结构振动程序 BTV_FT 252
附录 3 基于交叉迭代法的车辆-轨道非线性耦合系统动力有限元程序 VT_NFE 262
附录 4 基于交叉迭代法的车辆-轨道-简支桥耦合系统纵向/垂向动力有限元程序 VTBNFE_Lv 285
附录 5 二系动轮单元-轨道-桥梁耦合系统动力有限元程序 WTB_FE 325
附录 6 基于车辆/轨道单元的列车-轨道耦合系统动力有限元程序 TT_FE 341
附录 7 基于谱单元法的无砟轨道结构中高频振动分析程序 STV_SEM 352
彩图

第1章 轨道随机不平顺及数值模拟

在长期的服役过程中,铁路轨道的累积变形不断增大,形成各种各样的轨道不平顺,如轨道高低不平顺、轨道水平不平顺、轨道方向不平顺、轨道轨距不平顺等。这些轨道几何不平顺极大地激发了车辆与轨道之间的有害振动,恶化了列车的运行品质,对轮轨系统各部件的损伤和轨道质量状态产生了极为不利的影响。研究表明,轨道不平顺本质上是一个随机过程,在轨道结构分析中常被处理成平稳各态历经的随机过程,是机车车辆-轨道系统随机振动的激励源。因此,研究和测定轨道不平顺的统计特性,是研究车辆-轨道耦合系统随机振动的基础。

轨道不平顺统计特性的测定在国外早已引起重视。英国铁路部门1964年就开始了这项工作,是世界上最早开展研究的国家之一。英国、日本、德国、美国、俄罗斯、印度和捷克都测定了各自的轨道不平顺功率谱密度(power spectral density, PSD)和相关函数。中国在这方面也开展了许多研究,1982年中国铁道科学研究院集团有限公司研究了各种轨道不平顺的测量方法[1],1985年长沙铁道学院(现中南大学)随机振动研究室对京广线轨道不平顺进行现场测试,得到了我国一级干线轨道不平顺功率谱密度的解析表达式[2]。

1.1 轨道随机不平顺特征

轨道不平顺是引起车辆-轨道耦合系统振动的主要激励源。轨道不平顺是客观存在,即使新修建的铁道线路也是如此。轨道不平顺包括轨道动态不平顺和轨道静态不平顺。轨道动态不平顺指在列车作用下引起的轨道不平顺。轨道静态不平顺指无外荷载作用下轨道实际存在的不平顺,可分为轨道几何形位不平顺和轨面不平顺。轨道几何形位不平顺主要由道床和路基的不均匀沉降,路基施工过程中形成的先天性不平顺,路桥、路涵和路隧轨道刚度突变引起的不平顺,以及桥梁变形等形成。轨面不平顺主要由轨面缺陷,如钢轨焊接头、普通钢轨接头、轨面剥离掉块、轨面擦伤、波浪形磨耗等形成,属于轨道局部不平顺。本章仅讨论轨道静态不平顺。

轨道不平顺沿线路方向的分布是随机的,波长和幅值是描述轨道随机不平顺的两个重要参数。轨道不平顺的波长和幅值变化范围较大,而且影响也各不相同。短波不平顺可能引起簧下质量与钢轨间的冲击振动,激发很大的轮轨作用力。周期性不平顺可能引起机车车辆的谐振。中长波，尤其是敏感波长的不平顺常常是引起车体振动，降低车辆运行舒适度的重要原因。

轨道随机不平顺的波长范围很宽，其分布范围为 0.01～200m[3]。

波长为 30～200m，波幅为 1～60mm 的轨道不平顺主要由道床和路基的不均匀沉降及路基施工形成的不平顺等形成。大于 200m 以上的长波多为地形起伏、线路坡度变化等形成。该波长范围的不平顺主要影响高速、准高速列车运行的舒适性。

波长为 3.5～30m、波幅为 1～40mm 的不平顺主要由道床和路基的不均匀残余变形、轨道结构各构件间的间隙、道床弹性不均匀、焊头形成的以轨长为基波的复杂周期波成分，路桥、路涵和路隧轨道刚度突变引起的不平顺，以及桥梁变形等形成。该波长范围的不平顺主要影响轮轨作用力，以及列车运行的安全、平稳和舒适性。

波长为 1～3.5m，波幅为 0.1～2.0mm 的不平顺主要由新轨的轨身不平顺形成。该波长范围的不平顺主要影响轮轨作用力和列车运行的舒适性。

波长为 1m 以下，波幅为 0.1～1.0mm 的不平顺属轨面不平顺，主要由钢轨接头、焊缝、不均匀磨耗、轨头擦伤、剥离掉块、波浪和波纹磨耗等形成。该波长范围的不平顺主要影响轮轨作用力和轮轨噪声。轨面粗糙度是一种更小波长的轨面不平顺，其波长在几毫米以内，主要影响轮轨接触斑的连续性。

理论分析与现场试验表明，波长为 1m 以上的轨道不平顺对行车平稳性和安全性有较大影响，波长为 1m 以下的轨面不平顺对轮轨作用力有较大影响，波长为毫米级的轨面粗糙度对轮轨滚动噪声有较大影响。这三类不平顺都是车辆-轨道耦合系统振动的主要激励源，区别是激振的频率范围不同。

当不平顺波长和行车速度一定时，不平顺幅值越大，引起的车辆、轨道动力响应和轮轨作用力越大；当轨道不平顺幅值和行车速度一定时，波长越短影响越大；当轨道不平顺幅值和波长一定时，速度越高，影响越大。

1.2　轨道结构随机不平顺功率谱

轨道结构随机不平顺信号的单边功率谱密度简称轨道不平顺谱。

轨道的几何形位不平顺如图 1.1 所示。轨道不平顺可模拟成随线路长度变化的随机函数，即将该随机函数考虑成由一系列不同波长、波幅和相位的简谐波叠加而成的随机波。

功率谱密度函数是表述平稳随机过程轨道不平顺最重要和最常用的统计函数。工程中常用功率谱图描述谱密度对频率的函数变化。轨道不平顺的功率谱图是以谱密度为纵坐标,频率或波长为横坐标的连续变化曲线,可以清楚地表明不平顺的大小随频率的变化关系。轨道不平顺通常用空间频率 f(cycle/m) 或 ω(rad/m) 描述。它们之间的关系,以及与时间频率 F(cycle/s)、Ω(rad/s) 的关系为

$$\begin{cases} \omega = 2\pi f \\ \omega = \Omega / V \\ f = F / V \end{cases} \tag{1.1}$$

其中,V 为列车运行速度(m/s)。

轨道不平顺功率谱密度的单位通常为 $\text{mm}^2/(\text{cycle/m})$、$\text{mm}^2/(\text{rad/m})$ 或 $\text{cm}^2/(\text{cycle/m})$、$\text{cm}^2/(\text{rad/m})$ 或 $\text{m}^2/(\text{cycle/m})$、$\text{m}^2/(\text{rad/m})$。

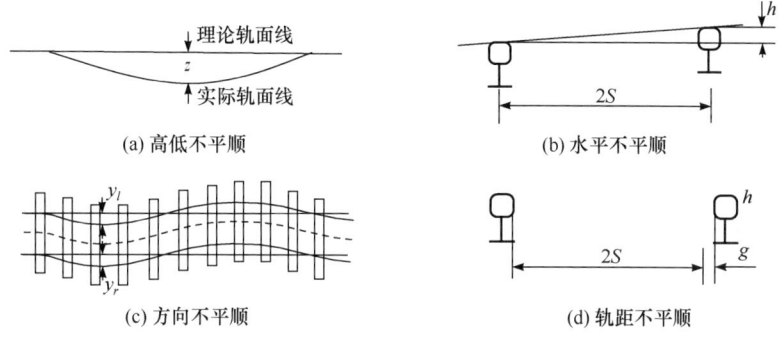

图 1.1 轨道的几何形位不平顺

1.2.1 美国轨道不平顺功率谱

美国联邦铁路管理局根据大量实测资料得到线路不平顺功率谱密度函数,并将其拟合成以截断频率和粗糙度常数表示的函数。这些函数适用的波长范围为 1.524~304.8m,轨道不平顺分为六个等级[4]。美国轨道不平顺功率谱密度函数参数如表 1.1 所示。

表 1.1 美国轨道不平顺功率谱密度函数参数

参数	轨道等级					
	1	2	3	4	5	6
$A_v / (\text{cm}^2 \cdot \text{rad/m})$	1.2107	1.0181	0.6816	0.5376	0.2095	0.0339
$A_a / (\text{cm}^2 \cdot \text{rad/m})$	3.3634	1.2107	0.4128	0.3027	0.0762	0.0339
$\omega_s / (\text{rad/m})$	0.6046	0.9308	0.8520	1.1312	0.8209	0.4380
$\omega_c / (\text{rad/m})$	0.8245	0.8245	0.8245	0.8245	0.8245	0.8245

轨道高低不平顺功率谱密度函数(钢轨顶面沿轨道延长方向的高低不平顺)为

$$S_v(\omega) = \frac{kA_v\omega_c^2}{(\omega^2 + \omega_c^2)\omega^2} \ (\text{cm}^2/(\text{rad/m})) \tag{1.2}$$

轨道方向不平顺功率谱密度函数(轨道中心线沿轨道延长方向的不平顺)为

$$S_a(\omega) = \frac{kA_a\omega_c^2}{(\omega^2 + \omega_c^2)\omega^2} \ (\text{cm}^2/(\text{rad/m})) \tag{1.3}$$

轨道水平不平顺及轨距不平顺功率谱密度函数(轨道水平不平顺是指左、右轨对应点的高差形成的沿轨长方向的不平顺，轨距不平顺是指左右两轨沿轨道长度方向上的轨距偏差不平顺)为

$$S_c(\omega) = \frac{4kA_v\omega_c^2}{(\omega^2 + \omega_c^2)(\omega^2 + \omega_s^2)} \ (\text{cm}^2/(\text{rad/m})) \tag{1.4}$$

其中，ω 为空间频率(rad/m)；ω_c、ω_s 为截断频率(rad/m)；A_v、A_a 为粗糙度系数($\text{cm}^2 \cdot \text{rad/m}$)，与线路等级有关(表 1.1)；$k$ 一般取 0.25。

1.2.2 德国高速铁路轨道不平顺功率谱

轨道高低不平顺功率谱密度函数为[4]

$$S_v(\omega) = \frac{A_v\omega_c^2}{(\omega^2 + \omega_r^2)(\omega^2 + \omega_s^2)} \ (\text{cm}^2/(\text{rad/m})) \tag{1.5}$$

轨道方向不平顺功率谱密度函数为

$$S_a(\omega) = \frac{A_a\omega_c^2}{(\omega^2 + \omega_r^2)(\omega^2 + \omega_s^2)} \ (\text{cm}^2/(\text{rad/m})) \tag{1.6}$$

轨道水平不平顺功率谱密度函数为

$$S_c(\omega) = \frac{A_v\omega_c^2\omega^2}{(\omega^2 + \omega_r^2)(\omega^2 + \omega_c^2)(\omega^2 + \omega_s^2)} \ (\text{cm}^2/(\text{rad/m})) \tag{1.7}$$

轨距不平顺功率谱密度函数为

$$S_g(\omega) = \frac{A_g\omega_c^2\omega^2}{(\omega^2 + \omega_r^2)(\omega^2 + \omega_c^2)(\omega^2 + \omega_s^2)} \ (\text{cm}^2/(\text{rad/m})) \tag{1.8}$$

其中，ω_c、ω_r、ω_s、A_a、A_v 和 A_g 等参数如表 1.2 所示。

表 1.2 德国高速铁路轨道不平顺功率谱密度函数参数

轨道级别	ω_c/(rad/m)	ω_r/(rad/m)	ω_s/(rad/m)	A_a/(10^{-7} m·rad)	A_v/(10^{-7} m·rad)	A_g/(10^{-7} m·rad)
低干扰	0.8246	0.0206	0.4380	2.119	4.032	0.532
高干扰	0.8246	0.0206	0.4380	6.125	10.80	1.032

1.2.3 日本轨道不平顺 Sato 谱

日本学者 Sato 在分析轮轨高频振动时引入的轨道不平顺功率谱密度函数为[5]

$$S(\omega) = \frac{A}{\omega^3} \ (\text{m}^2/(\text{rad/m})) \tag{1.9}$$

其中，ω 为粗糙度频率 (rad/m)；A 为轮轨表面粗糙度系数，A 取 $4.15 \times 10^{-8} \sim 5.0 \times 10^{-7}$。

该功率谱属于轮轨联合谱，它作为轮轨随机高频振动与噪声辐射模型的激扰输入谱得到了较为广泛的应用。

1.2.4 中国轨道不平顺功率谱

1. 中国高速试验线轨道不平顺谱[1]

中国已建成的高速、准高速试验线的轨道结构均采用 60kg/m 跨区间无缝线路。中国铁道科学研究院集团有限公司通过现场测量和数据拟合，得到中国 60kg/m 跨区间无缝线路的轨道不平顺功率谱密度函数，即

$$S(f) = \frac{A(f^2 + Bf + C)}{f^4 + Df^3 + Ef^2 + Ff + G} \ (\text{mm}^2/(\text{cycle/m})) \tag{1.10}$$

其中，f 为空间频率 (cycle/m)；A、B、C、D、E、F、G 如表 1.3 所示。

表 1.3 中国干线铁路轨道不平顺功率谱密度拟合曲线参数

不平顺	A	B	C	D	E	F	G
左高低	0.1270	−2.1531	1.5503	4.9835	1.3891	−0.0327	0.0018
右高低	0.3326	−1.3757	0.5497	2.4907	0.4057	0.0858	−0.0014
左轨向	0.0627	−1.1840	0.6773	2.1237	−0.0847	0.034	−0.0005
右轨向	0.1595	−1.3853	0.6671	2.3331	0.2561	0.0928	−0.0016
水平	0.3328	−1.3511	0.5415	1.8437	0.3813	0.2068	−0.0003

2. 中国京广、京沪、京哈三大提速干线轨道不平顺谱

京广、京沪、京哈三大提速干线轨道不平顺谱的拟合表达式仍为式(1.10)，其拟合曲线参数如表1.4所示[1]。

表1.4　京广、京沪、京哈三大提速干线轨道不平顺谱拟合曲线参数

不平顺	A	B	C	D	E	F	G
左高低	1.1029	−1.4709	0.5941	0.8480	3.8061	−0.2500	0.0112
右高低	0.8581	−1.4607	0.5848	0.0407	2.8428	−0.1989	0.0094
左轨向	0.2244	−1.5746	0.6683	−2.1466	1.7665	−0.1506	0.0052
右轨向	0.3743	−1.5894	0.7265	0.4553	0.9101	−0.0270	0.0031
水平	0.1214	−2.1603	2.0214	4.5089	2.2227	−0.0396	0.0073

3. 中国轨道短波不平顺谱

上述轨道不平顺功率谱的波长范围为几米到几十米，只适合机车车辆和桥梁结构的随机振动分析，不能满足轨道结构随机振动研究的需要，因为簧下质量和轨下结构的振动主频可达数百到数千赫兹。为此，中国铁道科学研究院集团有限公司对石太线的轨道垂向不平顺进行实测，得到不平顺功率谱密度函数[1]，即

$$S(f) = \frac{0.036}{f^{3.15}} (\text{mm}^2 / (\text{cycle/m})) \tag{1.11}$$

该谱密度函数适合波长范围为0.01~1m的轨道短波不平顺。

4. 中国高速铁路无砟轨道不平顺谱

中国铁道科学研究院集团有限公司统计分析了京沪、京广、郑西、沪杭、沪宁、合蚌、广深港和京津城际等高速铁路无砟轨道不平顺检测数据，得到中国高速铁路无砟轨道轨距、水平、轨向和高低不平顺谱拟合公式[6]。轨道不平顺数据是采用CRH2-150C高速综合检测列车检测得到的，高低和轨向最大检测波长为120m。

中国高速铁路无砟轨道不平顺谱可采用如下幂函数进行分段拟合[6]，即

$$S(f) = \frac{A}{f^k} (\text{mm}^2 / (\text{cycle/m})) \tag{1.12}$$

其中，A、k为系数。

高速铁路无砟轨道不平顺平均谱拟合公式系数如表1.5所示。高速铁路无砟轨道不平顺谱分段点空间频率(1/m)及对应波长(m)如表1.6所示。可以看到，轨距、

水平及轨向不平顺可以用三段幂函数表示，高低不平顺需要用四段幂函数进行表示。通过对实测轨道不平顺谱和轨道不平顺拟合谱的比较可以看出，采用分段幂函数形式的轨道不平顺拟合谱能很好地反映实测轨道不平顺谱的趋势。

表 1.5 高速铁路无砟轨道不平顺平均谱拟合公式系数

项目	第1段 A	第1段 k	第2段 A	第2段 k	第3段 A	第3段 k	第4段 A	第4段 k
轨距不平顺	5.4978×10^{-2}	0.8282	5.0701×10^{-3}	1.9037	1.8778×10^{-4}	4.5948	—	—
水平不平顺	3.6148×10^{-3}	1.7278	4.3685×10^{-2}	1.0461	4.5867×10^{-3}	2.0939	—	—
轨向不平顺	3.9513×10^{-3}	1.8670	1.1047×10^{-2}	1.5354	7.5633×10^{-4}	2.8171	—	—
高低不平顺	1.0544×10^{-5}	3.3891	3.5588×10^{-3}	1.9271	1.9784×10^{-2}	1.3643	3.9488×10^{-4}	3.4516

表 1.6 高速铁路无砟轨道不平顺谱分段点空间频率(1/m)及对应波长(m)

项目	第1,2段 空间频率	第1,2段 空间波长	第2,3段 空间频率	第2,3段 空间波长	第3,4段 空间频率	第3,4段 空间波长
轨距不平顺	0.1090	9.2	0.2938	3.4	—	—
水平不平顺	0.0258	38.8	0.1163	8.6	—	—
轨向不平顺	0.0450	22.2	0.1234	8.1	—	—
高低不平顺	0.0187	53.5	0.0474	21.1	0.1533	6.5

式(1.12)适用于 300～350km/h 的高速铁路无砟轨道不平顺谱分析，轨道不平顺空间频率范围为 0.005～0.5/m，对应的轨道不平顺波长范围为 2～200m。

1.2.5 合—武客运专线轨道不平顺谱

合—武客运专线东起安徽合肥，西至湖北武汉，全线 356 公里。合—武客运专线轨道类型包括路基碎石道床有砟轨道、桥上碎石道床有砟轨道、隧道内碎石道床有砟轨道、长大隧道内双块式整体道床无砟轨道等。

在对合—武客运专线检测数据分析的基础上，采用非线性最小二乘法对合—武客运专线高低不平顺、轨向不平顺，以及水平不平顺功率谱密度函数进行拟合，可得[7]

$$S(f) = \frac{A_1}{(A_2^2 + f^2)(A_3^2 + f^2)} \tag{1.13}$$

其中，S 为功率谱密度函数($mm^2 \cdot m$)；f 为空间频率(cycle/m)；A_i ($i = 1, 2, 3$)为待定系数，A_1 的单位为 mm^2/m^3，A_2 与 A_3 的单位为 m^{-1}，取值如表 1.7～表 1.9 所示。

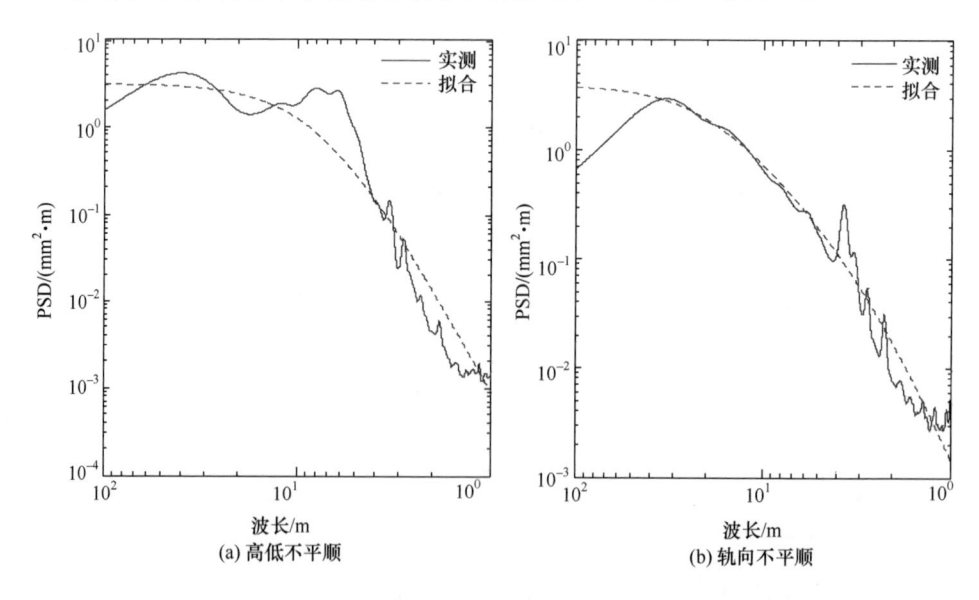

表 1.7 合—武客运专线路基有砟轨道不平顺功率谱拟合公式参数表

参数	A_1	A_2	A_3
高低不平顺	0.000991	0.017876	0.017838
轨向不平顺	0.001747	0.187256	0.002413
水平不平顺	0.001474	0.003237	0.199733

表 1.8 合—武客运专线桥上有砟轨道不平顺功率谱拟合公式参数表

参数	A_1	A_2	A_3
高低不平顺	0.000849	0.006523	0.006519
轨向不平顺	0.001723	0.050175	0.004021
水平不平顺	0.004854	0.564343	0.001622

表 1.9 合—武客运专线隧道内无砟轨道不平顺功率谱拟合公式参数表

参数	A_1	A_2	A_3
高低不平顺	0.002252	0.058017	0.017164
轨向不平顺	0.001368	0.015602	0.023396
水平不平顺	0.000870	0.012326	0.033728

拟合功率谱密度曲线与实测曲线的对比如图 1.2～图 1.4 所示[7]。

(a) 高低不平顺

(b) 轨向不平顺

(c) 水平不平顺

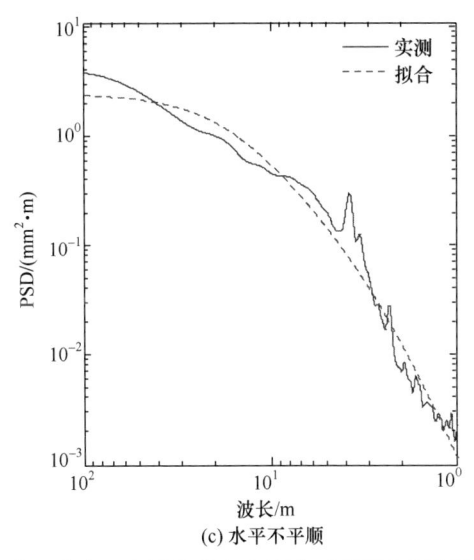

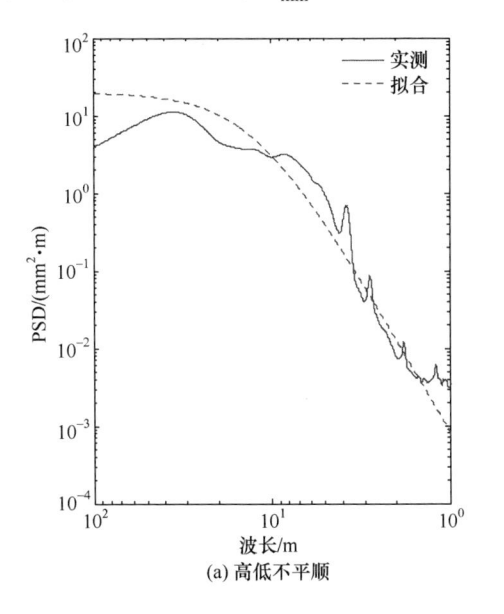

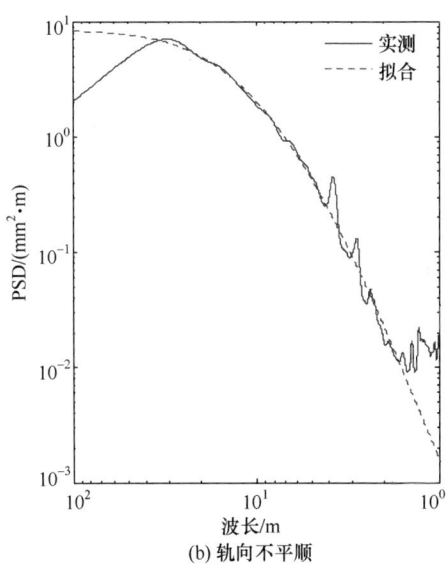

图 1.2 合—武客运专线路基有砟轨道不平顺功率谱拟合曲线

当机车车辆以各种速度运行时，轨道不平顺产生的激振频率要能覆盖机车车辆和轨道结构的所有主频，因此轨道不平顺波长范围为

$$\lambda = 0.1 - V / F_{\min} \text{ (m)} \tag{1.14}$$

其中，V 为列车速度；$F_{\min}$ 为车辆-轨道耦合系统最低振动频率(一般为 0.5~1Hz)。

(a) 高低不平顺

(b) 轨向不平顺

(c) 水平不平顺

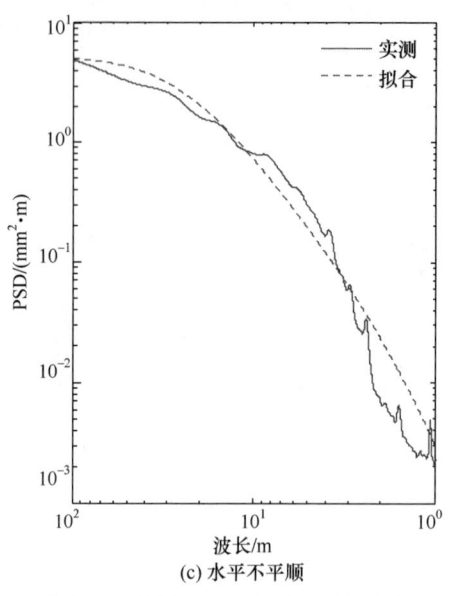

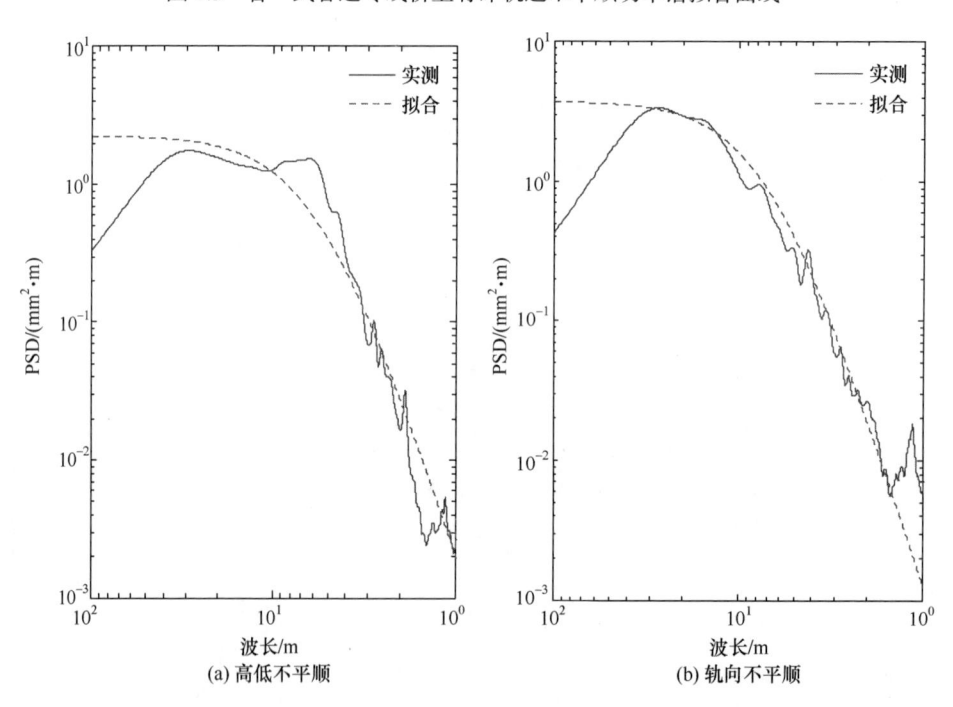

图 1.3　合—武客运专线桥上有砟轨道不平顺功率谱拟合曲线

(a) 高低不平顺

(b) 轨向不平顺

(c) 水平不平顺

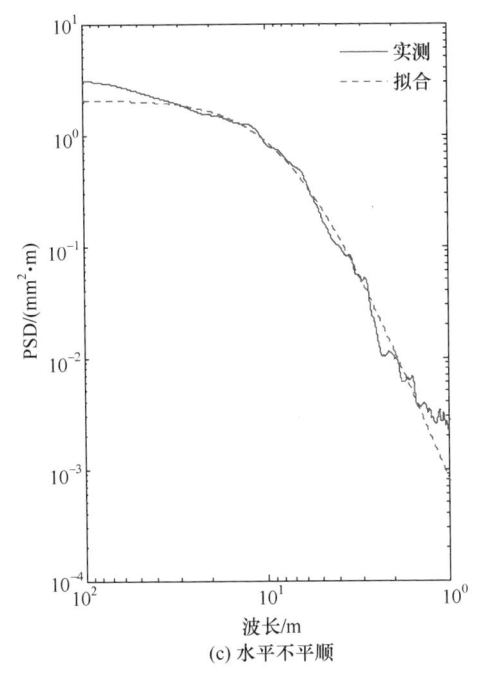

图 1.4 合—武客运专线隧道内无砟轨道不平顺功率谱拟合曲线

1.3 轨道结构随机不平顺的数值模拟

功率谱密度函数只有在频域内分析线性随机振动时才能直接输入，对非线性随机振动问题，最有效的方法就是获取随机激励的样本作为输入，然后运用数值方法求得系统在时域中的随机响应。下面讨论轨道结构随机不平顺的数值模拟。

设轨道结构随机不平顺样本为

$$\eta = \eta(x) \tag{1.15}$$

其中，$\eta(x)$ 为轨道坐标 x 处的轨面不平顺值，是一个随机函数。

轨道结构随机不平顺的数值模拟就是要寻找谱密度为式(1.2)~式(1.13)的样本函数 $\eta(x)$。

目前，国内外常用的轨道结构随机不平顺数值模拟方法主要有二次滤波法[8]、三角级数法[9]、白噪声滤波法和周期图法等[10]。二次滤波法需进行滤波器设计，对不同功率谱密度函数的轨道不平顺需设计合理的滤波器，因此该方法缺乏通用性。下面介绍在工程中应用较多的三角级数法。

1.4　三角级数法

1.4.1　三角级数法 1

设均值为 0 的平稳高斯过程 $\eta(t)$，有功率谱密度函数为 $S_x(\omega)$，$\eta(t)$ 的样本函数可以运用三角级数近似模拟[9]，即

$$\eta^d(t) = \sum_{k=1}^{N} a_k \sin(\omega_k t + \varphi_k), \quad k = 1, 2, \cdots, N \tag{1.16}$$

其中，a_k 是均值为 0、标准差为 σ_k 的高斯随机变数，是互相独立的；φ_k 为与 a_k 独立的、$0\sim 2\pi$ 范围内均匀分布的随机变数，φ_k 本身也是互相独立的。

功率谱密度函数 $S_x(\omega)$ 的分割如图 1.5 所示。σ_k 按下列方法计算，即在 $\eta(t)$ 的功率谱密度函数 $S_x(\omega)$ 的正域内，将下限值 ω_l 和上限值 ω_u 之间 N 等分，选取

$$\Delta\omega = (\omega_u - \omega_l)/N \tag{1.17}$$

$$\omega_k = \omega_l + \left(k - \frac{1}{2}\right)\Delta\omega, \quad k = 1, 2, \cdots, N \tag{1.18}$$

则有

$$\sigma_k^2 = 4S_x(\omega_k)\Delta\omega \tag{1.19}$$

其中，ω_l、ω_u 和 ω_k 为空间频率(rad/m)；N 为充分大的整数；$S_x(\omega)$ 的有效功率在 ω_l 和 ω_u 的范围内，ω_l 和 ω_u 范围外的值可视为 0；ω_k 和 σ_k 可以根据图 1.5 的关系得到。

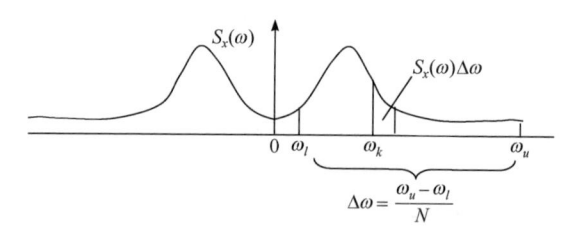

图 1.5　功率谱密度函数 $S_x(\omega)$ 的分割

可以证明，由式(1.16)～式(1.19)构造的样本函数的谱密度函数是 $S_x(\omega)$，且是各态历经的[9]。

1.4.2　三角级数法 2

设均值为 0 的平稳高斯过程 $\eta(t)$，有功率谱密度函数为 $S_x(\omega)$，$\eta(t)$ 的样本

函数可以运用三角级数近似模拟[9]，即

$$\eta^d(t) = \sum_{k=1}^{N}(a_k\cos\omega_k t + b_k\sin\omega_k t), \quad k=1,2,\cdots,N \tag{1.20}$$

其中，a_k 是均值为 0、标准差为 σ_k 的高斯随机变数，是互相独立的；b_k 与 a_k 无关，其本身也是互相独立的，是均值为 0、标准差为 σ_k 的高斯随机变数。

$$\sigma_k^2 = 2S_x(\omega_k)\Delta\omega \tag{1.21}$$

其中，$\Delta\omega$ 和 ω_k 由式(1.17)和式(1.18)给出。

1.4.3 三角级数法 3

设均值为 0 的平稳高斯过程 $\eta(t)$，有功率谱密度函数为 $S_x(\omega)$，$\eta(t)$ 的样本函数可以运用三角级数近似模拟[9]，即

$$\eta^d(t) = \sum_{k=1}^{N} a_k\cos(\omega_k t + \varphi_k), \quad k=1,2,\cdots,N \tag{1.22}$$

其中，a_k 是均值为 0、标准差为 σ_k 的高斯随机变数，是互相独立的；φ_k 是与 a_k 独立的、$0\sim 2\pi$ 范围内均匀分布的随机变数，并且 φ_k 本身也是互相独立的。

$$\sigma_k^2 = 4S_x(\omega_k)\Delta\omega \tag{1.23}$$

其中，$\Delta\omega$ 和 ω_k 由式(1.17)和式(1.18)给出。

1.4.4 三角级数法 4

设均值为 0 的平稳高斯过程 $\eta(t)$，有功率谱密度函数为 $S_x(\omega)$，$\eta(t)$ 的样本函数可以运用三角级数近似模拟[9]，即

$$\eta^d(t) = \sigma_x\sqrt{\frac{2}{N}}\sum_{k=1}^{N}\cos(\omega_k t + \varphi_k), \quad k=1,2,\cdots,N \tag{1.24}$$

其中，$\sigma_x^2 = \int_{-\infty}^{\infty} S_x(\omega)\mathrm{d}\omega$ 为 $x(t)$ 的方差，是具有概率密度函数 $p(\omega) = \dfrac{S_x(\omega)}{\sigma_x^2}$ 的随机变数；φ_k 为 $0\sim 2\pi$ 范围内均匀分布的随机变数，是互相独立的；N 为充分大的正整数。

1.5 基于轨道不平顺谱构建轨道随机不平顺样本程序

1.5.1 程序简介

根据各种轨道不平顺功率谱密度函数和模拟平稳随机过程的三角级数法，利

用 Matlab 开发"基于轨道不平顺谱构建轨道随机不平顺样本程序 Track_Sample",源程序文件见附录 1。

程序输入数据包括轨道随机不平顺波长的上、下限值,不平顺谐波数,线路坐标间距,轨道线路长度,不平顺等级(美国谱)等。输出结果为轨道随机不平顺样本。

1.5.2 程序模块

Track_Sample:根据轨道不平顺谱构建轨道随机不平顺样本主程序,通过调用轨道不平顺模块获得相应的轨道随机不平顺样本。

Track_Irregularity_USA:轨道不平顺模块,根据美国轨道高低不平顺功率谱密度函数式(1.2)生成不平顺样本。

Track_Irregularity_GER:轨道不平顺模块,根据德国高速铁路低干扰轨道高低不平顺功率谱密度函数式(1.5)生成高速铁路轨道不平顺样本。

Short_wave_Irregularity:轨道短波不平顺模块,根据中国轨道短波不平顺功率谱密度函数式(1.11)生成短波轨道不平顺样本。

1.6 轨道结构随机不平顺样本

作为应用实例,取空间波长为 1~50m,对应的空间频率 ω_l 和 ω_u 分别为 $2\pi(0.02-1)\mathrm{rad/m}$,不平顺谐波数 N 为 2500,轨道线路长度为 250m,分别采用美国轨道高低不平顺功率谱密度函数(式(1.2))、德国高速铁路低干扰轨道高低不平顺功率谱密度函数(式(1.5))、中国轨道短波不平顺功率谱密度函数(式(1.11)),运用三角级数法生成轨道随机不平顺样本。模拟短波轨道不平顺样本时,取空间波长为 0.1~1.0m,对应的空间频率 ω_l 和 ω_u 分别为 $2\pi(1-10)\mathrm{rad/m}$。根据美国轨道不平顺谱生成的轨道不平顺样本如图 1.6 所示。根据德国高速铁路低干扰轨道不

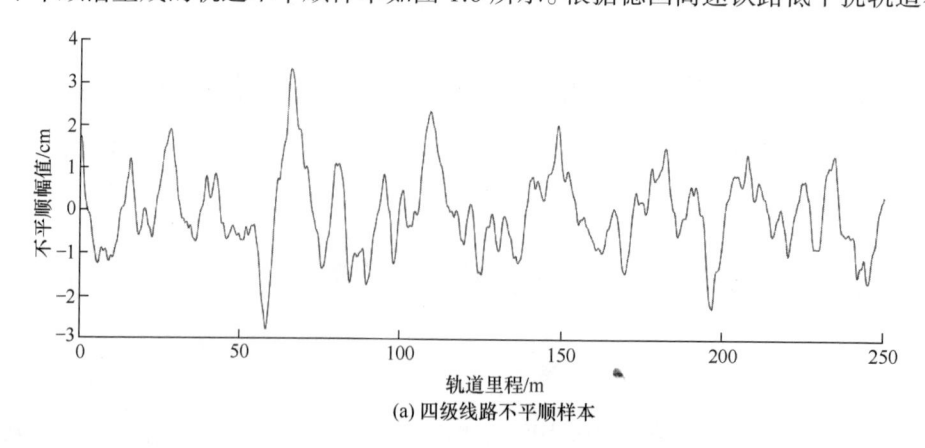

(a) 四级线路不平顺样本

(b) 五级线路不平顺样本

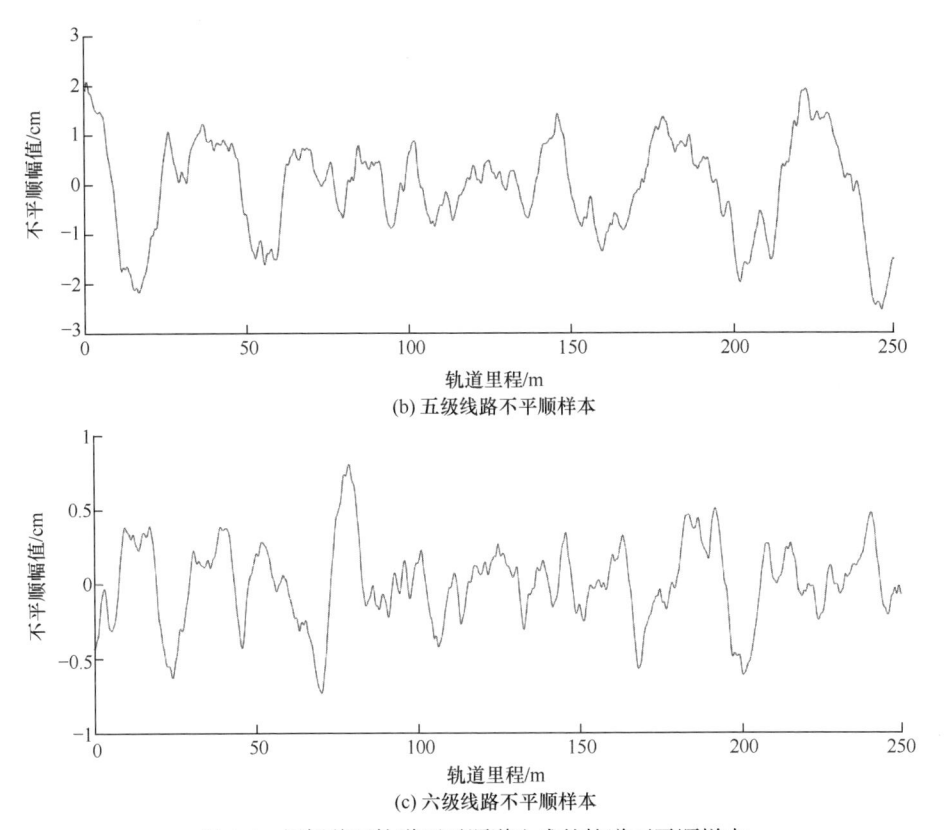

(c) 六级线路不平顺样本

图 1.6 根据美国轨道不平顺谱生成的轨道不平顺样本

平顺谱生成的轨道不平顺样本如图 1.7 所示。根据中国轨道短波不平顺谱生成的轨道不平顺样本如图 1.8 所示。

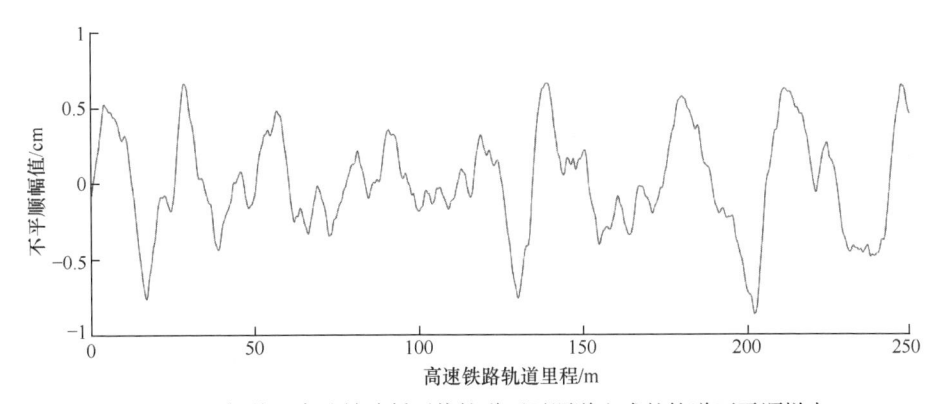

图 1.7 根据德国高速铁路低干扰轨道不平顺谱生成的轨道不平顺样本

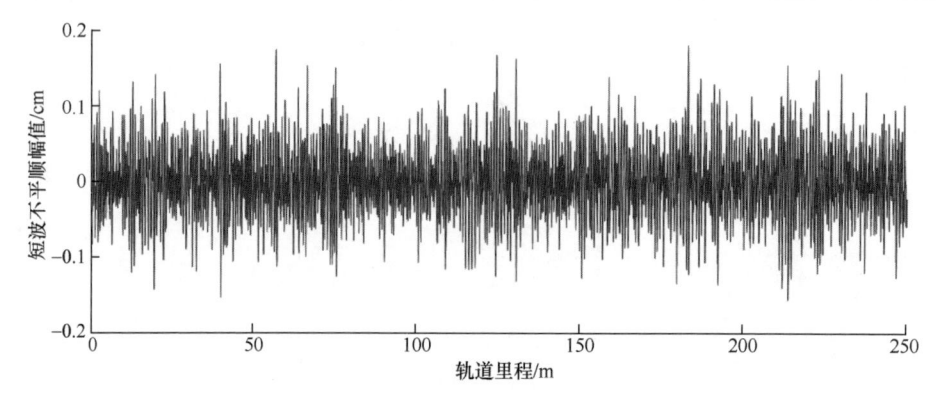

图 1.8 根据中国轨道短波不平顺谱生成的轨道不平顺样本

1.7 轨道局部不平顺

轨面不平顺主要由轨面缺陷,如钢轨焊接头、普通钢轨接头、轨面剥离掉块、轨面擦伤等形成,属于轨道局部不平顺。轨道局部不平顺有凸型和凹型。由图 1.9 可得轨道局部凸型不平顺计算公式[11],即

$$\eta(x) = \sqrt{R_{\text{wheel}}^2 - (x - x_0 - l_0)^2} + \Delta h - R_{\text{wheel}} \tag{1.25}$$

其中,R_{wheel} 为车轮半径;x 为轨道坐标;x_0 为车轮撞击凸台时轮轨接触点坐标;Δh 为不平顺幅值,即凸台高度;l_0 为 x_0 至凸台之间的距离,即

$$l_0 = \sqrt{\Delta h(2R_{\text{where}} - \Delta h)} \tag{1.26}$$

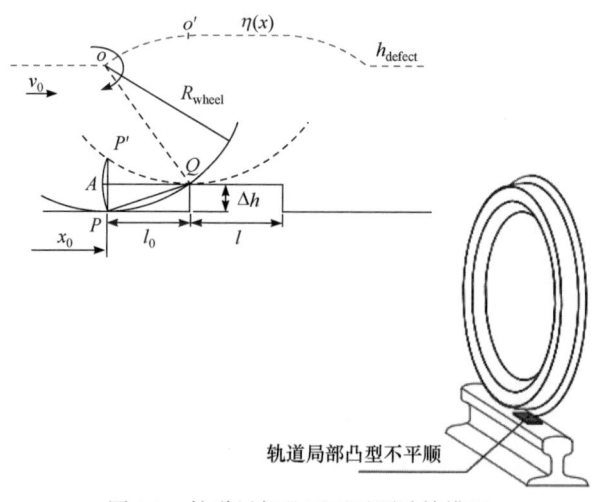

图 1.9 轨道局部凸型不平顺计算模型

轨道局部凸型不平顺还可按下式计算[11]，即

$$\eta(x) = \frac{2\Delta h}{\pi}\left[1 - \sum_k \cos\left(\frac{4kx}{l}\right)\frac{2}{(4k+1)(4k-1)}\right] \quad (1.27)$$

其中，l 为凸台长度；k 为级数，取 100 即可。

假设轨道局部凸型不平顺幅值为 1mm，凸型不平顺长度为 3mm，根据式(1.25)可得轨道局部凸型不平顺样本，如图 1.10 所示。

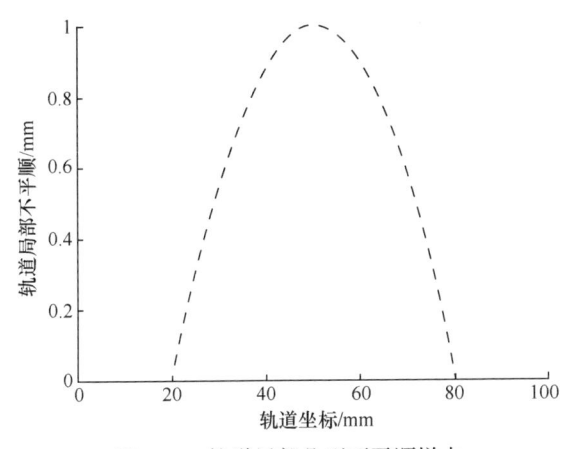

图 1.10 轨道局部凸型不平顺样本

参 考 文 献

[1] 罗林, 魏世斌. 我国干线轨道不平顺功率谱的研究. 北京: 铁道科学研究院, 1999.
[2] 长沙铁道学院随机振动研究室. 关于机车车辆/轨道系统随机激励函数的研究. 长沙铁道学院学报, 1985, (2): 1-36.
[3] 练松良, 尹学军. 浮置板轨道理论研究与实践. 北京: 中国铁道出版社, 2021.
[4] 雷晓燕. 高速铁路轨道动力学-模型、算法与应用. 2 版. 北京: 科学出版社, 2021.
[5] Sato Y. Study on high-frequency vibrations in track operated high-speed trains. Quarterly Reports, 1977, 18(3): 109-114.
[6] 康熊, 刘秀波, 李红艳, 等. 高速铁路无砟轨道不平顺谱. 中国科学: 技术科学, 2014, 44(7): 687-696.
[7] 房建. 轨道不平顺对高速客运专线高架轨道结构振动特性的影响. 上海: 同济大学, 2013.
[8] 曹雪琴, 刘必胜, 吴鹏贤. 桥梁结构动力分析. 北京: 中国铁道出版社, 1987.
[9] 星谷胜. 随机振动分析. 常宝琦, 译. 北京: 地震出版社, 1977.
[10] 陈果. 车辆-轨道耦合系统随机振动分析. 成都: 西南交通大学, 2000.
[11] Kouroussis G, Florentin J, Verlinden O. Ground vibrations induced by intercity/interregion trains: a numerical prediction based on the multibody/finite element modeling approach. Journal of Vibration and Control, 2016, 22 (20): 4192-4210.

第 2 章　轨道结构动力分析的傅里叶变换法与程序

傅里叶变换法在轨道结构振动分析中得到越来越多的应用[1-5]。本章将傅里叶变换法应用于轨道结构动力分析中，首先对轨道结构振动方程进行傅里叶变换，求解傅里叶变换域中的振动位移，然后通过快速离散傅里叶逆变换(inverse discrete Fourier transform，IDFT)得到轨道结构的振动响应。

2.1　轨道结构连续弹性单层梁模型

轨道结构连续弹性单层梁模型如图 2.1 所示。其振动微分方程为[1,2]

$$E_r I_r \frac{\partial^4 w}{\partial x^4} + m_r \frac{\partial^2 w}{\partial t^2} + c_s \frac{\partial w}{\partial t} + k_s w = -\sum_{l=1}^{n} F_l \delta(x - Vt - a_l) \tag{2.1}$$

其中，E_r、I_r 为钢轨的弹性模量、绕水平轴惯性矩；w 为钢轨垂向位移；m_r 为单位长度的轨道质量；c_s 为轨道结构等效阻尼；k_s 为轨道基础等效刚度；δ 为 Dirac 函数；V 为列车运行速度；F_l 为第 l 个轮对的轴重；a_l 为 $t=0$ 时第 l 个轮对距原点的距离；n 为轮对总数。

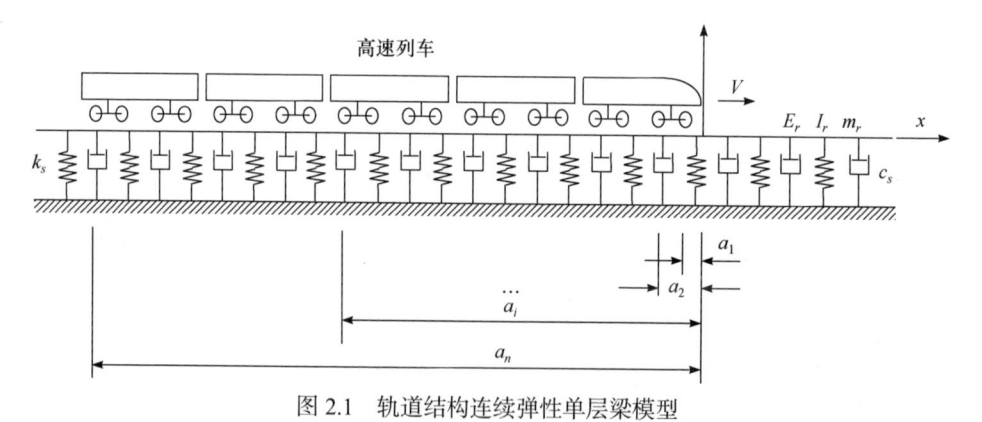

图 2.1　轨道结构连续弹性单层梁模型

2.1.1　傅里叶变换

定义傅里叶变换为

$$W(\beta,t)=\int_{-\infty}^{\infty}w(x,t)\mathrm{e}^{-\mathrm{i}\beta x}\mathrm{d}x \quad (2.2)$$

傅里叶逆变换为

$$w(x,t)=\frac{1}{2\pi}\int_{-\infty}^{\infty}W(\beta,t)\mathrm{e}^{\mathrm{i}\beta x}\mathrm{d}\beta \quad (2.3)$$

其中，β 为振动波数(rad/m)。

对式(2.1)做傅里叶变换，可得

$$E_rI_r(\mathrm{i}\beta)^4W(\beta,t)+m_r\frac{\partial^2W(\beta,t)}{\partial t^2}+c_s\frac{\partial W(\beta,t)}{\partial t}+k_sW(\beta,t)=-\sum_{l=1}^{n}F_l\mathrm{e}^{-\mathrm{i}\beta(a_l+Vt)} \quad (2.4)$$

设车辆荷载为简谐激励，即 $F_l=F_l\mathrm{e}^{\mathrm{i}\Omega t}$，则式(2.4)右端项可以写成为

$$-\sum_{l=1}^{n}F_l\mathrm{e}^{-\mathrm{i}\beta(a_l+Vt)}\mathrm{e}^{\mathrm{i}\Omega t}=-\sum_{l=1}^{n}F_l\mathrm{e}^{-\mathrm{i}\beta a_l}\mathrm{e}^{\mathrm{i}(\Omega-\beta V)t}=-\sum_{l=1}^{n}F_l\mathrm{e}^{-\mathrm{i}\beta a_l}\mathrm{e}^{\mathrm{i}\omega t}=-\tilde{F}(\beta)\mathrm{e}^{\mathrm{i}\omega t}=-\overline{F}(\beta,t) \quad (2.5)$$

其中

$$\overline{F}(\beta,t)=\tilde{F}(\beta)\mathrm{e}^{\mathrm{i}\omega t}, \quad \tilde{F}(\beta)=\sum_{l=1}^{n}F_l\mathrm{e}^{-\mathrm{i}\beta a_l} \quad (2.6)$$

由于车辆荷载为简谐激励，位移响应可写为

$$W(\beta,t)=\tilde{W}(\beta)\mathrm{e}^{\mathrm{i}\omega t} \quad (2.7)$$

其中，$\omega=\Omega-\beta V$，Ω 为荷载激振频率，单位是 rad/s。

将式(2.6)、式(2.7)代入式(2.4)中，可得

$$E_rI_r\beta^4\tilde{W}(\beta)-m_r\omega^2\tilde{W}(\beta)+\mathrm{i}\omega c_s\tilde{W}(\beta)+k_s\tilde{W}(\beta)=-\tilde{F}(\beta) \quad (2.8)$$

求解可得

$$\tilde{W}(\beta)=-\frac{\tilde{F}(\beta)}{E_rI_r\beta^4-m_r(\Omega-\beta V)^2+\mathrm{i}c_s(\Omega-\beta V)+k_s} \quad (2.9)$$

将其代入式(2.7)和式(2.3)，进行傅里叶逆变换，可得

$$\tilde{w}(x,t)=\frac{1}{2\pi}\int_{-\infty}^{\infty}W(\beta,t)\mathrm{e}^{\mathrm{i}\beta x}\mathrm{d}\beta \quad (2.10\mathrm{a})$$

同样，对频域中的速度、加速度进行傅里叶逆变换，可得

$$\dot{\tilde{w}}(x,t) = \frac{1}{2\pi}\int_{-\infty}^{\infty} i\omega W(\beta,t) e^{i\beta x} d\beta \qquad (2.10b)$$

$$\ddot{\tilde{w}}(x,t) = \frac{1}{2\pi}\int_{-\infty}^{\infty} (i\omega)^2 W(\beta,t) e^{i\beta x} d\beta \qquad (2.10c)$$

最后可以得到时域中的轨道结构振动位移、速度和加速度，即

$$w(x,t) = \tilde{w}(x,t) e^{i\phi} \qquad (2.11a)$$

$$\dot{w}(x,t) = \dot{\tilde{w}}(x,t) e^{i\phi_v} \qquad (2.11b)$$

$$\ddot{w}(x,t) = \ddot{\tilde{w}}(x,t) e^{i\phi_a} \qquad (2.11c)$$

其中，ϕ 为复数 $\tilde{w}(x,t)$ 的相位角；ϕ_v 为复数 $\dot{\tilde{w}}(x,t)$ 的相位角；ϕ_a 为复数 $\ddot{\tilde{w}}(x,t)$ 的相位角。

2.1.2 快速离散傅里叶逆变换

式(2.10)可用快速离散傅里叶逆变换求得，可将式(2.10a)写成求和的形式，即

$$\tilde{w}(x,t) = \frac{1}{2\pi}\int_{-\infty}^{\infty} W(\beta,t) e^{i\beta x} d\beta \approx \frac{\Delta\beta}{2\pi}\sum_{j=-N+1}^{N} W(\beta_j,t) e^{i\beta_j x} \qquad (2.12)$$

通过傅里叶逆变换，可以得到 $|x| \leq x_{\max} = \pi/\Delta\beta$ 范围内的响应，取

$$\beta_k = (k-N)\Delta\beta - \frac{\Delta\beta}{2}, \quad k=1,2,\cdots,2N \qquad (2.13)$$

将式(2.13)代入式(2.12)，可得

$$\tilde{w}(x_m,t) \approx \frac{\Delta\beta}{2\pi}\sum_{k=1}^{2N} W(\beta_k,t) e^{i\beta_k x_m} \qquad (2.14)$$

其中

$$x_m = (m-N)\Delta x, \quad m=1,2,\cdots,2N \qquad (2.15)$$

由

$$\Delta x \Delta \beta = \frac{x_{\max}}{N}\Delta\beta = \frac{\pi}{N} \qquad (2.16)$$

可得

$$\beta_k x_m = -\left(N - \frac{1}{2}\right)(m-N)\frac{\pi}{N} + (k-1)(m-N)\frac{\pi}{N} \qquad (2.17)$$

将式(2.17)代入式(2.14)中，可得

$$\tilde{w}(x_m,t) \approx \frac{\Delta\beta}{2\pi} e^{-i\left(N-\frac{1}{2}\right)(m-N)\pi/N} \sum_{k=1}^{2N} W(\beta_k,t) e^{i(k-1)(m-N)\pi/N} \quad (2.18)$$

2.1.3 Matlab 快速离散傅里叶逆变换函数

数学软件 Matlab 中求快速离散傅里叶逆变换的函数为 X = ifft(Y,n)，其中 n 为信号 Y 的长度，X 为信号 Y 的傅里叶逆变换。该函数的定义如下

$$\tilde{w}_1(x_j,t) = \frac{1}{2N} \sum_{k=1}^{2N} W(\beta_k,t) e^{i(k-1)(j-1)\pi/N} \quad (2.19)$$

应用式(2.19)对式(2.18)进行快速离散傅里叶逆变换后，还需对结果重新排序，记排序后的结果为 $\hat{w}(x_m,t)$，下面给出修正公式[4-6]。

比较式(2.18)与式(2.19)，由 $m-N=j-1$，可得 $m=j+N-1$。

(1) 当 j 在 $1\sim(N+1)$ 范围内时，进行 $m=j+N-1$ 修正，即

$$\hat{w}(x_m,t) = \hat{w}(x_{j+N-1},t) = \tilde{w}_1(x_j,t) \quad (2.20)$$

由此可得

$$\hat{w}(x_N,t) = \tilde{w}_1(x_1,t)$$
$$\hat{w}(x_{N+1},t) = \tilde{w}_1(x_2,t)$$
$$\cdots$$
$$\hat{w}(x_{2N},t) = \tilde{w}_1(x_{N+1},t)$$

(2) 当 j 在 $(N+2)\sim 2N$ 范围内时，进行 $m=j-N-1$ 修正，即

$$\hat{w}(x_m,t) = \hat{w}(x_{j-N-1},t) = \tilde{w}_1(x_j,t) \quad (2.21)$$

由此可得

$$\hat{w}(x_1,t) = \tilde{w}_1(x_{N+2},t)$$
$$\hat{w}(x_2,t) = \tilde{w}_1(x_{N+3},t)$$
$$\cdots$$
$$\hat{w}(x_{N-1},t) = \tilde{w}_1(x_{2N},t)$$

通过对比式(2.18)、式(2.19)，可得

$$\tilde{w}(x_m,t) \approx \frac{\Delta\beta N}{\pi} e^{-i\left(N-\frac{1}{2}\right)(m-N)\pi/N} \hat{w}(x_m,t) \quad (2.22)$$

将式(2.22)代入式(2.11)，可得

$$w(x_m,t) = \tilde{w}(x_m,t) e^{i(\phi+\Omega t)} \quad (2.23a)$$

$$\dot{w}(x_m,t) = \dot{\tilde{w}}(x_m,t)e^{i(\phi_v+\Omega t)} \tag{2.23b}$$

$$\ddot{w}(x_m,t) = \ddot{\tilde{w}}(x_m,t)e^{i(\phi_a+\Omega t)} \tag{2.23c}$$

2.2 轨道结构连续弹性双层梁模型

隧道中的无砟轨道结构通常可简化为连续弹性双层梁模型。轨道结构连续弹性双层梁模型如图 2.2 所示。其振动微分方程为[3]

$$\begin{cases} E_r I_r \dfrac{\partial^4 w}{\partial x^4} + m_r \dfrac{\partial^2 w}{\partial t^2} + c_p\left(\dfrac{\partial w}{\partial t} - \dfrac{\partial y}{\partial t}\right) + k_p(w-y) = -\sum_{l=1}^n F_l \delta(x-Vt-a_l) \\ E_s I_s \dfrac{\partial^4 y}{\partial x^4} + m_s \dfrac{\partial^2 y}{\partial t^2} + c_s \dfrac{\partial y}{\partial t} - c_p\left(\dfrac{\partial w}{\partial t} - \dfrac{\partial y}{\partial t}\right) + k_s y - k_p(w-y) = 0 \end{cases} \tag{2.24}$$

其中，E_r、I_r 为钢轨弹性模量、绕水平轴惯性矩；w 为钢轨垂向位移；E_s、I_s 为轨道板弹性模量、绕水平轴惯性矩；y 为轨道板垂向位移；m_r 为单位长度钢轨质量；m_s 为单位长度轨道板质量；k_p、c_p 为轨下垫板和扣件刚度、阻尼；k_s、c_s 为轨道基础等效刚度、阻尼。

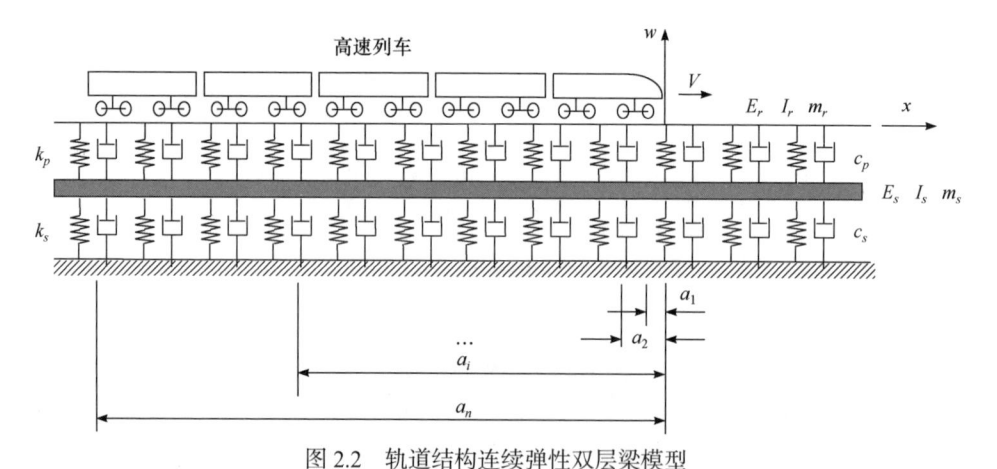

图 2.2 轨道结构连续弹性双层梁模型

同样，假设车辆荷载为简谐激励，对式(2.24)做傅里叶变换，并设

$$\begin{aligned} F(\beta,t) &= \tilde{F}(\beta)e^{i\omega t} \\ W(\beta,t) &= \tilde{W}(\beta)e^{i\omega t} \\ Y(\beta,t) &= \tilde{Y}(\beta)e^{i\omega t} \end{aligned} \tag{2.25}$$

其中

$$\tilde{F}(\beta) = \sum_{l=1}^{n} F_l e^{-i\beta a_l} \quad (2.26)$$

则有

$$E_r I_r \beta^4 \tilde{W} - m_r \omega^2 \tilde{W} + i\omega c_p (\tilde{W} - \tilde{Y}) + k_p (\tilde{W} - \tilde{Y}) = -\tilde{F}(\beta) \quad (2.27)$$

$$E_s I_s \beta^4 \tilde{Y} - m_s \omega^2 \tilde{Y} + i\omega c_s \tilde{Y} - i\omega c_p (\tilde{W} - \tilde{Y}) + k_s \tilde{Y} - k_p (\tilde{W} - \tilde{Y}) = 0 \quad (2.28)$$

联立求解，可得

$$\tilde{W}(\beta) = -\frac{A}{AB - C^2} \tilde{F}(\beta) \quad (2.29)$$

$$\tilde{Y}(\beta) = \frac{C}{A} \tilde{W}(\beta) \quad (2.30)$$

其中

$$\begin{aligned} A &= E_s I_s \beta^4 - m_s \omega^2 + i\omega(c_s + c_p) + k_s + k_p \\ B &= E_r I_r \beta^4 - m_r \omega^2 + i\omega c_p + k_p \\ C &= i\omega c_p + k_p \end{aligned} \quad (2.31)$$

将式(2.29)、式(2.30)代入式(2.25)中并进行傅里叶逆变换，可得

$$\tilde{w}(x,t) = \frac{1}{2\pi} \int_{-\infty}^{\infty} W(\beta,t) e^{i\beta x} d\beta \quad (2.32)$$

$$\tilde{y}(x,t) = \frac{1}{2\pi} \int_{-\infty}^{\infty} Y(\beta,t) e^{i\beta x} d\beta \quad (2.33)$$

最后可得

$$w(x,t) = \tilde{w}(x,t) e^{i(\phi_w + \Omega t)} \quad (2.34)$$

$$y(x,t) = \tilde{y}(x,t) e^{i(\phi_y + \Omega t)} \quad (2.35)$$

其中，ϕ_w、ϕ_y 为复数 $\tilde{w}(x,t)$、$\tilde{y}(x,t)$ 的相位角。

2.3 有砟轨道结构连续弹性三层梁模型

传统的有砟轨道结构可简化为连续弹性三层梁模型，如图 2.3 所示。有砟轨道结构连续弹性三层梁模型的振动微分方程为[3]

$$E_r I_r \frac{\partial^4 w}{\partial x^4} + m_r \frac{\partial^2 w}{\partial t^2} + c_p \left(\frac{\partial w}{\partial t} - \frac{\partial z}{\partial t}\right) + k_p(w-z) = -\sum_{l=1}^{n} F_l \delta(x-Vt-a_l) \quad (2.36)$$

$$m_t \frac{\partial^2 z}{\partial t^2} + c_b \left(\frac{\partial z}{\partial t} - \frac{\partial y}{\partial t}\right) - c_p \left(\frac{\partial w}{\partial t} - \frac{\partial z}{\partial t}\right) + k_b(z-y) - k_p(w-z) = 0 \quad (2.37)$$

$$m_b \frac{\partial^2 y}{\partial t^2} + c_s \frac{\partial y}{\partial t} - c_b \left(\frac{\partial z}{\partial t} - \frac{\partial y}{\partial t}\right) + k_s y - k_b(z-y) = 0 \quad (2.38)$$

其中，w 为钢轨垂向位移；m_r 为单位长度的钢轨质量；k_p、c_p 为单位长度轨下垫板和扣件的刚度、阻尼；z 为轨枕垂向位移；m_t 为单位长度轨枕的质量；k_b、c_b 为单位长度道床的刚度、阻尼；y 为道床垂向位移；m_b 为单位长度道床的质量；k_s、c_s 为单位长度路基的等效刚度、等效阻尼；δ 为 Dirac 函数；V 为列车运行速度；F_l 为第 l 个轮对的轴重；a_l 为 $t=0$ 时第 l 个轮对距原点的距离；n 为轮对总数。

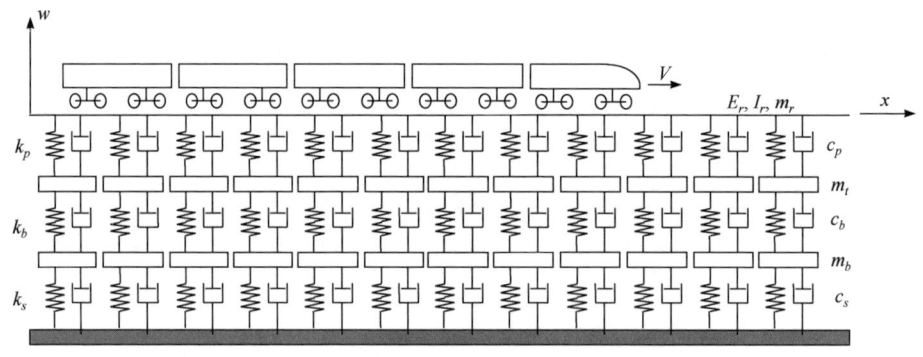

图 2.3　有砟轨道结构连续弹性三层梁模型

假设车辆荷载为简谐激励，对式(2.36)~式(2.38)做傅里叶变换，并设

$$F(\beta,t) = \tilde{F}(\beta)e^{i\omega t} \quad (2.39)$$

$$W(\beta,t) = \tilde{W}(\beta)e^{i\omega t} \quad (2.40)$$

$$Z(\beta,t) = \tilde{Z}(\beta)e^{i\omega t} \quad (2.41)$$

$$Y(\beta,t) = \tilde{Y}(\beta)e^{i\omega t} \quad (2.42)$$

其中

$$\tilde{F}(\beta) = \sum_{l=1}^{n} F_l e^{-i\beta a_l} \quad (2.43)$$

由此可得

$$E_r I_r \beta^4 \tilde{W} - m_r \omega^2 \tilde{W} + \mathrm{i}\omega c_p (\tilde{W} - \tilde{Z}) + k_p (\tilde{W} - \tilde{Z}) = \tilde{F}(\beta) \tag{2.44}$$

$$-m_t \omega^2 \tilde{Z} + \mathrm{i}\omega c_b (\tilde{Z} - \tilde{Y}) - \mathrm{i}\omega c_p (\tilde{W} - \tilde{Z}) + k_b (\tilde{Z} - \tilde{Y}) - k_p (\tilde{W} - \tilde{Z}) = 0 \tag{2.45}$$

$$-m_b \omega^2 \tilde{Y} + \mathrm{i}\omega c_s \tilde{Y} - \mathrm{i}\omega c_b (\tilde{Z} - \tilde{Y}) + k_s \tilde{Y} - k_b (\tilde{Z} - \tilde{Y}) = 0 \tag{2.46}$$

联立求解式(2.44)~式(2.46)，可得

$$\tilde{W}(\beta) = \frac{\left[AB - (\mathrm{i}\omega c_b + k_b)^2\right] \tilde{F}(\beta)}{C\left[AB - (\mathrm{i}\omega c_b + k_b)^2\right] - A(\mathrm{i}\omega c_p + k_p)^2} \tag{2.47}$$

$$\tilde{Z}(\beta) = \frac{A(\mathrm{i}\omega c_p + k_p)}{AB - (\mathrm{i}\omega c_b + k_b)^2} \tilde{W}(\beta) \tag{2.48}$$

$$\tilde{Y}(\beta) = \frac{\mathrm{i}\omega c_b + k_b}{A} \tilde{Z}(\beta) \tag{2.49}$$

其中

$$\begin{aligned} A &= -m_b \omega^2 + \mathrm{i}\omega(c_s + c_b) + k_s + k_b \\ B &= -m_t \omega^2 + \mathrm{i}\omega(c_b + c_p) + k_b + k_p \\ C &= E_r I_r \beta^4 - m_r \omega^2 + \mathrm{i}\omega c_p + k_p \end{aligned} \tag{2.50}$$

将式(2.47)~式(2.49)代入式(2.40)~式(2.42)中并进行傅里叶逆变换，可得

$$\begin{aligned} \tilde{w}(x,t) &= \frac{1}{2\pi} \int_{-\infty}^{\infty} W(\beta,t) \mathrm{e}^{\mathrm{i}\beta x} \mathrm{d}\beta \\ \tilde{z}(x,t) &= \frac{1}{2\pi} \int_{-\infty}^{\infty} Z(\beta,t) \mathrm{e}^{\mathrm{i}\beta x} \mathrm{d}\beta \\ \tilde{y}(x,t) &= \frac{1}{2\pi} \int_{-\infty}^{\infty} Y(\beta,t) \mathrm{e}^{\mathrm{i}\beta x} \mathrm{d}\beta \end{aligned} \tag{2.51}$$

时域中的钢轨、轨枕和道床位移为

$$\begin{aligned} w(x,t) &= \tilde{w}(x,t) \mathrm{e}^{\mathrm{i}(\phi_w + \Omega t)} \\ z(x,t) &= \tilde{z}(x,t) \mathrm{e}^{\mathrm{i}(\phi_z + \Omega t)} \\ y(x,t) &= \tilde{y}(x,t) \mathrm{e}^{\mathrm{i}(\phi_y + \Omega t)} \end{aligned} \tag{2.52}$$

其中，ϕ_w、ϕ_z、ϕ_y 为复数 $\tilde{w}(x,t)$、$\tilde{z}(x,t)$、$\tilde{y}(x,t)$ 的相位角。

根据式(2.52)容易求得钢轨、轨枕、道床的速度和加速度，以及作用于轨枕、地基上的动压力。

2.4 基于傅里叶变换法的有砟轨道结构振动分析程序

根据有砟轨道结构连续弹性三层梁模型和算法，本书编制了"基于傅里叶变换法的有砟轨道结构振动程序 BTV_FT"。源程序文件见附录2。

程序的输入数据包括车辆参数、轨道结构参数、列车速度等，计算结果包括钢轨垂向振动位移、速度、加速度时程曲线，轨枕垂向振动位移、速度、加速度时程曲线，道床垂向振动位移、速度、加速度时程曲线，作用于轨枕上的动压力时程曲线，以及作用于单位长度道床和大地上的动压力时程曲线。

2.5 有砟轨道结构振动分析

利用开发的程序 BTV_FT，考察 8 节编组的城市轨道交通 A 型列车以 160km/h 行驶时引起的轨道结构振动。列车轴重 160kN，轮对质量 1770kg，车辆固定轴距 2.5m，车辆定距 15.7m，列车在线路上运行时间为 5s，时间步长取 0.0025s。假设有砟轨道位于直线地段，由于车辆与轨道相对于轨道中心线对称，仅取一半结构分析。钢轨为 P60 无缝钢轨，轨枕间距为 0.625m。有砟轨道结构参数(半结构)如表 2.1 所示。

表 2.1 有砟轨道结构参数(半结构)

类别	参数	数值	类别	参数	数值
钢轨	抗弯刚度/(MN·m^2)	6.625	钢轨扣件	单位长度刚度/(MN/m^2)	60/0.625
	单位长度质量/(kg/m)	60		单位长度阻尼/(kN·s/m^2)	50/0.625
轨枕	单位长度质量/(kg/m)	170/0.625	道砟	单位长度刚度/(MN/m^2)	120
				单位长度阻尼/(kN·s/m^2)	60
道床	单位长度质量/(kg/m)	1360	路基	单位长度刚度/(MN/m^2)	60
				单位长度阻尼/(kN·s/m^2)	90

计算结果如图 2.4~图 2.7 所示，可以得出以下结论。

(1) 列车经过轨道时，在轨道结构位移和动压力时程曲线上能明显看到若干个峰值。这些峰值位移和峰值动压力对应于 8 节车辆的 32 个轮对。

(2) 位移、速度、加速度，以及动压力从钢轨传递到轨枕，再到道床，是逐渐衰减的。从钢轨传递到轨枕衰减快，从轨枕传递到道床衰减慢，这是因为道砟的刚度大于扣件刚度和路基刚度。

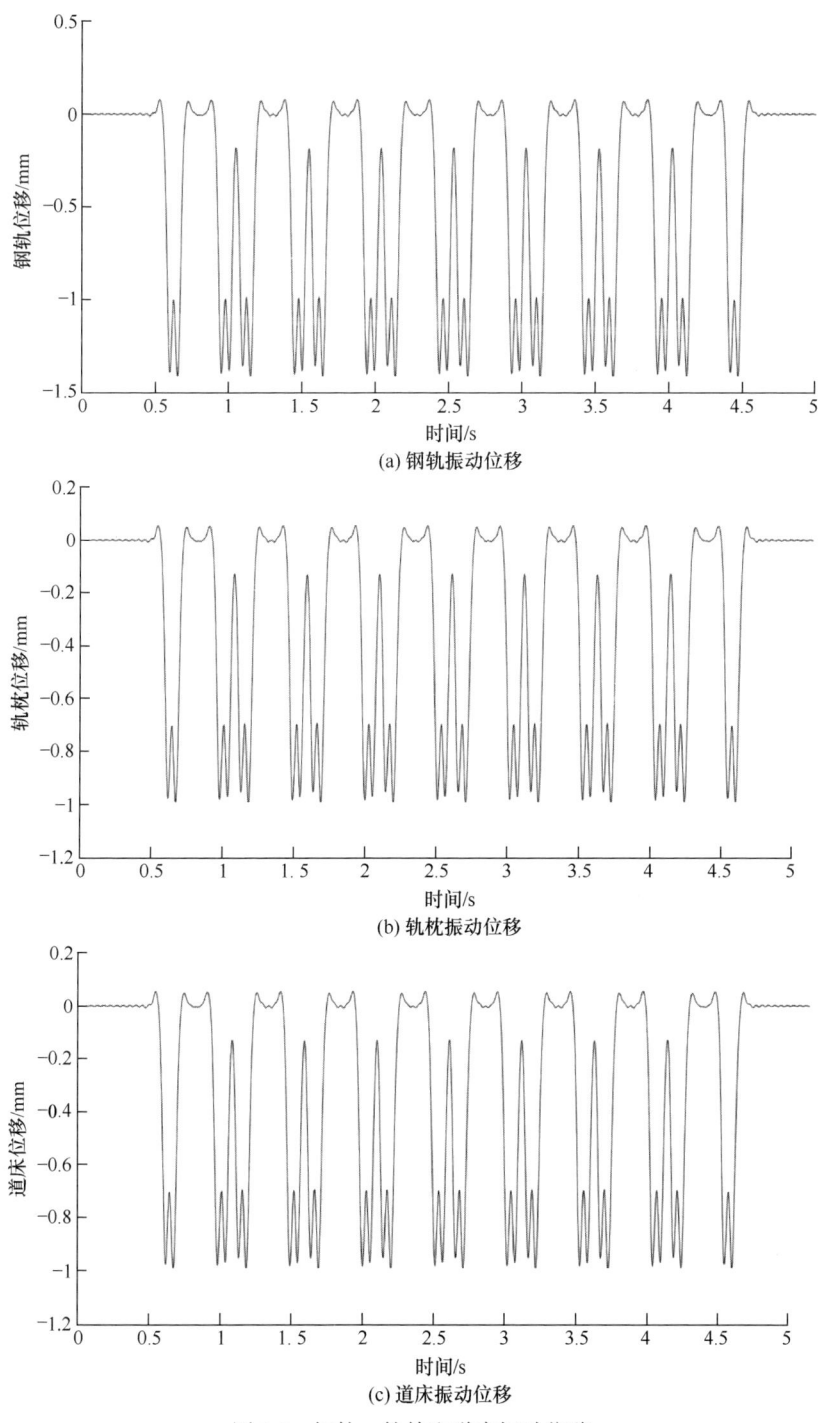

图 2.4 钢轨、轨枕和道床振动位移

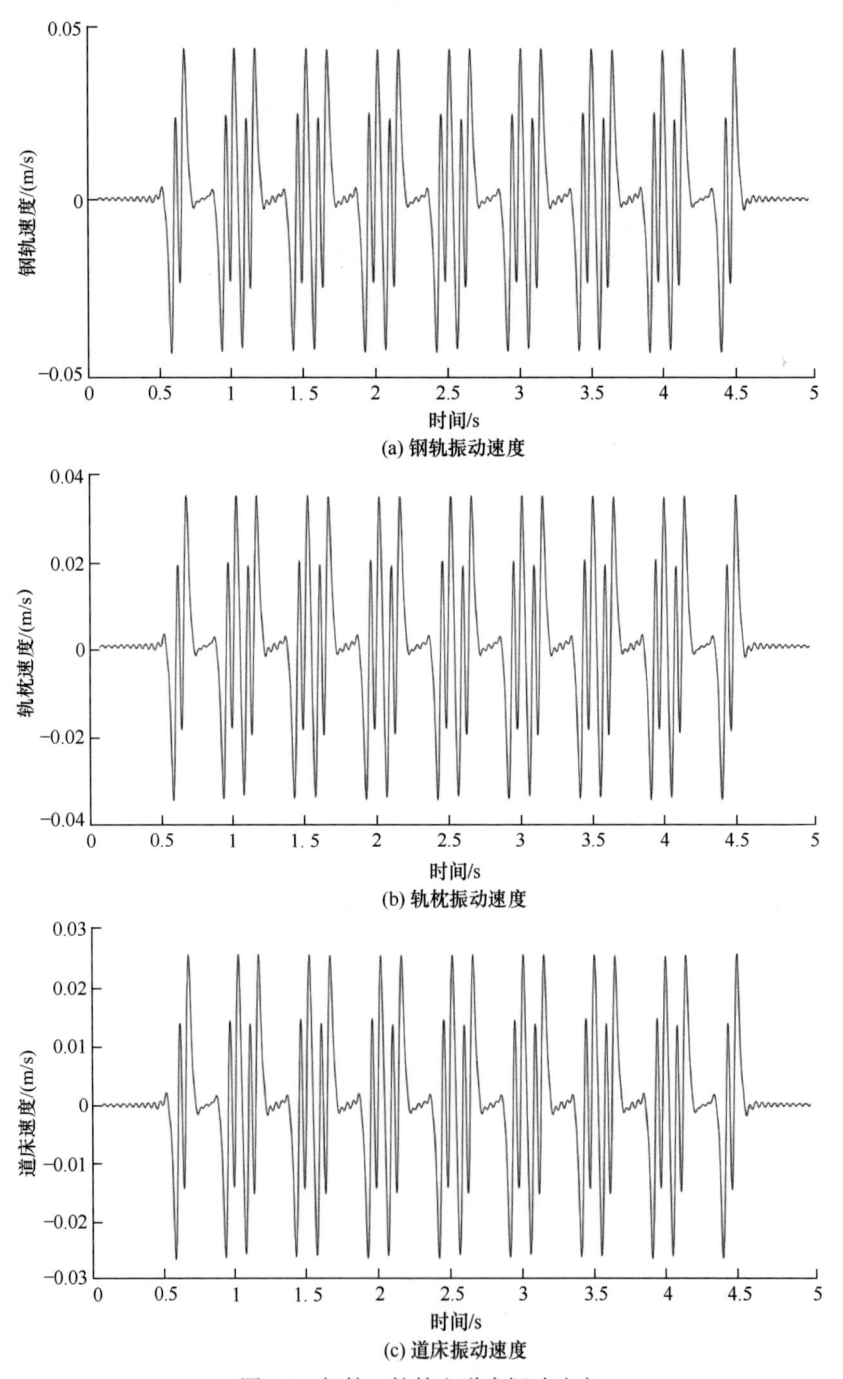

图 2.5 钢轨、轨枕和道床振动速度

第2章 轨道结构动力分析的傅里叶变换法与程序

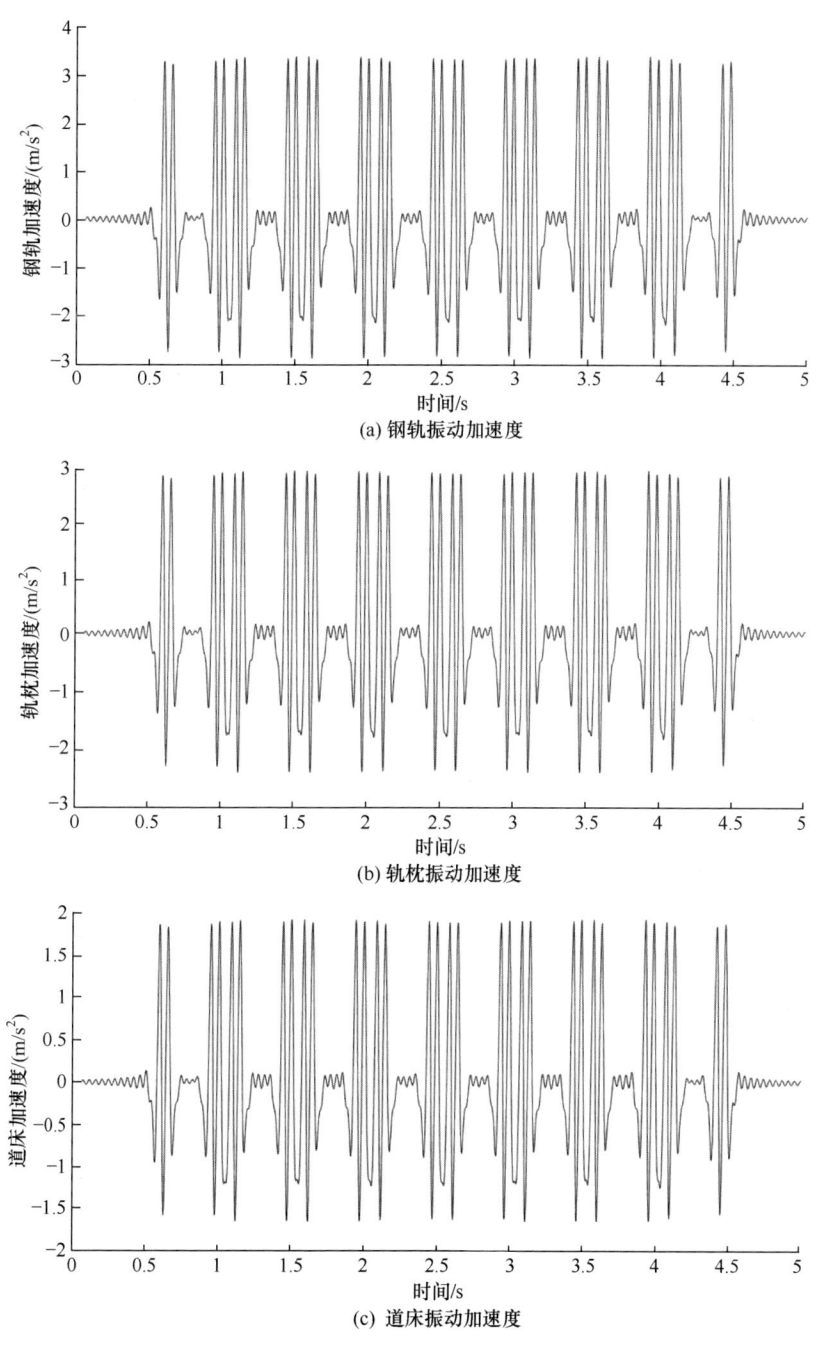

(a) 钢轨振动加速度

(b) 轨枕振动加速度

(c) 道床振动加速度

图2.6 钢轨、轨枕和道床振动加速度

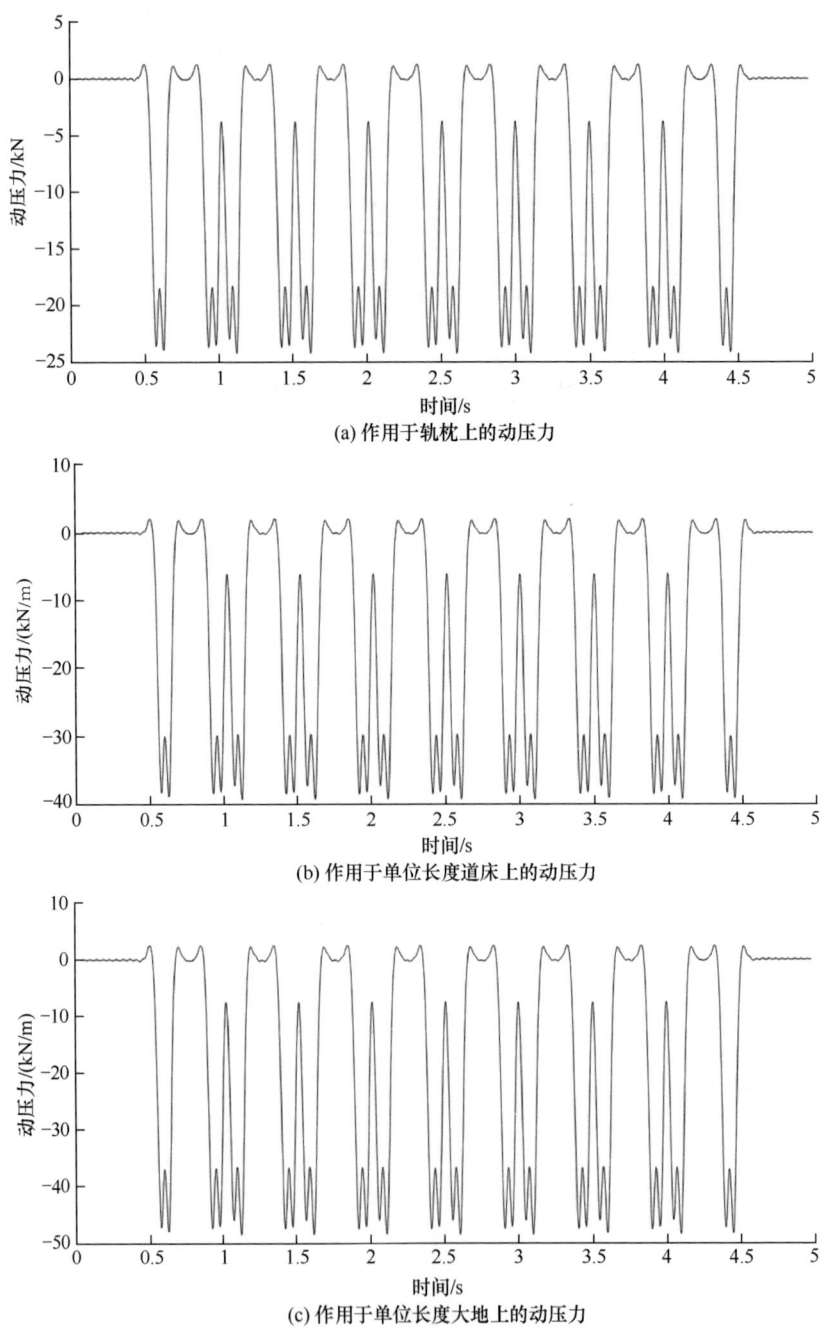

图 2.7 作用于轨枕、单位长度道床和大地上的动压力

2.6 无砟轨道结构连续弹性三层梁模型

无砟轨道结构可简化为如图 2.8 所示的连续弹性三层梁模型。模型中的列车荷载可简化为移动的轴荷载，考虑一系悬挂簧下质量的惯性力，其振动微分方程为

$$E_r I_r \frac{\partial^4 w}{\partial x^4} + m_r \frac{\partial^2 w}{\partial t^2} + c_p \left(\frac{\partial w}{\partial t} - \frac{\partial z}{\partial t} \right) + k_p (w-z) = -\sum_{l=1}^{n} \left(F_l + m_w \frac{\partial^2 \eta}{\partial t^2} \right) \delta(x - Vt - a_l)$$

(2.53)

$$E_s I_s \frac{\partial^4 z}{\partial x^4} + m_s \frac{\partial^2 z}{\partial t^2} + c_s \left(\frac{\partial z}{\partial t} - \frac{\partial y}{\partial t} \right) - c_p \left(\frac{\partial w}{\partial t} - \frac{\partial z}{\partial t} \right) + k_s (z-y) - k_p (w-z) = 0$$

(2.54)

$$E_h I_h \frac{\partial^4 y}{\partial x^4} + m_h \frac{\partial^2 y}{\partial t^2} + c_h \frac{\partial y}{\partial t} - c_s \left(\frac{\partial z}{\partial t} - \frac{\partial y}{\partial t} \right) + k_h y - k_s (z-y) = 0 \quad (2.55)$$

其中，w、z 和 y 为钢轨、轨道板和底座板的垂向位移；E_r、I_r 为钢轨的弹性模量、截面绕水平轴的惯性矩；m_r 为单位长度的钢轨质量；k_p、c_p 为单位长度轨下垫板和扣件的刚度、阻尼；E_s、I_s 为轨道板的弹性模量、截面绕水平轴的惯性矩；m_s 为单位长度轨道板的质量；k_s、c_s 为单位长度水泥沥青(cement asphalt, CA)砂浆的刚度、阻尼；E_h、I_h 为底座板的弹性模量、截面绕水平轴的惯性矩；m_h 为单位长度底座板的质量；k_h、c_h 为单位长度路基的刚度、阻尼；m_w 为第 l 个轮对的质量；$\eta(x=Vt)$ 为轨道随机不平顺值。

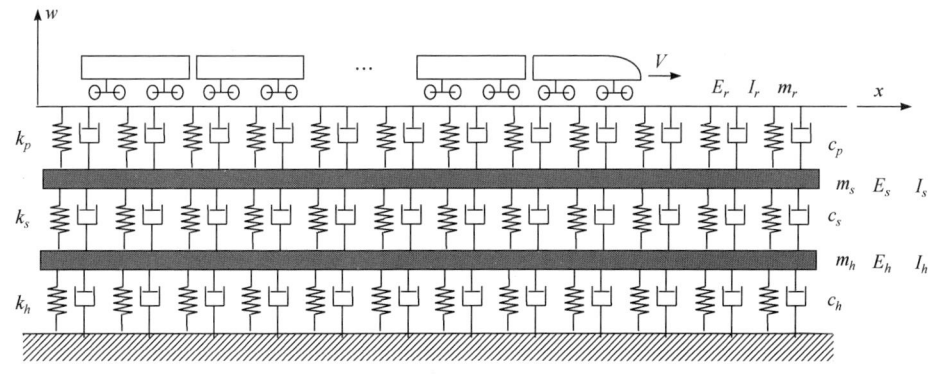

图 2.8 无砟轨道结构连续弹性三层梁模型

2.6.1 轨道随机不平顺的数值模拟

由式(1.16)，轨道随机不平顺值 $\eta(x)$ 可用三角级数表示为

$$\eta = \sum_{k=1}^{N_k} \eta_k \sin(\omega_k x + \varphi_k), \quad k = 1, 2, \cdots, N_k \tag{2.56}$$

其中，η_k 是均值为 0、标准差为 σ_k 的高斯随机变量，是互相独立的；φ_k 是与 η_k 独立的、$0 \sim 2\pi$ 区间均匀分布的随机变量，也是互相独立的。

2.6.2 求解无砟轨道结构连续弹性三层梁模型的傅里叶变换法

由式(2.56)可得

$$\frac{\partial^2 \eta}{\partial t^2} = -\sum_{k=1}^{N_k} \eta_k \omega_k^2 V^2 \sin(\omega_k x + \varphi_k) \tag{2.57}$$

对式(2.53)右端项做傅里叶变换，可得

$$I_{\text{右}} = -\left[\sum_{l=1}^{n}\left(F_l + m_w \frac{\partial^2 \eta}{\partial t^2}\right)\mathrm{e}^{-\mathrm{i}\beta a_l}\right]\mathrm{e}^{-\mathrm{i}\beta Vt} = \tilde{F}(\beta)\mathrm{e}^{-\mathrm{i}\beta Vt} \tag{2.58}$$

其中

$$\tilde{F}(\beta) = -\sum_{l=1}^{n}\left(F_l + m_w \frac{\partial^2 \eta}{\partial t^2}\right)\mathrm{e}^{-\mathrm{i}\beta a_l} \tag{2.59}$$

同样，假设列车荷载为简谐荷载，对式(2.53)~式(2.55)做傅里叶变换，可得

$$E_r I_r \beta^4 \tilde{W} - m_r \omega^2 \tilde{W} + \mathrm{i}\omega c_p(\tilde{W} - \tilde{Z}) + k_p(\tilde{W} - \tilde{Z}) = \tilde{F}(\beta) \tag{2.60}$$

$$E_s I_s \beta^4 \tilde{Z} - m_s \omega^2 \tilde{Z} + \mathrm{i}\omega c_s(\tilde{Z} - \tilde{Y}) - \mathrm{i}\omega c_p(\tilde{W} - \tilde{Z}) + k_s(\tilde{Z} - \tilde{Y}) - k_p(\tilde{W} - \tilde{Z}) = 0 \tag{2.61}$$

$$E_h I_h \beta^4 \tilde{Y} - m_h \omega^2 \tilde{Y} + \mathrm{i}\omega c_h \tilde{Y} - \mathrm{i}\omega c_s(\tilde{Z} - \tilde{Y}) + k_h \tilde{Y} - k_s(\tilde{Z} - \tilde{Y}) = 0 \tag{2.62}$$

联立求解式(2.60)~式(2.62)，可得

$$\tilde{W}(\beta) = \frac{\left[AB - (\mathrm{i}\omega c_s + k_s)^2\right]\tilde{F}(\beta)}{C\left[AB - (\mathrm{i}\omega c_s + k_s)^2\right] - A(\mathrm{i}\omega c_p + k_p)^2} \tag{2.63}$$

$$\tilde{Z}(\beta) = \frac{A(\mathrm{i}\omega c_p + k_p)}{AB - (\mathrm{i}\omega c_s + k_s)^2}\tilde{W}(\beta) \tag{2.64}$$

$$\tilde{Y}(\beta) = \frac{\mathrm{i}\omega c_s + k_s}{A}\tilde{Z}(\beta) \tag{2.65}$$

其中

$$A = E_h I_h \beta^4 - m_h \omega^2 + i\omega(c_h + c_s) + k_h + k_s$$
$$B = E_s I_s \beta^4 - m_s \omega^2 + i\omega(c_s + c_p) + k_s + k_p \quad (2.66)$$
$$C = E_r I_r \beta^4 - m_r \omega^2 + i\omega c_r + k_p$$

将式(2.63)~式(2.65)代入式(2.40)~式(2.42)，进行傅里叶逆变换，可得钢轨、轨道板和底座板的位移。

2.7 无砟轨道结构振动分析

考察 2 节编组的城市轨道交通 A 型列车以 120km/h 行驶时引起无砟轨道结构的振动情况。已知列车轴重为 160kN，轮对质量为 1770kg，车辆固定轴距为 2.5m，车辆定距为 15.7m。假设无砟轨道位于直线地段，由于车辆与轨道相对于轨道中心线对称，仅取一半结构分析。钢轨为 P60 无缝钢轨，轨枕间距为 0.625m，轨道不平顺采用美国六级轨道不平顺功率谱密度函数模拟。无砟轨道结构参数(半结构)如表 2.2 所示。

表 2.2 无砟轨道结构参数(半结构)

类别	参数	数值	类别	参数	数值
钢轨	抗弯刚度/(MN·m²)	6.625	钢轨扣件	单位长度刚度/(MN/m²)	60/0.625
	单位长度质量/(kg/m)	60		单位长度阻尼/(kN·s/m²)	50/0.625
轨道板	抗弯刚度/(MN·m²)	33.15	CA 砂浆	单位长度刚度/(MN/m²)	900
	单位长度质量/(kg/m)	638		单位长度阻尼/(kN·s/m²)	80
底座板	抗弯刚度/(MN·m²)	100	路基	单位长度刚度/(MN/m²)	60
	单位长度质量/(kg/m)	1106		单位长度阻尼/(kN·s/m²)	90

计算结果如图 2.9~图 2.13 所示。无砟轨道结构振动响应变化规律与有砟轨道结构基本相同，结论如下。

(1) 由于轨道结构存在随机不平顺，轮轨作用力围绕静轴重 80kN 振荡。

(2) 由于轨道板和底座板具有一定的抗弯刚度，且 CA 砂浆的刚度远大于道床的刚度，有砟轨道钢轨、轨枕、道床的振动位移均比无砟轨道钢轨、轨道板、底座板的振动位移大。

(3) 列车经过轨道时，在轨道位移和作用于轨枕上的动压力时程曲线上能明显看到 8 个峰值，这些峰值位移和动压力对应于 2 节车辆的 8 个轮对。由于轨道板和底座板具有一定的抗弯刚度，因此在底座板的振动响应时程曲线和作用于大地上的动压力时程曲线上,峰值得到平滑。

(4) 当列车通过随机不平顺轨道时,列车引起的钢轨、轨道板、底座板的振动加速度比不考虑轨道不平顺的情况显著增加。这说明,轨道随机不平顺是车辆-轨道耦合振动的激振源。

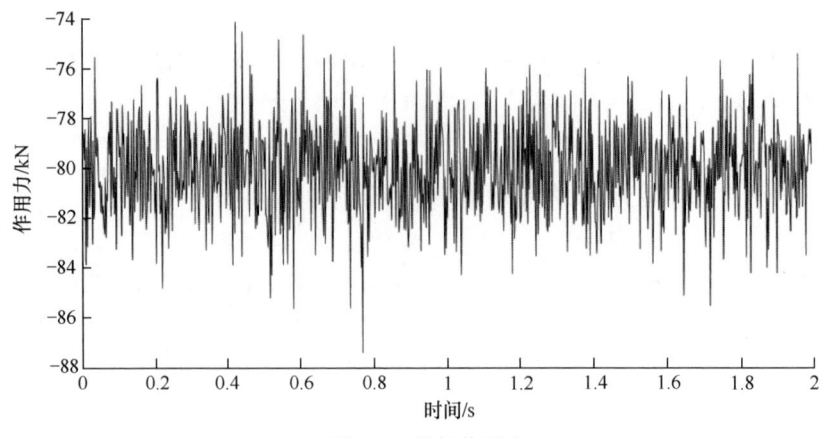

图 2.9 轮轨作用力

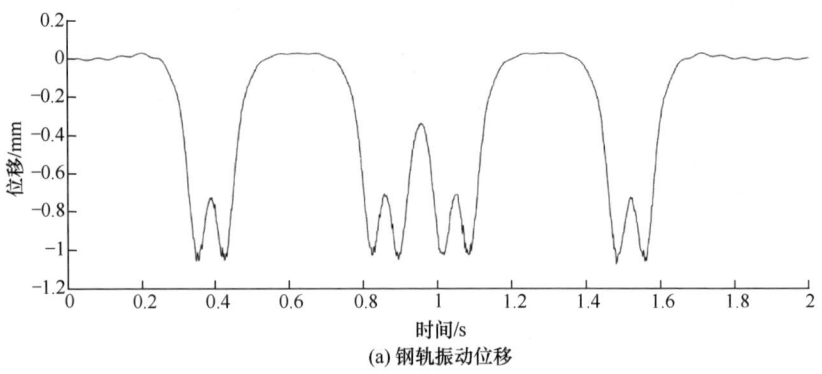

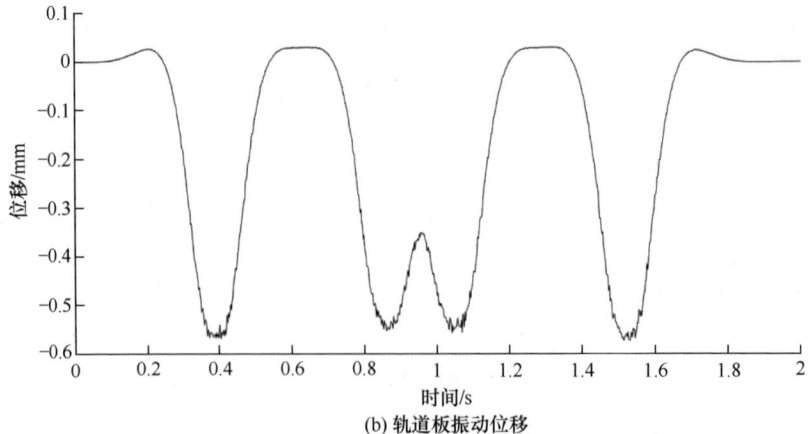

(a) 钢轨振动位移

(b) 轨道板振动位移

(c) 底座板振动位移

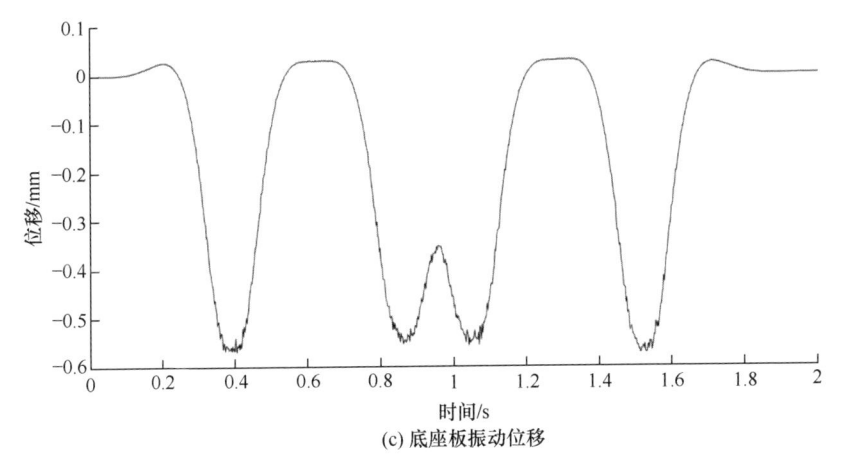

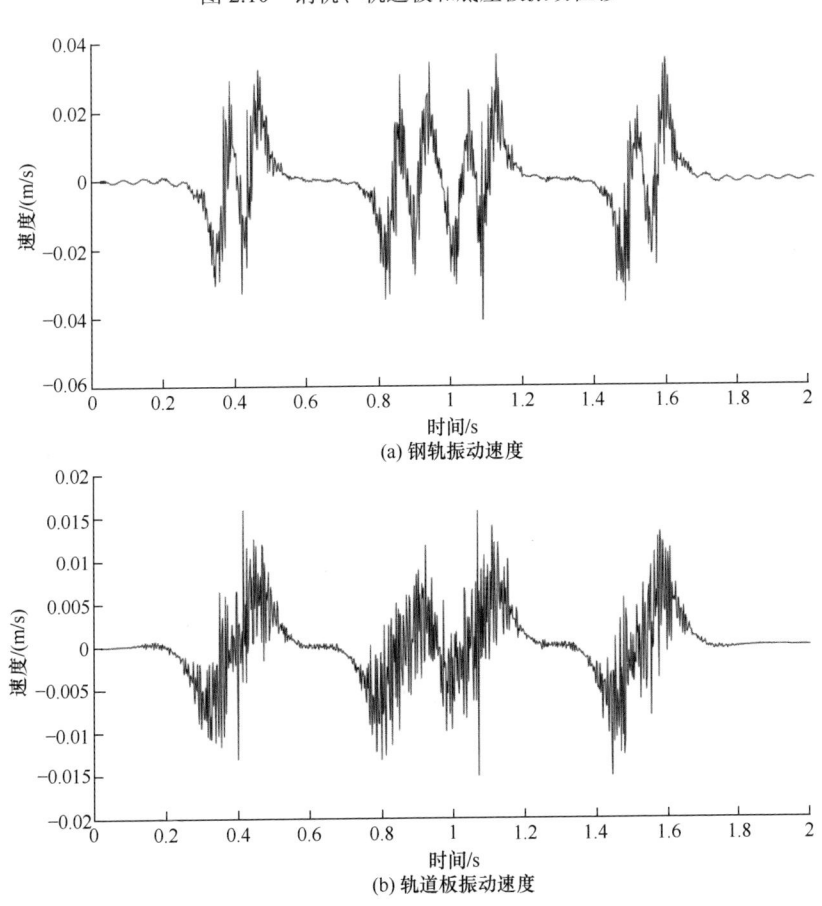

图 2.10 钢轨、轨道板和底座板振动位移

(a) 钢轨振动速度

(b) 轨道板振动速度

(c) 底座板振动速度

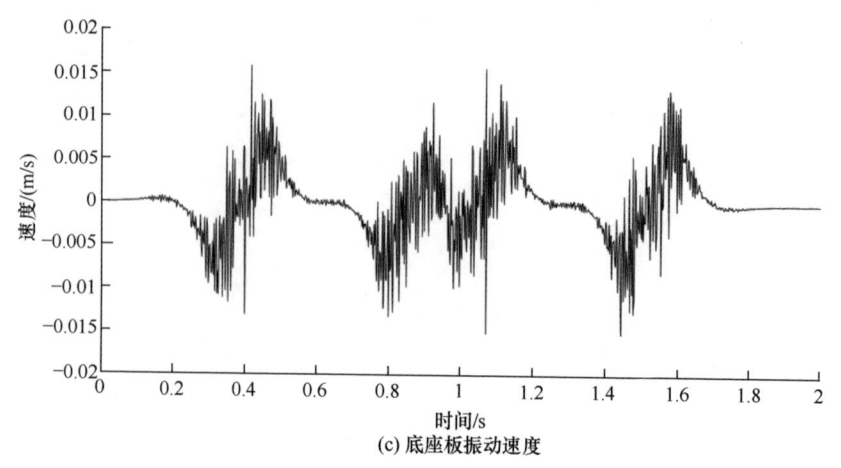

图 2.11　钢轨、轨道板和底座板振动速度

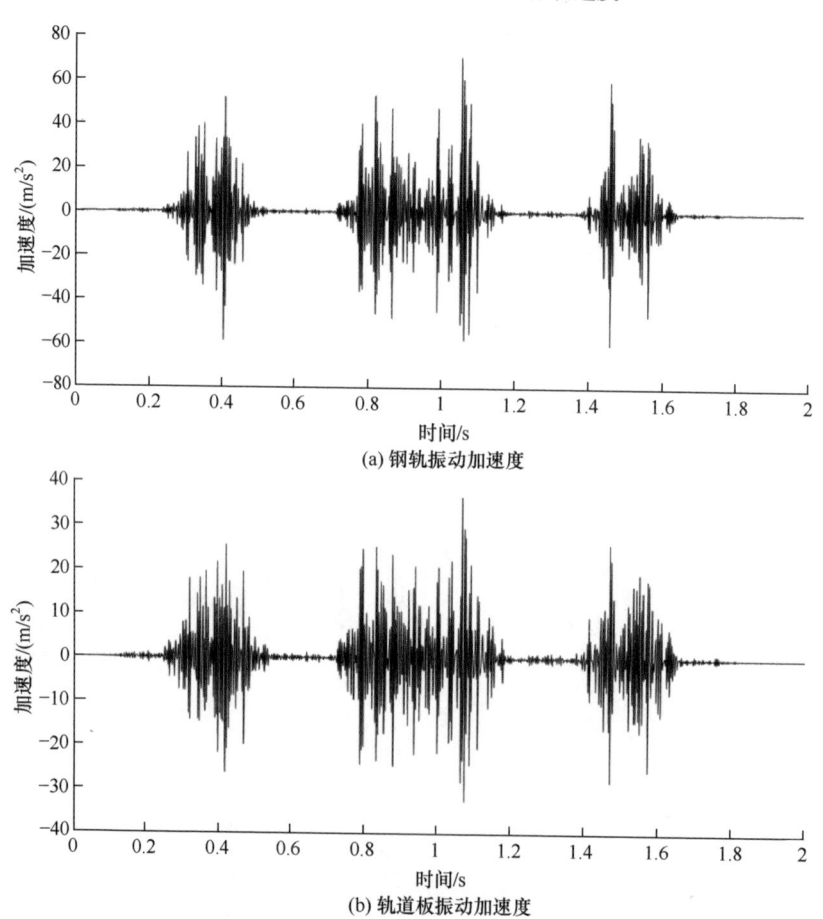

(a) 钢轨振动加速度

(b) 轨道板振动加速度

(c) 底座板振动加速度

图 2.12 钢轨、轨道板和底座板振动加速度

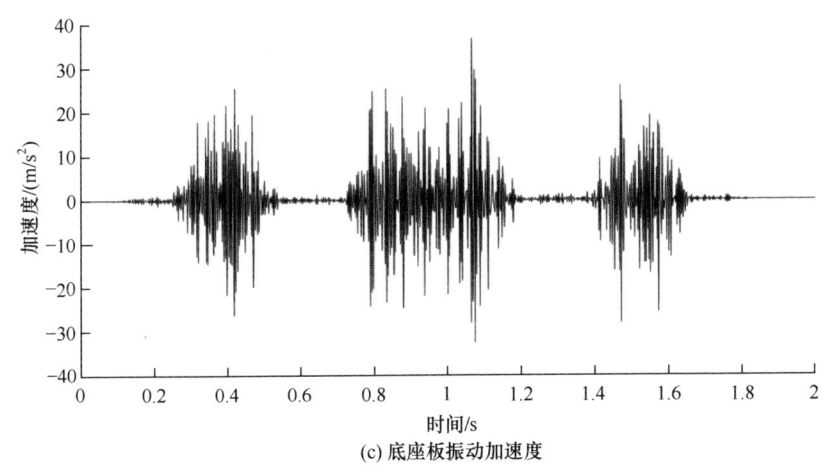

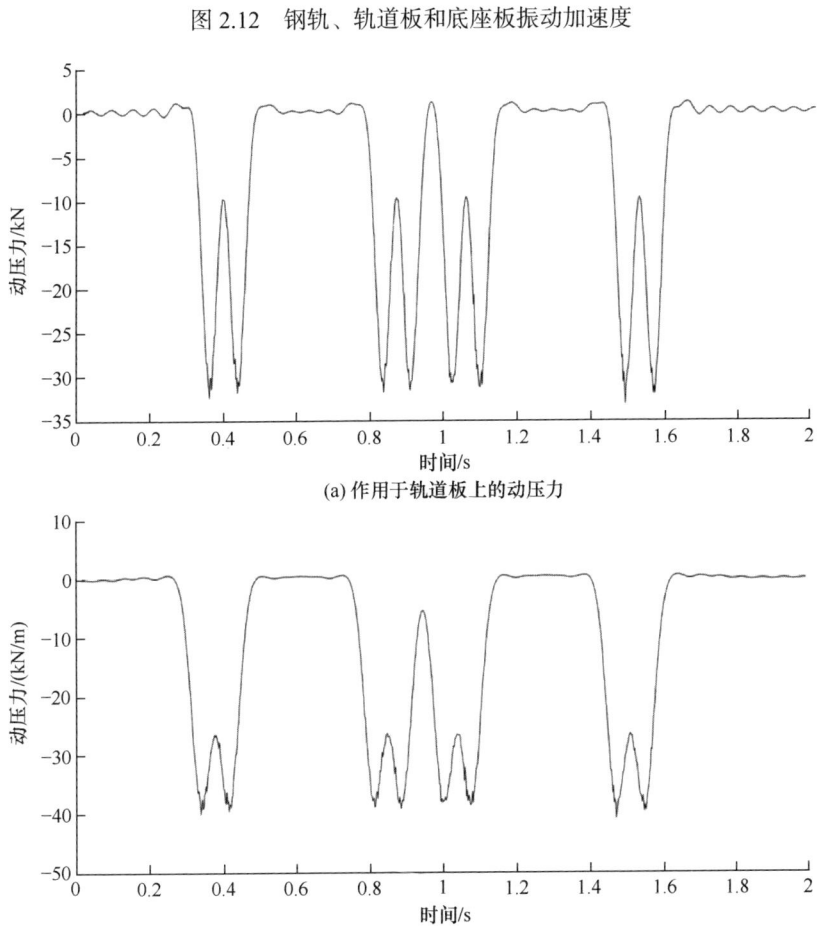

(a) 作用于轨道板上的动压力

(b) 作用于单位长度底座板上的动压力

(c) 作用于单位长度大地上的动压力

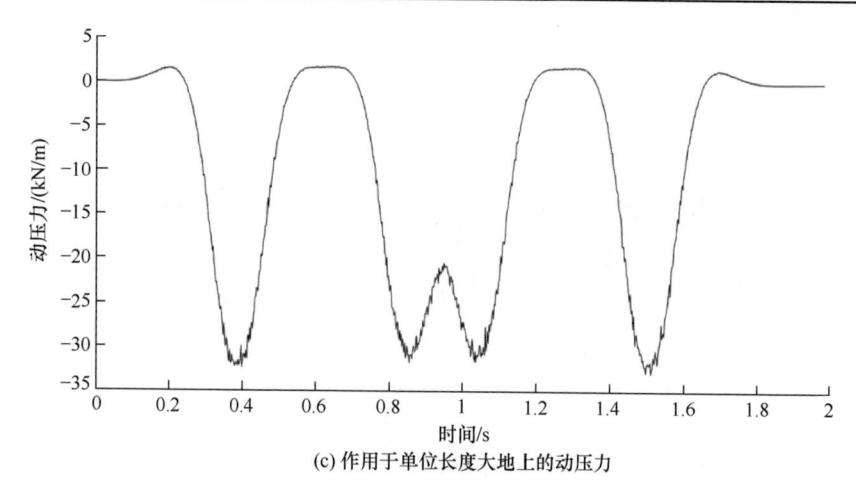

图 2.13 作用于轨道板、单位长度底座板和大地上的动压力

参 考 文 献

[1] 雷晓燕. 高速铁路轨道振动与轨道临界速度的傅里叶变换法. 中国铁道科学, 2007, 28(6): 30-34.

[2] 雷晓燕. 轨道结构动力分析的傅里叶变换法. 铁道学报, 2007, 29(3): 67-71.

[3] 雷晓燕. 高速铁路轨道动力学——模型、算法与应用. 2 版. 北京: 科学出版社, 2021.

[4] Sheng X, Jones C J C, Thompson D J. A theoretical model for ground vibration from trains generated by vertical track irregularities. Journal of Sound and Vibration, 2004, 272(3-5): 937-965.

[5] Sheng X, Jones C J C, Thompson D J. A theoretical study on the influence of the track on train-induced ground vibration. Journal of Sound and Vibration, 2004, 272(3-5): 909-936.

[6] Sheng X. Ground vibrations generated from trains. Southampton: University of Southampton, 2002.

第 3 章 轨道单元模型与轨道结构动力有限元方程

高速列车在轨道上运行时，轮轨表面的不平顺将激发车辆和轨道结构的强烈振动。随着轮轨不平顺状态的恶化和列车速度的提高，车辆与轨道之间的相互作用愈加激烈，将直接影响列车运行安全。轮轨关系是车辆-轨道动力学分析中的难题，机车车辆与轨道结构通过轮轨关系相互关联、相互作用，是一个动态耦合系统。在研究机车车辆动力学性能时，不能简单地视线路为外激干扰。同样，线路也不存在独立于列车的激扰特性。因此，在分析列车和轨道结构的动力特性时，必须将车辆和轨道结构作为一个耦合系统加以研究。

对于轨道结构动力特性的研究，世界各国多采用仿真分析。仿真分析的突出优点是能够代替昂贵而又耗时的物理试验，对所研究的问题进行数值模拟。近年来，出现各种计算模型[1-17]，并取得丰硕的研究成果。

本章首先介绍作为轨道结构振动分析基础的有限元法和梁单元的基本理论，然后论述各种轨道单元模型。

3.1 动力有限元概述

结构在随时间变化的荷载作用下，位移、速度、加速度、应变、应力都是时间的函数。以二维弹性动力学问题为例，动力有限元分析包括如下步骤[18,19]。

1) 连续区域的离散化

在动力分析中，因为引入时间坐标，处理的是 (x,y,t) 问题。在动力有限元法中，一般采用部分离散的方法，即只对空间结构进行离散，在时间尺度上则采用差分法。

2) 构造插值函数

由于只对空间域离散，单元内任意一点的位移 u、v 可通过插值用单元结点位移表示，即

$$u(x,y,t) = \sum_{i=1}^{n} N_i(x,y) u_i(t)$$
$$v(x,y,t) = \sum_{i=1}^{n} N_i(x,y) v_i(t)$$

(3.1)

其中，u、v 为单元内 (x, y) 处的位移；N_i 为插值函数；u_i、v_i 为单元中结点 i 的位移。

式(3.1)可用矩阵表示为

$$\boldsymbol{f} = \boldsymbol{N}\boldsymbol{a}^e \tag{3.2}$$

其中，$\boldsymbol{f}$ 为单元位移向量；$\boldsymbol{N}$ 为插值函数矩阵；$\boldsymbol{a}^e$ 为单元结点位移向量。

$$\boldsymbol{f} = \begin{Bmatrix} u(x,y,t) \\ v(x,y,t) \end{Bmatrix}$$

$$\boldsymbol{N} = \begin{bmatrix} N_1 & O & N_2 & O & \cdots & N_n & O \\ O & N_1 & O & N_2 & \cdots & O & N_n \end{bmatrix}$$

$$\boldsymbol{a}^e = \{a_1 \quad a_2 \quad \cdots \quad a_n\}^{\mathrm{T}}, \quad \boldsymbol{a}_i = \begin{Bmatrix} u_i(t) \\ v_i(t) \end{Bmatrix}$$

在弹性动力学问题中，单元结点位移向量 $\boldsymbol{a}^e$ 是时间的函数。

3) 形成单元特性矩阵和特性向量

由式(3.2)可得单元应变向量和单元应力向量，即

$$\boldsymbol{\varepsilon} = \boldsymbol{B}\boldsymbol{a}^e \tag{3.3}$$

$$\boldsymbol{\sigma} = \boldsymbol{D}\boldsymbol{\varepsilon} = \boldsymbol{D}\boldsymbol{B}\boldsymbol{a}^e \tag{3.4}$$

其中，$\boldsymbol{\varepsilon}$ 为单元应变向量；$\boldsymbol{B}$ 为单元应变矩阵；$\boldsymbol{\sigma}$ 为单元应力向量；$\boldsymbol{D}$ 为弹性矩阵。

通过位移对时间微分，可以得到单元内 (x, y) 处的速度，即

$$\dot{\boldsymbol{f}}(x,y,t) = \boldsymbol{N}(x,y)\dot{\boldsymbol{a}}^e(t) \tag{3.5}$$

其中，$\dot{\boldsymbol{a}}^e$ 为单元结点速度向量。

为建立结构的动力学方程，可运用 Lagrange 方程，即

$$\frac{\mathrm{d}}{\mathrm{d}t}\frac{\partial L}{\partial \dot{\boldsymbol{a}}} - \frac{\partial L}{\partial \boldsymbol{a}} + \frac{\partial R}{\partial \dot{\boldsymbol{a}}} = \boldsymbol{0} \tag{3.6}$$

其中，R、$\boldsymbol{a}$、$\dot{\boldsymbol{a}}$ 为弹性体的耗散能函数、结点位移向量、结点速度向量；L 为 Lagrange 函数，即

$$L = T - \Pi_p \tag{3.7}$$

其中，T、Π_p 为弹性体的动能、势能。

单元的动能和势能可分别表示为

$$T^e = \frac{1}{2}\int_{\Omega^e} \rho \dot{\boldsymbol{f}}^{\mathrm{T}} \dot{\boldsymbol{f}} \mathrm{d}\Omega \tag{3.8}$$

$$\Pi_p^e = \frac{1}{2}\int_{\Omega^e} \boldsymbol{\varepsilon}^{\mathrm{T}} \boldsymbol{D}\boldsymbol{\varepsilon}\mathrm{d}\Omega - \int_{\Omega^e} \boldsymbol{f}^{\mathrm{T}}\boldsymbol{b}\mathrm{d}\Omega - \int_{\Gamma_\sigma} \boldsymbol{f}^{\mathrm{T}}\boldsymbol{q}\mathrm{d}\Gamma \tag{3.9}$$

其中，ρ 为材料密度。

式(3.9)右端第一项代表单元的应变能；第二、三项代表外力的势能，$\boldsymbol{b}$ 和 $\boldsymbol{q}$ 为作用于单元的体积力向量和面力向量。

至于单元的耗散能函数，如果假设阻尼力与各质点的速度成正比，则可表示为

$$R^e = \frac{1}{2}\int_{\Omega^e} \mu \dot{\boldsymbol{f}}^{\mathrm{T}}\dot{\boldsymbol{f}}\mathrm{d}\Omega \tag{3.10}$$

其中，μ 为阻尼系数。

将式(3.2)代入式(3.8)~式(3.10)，可得

$$\begin{aligned} T^e &= \frac{1}{2}(\dot{\boldsymbol{a}}^e)^{\mathrm{T}}\boldsymbol{m}^e\dot{\boldsymbol{a}}^e \\ \Pi_p^e &= \frac{1}{2}(\boldsymbol{a}^e)^{\mathrm{T}}\boldsymbol{k}^e\boldsymbol{a}^e - (\boldsymbol{a}^e)^{\mathrm{T}}\boldsymbol{Q}^e \\ R^e &= \frac{1}{2}(\dot{\boldsymbol{a}}^e)^{\mathrm{T}}\boldsymbol{c}^e\dot{\boldsymbol{a}}^e \end{aligned} \tag{3.11}$$

其中

$$\boldsymbol{m}^e = \int_{\Omega^e}\rho \boldsymbol{N}^{\mathrm{T}}\boldsymbol{N}\mathrm{d}\Omega, \quad \boldsymbol{k}^e = \int_{\Omega^e}\boldsymbol{B}^{\mathrm{T}}\boldsymbol{D}\boldsymbol{B}\mathrm{d}\Omega, \quad \boldsymbol{c}^e = \int_{\Omega^e}\mu\boldsymbol{N}^{\mathrm{T}}\boldsymbol{N}\mathrm{d}\Omega \tag{3.12}$$

分别为单元的质量矩阵、刚度矩阵、阻尼矩阵。

$$\boldsymbol{Q}^e = \int_{\Omega^e}\boldsymbol{N}^{\mathrm{T}}\boldsymbol{b}\mathrm{d}\Omega + \int_{\Gamma_\sigma}\boldsymbol{N}^{\mathrm{T}}\boldsymbol{q}\mathrm{d}\Gamma \tag{3.13}$$

为单元的等效结点荷载向量。

4) 集合各个单元的特性矩阵和荷载向量形成整个系统的运动方程

集合各个单元的动能、势能和耗散能，可以得到系统的总动能、总势能和总耗散能，即

$$\begin{aligned} T &= \sum_e T^e = \frac{1}{2}\dot{\boldsymbol{a}}^{\mathrm{T}}\boldsymbol{M}\dot{\boldsymbol{a}} \\ \Pi_p &= \sum_e \Pi_p^e = \frac{1}{2}\boldsymbol{a}^{\mathrm{T}}\boldsymbol{K}\boldsymbol{a} - \boldsymbol{a}^{\mathrm{T}}\boldsymbol{Q} \\ R &= \sum_e R^e = \frac{1}{2}\dot{\boldsymbol{a}}^{\mathrm{T}}\boldsymbol{C}\dot{\boldsymbol{a}} \end{aligned} \tag{3.14}$$

其中

$$M = \sum_e m^e, \quad K = \sum_e k^e, \quad C = \sum_e c^e, \quad Q = \sum_e Q^e \tag{3.15}$$

分别为系统的总质量矩阵、总刚度矩阵、总阻尼矩阵和总结点荷载向量。

进一步将式(3.14)、式(3.15)代入 Lagrange 方程，即可得到系统的动力有限元方程，即

$$M\ddot{a}(t) + C\dot{a}(t) + Ka(t) = Q(t) \tag{3.16}$$

其中，$a(t)$、$\dot{a}(t)$ 和 $\ddot{a}(t)$ 为系统的总结点位移、速度和加速度向量。

5) 计算结构的应变和应力

求解动力有限元方程(3.16)，可以得到系统的结点位移向量 $a(t)$。利用式(3.3)和式(3.4)可计算单元应变 $\varepsilon(t)$ 和单元应力 $\sigma(t)$。

从上述步骤可以看出，与静力问题相比，在动力分析中，由于动能和耗散能出现在能量方程中，因此引入质量矩阵和阻尼矩阵，最后得到的求解方程不是代数方程组，而是常微分方程组。关于二阶常微分方程组的解法，原则上可利用常微分方程组的常用方法，如 Runge-Kutta 方法求解，但是在动力有限元分析中，因为矩阵的阶数较高，这些常用的算法往往效率较低，所以常采用数值积分法。

3.2 二维有限元梁单元模型

3.2.1 二维梁单元位移模式

图 3.1 所示为二维有限元梁单元模型，单元有 2 个结点，每个结点有 3 个自由度，分别为轴向位移、垂向位移和转角。

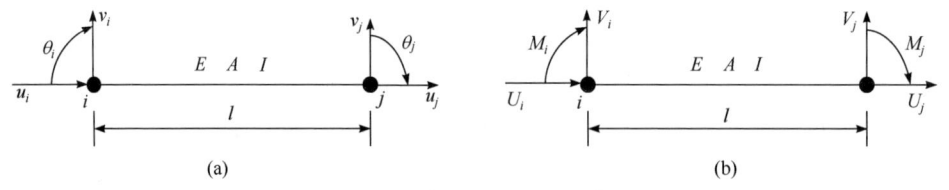

图 3.1 二维有限元梁单元模型

假定梁单元的位移模式为

$$u = \alpha_1 + \alpha_2 x \tag{3.17}$$

$$v = \beta_1 + \beta_2 x + \beta_3 x^2 + \beta_4 x^3 \tag{3.18}$$

其中，α_i、β_j ($i=1,2$；$j=1,2,\cdots,4$) 为 6 个待定的广义坐标，可由单元的 6 个结点位移表示。

将 α_i、β_j 代入式(3.17)和式(3.18)，单元中任意一点的位移可通过插值函数和单元结点位移表示为

$$u = N_1 u_i + N_4 u_j$$
$$v = N_2 v_i + N_3 \theta_i + N_5 v_j + N_6 \theta_j \tag{3.19}$$

其中，$N_1 \sim N_6$ 为插值函数，它们是单元局部坐标 x 的函数，即

$$N_1 = 1 - \frac{x}{l}, \quad N_2 = 1 - \frac{3}{l^2}x^2 + \frac{2}{l^3}x^3, \quad N_3 = -x + \frac{2}{l}x^2 - \frac{1}{l^2}x^3$$
$$N_4 = \frac{x}{l}, \quad N_5 = \frac{3}{l^2}x^2 - \frac{2}{l^3}x^3, \quad N_6 = \frac{1}{l}x^2 - \frac{1}{l^2}x^3 \tag{3.20}$$

定义二维有限元梁单元结点位移向量为

$$\boldsymbol{a}^e = \left\{ u_i \quad v_i \quad \theta_i \quad u_j \quad v_j \quad \theta_j \right\}^{\mathrm{T}}$$

则式(3.19)的矩阵形式为

$$\boldsymbol{f} = \begin{Bmatrix} u \\ v \end{Bmatrix} = \boldsymbol{N} \boldsymbol{a}^e \tag{3.21}$$

其中

$$\boldsymbol{N} = \begin{bmatrix} N_1 & 0 & 0 & N_4 & 0 & 0 \\ 0 & N_2 & N_3 & 0 & N_5 & N_6 \end{bmatrix} \tag{3.22}$$

3.2.2 二维梁单元特性矩阵

1. 二维梁单元刚度矩阵

对于长细比较大的杆件，可以忽略剪切变形，此时应变只包含轴向变形和弯曲变形两部分，即

$$\boldsymbol{\varepsilon} = \begin{Bmatrix} \varepsilon_\chi \\ k_\chi \end{Bmatrix} = \begin{Bmatrix} \dfrac{\mathrm{d}u}{\mathrm{d}x} \\ \dfrac{\mathrm{d}^2 v}{\mathrm{d}x^2} \end{Bmatrix} = \boldsymbol{L}\boldsymbol{f} \tag{3.23}$$

其中，$\boldsymbol{L}$ 为微分算子，即

$$\boldsymbol{L} = \begin{bmatrix} \dfrac{\mathrm{d}}{\mathrm{d}x} & 0 \\ 0 & \dfrac{\mathrm{d}^2}{\mathrm{d}x^2} \end{bmatrix} \tag{3.24}$$

将式(3.21)代入式(3.23)，则有

$$\varepsilon = Ba^e \tag{3.25}$$

其中

$$B = LN = \begin{bmatrix} B_i & B_j \end{bmatrix} \tag{3.26}$$

式中

$$B_i = \begin{bmatrix} a_i & 0 & 0 \\ 0 & b_i & c_i \end{bmatrix}, \quad B_j = \begin{bmatrix} a_j & 0 & 0 \\ 0 & b_j & c_j \end{bmatrix} \tag{3.27}$$

其中，$a_j = -a_i = \dfrac{1}{l}$；$b_j = -b_i = \dfrac{6}{l^2} - \dfrac{12}{l^3}x$；$c_i = \dfrac{4}{l} - \dfrac{6}{l^2}x$；$c_j = \dfrac{2}{l} - \dfrac{6}{l^2}x$。

单元刚度矩阵可由下式得到，即

$$k^e = \int_{\Omega^e} B^T DB \mathrm{d}\Omega = \int_{\Omega^e} \begin{bmatrix} B_i^T \\ B_j^T \end{bmatrix} D \begin{bmatrix} B_i & B_j \end{bmatrix} \mathrm{d}\Omega = \begin{bmatrix} k_{ii} & k_{ij} \\ k_{ji} & k_{jj} \end{bmatrix} \tag{3.28}$$

其中，任一分块子矩阵可按下式计算，即

$$k_{rs} = \int_{\Omega^e} B_r^T DB_s \mathrm{d}\Omega = \int_l \begin{bmatrix} a_r & 0 \\ 0 & b_r \\ 0 & c_r \end{bmatrix} \begin{bmatrix} EA & 0 \\ 0 & EI \end{bmatrix} \begin{bmatrix} a_s & 0 & 0 \\ 0 & b_s & c_s \end{bmatrix} \mathrm{d}x \tag{3.29}$$

式中，A 和 I 为梁的横截面积和截面惯性矩；E 为材料弹性模量。

二维梁单元刚度矩阵的显式表达式为

$$k^e = \begin{bmatrix} \dfrac{EA}{l} & 0 & 0 & -\dfrac{EA}{l} & 0 & 0 \\ & \dfrac{12EI}{l^3} & -\dfrac{6EI}{l^2} & 0 & -\dfrac{12EI}{l^3} & -\dfrac{6EI}{l^2} \\ & & \dfrac{4EI}{l} & 0 & \dfrac{6EI}{l^2} & \dfrac{2EI}{l} \\ & & & \dfrac{EA}{l} & 0 & 0 \\ & \text{对称} & & & \dfrac{12EI}{l^3} & \dfrac{6EI}{l^2} \\ & & & & & \dfrac{4EI}{l} \end{bmatrix} \tag{3.30}$$

2. 二维梁单元质量矩阵

式(3.12)表达的单元质量矩阵称为协调质量矩阵或一致质量矩阵，即

$$m^e = \int_{\Omega^e} \rho \mathbf{N}^T \mathbf{N} d\Omega \tag{3.31}$$

在有限元法中，还经常采用集中质量矩阵，它假定单元的质量集中在结点上，这样得到的质量矩阵是对角矩阵。

将式(3.22)代入式(3.31)，可以得到单元协调质量矩阵，即

$$\mathbf{m}^e = \frac{\rho A l}{420} \begin{bmatrix} 140 & 0 & 0 & 70 & 0 & 0 \\ & 156 & -22l & 0 & 54 & 13l \\ & & 4l^2 & 0 & -13l & -3l^2 \\ & & & 140 & 0 & 0 \\ & 对称 & & & 156 & 22l \\ & & & & & 4l^2 \end{bmatrix} \tag{3.32}$$

其中，A 为梁的横截面面积；l 为梁单元的长度。

如果将单元二分之一的质量集中在每个结点上，并略去转动项，得到的单元集中质量矩阵为

$$\mathbf{m}^e = \frac{\rho A l}{2} \begin{bmatrix} 1 & 0 & 0 & 0 & 0 & 0 \\ & 1 & 0 & 0 & 0 & 0 \\ & & 0 & 0 & 0 & 0 \\ & & & 1 & 0 & 0 \\ & 对称 & & & 1 & 0 \\ & & & & & 0 \end{bmatrix} \tag{3.33}$$

在实际分析中，这两种质量矩阵都有应用。一般情况下，两者给出的结果也相差不多。采用集中质量矩阵的好处是使计算简化。特别是，在运用直接积分的显式方案求解运动方程时，如果阻尼矩阵也是对角矩阵，则可以省去等效刚度矩阵的分解。这点在非线性分析中有重要的作用。

3. 二维梁单元阻尼矩阵

式(3.12)所示的单元阻尼矩阵为

$$c^e = \int_{\Omega^e} \mu \mathbf{N}^T \mathbf{N} d\Omega \tag{3.34}$$

基于与协调质量矩阵同样的理由，式(3.34)称为协调阻尼矩阵。它假定阻尼力正比于质点运动速度的结果。通常将介质阻尼简化为这种情况，这时单元阻尼矩阵与单元质量矩阵成正比。

除此之外，还有假定正比于应变速度的阻尼，例如由材料内摩擦引起的阻尼通常可简化为这种情况。这时耗散能函数可表示为

$$R^e = \frac{1}{2}\int_{\Omega^e} \mu\dot{\boldsymbol{\varepsilon}}^{\mathrm{T}}\boldsymbol{D}\dot{\boldsymbol{\varepsilon}}\mathrm{d}\Omega \tag{3.35}$$

由此可得到单元阻尼矩阵，即

$$\boldsymbol{c}^e = \mu\int_{\Omega^e} \boldsymbol{B}^{\mathrm{T}}\boldsymbol{D}\boldsymbol{B}\mathrm{d}\Omega \tag{3.36}$$

在实际分析中，要精确地确定阻尼矩阵是相当困难的，通常允许将实际结构的阻尼简化为以上两种阻尼形式的线性组合，即

$$\boldsymbol{c}^e = \alpha\boldsymbol{m}^e + \beta\boldsymbol{k}^e \tag{3.37}$$

这种阻尼称为比例阻尼，或振型阻尼。

4. 二维梁单元结点荷载向量

单元等效结点荷载向量 $\boldsymbol{Q}^e$ 为

$$\boldsymbol{Q}^e = \boldsymbol{Q}_q^e + \boldsymbol{Q}_b^e + \boldsymbol{Q}_p^e \tag{3.38}$$

其中，$\boldsymbol{Q}_q^e$ 为分布荷载产生的等效结点荷载向量；$\boldsymbol{Q}_b^e$ 为体积力产生的等效结点荷载向量；$\boldsymbol{Q}_p^e$ 为集中荷载产生的等效结点荷载向量，即

$$\boldsymbol{Q}_q^e = \int_{\Gamma_\sigma} \boldsymbol{N}^{\mathrm{T}}\boldsymbol{q}\mathrm{d}\Gamma \tag{3.39}$$

$$\boldsymbol{Q}_b^e = \int_{\Omega^e} \boldsymbol{N}^{\mathrm{T}}\boldsymbol{b}\mathrm{d}\Omega \tag{3.40}$$

$$\boldsymbol{Q}_p^e = \boldsymbol{N}^{\mathrm{T}}\boldsymbol{P} \tag{3.41}$$

3.3 有砟轨道单元模型及动力有限元方程

3.3.1 基本假设

在用有限元法建立有砟轨道结构垂向振动模型时，采用以下基本假设。

(1) 考虑作用在轨道结构上的列车垂向荷载和纵向荷载。

(2) 考虑位于直线地段的轨道结构，由于沿线路中心线对称，可取一半结构研究。

(3) 钢轨被离散为二维梁单元，轨下垫板和扣件的纵向与垂向弹性系数分别用 k_{x1} 和 k_{y1} 表示，阻尼系数分别用 c_{x1} 和 c_{y1} 表示。

(4) 轨枕质量作为集中质量处理并仅考虑垂向振动效应。枕下道床的垂向弹

性系数和阻尼系数分别用 k_{y2} 和 c_{y2} 表示。

(5) 道砟质量简化为集中质量并仅考虑垂向振动效应。道砟下路基的垂向弹性系数和阻尼系数分别用 k_{y3} 和 C_{y3} 表示。

3.3.2 有砟轨道结构广义梁单元模型[1]

为便于程序设计和减小总刚度矩阵的带宽，建立有砟轨道结构广义梁单元有限元模型，相邻轨枕之间的一跨钢轨、轨枕、道砟、路基为一个单元。有砟轨道结构广义梁单元共有 6 个结点，10 个自由度。轨道结构广义梁单元模型如图 3.2 所示

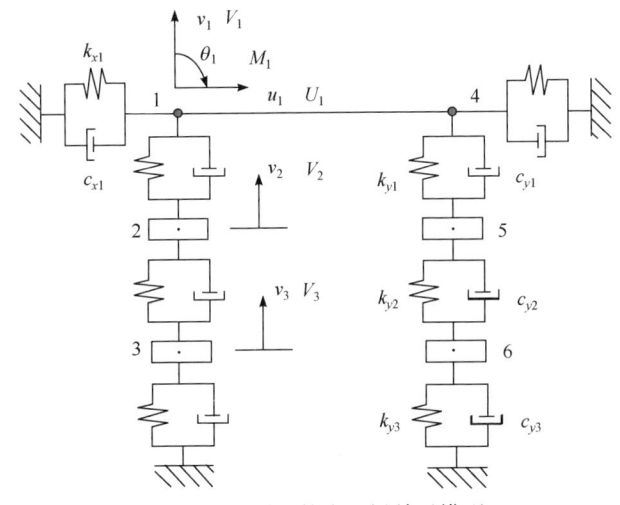

图 3.2 轨道结构广义梁单元模型

定义轨道结构广义梁单元结点位移和结点力为

$$\boldsymbol{a}_l^e = \{u_1 \quad v_1 \quad \theta_1 \quad v_2 \quad v_3 \quad u_4 \quad v_4 \quad \theta_4 \quad v_5 \quad v_6\}^T$$

$$\boldsymbol{F}^e = \{U_1 \quad V_1 \quad M_1 \quad V_2 \quad V_3 \quad U_4 \quad V_4 \quad M_4 \quad V_5 \quad V_6\}^T$$

其中，u_i、$v_i(i=1,4)$ 分别为广义梁单元中第 i 个结点的钢轨纵向(沿线路方向)位移、垂向位移，$v_i(i=2,5)$ 为第 i 个结点的轨枕垂向位移，$v_i(i=3,6)$ 为第 i 个结点的道床垂向位移；$\theta_i(i=1,4)$ 为梁单元中第 i 个结点的钢轨转角；U_i、$V_i(i=1,2,\cdots,6)$ 为单元中第 i 个结点的纵向结点荷载分量、垂向结点荷载分量；$M_i(i=1,4)$ 为单元中第 i 个结点的力矩。

1) 轨道结构广义梁单元刚度矩阵

根据基本假设(3)，钢轨被离散为二维梁单元。由钢轨产生的刚度矩阵在轨道

结构广义梁单元中应扩大为 10×10 阶的矩阵，即

$$\boldsymbol{k}_r^e = \begin{bmatrix} EA/l & 0 & 0 & 0 & 0 & -EA/l & 0 & 0 & 0 & 0 \\ & 12EI/l^3 & -6EI/l^2 & 0 & 0 & 0 & -12EI/l^3 & -6EI/l^2 & 0 & 0 \\ & & 4EI/l & 0 & 0 & 0 & 6EI/l^2 & 2EI/l & 0 & 0 \\ & & & 0 & 0 & 0 & 0 & 0 & 0 & 0 \\ & & & & 0 & 0 & 0 & 0 & 0 & 0 \\ & & 对称 & & & EA/l & 0 & 0 & 0 & 0 \\ & & & & & & 12EI/l^3 & 6EI/l^2 & 0 & 0 \\ & & & & & & & 4EI/l & 0 & 0 \\ & & & & & & & & 0 & 0 \\ & & & & & & & & & 0 \end{bmatrix}$$

(3.42)

除了由钢轨应变能产生的刚度，还需考虑模型中弹性元件产生的刚度。假设弹性力正比于结点位移，由图 3.2 可得

$$\begin{cases} U_{ie} = \dfrac{1}{2} k_{x1} u_i \\ V_{ie} = \dfrac{1}{2} k_{y1}(v_i - v_{i+1}), \quad i = 1,4 \\ M_{ie} = 0 \end{cases}$$

$$V_{ie} = \dfrac{1}{2} k_{y2}(v_i - v_{i+1}) - \dfrac{1}{2} k_{y1}(v_{i-1} - v_i), \quad i = 2,5 \tag{3.43}$$

$$V_{ie} = \dfrac{1}{2} k_{y3} v_i - \dfrac{1}{2} k_{y2}(v_{i-1} - v_i), \quad i = 3,6$$

由于轨下垫板和扣件、道床和路基的刚度等于两相邻单元的刚度之和，因此每个单元的刚度系数为二分之一。

式(3.43)写成矩阵的形式为

$$\boldsymbol{F}_e^e = \boldsymbol{k}_e^e \boldsymbol{a}^e \tag{3.44}$$

其中，$\boldsymbol{F}_e^e$ 为广义梁单元的结点弹性力向量；$\boldsymbol{k}_e^e$ 为弹性元件产生的单元刚度矩阵。

$$\boldsymbol{k}_e^e = \frac{1}{2}\begin{bmatrix} k_{x1} & 0 & 0 & 0 & 0 & 0 & 0 & 0 & 0 & 0 \\ & k_{y1} & 0 & -k_{y1} & 0 & 0 & 0 & 0 & 0 & 0 \\ & & 0 & 0 & 0 & 0 & 0 & 0 & 0 & 0 \\ & & & k_{y1}+k_{y2} & -k_{y2} & 0 & 0 & 0 & 0 & 0 \\ & & & & k_{y2}+k_{y3} & 0 & 0 & 0 & 0 & 0 \\ & & & & & k_{x1} & 0 & 0 & 0 & 0 \\ & & & & & & k_{y1} & 0 & -k_{y1} & 0 \\ & \text{对称} & & & & & & 0 & 0 & 0 \\ & & & & & & & & k_{y1}+k_{y2} & -k_{y2} \\ & & & & & & & & & k_{y2}+k_{y3} \end{bmatrix}$$

(3.45)

由式(3.42)和式(3.45)可得轨道结构广义梁单元的刚度矩阵，即

$$\boldsymbol{k}_l^e = \boldsymbol{k}_e^r + \boldsymbol{k}_e^e \tag{3.46}$$

2) 轨道结构广义梁单元质量矩阵

钢轨产生的质量矩阵在轨道结构广义梁单元中应扩大为

$$\boldsymbol{m}_r^e = \frac{\rho A l}{420}\begin{bmatrix} 140 & 0 & 0 & 0 & 0 & 70 & 0 & 0 & 0 & 0 \\ & 156 & -22l & 0 & 0 & 0 & 54 & 13l & 0 & 0 \\ & & 4l^2 & 0 & 0 & 0 & -13l & -3l^2 & 0 & 0 \\ & & & 0 & 0 & 0 & 0 & 0 & 0 & 0 \\ & & & & 0 & 0 & 0 & 0 & 0 & 0 \\ & & & & & 140 & 0 & 0 & 0 & 0 \\ & \text{对称} & & & & & 156 & 22l & 0 & 0 \\ & & & & & & & 4l^2 & 0 & 0 \\ & & & & & & & & 0 & 0 \\ & & & & & & & & & 0 \end{bmatrix}$$

(3.47)

其中，ρ 为钢轨密度。

轨道结构的质量矩阵除了考虑钢轨的质量，还要考虑轨枕和道砟的质量。轨枕质量 m_t 和相邻轨枕间道砟质量 m_b 作为集中质量处理，可得

$$\boldsymbol{m}_b^e = \text{diag}\left\{0 \quad 0 \quad 0 \quad \frac{1}{4}m_t \quad \frac{1}{4}m_b \quad 0 \quad 0 \quad 0 \quad \frac{1}{4}m_t \quad \frac{1}{4}m_b\right\} \tag{3.48}$$

由式(3.47)和式(3.48)可得轨道结构广义梁单元的质量矩阵，即

$$\boldsymbol{m}_l^e = \boldsymbol{m}_r^e + \boldsymbol{m}_b^e \tag{3.49}$$

其中，$\boldsymbol{m}_r^e$ 为钢轨的协调质量矩阵；$\boldsymbol{m}_b^e$ 为轨枕和道砟的集中质量矩阵。

3) 轨道结构广义梁单元阻尼矩阵

在梁单元理论中，常将阻尼矩阵表示为

$$\boldsymbol{c}_r^e = \alpha \boldsymbol{m}_r^e + \beta \boldsymbol{k}_r^e \tag{3.50}$$

这种阻尼称为比例阻尼，α 和 β 为阻尼系数，与阻尼比和系统的固有频率有关。

同样，在轨道结构广义梁单元中，除了钢轨引起的比例阻尼，还应考虑模型中由阻尼元件产生的阻尼矩阵，即

$$\boldsymbol{c}_c^e = \frac{1}{2} \begin{bmatrix} c_{x1} & 0 & 0 & 0 & 0 & 0 & 0 & 0 & 0 & 0 \\ & c_{y1} & 0 & -c_{y1} & 0 & 0 & 0 & 0 & 0 & 0 \\ & & 0 & 0 & 0 & 0 & 0 & 0 & 0 & 0 \\ & & & c_{y1}+c_{y2} & -c_{y2} & 0 & 0 & 0 & 0 & 0 \\ & & & & c_{y2}+c_{y3} & 0 & 0 & 0 & 0 & 0 \\ & & & & & c_{x1} & 0 & 0 & 0 & 0 \\ & & & & & & c_{y1} & 0 & -c_{y1} & 0 \\ & \text{对称} & & & & & & 0 & 0 & 0 \\ & & & & & & & & c_{y1}+c_{y2} & -c_{y2} \\ & & & & & & & & & c_{y2}+c_{y3} \end{bmatrix}$$

(3.51)

其中，$\boldsymbol{c}_c^e$ 为由阻尼元件产生的阻尼矩阵。

由式(3.50)和式(3.51)可得轨道结构广义梁单元的阻尼矩阵，即

$$\boldsymbol{c}_l^e = \boldsymbol{c}_r^e + \boldsymbol{c}_c^e \tag{3.52}$$

4) 轨道结构广义梁单元结点荷载向量

在轨道结构振动分析中，考虑轮载引起的垂向集中力，以及牵引和制动引起的纵向力，分别用 P_y 和 P_x 表示。纵向集中力与垂向集中力如图3.3所示。

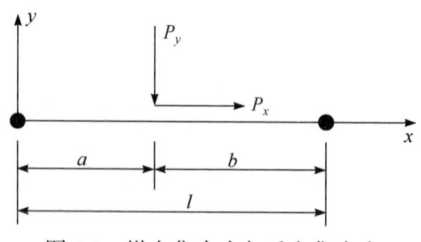

图 3.3 纵向集中力与垂向集中力

由垂向集中力和纵向集中力引起的单元等效结点荷载向量为

$$\boldsymbol{Q}_l^e = \left\{ \frac{b}{l} P_x \quad -\frac{P_y b^2}{l^3}(l+2a) \quad \frac{P_y a b^2}{l^2} \quad 0 \quad 0 \quad \frac{a}{l} P_x \quad -\frac{P_y a^2}{l^3}(l+2b) \quad -\frac{P_y a^2 b}{l^2} \quad 0 \quad 0 \right\}^{\mathrm{T}}$$

(3.53)

5) 轨道结构动力有限元方程

运用 Lagrange 方程建立的轨道结构动力有限元方程为

$$\boldsymbol{M}_l \ddot{\boldsymbol{a}}_l + \boldsymbol{C}_l \dot{\boldsymbol{a}}_l + \boldsymbol{K}_l \boldsymbol{a}_l = \boldsymbol{Q}_l \tag{3.54}$$

其中，l 代表下部轨道结构中的量。

$$\boldsymbol{M}_l = \sum_e \boldsymbol{m}_l^e, \quad \boldsymbol{C}_l = \sum_e \boldsymbol{c}_l^e, \quad \boldsymbol{K}_l = \sum_e \boldsymbol{k}_l^e, \quad \boldsymbol{Q}_l = \sum_e \boldsymbol{Q}_l^e \tag{3.55}$$

它们分别是轨道结构的总质量矩阵、总阻尼矩阵、总刚度矩阵、总结点荷载向量。

3.4 有砟轨道单元模型

忽略轨道结构的纵向振动效应，仅考虑列车与轨道的垂向振动，有砟轨道结构模型则退化为 6 结点 8 自由度的三层有砟轨道单元模型，如图 3.4 所示。

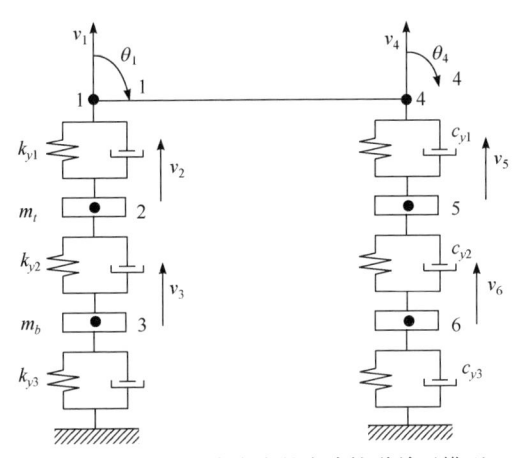

图 3.4 6 结点 8 自由度的有砟轨道单元模型

定义 6 结点 8 自由度的有砟轨道单元结点位移向量为

$$\boldsymbol{a}_l^e = \{v_1 \quad \theta_1 \quad v_2 \quad v_3 \quad v_4 \quad \theta_4 \quad v_5 \quad v_6\}^{\mathrm{T}} \tag{3.56}$$

其中，$v_i (i=1,2,\cdots,6)$ 为有砟轨道单元中钢轨、轨枕和道砟的垂向位移；$\theta_i (i=1,4)$ 为钢轨第 i 个结点的转角。

1) 6 结点 8 自由度有砟轨道单元的质量矩阵为

$$\boldsymbol{m}_l^e = \boldsymbol{m}_r^e + \boldsymbol{m}_b^e \tag{3.57}$$

其中，m_r^e 为钢轨的协调质量矩阵；m_b^e 为轨枕和道砟的质量矩阵。

$$m_r^e = \frac{\rho_r A_r l}{420} \begin{bmatrix} 156 & -22l & 0 & 0 & 54 & 13l & 0 & 0 \\ & 4l^2 & 0 & 0 & -13l & -3l^2 & 0 & 0 \\ & & 0 & 0 & 0 & 0 & 0 & 0 \\ & & & 0 & 0 & 0 & 0 & 0 \\ & & & & 156 & 22l & 0 & 0 \\ & & & & & 4l^2 & 0 & 0 \\ & 对称 & & & & & 0 & 0 \\ & & & & & & & 0 \end{bmatrix} \quad (3.58)$$

其中，ρ_r 为钢轨密度；A_r 为钢轨的横截面面积；l 为有砟轨道单元的长度。

$$m_b^e = \text{diag}\left\{0 \quad 0 \quad \frac{1}{4}m_t \quad \frac{1}{4}m_b \quad 0 \quad 0 \quad \frac{1}{4}m_t \quad \frac{1}{4}m_b\right\} \quad (3.59)$$

2) 6 结点 8 自由度有砟轨道单元的刚度矩阵

$$k_l^e = k_r^e + k_e^e \quad (3.60)$$

其中，k_r^e 为钢轨弯曲应变能引起的刚度；k_e^e 为轨道支承弹性引起的刚度。

$$k_r^e = \frac{E_r I_r}{l^3} \begin{bmatrix} 12 & -6l & 0 & 0 & -12 & -6l & 0 & 0 \\ & 4l^2 & 0 & 0 & 6l & 2l^2 & 0 & 0 \\ & & 0 & 0 & 0 & 0 & 0 & 0 \\ & & & 0 & 0 & 0 & 0 & 0 \\ & & & & 12 & 6l & 0 & 0 \\ & & & & & 4l^2 & 0 & 0 \\ & 对称 & & & & & 0 & 0 \\ & & & & & & & 0 \end{bmatrix} \quad (3.61)$$

$$k_e^e = \frac{1}{2}\begin{bmatrix} k_{y1} & 0 & -k_{y1} & 0 & 0 & 0 & 0 & 0 \\ & 0 & 0 & 0 & 0 & 0 & 0 & 0 \\ & & k_{y1}+k_{y2} & -k_{y2} & 0 & 0 & 0 & 0 \\ & & & k_{y2}+k_{y3} & 0 & 0 & 0 & 0 \\ & & & & k_{y1} & 0 & -k_{y1} & 0 \\ & & & & & 0 & 0 & 0 \\ & 对称 & & & & & k_{y1}+k_{y2} & -k_{y2} \\ & & & & & & & k_{y2}+k_{y3} \end{bmatrix} \quad (3.62)$$

其中，E_r、I_r 为钢轨的弹性模量、绕水平轴的截面惯性矩；l 为单元的长度；k_{y1}、k_{y2} 和 k_{y3} 为钢轨扣件、道砟和路基的垂向弹性系数。

3) 6 结点 8 自由度有砟轨道单元的阻尼矩阵

$$\boldsymbol{c}_l^e = \boldsymbol{c}_r^e + \boldsymbol{c}_c^e \tag{3.63}$$

其中，$\boldsymbol{c}_r^e$ 为钢轨阻尼矩阵，与阻尼比和系统固有频率有关，即

$$\boldsymbol{c}_r^e = \alpha \boldsymbol{m}_r^e + \beta \boldsymbol{k}_r^e, \quad \alpha, \beta \text{ 为比例阻尼系数} \tag{3.64}$$

$\boldsymbol{c}_c^e$ 为钢轨扣件、道砟和路基引起的阻尼，即

$$\boldsymbol{c}_c^e = \frac{1}{2}\begin{bmatrix} c_{y1} & 0 & -c_{y1} & 0 & 0 & 0 & 0 & 0 \\ & 0 & 0 & 0 & 0 & 0 & 0 & 0 \\ & & c_{y1}+c_{y2} & -c_{y2} & 0 & 0 & 0 & 0 \\ & & & c_{y2}+c_{y3} & 0 & 0 & 0 & 0 \\ & & & & c_{y1} & 0 & -c_{y1} & 0 \\ & & & & & 0 & 0 & 0 \\ \text{对称} & & & & & & c_{y1}+c_{y2} & -c_{y2} \\ & & & & & & & c_{y2}+c_{y3} \end{bmatrix} \tag{3.65}$$

其中，c_{y1}、c_{y2} 和 c_{y3} 分别为钢轨扣件、道砟和路基的垂向阻尼系数。

3.5 板式轨道单元模型

3.5.1 基本假设

在建立板式轨道单元垂向振动模型时，采用以下假设。

(1) 考虑作用在轨道结构上的列车垂向荷载。

(2) 考虑位于直线地段的轨道结构，由于沿线路中心线对称，可取一半结构研究。

(3) 钢轨视为离散黏弹性点支承的二维梁单元，轨下垫板的垂向弹性系数和阻尼系数分别用 k_{y1} 和 c_{y1} 表示。

(4) 轨道板被离散为连续黏弹性支承的二维梁单元，轨道板下 CA 砂浆层的垂向弹性系数和阻尼系数分别用 k_{y2} 和 c_{y2} 表示。

(5) 混凝土底座板被离散为连续黏弹性支承的二维梁单元，底座板下防冻路基层和路基的垂向弹性系数和阻尼系数分别用 k_{y3} 和 c_{y3} 表示。

3.5.2 板式轨道单元模型

三层板式轨道单元模型如图 3.5 所示。定义板式轨道单元的结点位移向量为

$$\boldsymbol{a}^e = \{v_1 \ \theta_1 \ v_2 \ \theta_2 \ v_3 \ \theta_3 \ v_4 \ \theta_4 \ v_5 \ \theta_5 \ v_6 \ \theta_6\}^{\mathrm{T}} \quad (3.66)$$

其中，v_i、θ_i ($i=1,2,\cdots,6$)为板式轨道单元中第 i 个结点的垂向位移、转角。

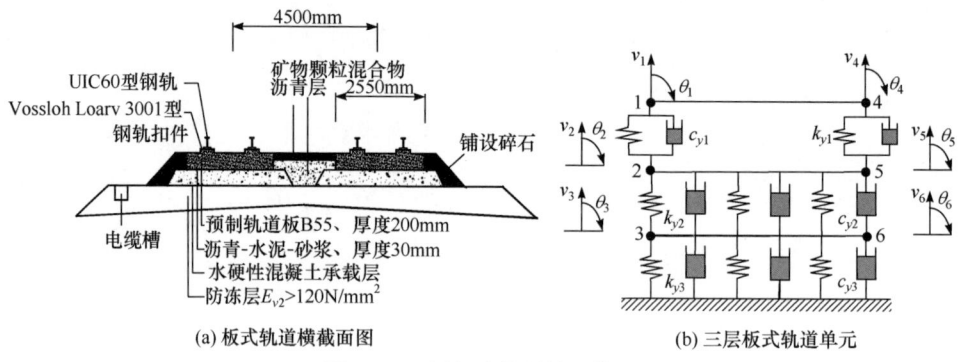

(a) 板式轨道横截面图 (b) 三层板式轨道单元

图 3.5 三层板式轨道单元模型

1) 板式轨道单元质量矩阵

板式轨道单元的质量矩阵包含钢轨、轨道板、混凝土底座板的质量。其质量矩阵为

$$\boldsymbol{m}_l^e = \boldsymbol{m}_r^e + \boldsymbol{m}_s^e + \boldsymbol{m}_h^e \quad (3.67)$$

其中，$\boldsymbol{m}_r^e$ 为钢轨的质量矩阵；$\boldsymbol{m}_s^e$ 为轨道板的质量矩阵；$\boldsymbol{m}_h^e$ 为底座板的质量矩阵。

$$\boldsymbol{m}_r^e = \frac{\rho_r A_r l}{420}\begin{bmatrix} 156 & -22l & 0 & 0 & 0 & 0 & 54 & 13l & 0 & 0 & 0 & 0 \\ & 4l^2 & 0 & 0 & 0 & 0 & -13l & -3l^2 & 0 & 0 & 0 & 0 \\ & & 0 & 0 & 0 & 0 & 0 & 0 & 0 & 0 & 0 & 0 \\ & & & 0 & 0 & 0 & 0 & 0 & 0 & 0 & 0 & 0 \\ & & & & 0 & 0 & 0 & 0 & 0 & 0 & 0 & 0 \\ & & & & & 0 & 0 & 0 & 0 & 0 & 0 & 0 \\ & & & & & & 156 & 22l & 0 & 0 & 0 & 0 \\ & & & & & & & 4l^2 & 0 & 0 & 0 & 0 \\ & & & 对称 & & & & & 0 & 0 & 0 & 0 \\ & & & & & & & & & 0 & 0 & 0 \\ & & & & & & & & & & 0 & 0 \\ & & & & & & & & & & & 0 \end{bmatrix} \quad (3.68)$$

$$\boldsymbol{m}_s^e = \frac{\rho_s A_s l}{420} \begin{bmatrix} 0 & 0 & 0 & 0 & 0 & 0 & 0 & 0 & 0 & 0 & 0 & 0 \\ & 0 & 0 & 0 & 0 & 0 & 0 & 0 & 0 & 0 & 0 & 0 \\ & & 156 & -22l & 0 & 0 & 0 & 0 & 54 & 13l & 0 & 0 \\ & & & 4l^2 & 0 & 0 & 0 & 0 & -13l & -3l^2 & 0 & 0 \\ & & & & 0 & 0 & 0 & 0 & 0 & 0 & 0 & 0 \\ & & & & & 0 & 0 & 0 & 0 & 0 & 0 & 0 \\ & & & & & & 0 & 0 & 0 & 0 & 0 & 0 \\ & & & & & & & 0 & 0 & 0 & 0 & 0 \\ & & & & & & & & 156 & 22l & 0 & 0 \\ & & 对称 & & & & & & & 4l^2 & 0 & 0 \\ & & & & & & & & & & 0 & 0 \\ & & & & & & & & & & & 0 \end{bmatrix} \quad (3.69)$$

$$\boldsymbol{m}_h^e = \frac{\rho_h A_h l}{420} \begin{bmatrix} 0 & 0 & 0 & 0 & 0 & 0 & 0 & 0 & 0 & 0 & 0 & 0 \\ & 0 & 0 & 0 & 0 & 0 & 0 & 0 & 0 & 0 & 0 & 0 \\ & & 0 & 0 & 0 & 0 & 0 & 0 & 0 & 0 & 0 & 0 \\ & & & 0 & 0 & 0 & 0 & 0 & 0 & 0 & 0 & 0 \\ & & & & 156 & -22l & 0 & 0 & 0 & 0 & 54 & 13l \\ & & & & & 4l^2 & 0 & 0 & 0 & 0 & -13l & -3l^2 \\ & & & & & & 0 & 0 & 0 & 0 & 0 & 0 \\ & & & & & & & 0 & 0 & 0 & 0 & 0 \\ & & & & & & & & 0 & 0 & 0 & 0 \\ & & 对称 & & & & & & & 0 & 0 & 0 \\ & & & & & & & & & & 156 & 22l \\ & & & & & & & & & & & 4l^2 \end{bmatrix} \quad (3.70)$$

其中，ρ_r、ρ_s 和 ρ_h 为钢轨、轨道板和混凝土底座板的材料密度；A_r、A_s 和 A_h 为钢轨、轨道板和混凝土底座板的横截面面积；l 为板式轨道单元的长度。

2) 板式轨道单元刚度矩阵

板式轨道单元的刚度矩阵由钢轨、轨道板、混凝土底座板弯曲应变能引起的刚度，以及由钢轨扣件离散弹性点支承、CA 砂浆层和防冻路基层的连续弹性支承引起的刚度组成，即

$$\boldsymbol{k}_l^e = \boldsymbol{k}_r^e + \boldsymbol{k}_s^e + \boldsymbol{k}_h^e + \boldsymbol{k}_{1c}^e + \boldsymbol{k}_{2c}^e + \boldsymbol{k}_{3c}^e \quad (3.71)$$

其中，$\boldsymbol{k}_l^e$ 为板式轨道单元的刚度矩阵；$\boldsymbol{k}_r^e$、$\boldsymbol{k}_s^e$ 和 $\boldsymbol{k}_h^e$ 分别为钢轨、轨道板和底座

板的弯曲刚度矩阵；$\boldsymbol{k}_{1c}^e$ 为钢轨扣件离散弹性点支承引起的刚度矩阵；$\boldsymbol{k}_{2c}^e$ 为 CA 砂浆层连续弹性支承引起的刚度矩阵；$\boldsymbol{k}_{3c}^e$ 为防冻路基层连续弹性支承引起的刚度矩阵。

$$\boldsymbol{k}_r^e = \frac{E_r I_r}{l^3} \begin{bmatrix} 12 & -6l & 0 & 0 & 0 & 0 & -12 & -6l & 0 & 0 & 0 & 0 \\ & 4l^2 & 0 & 0 & 0 & 0 & 6l & 2l^2 & 0 & 0 & 0 & 0 \\ & & 0 & 0 & 0 & 0 & 0 & 0 & 0 & 0 & 0 & 0 \\ & & & 0 & 0 & 0 & 0 & 0 & 0 & 0 & 0 & 0 \\ & & & & 0 & 0 & 0 & 0 & 0 & 0 & 0 & 0 \\ & & & & & 0 & 0 & 0 & 0 & 0 & 0 & 0 \\ & & & & & & 12 & 6l & 0 & 0 & 0 & 0 \\ & & & & & & & 4l^2 & 0 & 0 & 0 & 0 \\ & & & & & & & & 0 & 0 & 0 & 0 \\ & & 对称 & & & & & & & 0 & 0 & 0 \\ & & & & & & & & & & 0 & 0 \\ & & & & & & & & & & & 0 \end{bmatrix} \quad (3.72)$$

其中，E_r、I_r 为钢轨的弹性模量、绕水平轴的截面惯性矩。

$$\boldsymbol{k}_s^e = \frac{E_s I_s}{l^3} \begin{bmatrix} 0 & 0 & 0 & 0 & 0 & 0 & 0 & 0 & 0 & 0 & 0 & 0 \\ & 0 & 0 & 0 & 0 & 0 & 0 & 0 & 0 & 0 & 0 & 0 \\ & & 12 & -6l & 0 & 0 & 0 & 0 & -12 & -6l & 0 & 0 \\ & & & 4l^2 & 0 & 0 & 0 & 0 & 6l & 2l^2 & 0 & 0 \\ & & & & 0 & 0 & 0 & 0 & 0 & 0 & 0 & 0 \\ & & & & & 0 & 0 & 0 & 0 & 0 & 0 & 0 \\ & & & & & & 0 & 0 & 0 & 0 & 0 & 0 \\ & & & & & & & 0 & 0 & 0 & 0 & 0 \\ & & & & & & & & 12 & 6l & 0 & 0 \\ & & 对称 & & & & & & & 4l^2 & 0 & 0 \\ & & & & & & & & & & 0 & 0 \\ & & & & & & & & & & & 0 \end{bmatrix} \quad (3.73)$$

其中，E_s、I_s 分别为轨道板的弹性模量、绕水平轴的截面惯性矩。

$$\boldsymbol{k}_h^e = \frac{E_h I_h}{l^3} \begin{bmatrix} 0 & 0 & 0 & 0 & 0 & 0 & 0 & 0 & 0 & 0 & 0 & 0 \\ & 0 & 0 & 0 & 0 & 0 & 0 & 0 & 0 & 0 & 0 & 0 \\ & & 0 & 0 & 0 & 0 & 0 & 0 & 0 & 0 & 0 & 0 \\ & & & 0 & 0 & 0 & 0 & 0 & 0 & 0 & 0 & 0 \\ & & & & 12 & -6l & 0 & 0 & 0 & 0 & -12 & -6l \\ & & & & & 4l^2 & 0 & 0 & 0 & 0 & 6l & 2l^2 \\ & & & & & & 0 & 0 & 0 & 0 & 0 & 0 \\ & & & & & & & 0 & 0 & 0 & 0 & 0 \\ & & & & & & & & 0 & 0 & 0 & 0 \\ & 对称 & & & & & & & & 0 & 0 & 0 \\ & & & & & & & & & & 12 & 6l \\ & & & & & & & & & & & 4l^2 \end{bmatrix} \quad (3.74)$$

其中，E_h、I_h 分别为底座板的弹性模量、绕水平轴的截面惯性矩。

$$\boldsymbol{k}_{1c}^e = \frac{1}{2} \begin{bmatrix} k_{y1} & 0 & -k_{y1} & 0 & 0 & 0 & 0 & 0 & 0 & 0 & 0 & 0 \\ & 0 & 0 & 0 & 0 & 0 & 0 & 0 & 0 & 0 & 0 & 0 \\ & & k_{y1} & 0 & 0 & 0 & 0 & 0 & 0 & 0 & 0 & 0 \\ & & & 0 & 0 & 0 & 0 & 0 & 0 & 0 & 0 & 0 \\ & & & & 0 & 0 & 0 & 0 & 0 & 0 & 0 & 0 \\ & & & & & 0 & 0 & 0 & 0 & 0 & 0 & 0 \\ & & & & & & k_{y1} & 0 & -k_{y1} & 0 & 0 & 0 \\ & & & & & & & 0 & 0 & 0 & 0 & 0 \\ & & & & & & & & k_{y1} & 0 & 0 & 0 \\ & 对称 & & & & & & & & 0 & 0 & 0 \\ & & & & & & & & & & 0 & 0 \\ & & & & & & & & & & & 0 \end{bmatrix} \quad (3.75)$$

其中，k_{y1} 为钢轨扣件垂向弹性系数。

$$\boldsymbol{k}_{2c}^e = \frac{k_{y2}l}{420}\begin{bmatrix} 0 & 0 & 0 & 0 & 0 & 0 & 0 & 0 & 0 & 0 & 0 & 0 \\ & 0 & 0 & 0 & 0 & 0 & 0 & 0 & 0 & 0 & 0 & 0 \\ & & 156 & -22l & -156 & 22l & 0 & 0 & 54 & 13l & -54 & -13l \\ & & & 4l^2 & 22l & -4l^2 & 0 & 0 & -13l & -3l^2 & 13l & 3l^2 \\ & & & & 156 & -22l & 0 & 0 & -54 & -13l & 54 & 13l \\ & & & & & 4l^2 & 0 & 0 & 13l & 3l^2 & -13l & -3l^2 \\ & & & & & & 0 & 0 & 0 & 0 & 0 & 0 \\ & & & & & & & 0 & 0 & 0 & 0 & 0 \\ & & & & & & & & 156 & 22l & -156 & -22l \\ & \text{对称} & & & & & & & & 4l^2 & -22l & -4l^2 \\ & & & & & & & & & & 156 & 22l \\ & & & & & & & & & & & 4l^2 \end{bmatrix}$$

(3.76)

其中，k_{y2} 为 CA 砂浆支撑层的垂向弹性系数。

$$\boldsymbol{k}_{3c}^e = \frac{k_{y3}l}{420}\begin{bmatrix} 0 & 0 & 0 & 0 & 0 & 0 & 0 & 0 & 0 & 0 & 0 & 0 \\ & 0 & 0 & 0 & 0 & 0 & 0 & 0 & 0 & 0 & 0 & 0 \\ & & 0 & 0 & 0 & 0 & 0 & 0 & 0 & 0 & 0 & 0 \\ & & & 0 & 0 & 0 & 0 & 0 & 0 & 0 & 0 & 0 \\ & & & & 156 & -22l & 0 & 0 & 0 & 0 & 54 & 13l \\ & & & & & 4l^2 & 0 & 0 & 0 & 0 & -13l & -3l^2 \\ & & & & & & 0 & 0 & 0 & 0 & 0 & 0 \\ & & & & & & & 0 & 0 & 0 & 0 & 0 \\ & & & & & & & & 0 & 0 & 0 & 0 \\ & \text{对称} & & & & & & & & 0 & 0 & 0 \\ & & & & & & & & & & 156 & 22l \\ & & & & & & & & & & & 4l^2 \end{bmatrix}$$

(3.77)

其中，k_{y3} 为防冻路基支撑层的垂向弹性系数。

3) 板式轨道单元阻尼矩阵

板式轨道单元的阻尼矩阵由钢轨、轨道板和混凝土底座板的内摩擦引起的阻尼，以及由钢轨扣件、CA 砂浆层和防冻路基层引起的阻尼组成。其阻尼矩阵为

$$\boldsymbol{c}_l^e = \boldsymbol{c}_r^e + \boldsymbol{c}_{1c}^e + \boldsymbol{c}_{2c}^e + \boldsymbol{c}_{3c}^e \tag{3.78}$$

其中，$\boldsymbol{c}_r^e$ 为钢轨、轨道板和底座板的内摩擦引起的阻尼矩阵，通常可采用比例阻

尼；c_{1c}^e、c_{2c}^e 和 c_{3c}^e 为钢轨扣件、CA 砂浆层和防冻路基层引起的阻尼矩阵。

$$c_r^e = \alpha_r m_r^e + \beta_r k_r^e + \alpha_s m_s^e + \beta_s k_s^e + \alpha_h m_h^e + \beta_h k_h^e \tag{3.79}$$

其中，α_r、β_r、α_s、β_s、α_h、β_h 分别为钢轨、轨道板、混凝土底座板的比例阻尼系数。

$$c_{1c}^e = \frac{1}{2}\begin{bmatrix} c_{y1} & 0 & -c_{y1} & 0 & 0 & 0 & 0 & 0 & 0 & 0 & 0 & 0 \\ & 0 & 0 & 0 & 0 & 0 & 0 & 0 & 0 & 0 & 0 & 0 \\ & & c_{y1} & 0 & 0 & 0 & 0 & 0 & 0 & 0 & 0 & 0 \\ & & & 0 & 0 & 0 & 0 & 0 & 0 & 0 & 0 & 0 \\ & & & & 0 & 0 & 0 & 0 & 0 & 0 & 0 & 0 \\ & & & & & 0 & 0 & 0 & 0 & 0 & 0 & 0 \\ & & & & & & c_{y1} & 0 & -c_{y1} & 0 & 0 & 0 \\ & & & & & & & 0 & 0 & 0 & 0 & 0 \\ & & & & & & & & c_{y1} & 0 & 0 & 0 \\ & & \text{对称} & & & & & & & 0 & 0 & 0 \\ & & & & & & & & & & 0 & 0 \\ & & & & & & & & & & & 0 \end{bmatrix} \tag{3.80}$$

$$c_{2c}^e = \frac{c_{y2}l}{420}\begin{bmatrix} 0 & 0 & 0 & 0 & 0 & 0 & 0 & 0 & 0 & 0 & 0 & 0 \\ 0 & 0 & 0 & 0 & 0 & 0 & 0 & 0 & 0 & 0 & 0 & 0 \\ & & 156 & -22l & -156 & 22l & 0 & 0 & 54 & 13l & -54 & -13l \\ & & & 4l^2 & 22l & -4l^2 & 0 & 0 & -13l & -3l^2 & 13l & 3l^2 \\ & & & & 156 & -22l & 0 & 0 & -54 & -13l & 54 & 13l \\ & & & & & 4l^2 & 0 & 0 & 13l & 3l^2 & -13l & -3l^2 \\ & & & & & & 0 & 0 & 0 & 0 & 0 & 0 \\ & & & & & & & 0 & 0 & 0 & 0 & 0 \\ & & & & & & & & 156 & 22l & -156 & -22l \\ & & \text{对称} & & & & & & & 4l^2 & -22l & -4l^2 \\ & & & & & & & & & & 156 & 22l \\ & & & & & & & & & & & 4l^2 \end{bmatrix}$$

$$\tag{3.81}$$

$$\boldsymbol{c}_{3c}^e = \frac{c_{y3}l}{420} \begin{bmatrix} 0 & 0 & 0 & 0 & 0 & 0 & 0 & 0 & 0 & 0 & 0 & 0 \\ & 0 & 0 & 0 & 0 & 0 & 0 & 0 & 0 & 0 & 0 & 0 \\ & & 0 & 0 & 0 & 0 & 0 & 0 & 0 & 0 & 0 & 0 \\ & & & 0 & 0 & 0 & 0 & 0 & 0 & 0 & 0 & 0 \\ & & & & 156 & -22l & 0 & 0 & 0 & 0 & 54 & 13l \\ & & & & & 4l^2 & 0 & 0 & 0 & 0 & -13l & -3l^2 \\ & & & & & & 0 & 0 & 0 & 0 & 0 & 0 \\ & & & & & & & 0 & 0 & 0 & 0 & 0 \\ & & & & & & & & 0 & 0 & 0 & 0 \\ \text{对称} & & & & & & & & & 0 & 0 & 0 \\ & & & & & & & & & & 156 & 22l \\ & & & & & & & & & & & 4l^2 \end{bmatrix} \quad (3.82)$$

其中，c_{y1}、c_{y2} 和 c_{y3} 为钢轨扣件、CA 砂浆和防冻路基层的垂向阻尼系数。

3.6 考虑轨道板接缝的板式轨道单元模型

为了避免过大的温度应力导致高速铁路轨道板产生裂缝，轨道板在铺设时一般都设有接缝，预制的 CRTS Ⅱ 型轨道板的标准长度为 6.45m，CRTS Ⅲ 型轨道板的标准长度为 5.60m，两轨道板之间留有伸缩缝。在模拟含轨道板接缝的轨道结构时，应考虑接缝的影响，必须采用轨道板接缝单元模型。轨道板接缝单元模型可在板式轨道单元模型的基础上，将模拟轨道板接缝的梁修改为中间有接缝的梁。考虑轨道板接缝的板式轨道单元模型如图 3.6 所示。由于轨道板存在接缝，在形

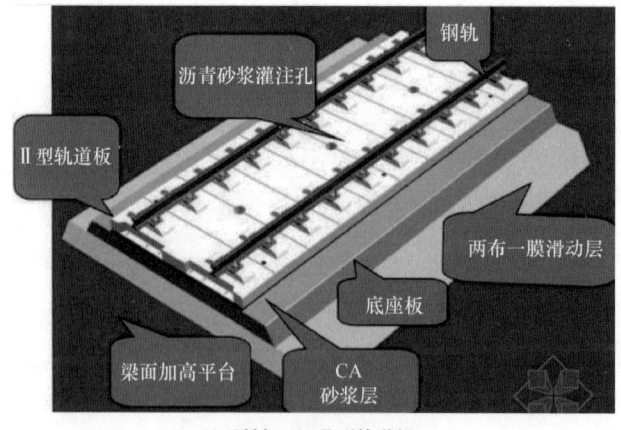

(a) 预制CRTS Ⅱ 型轨道板

(b) 轨道板接缝单元

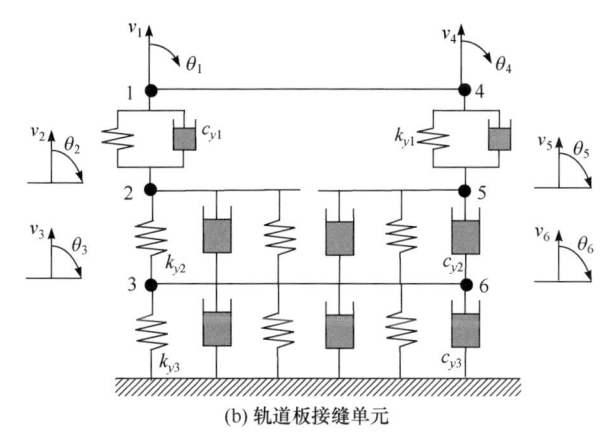

图 3.6 考虑轨道板接缝的板式轨道单元模型

成轨道板接缝单元的刚度矩阵时,应不计轨道板的抗弯刚度,取 $E_s I_s = 0$ 即可。其他矩阵的计算公式与 3.5 节板式轨道单元模型的公式完全相同。这种处理方法在程序上很容易实现。

3.7 板式轨道-桥梁单元模型

3.7.1 基本假设

在建立板式轨道-桥梁单元垂向振动模型时,可以采用以下假设。

(1) 考虑作用在轨道-桥梁结构上的列车垂向荷载。

(2) 考虑位于直线地段的轨道-桥梁结构,由于沿线路中心线对称,可取一半结构研究。

(3) 钢轨视为离散黏弹性点支承的二维梁单元,轨下垫板的垂向弹性系数和阻尼系数分别用 k_{y1} 和 c_{y1} 表示。

(4) 轨道板被离散为连续黏弹性支承的二维梁单元,轨道板下 CA 砂浆层的垂向弹性系数和阻尼系数分别用 k_{y2} 和 c_{y2} 表示。

(5) 混凝土桥梁离散为二维梁单元。

3.7.2 板式轨道-桥梁单元模型

三层板式轨道-桥梁单元模型如图 3.7 所示。定义板式轨道-桥梁单元的结点位移向量为

$$\boldsymbol{a}^e = \{v_1 \quad \theta_1 \quad v_2 \quad \theta_2 \quad v_3 \quad \theta_3 \quad v_4 \quad \theta_4 \quad v_5 \quad \theta_5 \quad v_6 \quad \theta_6\}^{\mathrm{T}} \quad (3.83)$$

其中，v_i、θ_i ($i=1,2,\cdots,6$)为板式轨道-桥梁单元中第i个结点的垂向位移、转角。

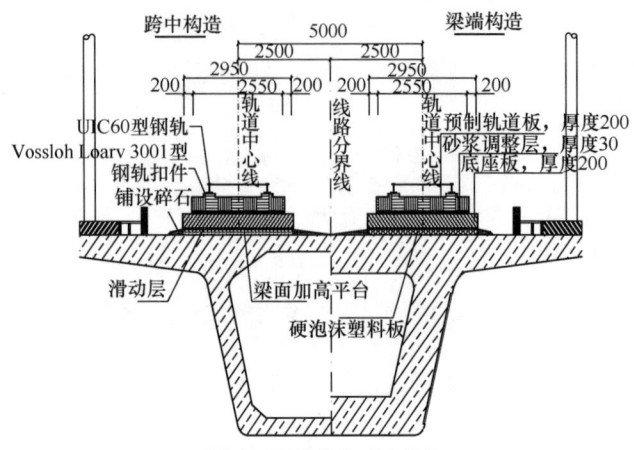

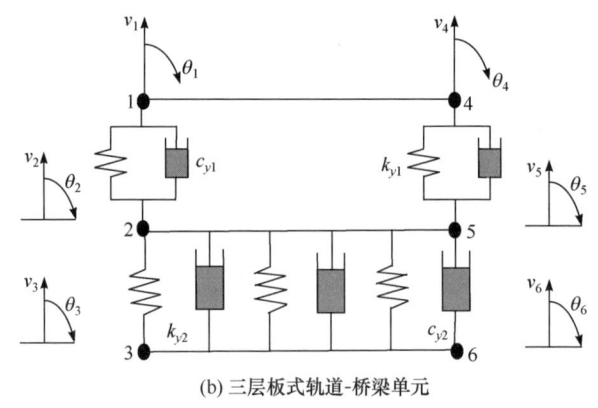

图 3.7 三层板式轨道-桥梁单元模型

1. 板式轨道-桥梁单元质量矩阵

板式轨道-桥梁单元的质量矩阵包含钢轨、轨道板和混凝土桥梁的质量。其质量矩阵为

$$\boldsymbol{m}_l^e = \boldsymbol{m}_r^e + \boldsymbol{m}_s^e + \boldsymbol{m}_b^e \tag{3.84}$$

其中，$\boldsymbol{m}_r^e$为钢轨的质量矩阵；$\boldsymbol{m}_s^e$为轨道板的质量矩阵；$\boldsymbol{m}_b^e$为混凝土桥梁的质量矩阵，即

第3章 轨道单元模型与轨道结构动力有限元方程

$$\boldsymbol{m}_b^e = \frac{\rho_b A_b l}{420} \begin{bmatrix} 0 & 0 & 0 & 0 & 0 & 0 & 0 & 0 & 0 & 0 & 0 & 0 \\ & 0 & 0 & 0 & 0 & 0 & 0 & 0 & 0 & 0 & 0 & 0 \\ & & 0 & 0 & 0 & 0 & 0 & 0 & 0 & 0 & 0 & 0 \\ & & & 0 & 0 & 0 & 0 & 0 & 0 & 0 & 0 & 0 \\ & & & & 156 & -22l & 0 & 0 & 0 & 0 & 54 & 13l \\ & & & & & 4l^2 & 0 & 0 & 0 & 0 & -13l & -3l^2 \\ & & & & & & 0 & 0 & 0 & 0 & 0 & 0 \\ & & & & & & & 0 & 0 & 0 & 0 & 0 \\ & & & & & & & & 0 & 0 & 0 & 0 \\ & & \text{对称} & & & & & & & 0 & 0 & 0 \\ & & & & & & & & & & 156 & 22l \\ & & & & & & & & & & & 4l^2 \end{bmatrix} \quad (3.85)$$

其中，ρ_b 为混凝土桥梁的密度；A_b 为桥梁的横截面面积；l 为板式轨道-桥梁单元的长度。

2. 板式轨道-桥梁单元刚度矩阵

板式轨道-桥梁单元的刚度矩阵由钢轨、轨道板、混凝土桥梁弯曲应变能引起的刚度，以及由钢轨扣件离散弹性点支承和 CA 砂浆层的连续弹性支承引起的刚度组成，即

$$\boldsymbol{k}_l^e = \boldsymbol{k}_r^e + \boldsymbol{k}_s^e + \boldsymbol{k}_b^e + \boldsymbol{k}_{1c}^e + \boldsymbol{k}_{2c}^e \quad (3.86)$$

其中，$\boldsymbol{k}_l^e$ 为板式轨道-桥梁单元的刚度矩阵；$\boldsymbol{k}_r^e$、$\boldsymbol{k}_s^e$ 和 $\boldsymbol{k}_b^e$ 为钢轨、轨道板和桥梁的弯曲刚度矩阵；$\boldsymbol{k}_{1c}^e$ 为钢轨扣件离散弹性点支承引起的刚度矩阵；$\boldsymbol{k}_{2c}^e$ 为 CA 砂浆层连续弹性支承引起的刚度矩阵。

$$\boldsymbol{k}_b^e = \frac{E_b I_b}{l^3} \begin{bmatrix} 0 & 0 & 0 & 0 & 0 & 0 & 0 & 0 & 0 & 0 & 0 & 0 \\ & 0 & 0 & 0 & 0 & 0 & 0 & 0 & 0 & 0 & 0 & 0 \\ & & 0 & 0 & 0 & 0 & 0 & 0 & 0 & 0 & 0 & 0 \\ & & & 0 & 0 & 0 & 0 & 0 & 0 & 0 & 0 & 0 \\ & & & & 12 & -6l & 0 & 0 & 0 & 0 & -12 & -6l \\ & & & & & 4l^2 & 0 & 0 & 0 & 0 & 6l & 2l^2 \\ & & & & & & 0 & 0 & 0 & 0 & 0 & 0 \\ & & & & & & & 0 & 0 & 0 & 0 & 0 \\ & & & & & & & & 0 & 0 & 0 & 0 \\ & & \text{对称} & & & & & & & 0 & 0 & 0 \\ & & & & & & & & & & 12 & 6l \\ & & & & & & & & & & & 4l^2 \end{bmatrix} \quad (3.87)$$

其中，E_b、I_b 为桥梁的弹性模量、绕水平轴的截面惯性矩。

3. 板式轨道-桥梁单元阻尼矩阵

板式轨道-桥梁单元的阻尼矩阵由钢轨、轨道板和混凝土桥梁的内摩擦引起的阻尼，以及钢轨扣件及 CA 砂浆层引起的阻尼组成。其阻尼矩阵为

$$c_l^e = c_r^e + c_{1c}^e + c_{2c}^e \tag{3.88}$$

其中，c_{1c}^e 和 c_{2c}^e 为钢轨扣件和 CA 砂浆层引起的阻尼矩阵；c_r^e 为钢轨、轨道板和混凝土桥梁的内摩擦引起的阻尼矩阵，通常可采用比例阻尼，即

$$c_r^e = \alpha_r m_r^e + \beta_r k_r^e + \alpha_s m_s^e + \beta_s k_s^e + \alpha_b m_b^e + \beta_b k_b^e \tag{3.89}$$

其中，α_r、β_r、α_s、β_s、α_b、β_b 为钢轨、轨道板、混凝土桥梁的比例阻尼系数。

4. 轨道-桥梁耦合系统动力有限元方程

按有限元集成规则组集单元质量、刚度和阻尼矩阵，可得轨道-桥梁耦合系统的总质量、总刚度和总阻尼矩阵。运用 Lagrange 方程，可建立轨道-桥梁耦合系统动力有限元方程，即式(3.54)。

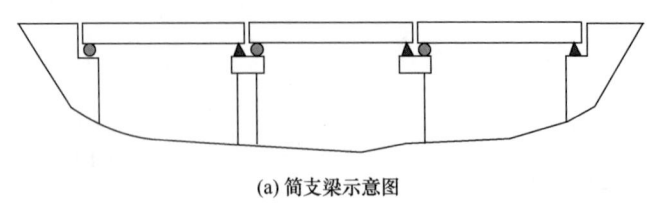

3.8 考虑梁端接缝的板式轨道-桥梁单元模型

为了减少轨道的不均匀沉降，高速铁路大量采用"以桥代路"的模式。桥梁一般采用简支梁。简支梁具有建设成本低和施工方便等突出优点，但是梁端不可避免地存在接缝。在用有限元法模拟梁端处的轨道结构时，应考虑桥梁接缝的影响，必须采用轨道-桥梁接缝单元模型。轨道-桥梁接缝单元模型可在板式轨道-桥梁单元模型的基础上，将模拟桥梁接缝的梁修改为中间有接缝的梁。考虑梁端接缝的板式轨道-桥梁单元模型如图 3.8 所示。由于桥梁存在接缝，在形成轨道-桥梁接缝单元的刚度矩阵时，应不计桥梁的抗弯刚度，取 $E_b I_b = 0$ 即可。其他矩阵的计算公式与板式轨道-桥梁单元模型的公式完全相同。这种处理方法在程序上很容易实现。

(a) 简支梁示意图

(b) 轨道-桥梁接缝单元

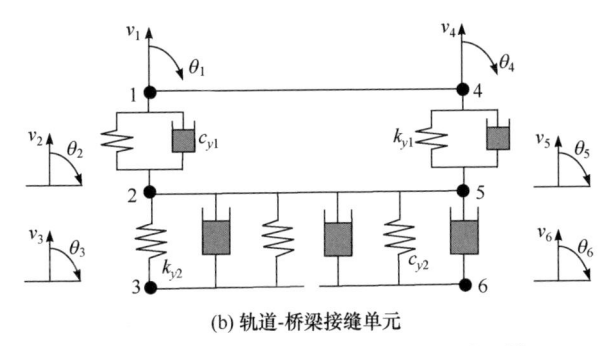

图 3.8 考虑梁端接缝的板式轨道-桥梁单元模型

3.9 移动轴荷载作用下轨道动力学模型

本节讨论不计车辆的一、二系悬挂作用,将列车作为移动轴荷载,建立移动轴荷载作用下的轨道动力学模型。在这个模型中,不计车辆悬挂系统簧上、簧下质量的点头振动和沉浮振动,将列车荷载平均分配到每个轮对上,并考虑轮对的惯性力。由于不计簧上、簧下质量的点头和沉浮振动,模型相对简单,可选取整个列车长度为计算对象。移动轴荷载作用下的轨道动力学模型如图 3.9 所示。

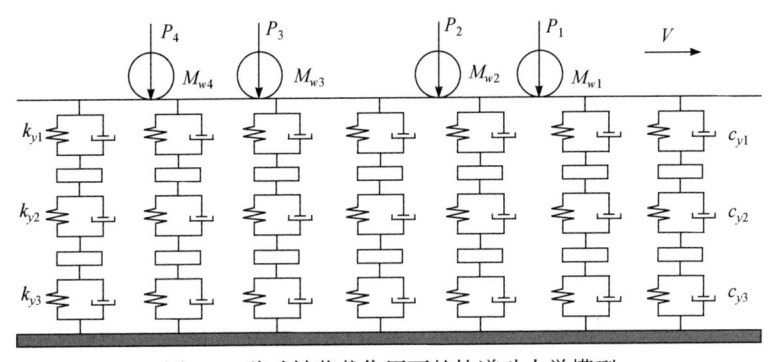

图 3.9 移动轴荷载作用下的轨道动力学模型

3.3 节建立了轨道结构的有限元方程式(3.54),这里仅需将车辆的簧下质量迭加到单元质量矩阵中。轮对在钢轨上的位置(图 3.10)是时间的函数。

由簧下轮对质量引起的轨道广义梁单元的附加质量矩阵为

$$\boldsymbol{m}_w^e = \text{diag}\{m_{w1} \quad m_{w1} \quad 0 \quad 0 \quad 0 \quad m_{w2} \quad m_{w2} \quad 0 \quad 0 \quad 0\} \quad (3.90)$$

$$m_{w_1} = \left(1 - \frac{x_i}{l}\right) M_w, \quad m_{w_2} = \frac{x_i}{l} M_w \quad (3.91)$$

其中,M_w 为簧下 1/2 的轮对质量。

为此，只需将式(3.49)中的 m^e 修改为

$$m_l^e = m_r^e + m_b^e + m_w^e \tag{3.92}$$

同时，将列车移动轴荷载 P 作为集中力施加于轮对上，并由式(3.53)计算单元等效结点荷载向量。

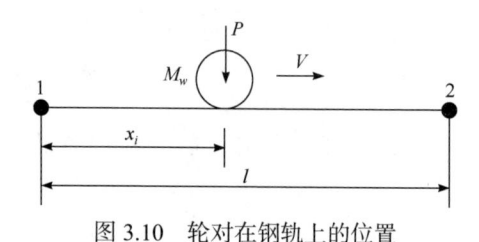

图 3.10 轮对在钢轨上的位置

参 考 文 献

[1] 雷晓燕. 高速铁路轨道动力学——模型、算法与应用. 2 版. 北京: 科学出版社, 2021.

[2] 翟婉明. 车辆-轨道耦合动力学. 3 版. 北京: 科学出版社, 2007.

[3] Knothe K, Grassie S L. Modeling of railway track and vehicle/track interaction at high frequencies. Vehicle System Dynamics, 1993, 22(3, 4): 209-262.

[4] Trochanis A M, Chelliah R, Bielak J. Unified approach for beams on elastic foundation for moving load. Journal of Geotechnical Engineering, 1987, 112: 879-895.

[5] Ono K, Yamada M. Analysis of railway track vibration. Journal of Sound and Vibration, 1989, 130(2): 269-297.

[6] Cai Z, Raymond G P. Theoretical model for dynamic wheel/rail and track interaction// Proceedings of the 10th International Wheelset Congress, Sydney, 1992: 127-131.

[7] Nielsen J C O. Train/track interaction: Coupling of moving and stationary dynamic system. Gotebory: Chalmers University of Technology, 1993.

[8] Kisilowski J, Knothe K. Advanced Railway Vehicle Dynamics. Warsaw: Technico-Scientific Publisher, 1991.

[9] Ishida M, Miura S, Kono A. Track dynamic model and its analytical results. RTRI Report, 1997, 11(2): 19-26.

[10] Snyder J E, Wormley D N. Dynamic interactions between vehicle and elevated, flexible, randomly irregular guide ways. Journal of Dynamical and Control Systems, 1977, 99: 23-33.

[11] Lei X Y, Wang J. Dynamic analysis of the train and slab track coupling system with finite elements in a moving frame of reference. Journal of Vibration and Control, 2014, 20(9): 1301-1317.

[12] 翟婉明. 车辆-轨道垂向系统的统一模型及其耦合动力学原理. 铁道学报, 1992, 14 (3) : 10-21.

[13] 李德建, 曾庆元. 列车-直线轨道空间耦合时变系统振动分析. 铁道学报, 1997, 19 (1) : 101-107.

[14] 梁波, 蔡英, 朱东生. 车-路垂向耦合系统的动力分析. 铁道学报, 2000, 22(5): 65-71.
[15] 张健, 金学松, 肖新标, 等. 车辆-轨道耦合动力学钢轨模型求解方法. 交通运输工程学报, 2011, 11 (2): 32-38.
[16] 全玉云, 孙丽萍, 吴昌华, 等. 机车车辆/轨道系统垂向耦合动力学分析. 大连铁道学院学报, 2005, 26 (1): 41-45.
[17] 雷晓燕, 张斌, 刘庆杰. 列车-轨道系统竖向动力分析的车辆轨道单元模型. 振动与冲击, 2010, 29(3): 168-173.
[18] Zienkiewicz O C. The Finite Element Method. 3rd ed. New York: McGraw-Hill, 1977.
[19] 雷晓燕. 有限元法. 北京: 中国铁道出版社, 2000.

第 4 章 车辆垂向振动模型及动力学方程

围绕车辆-轨道耦合系统动力学，众多学者开展了研究，并取得丰硕成果[1-9]。本章从最简单的单轮附有一系悬挂的车辆模型入手，论述单轮附有二系悬挂的车辆模型、半车附有二系悬挂的车辆模型，以及整车附有二系悬挂的车辆模型。在讨论各种车辆模型时，考虑车辆与轨道结构沿线路中心线对称，仅取一半结构作为分析模型，并规定位移和力的方向以垂直向上为正，转角和力矩的方向以顺时针为正。

4.1 单轮附有一系悬挂的车辆模型

单轮附有一系悬挂的车辆模型如图 4.1 所示。在一系悬挂车辆模型中，只考虑车辆的沉浮振动。与车体质量相比，转向架的质量比较小，车体的振动是轨道结构动力分析中的主要因素。因此，为了简化计算，将转向架质量并入轮对，将机车当作单层动力系统。

车辆一、二系悬挂等效刚度 K_s 可以按弹簧串联公式计算，即

$$K_s = \frac{K_{s1}K_{s2}}{K_{s1}+K_{s2}} \tag{4.1}$$

其中，K_{s1}、K_{s2} 分别为车辆一、二系悬挂刚度系数。

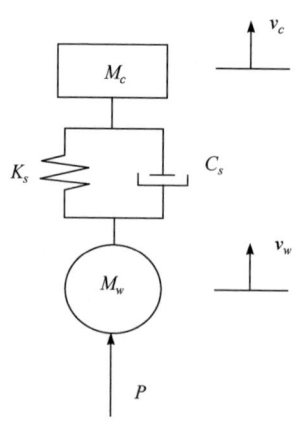

图 4.1 单轮附有一系悬挂的车辆模型

根据图 4.1，车体沉浮振动方程为

$$M_c\ddot{v}_c + C_s(\dot{v}_c - \dot{v}_w) + K_s(v_c - v_w) = -M_c g \tag{4.2}$$

车轮沉浮振动方程为

$$M_w\ddot{v}_w - C_s(\dot{v}_c - \dot{v}_w) - K_s(v_c - v_w) = P \tag{4.3}$$

其中，M_c 为 $1/(2n)$ 的车体质量（n 为一节车辆的轮对数）；M_w 为 $1/2$ 的轮对质量；v_c、v_w 为车体、轮对的垂向位移；K_s、C_s 为车辆一、二系悬挂的等效刚度和阻尼；$P = -M_w g + F_{wi}$，F_{wi} 为轮轨接触力，可根据轮轨相对接触位移由赫兹公式求得，即

$$F_{wi} = \begin{cases} \dfrac{1}{G^{\frac{3}{2}}}\left(|v_{wi} - (v_{xi} + \eta_i)|\right)^{\frac{3}{2}}, & v_{wi} - (v_{xi} + \eta_i) \leqslant 0 \\ 0, & v_{wi} - (v_{xi} + \eta_i) > 0 \end{cases} \tag{4.4}$$

其中，v_{wi}、v_{xi} 为车轮、钢轨在轮轨接触点处的垂向位移；η_i 为钢轨表面的不平顺值；G 为轮轨接触挠度系数，即

$$G = 4.57R^{-0.149} \times 10^{-8} (\text{m/N}^{2/3}), \quad 车轮为锥形踏面 \tag{4.5}$$

$$G = 3.86R^{-0.115} \times 10^{-8} (\text{m/N}^{2/3}), \quad 车轮为磨耗形踏面 \tag{4.6}$$

轮轨间的相互作用可用迭代法求得[10]，有关用迭代法求解车辆-轨道耦合系统动力有限元方程的算法将在第 5 章中详细介绍。

式(4.2)和式(4.3)可用矩阵形式写为

$$\boldsymbol{M}_u\ddot{\boldsymbol{a}}_u + \boldsymbol{C}_u\dot{\boldsymbol{a}}_u + \boldsymbol{K}_u\boldsymbol{a}_u = \boldsymbol{Q}_u \tag{4.7}$$

其中，u 表示车辆-轨道耦合系统的上部结构，即车辆中的量。

$$\boldsymbol{a}_u = \{v_c \quad v_w\}^\mathrm{T}, \quad \dot{\boldsymbol{a}}_u = \{\dot{v}_c \quad \dot{v}_w\}^\mathrm{T}, \quad \ddot{\boldsymbol{a}}_u = \{\ddot{v}_c \quad \ddot{v}_w\}^\mathrm{T} \tag{4.8}$$

$$\boldsymbol{M}_u = \begin{bmatrix} M_c & 0 \\ 0 & M_w \end{bmatrix} \tag{4.9}$$

$$\boldsymbol{C}_u = \begin{bmatrix} C_s & -C_s \\ -C_s & C_s \end{bmatrix} \tag{4.10}$$

$$\boldsymbol{K}_u = \begin{bmatrix} K_s & -K_s \\ -K_s & K_s \end{bmatrix} \tag{4.11}$$

$$\boldsymbol{Q}_u = \{-M_c g \quad P\}^\mathrm{T} \tag{4.12}$$

单轮附有一系悬挂的车辆模型共有 2 个自由度。

4.2 单轮附有二系悬挂的车辆模型

单轮附有二系悬挂的车辆模型如图 4.2 所示。在二系悬挂车辆模型中，车体、转向架和轮对均简化为具有集中质量的质点，仅考虑沉浮振动。图中，M_c 为 $1/(2n)$ 的车体质量，M_t 为 1/4 的转向架质量，M_w 为 1/2 的轮对质量；v_c、v_t 和 v_w 为车体、转向架和轮对的垂向位移；K_{s1}、K_{s2} 为车辆一、二系悬挂刚度系数；C_{s1}、C_{s2} 为车辆一、二系悬挂阻尼系数；$P = -M_w g + F_{wi}$，F_{wi} 为轮轨接触力，可由式(4.4)根据轮轨相对接触位移求得。

根据图 4.2，车体沉浮振动方程为

$$M_c \ddot{v}_c + C_{s2}(\dot{v}_c - \dot{v}_t) + K_{s2}(v_c - v_t) = -M_c g \tag{4.13}$$

转向架沉浮振动方程为

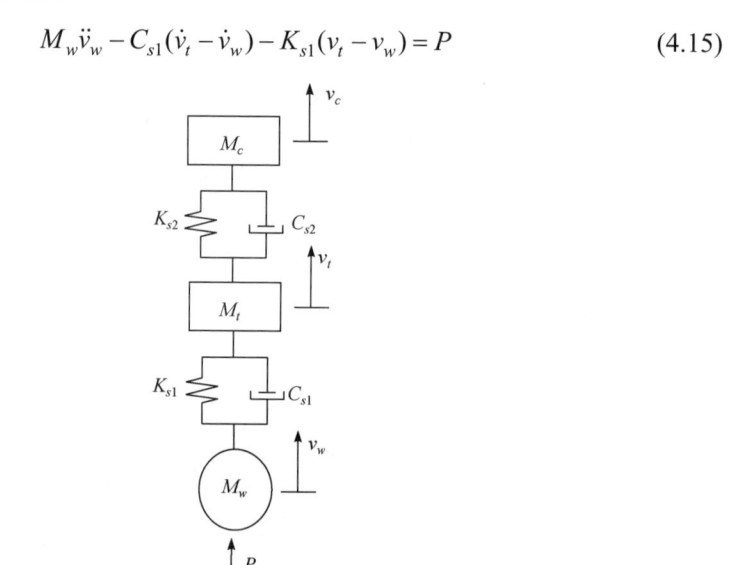

$$M_t \ddot{v}_t + C_{s1}(\dot{v}_t - \dot{v}_w) + K_{s1}(v_t - v_w) - C_{s2}(\dot{v}_c - \dot{v}_t) - K_{s2}(v_c - v_t) = -M_t g \tag{4.14}$$

车轮沉浮振动方程为

$$M_w \ddot{v}_w - C_{s1}(\dot{v}_t - \dot{v}_w) - K_{s1}(v_t - v_w) = P \tag{4.15}$$

图 4.2 考虑二系悬挂的车辆单元模型

式(4.13)~式(4.15)可用矩阵的形式写成式(4.7)所示的动力学方程，其中

$$\boldsymbol{a}_u = \{v_c \quad v_t \quad v_w\}^{\mathrm{T}}, \quad \dot{\boldsymbol{a}}_u = \{\dot{v}_c \quad \dot{v}_t \quad \dot{v}_w\}^{\mathrm{T}}, \quad \ddot{\boldsymbol{a}}_u = \{\ddot{v}_c \quad \ddot{v}_t \quad \ddot{v}_w\}^{\mathrm{T}} \tag{4.16}$$

$$\boldsymbol{M}_u = \begin{bmatrix} M_c & 0 & 0 \\ 0 & M_t & 0 \\ 0 & 0 & M_w \end{bmatrix} \tag{4.17}$$

$$\boldsymbol{C}_u = \begin{bmatrix} C_{s2} & -C_{s2} & 0 \\ -C_{s2} & C_{s2}+C_{s1} & -C_{s1} \\ 0 & -C_{s1} & C_{s1} \end{bmatrix} \tag{4.18}$$

$$\boldsymbol{K}_u = \begin{bmatrix} K_{s2} & -K_{s2} & 0 \\ -K_{s2} & K_{s2}+K_{s1} & -K_{s1} \\ 0 & -K_{s1} & K_{s1} \end{bmatrix} \tag{4.19}$$

$$\boldsymbol{Q}_u = \{-M_c g \quad -M_t g \quad P\}^{\mathrm{T}} \tag{4.20}$$

单轮附有二系悬挂的车辆模型共有 3 个自由度。

4.3 半车附有二系悬挂的车辆模型

半车附有二系悬挂的车辆模型如图 4.3 所示。考虑沉浮振动，在半车模型中，将车体的一半质量作为集中质量。对转向架，除考虑沉浮振动外，还需考虑点头振动。图中，M_c、v_c 为车体 1/2 的半车质量、车体垂向位移；M_t、J_t 为 1/2 的转向架质量、惯性矩；v_t、ϕ_t 为转向架的垂向位移、绕水平轴的转角；M_{wi} 为第 i 个轮对 1/2 的质量；v_{w1}、v_{w2} 为车轮 1、车轮 2 的垂向位移；K_{s1}、C_{s1} 为车辆一系悬挂的弹性系数、阻尼系数；K_{s2}、C_{s2} 为车辆二系悬挂的弹性系数、阻尼系数；l_1 为 1/2 的固定轴距；$P_i = -M_{wi}g + F_{wi}$，F_{wi} 为轮轨接触力，可由式(4.4)根据轮轨相对接触位移求得。

根据图 4.3，车体的沉浮振动方程为

$$M_c \ddot{v}_c + (\dot{v}_c - \dot{v}_t)C_{s2} + (v_c - v_t)K_{s2} = -M_c g \tag{4.21}$$

转向架沉浮振动方程为

$$\begin{aligned} M_t \ddot{v}_t &+ [(\dot{v}_t - \dot{v}_{w1} - \dot{\phi}_t l_1) + (\dot{v}_t - \dot{v}_{w2} + \dot{\phi}_t l_1)]C_{s1} \\ &+ [(v_t - v_{w1} - \phi_t l_1) + (v_t - v_{w2} + \phi_t l_1)]K_{s1} \\ &- (\dot{v}_c - \dot{v}_t)C_{s2} - (v_c - v_t)K_{s2} = -M_t g \end{aligned} \tag{4.22}$$

转向架点头振动方程为

$$\begin{aligned} J_t \ddot{\phi}_t &+ [-(\dot{v}_t - \dot{v}_{w1} - \dot{\phi}_t l_1) + (\dot{v}_t - \dot{v}_{w2} + \dot{\phi}_t l_1)]C_{s1}l_1 \\ &+ [-(v_t - v_{w1} - \phi_t l_1) + (v_t - v_{w2} + \phi_t l_1)]K_{s1}l_1 = 0 \end{aligned} \tag{4.23}$$

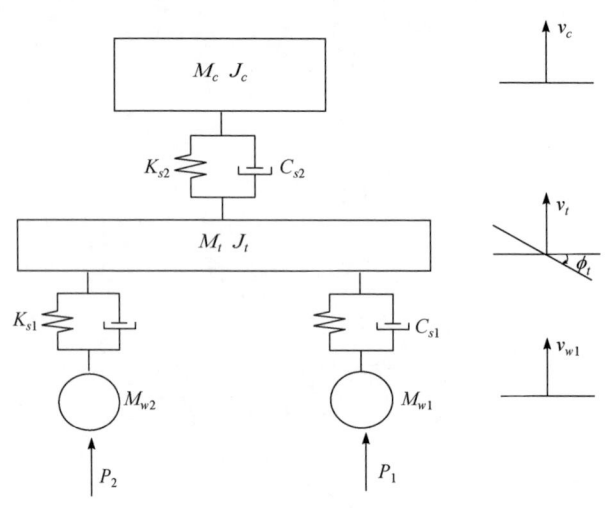

图 4.3 半车附有二系悬挂的车辆模型

车轮的沉浮振动方程为

$$M_{w1}\ddot{v}_{w1} - (\dot{v}_t - \dot{v}_{w1} - \dot{\phi}_t l_1)C_{s1} - (v_t - v_{w1} - \phi_t l_1)K_{s1} = P_1 \tag{4.24}$$

$$M_{w2}\ddot{v}_{w2} - (\dot{v}_t - \dot{v}_{w2} + \dot{\phi}_t l_1)C_{s1} - (v_t - v_{w2} + \phi_t l_1)K_{s1} = P_2 \tag{4.25}$$

式(4.21)~式(4.25)可用矩阵的形式写成式(4.7)所示的动力学方程，其中

$$\boldsymbol{a}_u = \{v_c \quad v_t \quad \phi_t \quad v_{w1} \quad v_{w2}\}^{\mathrm{T}}$$

$$\dot{\boldsymbol{a}}_u = \{\dot{v}_c \quad \dot{v}_t \quad \dot{\phi}_t \quad \dot{v}_{w1} \quad \dot{v}_{w2}\}^{\mathrm{T}} \tag{4.26}$$

$$\ddot{\boldsymbol{a}}_u = \{\ddot{v}_c \quad \ddot{v}_t \quad \ddot{\phi}_t \quad \ddot{v}_{w1} \quad \ddot{v}_{w2}\}^{\mathrm{T}}$$

$$\boldsymbol{M}_u = \mathrm{diag}\{M_c \quad M_t \quad J_t \quad M_{w1} \quad M_{w2}\} \tag{4.27}$$

$$\boldsymbol{C}_u = \begin{bmatrix} C_{s2} & -C_{s2} & 0 & 0 & 0 \\ & C_{s2}+2C_{s1} & 0 & -C_{s1} & -C_{s1} \\ & & 2C_{s1}l_1^2 & C_{s1}l_1 & -C_{s1}l_1 \\ & \text{对称} & & C_{s1} & 0 \\ & & & & C_{s1} \end{bmatrix} \tag{4.28}$$

$$\boldsymbol{K}_u = \begin{bmatrix} K_{s2} & -K_{s2} & 0 & 0 & 0 \\ & K_{s2}+2K_{s1} & 0 & -K_{s1} & -K_{s1} \\ & & 2K_{s1}l_1^2 & K_{s1}l_1 & -K_{s1}l_1 \\ & \text{对称} & & K_{s1} & 0 \\ & & & & K_{s1} \end{bmatrix} \tag{4.29}$$

$$Q_u = \{-M_c g \quad -M_t g \quad 0 \quad P_1 \quad P_2\}^T \tag{4.30}$$

半车附有二系悬挂的车辆模型共有 5 个自由度。

4.4 整车附有二系悬挂的车辆模型

整车附有二系悬挂的车辆模型如图 4.4 所示。在整车模型中，车体和转向架都考虑沉浮振动和点头振动。整车模型比较符合实际情况。图中，M_c 为 1/2 的车体质量；v_c、ϕ_c 为车体质心垂向位移和绕水平轴转角；J_c 为 1/2 的车体惯性矩；v_{t1}、v_{t2} 为前、后转向架质心垂向位移；ϕ_1、ϕ_2 为前、后转向架绕水平轴转角；J_t 为 1/2 的转向架惯性矩；$2l_1$ 为固定轴距；$2l_2$ 为车体上两转向架中心之间的距离。

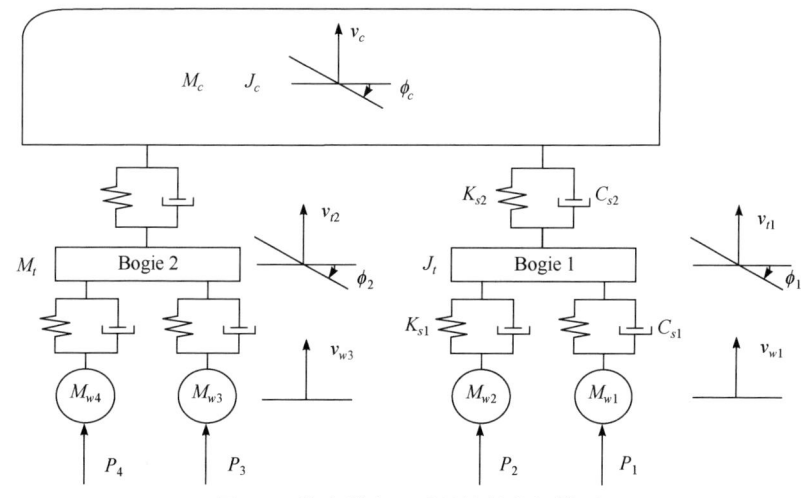

图 4.4 整车附有二系悬挂的车辆模型

根据图 4.4，车体的沉浮振动方程为

$$M_c \ddot{v}_c + [(\dot{v}_c - \dot{v}_{t1} - \dot{\phi}_c l_2) + (\dot{v}_c - \dot{v}_{t2} + \dot{\phi}_c l_2)]C_{s2}$$
$$+ [(v_c - v_{t1} - \phi_c l_2) + (v_c - v_{t2} + \phi_c l_2)]K_{s2} = -M_c g \tag{4.31}$$

车体的点头振动方程为

$$J_c \ddot{\phi}_c + [-(\dot{v}_c - \dot{v}_{t1} - \dot{\phi}_c l_2) + (\dot{v}_c - \dot{v}_{t2} + \dot{\phi}_c l_2)]C_{s2} l_2$$
$$+ [-(v_c - v_{t1} - \phi_c l_2) + (v_c - v_{t2} + \phi_c l_2)]K_{s2} l_2 = 0 \tag{4.32}$$

前后转向架的沉浮振动方程为

$$M_t\ddot{v}_{t1} - (v_c - v_{t1} - \phi_c l_2)K_{s2} - (\dot{v}_c - \dot{v}_{t1} - \dot{\phi}_c l_2)C_{s2}$$
$$+ \left[(v_{t1} - v_{w1} - \phi_1 l_1) + (v_{t1} - v_{w2} + \phi_1 l_1)\right]K_{s1}$$
$$+ \left[(\dot{v}_{t1} - \dot{v}_{w1} - \dot{\phi}_1 l_1) + (\dot{v}_{t1} - \dot{v}_{w2} + \dot{\phi}_1 l_1)\right]C_{s1} = -M_t g \tag{4.33}$$

$$M_t\ddot{v}_{t2} - (v_c - v_{t2} + \phi_c l_2)K_{s2} - (\dot{v}_c - \dot{v}_{t2} + \dot{\phi}_c l_2)C_{s2}$$
$$+ \left[(v_{t2} - v_{w3} - \phi_2 l_1) + (v_{t2} - v_{w4} + \phi_2 l_1)\right]K_{s1}$$
$$+ \left[(\dot{v}_{t2} - \dot{v}_{w3} - \dot{\phi}_2 l_1) + (\dot{v}_{t2} - \dot{v}_{w4} + \dot{\phi}_2 l_1)\right]C_{s1} = -M_t g \tag{4.34}$$

前后转向架的点头振动方程为

$$J_t\ddot{\phi}_1 + \left[-(v_{t1} - v_{w1} - \phi_1 l_1) + (v_{t1} - v_{w2} + \phi_1 l_1)\right]K_{s1}l_1$$
$$+ \left[-(\dot{v}_{t1} - \dot{v}_{w1} - \dot{\phi}_1 l_1) + (\dot{v}_{t1} - \dot{v}_{w2} + \dot{\phi}_1 l_1)\right]C_{s1}l_1 = 0 \tag{4.35}$$

$$J_t\ddot{\phi}_2 + \left[-(v_{t2} - v_{w3} - \phi_2 l_1) + (v_{t2} - v_{w4} + \phi_2 l_1)\right]K_{s1}l_1$$
$$+ \left[-(\dot{v}_{t2} - \dot{v}_{w3} - \dot{\phi}_2 l_1) + (\dot{v}_{t2} - \dot{v}_{w4} + \dot{\phi}_2 l_1)\right]C_{s1}l_1 = 0 \tag{4.36}$$

轮对的沉浮振动方程为

$$M_{w1}\ddot{v}_{w1} - (v_{t1} - v_{w1} - \phi_1 l_1)K_{s1} - (\dot{v}_{t1} - \dot{v}_{w1} - \dot{\phi}_1 l_1)C_{s1} = P_1 \tag{4.37}$$

$$M_{w2}\ddot{v}_{w2} - (v_{t1} - v_{w2} + \phi_1 l_1)K_{s1} - (\dot{v}_{t1} - \dot{v}_{w2} + \dot{\phi}_1 l_1)C_{s1} = P_2 \tag{4.38}$$

$$M_{w3}\ddot{v}_{w3} - (v_{t2} - v_{w3} - \phi_2 l_1)K_{s1} - (\dot{v}_{t2} - \dot{v}_{w3} - \dot{\phi}_2 l_1)C_{s1} = P_3 \tag{4.39}$$

$$M_{w4}\ddot{v}_{w4} - (v_{t2} - v_{w4} + \phi_2 l_1)K_{s1} - (\dot{v}_{t2} - \dot{v}_{w4} + \dot{\phi}_2 l_1)C_{s1} = P_4 \tag{4.40}$$

式(4.31)~式(4.40)可用矩阵的形式写成式(4.7)所示的动力学方程，其中

$$\begin{aligned}
\boldsymbol{a}_u &= \{v_c \quad \phi_c \quad v_{t1} \quad v_{t2} \quad \phi_1 \quad \phi_2 \quad v_{w1} \quad v_{w2} \quad v_{w3} \quad v_{w4}\}^T \\
\dot{\boldsymbol{a}}_u &= \{\dot{v}_c \quad \dot{\phi}_c \quad \dot{v}_{t1} \quad \dot{v}_{t2} \quad \dot{\phi}_1 \quad \dot{\phi}_2 \quad \dot{v}_{w1} \quad \dot{v}_{w2} \quad \dot{v}_{w3} \quad \dot{v}_{w4}\}^T \\
\ddot{\boldsymbol{a}}_u &= \{\ddot{v}_c \quad \ddot{\phi}_c \quad \ddot{v}_{t1} \quad \ddot{v}_{t2} \quad \ddot{\phi}_1 \quad \ddot{\phi}_2 \quad \ddot{v}_{w1} \quad \ddot{v}_{w2} \quad \ddot{v}_{w3} \quad \ddot{v}_{w4}\}^T
\end{aligned} \tag{4.41}$$

$$\boldsymbol{Q}_u = \{-M_c g \quad 0 \quad -M_t g \quad -M_t g \quad 0 \quad 0 \quad P_1 \quad P_2 \quad P_3 \quad P_4\}^T \tag{4.42}$$

$$\boldsymbol{M}_u = \text{diag}\{M_c \quad J_c \quad M_t \quad M_t \quad J_t \quad J_t \quad M_{w1} \quad M_{w2} \quad M_{w3} \quad M_{w4}\} \tag{4.43}$$

$\boldsymbol{C}_u$

$$= \begin{bmatrix} 2C_{s2} & 0 & -C_{s2} & -C_{s2} & 0 & 0 & 0 & 0 & 0 & 0 \\ & 2C_{s2}l_2^2 & C_{s2}l_2 & -C_{s2}l_2 & 0 & 0 & 0 & 0 & 0 & 0 \\ & & 2C_{s1}+C_{s2} & 0 & 0 & 0 & -C_{s1} & -C_{s1} & 0 & 0 \\ & & & 2C_{s1}+C_{s2} & 0 & 0 & 0 & 0 & -C_{s1} & -C_{s1} \\ & & & & 2C_{s1}l_1^2 & 0 & C_{s1}l_1 & -C_{s1}l_1 & 0 & 0 \\ & & & & & 2C_{s1}l_1^2 & 0 & 0 & C_{s1}l_1 & -C_{s1}l_1 \\ & & & & & & C_{s1} & 0 & 0 & 0 \\ & & & & & & & C_{s1} & 0 & 0 \\ & & 对称 & & & & & & C_{s1} & 0 \\ & & & & & & & & & C_{s1} \end{bmatrix}$$

(4.44)

$\boldsymbol{K}_u$

$$= \begin{bmatrix} 2K_{s2} & 0 & -K_{s2} & -K_{s2} & 0 & 0 & 0 & 0 & 0 & 0 \\ & 2K_{s2}l_2^2 & K_{s2}l_2 & -K_{s2}l_2 & 0 & 0 & 0 & 0 & 0 & 0 \\ & & 2K_{s1}+K_{s2} & 0 & 0 & 0 & -K_{s1} & -K_{s1} & 0 & 0 \\ & & & 2K_{s1}+K_{s2} & 0 & 0 & 0 & 0 & -K_{s1} & -K_{s1} \\ & & & & 2K_{s1}l_1^2 & 0 & K_{s1}l_1 & -K_{s1}l_1 & 0 & 0 \\ & & & & & 2K_{s1}l_1^2 & 0 & 0 & K_{s1}l_1 & -K_{s1}l_1 \\ & & & & & & K_{s1} & 0 & 0 & 0 \\ & & & & & & & K_{s1} & 0 & 0 \\ & & 对称 & & & & & & K_{s1} & 0 \\ & & & & & & & & & K_{s1} \end{bmatrix}$$

(4.45)

整车附有二系悬挂的车辆模型共有 10 个自由度。

参 考 文 献

[1] Knothe K, Grassie S L. Modeling of railway track and vehicle/track interaction at high frequencies. Vehicle System Dynamics, 1993, 22(3, 4): 209-262.

[2] Trochanis A M, Chelliah R, Bielak J. Unified approach for beams on elastic foundation for moving load. Journal of Geotechnical Engineering, 1987, 112: 879-895.

[3] Ono K, Yamada M. Analysis of railway track vibration. Journal of Sound and Vibration, 1989, 130(2): 269-297.

[4] Grassie S L, Gregory R W, Harrison D, et al. The dynamic response of railway track to high frequency vertical excitation. Journal of Mechanical Engineering Science, 1982, 24: 77-90.

[5] Nielsen J C O. Train/track interaction: coupling of moving and stationary dynamic system.

Gotebory: Chalmers University of Technology, 1993.

[6] Zhai W M, Sun X. A detailed model for investigating vertical interactions between railway vehicle and track. Vehicle System Dynamics, 1994, s23: 603-615.

[7] Lei X Y, Wang J. Dynamic analysis of the train and slab track coupling system with finite elements in a moving frame of reference. Journal of Vibration and Control, 2014, 20(9): 1301-1317.

[8] 翟婉明. 车辆-轨道耦合动力学. 3 版. 北京: 科学出版社, 2007.

[9] 雷晓燕, 张斌, 刘庆杰. 列车-轨道系统竖向动力分析的车辆轨道单元模型. 振动与冲击, 2010, 29(3): 168-173.

[10] 雷晓燕. 高速铁路轨道动力学——模型、算法与应用. 2 版. 北京: 科学出版社, 2021.

第 5 章 车辆-轨道非线性耦合系统动力分析的交叉迭代算法与程序

第 3 章建立了有砟轨道、板式轨道单元模型和板式轨道-桥梁单元模型。第 4 章建立了单轮附有一系和附有二系悬挂的车辆模型、半车及整车附有二系悬挂的车辆模型，并推导了相应的动力学方程。这些模型有一个共同的特点，即车辆和轨道结构的方程不是完全独立的，而是通过轮轨接触力互相耦合的，因此欲求解的方程是包含车辆-轨道系统的耦合方程组。关于车辆-轨道系统耦合方程的解法，大致可分为两类，一类是基于能量原理的耦合方程解法[1-5]，另一类是迭代法[6-12]。本章讨论车辆-轨道非线性耦合系统动力分析的交叉迭代算法与程序。基于能量原理的耦合方程解法将在第 7 章和第 8 章讨论。

5.1 车辆-轨道非线性耦合系统动力分析的交叉迭代算法

车辆-轨道非线性耦合系统动力分析模型如图 5.1 所示。约定车辆和轨道结构的位移以向上为正，转角以顺时针方向为正。车辆-轨道非线性耦合系统有限元方程数值解的实现，可通过将耦合系统分解为上部车辆子系统和下部轨道子系统，运用迭代法对两系统分别交叉迭代独立求解，两子系统通过轮轨接触力和轮轨接触几何相容条件联系。动力有限元方程采用数值方法求解。

下面以 Newmark 数值积分法为例，讨论用交叉迭代法求解车辆-轨道非线性耦合方程的步骤。

在上、下两子系统中要求解的方程为二阶常微分方程组。对于图 5.2 所示的车辆子系统，动力学方程为

$$\boldsymbol{M}_u \ddot{\boldsymbol{a}}_u + \boldsymbol{C}_u \dot{\boldsymbol{a}}_u + \boldsymbol{K}_u \boldsymbol{a}_u = \boldsymbol{Q}_{ug} + \boldsymbol{F}_{ul} \tag{5.1}$$

其中，$\boldsymbol{M}_u$、$\boldsymbol{C}_u$ 和 $\boldsymbol{K}_u$ 分别为车辆子系统的质量、阻尼和刚度矩阵；$\boldsymbol{a}_u$、$\dot{\boldsymbol{a}}_u$ 和 $\ddot{\boldsymbol{a}}_u$ 分别为车辆子系统的位移、速度和加速度向量；$\boldsymbol{Q}_{ug}$ 为车辆重力向量，即

$$\boldsymbol{Q}_{ug} = -g\{M_c \quad 0 \quad M_t \quad M_t \quad 0 \quad 0 \quad M_{w1} \quad M_{w2} \quad M_{w3} \quad M_{w4}\}^{\mathrm{T}} \tag{5.2}$$

$\boldsymbol{F}_{ul}$ 为轮轨接触力向量，可用 Hertz 非线性公式计算，即

$$F_{uli} = \begin{cases} \dfrac{1}{G^{\frac{3}{2}}} |v_{wi} - (v_{lci} + \eta_i)|^{\frac{3}{2}}, & v_{wi} - (v_{lci} + \eta_i) < 0 \\ 0, & v_{wi} - (v_{lci} + \eta_i) \geqslant 0 \end{cases} \quad (5.3)$$

其中，G 为接触挠度系数；v_{wi}、v_{lci} 为轮轨接触点处第 i 个车轮、钢轨的垂向位移；η_i 为第 i 个轮轨接触处的轨道不平顺值。

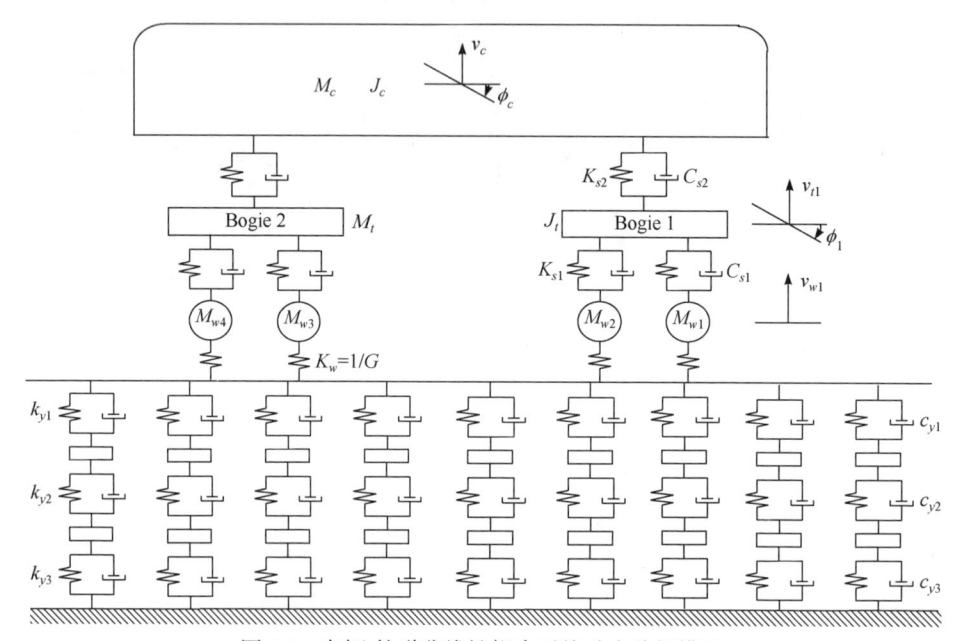

图 5.1 车辆-轨道非线性耦合系统动力分析模型

将 Hertz 非线性刚度线性化，可得

$$F_{ul} = \begin{cases} -K_w(a_u - a_{lc} - \eta), & a_u - a_{lc} - \eta_i < 0 \\ 0, & a_u - a_{lc} - \eta_i \geqslant 0 \end{cases} \quad (5.4)$$

其中，K_w 为轮轨接触刚度矩阵；η 为轮轨接触处轨道不平顺值向量。

$$a_u = \{v_c \quad \phi_c \quad v_{t1} \quad v_{t2} \quad \phi_1 \quad \phi_2 \quad v_{w1} \quad v_{w2} \quad v_{w3} \quad v_{w4}\}^T \quad (5.5)$$

$$a_{lc} = \{0 \quad 0 \quad 0 \quad 0 \quad 0 \quad 0 \quad v_{lc1} \quad v_{lc2} \quad v_{lc3} \quad v_{lc4}\}^T \quad (5.6)$$

$$K_w = \mathrm{diag}\{0 \quad 0 \quad 0 \quad 0 \quad 0 \quad 0 \quad k_w \quad k_w \quad k_w \quad k_w\} \quad (5.7)$$

其中，k_w 为轮轨线性化接触刚度，即

$$k_w = \frac{3}{2G} p_0^{1/3} \quad (5.8)$$

其中，p_0 为车轮作用在钢轨上的静荷载。

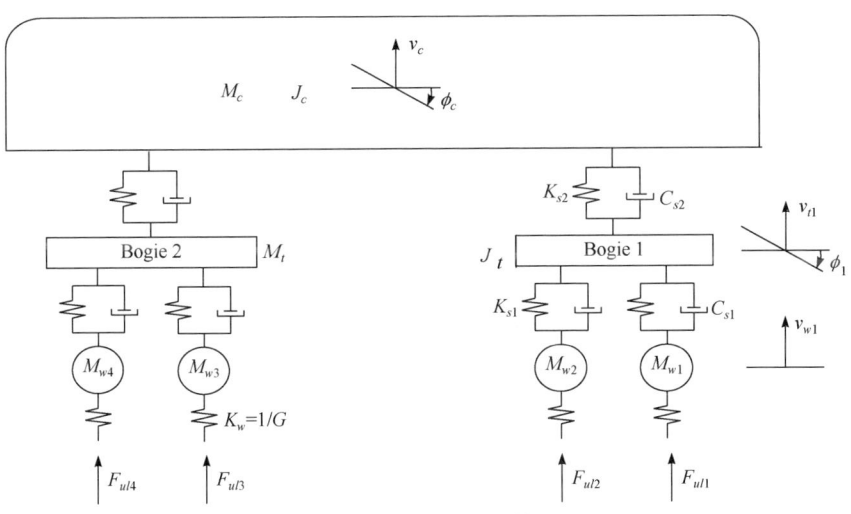

图 5.2 上部结构车辆模型

式(5.1)经刚度线性化后可写为

$$M_u \ddot{a}_u + C_u \dot{a}_u + (K_u + K_w) a_u = Q_{ug} + K_w (a_{lc} + \eta) \tag{5.9}$$

对于下部轨道结构子系统，动力有限元方程为

$$M_l \ddot{a}_l + C_l \dot{a}_l + K_l a_l = Q_{lg} - F_{ul} \tag{5.10}$$

其中，M_l、C_l 和 K_l 为轨道结构子系统的质量、阻尼和刚度矩阵；a_l、$\dot{a}_l$ 和 $\ddot{a}_l$ 为轨道结构子系统的位移、速度和加速度向量；Q_{lg} 为轨道结构重力向量。

利用 Newmark 数值积分法，已知系统在 $t-\Delta t$ 时刻的解答 $^{t-\Delta t}a$、$^{t-\Delta t}\dot{a}$、$^{t-\Delta t}\ddot{a}$，欲求 t 时刻的解 $^t a$、$^t\dot{a}$、$^t\ddot{a}$，可通过解下式得到[12]，即

$$\begin{aligned}(K + c_0 M + c_1 C)\,{}^t a =\,& {}^t Q + M(c_0\,{}^{t-\Delta t}a + c_2\,{}^{t-\Delta t}\dot{a} + c_3\,{}^{t-\Delta t}\ddot{a}) \\ & + C(c_1\,{}^{t-\Delta t}a + c_4\,{}^{t-\Delta t}\dot{a} + c_5\,{}^{t-\Delta t}\ddot{a})\end{aligned} \tag{5.11}$$

速度 $^t\dot{a}$ 和加速度 $^t\ddot{a}$ 可由下式求得，即

$$^t\dot{a} = {}^{t-\Delta t}\dot{a} + c_6\,{}^{t-\Delta t}\ddot{a} + c_7\,{}^t\ddot{a} \tag{5.12}$$

$$^t\ddot{a} = c_0({}^t a - {}^{t-\Delta t}a) - c_2\,{}^{t-\Delta t}\dot{a} - c_3\,{}^{t-\Delta t}\ddot{a} \tag{5.13}$$

车辆-轨道非线性耦合系统交叉迭代算法框图如图 5.3 所示。下面给出交叉迭代算法的主要计算步骤。

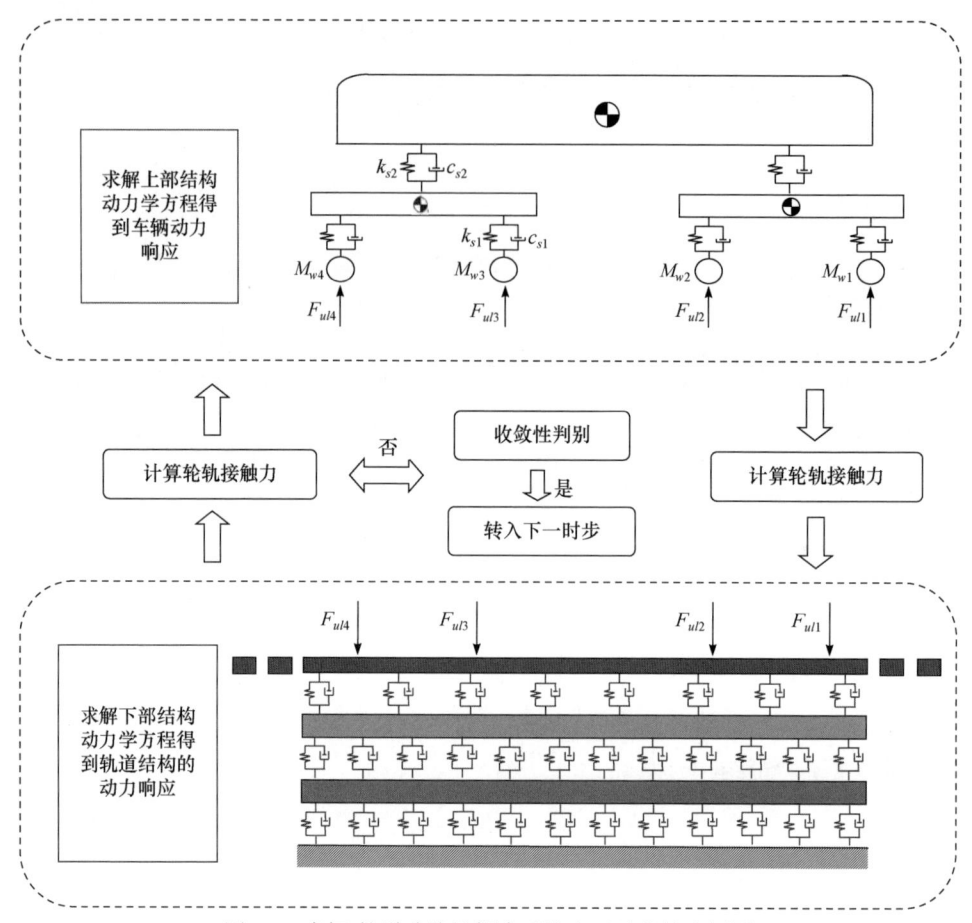

图 5.3 车辆-轨道非线性耦合系统交叉迭代算法框图

1. 初始计算

(1) 在起始第一时间步和首次迭代时，假设轨道结构初始位移 a_l^0 (通常可取 $a_l^0 = 0$)，根据 a_l^0 可得第 i 个轮轨接触处的初始钢轨位移 v_{lci}^0 (i=1,2,3,4)，由此可得 a_{lc}^0。

(2) 将初始钢轨位移 a_{lc}^0 代入式(5.9)，解刚度线性化的车辆动力学方程(5.9)，可以得到车辆初始位移、速度、加速度。

2. 对时间步长循环

设在时间步长 t，已进行了 $k-1$ 次迭代，现考察第 k 次迭代。

(1) 将车辆位移 ${}^t a_u^{k-1}$ 和轨道位移 ${}^t a_{lc}^{k-1}$ 代入式(5.3)，计算 ${}^t F_{uli}^k$ (i =1,2,3,4)，即

$$
{}^tF_{uli}^k = \begin{cases} \dfrac{1}{G^{3/2}}\left|{}^tv_{wi}^{k-1} - ({}^tv_{lci}^{k-1} + {}^t\eta_i^{k-1})\right|^{3/2}, & {}^tv_{wi}^{k-1} - ({}^tv_{lci}^{k-1} + {}^t\eta_i^{k-1}) < 0 \\ 0, & {}^tv_{wi}^{k-1} - ({}^tv_{lci}^{k-1} + {}^t\eta_i^{k-1}) \geqslant 0 \end{cases}
$$

(2) 为加速收敛，运用松弛法对轮轨接触力进行修正，令

$$
{}^tF_{uli}^k = {}^tF_{uli}^{k-1} + \mu({}^tF_{uli}^k - {}^tF_{uli}^{k-1}) \tag{5.14}
$$

其中，μ 为松弛因子，通常取 $0.3\sim 0.5$ 可获得较好的效果。

(3) 将 ${}^tF_{uli}^k$ 组合成轮轨力向量 ${}^t\boldsymbol{F}_{ul}^k$ 施加于下部轨道结构，解轨道结构子系统动力有限元方程(5.10)，得到轨道结构位移、速度和加速度，即 ${}^t\boldsymbol{a}_l^k$、${}^t\dot{\boldsymbol{a}}_l^k$ 和 ${}^t\ddot{\boldsymbol{a}}_l^k$。

(4) 根据轨道结构位移 ${}^t\boldsymbol{a}_l^k$ 可得第 i 个轮轨接触处的钢轨位移 ${}^tv_{lci}^k$，运用式(5.3)，计算轮轨接触力 ${}^tF_{uli}^k$。

(5) 将 ${}^tF_{uli}^k$ 组合成轮轨力向量 ${}^t\boldsymbol{F}_{ul}^k$ 并作为外荷载施加于车辆子系统，解车辆子系统动力学方程(5.1)，得到车辆位移、速度和加速度，即 ${}^t\boldsymbol{a}_u^k$、${}^t\dot{\boldsymbol{a}}_u^k$ 和 ${}^t\ddot{\boldsymbol{a}}_u^k$。

(6) 计算轨道结构子系统结点位移差，即

$$
\{\Delta{}^t\boldsymbol{a}\}_l^k = {}^t\boldsymbol{a}_l^k - {}^t\boldsymbol{a}_l^{k-1} \tag{5.15}
$$

其中，${}^t\boldsymbol{a}_l^k$、${}^t\boldsymbol{a}_l^{k-1}$ 为当前迭代步、上一迭代步结束时轨道结构的结点位移向量。

(7) 定义收敛准则，将前后两次迭代计算得到的轨道结构结点位移相对误差作为迭代收敛判据，即

$$
\frac{\mathrm{Norm}\{\Delta{}^t\boldsymbol{a}_l^k\}}{\mathrm{Norm}({}^t\boldsymbol{a}_l^k)} \leqslant \varepsilon \tag{5.16}
$$

其中，ε 为收敛精度，通常可取 $1.0\times 10^{-8}\sim 1.0\times 10^{-6}$ 的数。

$$
\mathrm{Norm}\{\Delta{}^t\boldsymbol{a}_l^k\} = \sum_{i=1}^n \{\Delta{}^t\boldsymbol{a}_l^k(i)\}^2 \tag{5.17}
$$

$$
\mathrm{Norm}({}^t\boldsymbol{a}_l^k) = \sum_{i=1}^n \{{}^t\boldsymbol{a}_l^k(i)\}^2 \tag{5.18}
$$

其中，n 为轨道结构结点位移自由度总数；$\{\Delta{}^t\boldsymbol{a}_l^k(i)\}^2 = \{{}^t\boldsymbol{a}_l^k(i) - {}^t\boldsymbol{a}_l^{k-1}(i)\}^2$。

(8) 对轨道结构结点位移进行收敛性判别。

如果收敛准则(式(5.16))得到满足，转步骤 2，进入下一时间步长循环。令 $t = t + \Delta t$，并取本次迭代收敛后的车辆和轨道结点位移、速度和加速度作为下一时步计算的初始值，即

$$
{}^{t+\Delta t}\boldsymbol{a}_u^0 = {}^t\boldsymbol{a}_u^k, \quad {}^{t+\Delta t}\dot{\boldsymbol{a}}_u^0 = {}^t\dot{\boldsymbol{a}}_u^k, \quad {}^{t+\Delta t}\ddot{\boldsymbol{a}}_u^0 = {}^t\ddot{\boldsymbol{a}}_u^k
$$

$$^{t+\Delta t}\boldsymbol{a}_l^0 = {}^t\boldsymbol{a}_l^k, \quad {}^{t+\Delta t}\dot{\boldsymbol{a}}_l^0 = {}^t\dot{\boldsymbol{a}}_l^k, \quad {}^{t+\Delta t}\ddot{\boldsymbol{a}}_l^0 = {}^t\ddot{\boldsymbol{a}}_l^k$$

继续计算，直至整个时域 T；否则，转(1)，令 $k = k+1$，进入下一迭代步循环。

在式(5.16)表示的收敛准则中，采用的是轨道结点位移，也可以选择轮轨接触力作为收敛性判别指标，这时有

$$\frac{\text{Norm}\{\Delta^t \boldsymbol{F}_{ul}^k\}}{\text{Norm}({}^t \boldsymbol{F}_{ul}^k)} \leqslant \varepsilon \tag{5.19}$$

其中

$$\text{Norm}\{\Delta^t \boldsymbol{F}_{ul}^k\} = \sum_{i=1}^{m} \{\Delta^t \boldsymbol{F}_{ul}^k(i)\}^2 \tag{5.20}$$

$$\text{Norm}({}^t \boldsymbol{F}_{ul}^k) = \sum_{i=1}^{m} \{{}^t \boldsymbol{F}_{ul}^k(i)\}^2 \tag{5.21}$$

其中，m 为轮轨接触力总数；$\{\Delta^t \boldsymbol{F}_{ul}^k(i)\}^2 = \{{}^t \boldsymbol{F}_{ul}^k(i) - {}^t \boldsymbol{F}_{ul}^{k-1}(i)\}^2$。

5.2 车辆-轨道非线性耦合系统交叉迭代法程序设计

5.2.1 模型简介

车辆-轨道非线性耦合系统动力有限元模型如图 5.4 所示。其中，车辆为 CRH3 型高速列车，轨道结构为 CRTS Ⅱ型无砟轨道。

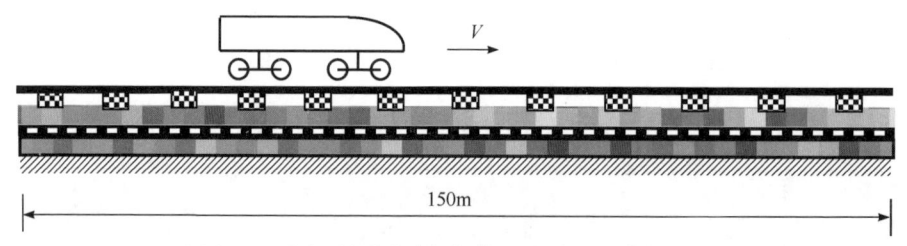

图 5.4 车辆-轨道非线性耦合系统动力有限元模型

高速列车采用 4.4 节的 10 自由度车辆模型，一节车辆为 1 个车辆单元，CRTS Ⅱ型无砟轨道采用 3.5 节的三层板式轨道单元模型。在这个模型中，钢轨、轨道板和混凝土底座板均采用二维欧拉梁单元模拟，扣件采用离散支承的弹簧-阻尼单元模拟，CA 砂浆和路基采用连续支承的弹簧-阻尼单元模拟。在建立车辆-轨道非线性耦合系统动力有限元模型时，两相邻轨枕之间的钢轨、轨道板和混凝土底座板离散为一个三层板式轨道单元(图 5.5)。

图 5.5　板式轨道单元

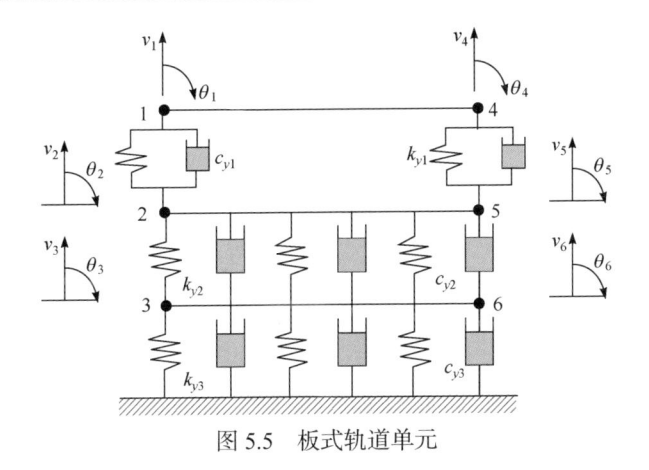

车辆-轨道非线性耦合系统动力有限元网格如图 5.6 所示。线路长度为 150m，单元长度为 0.625m。车辆-轨道非线性耦合系统共划分为 241 单元，其中板式轨道单元 240 个，车辆单元 1 个。模型结点总数为 730，其中轨道结构子系统结点数为 723，车辆子系统结点数为 7。自由度总数为 1456，其中轨道结构子系统自由度数为 1446，车辆子系统自由度数为 10。

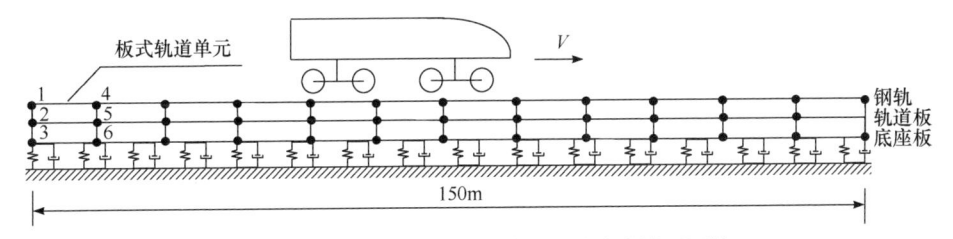

图 5.6　车辆-轨道非线性耦合系统动力有限元网格

5.2.2　程序模块

基于 5.1 节介绍的车辆-轨道非线性耦合系统交叉迭代算法，利用 Matlab 开发基于交叉迭代法的车辆-轨道非线性耦合系统动力有限元程序 VT_NFE、基于交叉迭代法的车辆-轨道-桥梁非线性耦合系统动力有限元程序 VTB_NFE。前者的源程序见附录 3。

程序模块如下。

VT_NFE.m：车辆-轨道非线性耦合系统动力有限元主程序。

Train_element_matrix.m：车辆单元模块，根据 4.4 节生成 10 自由度车辆模型的刚度矩阵、质量矩阵和阻尼矩阵。

Track_element_matrix.m：板式轨道单元模块，根据 3.5 节生成 12 自由度板式轨道单元的刚度矩阵、质量矩阵和阻尼矩阵。

Track_Irregularity_GER.m：轨道不平顺模块，生成德国高速铁路低干扰轨道高低不平顺样本。

Short_wave_Irregularity.m：轨道短波不平顺模块，生成短波轨道不平顺样本。

Plot_Vehicle_Result.m：后处理模块，绘制车辆系统动力响应时程曲线。

Plot_Track_Result.m：后处理模块，绘制轨道结构动力响应时程曲线。

5.3 车辆-轨道非线性耦合系统动力分析

考察高速列车在线路上运行时，引起车辆和轨道结构的动力响应。轮轨接触采用非线性接触模型，运用交叉迭代法分析车辆和轨道结构的动力响应。

考虑轨道随机不平顺的影响，根据德国高速铁路低干扰轨道高低不平顺谱和轨道短波不平顺谱联合生成轨道不平顺样本(图 5.7)。CRH3 高速动车半结构参数如表 5.1 所示。CRTSⅡ型板式轨道结构参数如表 5.2 所示。列车行驶速度为 250km/h，运行时间为 1.8s，时间步长取 0.0005s，交叉迭代收敛精度为 10^{-6}，轮轨接触力修正松弛因子取 0.4，最大收敛迭代次数为 14 次，程序计算耗时大约 1.4min。

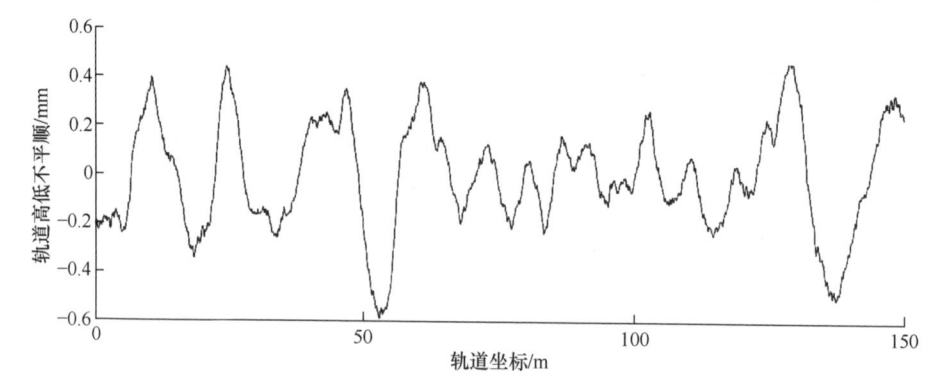

图 5.7 轨道高低随机不平顺样本

表 5.1 CRH3 高速动车半结构参数(考虑车辆沿轨道中心对称)

参数	取值	参数	取值
列车速度/(km/h)	≤350	一系悬挂纵向、垂向阻尼/(kN·s/m)	100
车体质量/kg	$40 \times 10^3/2$	二系悬挂纵向、垂向阻尼/(kN·s/m)	120
构架质量/kg	3200/2	固定轴距 $2l_1$/m	2.5
轮对质量/kg	2400/2	构架中心距离 $2l_2$/m	17.375
车体点头惯量/(kg·m²)	5.47×10^5	车辆长度/m	头尾车 25.675，中间车 24.775

续表

参数	取值	参数	取值
构架点头惯量/(kg·m²)	6.8 × 10³	相邻车厢相邻转向架中心距/m	7.625
一系悬挂纵向、垂向刚度/(kN/m)	2.08 × 10³	轮轨摩擦系数	0.164
二系悬挂纵向、垂向刚度/(kN/m)	0.8 × 10³	轮轨接触刚度/(kN/m)	1.5×10⁶

表 5.2　CRTS Ⅱ 型板式轨道结构参数

参数		取值	参数		取值
钢轨	质量/(kg/m)	60	钢轨	截面惯性矩/(m⁴)	0.3217 × 10⁻⁴
	弹性模量/(MN/m²)	2.06 × 10⁵		横截面积/(m²)	77.45 × 10⁻⁴
轨道板	长度/m	6.45	混凝土支承层	长度/m	6.45
	宽度/m	2.55		宽度/m	2.95
	厚度/m	0.2		厚度/m	0.3
	密度/(kg/m³)	2500		密度/(kg/m³)	2500
	弹性模量/(MN/m²)	3.9 × 10⁴		弹性模量/(MN/m²)	3.0 × 10⁴
垫板	纵向、垂向刚度系数/(MN/m)	60	垫板	纵向、垂向阻尼系数/(kN·s/m)	50
CA 砂浆	单位长度纵向、垂向刚度系数/(MN/m²)	900	CA 砂浆	单位长度纵向、垂向阻尼系数/(kN·s/m²)	83
滑动层	单位长度纵向、垂向刚度系数/(MN/m²)	100	滑动层	单位长度纵向、垂向阻尼系数/(kN·s/m²)	248
路基	单位长度纵向、垂向刚度系数/(MN/m²)	60	路基	单位长度纵向、垂向阻尼系数/(kN·s/m²)	90

计算结果如图 5.8～图 5.14 所示。它们分别表示车体、转向架和轮对的垂向

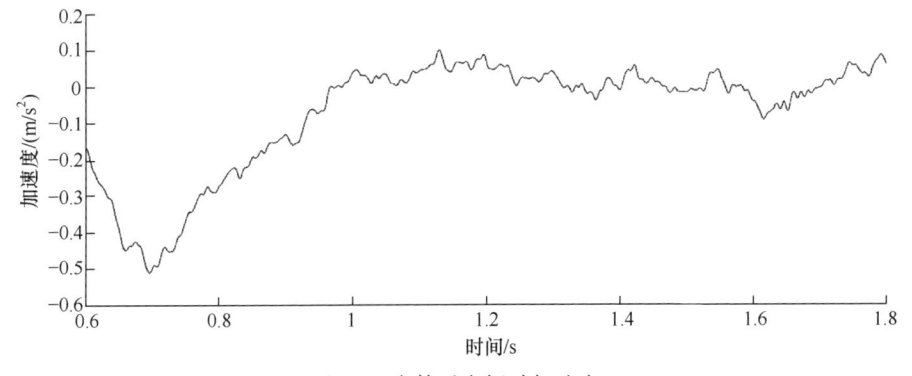

图 5.8　车体垂向振动加速度

振动加速度时程曲线、轮轨垂向力时程曲线，以及响应点位于线路中间 391、392、393 号结点钢轨、轨道板和混凝土底座板的垂向振动位移、速度和加速度时程曲线。

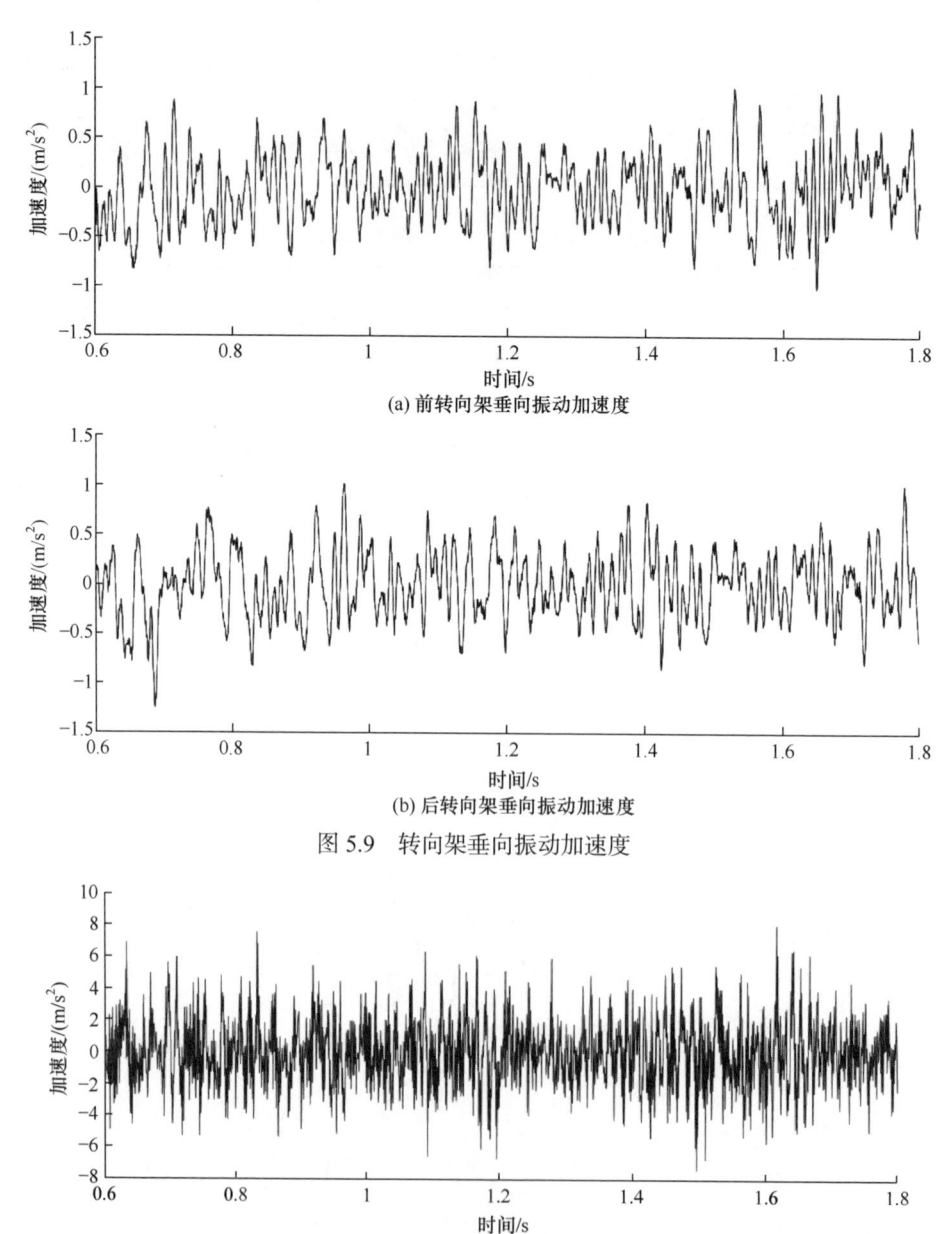

(a) 前转向架垂向振动加速度

(b) 后转向架垂向振动加速度

图 5.9　转向架垂向振动加速度

(a) 第1轮对垂向振动加速度

(b) 第2轮对垂向振动加速度

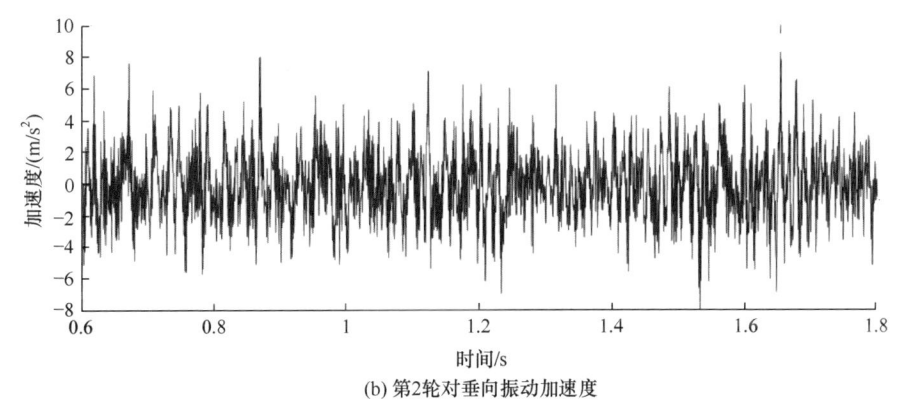

图 5.10　轮对垂向振动加速度

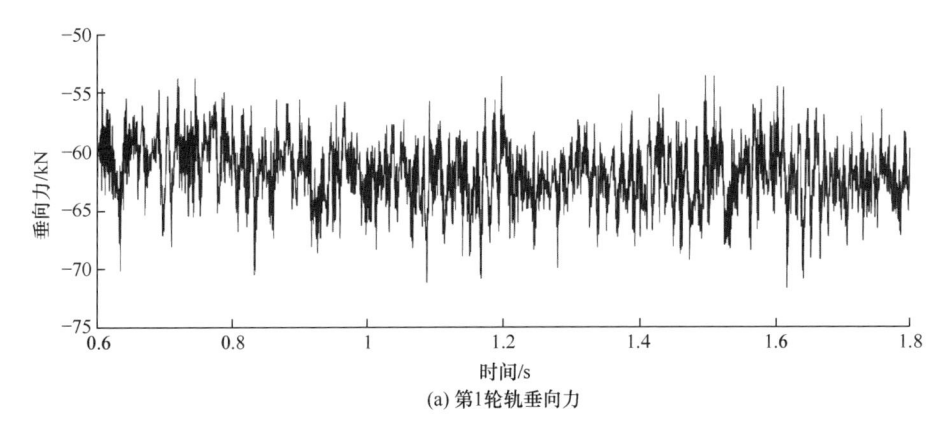

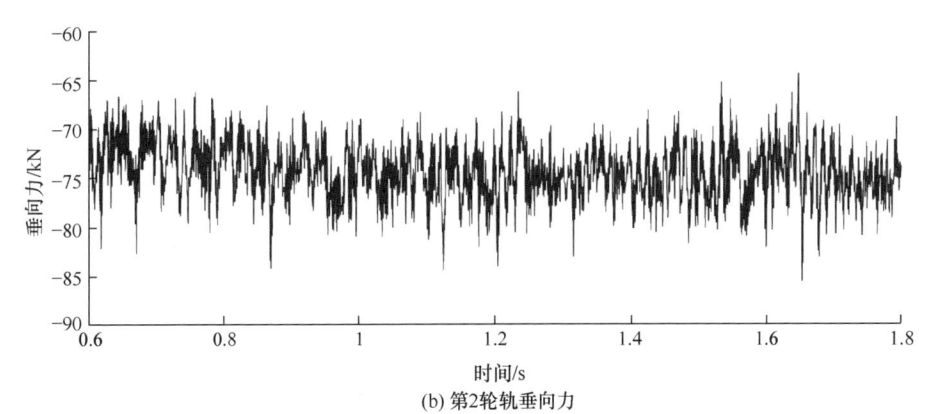

(a) 第1轮轨垂向力

(b) 第2轮轨垂向力

图 5.11　轮轨垂向力

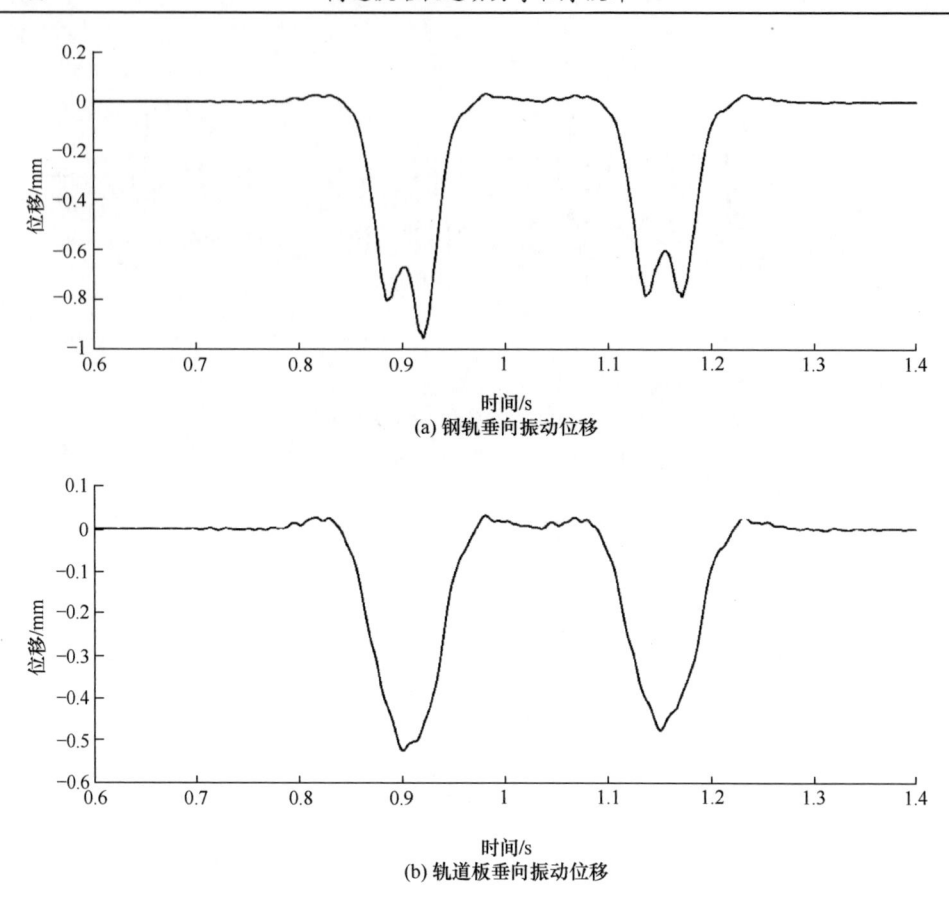

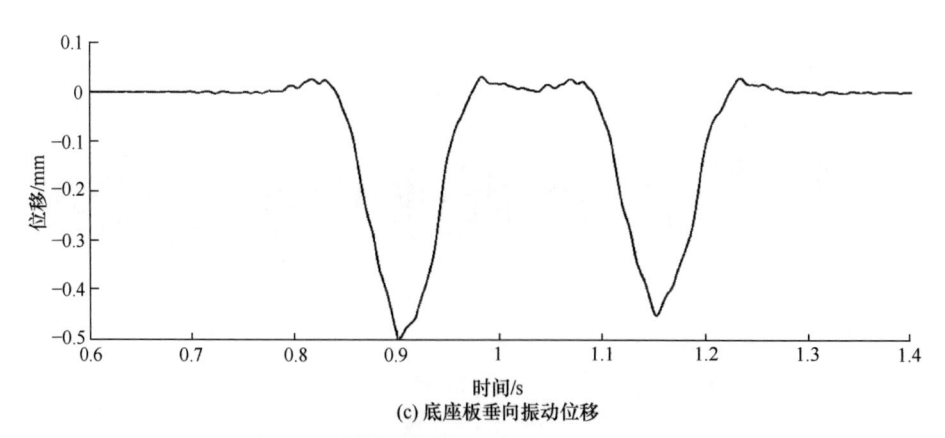

图 5.12 钢轨、轨道板和底座板垂向振动位移

(a) 钢轨垂向振动速度

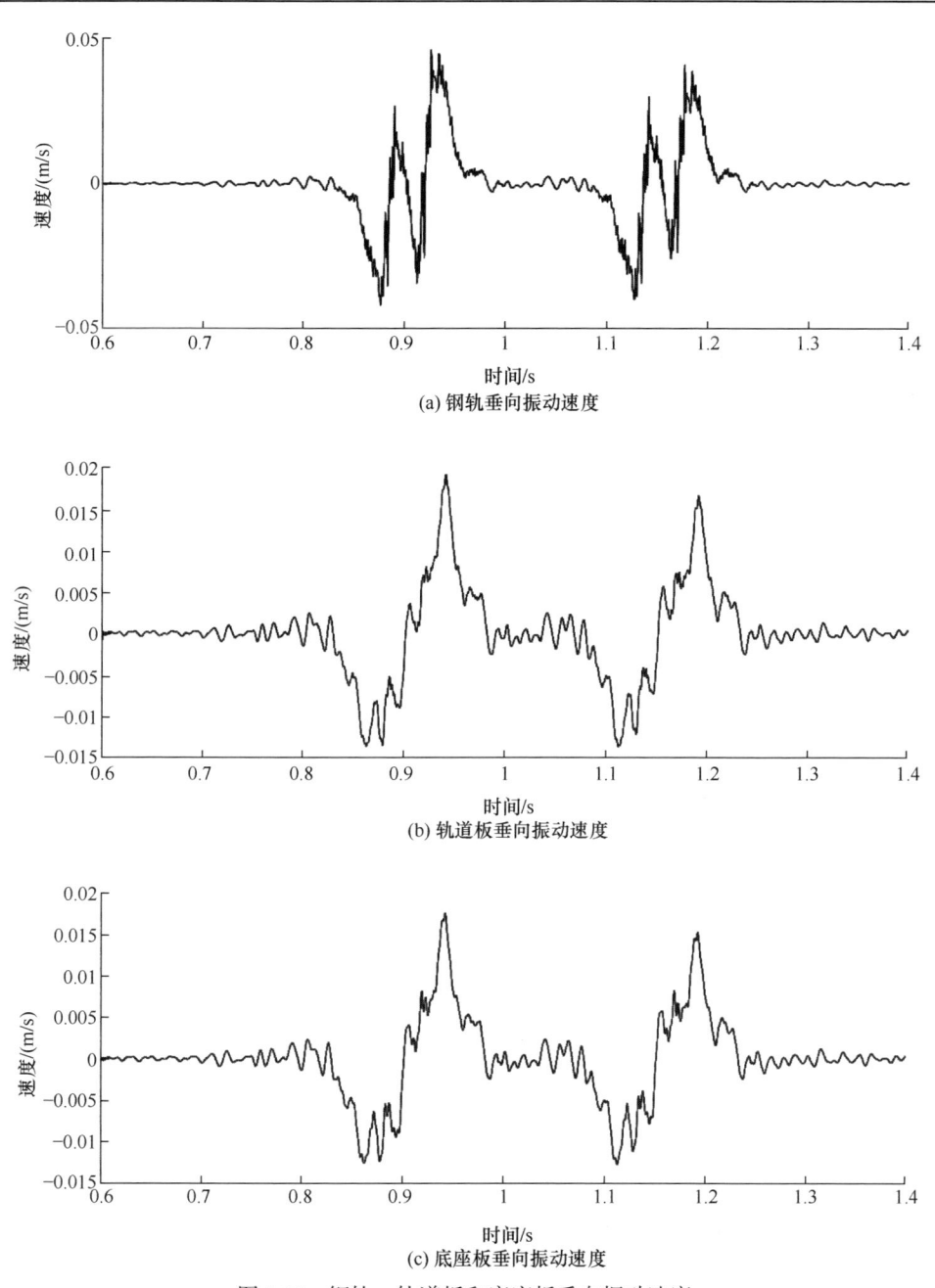

(b) 轨道板垂向振动速度

(c) 底座板垂向振动速度

图 5.13 钢轨、轨道板和底座板垂向振动速度

(a) 钢轨垂向振动加速度

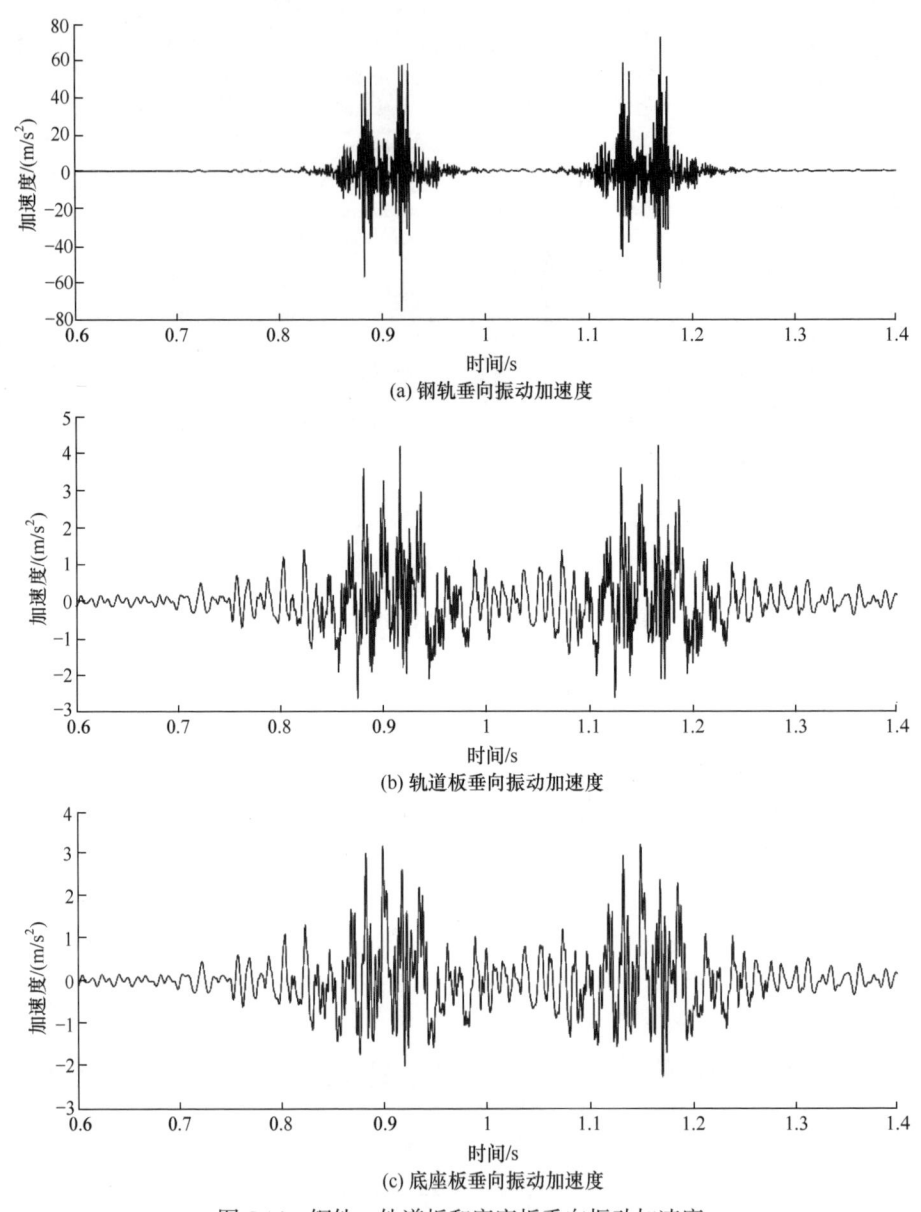

(b) 轨道板垂向振动加速度

(c) 底座板垂向振动加速度

图 5.14 钢轨、轨道板和底座板垂向振动加速度

5.4 车辆-轨道-桥梁非线性耦合系统动力分析

为了分析车辆-轨道-桥梁耦合系统振动规律,建立车辆-轨道-桥梁非线性耦合系统动力学模型,如图 5.15 所示。模型不计桥墩的作用,将其简化为滚动支座。

车辆为 CRH3 型高速列车,初始时刻列车的第四轮对位于桥梁左侧 1 号支座处。桥梁分别为 3m×32m 三跨简支和三跨连续混凝土箱型双线铁路桥梁,桥上铺设 CRTS Ⅱ 型板式轨道。考察列车以 140km/h 速度通过桥梁时,引起车辆、轨道和桥梁结构的动力响应。

(a) 车辆-轨道-简支桥非线性耦合系统动力学模型

(b) 车辆-轨道-连续桥非线性耦合系统动力学模型

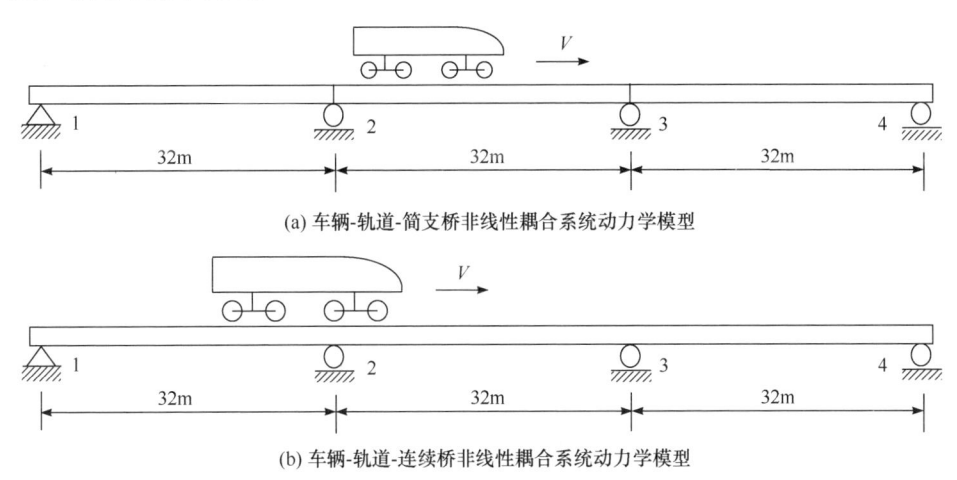

图 5.15 车辆-轨道-桥梁非线性耦合系统动力学模型

高速列车 CRH3 和板式轨道结构参数如表 5.1 和表 5.2 所示。桥梁结构参数如表 5.3 所示。

表 5.3 桥梁结构参数

参数	数值	参数	数值
弹性模量/(N/m²)	36.2×10^9	桥梁跨度/m	3×32
密度/(kg/m³)	2500	桥梁单元长度/m	0.5
箱梁横截面积/m²	8.75	桥梁结构瑞利阻尼系数 α	0.5
箱梁截面惯性矩/m⁴	9.25	桥梁结构瑞利阻尼系数 β	0.0002

高速列车采用 4.4 节的 10 自由度车辆模型,一节车辆为一个车辆单元。轨道与桥梁采用 3.6 节的板式轨道-桥梁单元模型,钢轨、轨道板和桥梁均采用二维欧拉梁单元模拟,扣件采用离散支承的弹簧-阻尼单元模拟,CA 砂浆采用连续支承的弹簧-阻尼单元模拟。在建立车辆-轨道-连续桥非线性耦合系统动力有限元模型时,两相邻轨枕之间的钢轨、轨道板和桥梁离散为一个板式轨道-桥梁单元,如图 5.16(a) 所示。对于图 5.15(a) 所示的三跨简支桥,支座处的桥梁之间存在接缝。为模拟桥梁接缝,建立轨道-桥梁接缝单元,如图 5.16(b) 所示。在形成轨道-桥梁接缝单元的刚度矩阵时,由于存在接缝,应不计桥梁接缝单元的抗弯刚度,取 $E_b I_b = 0$。

同时，对接缝单元的结点 3 和结点 6 施加垂向位移约束，以模拟桥墩支座对桥梁位移的约束。

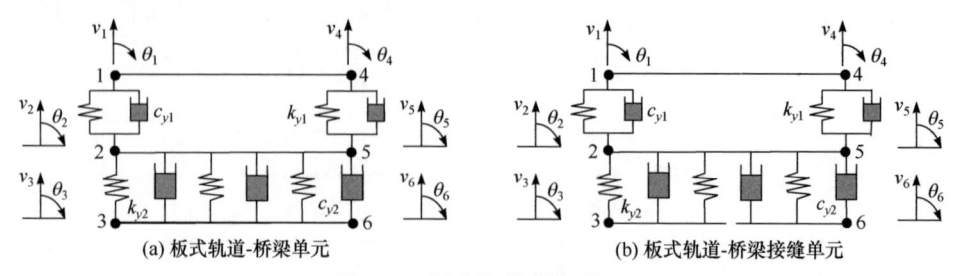

(a) 板式轨道-桥梁单元　　(b) 板式轨道-桥梁接缝单元

图 5.16　板式轨道-桥梁单元

将图 5.15(b)所示的车辆-轨道-连续桥耦合系统动力有限元模型进行网格划分，单元总数为 193，其中板式轨道-桥梁单元 192 个，车辆单元 1 个，结点总数为 586 个，板式轨道-桥梁子系统结点数为 579 个，车辆子系统结点数为 7 个。对于图 5.15(a)所示的简支梁模型，单元总数为 195，其中板式轨道-桥梁单元 192 个，板式轨道-桥梁接缝单元 2 个，车辆单元 1 个，结点总数为 589 个，板式轨道-桥梁子系统结点数为 582 个，车辆子系统结点数为 7 个。有限元分析时间步长取 0.0005s，分析时间为 2s，对应列车第一轮对到达桥梁的右侧 3 号支座。交叉迭代收敛精度为 10^{-6}，轮轨接触力修正因子取 0.4。

考虑轨道随机不平顺的影响，根据德国高速铁路低干扰轨道高低不平顺谱和轨道短波不平顺谱联合生成轨道不平顺样本，如图 5.17 所示。

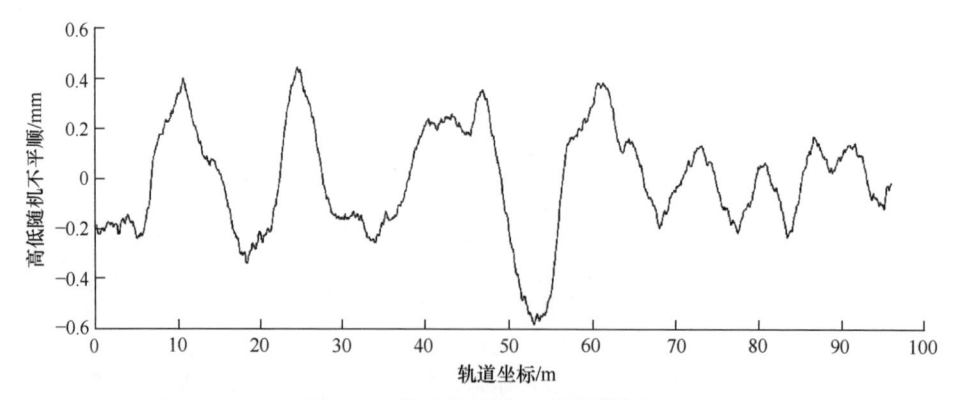

图 5.17　轨道高低随机不平顺样本

计算结果如图 5.18~图 5.30 所示。它们分别表示车体、转向架和轮对的垂向振动加速度，轮轨接触力，第 2 跨桥梁跨中钢轨、轨道板和桥梁的垂向振动位移、垂向振动速度和垂向振动加速度。由此可以得出以下结论。

(1) 当列车在桥上运动时，轮对振动加速度最大，转向架加速度其次，车体

第 5 章 车辆-轨道非线性耦合系统动力分析的交叉迭代算法与程序

的振动加速度最小,其值位于 $-1\sim 1\text{m/s}^2$,说明车辆的一、二系悬挂具有良好的减振作用。

(2) 在轨道-桥梁子系统中,振动由钢轨经轨道板传递到桥梁是逐渐衰减的。

(a) 简支梁模型

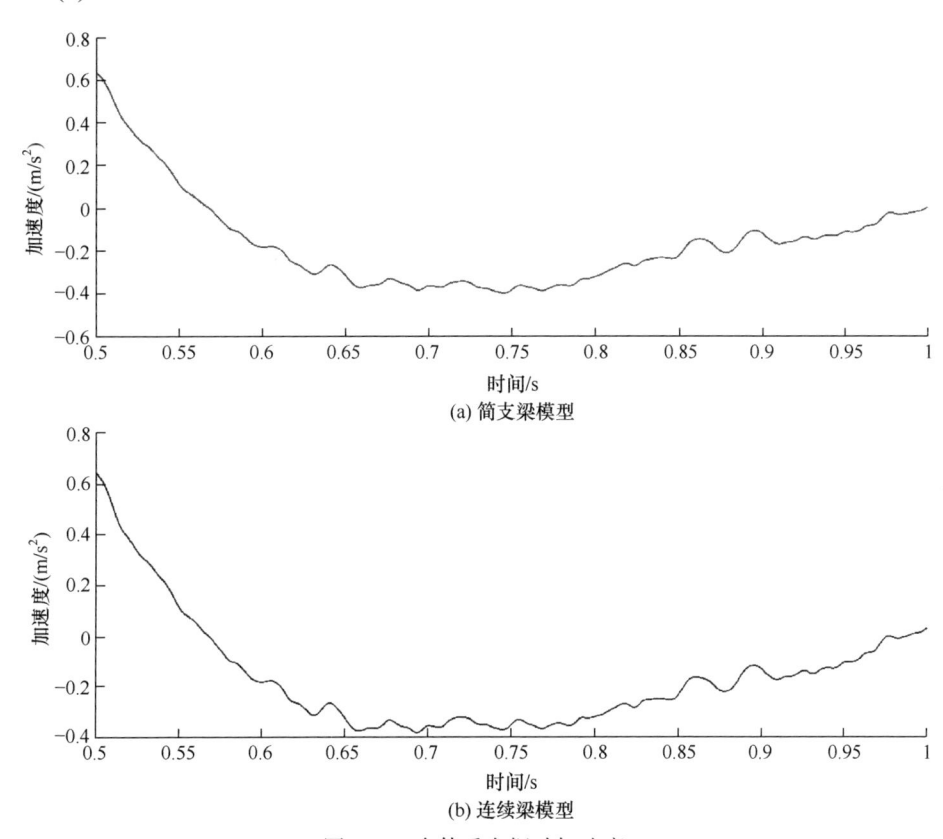

(b) 连续梁模型

图 5.18 车体垂向振动加速度

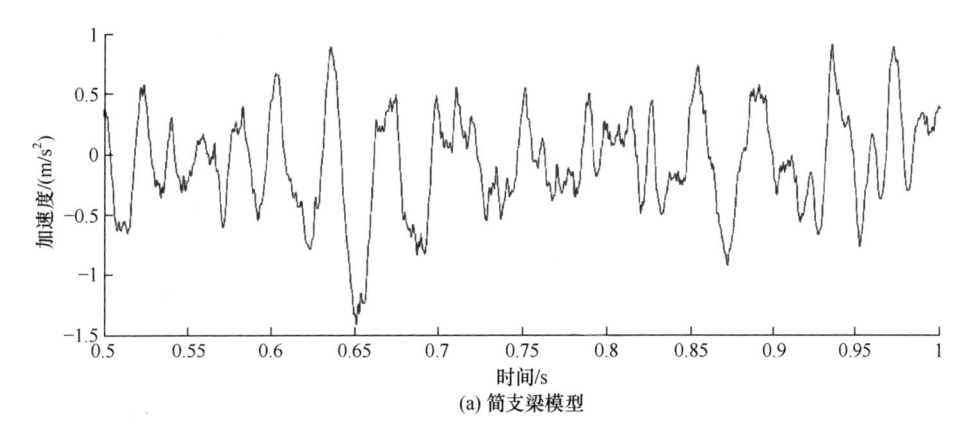

(a) 简支梁模型

(b) 连续梁模型

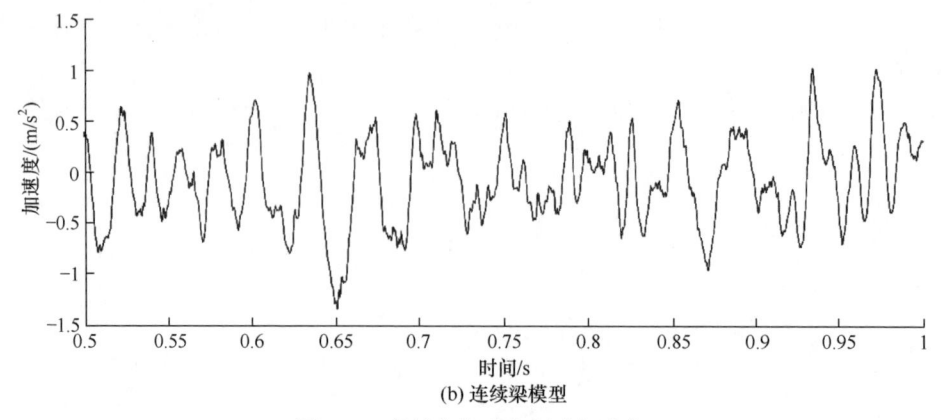

图 5.19　前转向架垂向振动加速度

(a) 简支梁模型

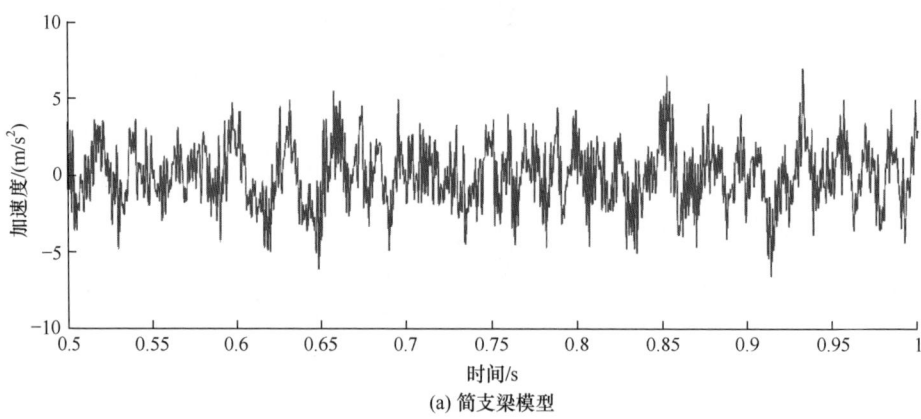

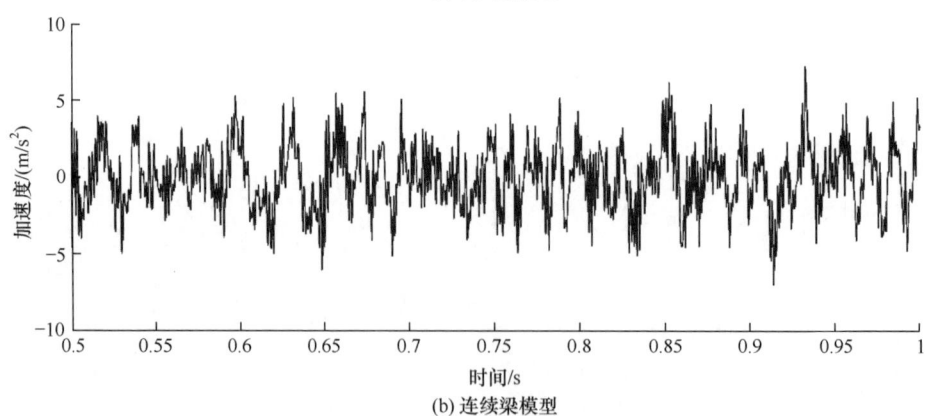

(b) 连续梁模型

图 5.20　第 1 轮对垂向振动加速度

(3) 桥梁结构类型(简支桥、连续桥)对车辆、轨道和桥梁的动力响应有影响，列车在简支桥上运行引起的车辆、轨道和桥梁的动力响应比在连续桥上运行时大，其中垂向位移增加尤其明显。

(4) 合理选择轮轨接触力修正因子能大大加快收敛速度，提高计算效率。当交叉迭代收敛精度为 10^{-6} 时，选取轮轨接触力修正因子为 0.4，具有最佳计算效率，最大收敛迭代次数为 14，程序计算用时大约 1.3min，计算效率明显高于普通车辆-轨道-桥梁耦合系统动力学计算方法。

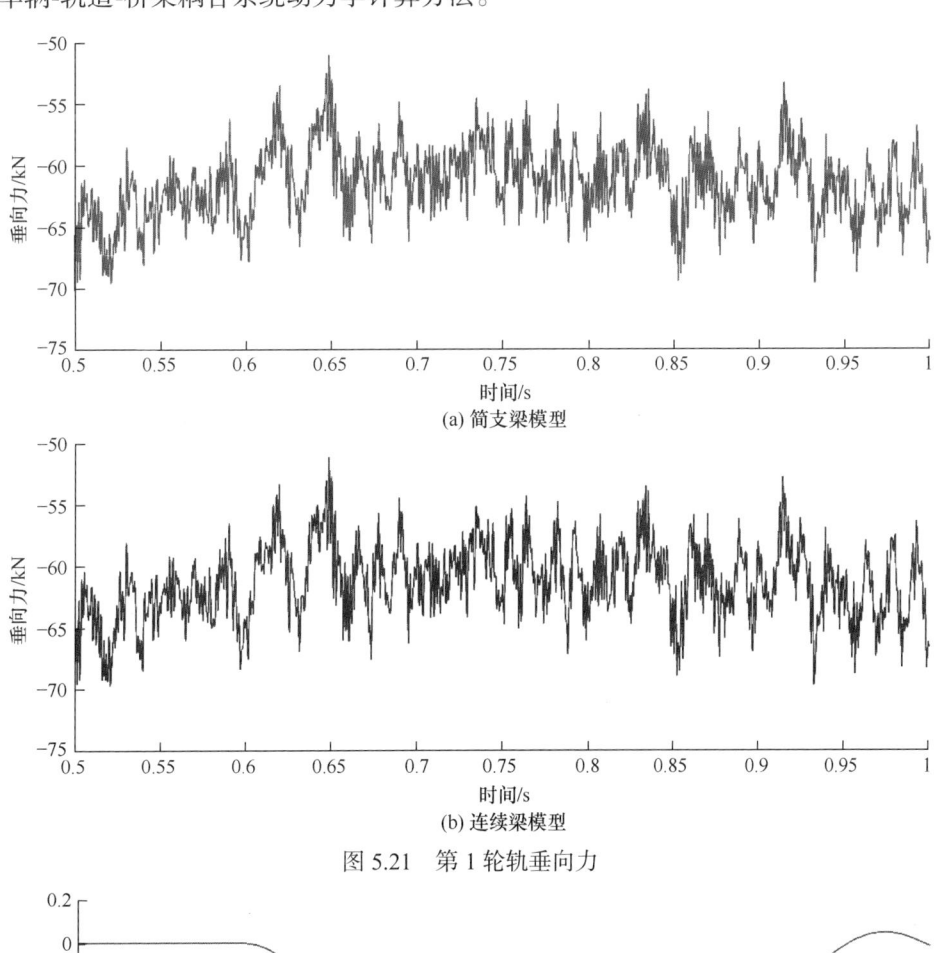

(a) 简支梁模型

(b) 连续梁模型

图 5.21　第 1 轮轨垂向力

(a) 简支梁模型

(b) 连续梁模型

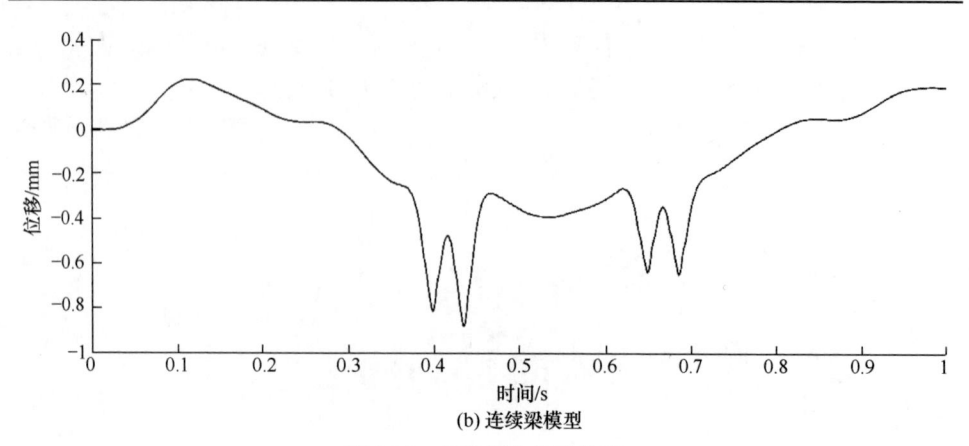

图 5.22 钢轨垂向振动位移

(a) 简支梁模型

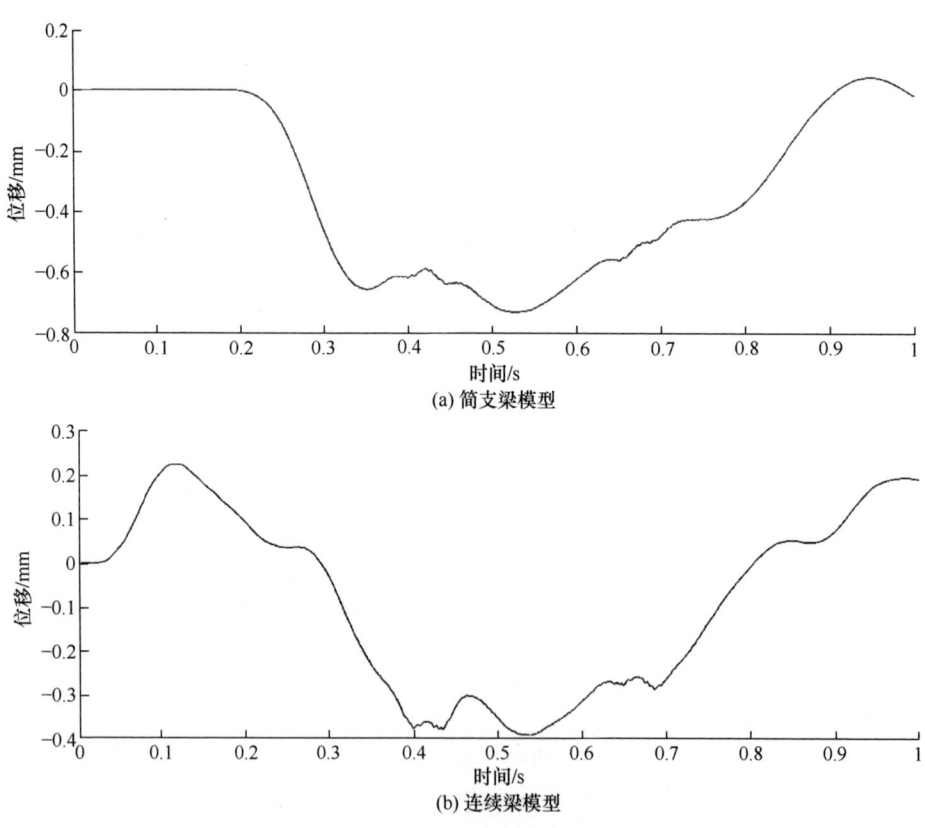

(b) 连续梁模型

图 5.23 轨道板垂向振动位移

(a) 简支梁模型

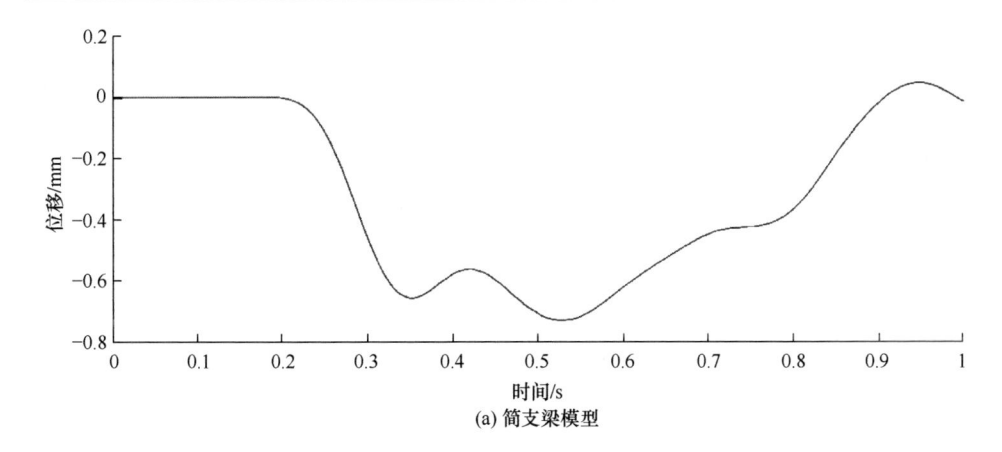

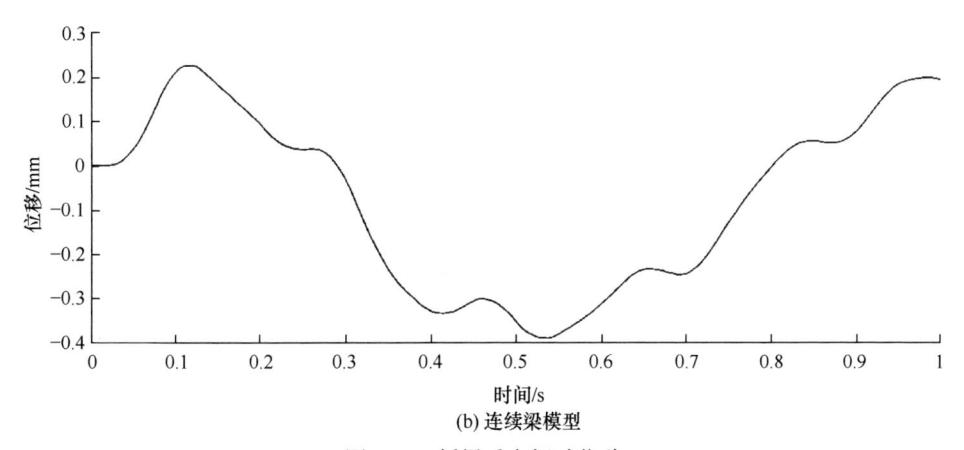

(b) 连续梁模型

图 5.24　桥梁垂向振动位移

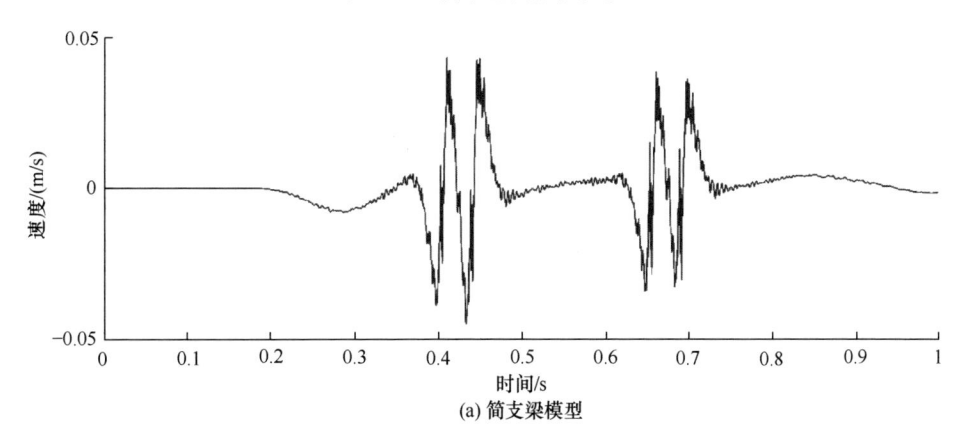

(a) 简支梁模型

(b) 连续梁模型

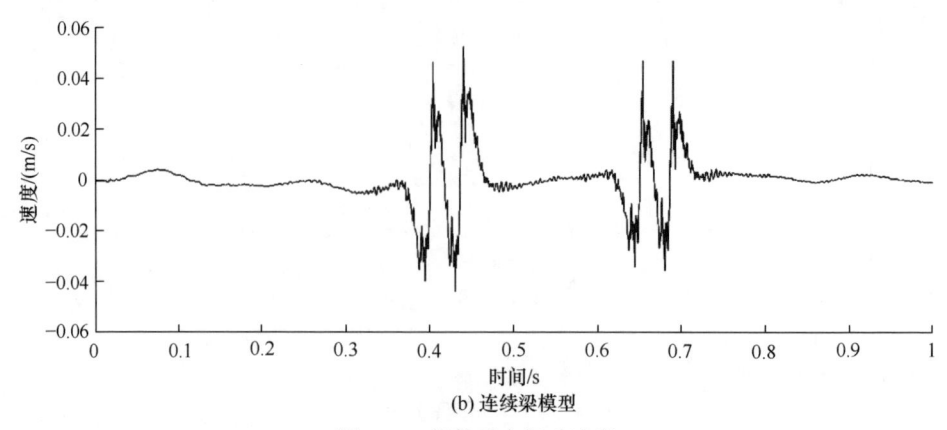

图 5.25　钢轨垂向振动速度

(a) 简支梁模型

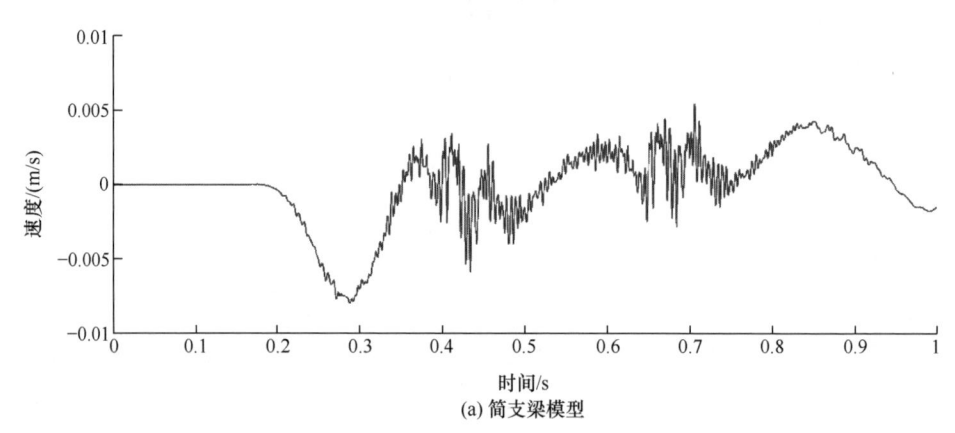

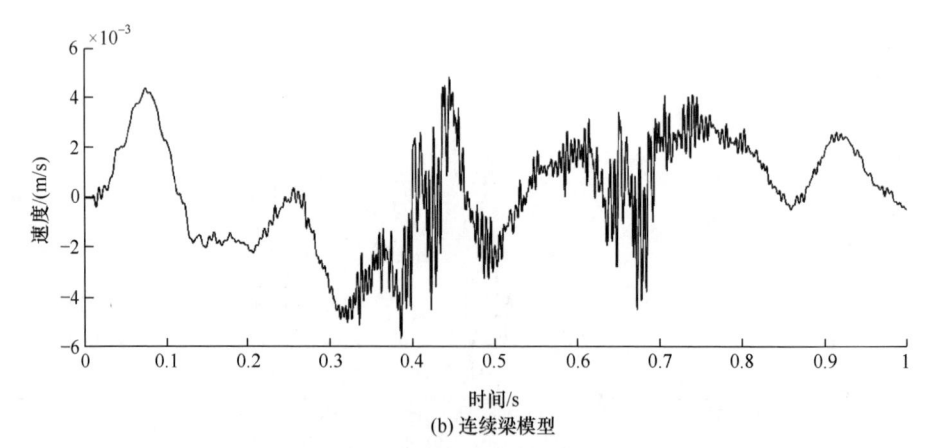

(b) 连续梁模型

图 5.26　轨道板垂向振动速度

(a) 简支梁模型

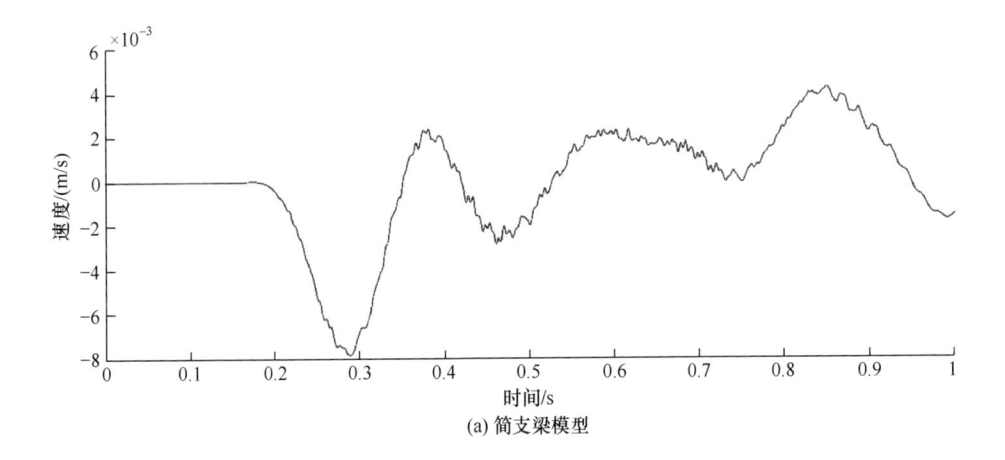

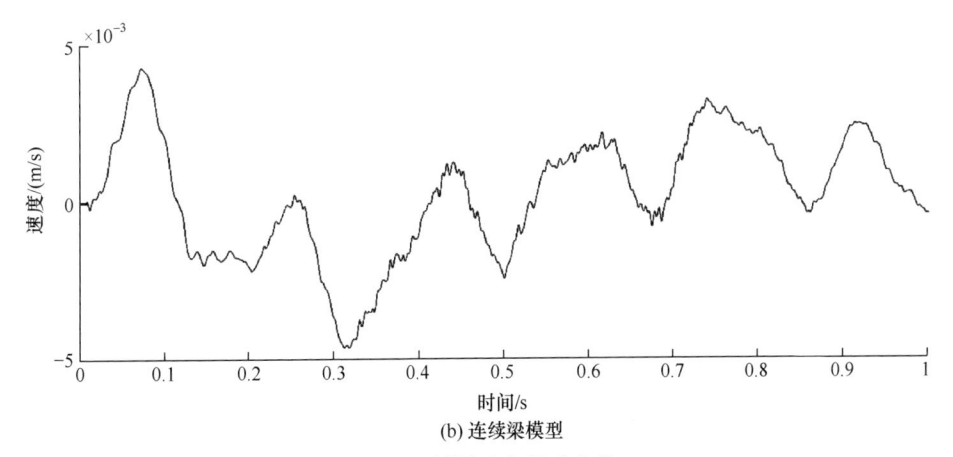

(b) 连续梁模型

图 5.27 桥梁垂向振动速度

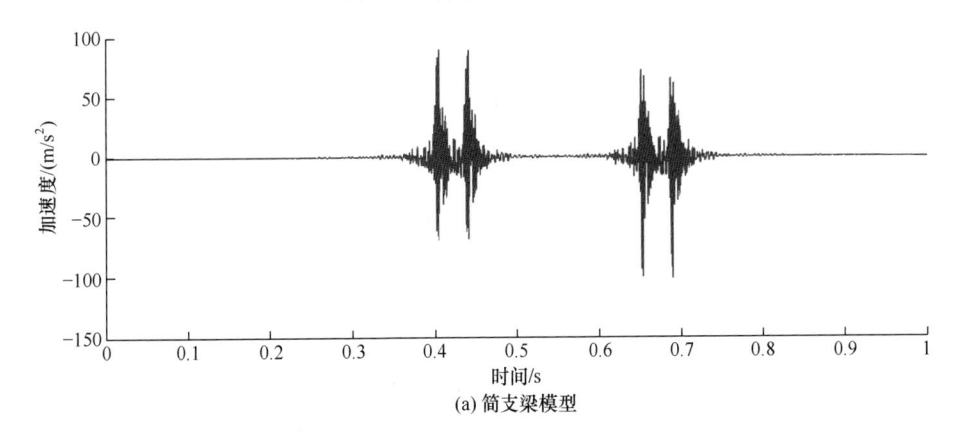

(a) 简支梁模型

(b) 连续梁模型

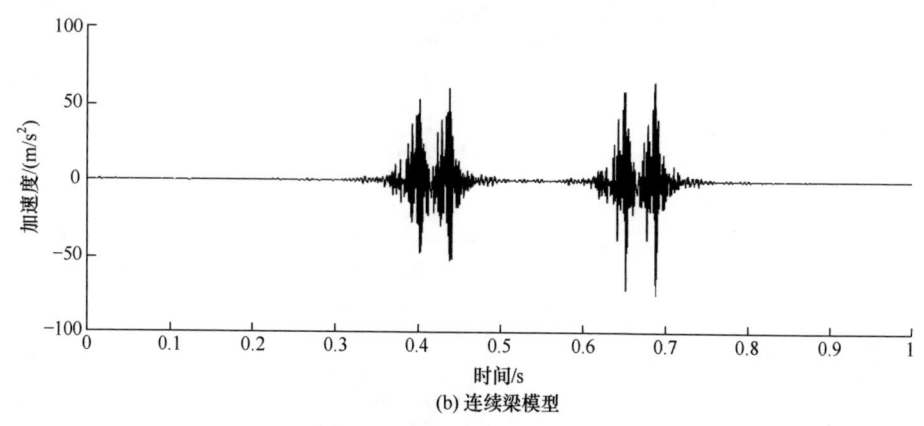

图 5.28　钢轨垂向振动加速度

(a) 简支梁模型

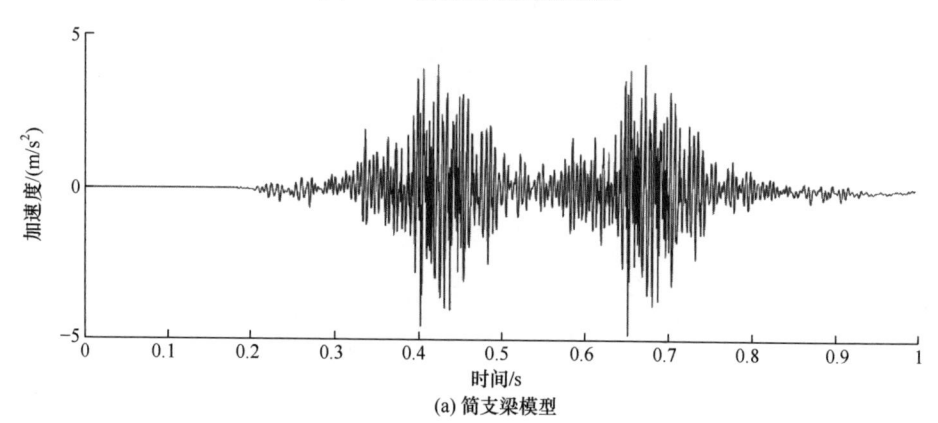

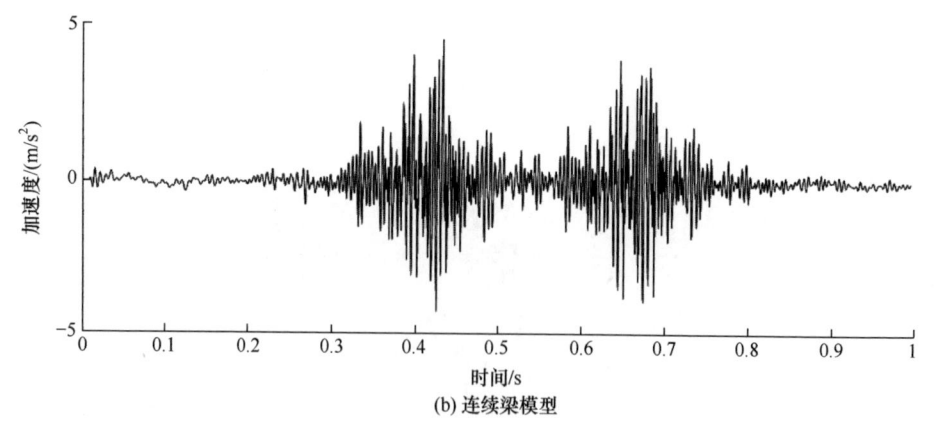

(b) 连续梁模型

图 5.29　轨道板垂向振动加速度

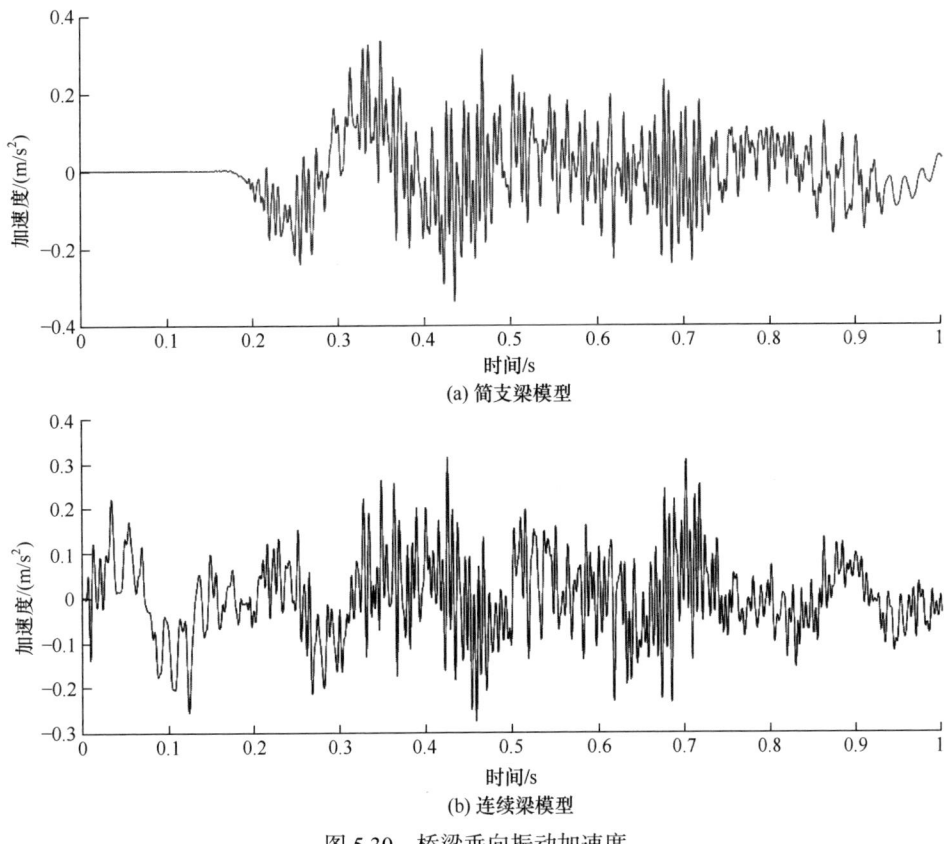

(a) 简支梁模型

(b) 连续梁模型

图 5.30 桥梁垂向振动加速度

5.5 结　论

本章论述了车辆-轨道(或车辆-轨道-桥梁)非线性耦合系统动力学模型和求解非线性动力有限元方程的交叉迭代法。该模型包含车辆、轨道(或轨道-桥梁)两个子系统，其中车辆子系统为附有一、二系悬挂的整车模型，轨道(或轨道-桥梁)结构子系统为离散的三层弹性梁模型。两子系统通过轮轨接触力实现耦合。为求解车辆-轨道(或轨道-桥梁)非线性耦合系统动力学方程，提出交叉迭代算法。为加速迭代收敛速度，引入松弛因子对轮轨接触力进行修正。通过对车辆-轨道非线性和车辆-轨道-桥梁非线性耦合系统动力响应两个实例的分析，得到以下结论。

(1) 将车辆-轨道(或车辆-轨道-桥梁)非线性耦合系统分解为车辆子系统和轨道(或轨道-桥梁)子系统，可分别独立求解，既降低了分析问题的规模，又减小了程序设计的难度。同时，由于两个子系统有限元方程的系数矩阵全部为定值且为对称矩阵，只需对方程的系数矩阵一次求逆，在每一时步的迭代中只需进行回代计算，因此可以极大地提高计算速度。目前，基于"对号入座"求解车辆-轨道耦合系统动力响应的算法，随着车辆在轨道上的位置不断改变，有限元耦合方程的系数矩阵也在不断变化。因此，在每一时步的计算中，需要进行求逆运算，从而大大降低计算效率。通过对列车在 300m 长轨道上运行引起车辆和轨道动力响应实例的仿真分析，采用交叉迭代算法在普通计算机工作站上运行用时只需 15min，而基于"对号入座"算法用时则需要 150min。一般情况下，前者的计算效率是后者的 5～10 倍，求解问题的规模越大，计算效率越高。

(2) 引入松弛因子对轮轨接触力进行修正能加快交叉迭代算法的收敛速度，松弛因子的最佳取值范围为 0.3～0.5，一般情况下在每一时步中只要经过 3～8 次迭代即可收敛。

(3) 交叉迭代算法具有普遍适用性，可有效应用于移动荷载作用下的线性和非线性多场耦合动力学问题的分析中。

参 考 文 献

[1] 翟婉明. 车辆-轨道耦合动力学. 3 版. 北京: 科学出版社, 2007.

[2] 张楠, 夏禾. 基于全过程迭代的车桥耦合动力系统分析方法. 中国铁道科学, 2013, 34(5): 32-38.

[3] 向俊, 赫丹, 曾庆元. 横向有限条与无砟轨道板段单元的车轨系统竖向振动分析法. 铁道学报, 2007, 29(4): 64-69.

[4] 雷晓燕, 张斌, 刘庆杰. 列车-轨道系统竖向动力分析的车辆轨道单元模型. 振动与冲击, 2010, 29(3): 168-173.

[5] 张斌, 雷晓燕. 基于车辆-轨道单元的无砟轨道动力特性有限元分析. 铁道学报, 2011, 33(7): 78-85.

[6] 雷晓燕, 吴神花, 张斌. 车辆-轨道非线性耦合系统交叉迭代算法及应用. 噪声与振动控制, 2016, 36(4): 113-119.

[7] Lei X Y, Wu S H, Zhang B. Dynamic analysis of the high speed train and slab track nonlinear coupling system with the cross iteration algorithm. Journal of Nonlinear Dynamics, 2016, 17: 8356160.

[8] 吴定俊, 李奇, 陈艾荣. 车桥耦合振动迭代求解数值稳定性问题. 力学季刊, 2007, 28(3): 405-411.

[9] Yang F H, Ghislain A F. An iterative solution method for dynamic response of bridge-vehicles systems. Journal of Earthquake Engineering and Structural Dynamics, 1996, 25(2): 195-215.

[10] Chen C, Ricles J M. Stability analysis of direct integration algorithms applied to MDOF nonlinear structural dynamics. Journal of Engineering Mechanics, 2010, 136(4): 485-495.

[11] 张斌, 雷晓燕, 罗雁云. 基于 Newmark 格式的车辆-轨道耦合迭代过程的改进算法. 中南大学学报(自然科学版), 2016, 47(1): 298-306.

[12] 雷晓燕. 高速铁路轨道动力学——模型、算法与应用. 2 版. 北京: 科学出版社, 2021.

第 6 章　列车-轨道-桥梁耦合系统纵向/垂向动力有限元模型与程序

前面几章讨论的都是列车-轨道耦合系统垂向振动问题。在多数情况下，垂向振动是列车-轨道耦合系统动力响应中最主要的振动。在研究超长列车编组，例如大秦铁路运煤专线上的重载列车，或者列车运行长大坡道上时，由列车加速和制动引起的车辆与车辆之间的冲撞，车辆与轨道之间的相互作用往往较大，不能忽略。本章讨论高速列车-无砟轨道-桥梁耦合系统纵向/垂向动力有限元模型与程序。

6.1　考虑纵向/垂向振动的车辆模型

考虑列车运行于直线轨道的情况，由于车辆和轨道结构沿线路中心线对称，因此可取一半结构研究。

图 6.1 所示为考虑纵向和垂向振动的车辆单元模型，一节车辆为一个车辆单元[1,2]。在模型中，车体和转向架考虑纵向振动、沉浮振动和点头振动，车轮考虑纵向振动和沉浮振动。考虑纵向和垂向振动的车辆单元模型共有 17 个自由度，车辆单元模型参数含义如表 6.1 所示。

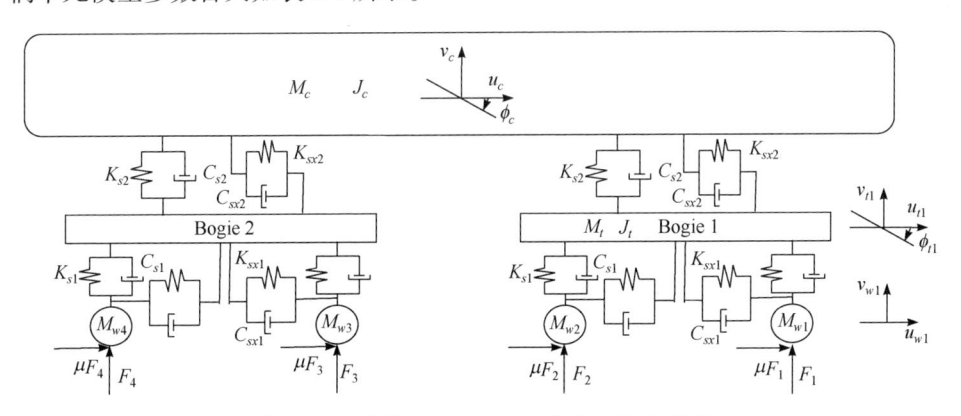

图 6.1　考虑纵向和垂向振动的车辆单元模型

表 6.1 车辆单元模型参数含义

参数	含义
M_c、M_t、M_w	车体、转向架、车轮的质量
J_c、J_t	车体、转向架的转动惯量
K_{s1}、K_{s2}	车辆的一、二系悬挂垂向刚度
K_{sx1}、K_{sx2}	车辆的一、二系悬挂纵向刚度
C_{s1}、C_{s2}	车辆的一、二系悬挂垂向阻尼
C_{sx1}、C_{sx2}	车辆的一、二系悬挂纵向阻尼
u_c、u_{tj}、u_{wi}	车体、第 j 个转向架、第 i 个车轮的纵向位移 $j=1,2$；$i=1,2,3,4$
v_c、v_{tj}、v_{wi}	车体、第 j 个转向架、第 i 个车轮的垂向位移 $j=1,2$；$i=1,2,3,4$
θ_c、θ_{tj}	车体、第 j 个转向架的角位移 $j=1,2$
k_w	轮轨线性化接触刚度
F_i	第 i 个车轮对应的轮轨作用力 $i=1,2,3,4$

定义车辆单元结点位移向量为

$$\boldsymbol{a}_u^e = \{u_c \quad v_c \quad \theta_c \quad u_{t1} \quad u_{t2} \quad v_{t1} \quad v_{t2} \quad \theta_{t1} \quad \theta_{t2} \\ u_{w1} \quad u_{w2} \quad u_{w3} \quad u_{w4} \quad v_{w1} \quad v_{w2} \quad v_{w3} \quad v_{w4}\}^T \tag{6.1}$$

运用 Lagrange 方程[3]建立车辆单元的动力学方程，即

$$\frac{\mathrm{d}}{\mathrm{d}t}\frac{\partial L}{\partial \dot{\boldsymbol{a}}} - \frac{\partial L}{\partial \boldsymbol{a}} + \frac{\partial R}{\partial \dot{\boldsymbol{a}}} = 0 \tag{6.2}$$

其中，$L=T-\Pi$，为 Lagrange 函数，T 为动能，Π 为势能；R 为耗散能。

6.1.1 车辆单元的势能

$$\begin{aligned}\Pi =& \frac{1}{2}k_{s2}(v_c - v_{t1} - \theta_c l_2)^2 + \frac{1}{2}k_{s2}(v_c - v_{t2} + \theta_c l_2)^2 + \frac{1}{2}k_{s1}(v_{t1} - v_{w1} - \theta_{t1} l_1)^2 \\ &+ \frac{1}{2}k_{s1}(v_{t1} - v_{w2} + \theta_{t1} l_1)^2 + \frac{1}{2}k_{s1}(v_{t2} - v_{w3} - \theta_{t2} l_1)^2 + \frac{1}{2}k_{s1}(v_{t2} - v_{w4} + \theta_{t2} l_1)^2 \\ &+ \frac{1}{2}k_{sk2}(u_c - u_{t1})^2 + \frac{1}{2}k_{sk2}(u_c - u_{t2})^2 + \frac{1}{2}k_{sk1}(u_{t1} - u_{w1})^2 + \frac{1}{2}k_{sk1}(u_{t1} - u_{w2})^2 \\ &+ \frac{1}{2}k_{sk1}(u_{t2} - u_{w3})^2 + \frac{1}{2}k_{sk1}(u_{t2} - u_{w4})^2 \\ =& \frac{1}{2}\boldsymbol{a}^{eT}\boldsymbol{k}_u^e \boldsymbol{a}^e \end{aligned} \tag{6.3}$$

其中

$$k_u^e = \begin{bmatrix} 2K_{xx2} & 0 & 0 & -K_{xx2} & -K_{xx2} & 0 & 0 & 0 & 0 & 0 & 0 & 0 & 0 & 0 & 0 & 0 \\ & 2K_{s2} & 0 & 0 & 0 & -K_{s2} & -K_{s2} & 0 & 0 & 0 & 0 & 0 & 0 & 0 & 0 & 0 \\ & & 2K_{s2}l_2^2 & 0 & 0 & K_{s2}l_2 & -K_{s2}l_2 & 0 & 0 & 0 & 0 & 0 & 0 & 0 & 0 & 0 \\ & & & 2K_{xx1}+K_{xx2} & 0 & 0 & 0 & 0 & 0 & -K_{xx1} & -K_{xx1} & 0 & 0 & 0 & 0 & 0 \\ & & & & 2K_{xx1}+K_{xx2} & 0 & 0 & 0 & 0 & 0 & 0 & -K_{xx1} & -K_{xx1} & 0 & 0 & 0 \\ & & & & & 2K_{s1}+K_{s2} & 0 & 0 & 0 & 0 & 0 & 0 & 0 & -K_{s1} & -K_{s1} & 0 & 0 \\ & & & & & & 2K_{s1}+K_{s2} & 0 & 0 & 0 & 0 & 0 & 0 & 0 & 0 & -K_{s1} & -K_{s1} \\ & & & & & & & 2K_{s1}l_1^2 & 0 & 0 & 0 & 0 & 0 & K_{s1}l_1 & -K_{s1}l_1 & 0 & 0 \\ & & & & & & & & 2K_{s1}l_1^2 & 0 & 0 & 0 & 0 & 0 & 0 & K_{s1}l_1 & -K_{s1}l_1 \\ & & & & & & & & & K_{xx1} & 0 & 0 & 0 & 0 & 0 & 0 & 0 \\ & & & & & & & & & & K_{xx1} & 0 & 0 & 0 & 0 & 0 & 0 \\ & & & \text{对称} & & & & & & & & K_{xx1} & 0 & 0 & 0 & 0 & 0 \\ & & & & & & & & & & & & K_{xx1} & 0 & 0 & 0 & 0 \\ & & & & & & & & & & & & & K_{s1} & 0 & 0 & 0 \\ & & & & & & & & & & & & & & K_{s1} & 0 & 0 \\ & & & & & & & & & & & & & & & K_{s1} & 0 \\ & & & & & & & & & & & & & & & & K_{s1} \end{bmatrix}$$

(6.4)

其中，$2l_1$ 为固定轴矩；$2l_2$ 为车体上两转向架中心的距离。

6.1.2 车辆单元的动能

$$T = \frac{1}{2}M_c\dot{v}_c^2 + \frac{1}{2}J_c\dot{\theta}_c^2 + \frac{1}{2}M_t\dot{v}_{t1}^2 + \frac{1}{2}M_t\dot{v}_{t2}^2 + \frac{1}{2}J_t\dot{\theta}_{t1}^2 + \frac{1}{2}J_t\dot{\theta}_{t2}^2 + \frac{1}{2}M_w\dot{v}_{w1}^2 + \frac{1}{2}M_w\dot{v}_{w2}^2$$
$$+ \frac{1}{2}M_w\dot{v}_{w3}^2 + \frac{1}{2}M_w\dot{v}_{w4}^2 + \frac{1}{2}M_c\dot{u}_c^2 + \frac{1}{2}M_t\dot{u}_{t1}^2 + \frac{1}{2}M_t\dot{u}_{t2}^2 + \frac{1}{2}M_w\dot{u}_{w1}^2 + \frac{1}{2}M_w\dot{u}_{w2}^2$$
$$+ \frac{1}{2}M_w\dot{u}_{w3}^2 + \frac{1}{2}M_w\dot{u}_{w4}^2$$
$$= \frac{1}{2}\dot{a}^{eT}m_u^e\dot{a}^e \tag{6.5}$$

其中

$$m_u^e = \text{diag}\{M_c \quad M_c \quad J_c \quad M_t \quad M_t \quad M_t \quad M_t \quad J_t \quad J_t \quad M_w$$
$$M_w \quad M_w \quad M_w \quad M_w \quad M_w \quad M_w \quad M_w\} \tag{6.6}$$

6.1.3 车辆单元的耗散能

$$R = \frac{1}{2}C_{s2}(\dot{v}_c - \dot{v}_{t1} - \dot{\theta}_c l_2)^2 + \frac{1}{2}C_{s2}(\dot{v}_c - \dot{v}_{t2} + \dot{\theta}_c l_2)^2 + \frac{1}{2}C_{s1}(\dot{v}_{t1} - \dot{v}_{w1} - \dot{\theta}_{t1}l_1)^2$$
$$+ \frac{1}{2}C_{s1}(\dot{v}_{t1} - \dot{v}_{w2} + \dot{\theta}_{t1}l_1)^2 + \frac{1}{2}C_{s1}(\dot{v}_{t2} - \dot{v}_{w3} - \dot{\theta}_{t2}l_1)^2 + \frac{1}{2}C_{s1}(\dot{v}_{t2} - \dot{v}_{w4} + \dot{\theta}_{t2}l_1)^2$$
$$+ \frac{1}{2}C_{sk2}(\dot{u}_c - \dot{u}_{t1})^2 + \frac{1}{2}C_{sk2}(\dot{u}_c - \dot{u}_{t2})^2 + \frac{1}{2}C_{sk1}(\dot{u}_{t1} - \dot{u}_{w1})^2 + \frac{1}{2}C_{sk1}(\dot{u}_{t1} - \dot{u}_{w2})^2$$
$$+ \frac{1}{2}C_{sk1}(\dot{u}_{t2} - \dot{u}_{w3})^2 + \frac{1}{2}C_{sk1}(\dot{u}_{t2} - \dot{u}_{w4})^2$$
$$= \frac{1}{2}\dot{a}^{eT}c_u^e\dot{a}^e \tag{6.7}$$

其中，c_u^e 为车辆单元的阻尼矩阵，其显示表达式与式(6.4)相同，只需将其中的车辆一、二系悬挂弹性系数 K_{sk1}、K_{sk2}、K_{s1}、K_{s2} 换成阻尼系数 C_{sk1}、C_{sk2}、C_{s1}、C_{s2} 即可。

6.1.4 车辆单元的动力学方程

对于图6.1所示的车辆子系统，动力学方程为

$$M_u \ddot{a}_u + C_u \dot{a}_u + K_u a_u = Q_{ug} + F_u \tag{6.8}$$

其中，M_u、C_u 和 K_u 为车辆子系统的质量、阻尼和刚度矩阵；a_u、$\dot{a}_u$ 和 $\ddot{a}_u$ 为车辆子系统的位移、速度和加速度向量；Q_{ug} 为车辆重力向量。

$$M_u = \sum_e m_u^e, \quad C_u = \sum_e c_u^e, \quad K_u = \sum_e k_u^e \tag{6.9}$$

$$Q_{ug} = -g\{0 \quad M_c \quad 0 \quad 0 \quad 0 \quad M_t \quad M_t \quad 0 \quad 0 \quad 0 \quad 0 \quad 0 \quad 0 \quad M_w \quad M_w \quad M_w \quad M_w\}^T \tag{6.10}$$

F_u 为作用于车辆子系统的轮轨接触力与列车加速和制动时车体、转向架和轮对的惯性力向量，当列车(动车)加速或匀速行驶时，已知列车加速度为 A，有

$$F_u = \{-M_c A \quad 0 \quad 0 \quad -M_t A \quad -M_t A \quad 0 \quad 0 \quad 0 \quad 0 \quad \mu F_{u1} - M_w A \quad \mu F_{u2} - M_w A$$
$$\mu F_{u3} - M_w A \quad \mu F_{u4} - M_w A \quad F_{u1} \quad F_{u2} \quad F_{u3} \quad F_{u4}\}^T \tag{6.11a}$$

当列车减速制动时，已知列车的减速度为 $-A$，则有

$$F_u = \{-M_c A \quad 0 \quad 0 \quad -M_t A \quad -M_t A \quad 0 \quad 0 \quad 0 \quad 0 \quad -\mu F_{u1} - M_w A$$
$$-\mu F_{u2} - M_w A \quad -\mu F_{u3} - M_w A \quad -\mu F_{u4} - M_w A \quad F_{u1} \quad F_{u2} \quad F_{u3} \quad F_{u4}\}^T \tag{6.11b}$$

其中，μ 为轮轨间摩擦系数；$F_{ui}(i=1,2,3,4)$ 为作用于车辆上的轮轨垂向接触力，其值可用Hertz非线性公式计算，即

$$F_{ui} = \begin{cases} \dfrac{1}{G^{\frac{3}{2}}} |v_{wi} - (v_{lci} + \eta_i)|^{\frac{3}{2}}, & v_{wi} - (v_{lci} + \eta_i) < 0 \\ 0, & v_{wi} - (v_{lci} + \eta_i) \geq 0 \end{cases} \tag{6.12}$$

其中，v_{wi}、v_{lci} 为第 i 个轮轨接触点处车轮和钢轨的垂向位移；η_i 为轨道垂向不平顺值；G 为接触挠度系数，当车轮为锥形踏面时，G 为

$$G = 4.57 R^{-0.149} \times 10^{-8} \ (\text{m/N}^{2/3}) \tag{6.13a}$$

当车轮为磨耗形踏面时，G 为

$$G = 3.86R^{-0.115} \times 10^{-8} \text{ (m/N}^{2/3}) \tag{6.13b}$$

其中，R 为车轮半径。

6.2 考虑纵向/垂向振动的无砟轨道-桥梁单元模型

6.2.1 基本假设

在用有限元法建立无砟轨道-桥梁结构纵向/垂向振动模型时，采用以下基本假设。

(1) 考虑作用在轨道结构上的列车纵向和垂向荷载。

(2) 考虑位于直线地段的轨道结构，由于沿线路中心线对称，可取一半结构研究。

(3) 钢轨被离散为梁单元，轨下垫板的纵向刚度和阻尼分别用 k_{x1} 和 c_{x1} 表示，垂向刚度和阻尼分别用 k_{y1} 和 c_{y1} 表示。

(4) 轨道板被离散为梁单元，CA 砂浆层的纵向刚度和阻尼分别用 k_{x2} 和 c_{x2} 表示，垂向刚度和阻尼分别用 k_{y2} 和 c_{y2} 表示。

(5) 混凝土桥梁离散为二维梁单元。

6.2.2 考虑纵向/垂向振动的无砟轨道-桥梁结构单元模型

图 6.2 为考虑纵向/垂向振动的无砟轨道-桥梁结构单元模型。相邻轨枕之间的一跨钢轨、轨道板和桥梁为一个单元，该单元共有 6 个结点，18 个自由度。

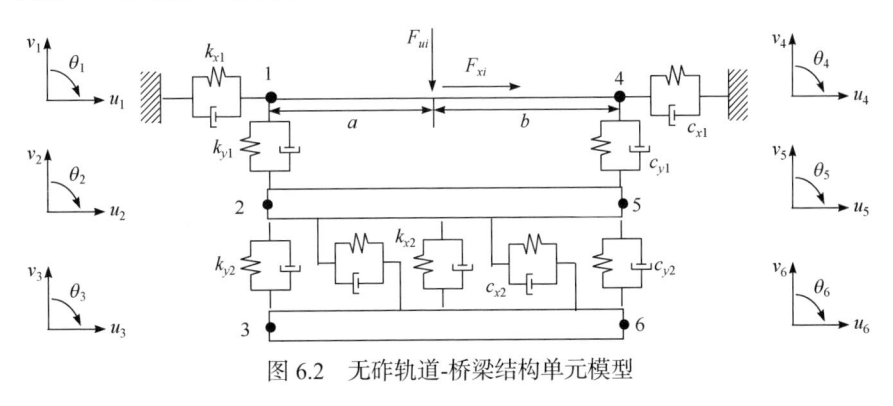

图 6.2 无砟轨道-桥梁结构单元模型

考虑纵向/垂向振动的无砟轨道-桥梁单元共有 18 个自由度，其单元结点位移向量定义为

$$\boldsymbol{\alpha}_l^e = \{u_1 \quad v_1 \quad \theta_1 \quad u_2 \quad v_2 \quad \theta_2 \quad u_3 \quad v_3 \quad \theta_3 \quad u_4 \quad v_4 \\ \theta_4 \quad u_5 \quad v_5 \quad \theta_5 \quad u_6 \quad v_6 \quad \theta_6\}^{\mathrm{T}} \tag{6.14}$$

其中，u_1 和 u_4 为钢轨的纵向位移；v_1 和 v_4 为钢轨的垂向位移；θ_1 和 θ_4 为钢轨转角；u_2 和 u_5 为轨道板的纵向位移；v_2 和 v_5 为轨道板的垂向位移；θ_2 和 θ_5 为轨道板转角；u_3 和 u_6 为桥梁的纵向位移；v_3 和 v_6 为桥梁的垂向位移；θ_3 和 θ_6 为桥梁转角；单元长度为 $l=a+b$。

6.2.3 单元质量矩阵

考虑纵向/垂向振动的无砟轨道-桥梁单元的质量矩阵包含钢轨、轨道板和桥梁的质量，其质量矩阵为

$$\boldsymbol{m}_l^e = \boldsymbol{m}_r^e + \boldsymbol{m}_s^e + \boldsymbol{m}_b^e \tag{6.15}$$

其中，$\boldsymbol{m}_r^e$ 为钢轨的质量矩阵；$\boldsymbol{m}_s^e$ 为轨道板的质量矩阵；$\boldsymbol{m}_b^e$ 为混凝土桥梁的质量矩阵。

在计算钢轨、轨道板和桥梁的质量矩阵时，只需将式(3.32)表示的质量矩阵扩大为 18×18 的矩阵，即

$$\boldsymbol{m}_r^e = \frac{\rho_r A_r l}{420}$$

$$\begin{bmatrix}
140 & 0 & 0 & 0 & 0 & 0 & 0 & 0 & 0 & 70 & 0 & 0 & 0 & 0 & 0 & 0 & 0 & 0 \\
 & 156 & -22l & 0 & 0 & 0 & 0 & 0 & 0 & 0 & 54 & 13l & 0 & 0 & 0 & 0 & 0 & 0 \\
 & & 4l^2 & 0 & 0 & 0 & 0 & 0 & 0 & 0 & -13l & -3l^2 & 0 & 0 & 0 & 0 & 0 & 0 \\
 & & & 0 & 0 & 0 & 0 & 0 & 0 & 0 & 0 & 0 & 0 & 0 & 0 & 0 & 0 & 0 \\
 & & & & 0 & 0 & 0 & 0 & 0 & 0 & 0 & 0 & 0 & 0 & 0 & 0 & 0 & 0 \\
 & & & & & 0 & 0 & 0 & 0 & 0 & 0 & 0 & 0 & 0 & 0 & 0 & 0 & 0 \\
 & & & & & & 0 & 0 & 0 & 0 & 0 & 0 & 0 & 0 & 0 & 0 & 0 & 0 \\
 & & & & & & & 0 & 0 & 0 & 0 & 0 & 0 & 0 & 0 & 0 & 0 & 0 \\
 & & & & & & & & 0 & 0 & 0 & 0 & 0 & 0 & 0 & 0 & 0 & 0 \\
 & & & & & & & & & 140 & 0 & 0 & 0 & 0 & 0 & 0 & 0 & 0 \\
 & & & & & & & & & & 156 & 22l & 0 & 0 & 0 & 0 & 0 & 0 \\
 & \text{对称} & & & & & & & & & & 4l^2 & 0 & 0 & 0 & 0 & 0 & 0 \\
 & & & & & & & & & & & & 0 & 0 & 0 & 0 & 0 & 0 \\
 & & & & & & & & & & & & & 0 & 0 & 0 & 0 & 0 \\
 & & & & & & & & & & & & & & 0 & 0 & 0 & 0 \\
 & & & & & & & & & & & & & & & 0 & 0 & 0 \\
 & & & & & & & & & & & & & & & & 0 & 0 \\
 & & & & & & & & & & & & & & & & & 0
\end{bmatrix}$$

$$\tag{6.16}$$

其中，ρ_r、A_r 分别表示钢轨密度和横截面面积。

$$\boldsymbol{m}_s^e = \frac{\rho_s A_s l}{420} \begin{bmatrix} 0 & 0 & 0 & 0 & 0 & 0 & 0 & 0 & 0 & 0 & 0 & 0 & 0 & 0 & 0 & 0 & 0 & 0 \\ & 0 & 0 & 0 & 0 & 0 & 0 & 0 & 0 & 0 & 0 & 0 & 0 & 0 & 0 & 0 & 0 & 0 \\ & & 0 & 0 & 0 & 0 & 0 & 0 & 0 & 0 & 0 & 0 & 0 & 0 & 0 & 0 & 0 & 0 \\ & & & 140 & 0 & 0 & 0 & 0 & 0 & 0 & 0 & 0 & 70 & 0 & 0 & 0 & 0 & 0 \\ & & & & 156 & -22l & 0 & 0 & 0 & 0 & 0 & 0 & 0 & 54 & 13l & 0 & 0 & 0 \\ & & & & & 4l^2 & 0 & 0 & 0 & 0 & 0 & 0 & 0 & -13l & -3l^2 & 0 & 0 & 0 \\ & & & & & & 0 & 0 & 0 & 0 & 0 & 0 & 0 & 0 & 0 & 0 & 0 & 0 \\ & & & & & & & 0 & 0 & 0 & 0 & 0 & 0 & 0 & 0 & 0 & 0 & 0 \\ & & & & & & & & 0 & 0 & 0 & 0 & 0 & 0 & 0 & 0 & 0 & 0 \\ & & & & & & & & & 0 & 0 & 0 & 0 & 0 & 0 & 0 & 0 & 0 \\ & & & & & & & & & & 0 & 0 & 0 & 0 & 0 & 0 & 0 & 0 \\ & & & & & & & & & & & 0 & 0 & 0 & 0 & 0 & 0 & 0 \\ & \text{对称} & & & & & & & & & & & 140 & 0 & 0 & 0 & 0 & 0 \\ & & & & & & & & & & & & & 156 & 22l & 0 & 0 & 0 \\ & & & & & & & & & & & & & & 4l^2 & 0 & 0 & 0 \\ & & & & & & & & & & & & & & & 0 & 0 & 0 \\ & & & & & & & & & & & & & & & & 0 & 0 \\ & & & & & & & & & & & & & & & & & 0 \end{bmatrix} \quad (6.17)$$

其中，ρ_s、A_s 为轨道板密度、横截面面积。

$$\boldsymbol{m}_b^e = \frac{\rho_b A_b l}{420} \begin{bmatrix} 0 & 0 & 0 & 0 & 0 & 0 & 0 & 0 & 0 & 0 & 0 & 0 & 0 & 0 & 0 & 0 \\ & 0 & 0 & 0 & 0 & 0 & 0 & 0 & 0 & 0 & 0 & 0 & 0 & 0 & 0 & 0 \\ & & 0 & 0 & 0 & 0 & 0 & 0 & 0 & 0 & 0 & 0 & 0 & 0 & 0 & 0 \\ & & & 0 & 0 & 0 & 0 & 0 & 0 & 0 & 0 & 0 & 0 & 0 & 0 & 0 \\ & & & & 0 & 0 & 0 & 0 & 0 & 0 & 0 & 0 & 0 & 0 & 0 & 0 \\ & & & & & 0 & 0 & 0 & 0 & 0 & 0 & 0 & 0 & 0 & 0 & 0 \\ & & & & & & 140 & 0 & 0 & 0 & 0 & 0 & 0 & 70 & 0 & 0 \\ & & & & & & & 156 & -22l & 0 & 0 & 0 & 0 & 0 & 54 & 13l \\ & & & & & & & & 4l^2 & 0 & 0 & 0 & 0 & 0 & -13l & -3l^2 \\ & & & & & & & & & 0 & 0 & 0 & 0 & 0 & 0 & 0 \\ & & & & & & & & & & 0 & 0 & 0 & 0 & 0 & 0 \\ & & & & & & & & & & & 0 & 0 & 0 & 0 & 0 \\ & \text{对称} & & & & & & & & & & & 0 & 0 & 0 & 0 \\ & & & & & & & & & & & & & 0 & 0 & 0 \\ & & & & & & & & & & & & & & 0 & 0 \\ & & & & & & & & & & & & & 140 & 0 & 0 \\ & & & & & & & & & & & & & & 156 & 22l \\ & & & & & & & & & & & & & & & 4l^2 \end{bmatrix} \quad (6.18)$$

其中，ρ_b、A_b 为桥梁密度、横截面面积。

6.2.4 单元刚度矩阵

无砟轨道-桥梁单元的刚度矩阵包含钢轨、轨道板、桥梁弯曲应变能引起的刚度，以及钢轨扣件离散弹性点支承、CA 砂浆层连续弹性支承引起的刚度，其刚度矩阵为

$$k_l^e = k_r^e + k_s^e + k_b^e + k_{1c}^e + k_{2c}^e \tag{6.19}$$

其中，k_l^e 为无砟轨道-桥梁单元的刚度矩阵；k_r^e 为钢轨的刚度矩阵；k_s^e 为轨道板的刚度矩阵；k_b^e 为桥梁的刚度矩阵；k_{1c}^e 为钢轨扣件离散弹性点支承引起的刚度矩阵；k_{2c}^e 为 CA 砂浆层连续弹性支承引起的刚度矩阵。

(1) 在计算钢轨、轨道板和桥梁弯曲应变能引起的刚度矩阵时，只需将式(3.30)表示的刚度矩阵扩大为 18×18 的矩阵，即

$$k_r^e = \begin{bmatrix} \frac{E_r A_r}{l} & 0 & 0 & 0 & 0 & 0 & 0 & 0 & -\frac{E_r A_r}{l} & 0 & 0 & 0 & 0 & 0 & 0 & 0 & 0 & 0 \\ & \frac{12E_r I_r}{l^3} & -\frac{6E_r I_r}{l^2} & 0 & 0 & 0 & 0 & 0 & 0 & -\frac{12E_r I_r}{l^3} & -\frac{6E_r I_r}{l^2} & 0 & 0 & 0 & 0 & 0 & 0 & 0 \\ & & \frac{4E_r I_r}{l} & 0 & 0 & 0 & 0 & 0 & 0 & \frac{6E_r I_r}{l^2} & \frac{2E_r I_r}{l} & 0 & 0 & 0 & 0 & 0 & 0 & 0 \\ & & & 0 & 0 & 0 & 0 & 0 & 0 & 0 & 0 & 0 & 0 & 0 & 0 & 0 & 0 & 0 \\ & & & & 0 & 0 & 0 & 0 & 0 & 0 & 0 & 0 & 0 & 0 & 0 & 0 & 0 & 0 \\ & & & & & 0 & 0 & 0 & 0 & 0 & 0 & 0 & 0 & 0 & 0 & 0 & 0 & 0 \\ & & & & & & 0 & 0 & 0 & 0 & 0 & 0 & 0 & 0 & 0 & 0 & 0 & 0 \\ & & & & & & & 0 & 0 & 0 & 0 & 0 & 0 & 0 & 0 & 0 & 0 & 0 \\ & & & & & & & & 0 & 0 & 0 & 0 & 0 & 0 & 0 & 0 & 0 & 0 \\ & & & & & & & & & \frac{E_r A_r}{l} & 0 & 0 & 0 & 0 & 0 & 0 & 0 & 0 \\ & & & & & & & & & & \frac{12E_r I_r}{l^3} & \frac{6E_r I_r}{l^2} & 0 & 0 & 0 & 0 & 0 & 0 \\ & & & & & & & & & & & \frac{4E_r I_r}{l} & 0 & 0 & 0 & 0 & 0 & 0 \\ & \text{对称} & & & & & & & & & & & 0 & 0 & 0 & 0 & 0 & 0 \\ & & & & & & & & & & & & & 0 & 0 & 0 & 0 & 0 \\ & & & & & & & & & & & & & & 0 & 0 & 0 & 0 \\ & & & & & & & & & & & & & & & 0 & 0 & 0 \\ & & & & & & & & & & & & & & & & 0 & 0 \\ & & & & & & & & & & & & & & & & & 0 \end{bmatrix}$$

$$\tag{6.20}$$

其中，E_r、I_r、A_r 为钢轨的弹性模量、水平惯性矩、横截面积。

$$\boldsymbol{k}_s^e = \begin{bmatrix} 0 & 0 & 0 & 0 & 0 & 0 & 0 & 0 & 0 & 0 & 0 & 0 & 0 & 0 & 0 & 0 & 0 & 0 \\ & 0 & 0 & 0 & 0 & 0 & 0 & 0 & 0 & 0 & 0 & 0 & 0 & 0 & 0 & 0 & 0 & 0 \\ & & 0 & 0 & 0 & 0 & 0 & 0 & 0 & 0 & 0 & 0 & 0 & 0 & 0 & 0 & 0 & 0 \\ & & & \dfrac{E_sA_s}{l} & 0 & 0 & 0 & 0 & 0 & 0 & 0 & -\dfrac{E_sA_s}{l} & 0 & 0 & 0 & 0 & 0 \\ & & & & \dfrac{12E_sI_s}{l^3} & -\dfrac{6E_sI_s}{l^2} & 0 & 0 & 0 & 0 & 0 & 0 & -\dfrac{12E_sI_s}{l^3} & -\dfrac{6E_sI_s}{l^2} & 0 & 0 & 0 \\ & & & & & \dfrac{4E_sI_s}{l} & 0 & 0 & 0 & 0 & 0 & 0 & \dfrac{6E_sI_s}{l^2} & \dfrac{2E_sI_s}{l} & 0 & 0 & 0 \\ & & & & & & 0 & 0 & 0 & 0 & 0 & 0 & 0 & 0 & 0 & 0 & 0 \\ & & & & & & & 0 & 0 & 0 & 0 & 0 & 0 & 0 & 0 & 0 & 0 \\ & & & & & & & & 0 & 0 & 0 & 0 & 0 & 0 & 0 & 0 & 0 \\ & & & 对称 & & & & & & 0 & 0 & 0 & 0 & 0 & 0 & 0 & 0 \\ & & & & & & & & & & 0 & 0 & 0 & 0 & 0 & 0 & 0 \\ & & & & & & & & & & & \dfrac{E_sA_s}{l} & 0 & 0 & 0 & 0 & 0 \\ & & & & & & & & & & & & \dfrac{12E_sI_s}{l^3} & \dfrac{6E_sI_s}{l^2} & 0 & 0 & 0 \\ & & & & & & & & & & & & & \dfrac{4E_sI_s}{l} & 0 & 0 & 0 \\ & & & & & & & & & & & & & & 0 & 0 & 0 \\ & & & & & & & & & & & & & & & 0 & 0 \\ & & & & & & & & & & & & & & & & 0 \end{bmatrix} \quad (6.21)$$

其中，E_s、I_s、A_s 为轨道板的弹性模量、水平惯性矩、横截面积。

$$\boldsymbol{k}_b^e = \begin{bmatrix} 0 & 0 & 0 & 0 & 0 & 0 & 0 & 0 & 0 & 0 & 0 & 0 & 0 & 0 & 0 & 0 & 0 & 0 \\ & 0 & 0 & 0 & 0 & 0 & 0 & 0 & 0 & 0 & 0 & 0 & 0 & 0 & 0 & 0 & 0 \\ & & 0 & 0 & 0 & 0 & 0 & 0 & 0 & 0 & 0 & 0 & 0 & 0 & 0 & 0 & 0 \\ & & & 0 & 0 & 0 & 0 & 0 & 0 & 0 & 0 & 0 & 0 & 0 & 0 & 0 & 0 \\ & & & & 0 & 0 & 0 & 0 & 0 & 0 & 0 & 0 & 0 & 0 & 0 & 0 & 0 \\ & & & & & 0 & 0 & 0 & 0 & 0 & 0 & 0 & 0 & 0 & 0 & 0 & 0 \\ & & & & & & \dfrac{E_bA_b}{l} & 0 & 0 & 0 & 0 & 0 & 0 & -\dfrac{E_bA_b}{l} & 0 & 0 \\ & & & & & & & \dfrac{12E_bI_b}{l^3} & -\dfrac{6E_bI_b}{l^2} & 0 & 0 & 0 & 0 & 0 & -\dfrac{12E_bI_b}{l^3} & -\dfrac{6E_bI_b}{l^2} \\ & & & & & & & & \dfrac{4E_bI_b}{l} & 0 & 0 & 0 & 0 & 0 & \dfrac{6E_bI_b}{l^2} & \dfrac{2E_bI_b}{l} \\ & & & & & & & & & 0 & 0 & 0 & 0 & 0 & 0 & 0 \\ & & & 对称 & & & & & & & 0 & 0 & 0 & 0 & 0 & 0 \\ & & & & & & & & & & & 0 & 0 & 0 & 0 & 0 \\ & & & & & & & & & & & & 0 & 0 & 0 & 0 \\ & & & & & & & & & & & & & \dfrac{E_bA_b}{l} & 0 & 0 \\ & & & & & & & & & & & & & & \dfrac{12E_bI_b}{l^3} & \dfrac{6E_bI_b}{l^2} \\ & & & & & & & & & & & & & & & \dfrac{4E_bI_b}{l} \end{bmatrix} \quad (6.22)$$

其中，E_b、I_b、A_b 为混凝土桥梁的弹性模量、水平惯性矩、横截面积。

(2) 钢轨扣件离散弹性点支承引起的刚度矩阵可通过计算下列弹性能得到，即

$$\Pi_{1c} = \frac{1}{2}k_{x1}(u_1-u_2)^2 + \frac{1}{2}k_{x1}(u_4-u_5)^2 + \frac{1}{2}k_{y1}(v_1-v_2)^2 + \frac{1}{2}k_{y1}(v_4-v_5)^2$$
$$= \frac{1}{2}\boldsymbol{a}^{eT}\boldsymbol{k}_{1c}^{e}\boldsymbol{a}^{e} \tag{6.23}$$

其中

$$\boldsymbol{k}_{1c}^{e} = \frac{1}{2}\begin{bmatrix} k_{x1} & 0 & 0 & -k_{x1} & 0 & 0 & 0 & 0 & 0 & 0 & 0 & 0 & 0 & 0 & 0 & 0 & 0 & 0 \\ & k_{y1} & 0 & 0 & -k_{y1} & 0 & 0 & 0 & 0 & 0 & 0 & 0 & 0 & 0 & 0 & 0 & 0 & 0 \\ & & 0 & 0 & 0 & 0 & 0 & 0 & 0 & 0 & 0 & 0 & 0 & 0 & 0 & 0 & 0 & 0 \\ & & & k_{x1} & 0 & 0 & 0 & 0 & 0 & 0 & 0 & 0 & 0 & 0 & 0 & 0 & 0 & 0 \\ & & & & k_{y1} & 0 & 0 & 0 & 0 & 0 & 0 & 0 & 0 & 0 & 0 & 0 & 0 & 0 \\ & & & & & 0 & 0 & 0 & 0 & 0 & 0 & 0 & 0 & 0 & 0 & 0 & 0 & 0 \\ & & & & & & 0 & 0 & 0 & 0 & 0 & 0 & 0 & 0 & 0 & 0 & 0 & 0 \\ & & & & & & & 0 & 0 & 0 & 0 & 0 & 0 & 0 & 0 & 0 & 0 & 0 \\ & & & & & & & & k_{x1} & 0 & 0 & -k_{x1} & 0 & 0 & 0 & 0 & 0 & 0 \\ & & & 对称 & & & & & & k_{y1} & 0 & 0 & -k_{y1} & 0 & 0 & 0 & 0 & 0 \\ & & & & & & & & & & 0 & 0 & 0 & 0 & 0 & 0 & 0 & 0 \\ & & & & & & & & & & & k_{x1} & 0 & 0 & 0 & 0 & 0 & 0 \\ & & & & & & & & & & & & k_{y1} & 0 & 0 & 0 & 0 & 0 \\ & & & & & & & & & & & & & 0 & 0 & 0 & 0 & 0 \\ & & & & & & & & & & & & & & 0 & 0 & 0 & 0 \\ & & & & & & & & & & & & & & & 0 & 0 & 0 \\ & & & & & & & & & & & & & & & & 0 & 0 \\ & & & & & & & & & & & & & & & & & 0 \end{bmatrix}$$

$$\tag{6.24}$$

(3) 由 CA 砂浆层连续弹性支承引起的刚度矩阵可通过计算下列弹性能得到，即

$$\Pi_{2c} = \frac{1}{2}\int_l k_{x2}(u_s-u_b)^2\mathrm{d}x + \frac{1}{2}\int_l k_{y2}(v_s-v_b)^2\mathrm{d}x = \frac{1}{2}\boldsymbol{a}^{eT}\boldsymbol{k}_{2c}^{e}\boldsymbol{a}^{e} \tag{6.25}$$

其中，u_s、v_s 为单元中任意一点轨道板的位移；u_b、v_b 为单元中任意一点桥梁的位移，均可通过位移插值函数、单元结点位移表示。

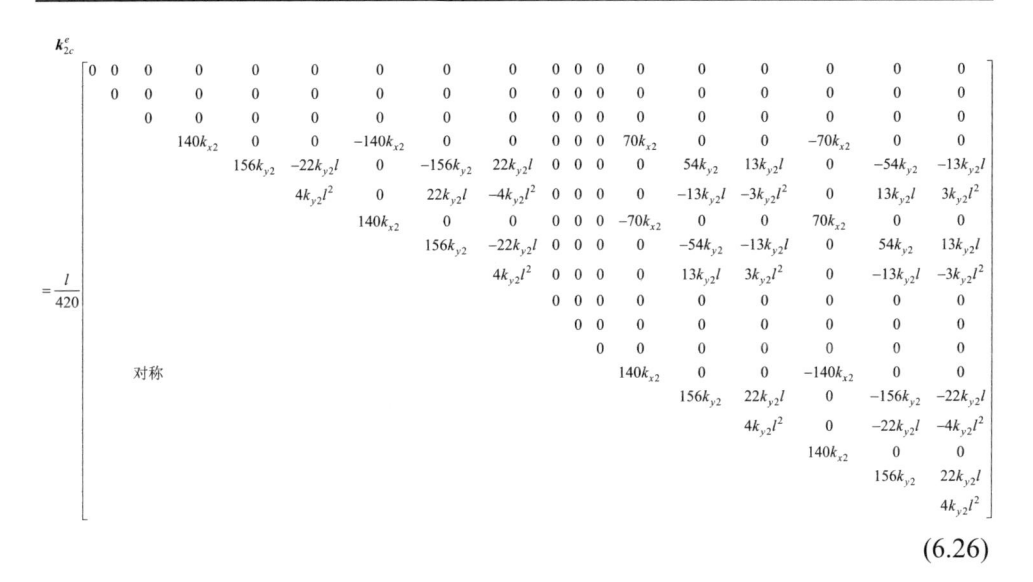

$$k_{2c}^e =\frac{l}{420}\begin{bmatrix} 0 & 0 & 0 & 0 & 0 & 0 & 0 & 0 & 0 & 0 & 0 & 0 & 0 & 0 & 0 & 0 \\ & 0 & 0 & 0 & 0 & 0 & 0 & 0 & 0 & 0 & 0 & 0 & 0 & 0 & 0 \\ & & 0 & 0 & 0 & 0 & 0 & 0 & 0 & 0 & 0 & 0 & 0 & 0 & 0 \\ & & & 140k_{x2} & 0 & 0 & -140k_{x2} & 0 & 0 & 0 & 70k_{x2} & 0 & 0 & -70k_{x2} & 0 & 0 \\ & & & & 156k_{y2} & -22k_{y2}l & 0 & -156k_{y2} & 22k_{y2}l & 0 & 0 & 54k_{y2} & 13k_{y2}l & 0 & -54k_{y2} & -13k_{y2}l \\ & & & & & 4k_{y2}l^2 & 0 & 22k_{y2}l & -4k_{y2}l^2 & 0 & 0 & -13k_{y2}l & -3k_{y2}l^2 & 0 & 13k_{y2}l & 3k_{y2}l^2 \\ & & & & & & 140k_{x2} & 0 & 0 & 0 & -70k_{x2} & 0 & 0 & 70k_{x2} & 0 & 0 \\ & & & & & & & 156k_{y2} & -22k_{y2}l & 0 & 0 & -54k_{y2} & -13k_{y2}l & 0 & 54k_{y2} & 13k_{y2}l \\ & & & & & & & & 4k_{y2}l^2 & 0 & 0 & 13k_{y2}l & 3k_{y2}l^2 & 0 & -13k_{y2}l & -3k_{y2}l^2 \\ & & & & & & & & & 0 & 0 & 0 & 0 & 0 & 0 & 0 \\ & & & & & & & & & & 0 & 0 & 0 & 0 & 0 & 0 \\ \text{对称} & & & & & & & & & & & 140k_{x2} & 0 & -140k_{x2} & 0 & 0 \\ & & & & & & & & & & & & 156k_{y2} & 22k_{y2}l & 0 & -156k_{y2} & -22k_{y2}l \\ & & & & & & & & & & & & & 4k_{y2}l^2 & 0 & -22k_{y2}l & -4k_{y2}l^2 \\ & & & & & & & & & & & & & & 140k_{x2} & 0 & 0 \\ & & & & & & & & & & & & & & & 156k_{y2} & 22k_{y2}l \\ & & & & & & & & & & & & & & & & 4k_{y2}l^2 \end{bmatrix}$$

(6.26)

6.2.5 单元阻尼矩阵

无砟轨道-桥梁单元的阻尼矩阵由钢轨、轨道板和混凝土桥梁的内摩擦引起的阻尼和钢轨扣件和 CA 砂浆层引起的阻尼组成，其阻尼矩阵为

$$c_l^e = c_r^e + c_{1c}^e + c_{2c}^e \tag{6.27}$$

其中，c_r^e 为钢轨、轨道板和混凝土桥梁的内摩擦引起的阻尼矩阵，通常可采用比例阻尼；c_{1c}^e 和 c_{2c}^e 为由钢轨扣件和 CA 砂浆层引起的阻尼矩阵。

$$c_r^e = \alpha_r m_r^e + \beta_r k_r^e + \alpha_s m_s^e + \beta_s k_s^e + \alpha_b m_b^e + \beta_b k_b^e \tag{6.28}$$

其中，α_r、β_r、α_s、β_s、α_b、β_b 为钢轨、轨道板、混凝土桥梁的比例阻尼系数。

由钢轨扣件离散支撑引起的阻尼矩阵 c_{1c}^e 在形式上与刚度矩阵式(6.24)完全一样，只要将式(6.24)中的刚度系数 k_{x1} 和 k_{y1} 换成阻尼系数 c_{x1} 和 c_{y1} 即可。

由 CA 砂浆层引起的阻尼矩阵 c_{2c}^e 在形式上与刚度矩阵式(6.26)完全一样，只要将式(6.26)中的刚度系数 k_{x2} 和 k_{y2} 换成阻尼系数 c_{x2} 和 c_{y2} 即可。

6.2.6 单元结点荷载向量

如图 6.3 所示，由列车轮轨纵向和垂向集中力引起的无砟轨道-桥梁单元等效结点荷载向量为

$$F_l^e = \left\{ \frac{b}{l}F_{xi} \quad -\frac{F_{ui}b^2}{l^3}(l+2a) \quad \frac{F_{ui}ab^2}{l^2} \quad 0 \ 0 \ 0 \ 0 \ 0 \right.$$
$$\left. \frac{a}{l}F_{xi} \quad -\frac{F_{ui}a^2}{l^3}(l+2b) \quad -\frac{F_{ui}a^2b}{l^2} \quad 0 \ 0 \ 0 \ 0 \ 0 \right\}^{\mathrm{T}} \tag{6.29}$$

其中，F_{xi} 为由列车牵引和制动时引起的作用在轨道上的纵向力，当列车(动车)加速或匀速行驶时 $F_{xi} = -\mu F_{ui} - M_w A$，当列车减速制动时 $F_{xi} = \mu F_{ui} - M_w A$，$A$ 为列车加速度，减速度取 $-A$；F_{ui} 为作用在轨道上的轮轨垂向力，与作用于车辆子系统上的轮轨接触力大小相等，方向相反，按式(6.12)计算。

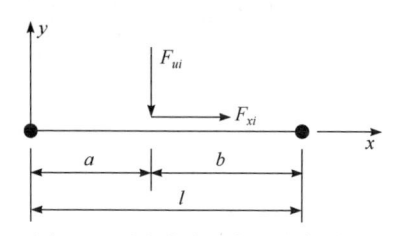

图 6.3　垂向集中力与纵向集中力

6.2.7　考虑纵向/垂向振动的无砟轨道-桥梁结构动力有限元方程

按有限元方法组集考虑纵向/垂向振动的无砟轨道-桥梁单元的质量矩阵、阻尼矩阵、刚度矩阵[4]，得到的无砟轨道-桥梁结构的动力有限元方程为

$$M_l \ddot{a}_l + C_l \dot{a}_l + K_l a_l = F_l \tag{6.30}$$

其中，$K_l = \sum_e k_l^e = \sum_e (k_r^e + k_s^e + k_b^e + k_{1c}^e + k_{2c}^e)$；$M_l = \sum_e m_l^e = \sum_e (m_r^e + m_s^e + m_b^e)$；$C_l = \sum_e c_l^e = \sum_e (c_r^e + c_{1c}^e + c_{2c}^e)$；$F_l = \sum_e F_l^e$。

6.3　列车-轨道-桥梁耦合系统纵向/垂向动力有限元方程交叉迭代算法

采用交叉迭代法求解列车-无砟轨道-桥梁耦合系统纵向/垂向振动有限元方程[5]，则欲求解的车辆动力学方程为

$$M_u \ddot{a}_u + C_u \dot{a}_u + K_u a_u = Q_{ug} + F_u \tag{6.31}$$

欲求解的无砟轨道-桥梁结构子系统动力有限元方程为

$$M_l \ddot{a}_l + C_l \dot{a}_l + K_l a_l = F_l$$

上述两方程通过轮轨力耦合，在进行交叉迭代时，只需按式(6.11)和式(6.29)分别计算作用于车辆和轨道上的轮轨力，其他迭代计算与第 5 章介绍的算法完全相同。

6.4 列车-轨道-桥梁耦合系统纵向/垂向动力有限元程序设计

6.4.1 模型简介

车辆-轨道-桥梁耦合系统动力学模型可以简化为图 6.4(a)，其中车辆为 CRH3 高速列车，桥梁为 3m×32m 三跨简支混凝土箱型双线铁路桥梁，桥上铺设 CRTS Ⅱ型无砟轨道。将车辆-轨道-桥梁耦合系统分为车辆子系统和轨道-桥梁子系统，基于能量原理分别建立两个子系统的动力有限元方程。两子系统通过轮轨接触力和位移协调条件实现耦合。两个子系统动力有限元方程的求解采用交叉迭代算法。

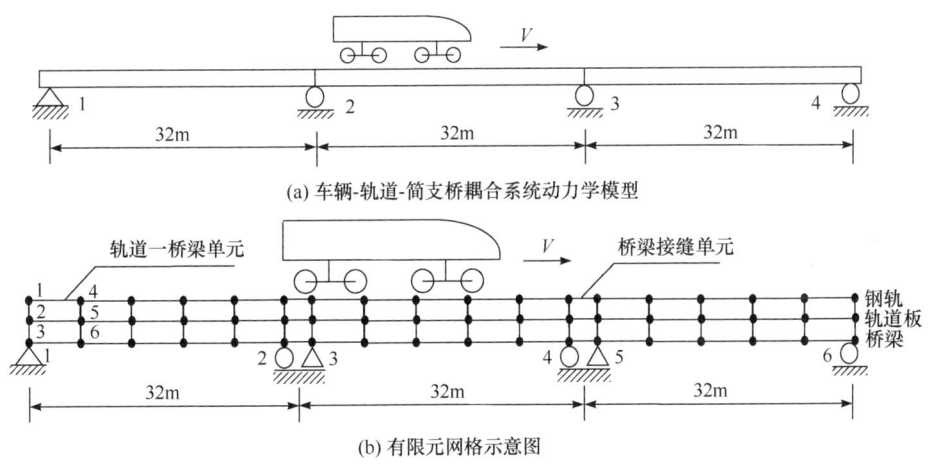

(a) 车辆-轨道-简支桥耦合系统动力学模型

(b) 有限元网格示意图

图 6.4　车辆-轨道-简支桥耦合系统动力学模型

高速列车采用考虑纵向/垂向振动的 17 自由度车辆模型，如图 6.1 所示。轨道和桥梁结构采用 18 自由度的板式轨道-桥梁单元模型，如图 6.2 所示。在建立车辆-轨道-简支桥耦合系统动力有限元方程时，两相邻轨枕之间的钢轨、轨道板和桥梁离散为 2 个板式轨道-桥梁单元。

为模拟桥梁接缝，建立桥梁接缝单元，如图 6.5 所示。在形成轨道-桥梁接缝单元的刚度矩阵时，由于存在接缝，应不计桥梁接缝单元的抗弯刚度，即取 $E_b I_b = 0$。同时，对接缝单元的结点 3 和结点 6 施加垂向位移约束，模拟桥墩支座对桥梁位移的垂向约束，在 1、3、5 号桥梁支座对应的结点处施加水平约束，以模拟简支梁桥固定铰支座情况。

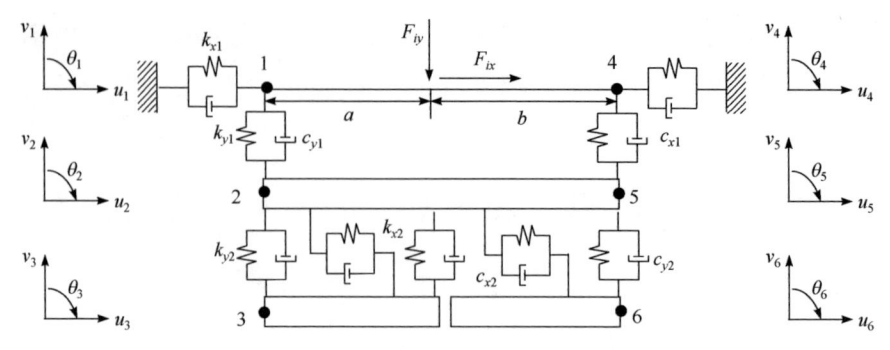

图 6.5　桥上 CRTS Ⅱ 板式轨道-桥梁接缝单元

6.4.2　程序模块

根据纵向/垂向振动的列车-无砟轨道-桥梁耦合系统模型和算法，利用 Matlab 开发基于交叉迭代法的车辆-轨道-简支桥耦合系统纵向/垂向动力有限元程序 VTBNFE_Lv。源程序见附录 4。

程序模块如下。

VTBNFE_Lv：车辆-轨道-简支桥耦合系统动力有限元主程序。

Train_element_matrix_Lv：车辆单元模块，根据图 6.1 生成 17 自由度车辆模型的刚度矩阵、质量矩阵和阻尼矩阵。

Track_bridge_element_matrix_1_Lv：轨道-桥梁单元模块 1，生成 18 自由度板式轨道-桥梁单元和轨道-桥梁接缝单元的刚度矩阵、质量矩阵和阻尼矩阵(单元左侧有扣件)。

Track_bridge_element_matrix_2_Lv：轨道-桥梁单元模块 2，生成 18 自由度板式轨道-桥梁单元和轨道-桥梁接缝单元的刚度矩阵、质量矩阵和阻尼矩阵(单元右侧有扣件)。

Track_Irregularity_GER.m：轨道不平顺模块，生成德国高速铁路低干扰轨道高低不平顺样本。

Short_wave_Irregularity.m：轨道短波不平顺模块，生成短波轨道不平顺样本。

Plot_Vehicle_Result.m：后处理模块，绘制车辆系统动力响应时程曲线。

Plot_Track_Result.m：后处理模块，绘制轨道结构动力响应时程曲线。

6.5　列车-无砟轨道-桥梁耦合系统纵向/垂向振动分析

考察高速列车 CRH3 以 250km/h 通过桥梁时，引起车辆、轨道和桥梁结构的动力响应。考虑轨道随机不平顺的影响，根据德国高速铁路低干扰轨道高低不平顺谱和轨道短波不平顺谱联合生成轨道不平顺样本，如图 6.6 所示。

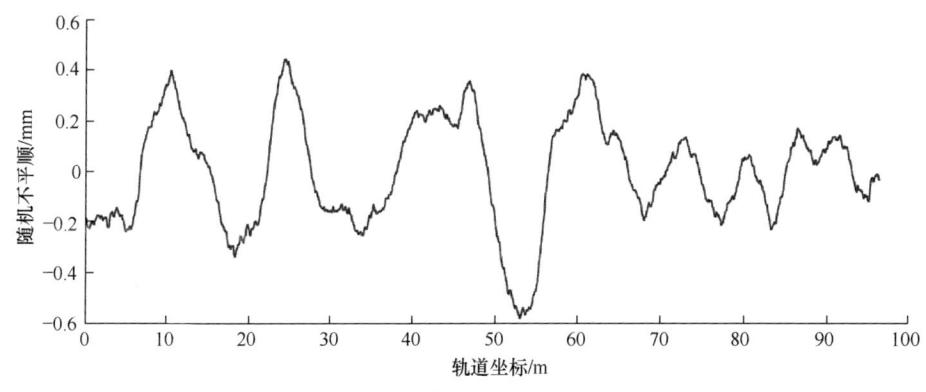

图 6.6 轨道高低随机不平顺样本

高速列车 CRH3 结构参数如表 5.1 所示。无砟轨道结构参数如表 5.2 所示。桥梁结构参数如表 5.3 所示。

将图 6.4(a)所示的车辆-轨道-简支桥耦合系统动力有限元模型进行网格划分，桥梁长度为 96m，单元长度为 0.25m。单元总数为 387，其中板式轨道-桥梁单元 384 个，桥梁接缝单元 2 个，车辆单元 1 个，结点总数为 1168 个，其中板式轨道-桥梁子系统结点数为 1161 个，车辆子系统结点数为 7 个。

计算参数设置为，线路长度 96.5m、列车速度 V = 250km/h、列车运行时间 t = 1.0s、动力有限元分析时间步长 0.0005s、轮轨接触力修正松弛因子取 0.4、交叉迭代收敛精度为 10^{-6}。程序收敛较快，最大迭代次数为 15 次，程序计算耗时大约 3min。

计算结果如图 6.7～图 6.16 所示。

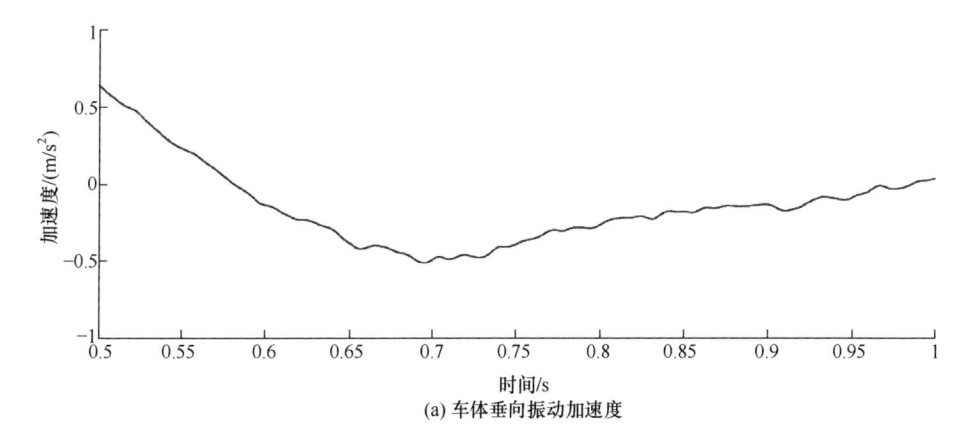

(a) 车体垂向振动加速度

(b) 车体纵向振动加速度

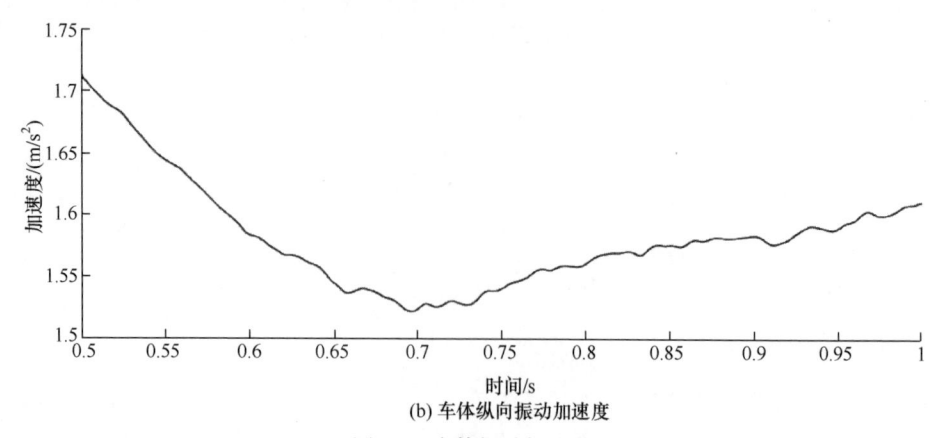

图 6.7　车体振动加速度

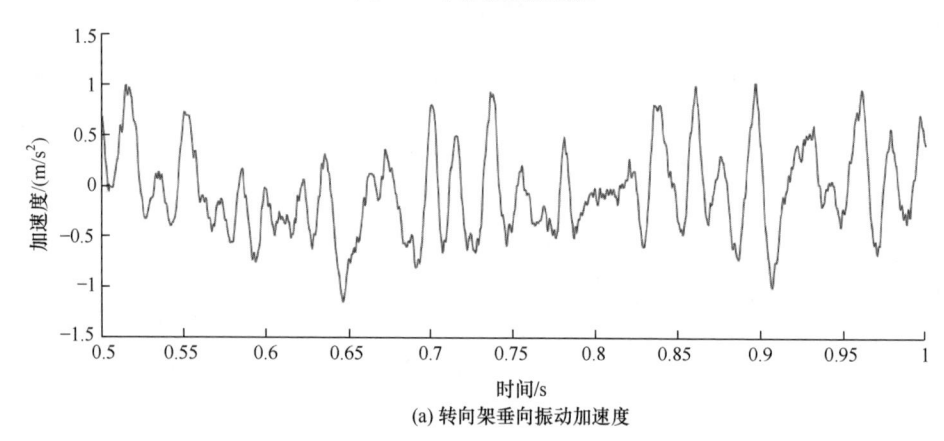

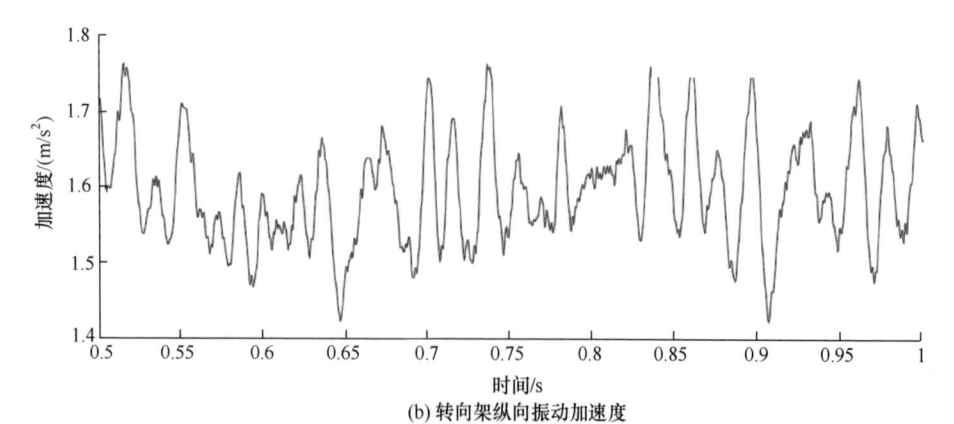

(a) 转向架垂向振动加速度

(b) 转向架纵向振动加速度

图 6.8　转向架振动加速度

第 6 章 列车-轨道-桥梁耦合系统纵向/垂向动力有限元模型与程序

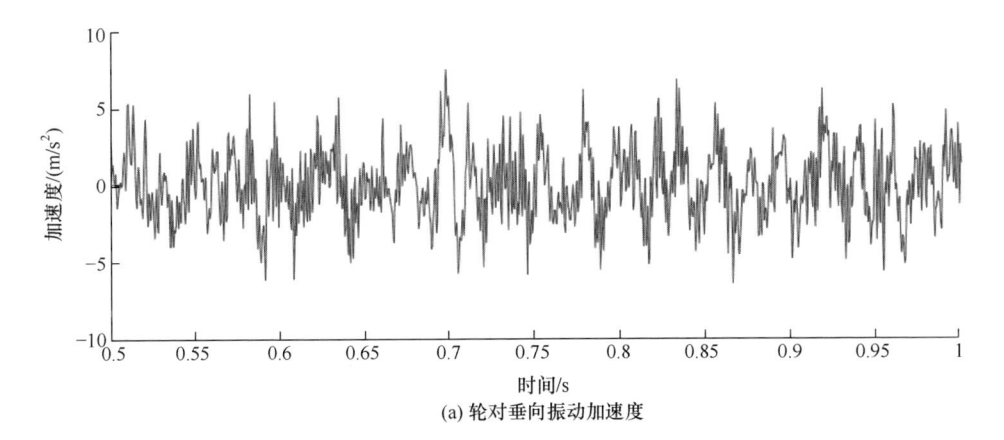

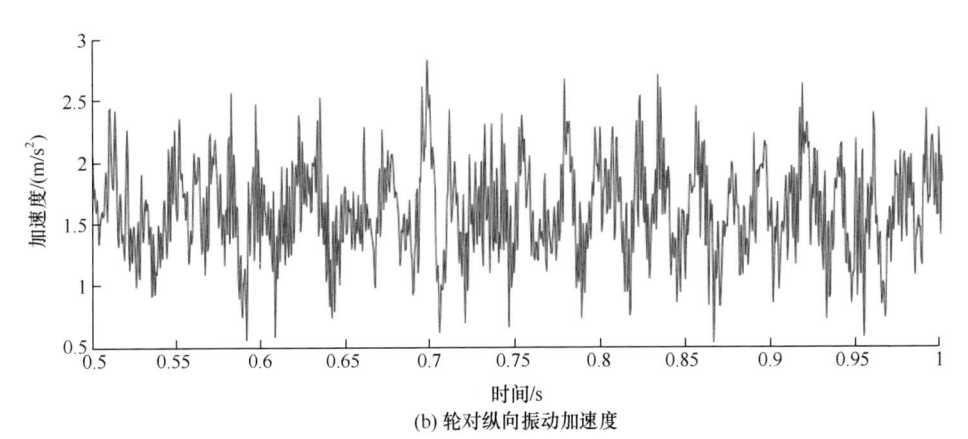

(a) 轮对垂向振动加速度

(b) 轮对纵向振动加速度

图 6.9 轮对振动加速度

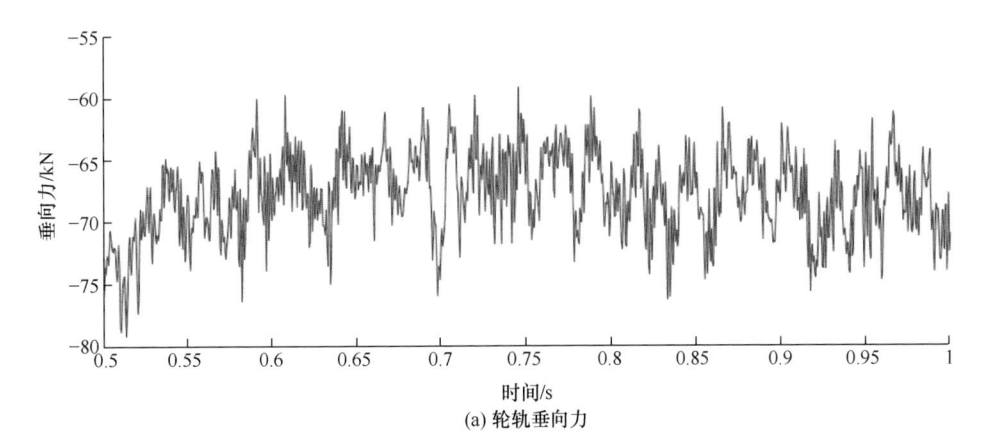

(a) 轮轨垂向力

(b) 轮轨纵向力

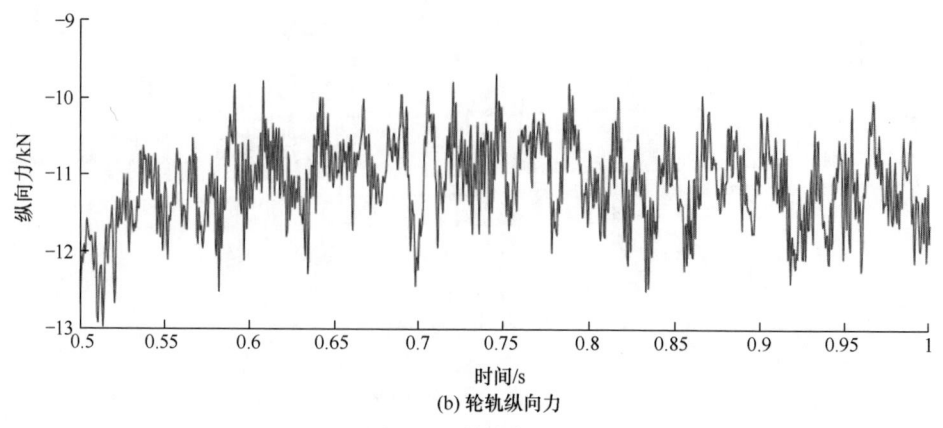

图 6.10　轮轨作用力

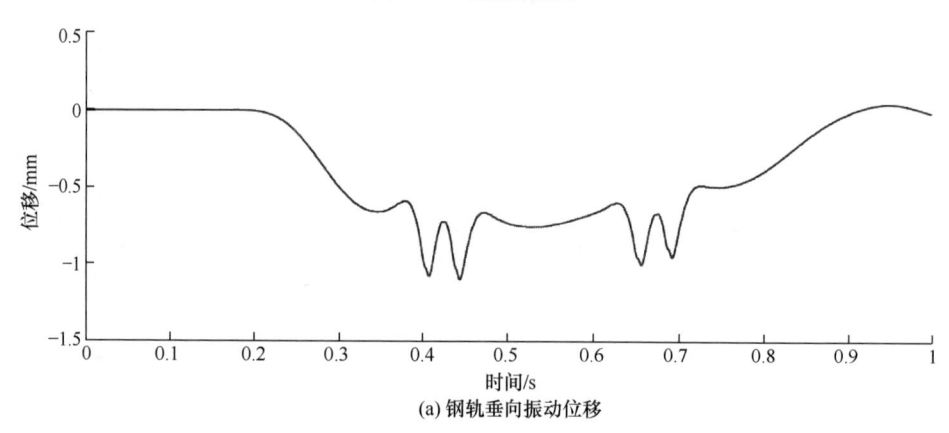

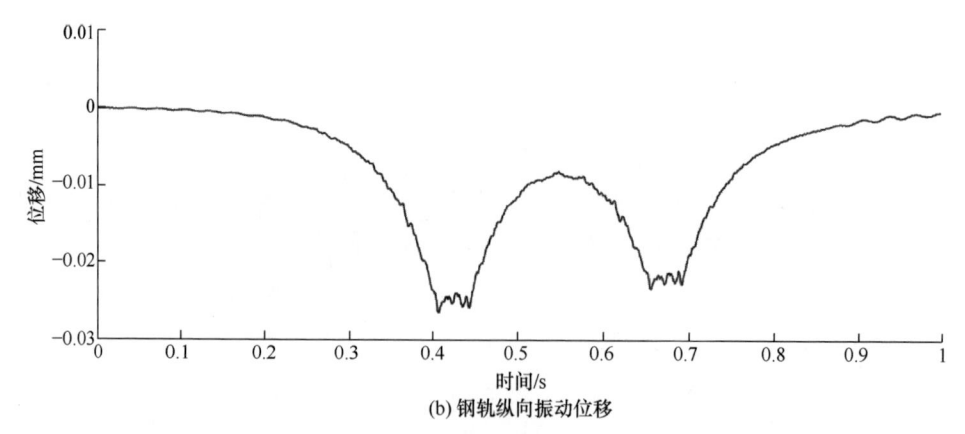

(a) 钢轨垂向振动位移

(b) 钢轨纵向振动位移

图 6.11　钢轨振动位移

(a) 钢轨垂向振动加速度

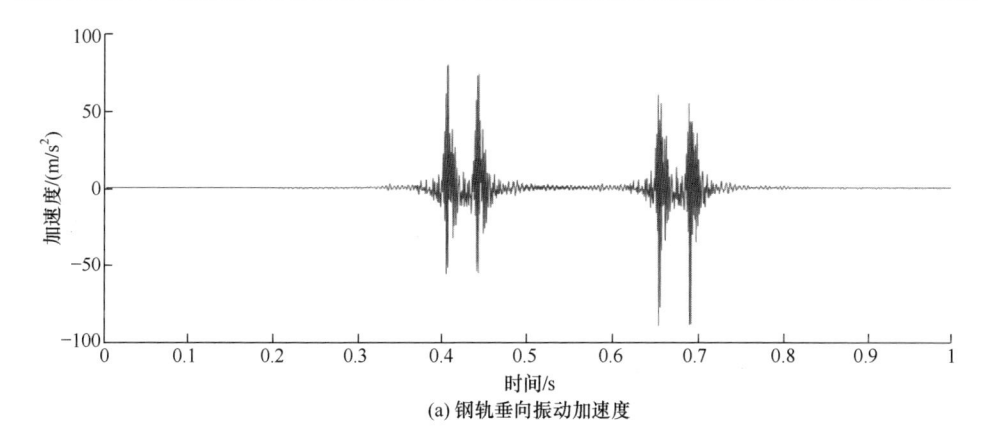

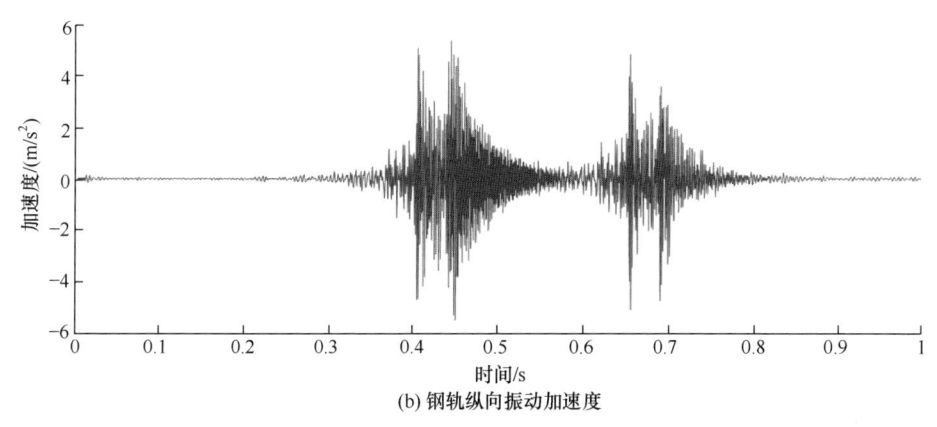

(b) 钢轨纵向振动加速度

图 6.12 钢轨振动加速度

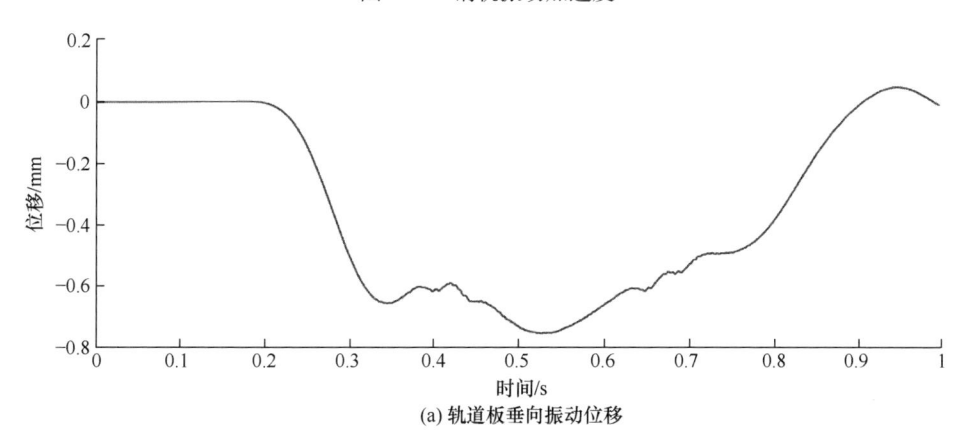

(a) 轨道板垂向振动位移

(b) 轨道板纵向振动位移

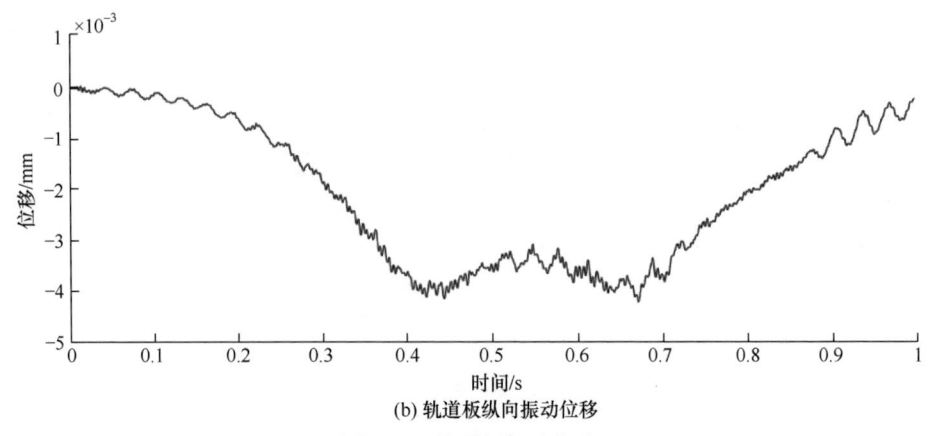

图 6.13 轨道板振动位移

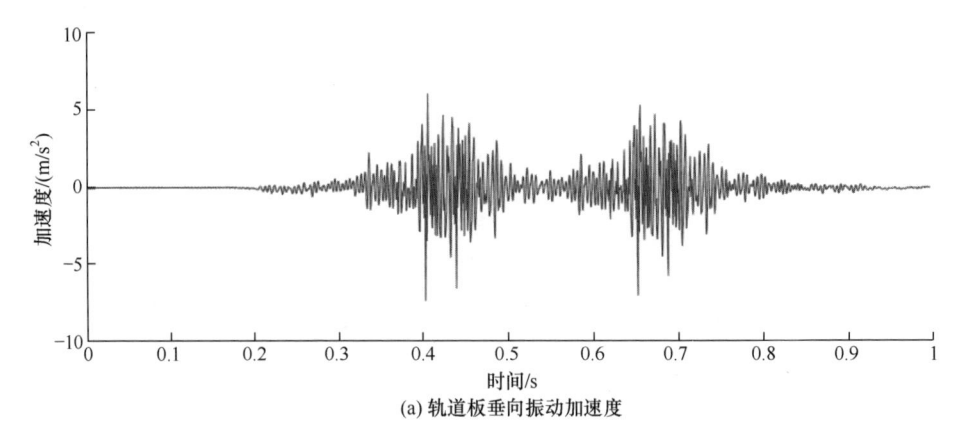

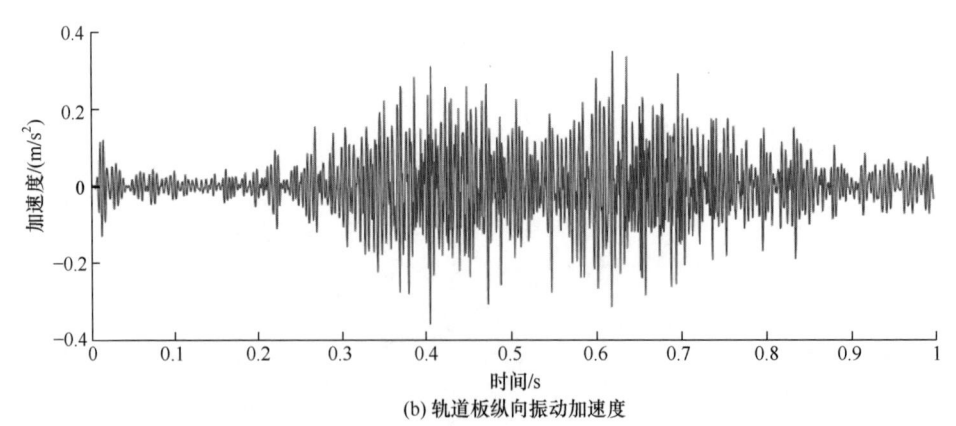

(a) 轨道板垂向振动加速度

(b) 轨道板纵向振动加速度

图 6.14 轨道板振动加速度

(a) 桥梁垂向振动位移

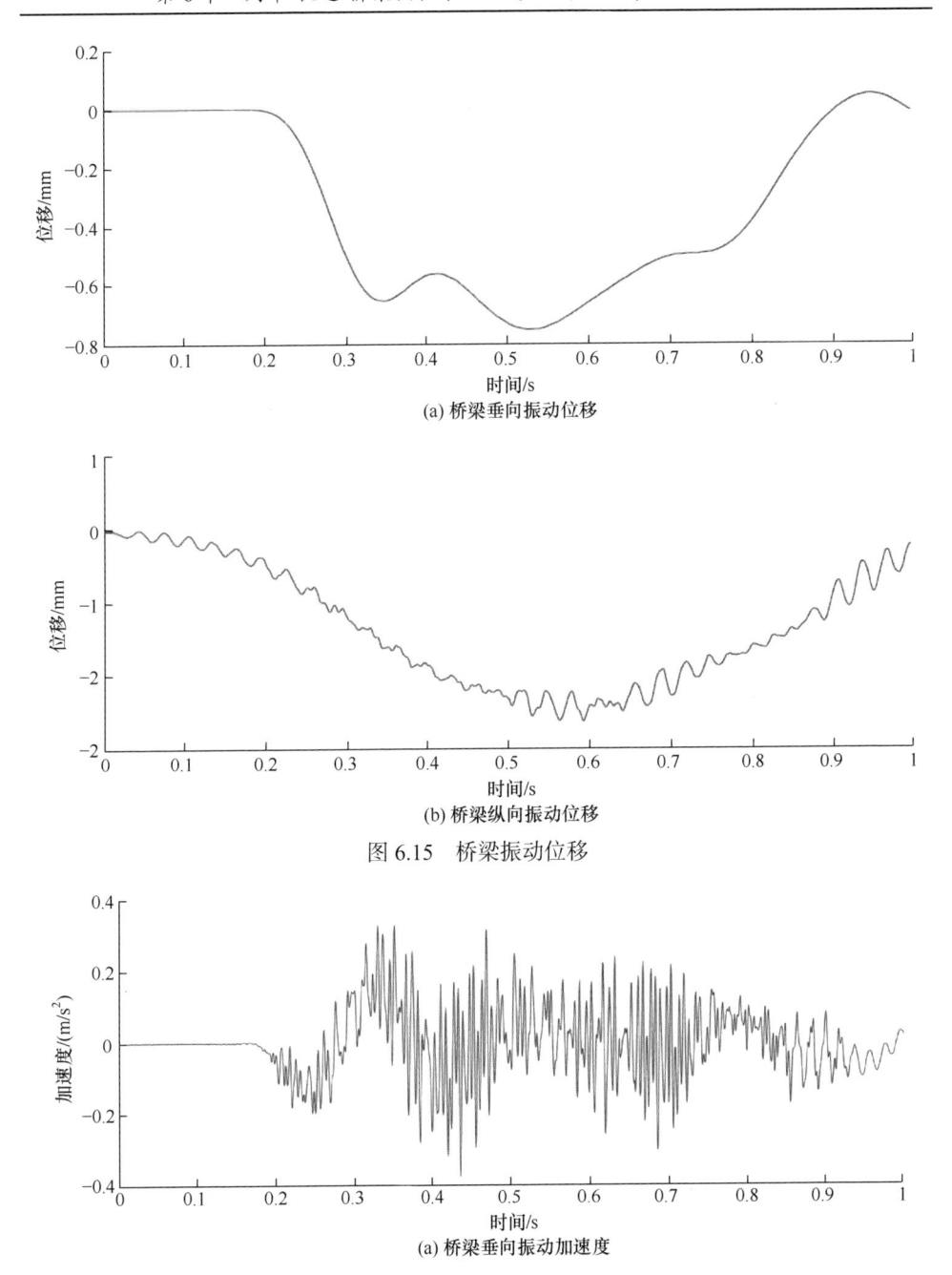

(b) 桥梁纵向振动位移

图 6.15　桥梁振动位移

(a) 桥梁垂向振动加速度

(b) 桥梁纵向振动加速度

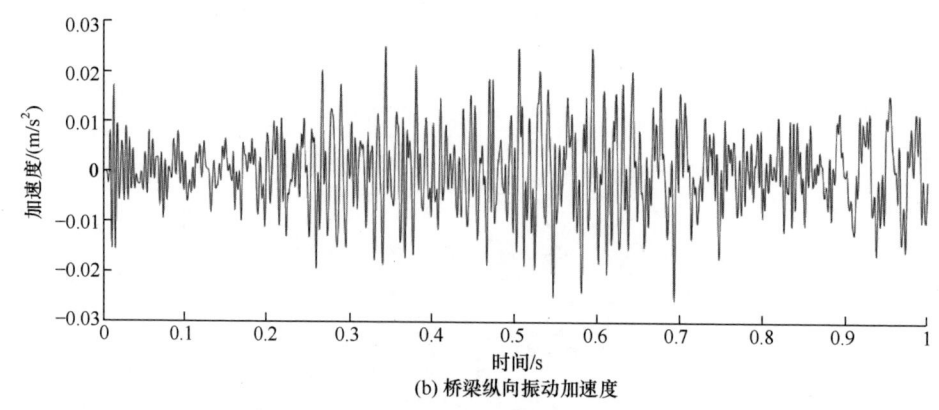

图 6.16 桥梁振动加速度

参 考 文 献

[1] 潘鹏, 雷晓燕, 张鹏飞, 等. 制动荷载作用下桥上无砟轨道动力响应分析. 铁道科学与工程学报, 2017, (11): 2309-2322.
[2] 潘鹏. 制动荷载作用下桥上无砟轨道动力特性分析. 南昌: 华东交通大学, 2017.
[3] 雷晓燕. 高速铁路轨道动力学——模型、算法与应用. 2 版. 北京: 科学出版社, 2021.
[4] 雷晓燕. 有限元法. 北京: 中国铁道出版社, 2000.
[5] Lei X Y, Wu S H, Zhang B. Dynamic analysis of the high speed train and slab track nonlinear coupling system with the cross iteration algorithm. Journal of Nonlinear Dynamics, 2016, 17: 8356160.

第7章 动轮单元-轨道-桥梁耦合系统动力有限元模型与程序

第 5 章讨论了求解列车-轨道-路基耦合系统动力分析的交叉迭代算法。交叉迭代算法的优点是能够考虑轮轨接触的非线性行为，且程序编制简单[1]。在分析列车-轨道(或桥梁)耦合系统动力响应时，许多学者运用能量原理，采用"对号入座"法形成列车-轨道(或桥梁)耦合系统动力学方程[2-6]，但是未给出详细推导过程和相关公式。本章以简单的动轮单元模型、考虑一系悬挂的动轮单元模型、考虑二系悬挂的动轮单元模型为例，讨论构建列车-轨道(或桥梁)耦合系统动力学方程的方法，并推导显式计算式。

7.1 动轮单元模型

考察在钢轨上运动的车轮，将车轮简化为具有质量为 m_w 的质点，并以速度 V 运动，钢轨模拟为二维梁单元。假设车轮与钢轨之间为弹性接触，接触刚度为 k_c，该模型称为动轮单元模型(图 7.1)[1]。图中，1、2 号点为钢轨梁单元的两个结点，分别考虑垂向位移和转角 v_i，θ_i ($i=1,2$)；3 号点为动轮结点，其垂向位移为 v_3；c 点为轮轨接触点，其垂向位移用 v_c 表示。

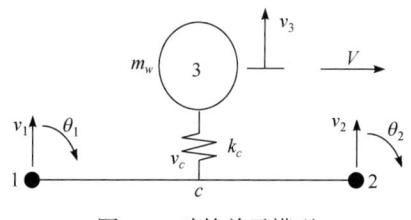

图 7.1 动轮单元模型

该模型有 3 个结点，分别为 1、2、3，共有 5 个自由度。假设单元长为 l，结点 c 与结点 1 之间的距离为 x_c。

我们在第 3 章讨论了两结点的二维梁单元，单元内任意一点的位移可通过插值函数和单元结点位移表示，即

$$v = N_1 v_1 + N_2 \theta_1 + N_3 v_2 + N_4 \theta_2 \tag{7.1}$$

其中，$N_1 \sim N_4$ 为两结点二维梁单元的插值函数，即

$$N_1 = 1 - \frac{3}{l^2}x^2 + \frac{2}{l^3}x^3$$

$$N_2 = -x + \frac{2}{l}x^2 - \frac{1}{l^2}x^3 \tag{7.2}$$

$$N_3 = \frac{3}{l^2}x^2 - \frac{2}{l^3}x^3$$

$$N_4 = \frac{1}{l}x^2 - \frac{1}{l^2}x^3$$

对于结点 c，其垂向位移 v_c 可以表示为

$$v_c = N_1 v_1 + N_2 \theta_1 + N_3 v_2 + N_4 \theta_2 \tag{7.3}$$

其中，$N_1 \sim N_4$ 分别为将 $x=x_c$ 代入式(7.2)后的插值函数。

定义动轮单元的结点位移向量为

$$\boldsymbol{a}^e = \{v_1 \quad \theta_1 \quad v_2 \quad \theta_2 \quad v_3\}^T \tag{7.4}$$

7.1.1 动轮单元的动能

$$T = \frac{1}{2}m_w \dot{v}_3^2 = \frac{1}{2}(\dot{\boldsymbol{a}}^e)^T \boldsymbol{m}_u^e \dot{\boldsymbol{a}}^e \tag{7.5}$$

其中，动轮单元的质量矩阵为

$$\boldsymbol{m}_u^e = \begin{bmatrix} 0 & 0 & 0 & 0 & 0 \\ 0 & 0 & 0 & 0 & 0 \\ 0 & 0 & 0 & 0 & 0 \\ 0 & 0 & 0 & 0 & 0 \\ 0 & 0 & 0 & 0 & m_w \end{bmatrix} \tag{7.6}$$

7.1.2 动轮单元的势能

$$\Pi = \frac{1}{2}k_c(v_3 - v_c)^2 + (v_3 m_w g) = \frac{1}{2}(\boldsymbol{a}^e)^T \boldsymbol{k}_u^e \boldsymbol{a}^e - (\boldsymbol{a}^e)^T \boldsymbol{Q}_u^e \tag{7.7}$$

其中，动轮单元的刚度矩阵为

$$\boldsymbol{k}_u^e = k_c \begin{bmatrix} N_1^2 & N_1 N_2 & N_1 N_3 & N_1 N_4 & -N_1 \\ & N_2^2 & N_2 N_3 & N_2 N_4 & -N_2 \\ & & N_3^2 & N_3 N_4 & -N_3 \\ & 对称 & & N_4^2 & -N_4 \\ & & & & 1 \end{bmatrix} \tag{7.8}$$

结点荷载向量为

$$\boldsymbol{Q}_u^e = \{0 \quad 0 \quad 0 \quad 0 \quad -m_w g\}^{\mathrm{T}} \tag{7.9}$$

7.1.3 动轮单元动力学方程

将式(7.5)、式(7.7)代入 Lagrange 方程[7]，即

$$\frac{\mathrm{d}}{\mathrm{d}t}\frac{\partial L}{\partial \dot{\boldsymbol{a}}} - \frac{\partial L}{\partial \boldsymbol{a}} + \frac{\partial R}{\partial \dot{\boldsymbol{a}}} = \boldsymbol{0} \tag{7.10}$$

可以得到动轮单元的动力学方程，即

$$\boldsymbol{m}_u^e \ddot{\boldsymbol{a}} + \boldsymbol{k}_u^e \boldsymbol{a} = \boldsymbol{Q}_u^e \tag{7.11}$$

其中，$L = T - \Pi$，为 Lagrange 函数，T 为动能，Π 为势能；R 为耗散能。

7.2 考虑一系悬挂的动轮单元模型

图 7.2 所示为考虑一系悬挂的动轮单元模型。该模型有 4 个结点，6 个自由度，其中 1、2 号结点为钢轨梁单元的两个点，分别考虑垂向位移 v_i 和转角 θ_i ($i=1,2$)；3 号结点为车体结点，其垂向位移为 v_3，m_c 为 1/8 的车体质量，k_s、c_s 分别为等效的一系悬挂刚度和阻尼；4 号结点为车轮结点，其垂向位移为 v_4，m_w 为 1/2 的轮对质量，并且车轮以匀速 V 运动。

定义该单元的结点位移向量为

$$\boldsymbol{a}^e = \{v_1 \quad \theta_1 \quad v_2 \quad \theta_2 \quad v_3 \quad v_4\}^{\mathrm{T}} \tag{7.12}$$

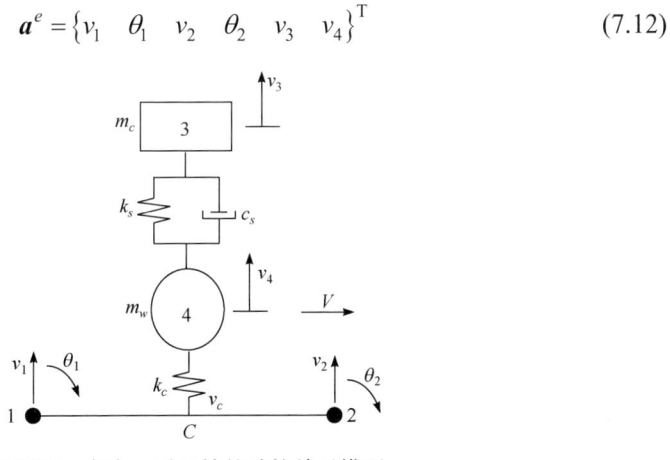

图 7.2 考虑一系悬挂的动轮单元模型

单元的动能为

$$T = \frac{1}{2}m_c\dot{v}_3^2 + \frac{1}{2}m_w\dot{v}_4^2 = \frac{1}{2}(\dot{a})^T \boldsymbol{m}_u^e \dot{\boldsymbol{a}}^e \tag{7.13}$$

其中，单元质量矩阵为

$$\boldsymbol{m}_u^e = \mathrm{diag}\{0 \quad 0 \quad 0 \quad 0 \quad m_c \quad m_w\} \tag{7.14}$$

单元势能为

$$\Pi = \frac{1}{2}k_s(v_3 - v_4)^2 + \frac{1}{2}k_c(v_4 - v_c)^2 + (v_3 m_c g) + (v_4 m_w g)$$

$$= \frac{1}{2}(\boldsymbol{a}^e)^T \boldsymbol{k}_u^e \boldsymbol{a}^e - (\boldsymbol{a}^e)^T \boldsymbol{Q}_u^e \tag{7.15}$$

其中，单元刚度矩阵为

$$\boldsymbol{k}_u^e = \boldsymbol{k}_s^e + \boldsymbol{k}_c^e$$

$$= \begin{bmatrix} 0 & 0 & 0 & 0 & 0 & 0 \\ & 0 & 0 & 0 & 0 & 0 \\ & & 0 & 0 & 0 & 0 \\ & & & 0 & 0 & 0 \\ & \text{对称} & & & k_s & -k_s \\ & & & & & k_s \end{bmatrix} + k_c \begin{bmatrix} N_1^2 & N_1N_2 & N_1N_3 & N_1N_4 & 0 & -N_1 \\ & N_2^2 & N_2N_3 & N_2N_4 & 0 & -N_2 \\ & & N_3^2 & N_3N_4 & 0 & -N_3 \\ & & & N_4^2 & 0 & -N_4 \\ & \text{对称} & & & 0 & 0 \\ & & & & & 1 \end{bmatrix}$$

$$\tag{7.16}$$

单元结点荷载向量为

$$\boldsymbol{Q}_u^e = \{0 \quad 0 \quad 0 \quad 0 \quad -m_c g \quad -m_w g\}^T \tag{7.17}$$

单元耗散能为

$$R = \frac{1}{2}c_s(\dot{v}_3 - \dot{v}_4)^2 = \frac{1}{2}(\dot{\boldsymbol{a}}^e)^T \boldsymbol{c}_u^e \dot{\boldsymbol{a}}^e \tag{7.18}$$

其中，单元阻尼矩阵为

$$\boldsymbol{c}_u^e = \begin{bmatrix} 0 & 0 & 0 & 0 & 0 & 0 \\ & 0 & 0 & 0 & 0 & 0 \\ & & 0 & 0 & 0 & 0 \\ & & & 0 & 0 & 0 \\ & \text{对称} & & & c_s & -c_s \\ & & & & & c_s \end{bmatrix} \tag{7.19}$$

将式(7.13)、式(7.15)和式(7.18)代入 Lagrange 方程(7.10)中，考虑一系悬挂的

动轮单元动力学方程为

$$\boldsymbol{m}_u^e \ddot{\boldsymbol{a}} + \boldsymbol{c}_u^e \dot{\boldsymbol{a}} + \boldsymbol{k}_u^e \boldsymbol{a} = \boldsymbol{Q}_u^e \tag{7.20}$$

7.3 考虑二系悬挂的动轮单元模型

图 7.3 所示为考虑二系悬挂的动轮单元模型。该模型有 5 个结点，7 个自由度，其中 1、2 号结点为钢轨梁单元的两个结点，分别考虑垂向位移 v_i 和转角 $\theta_i (i=1,2)$；3 号点为车体结点，其垂向位移为 v_3，m_c 为 1/8 的车体质量，k_{s2}、c_{s2} 为二系悬挂的刚度系数和阻尼系数；4 号结点为转向架结点，其垂向位移为 v_4，m_t 为 1/4 的转向架质量，k_{s1}、c_{s1} 分别为一系悬挂的刚度系数和阻尼系数；5 号结点为车轮结点，其垂向位移为 v_5，m_w 为 1/2 的轮对质量，且车轮以匀速 V 运动，其他参数同上。考虑轨面随机不平顺，与动轮接触处的轨道高低随机不平顺幅值为 η。

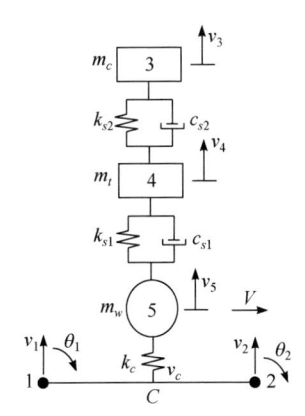

图 7.3 考虑二系悬挂的动轮单元模型

定义该单元的结点位移向量为

$$\boldsymbol{a}^e = \{v_1 \quad \theta_1 \quad v_2 \quad \theta_2 \quad v_3 \quad v_4 \quad v_5\}^{\mathrm{T}} \tag{7.21}$$

单元的动能为

$$T = \frac{1}{2} m_c \dot{v}_3^2 + \frac{1}{2} m_t \dot{v}_4^2 + \frac{1}{2} m_w \dot{v}_5^2$$

$$= \frac{1}{2} (\dot{\boldsymbol{a}}^e)^{\mathrm{T}} \boldsymbol{m}_u^e \dot{\boldsymbol{a}}^e \tag{7.22}$$

其中，单元质量矩阵为

$$\boldsymbol{m}_u^e = \mathrm{diag}\{0 \quad 0 \quad 0 \quad 0 \quad m_c \quad m_t \quad m_w\} \tag{7.23}$$

单元的势能为

$$\Pi = \frac{1}{2}k_{s2}(v_3 - v_4)^2 + \frac{1}{2}k_{s1}(v_4 - v_5)^2 + \frac{1}{2}k_c(v_5 - v_c - \eta)^2 + (v_3 m_c g) + (v_4 m_t g) + (v_5 m_w g)$$
$$= \frac{1}{2}(\boldsymbol{a}^e)^{\mathrm{T}} \boldsymbol{k}_u^e \boldsymbol{a}^e - (\boldsymbol{a}^e)^{\mathrm{T}} \boldsymbol{Q}_u \tag{7.24}$$

其中，单元刚度矩阵为

$$\boldsymbol{k}_u^e = \boldsymbol{k}_{s2}^e + \boldsymbol{k}_{s1}^e + \boldsymbol{k}_c^e$$

$$= \begin{bmatrix} 0 & 0 & 0 & 0 & 0 & 0 & 0 & 0 \\ & 0 & 0 & 0 & 0 & 0 & 0 & 0 \\ & & 0 & 0 & 0 & 0 & 0 & 0 \\ & & & 0 & 0 & 0 & 0 & 0 \\ & & & & k_{s2} & -k_{s2} & 0 \\ & 对称 & & & & k_{s2}+k_{s1} & -k_{s1} \\ & & & & & & k_{s1} \end{bmatrix}$$

$$+ k_c \begin{bmatrix} N_1^2 & N_1 N_2 & N_1 N_3 & N_1 N_4 & 0 & 0 & -N_1 \\ & N_2^2 & N_2 N_3 & N_2 N_4 & 0 & 0 & -N_2 \\ & & N_3^2 & N_3 N_4 & 0 & 0 & -N_3 \\ & & & N_4^2 & 0 & 0 & -N_4 \\ & & & & 0 & 0 & 0 \\ & 对称 & & & & 0 & 0 \\ & & & & & & 1 \end{bmatrix} \tag{7.25}$$

右端第一项为不变的矩阵，第二项与车轮在轨道上的距离有关，是变化的矩阵。

单元结点荷载向量为

$$\boldsymbol{Q}_u^e = \boldsymbol{Q}_v + \boldsymbol{Q}_\eta \tag{7.26}$$

$$\boldsymbol{Q}_v = \{0 \quad 0 \quad 0 \quad 0 \quad -m_c g \quad -m_t g \quad -m_w g\}^{\mathrm{T}} \tag{7.27}$$

$$\boldsymbol{Q}_\eta = k_c \eta \{-N_1 \quad -N_2 \quad -N_3 \quad -N_4 \quad 0 \quad 0 \quad 1\}^{\mathrm{T}} \tag{7.28}$$

式(7.27)为车辆静荷载向量，式(7.28)为列车通过轨道高低不平顺时引起的附加荷载。

单元的耗散能为

$$R = \frac{1}{2}c_{s2}(\dot{v}_3 - \dot{v}_4)^2 + \frac{1}{2}c_{s1}(\dot{v}_4 - \dot{v}_5)^2 = \frac{1}{2}(\dot{\boldsymbol{a}}^e)^{\mathrm{T}} \boldsymbol{c}_u^e \dot{\boldsymbol{a}}^e \tag{7.29}$$

其中，单元阻尼矩阵为

$$c_u^e = \begin{bmatrix} 0 & 0 & 0 & 0 & 0 & 0 & 0 \\ & 0 & 0 & 0 & 0 & 0 & 0 \\ & & 0 & 0 & 0 & 0 & 0 \\ & & & 0 & 0 & 0 & 0 \\ & & & & c_{s2} & -c_{s2} & 0 \\ & \text{对称} & & & & c_{s2}+c_{s1} & -c_{s1} \\ & & & & & & c_{s1} \end{bmatrix} \quad (7.30)$$

将式(7.22)、式(7.24)和式(7.29)代入 Lagrange 方程(7.10)中，可以得到考虑二系悬挂的动轮单元动力学方程为

$$m_u^e \ddot{a} + c_u^e \dot{a} + k_u^e a = Q_u^e \quad (7.31)$$

7.4 单轮过桥动力分析模型及算法

为了说明动轮单元在车辆-轨道(或桥梁)耦合系统动力分析中的应用，考虑单轮过桥引起车辆和桥梁的振动响应，附有二系悬挂的单轮过桥动力分析模型如图 7.4 所示。车辆采用考虑二系悬挂的动轮单元模拟，桥梁离散为有限个二维梁单元，并仅考虑垂向振动和转动。二维 2 结点 4 自由度梁单元如图 7.5 所示。其中，E 为桥梁的弹性模量，I 为截面绕水平轴的惯性矩，A 为横截面积，l 为梁单元的长度。单轮过桥动力分析模型共划分为 $m+1$ 个单元，m 为梁单元数，1 为动轮单元数，共有 $n+3$ 个结点，其中桥梁有 n 个结点，动轮单元有 3 个结点。

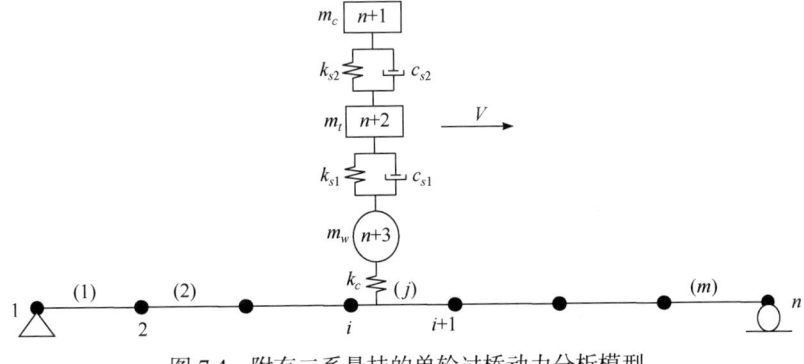

图 7.4 附有二系悬挂的单轮过桥动力分析模型

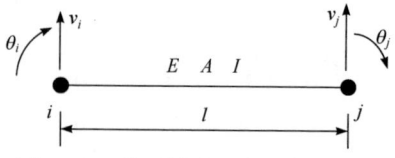

图 7.5 二维 2 结点 4 自由度梁单元

对二维 2 结点 4 自由度梁单元，有如下单元质量矩阵、刚度矩阵和阻尼矩阵[7]，即

$$\boldsymbol{m}_b^e = \frac{\rho Al}{420} \begin{bmatrix} 156 & -22l & 54 & 13l \\ & 4l^2 & -13l & -3l^2 \\ & & 156 & 22l \\ 对称 & & & 4l^2 \end{bmatrix} \tag{7.32}$$

$$\boldsymbol{k}_b^e = \begin{bmatrix} \dfrac{12EI}{l^3} & -\dfrac{6EI}{l^2} & -\dfrac{12EI}{l^3} & -\dfrac{6EI}{l^2} \\ & \dfrac{4EI}{l} & \dfrac{6EI}{l^2} & \dfrac{2EI}{l} \\ & & \dfrac{12EI}{l^3} & \dfrac{6EI}{l^2} \\ 对称 & & & \dfrac{4EI}{l} \end{bmatrix} \tag{7.33}$$

采用比例阻尼，有

$$\boldsymbol{c}_b^e = \alpha \, \boldsymbol{m}_b^e + \beta \, \boldsymbol{k}_b^e \tag{7.34}$$

其中，$\boldsymbol{m}_b^e$、$\boldsymbol{k}_b^e$ 和 $\boldsymbol{c}_b^e$ 为二维梁单元的质量矩阵、刚度矩阵和阻尼矩阵。

对于考虑二系悬挂的动轮单元，其单元质量矩阵、刚度矩阵、阻尼矩阵和单元结点荷载向量已在 7.3 节给出，见式(7.23)、式(7.25)、式(7.30)和式(7.26)。

现给出单轮过桥动力分析模型算法的主要步骤。

1) 初始计算

(1) 按式(7.32)～式(7.34)计算每个桥梁单元的质量矩阵、刚度矩阵和阻尼矩阵。

(2) 采用有限元集成方法形成桥梁结构的总质量矩阵、总刚度矩阵和总阻尼矩阵，即

$$\boldsymbol{M}_b = \sum_e \boldsymbol{m}_b^e, \quad \boldsymbol{K}_b = \sum_e \boldsymbol{k}_b^e, \quad \boldsymbol{C}_b = \sum_e \boldsymbol{c}_b^e \tag{7.35}$$

2) 对时间步长循环

运用 Newmark 数值积分法，在每一时间步中，执行以下步骤。

(1) 根据列车速度和运行时间判别动轮单元在桥梁上的位置，确定动轮与桥梁接触的单元号。

(2) 根据式(7.23)、式(7.25)、式(7.30)和式(7.26)，计算动轮单元质量矩阵、刚度矩阵、阻尼矩阵和单元结点荷载向量。

(3) 按有限元集成方法，将动轮单元的质量矩阵、刚度矩阵和阻尼矩阵集成到桥梁结构的总质量矩阵、总刚度矩阵和总阻尼矩阵中，即

$$\bm{M} = \sum_e (\bm{M}_b + \bm{m}_u^e), \quad \bm{K} = \sum_e (\bm{K}_b + \bm{k}_u^e), \quad \bm{C} = \sum_e (\bm{C}_b + \bm{c}_u^e) \tag{7.36}$$

(4) 将动轮单元的单元结点荷载向量集成形成总结点荷载向量，即

$$\bm{Q} = \sum_e \bm{Q}_u^e \tag{7.37}$$

(5) 用 Newmark 数值积分法，求解下列有限元方程，即

$$\bm{M}\ddot{\bm{a}} + \bm{C}\dot{\bm{a}} + \bm{K}\bm{a} = \bm{Q} \tag{7.38}$$

得到桥梁结构和动轮单元的结点位移、速度和加速度。

(6) 返回步骤 2)，对时间步长循环，继续下一时间步长计算，直至计算结束。

7.5 动轮单元-轨道-桥梁耦合系统动力有限元程序设计

7.5.1 模型简介

考虑二系悬挂的动轮单元，建立车辆-轨道-桥梁耦合系统动力学模型，如图 7.6 所示。其中，车辆为 CRH3 高速列车，桥梁为三跨连续混凝土箱型双线铁路桥梁，桥上铺设 CRTS Ⅱ型板式轨道。不计桥墩的弹性变形，将桥墩简化为滚动支座。

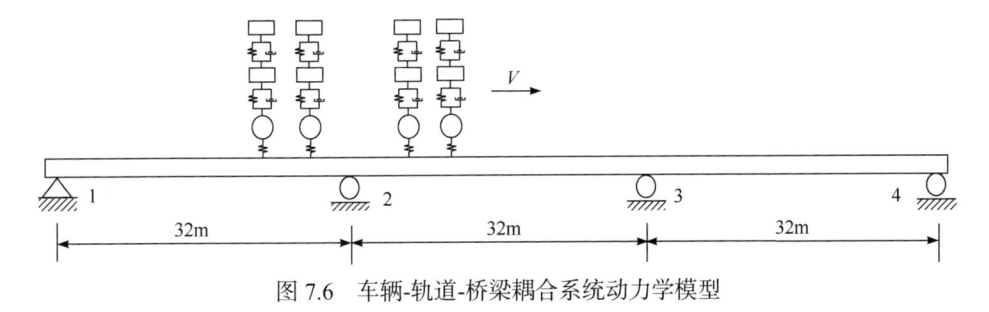

图 7.6 车辆-轨道-桥梁耦合系统动力学模型

车辆采用 5 结点的二系悬挂动轮单元模型，一节车辆离散为 4 个二系悬挂动轮单元。根据板式轨道-桥梁单元模型，钢轨、轨道板和桥梁均采用二维欧拉梁单

元模拟，扣件采用离散支承的弹簧-阻尼单元模拟，CA 砂浆采用连续支承的弹簧-阻尼单元模拟。两相邻轨枕之间的钢轨、轨道板和桥梁离散为一个板式轨道-桥梁单元。板式轨道-桥梁单元模型如图 7.7 所示。

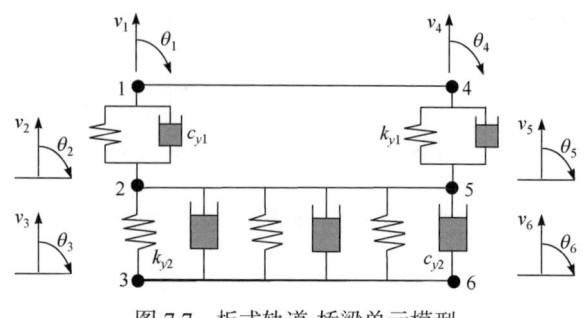

图 7.7 板式轨道-桥梁单元模型

7.5.2 程序模块

基于动轮单元-轨道-桥梁耦合系统动力有限元模型和算法，利用 Matlab 开发二系动轮单元-轨道-桥梁耦合系统动力有限元程序 WTB_FE。源程序见附录 5。

程序模块如下。

WTB_FE.m：二系动轮单元-轨道-桥梁耦合系统动力有限元主程序。

Track_bridge_element_matrix.m：轨道-桥梁单元模块，生成 12 自由度的板式轨道-桥梁单元的刚度矩阵、质量矩阵和阻尼矩阵。

Track_Irregularity_GER.m：轨道不平顺模块，生成德国高速铁路低干扰轨道高低不平顺样本。

Short_wave_Irregularity.m：轨道短波不平顺模块，生成短波轨道不平顺样本。

Plot_Vehicle_Result.m：后处理模块，绘制车辆子系统动力响应时程曲线。

Plot_Track_Result.m：后处理模块，绘制轨道结构子系统动力响应时程曲线。

7.6 列车-轨道-桥梁耦合系统动力有限元分析

考察高速列车 CRH3 以 250km/h 速度通过桥梁时，引起车辆、轨道和桥梁结构的动力响应。列车采用 5 结点的二系悬挂动轮单元模型，1 节车辆离散为 4 个二系悬挂动轮单元。初始时刻列车的 4 个轮对全部在桥上，其中第 4 轮对位于桥梁左侧 1 号支座。考虑轨道随机不平顺的影响，根据德国高速铁路低干扰轨道高低不平顺谱和轨道短波不平顺谱联合生成轨道不平顺样本，如图 7.8 所示。CRH3 高速动车参数如表 7.1 所示。板式轨道结构参数见表 5.2。桥梁结构参数见表 5.3。

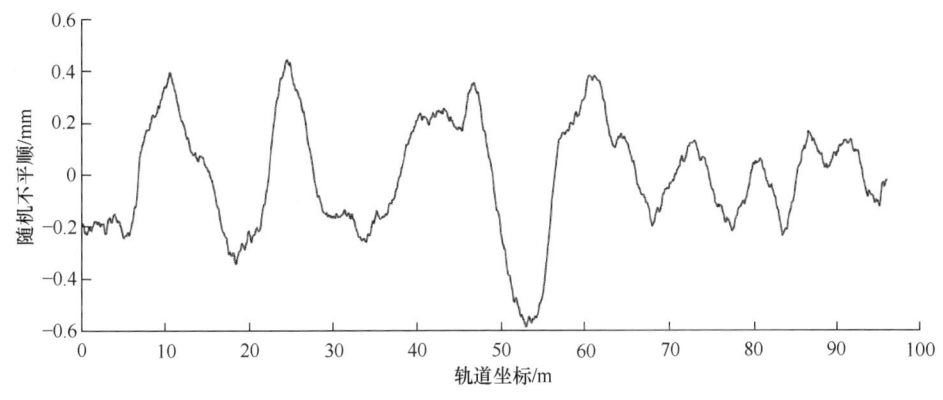

图 7.8 轨道高低随机不平顺样本

表 7.1 CRH3 高速动车参数

参数	数值	参数	数值
1/8 车体质量/kg	5000	轮轨接触刚度/(N/m)	1.5×10^9
1/4 构架质量/kg	800	一系悬挂阻尼/(N·s/m)	1.0×10^5
1/2 轮对质量/kg	1200	二系悬挂阻尼/(N·s/m)	1.2×10^5
一系悬挂刚度/(N/m)	2.08×10^6	固定轴距/m	2.5
二系悬挂刚度/(N/m)	0.8×10^6	构架中心距离/m	17.375

将图 7.6 所示的列车-轨道-桥梁耦合系统动力有限元模型进行网格划分，单元长度为 0.5m，单元总数为 196，其中板式轨道-桥梁单元 192 个，二系悬挂动轮单元 4 个，结点总数 591，其中板式轨道-桥梁子系统结点数为 579，车辆子系统结点数 12；有限元分析时间步长取 0.001s，分析时间为 1s，程序计算耗时 1.15min。

计算结果如图 7.9～图 7.22 所示。由此可以得到以下结论。

(1) 轮对、转向架和车体的振动加速度是依次衰减的，当列车在桥上运行平稳后，车体振动加速度振幅位于-0.5～0.5m/s²，说明车辆的一、二系悬挂具有良好的减振作用。

(2) 考虑轨道高低随机不平顺，轮轨垂向力围绕在静轴重值 70kN 振荡。

(3) 当车辆在桥上由左向右运动时，桥墩支座反力依次增大，即 1 号桥墩反力最先取得最大值，其次是 2 号桥墩、3 号桥墩，最后是 4 号桥墩。

(4) 钢轨、轨道板和桥梁结构的动力响应是依次衰减的。随着车辆在桥上运动位置的改变，桥梁跨中振动位移呈现先上拱，然后向下变形，最后又上拱，最大位移发生在车辆经过桥梁跨中位置时。

(5) 钢轨和轨道板的最大振动速度和最大振动加速度发生在轮对经过观察点

时，其峰值明显对应 4 个轮对。

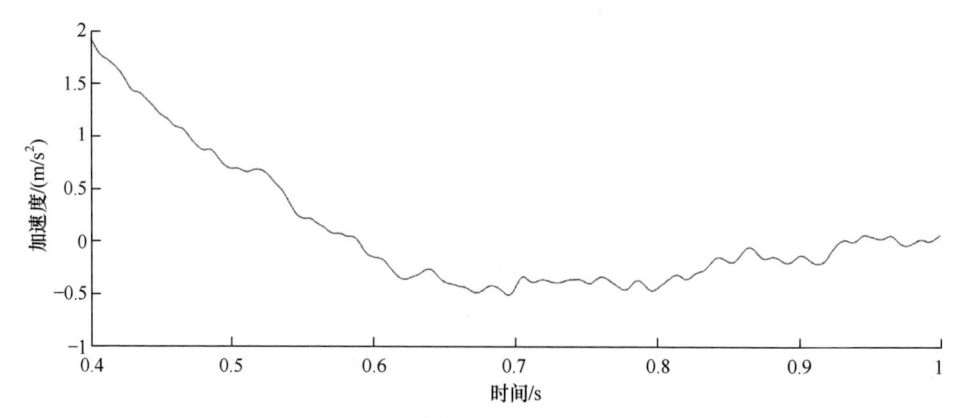

图 7.9　车体垂向振动加速度

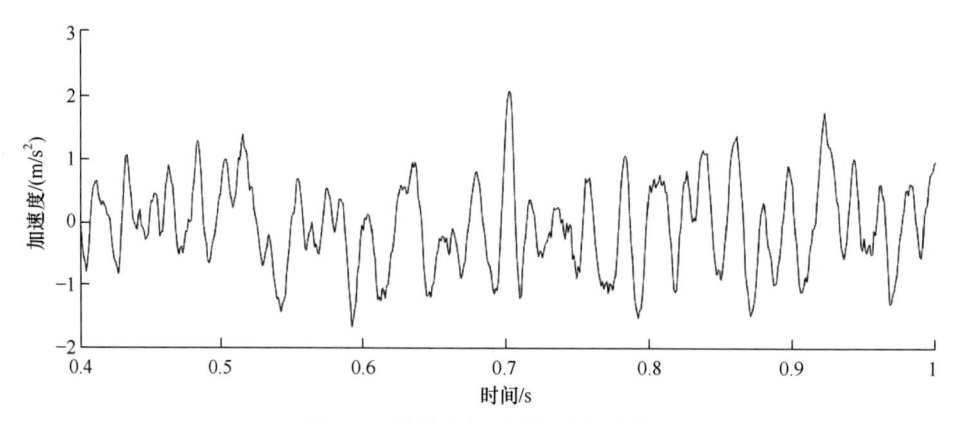

图 7.10　前转向架垂向振动加速度

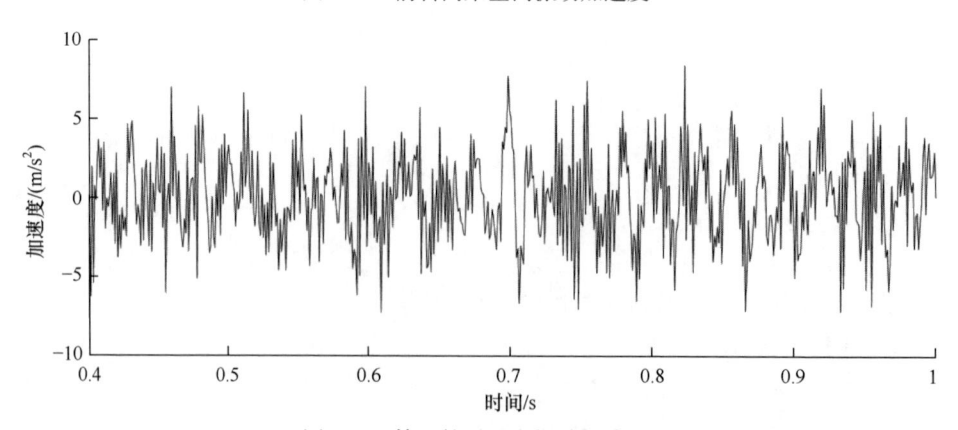

图 7.11　第 1 轮对垂向振动加速度

第 7 章　动轮单元-轨道-桥梁耦合系统动力有限元模型与程序

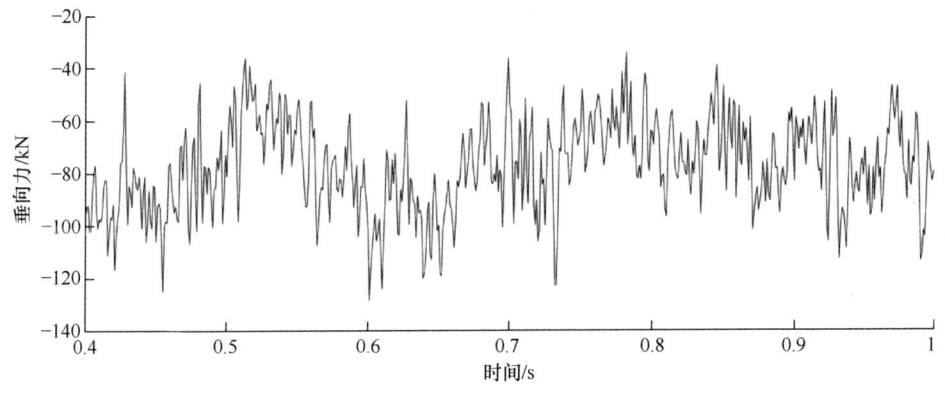

图 7.12　第 1 轮轨垂向力

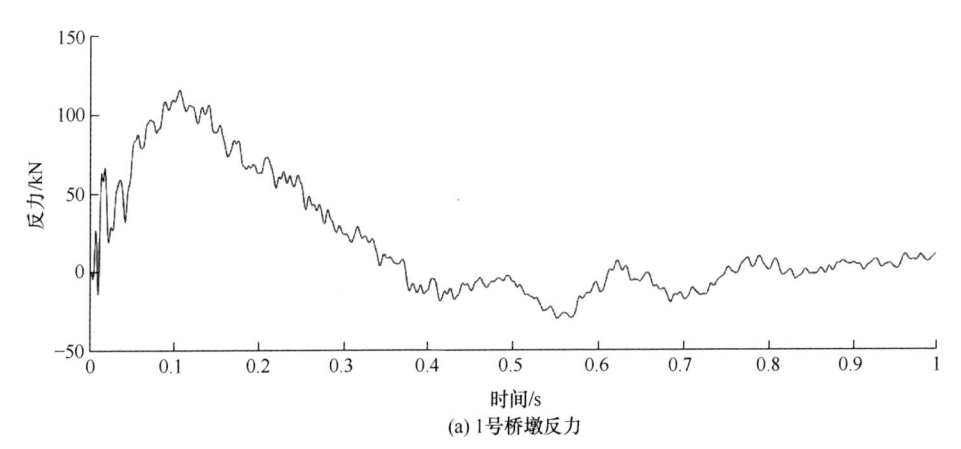

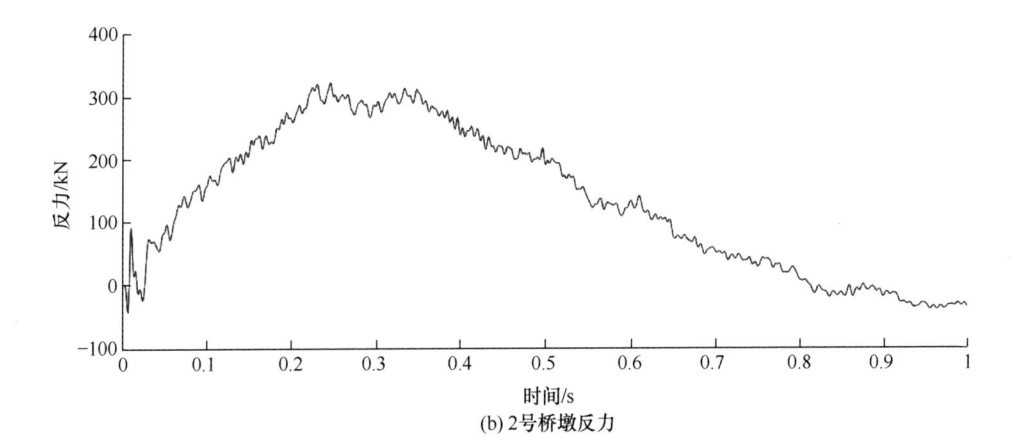

(a) 1 号桥墩反力

(b) 2 号桥墩反力

(c) 3号桥墩反力

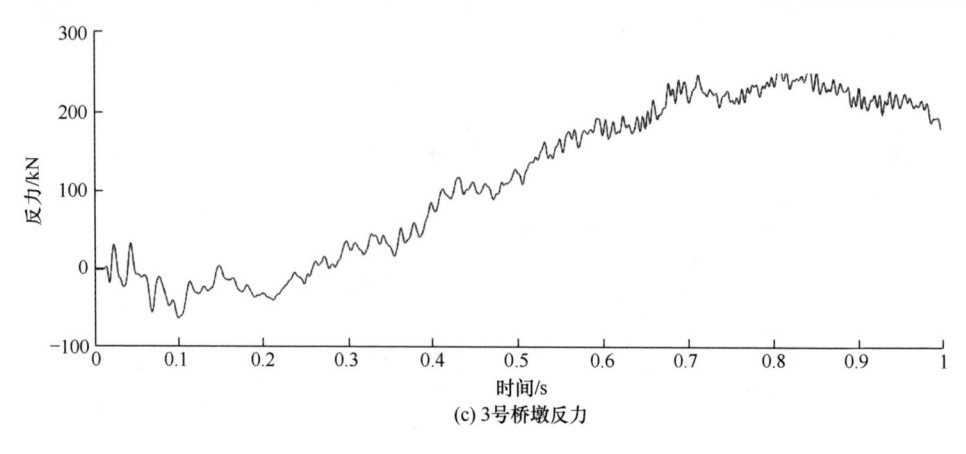

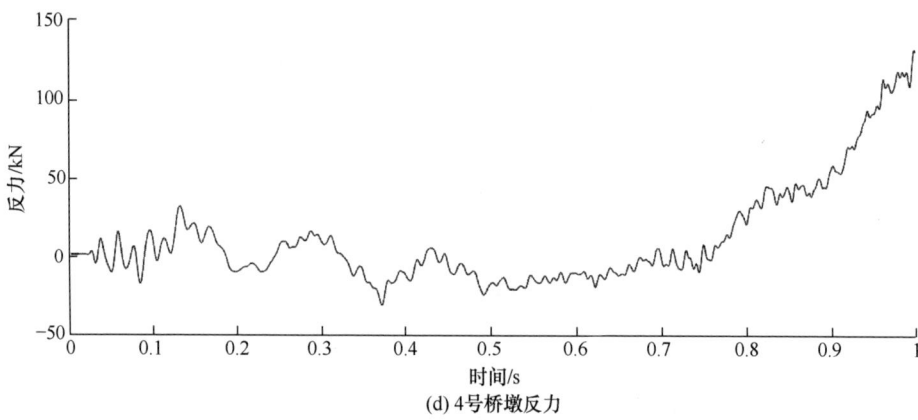

(d) 4号桥墩反力

图 7.13　桥墩反力

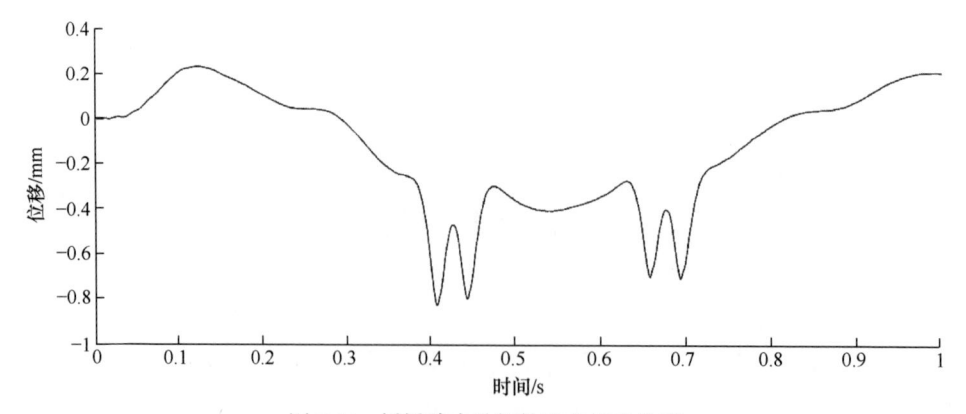

图 7.14　桥梁跨中处钢轨垂向振动位移

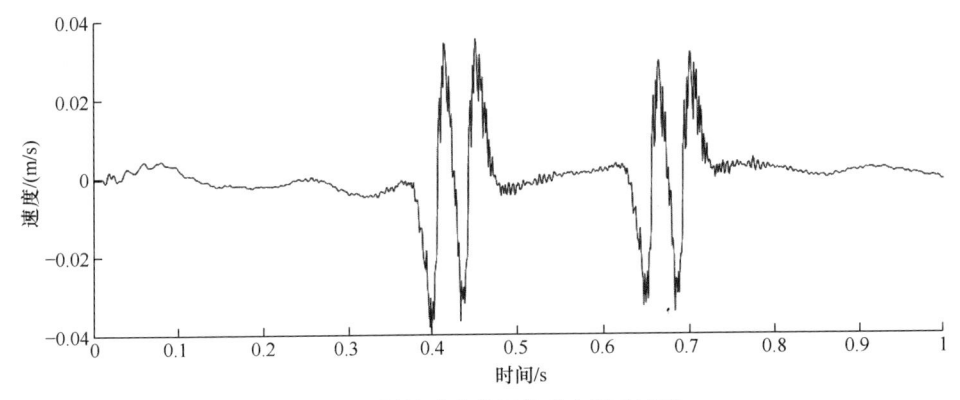

图 7.15 桥梁跨中处钢轨垂向振动速度

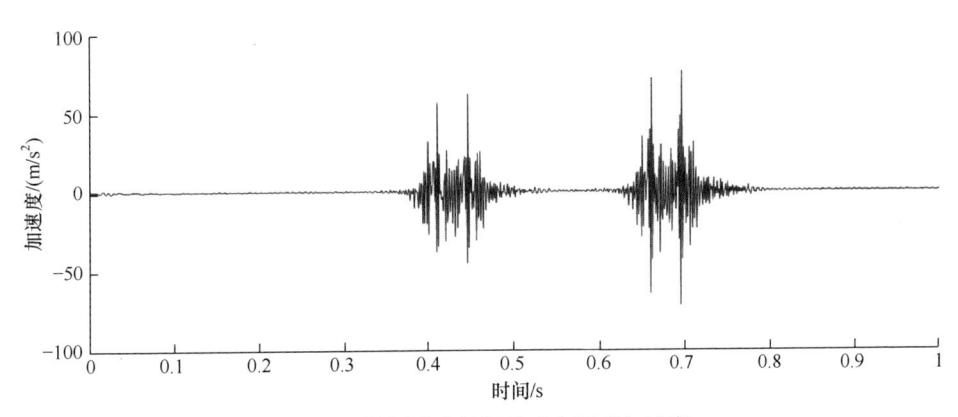

图 7.16 桥梁跨中处钢轨垂向振动加速度

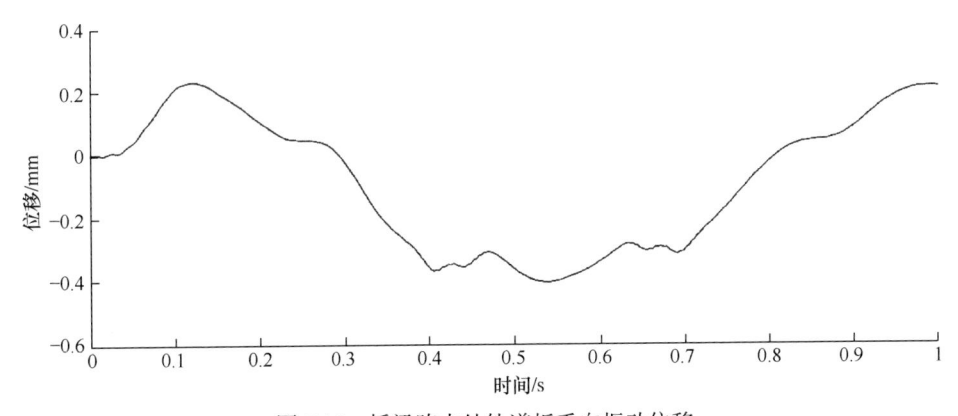

图 7.17 桥梁跨中处轨道板垂向振动位移

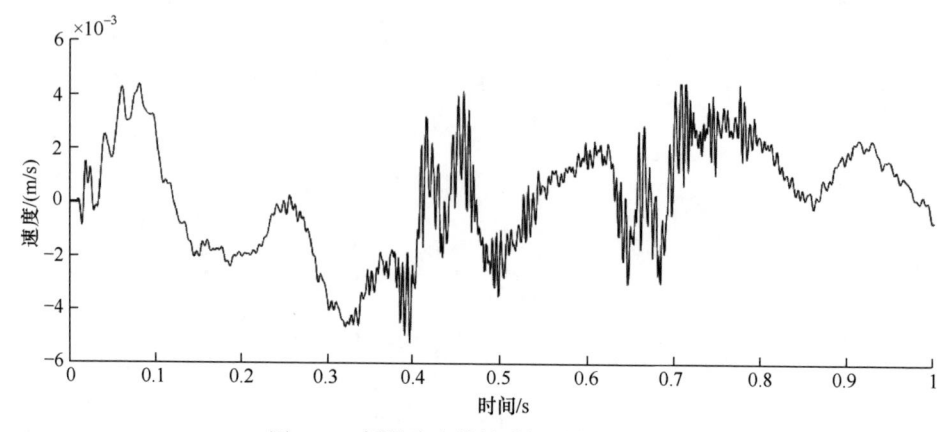

图 7.18 桥梁跨中处轨道板垂向振动速度

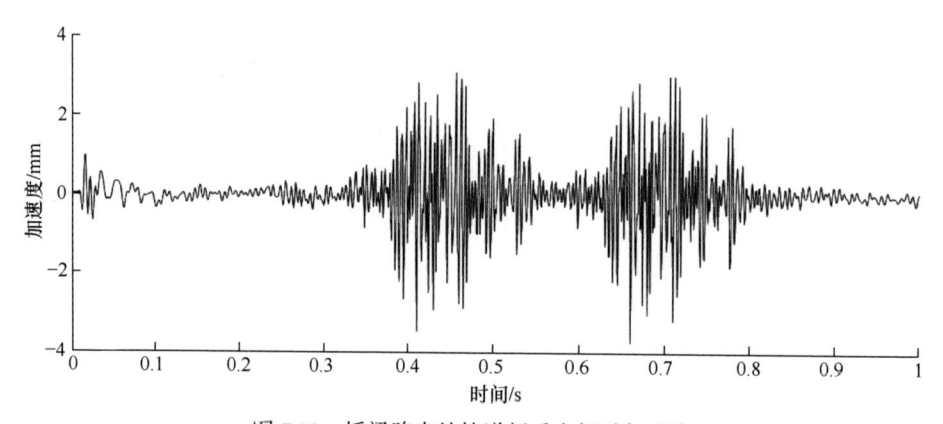

图 7.19 桥梁跨中处轨道板垂向振动加速度

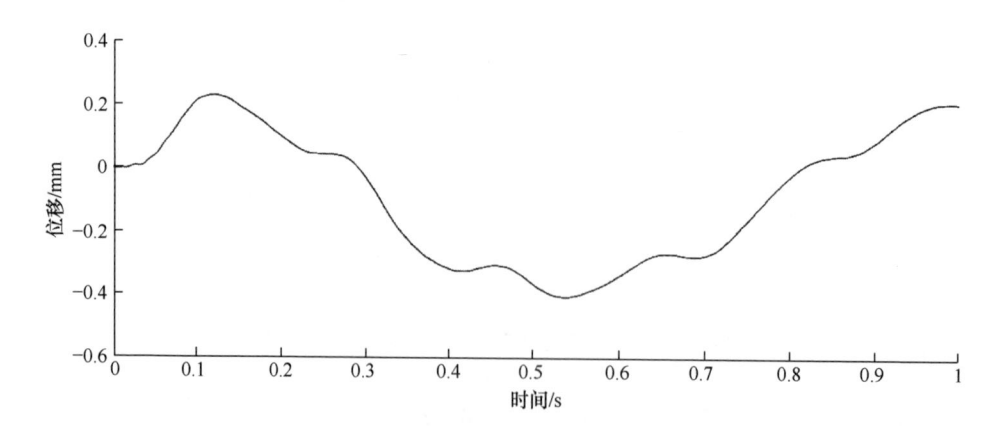

图 7.20 桥梁跨中垂向振动位移

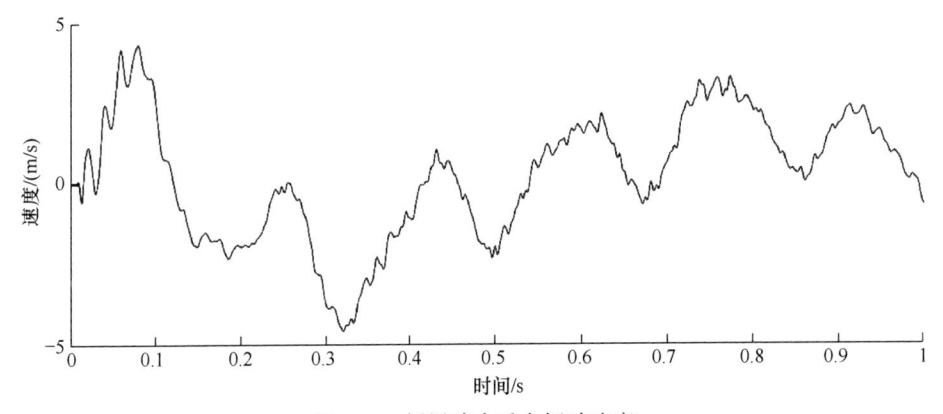

图 7.21 桥梁跨中垂向振动速度

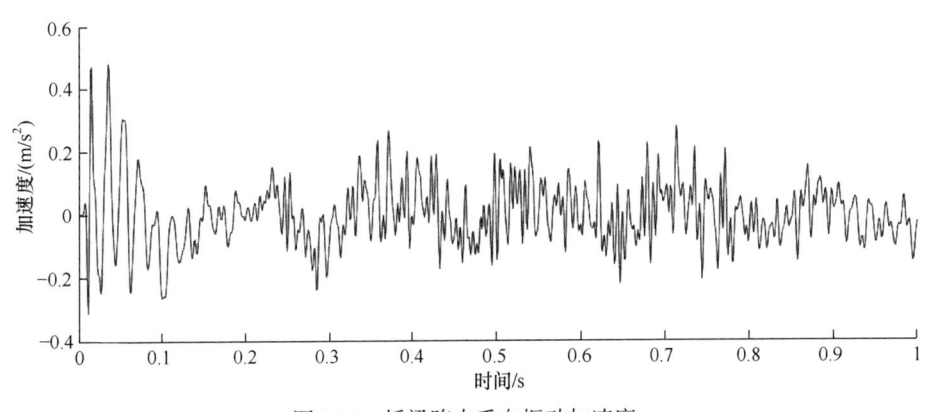

图 7.22 桥梁跨中垂向振动加速度

参 考 文 献

[1] Lei X, Noda N A. Analyses of dynamic response of vehicle and track coupling system with random irregularity of track vertical profile. Journal of Sound and Vibration, 2002, 258(1): 147-165.
[2] Koh C G, Ong J S Y, Chua D K H, et al. Moving element method for train-track dynamics International Journal for Numerical Methods in Engineering, 2003, 56: 1549-1567.
[3] Venancio F F. Finite element analysis of structures under moving loads. Shock and Vibration Digest, 1978, 10: 27-35.
[4] 翟婉明. 车辆-轨道耦合动力学. 3 版. 北京: 科学出版社, 2007.
[5] 娄平, 曾庆元. 车辆-轨道-桥梁系统竖向运动方程的建立. 铁道学报, 2004, 26(5): 71-80.
[6] 向俊, 赫丹. 高速列车与博格板式轨道系统竖向振动分析模型. 交通运输工程学报, 2007, 7(3): 1-5.
[7] 雷晓燕. 高速铁路轨道动力学——模型、算法与应用. 2 版. 北京: 科学出版社, 2021.

第 8 章 列车-轨道耦合系统动力有限元模型与程序

第 7 章讨论动轮单元-轨道-桥梁耦合系统动力有限元模型与程序，并利用 4 个二系悬挂动轮单元模拟一节车辆。二系悬挂动轮单元模型能极大地简化程序编制，但是与实际车辆的结构特点和动态响应并不完全相符。本章将二系悬挂动轮单元模型扩展到整车模型，并讨论车辆-轨道系统动力有限元耦合方程的建立与程序设计。

8.1 车辆单元模型

为便于实现车辆与轨道结构的耦合，建立 15 结点 26 自由度的整车车辆单元模型，如图 8.1 所示[1,2]。在模型中，1~8 号结点为与四个车轮接触的附加钢轨单元的结点号，4 个附加的钢轨单元用于轮轨之间的耦合，在构建车辆单元的刚度矩阵、阻尼矩阵和质量矩阵时并不考虑它们的作用，这是因为在建立轨道结构有限元特性矩阵时已经计算过了。

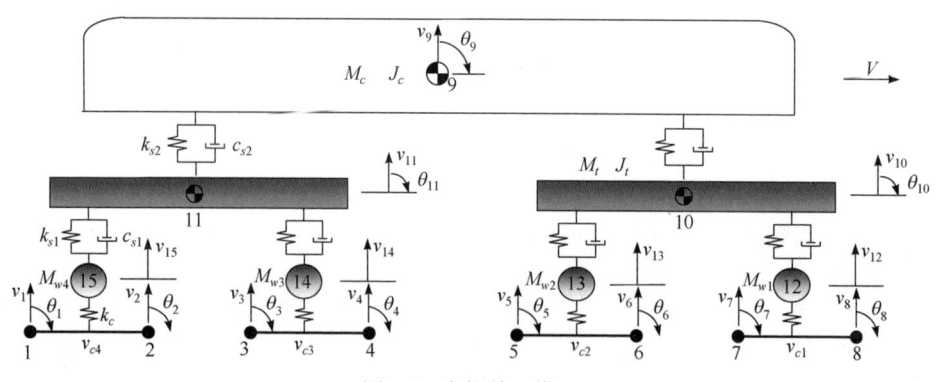

图 8.1 车辆单元模型

图 8.1 为考虑车辆沿轨道中心线对称的车辆单元模型，其中 M_c、J_c 为 1/2 的车体质量与转动惯量；M_t、J_t 为 1/2 的转向架质量与转动惯量；k_{s1}、k_{s2} 为车辆一、二系悬挂刚度；c_{s1}、c_{s2} 为车辆一、二系悬挂阻尼；$M_{wi}(i=1,2,3,4)$ 为第 i 个轮对的 1/2 轮对质量；k_c 为轮轨间赫兹接触刚度；v_9、θ_9 为车体沉浮振动的垂向位移、车体点头振动的角位移；v_i、θ_i ($i=10, 11$) 为前后转向架沉浮振动的垂

向位移、点头振动的角位移；$v_i(i=12, 13, 14, 15)$ 为第 i 个车轮的垂向位移；$v_{ci}(i=1, 2, 3, 4)$ 为第 i 个轮轨接触处钢轨的垂向位移；$v_i(i=1, 2, \cdots, 8)$ 表示钢轨第 i 个结点的垂向位移；$\theta_i(i=1, 2, \cdots, 8)$ 表示钢轨第 i 个结点的转角。

考虑轨面随机不平顺，不平顺幅值用 η 表示，与 4 个车轮接触处的不平顺幅值分别为 η_1、η_2、η_3、η_4。

定义车辆单元的结点位移向量为

$$\boldsymbol{a}^e = \{v_1 \quad \theta_1 \quad v_2 \quad \theta_2 \quad v_3 \quad \theta_3 \quad v_4 \quad \theta_4 \quad v_5 \quad \theta_5 \quad v_6 \quad \theta_6 \quad v_7 \quad \theta_7 \quad v_8 \quad \theta_8 \\ v_9 \quad \theta_9 \quad v_{10} \quad v_{11} \quad \theta_{10} \quad \theta_{11} \quad v_{12} \quad v_{13} \quad v_{14} \quad v_{15}\}^{\mathrm{T}} \tag{8.1}$$

运用 Lagrange 方程建立车辆单元的动力学方程，即

$$\frac{\mathrm{d}}{\mathrm{d}t}\frac{\partial L}{\partial \dot{\boldsymbol{a}}} - \frac{\partial L}{\partial \boldsymbol{a}} + \frac{\partial R}{\partial \dot{\boldsymbol{a}}} = 0 \tag{8.2}$$

其中，$L=T-\Pi$，为 Lagrange 函数，T 为动能，Π 为势能；R 为耗散能。

8.1.1 车辆单元的势能[1]

$$\begin{aligned}\Pi_u =& \frac{1}{2}k_{s2}(v_9 - v_{10} - \theta_9 l_2)^2 + \frac{1}{2}k_{s2}(v_9 - v_{11} + \theta_9 l_2)^2 + \frac{1}{2}k_{s1}(v_{10} - v_{12} - \theta_{10} l_1)^2 \\ &+ \frac{1}{2}k_{s1}(v_{10} - v_{13} + \theta_{10} l_1)^2 + \frac{1}{2}k_{s1}(v_{11} - v_{14} - \theta_{11} l_1)^2 + \frac{1}{2}k_{s1}(v_{11} - v_{15} + \theta_{11} l_1)^2 \\ &+ \frac{1}{2}k_c(v_{12} - v_{c1} - \eta_1)^2 + \frac{1}{2}k_c(v_{13} - v_{c2} - \eta_2)^2 + \frac{1}{2}k_c(v_{14} - v_{c3} - \eta_3)^2 \\ &+ \frac{1}{2}k_c(v_{15} - v_{c4} - \eta_4)^2 \\ &+ v_9 M_c g + v_{10} M_t g + v_{11} M_t g + v_{12} M_w g + v_{13} M_w g + v_{14} M_w g + v_{15} M_w g \\ =& \frac{1}{2}\boldsymbol{a}^{e\mathrm{T}} \boldsymbol{k}_u^e \boldsymbol{a}^e + \boldsymbol{a}^{e\mathrm{T}} \boldsymbol{Q}_u^e \end{aligned} \tag{8.3}$$

其中，$\boldsymbol{k}_u^e$ 为车辆单元的刚度矩阵；$\boldsymbol{Q}_u^e$ 为结点荷载向量。

$$\boldsymbol{k}_u^e = \boldsymbol{k}_v + \boldsymbol{k}_c \tag{8.4}$$

其中，$\boldsymbol{k}_v$ 为刚度矩阵中不变的部分；$\boldsymbol{k}_c$ 为变化的部分，与轮轨接触位置有关。

$$\boldsymbol{k}_v = \begin{bmatrix} \boldsymbol{0}_{16\times16} & \\ & \boldsymbol{k}_{ve} \end{bmatrix}_{26\times26} \tag{8.5}$$

$$\boldsymbol{k}_{ve} = \begin{bmatrix} 2k_{s2} & 0 & -k_{s2} & -k_{s2} & 0 & 0 & 0 & 0 & 0 & 0 \\ & 2k_{s2}l_2^2 & k_{s2}l_2 & -k_{s2}l_2 & 0 & 0 & 0 & 0 & 0 & 0 \\ & & 2k_{s1}+k_{s2} & 0 & 0 & 0 & -k_{s1} & -k_{s1} & 0 & 0 \\ & & & 2k_{s1}+k_{s2} & 0 & 0 & 0 & 0 & -k_{s1} & -k_{s1} \\ & & & & 2k_{s1}l_1^2 & 0 & k_{s1}l_1 & -k_{s1}l_1 & 0 & 0 \\ & & & & & 2k_{s1}l_1^2 & 0 & 0 & k_{s1}l_1 & -k_{s1}l_1 \\ & & & & & & k_{s1} & 0 & 0 & 0 \\ & & & & & & & k_{s1} & 0 & 0 \\ & \text{对称} & & & & & & & k_{s1} & 0 \\ & & & & & & & & & k_{s1} \end{bmatrix}$$

(8.6)

其中，l_1 为二分之一的固定轴距；l_2 为二分之一的车体上两转向架中心之间长度。

$$\boldsymbol{k}_c = k_c \begin{bmatrix} \boldsymbol{NN}_{c4} & \boldsymbol{0} & \boldsymbol{0} & \boldsymbol{0} & \boldsymbol{0} & \boldsymbol{NI}_{c4} \\ & \boldsymbol{NN}_{c3} & \boldsymbol{0} & \boldsymbol{0} & \boldsymbol{0} & \boldsymbol{NI}_{c3} \\ & & \boldsymbol{NN}_{c2} & \boldsymbol{0} & \boldsymbol{0} & \boldsymbol{NI}_{c2} \\ & & & \boldsymbol{NN}_{c1} & \boldsymbol{0} & \boldsymbol{NI}_{c1} \\ & \text{对称} & & & \boldsymbol{0}_{6\times 6} & \boldsymbol{0} \\ & & & & & \boldsymbol{I}_{4\times 4} \end{bmatrix}_{26\times 26}$$

(8.7)

其中，$\boldsymbol{I}_{4\times 4}$ 为四阶单位矩阵。

$$\boldsymbol{NN}_{ci} = \begin{bmatrix} N_1^2 & N_1N_2 & N_1N_3 & N_1N_4 \\ & N_2^2 & N_2N_3 & N_2N_4 \\ & & N_3^2 & N_3N_4 \\ \text{对称} & & & N_4^2 \end{bmatrix}_{x_{ci}}$$

(8.8)

$$\boldsymbol{NI}_{c1} = \begin{bmatrix} -N_1 & 0 & 0 & 0 \\ -N_2 & 0 & 0 & 0 \\ -N_3 & 0 & 0 & 0 \\ -N_4 & 0 & 0 & 0 \end{bmatrix}_{x_{c1}}$$

(8.9)

$$\boldsymbol{NI}_{c2} = \begin{bmatrix} 0 & -N_1 & 0 & 0 \\ 0 & -N_2 & 0 & 0 \\ 0 & -N_3 & 0 & 0 \\ 0 & -N_4 & 0 & 0 \end{bmatrix}_{x_{c2}}$$

(8.10)

$$NI_{c3} = \begin{bmatrix} 0 & 0 & -N_1 & 0 \\ 0 & 0 & -N_2 & 0 \\ 0 & 0 & -N_3 & 0 \\ 0 & 0 & -N_4 & 0 \end{bmatrix}_{x_{c3}} \tag{8.11}$$

$$NI_{c4} = \begin{bmatrix} 0 & 0 & 0 & -N_1 \\ 0 & 0 & 0 & -N_2 \\ 0 & 0 & 0 & -N_3 \\ 0 & 0 & 0 & -N_4 \end{bmatrix}_{x_{c4}} \tag{8.12}$$

$$\boldsymbol{Q}_u^e = \boldsymbol{Q}_v + \boldsymbol{Q}_\eta \tag{8.13}$$

$$\boldsymbol{Q}_v = \{0\ \ 0\ \ 0\ \ 0\ \ 0\ \ 0\ \ 0\ \ 0\ \ 0\ \ 0\ \ 0\ \ 0\ \ 0\ \ 0\ \ -M_c g\ \ 0$$
$$-M_t g\ \ -M_t g\ \ 0\ \ 0\ \ -M_w g\ \ -M_w g\ \ -M_w g\ \ -M_w g\}^T$$
$$\tag{8.14}$$

$$\boldsymbol{Q}_\eta = k_c \eta_1 \boldsymbol{N}_{c1} + k_c \eta_2 \boldsymbol{N}_{c2} + k_c \eta_3 \boldsymbol{N}_{c3} + k_c \eta_4 \boldsymbol{N}_{c4} \tag{8.15}$$

将轮轨接触处的局部坐标 x_{c1}、x_{c2}、x_{c3} 和 x_{c4} 分别代入式(8.16)～式(8.19)中的插值函数 $N_1 \sim N_4$，可得

$$\boldsymbol{N}_{c1} = \{0\ \ 0\ \ 0\ \ 0\ \ 0\ \ 0\ \ 0\ \ 0\ \ 0\ \ 0\ \ 0\ \ -N_1\ \ -N_2\ \ -N_3\ \ -N_4$$
$$0\ \ 0\ \ 0\ \ 0\ \ 0\ \ 0\ \ 1\ \ 0\ \ 0\ \ 0\}^T \tag{8.16}$$

$$\boldsymbol{N}_{c2} = \{0\ \ 0\ \ 0\ \ 0\ \ 0\ \ 0\ \ 0\ \ -N_1\ \ -N_2\ \ -N_3\ \ -N_4\ \ 0\ \ 0\ \ 0\ \ 0$$
$$0\ \ 0\ \ 0\ \ 0\ \ 0\ \ 0\ \ 1\ \ 0\ \ 0\}^T \tag{8.17}$$

$$\boldsymbol{N}_{c3} = \{0\ \ 0\ \ 0\ \ 0\ \ -N_1\ \ -N_2\ \ -N_3\ \ -N_4\ \ 0\ \ 0\ \ 0\ \ 0\ \ 0\ \ 0$$
$$0\ \ 0\ \ 0\ \ 0\ \ 0\ \ 0\ \ 1\ \ 0\}^T \tag{8.18}$$

$$\boldsymbol{N}_{c4} = \{-N_1\ \ -N_2\ \ -N_3\ \ -N_4\ \ 0\ \ 0\ \ 0\ \ 0\ \ 0\ \ 0\ \ 0\ \ 0\ \ 0\ \ 0$$
$$0\ \ 0\ \ 0\ \ 0\ \ 0\ \ 0\ \ 0\ \ 1\}^T \tag{8.19}$$

8.1.2 车辆单元的动能

$$T_v = \frac{1}{2}M_c \dot{v}_9^2 + \frac{1}{2}J_c \dot{\theta}_9^2 + \frac{1}{2}M_t \dot{v}_{10}^2 + \frac{1}{2}M_t \dot{v}_{11}^2 + \frac{1}{2}J_t \dot{\theta}_{10}^2 + \frac{1}{2}J_t \dot{\theta}_{11}^2 + \frac{1}{2}M_w \dot{v}_{12}^2 + \frac{1}{2}M_w \dot{v}_{13}^2$$
$$+ \frac{1}{2}M_w \dot{v}_{14}^2 + \frac{1}{2}M_w \dot{v}_{15}^2$$
$$= \frac{1}{2}\dot{\boldsymbol{a}}^{eT} \boldsymbol{m}_u^e \dot{\boldsymbol{a}}^e \tag{8.20}$$

其中，m_u^e 为车辆单元的质量矩阵，即

$$m_u^e = \begin{bmatrix} \mathbf{0}_{16\times 16} & \\ & m_{ve} \end{bmatrix}_{26\times 26} \tag{8.21}$$

$$m_{ve} = \mathrm{diag}\{M_c \quad J_c \quad M_t \quad M_t \quad J_t \quad J_t \quad M_w \quad M_w \quad M_w \quad M_w\} \tag{8.22}$$

8.1.3 车辆单元的耗散能

$$\begin{aligned} R_V = & \frac{1}{2}c_{s2}(\dot{v}_9 - \dot{v}_{10} - \dot{\theta}_9 l_2)^2 + \frac{1}{2}c_{s2}(\dot{v}_9 - \dot{v}_{11} + \dot{\theta}_9 l_2)^2 + \frac{1}{2}c_{s1}(\dot{v}_{10} - \dot{v}_{12} - \dot{\theta}_{10} l_1)^2 \\ & + \frac{1}{2}c_{s1}(\dot{v}_{10} - \dot{v}_{13} + \dot{\theta}_{10} l_1)^2 + \frac{1}{2}c_{s1}(\dot{v}_{11} - \dot{v}_{14} - \dot{\theta}_{11} l_1)^2 + \frac{1}{2}c_{s1}(\dot{v}_{11} - \dot{v}_{15} + \dot{\theta}_{11} l_1)^2 \\ = & \frac{1}{2}\dot{a}^{e\mathrm{T}} c_u^e \dot{a}^e \end{aligned} \tag{8.23}$$

其中，c_u^e 为车辆单元的阻尼矩阵，即

$$c_u^e = \begin{bmatrix} \mathbf{0}_{16\times 16} & \\ & c_{ve} \end{bmatrix}_{26\times 26} \tag{8.24}$$

$$c_{ve} = \begin{bmatrix} 2c_{s2} & 0 & -c_{s2} & -c_{s2} & 0 & 0 & 0 & 0 & 0 & 0 \\ & 2c_{s2}l_2^2 & c_{s2}l_2 & -c_{s2}l_2 & 0 & 0 & 0 & 0 & 0 & 0 \\ & & 2c_{s1}+c_{s2} & 0 & 0 & 0 & -c_{s1} & -c_{s1} & 0 & 0 \\ & & & 2c_{s1}+c_{s2} & 0 & 0 & 0 & 0 & -c_{s1} & -c_{s1} \\ & & & & 2c_{s1}l_1^2 & 0 & c_{s1}l_1 & -c_{s1}l_1 & 0 & 0 \\ & & & & & 2c_{s1}l_1^2 & 0 & 0 & c_{s1}l_1 & -c_{s1}l_1 \\ & & & & & & c_{s1} & 0 & 0 & 0 \\ & \text{对称} & & & & & & c_{s1} & 0 & 0 \\ & & & & & & & & c_{s1} & 0 \\ & & & & & & & & & c_{s1} \end{bmatrix}$$
$$\tag{8.25}$$

8.2 车辆-轨道耦合系统动力有限元方程及算法

8.2.1 车辆-轨道耦合系统动力有限元方程

考虑车辆-轨道(或轨道-桥梁)耦合系统的动力有限元方程包含两种单元，即轨道单元(有砟轨道、板式轨道、板式轨道-桥梁)和车辆单元，其中轨道单元的刚度

矩阵、质量矩阵和阻尼矩阵分别为 k_l^e、m_l^e 和 c_l^e；车辆单元的刚度矩阵、质量矩阵和阻尼矩阵分别为 k_u^e、m_u^e 和 c_u^e。在数值计算时，只需集成一次轨道结构的总刚度矩阵、总质量矩阵、总阻尼矩阵和总结点荷载向量，然后在每一计算时间步长中，利用有限元集成方法将车辆单元的刚度矩阵、质量矩阵、阻尼矩阵和结点荷载向量组集到轨道结构的总刚度矩阵、总质量矩阵、总阻尼矩阵和总结点荷载向量中，形成车辆-轨道(或轨道-桥梁)耦合系统的总刚度矩阵、总质量矩阵、总阻尼矩阵和总结点荷载向量。

由此得到的车辆-轨道(或轨道-桥梁)耦合系统的动力有限元方程为

$$M\ddot{a} + C\dot{a} + Ka = Q \tag{8.26}$$

其中，M、C、K 和 Q 分别为车辆-轨道(或轨道桥梁)耦合系统的总质量矩阵、总阻尼矩阵、总刚度矩阵和总结点荷载向量，即

$$M = \sum_e \left(M_l + m_u^e\right), \quad C = \sum_e \left(C_l + c_u^e\right), \quad K = \sum_e \left(K_l + k_u^e\right), \quad Q = \sum_e \left(Q_l + Q_u^e\right) \tag{8.27}$$

8.2.2 求解车辆-轨道耦合系统动力有限元方程算法

车辆-轨道(或轨道-桥梁)耦合系统动力有限元方程数值解可通过直接积分法，如 Newmark 积分法来实现。运用 Newmark 数值积分法，若已知系统在 t 时刻的解答 a_t、$\dot{a}_t$、$\ddot{a}_t$，欲求 $t + \Delta t$ 时刻的解 $a_{t+\Delta t}$，可通过解下式得到，即

$$(K + c_0 M + c_1 C) a_{t+\Delta t} = Q_{t+\Delta t} + M(c_0 a_t + c_2 \dot{a}_t + c_3 \ddot{a}_t) + C(c_1 a_t + c_4 \dot{a}_t + c_5 \ddot{a}_t) \tag{8.28}$$

再将 a_t、$\dot{a}_t$、$\ddot{a}_t$ 和 $a_{t+\Delta t}$ 代入下式，可得 $t + \Delta t$ 时刻的速度 $\dot{a}_{t+\Delta t}$ 和加速度 $\ddot{a}_{t+\Delta t}$，即

$$\begin{aligned}\ddot{a}_{t+\Delta t} &= c_0(a_{t+\Delta t} - a_t) - c_2 \dot{a}_t - c_3 \ddot{a}_t \\ \dot{a}_{t+\Delta t} &= \dot{a}_t + c_6 \ddot{a}_t + c_7 \ddot{a}_{t+\Delta t}\end{aligned} \tag{8.29}$$

其中，Δt 为时间步长。

$$c_0 = \frac{1}{\alpha \Delta t^2}, \quad c_1 = \frac{\delta}{\alpha \Delta t}, \quad c_2 = \frac{1}{\alpha \Delta t}, \quad c_3 = \frac{1}{2\alpha} - 1$$

$$c_4 = \frac{\delta}{\alpha} - 1, \quad c_5 = \frac{\Delta t}{2}\left(\frac{\delta}{\alpha} - 2\right), \quad c_6 = \Delta t(1 - \delta), \quad c_7 = \delta \Delta t \tag{8.30}$$

其中，α、δ 为 Newmark 数值积分参数，当 α、δ 分别取 0.25、0.5 时，Newmark 数值积分法是无条件稳定的算法。

下面给出求解车辆-轨道耦合系统动力有限元方程的主要算法步骤。

1) 初始计算

(1) 根据 3.4～3.6 节给出的公式，计算轨道单元的质量矩阵、刚度矩阵和阻尼矩阵 m_l^e、k_l^e 和 c_l^e。

(2) 运用有限元集成方法形成轨道结构的总质量矩阵、总刚度矩阵和总阻尼矩阵，即

$$M_l = \sum_e m_l^e, \quad K_l = \sum_e k_l^e, \quad C_l = \sum_e c_l^e \quad (8.31)$$

(3) 按式(8.5)计算车辆单元刚度矩阵式(8.4)中不变的部分 k_v，并按式(8.21)和式(8.24)计算车辆单元的质量矩阵 m_u^e 和阻尼矩阵 c_u^e。

2) 对时间步长循环

运用 Newmark 数值积分法，在每一时间步中执行以下步骤。

(1) 根据列车速度和运行时间判别车辆单元每个轮对在轨道上的位置，确定每个轮对与轨道接触的单元号。

(2) 按式(8.7)计算车辆单元刚度矩阵式(8.4)中变化的部分 k_c，并形成车辆单元刚度矩阵 k_u^e。

(3) 按式(8.27)将车辆单元的质量矩阵、刚度矩阵、阻尼矩阵，以及轨道结构的总质量矩阵、总刚度矩阵和总阻尼矩阵集成，形成车辆-轨道耦合系统的总质量矩阵、总刚度矩阵和总阻尼矩阵。

(4) 按式(8.13)计算车辆单元结点荷载向量 Q_u^e，并将车辆单元结点荷载向量集成到车辆-轨道耦合系统的总结点荷载向量中，即

$$Q_{t+\Delta t} = \sum_e Q_u^e \quad (8.32)$$

(5) 形成式(8.28)中的有效刚度矩阵 $K + c_0 M + c_1 C$。

(6) 形成式(8.28)中的有效结点荷载 $Q_{t+\Delta t} + M(c_0 a_t + c_2 \dot{a}_t + c_3 \ddot{a}_t) + C(c_1 a_t + c_4 \dot{a}_t + c_5 \ddot{a}_t)$。

(7) 解直接积分法 Newmark 方程式(8.28)，得到车辆-轨道耦合系统的结点位移、速度、加速度 $a_{t+\Delta t}$、$\dot{a}_{t+\Delta t}$、$\ddot{a}_{t+\Delta t}$。

(8) 返回步骤 2)对时间步长循环，继续下一时间步长计算，直至计算结束。

8.3 车辆-轨道耦合系统动力有限元程序设计

8.3.1 模型简介

车辆-轨道耦合系统动力有限元模型如图 8.2 所示，其中车辆为 CRH3 高速列

车，轨道结构为 CRTS II 板式轨道。

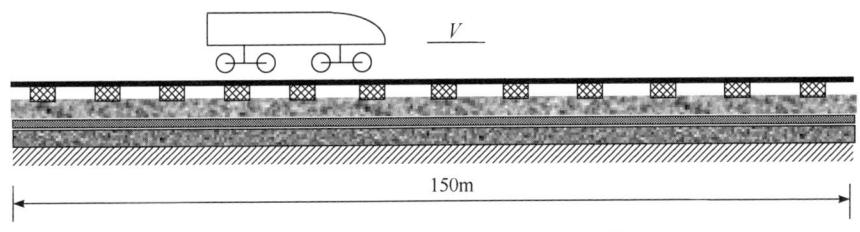

图 8.2 车辆-轨道耦合系统动力有限元模型

车辆采用 15 结点、26 自由度的整车模型，一节车辆离散为一个车辆单元。根据 3.5 节的板式轨道单元模型，钢轨、轨道板和底座板均采用二维欧拉梁单元模拟，扣件采用离散支承的弹簧-阻尼单元模拟，CA 砂浆和路基分别采用连续支承的弹簧-阻尼单元模拟。两相邻轨枕之间的钢轨、轨道板和底座板离散为一个板式轨道单元，其模型如图 8.3 所示。

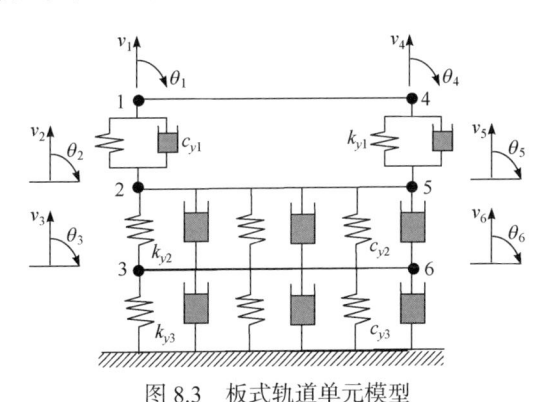

图 8.3 板式轨道单元模型

8.3.2 程序模块

基于车辆-轨道耦合系统动力有限元模型及算法，利用 Matlab 开发基于车辆/轨道单元的列车-轨道耦合系统动力有限元程序 TT_FE。源程序见附录 6。

程序模块如下。

TTFE.m：列车-轨道耦合系统动力有限元主程序。

Train_element_matrix.m：车辆单元模块，根据式(8.6)、式(8.22)和式(8.25)形成车辆单元不变部分的刚度矩阵、质量矩阵和阻尼矩阵。

Track_element_matrix.m：板式轨道单元模块，生成 12 自由度的板式轨道单元的刚度矩阵、质量矩阵和阻尼矩阵。

Track_Irregularity_GER.m：轨道不平顺模块，生成德国高速铁路低干扰轨道高低不平顺样本。

Short_wave_Irregularity.m：轨道短波不平顺模块，生成短波轨道不平顺样本。
Plot_Vehicle_Result.m：后处理模块，绘制车辆子系统动力响应时程曲线。
Plot_Track_Result.m：后处理模块，绘制轨道结构子系统动力响应时程曲线。

8.4 列车-轨道耦合系统动力有限元分析

考察单节高速列车 CRH3 以 250km/h 速度在轨道上运行时，引起车辆和轨道结构的动力响应。初始时刻列车的 4 个轮对全部在线路上，其中第 4 轮对位于线路最左端 1 号结点。考虑轨道随机不平顺的影响，根据德国高速铁路低干扰轨道高低不平顺谱和轨道短波不平顺谱联合生成轨道不平顺样本，如图 8.4 所示。高速列车 CRH3 计算参数见表 5.1。板式轨道结构参数见表 5.2。

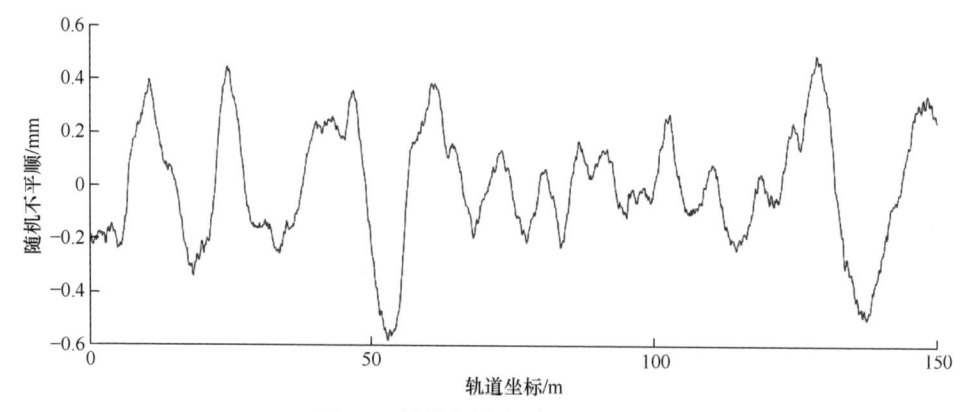

图 8.4 轨道高低随机不平顺样本

将图 8.2 所示的车辆-轨道耦合系统动力有限元模型进行网格划分，线路长度为 150m，单元长度为 0.625m。单元总数为 241，其中板式轨道单元 240 个，车辆单元 1 个；模型结点总数为 730，其中轨道结构子系统结点数为 723，车辆子系统结点数为 7；自由度总数为 1546，其中轨道结构子系统自由度数为 1536，车辆子系统自由度数为 10。有限元分析时间步长取 0.001s，分析时间为 1.8s，程序计算耗时大约 3.3min。

计算结果如图 8.5～图 8.17 所示。它们分别表示车体、转向架和轮对的垂向振动加速度时程曲线，轮轨力时程曲线，以及响应点位于线路中间 130 号单元的 (130 × 3 + 1) = 391、392、393 号结点钢轨、轨道板和混凝土底座板的垂向振动位移、速度和加速度时程曲线。由此可以得到以下结论。

(1) 轮对、转向架和车体的振动加速度是依次衰减的，当列车在轨道上平稳运行时，车体垂向加速度围绕 0 点振荡，说明车辆的一、二系悬挂具有良好的减振作用。

(2) 考虑轨道高低随机不平顺，轮轨垂向力围绕在静轴重值 70kN 振荡。

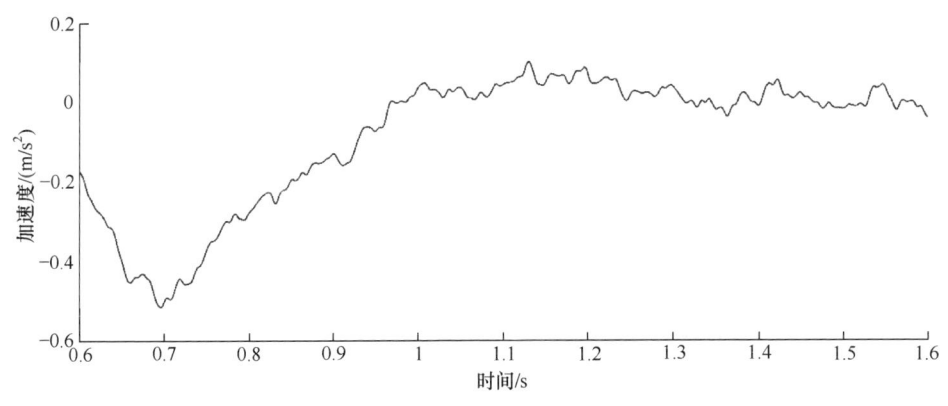

图 8.5 车体垂向振动加速度

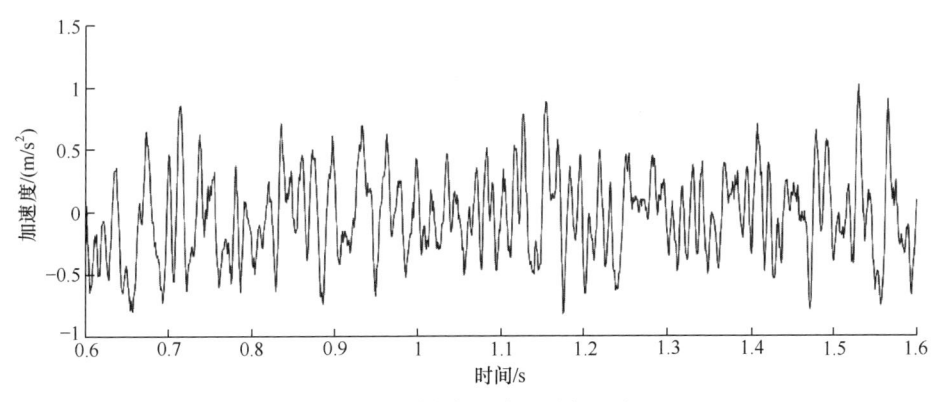

图 8.6 前转向架垂向振动加速度

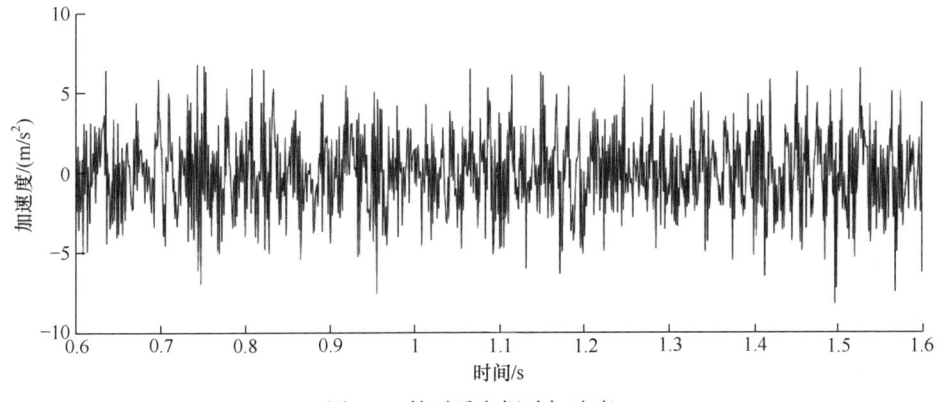

图 8.7 轮对垂向振动加速度

(3) 钢轨扣件具有很好的减振作用，轨道板的动力响应明显小于钢轨的动力响应。

(4) 由于 CA 砂浆层的刚度远大于扣件刚度，底座板的动力响应相对于轨道板略有衰减，减振效果不明显。

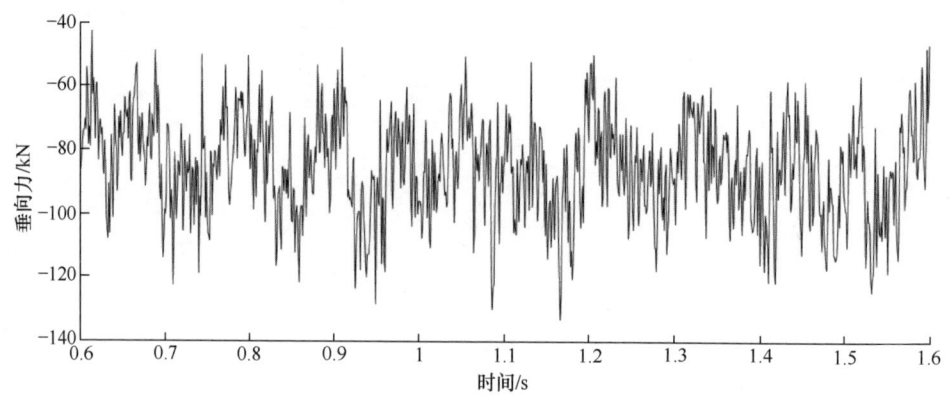

图 8.8　轮轨垂向力

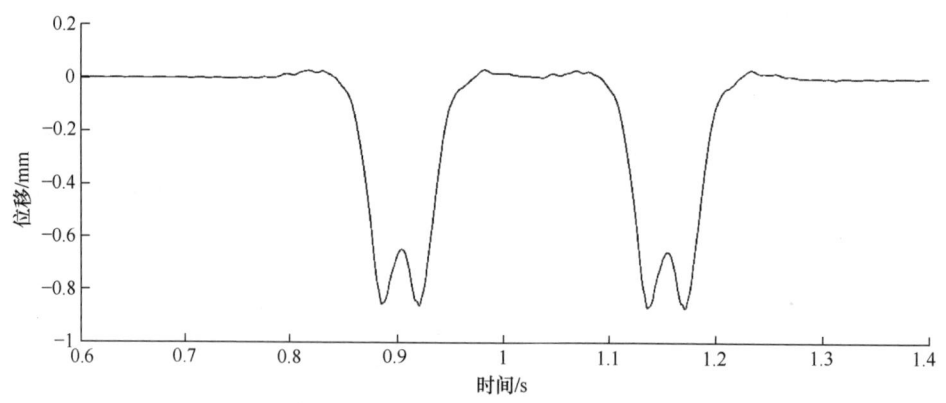

图 8.9　线路跨中钢轨垂向振动位移

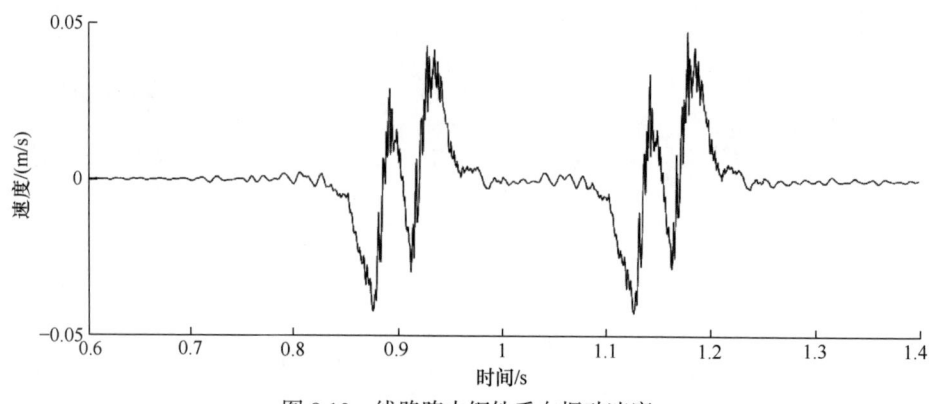

图 8.10　线路跨中钢轨垂向振动速度

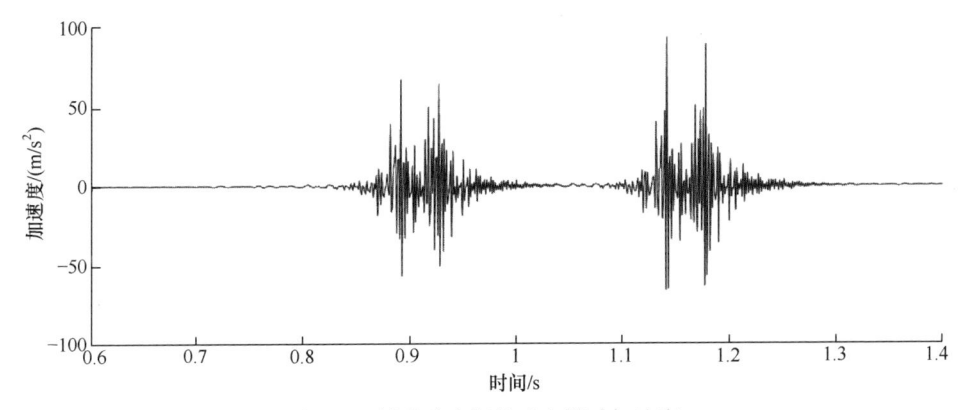

图 8.11 线路跨中钢轨垂向振动加速度

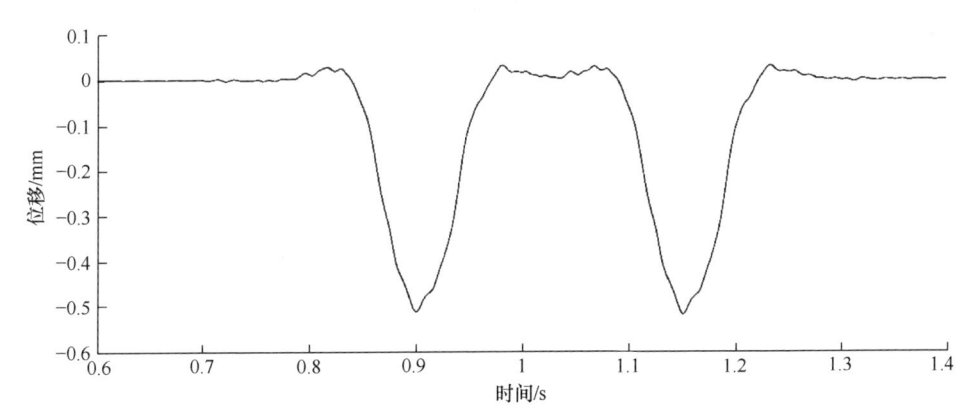

图 8.12 线路跨中轨道板垂向振动位移

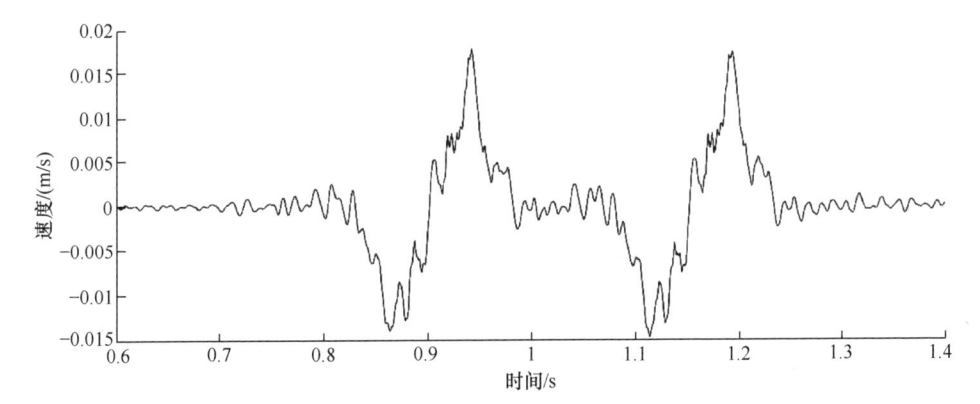

图 8.13 线路跨中轨道板垂向振动速度

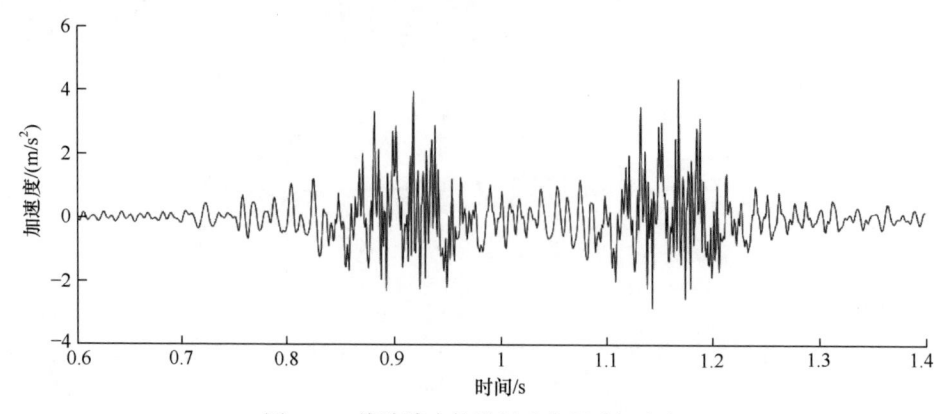

图 8.14 线路跨中轨道板垂向振动加速度

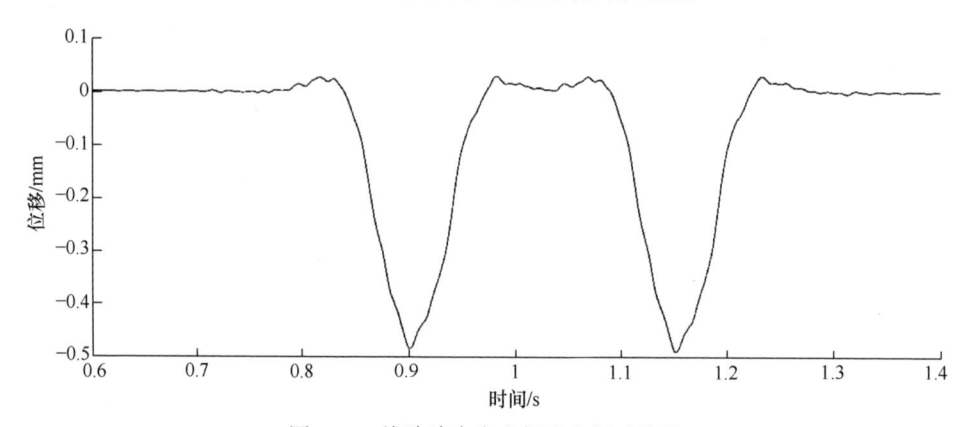

图 8.15 线路跨中底座板垂向振动位移

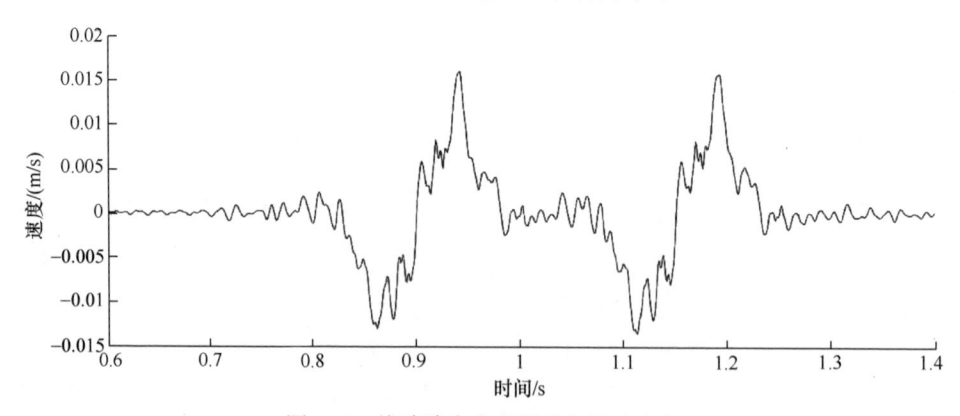

图 8.16 线路跨中底座板垂向振动速度

本章根据车辆-轨道耦合系统的特点，建立 15 结点、26 自由度的整车车辆单元模型，运用有限元方法和 Lagrange 方程，推导车辆单元的特性矩阵，得到刚度

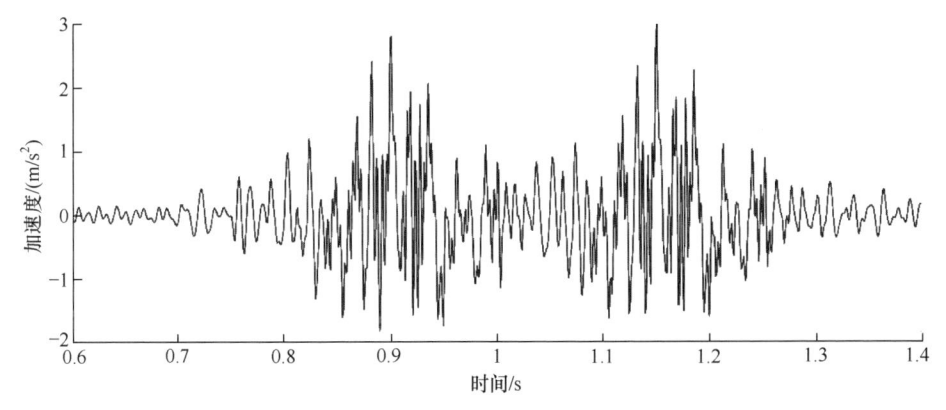

图 8.17　线路跨中底座板垂向振动加速度

矩阵、质量矩阵和阻尼矩阵的显示表达式，并给出求解车辆-轨道耦合系统动力有限元方程的算法和程序。在计算中，列车-轨道耦合系统只需离散为车辆单元和轨道单元，列车离散为若干个车辆单元，轨道结构子系统离散成一系列的轨道单元。计算时只需形成一次轨道结构子系统的总刚度矩阵、总质量矩阵和总阻尼矩阵。在每一时步的计算中，只需组集车辆单元的刚度、质量和阻尼矩阵，以及列车荷载向量，提高了计算效率。由于车辆-轨道耦合系统动力有限元方程的建立是基于能量原理，因此得到的刚度、质量和阻尼矩阵都是对称的。又由于整个列车-轨道耦合系统只包含车辆和轨道两种单元，因此程序编制特别容易。该方法具有计算精度高、程序编制容易、计算速度快的特点，已应用于车辆-轨道耦合系统动力响应分析中[3-5]。

参 考 文 献

[1] 雷晓燕. 高速铁路轨道动力学——模型、算法与应用. 2 版. 北京: 科学出版社, 2021.

[2] 张斌. 高速铁路轨道结构动力特性有限元分析. 南昌: 华东交通大学硕士学位论文, 2007.

[3] Lei X, Zhang B. Influence of track stiffness distribution on vehicle and track interactions in track transition. Proceedings of the Institution of Mechanical Engineers Part F, 2010, 224(1): 592-604.

[4] Lei X Y, Zhang B. Analysis of dynamic behavior for slab track of high-speed railway based on vehicle and track elements. Journal of Transportation Engineering, 2011, 137(4): 227-240.

[5] Lei X Y, Zhang B. Analyses of dynamic behavior of track transition with finite elements. Journal of Vibration and Control, 2011, 17(11): 1733-1747.

第9章 车辆-轨道耦合系统动力学模型中的几个问题

第 5 章论述了车辆-轨道非线性耦合系统动力分析的交叉迭代算法。第 6 章论述了列车-轨道-桥梁耦合系统纵向/垂向动力分析模型和算法。第 7 章论述了动轮单元-轨道-桥梁耦合系统动力有限元模型与算法。第 8 章论述了列车-轨道耦合系统动力有限元模型与算法。这些模型大体上可以分为两类，即二系动轮单元-轨道耦合系统模型与车辆单元-轨道耦合系统模型。这些算法也可以分为两类，即耦合方程解法和交叉迭代解法[1-4]。这些模型和算法各有特点，也有局限性。

本章讨论车辆-轨道耦合系统动力学模型中的几个问题，重点论述轨道结构层状梁模型的适应性，并对各种模型和算法进行对比计算，分析模型和算法的优缺点，为选择计算精度、分析效率、程序设计和适应性等综合性能更好的车辆-轨道耦合系统模型和算法提供参考。

9.1 轨道结构层状梁模型的适应性

轨道结构层状梁模型由于模型简单、计算容易和适应性强的特点，因此广泛应用于列车-轨道耦合系统动力学分析[5-10]。下面围绕轨道结构层状梁模型的合理性和适应性进行简要讨论。

9.1.1 轨道结构层状梁模型与三维块体单元模型对比

为了验证轨道结构层状梁模型的适应性，建立图 9.1 所示的车辆-轨道结构耦合系统三维动力有限元模型。图中，钢轨采用三维梁单元模拟，轨道板用三维块体单元模拟，扣件用离散的弹簧阻尼元件模拟，CA 砂浆和路基则用等效连续的弹簧阻尼元件模拟。每个轨道单元由 2 个三维梁单元和 5 个三维块体单元组装而成，三维轨道结构单元共有 28 个结点、96 个自由度。考虑轨道随机不平顺，轨道不平顺样本如图 5.7 所示，考察 CRH2 高速列车以速度 250km/h 通过时引起的车辆和轨道动力响应。计算结果如表 9.1 和图 9.2～图 9.5 所示。表 9.1 为采用层状梁模型和三维块体单元模型计算得到的钢轨、轨道板振动位移和振动加速度的最大和最小值。图 9.2～图 9.5 为两种轨道模型计算得到的钢轨、轨道板振动位移和振动加速度时程曲线。

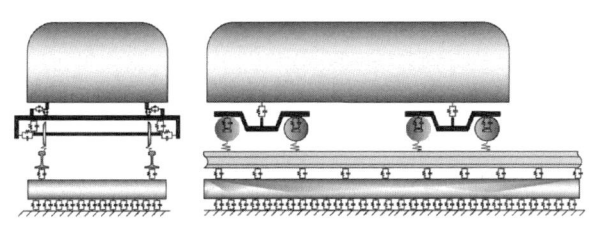

(a) 车辆和轨道结构侧面图及剖面图

(b) 三维无砟轨道结构模型

图 9.1 车辆-轨道结构耦合系统三维动力有限元模型

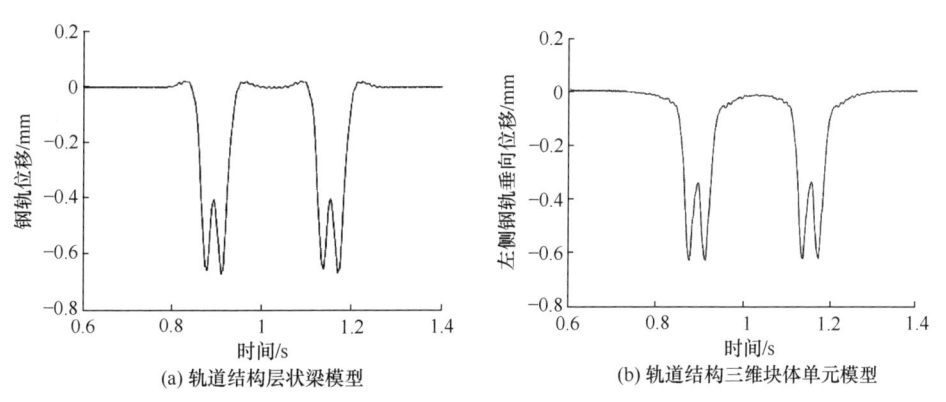

(a) 轨道结构层状梁模型

(b) 轨道结构三维块体单元模型

图 9.2 两种轨道模型计算得到的钢轨振动位移时程曲线

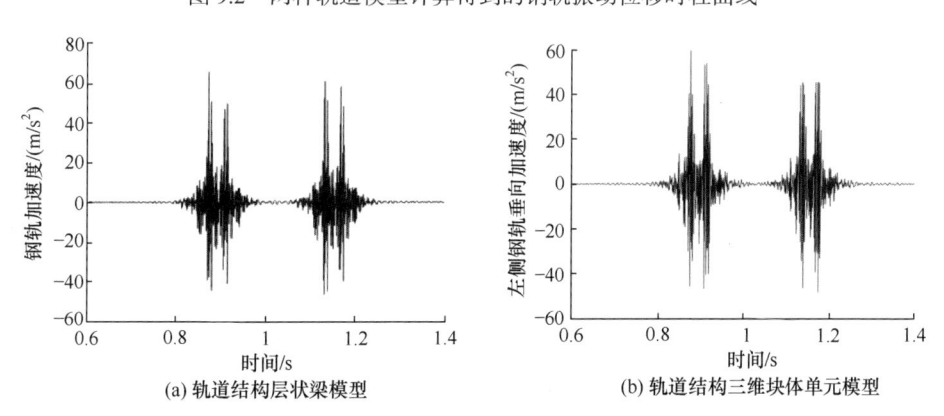

(a) 轨道结构层状梁模型

(b) 轨道结构三维块体单元模型

图 9.3 两种轨道模型计算得到的钢轨振动加速度时程曲线

(a) 轨道结构层状梁模型 (b) 轨道结构三维块体单元模型

图 9.4　两种轨道模型计算得到的轨道板振动位移时程曲线

(a) 轨道结构层状梁模型 (b) 轨道结构三维块体单元模型

图 9.5　两种轨道模型计算得到的轨道板振动加速度时程曲线

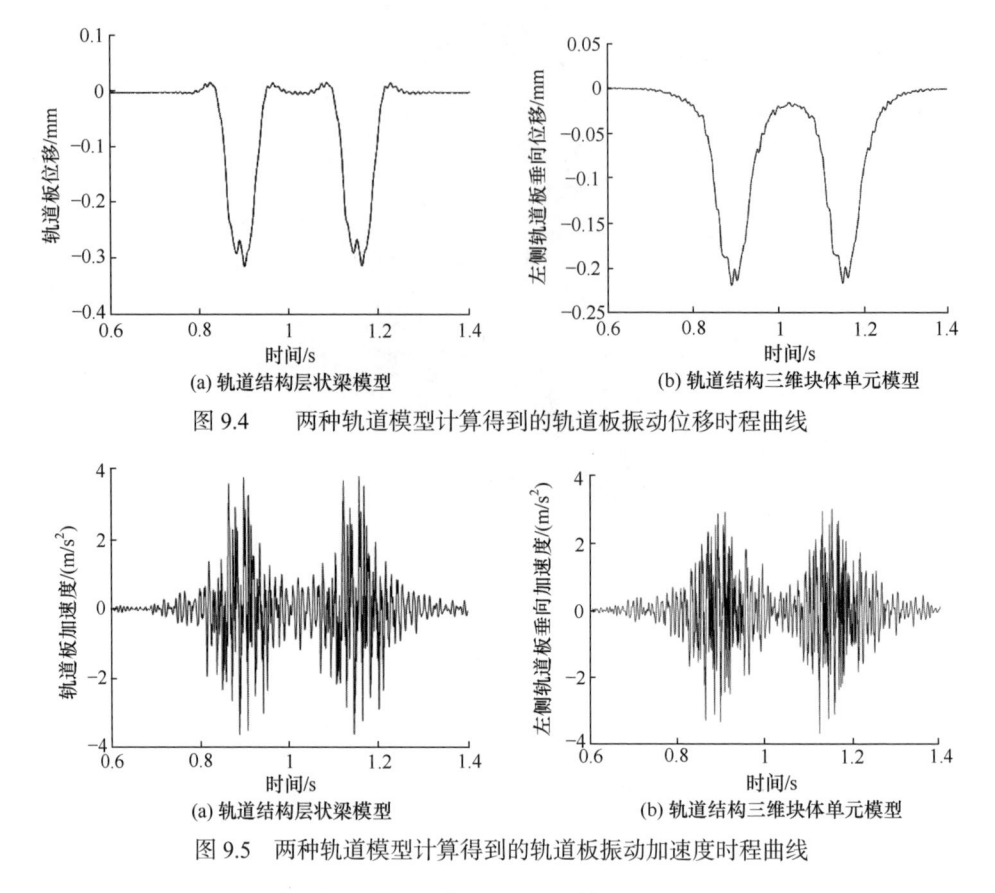

表 9.1　两种轨道模型计算得到的无砟轨道结构振动响应幅值

振动量		层状梁模型		三维块体单元模型	
		位移/mm	加速度/(m/s²)	位移/mm	加速度/(m/s²)
钢轨响应	最大值	0.0214	66.0464	0.0036	59.879
	最小值	−0.6718	−46.5535	−0.6310	−48.552
轨道板响应	最大值	0.0180	3.8402	0.0031	3.9951
	最小值	−0.3106	−3.6454	−0.219	−3.8018

由表 9.1 和图 9.2～图 9.5 可见，两种轨道模型计算得到的钢轨、轨道板的振动位移和加速度分布规律和变化趋势相同，钢轨位移和加速度振动幅值吻合较好，但是层状梁轨道结构模型计算得到的轨道板振动位移比三维块体单元模型结果要大些。这是因为采用三维块体单元模拟轨道板与实际情况更相符，将其简化为梁单元会弱化轨道板抗弯刚度，导致轨道结构变形增加。另外，根据轨道不平顺功

率谱密度函数生成的轨道不平顺样本具有随机性，对计算结果也有一定影响。

9.1.2 轨道结构层状梁模型与轨道结构半无限空间模型对比

除了前面各章介绍的轨道模型均属层状梁模型，国内外学者也经常采用轨道结构层状梁模型研究列车-轨道耦合动力学问题。典型的轨道结构层状梁模型如图 9.6 所示[11]。图 9.6(a)为刚性基础轨道层状梁模型，钢轨简化为二维欧拉梁，扣件和道砟模拟成弹簧阻尼元件，轨枕简化为具有一定质量的质点，而道砟以下的路基和大地则简化为刚性基础。图 9.6(b)为考虑大地刚度的轨道层状梁模型，为了计及大地半无限空间土体刚度的影响，将土体的弹性用等效的弹簧阻尼元件模拟。

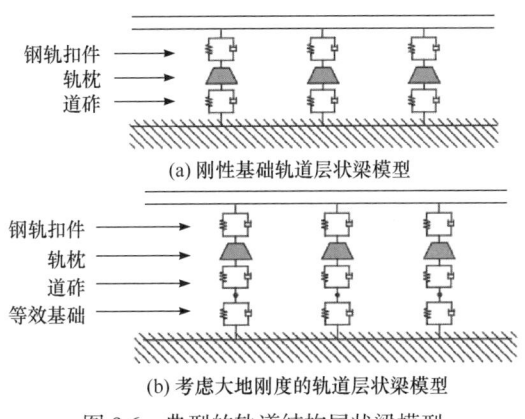

(a) 刚性基础轨道层状梁模型

(b) 考虑大地刚度的轨道层状梁模型

图 9.6 典型的轨道结构层状梁模型

为了对比简化的轨道层状梁模型的合理性，Kouroussis 建立了如图 9.7 所示的钢轨-轨枕-道砟-半无限空间大地耦合系统模型[5]，运用二步时域法分析轨道结构的动力响应，并与刚性基础轨道层状梁模型和考虑大地刚度的轨道层状梁模型计算结果进行对比。图 9.8～图 9.10 分别为采用三种轨道模型，针对三种大地土体

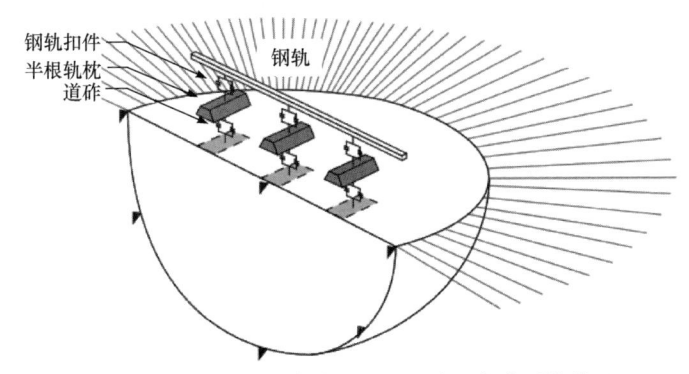

图 9.7 钢轨-轨枕-道砟-半无限空间大地耦合系统模型

刚度计算得到的钢轨位移柔度幅值[11]。图中，$k_b/k_g=0.2$、0.04、3 分别表示普通土、硬质土、软质土；k_b 为道砟刚度，取 25.5MN/m；k_g 为大地刚度。

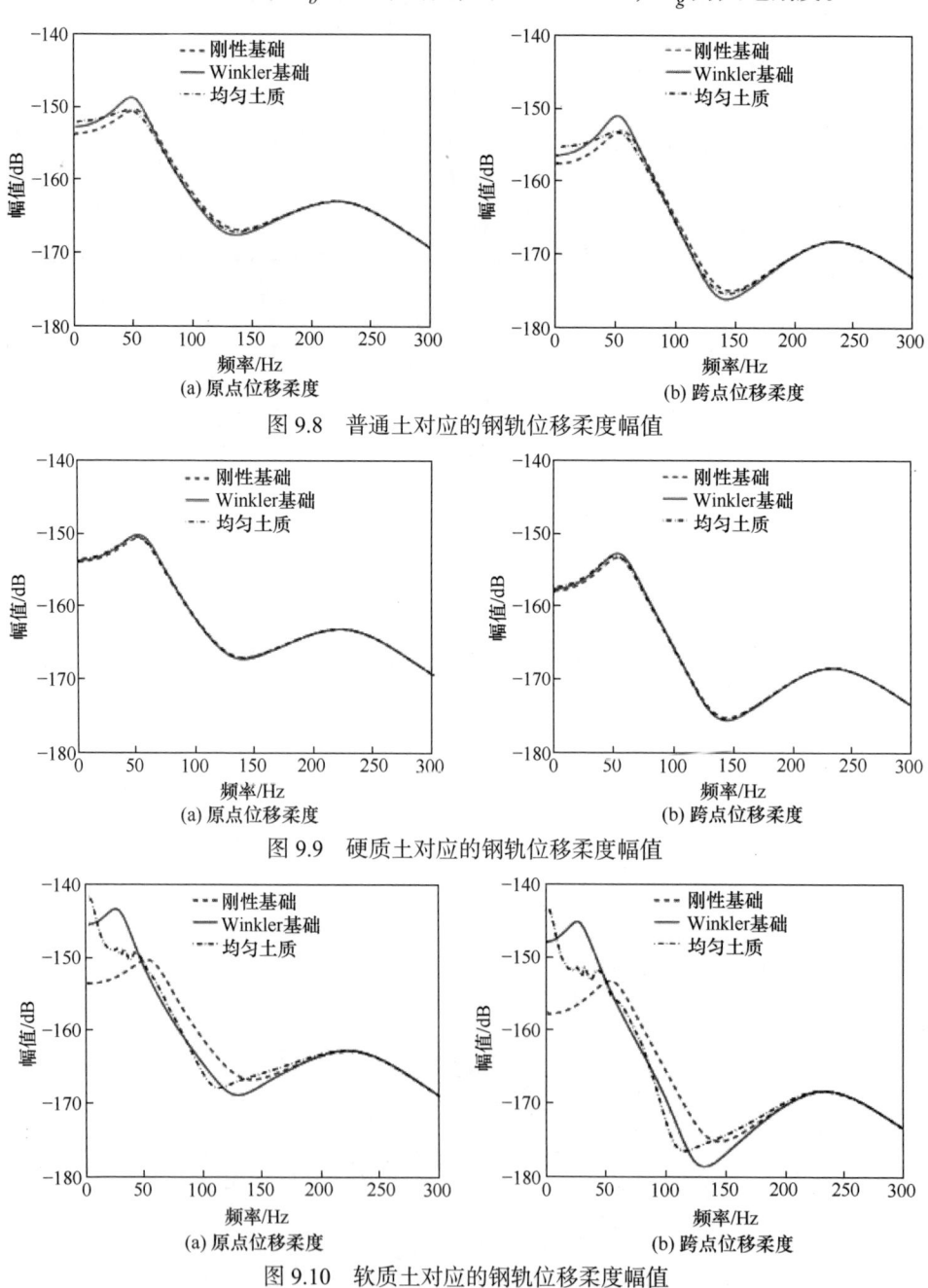

(a) 原点位移柔度

(b) 跨点位移柔度

图 9.8 普通土对应的钢轨位移柔度幅值

(a) 原点位移柔度

(b) 跨点位移柔度

图 9.9 硬质土对应的钢轨位移柔度幅值

(a) 原点位移柔度

(b) 跨点位移柔度

图 9.10 软质土对应的钢轨位移柔度幅值

由此可见，在土体刚度大于道砟刚度的情况下(图 9.9)，运用考虑大地刚度的轨道层状梁模型建立车辆-轨道耦合系统动力学分析模型是可行的，结果是可靠的。在实际工程中，土体刚度大于道砟刚度这种情况是常见的。此外，在大多数情况下，从同一测点激发的实验信号传递到不同的观测点时，接收信号会出现高达 10dB 的差异，以致模型误差仍然低于试验不确定的范围。众所周知，列车作用在轨道上的动荷载具有非线性特征，这或许可以解释这种误差。

9.2 列车-轨道耦合系统 4 种模型和算法对比分析

在已有的文献中，求解车辆-轨道耦合系统动力响应大多采用耦合方程算法[12-15]。耦合方程算法一般是将车辆和轨道结构作为一个整体考虑，运用能量原理建立整体耦合系统的动力学方程。车辆与轨道结构的耦合主要是通过轮轨接触实现的。由于车辆是移动荷载，轮对与钢轨的接触位置是随时间变化的，表现在耦合系统动力学方程中的刚度矩阵也是随时间变化的。因此，在每一时间步长的计算中，均需要对整体耦合动力学方程系数矩阵求逆，这将直接影响程序的计算效率。为了分析不同模型和算法在求解车辆-轨道耦合系统动力学方程中的优缺点，下面对二系动轮单元-轨道耦合系统与车辆单元-轨道耦合系统两种模型，以及耦合方程解法和交叉迭代解法分为以下 4 种工况进行对比分析。

工况 1：二系动轮单元模型/耦合方程解法。
工况 2：整车单元模型/耦合方程解法。
工况 3：二系动轮单元模型/交叉迭代解法。
工况 4：整车单元模型/交叉迭代解法。

采用以上 4 种模型/解法对 5.3 节的算例进行对比分析，其中二系动轮单元-轨道耦合系统动力分析模型如图 9.11 所示，整车单元-轨道耦合系统动力分析模型如图 5.4 所示。考察高速列车 CRH3 以速度 250km/h 行驶于无砟轨道上时，引起车辆和轨道结构的动力响应。线路长度为 150m，考虑轨道随机不平顺的影响，

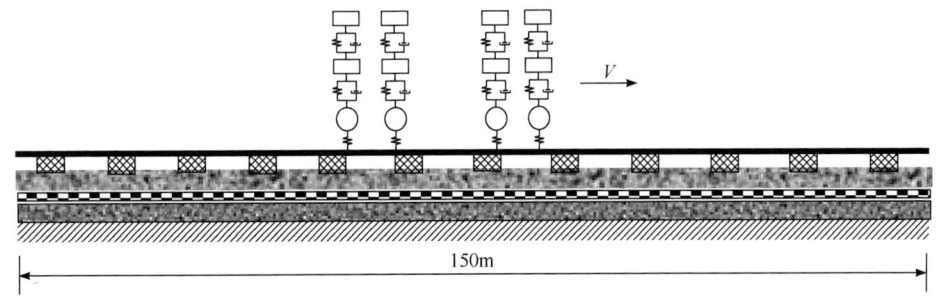

图 9.11 二系动轮单元-轨道耦合系统动力分析模型

根据德国高速铁路低干扰轨道高低不平顺谱和轨道短波不平顺谱联合生成轨道不平顺样本。初始时刻列车的第四轮对位于线路左端，列车和轨道结构参数见 5.3 节的算例。

采用上述 4 种模型/解法得到的车辆和轨道结构的动力响应分别如图 9.12~图 9.21 所示。4 种模型/解法的计算用时和最大迭代次数如表 9.2 所示。

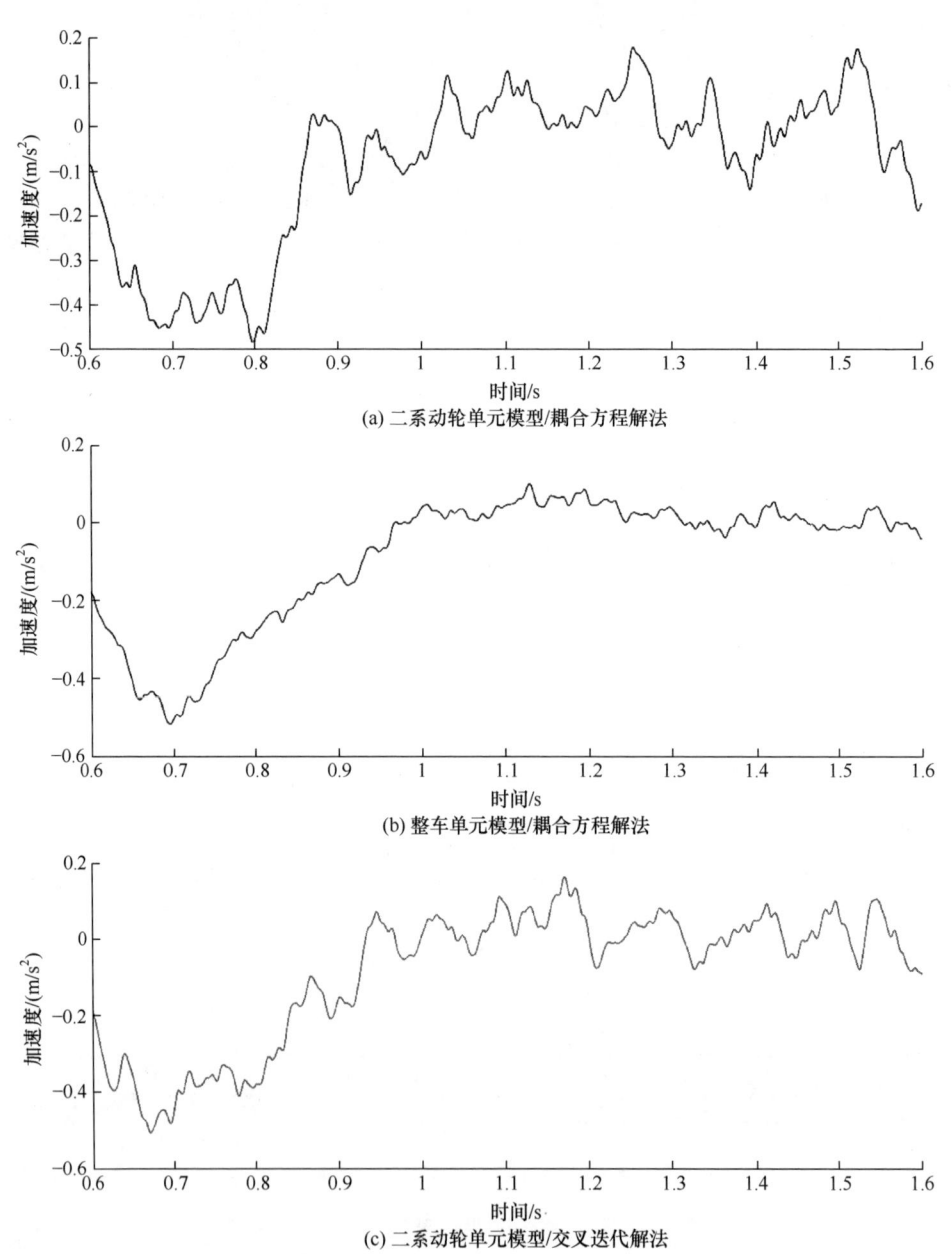

(a) 二系动轮单元模型/耦合方程解法

(b) 整车单元模型/耦合方程解法

(c) 二系动轮单元模型/交叉迭代解法

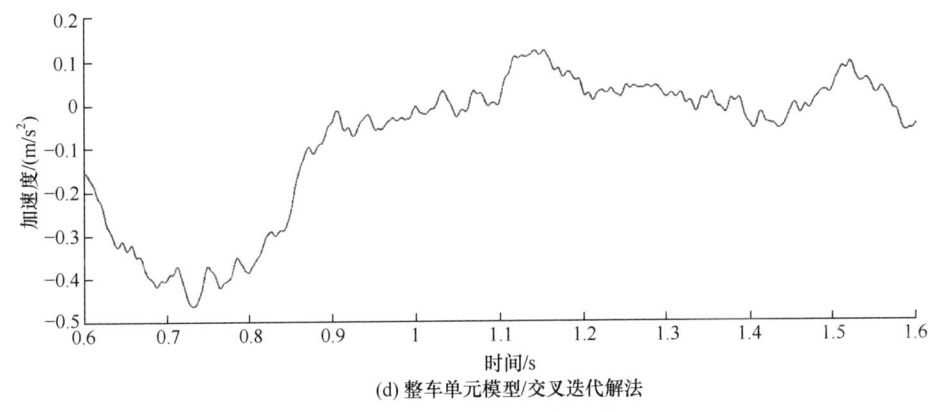

(d) 整车单元模型/交叉迭代解法

图 9.12　车体垂向振动加速度

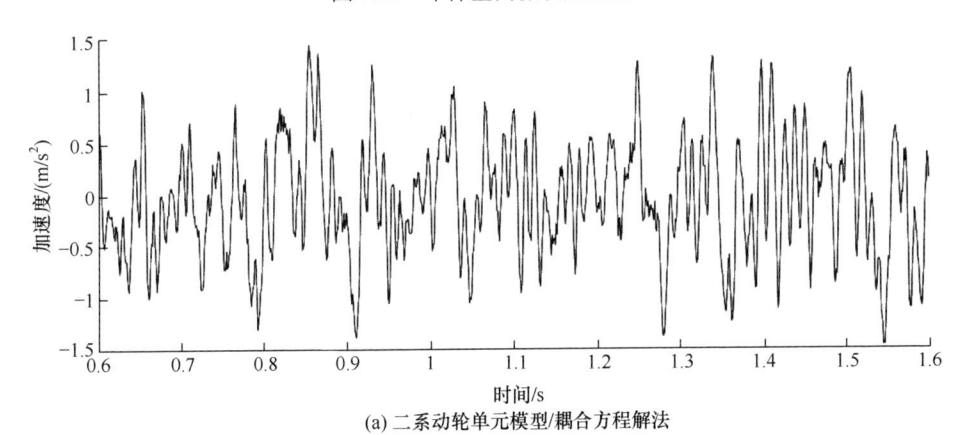

(a) 二系动轮单元模型/耦合方程解法

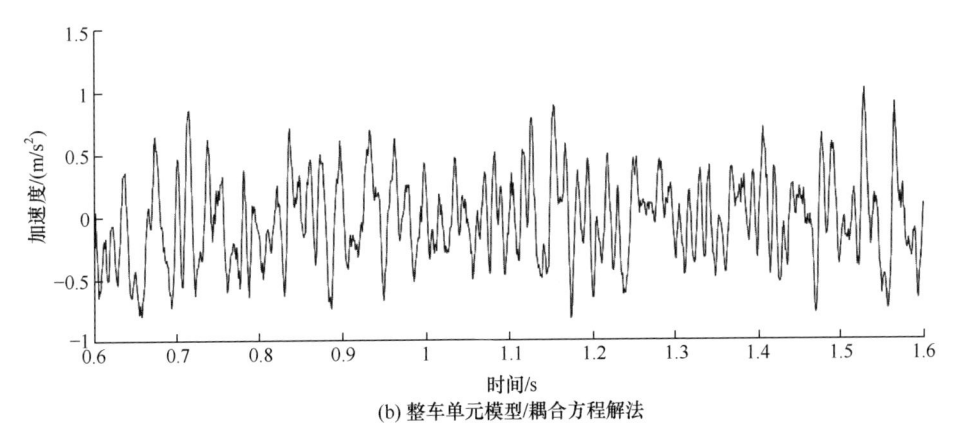

(b) 整车单元模型/耦合方程解法

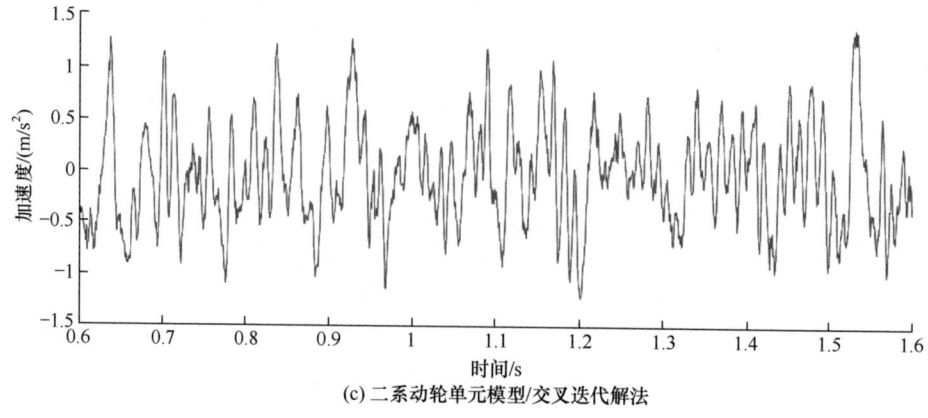

(c) 二系动轮单元模型/交叉迭代解法

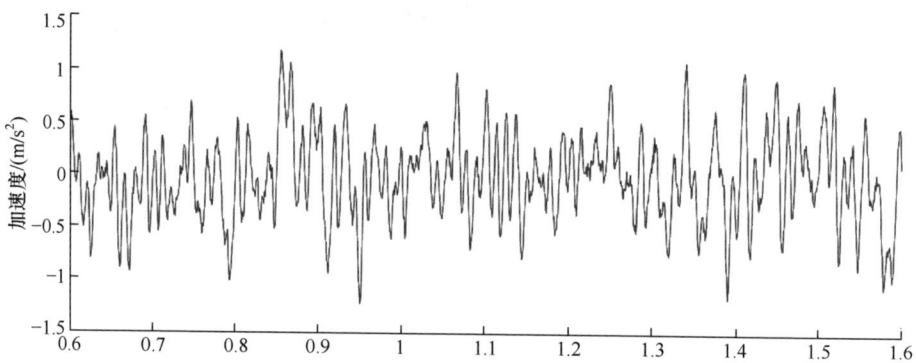

(d) 整车单元模型/交叉迭代解法

图 9.13 前转向架垂向振动加速度

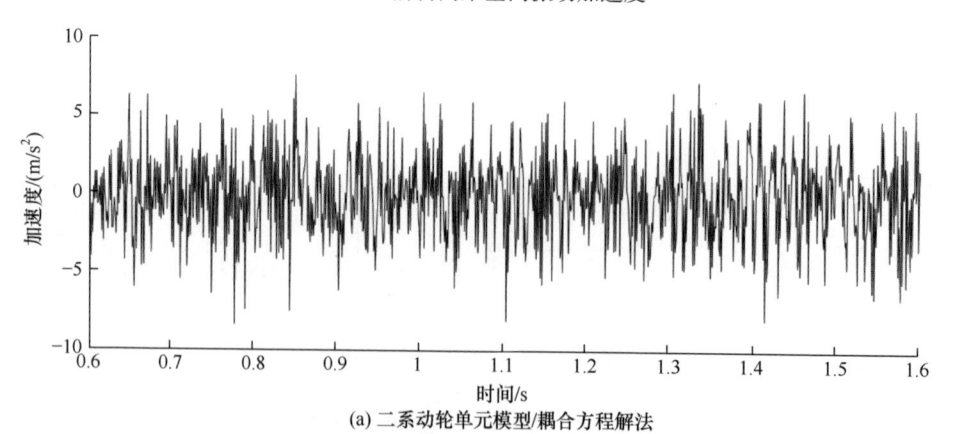

(a) 二系动轮单元模型/耦合方程解法

第9章 车辆-轨道耦合系统动力学模型中的几个问题 ·165·

(b) 整车单元模型/耦合方程解法

(c) 二系动轮单元模型/交叉迭代解法

(d) 整车单元模型/交叉迭代解法

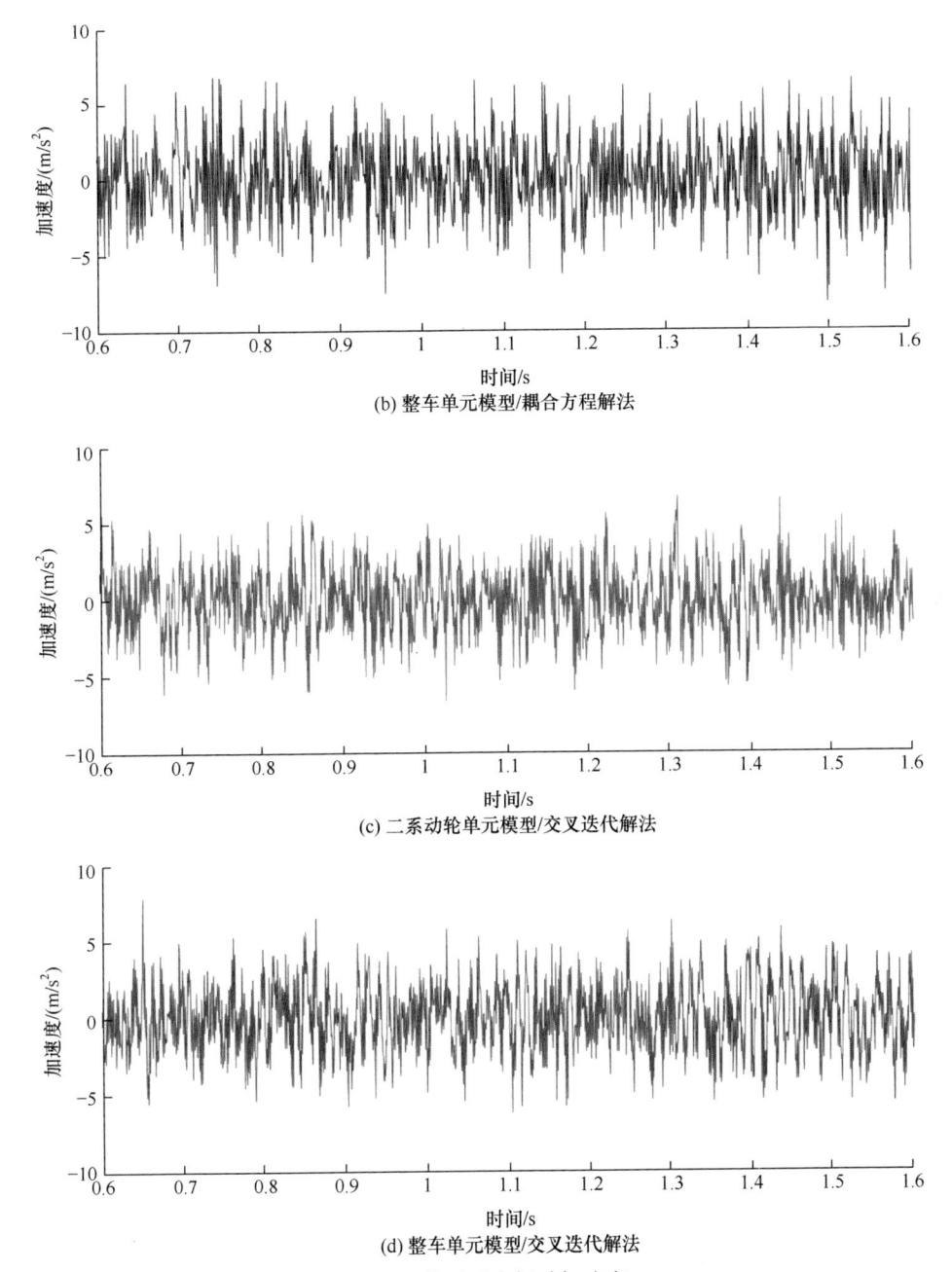

图 9.14 轮对垂向振动加速度

(a) 二系动轮单元模型/耦合方程解法

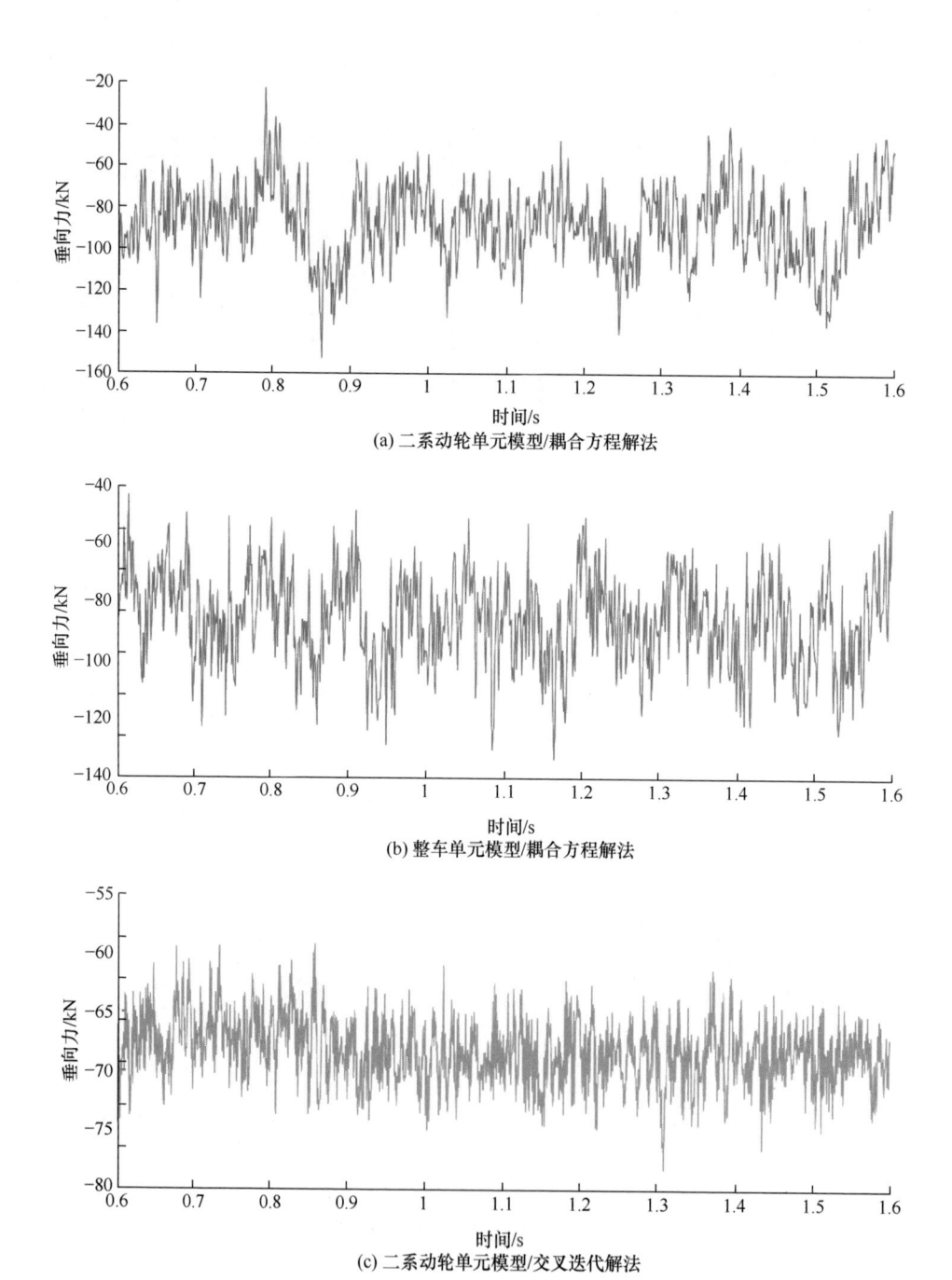

(b) 整车单元模型/耦合方程解法

(c) 二系动轮单元模型/交叉迭代解法

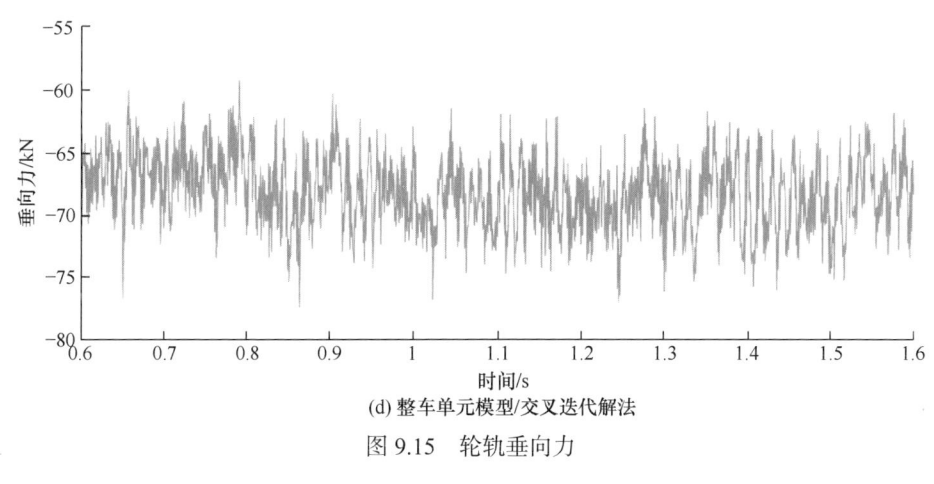

(d) 整车单元模型/交叉迭代解法

图9.15 轮轨垂向力

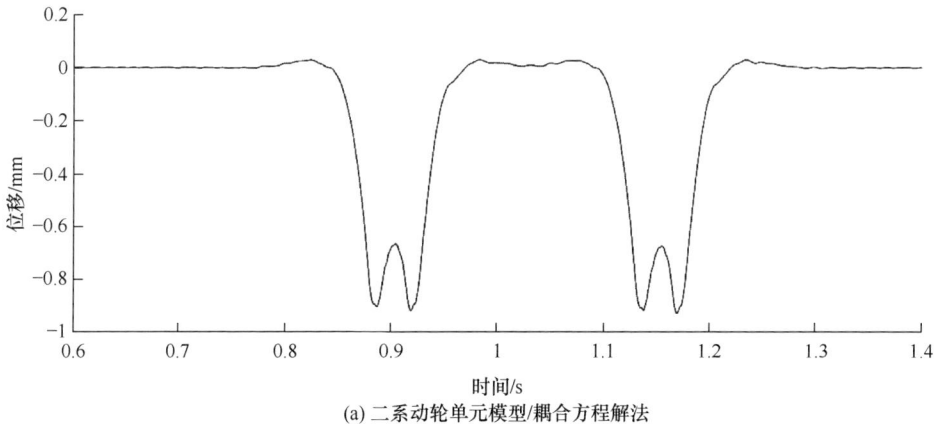

(a) 二系动轮单元模型/耦合方程解法

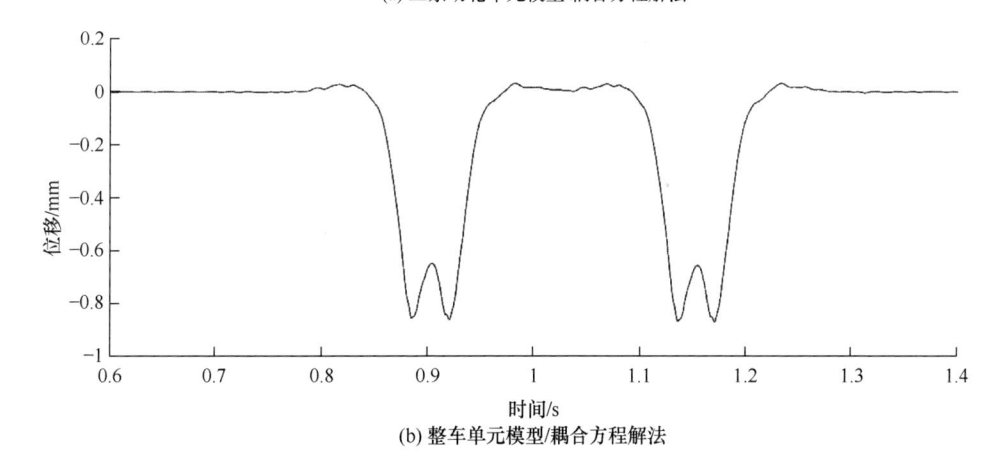

(b) 整车单元模型/耦合方程解法

(c) 二系动轮单元模型/交叉迭代解法

(d) 整车单元模型/交叉迭代解法

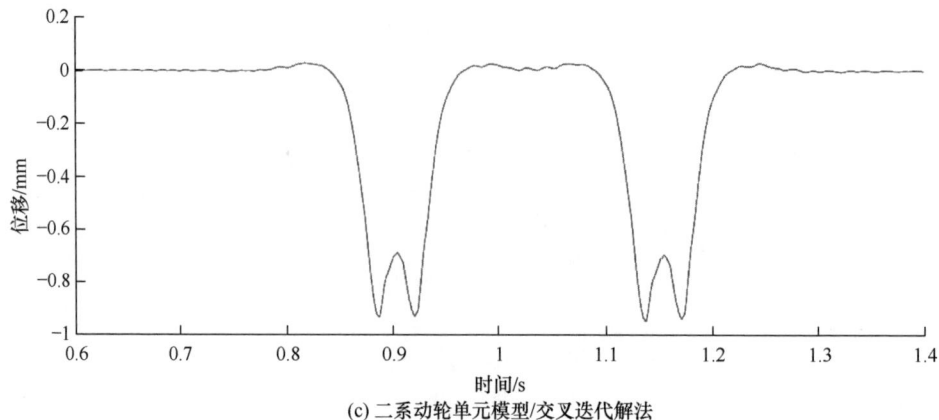

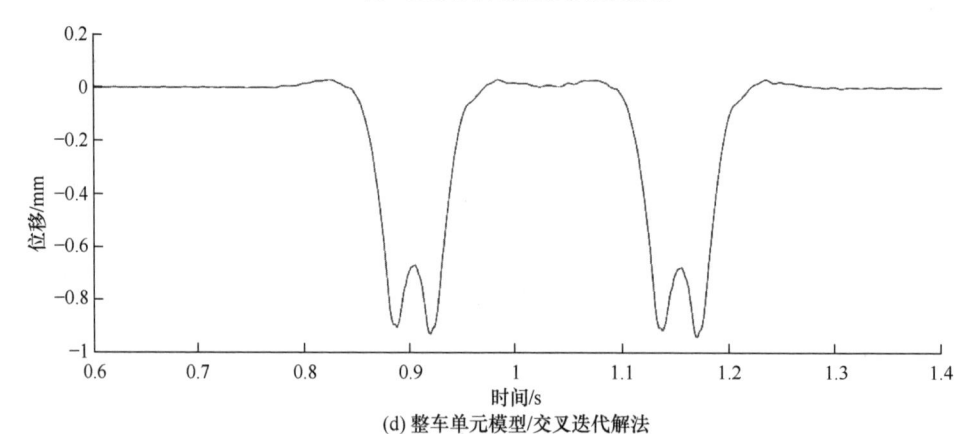

图 9.16　线路跨中钢轨垂向振动位移

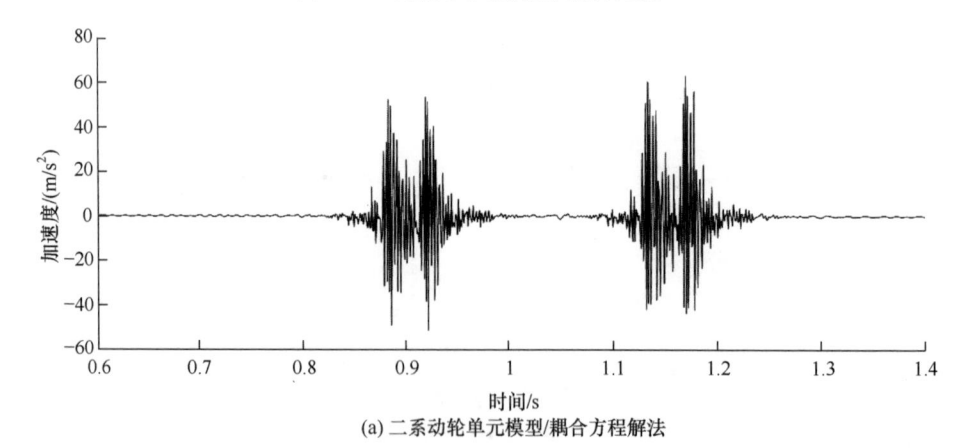

(a) 二系动轮单元模型/耦合方程解法

(b) 整车单元模型/耦合方程解法

(c) 二系动轮单元模型/交叉迭代解法

(d) 整车单元模型/交叉迭代解法

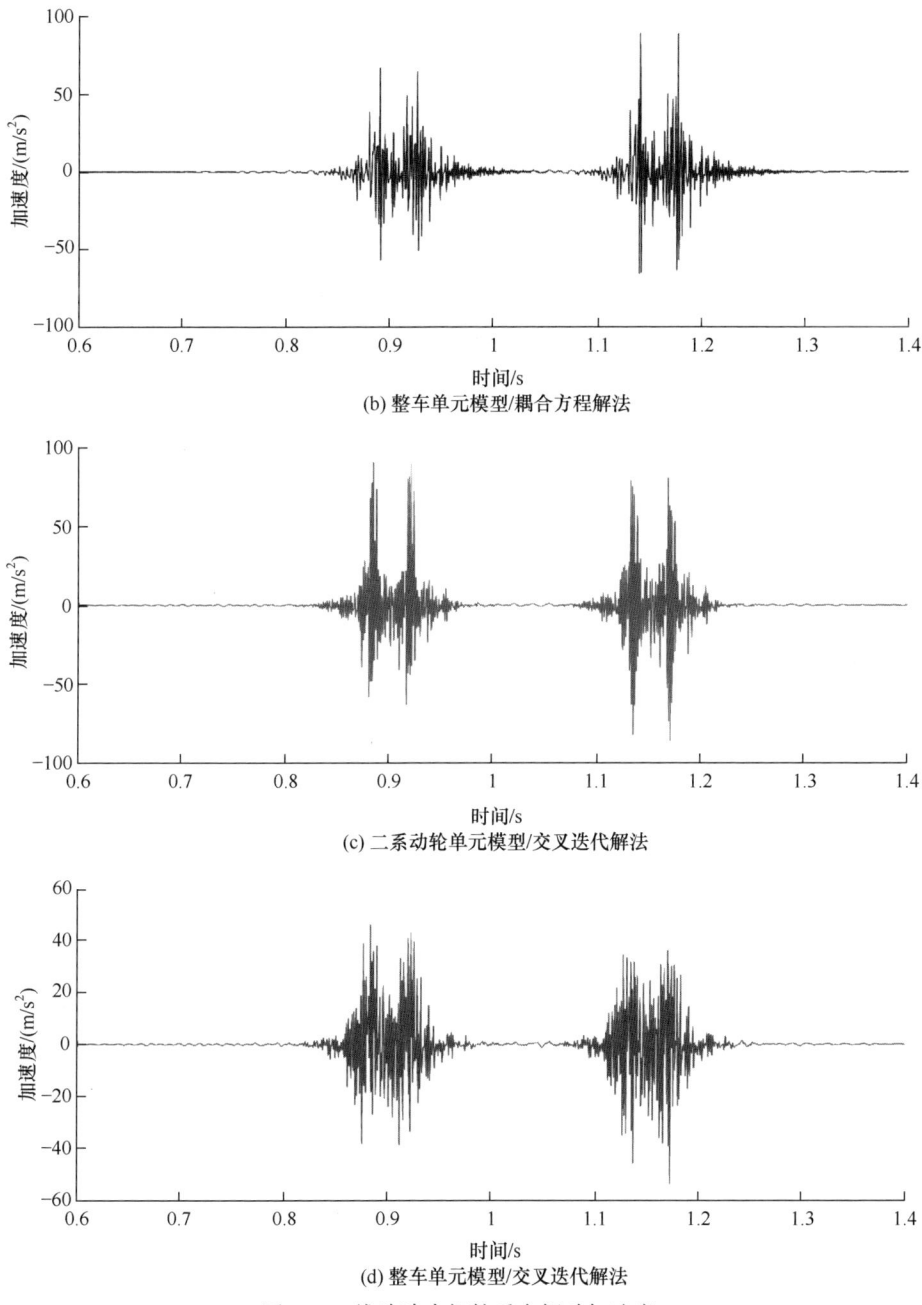

图 9.17 线路跨中钢轨垂向振动加速度

(a) 二系动轮单元模型/耦合方程解法

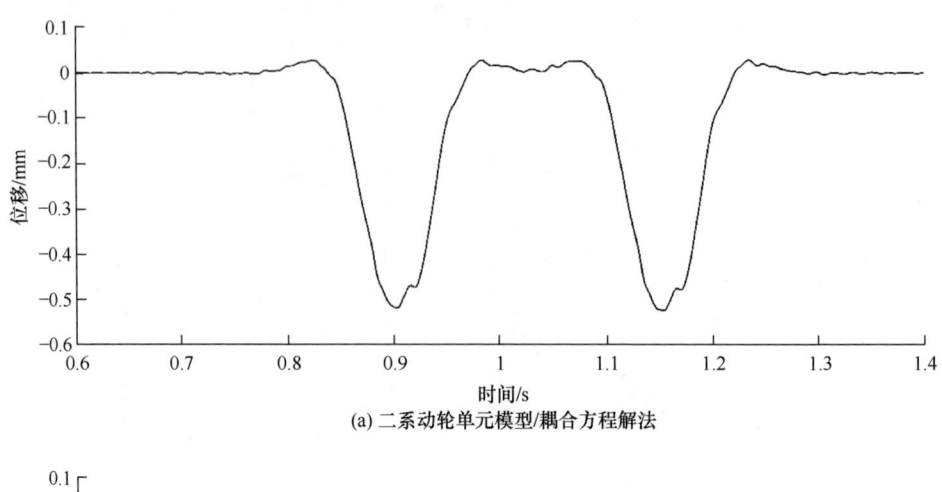

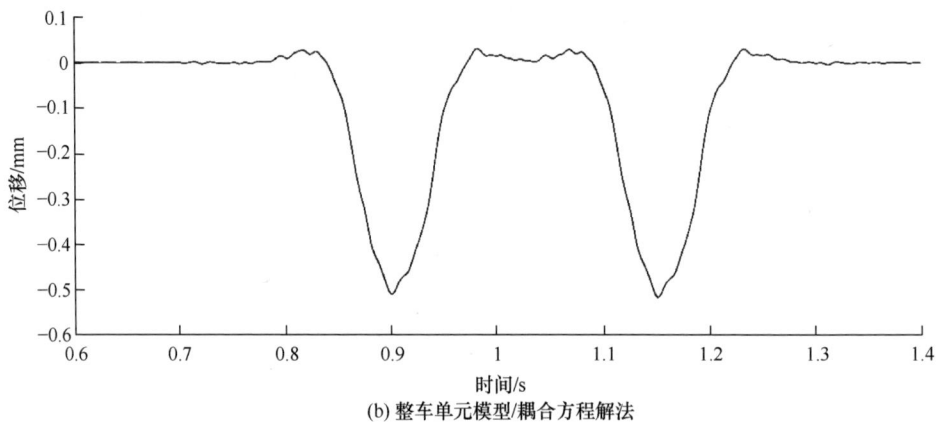

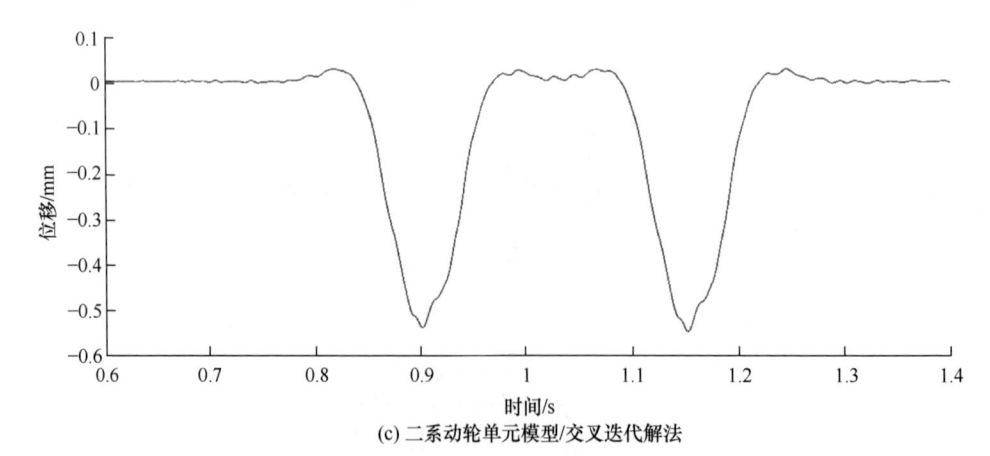

(b) 整车单元模型/耦合方程解法

(c) 二系动轮单元模型/交叉迭代解法

第 9 章 车辆-轨道耦合系统动力学模型中的几个问题

(d) 整车单元模型/交叉迭代解法

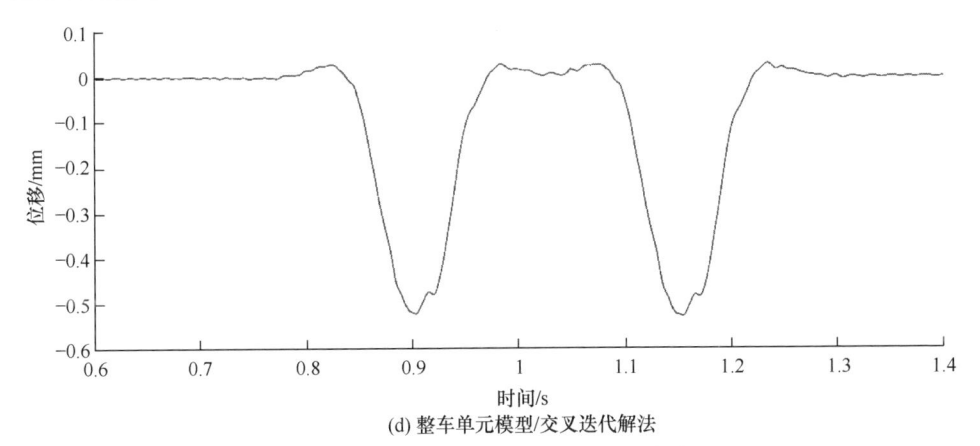

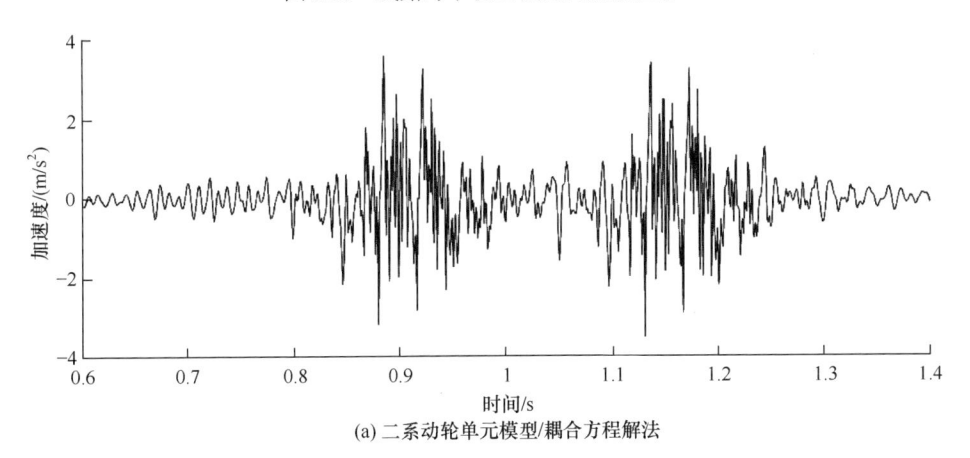

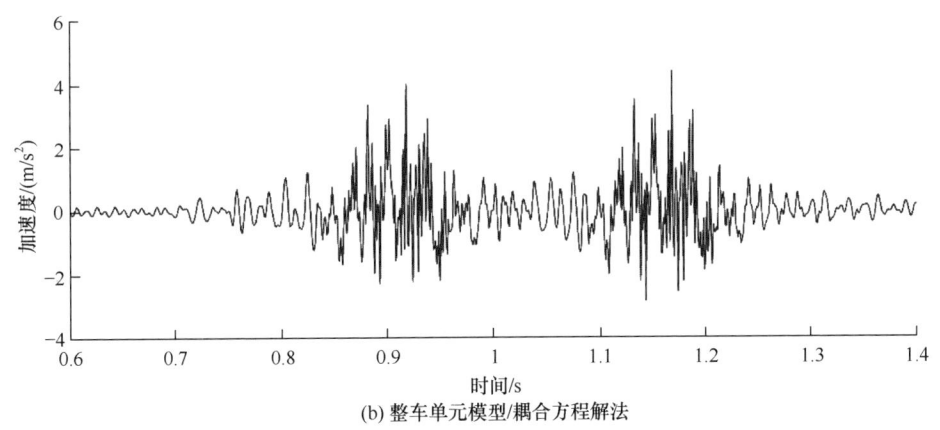

图 9.18 线路跨中轨道板垂向振动位移

(a) 二系动轮单元模型/耦合方程解法

(b) 整车单元模型/耦合方程解法

(c) 二系动轮单元模型/交叉迭代解法

(d) 整车单元模型/交叉迭代解法

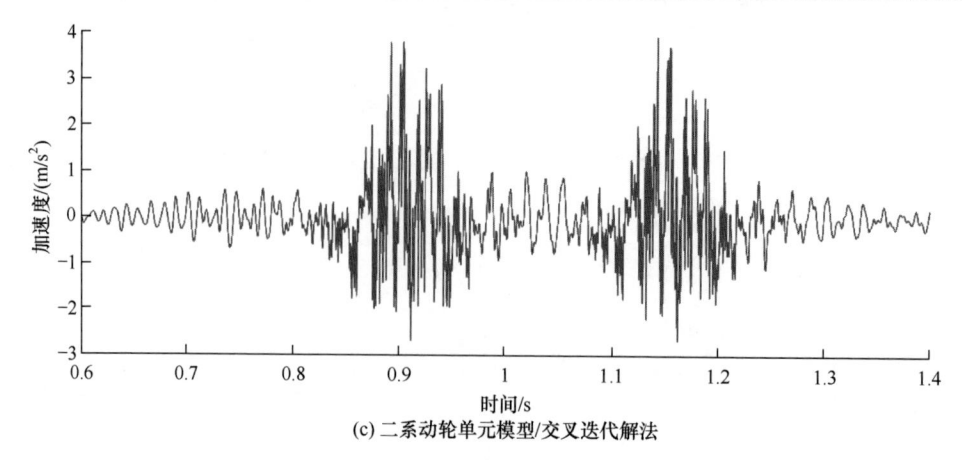

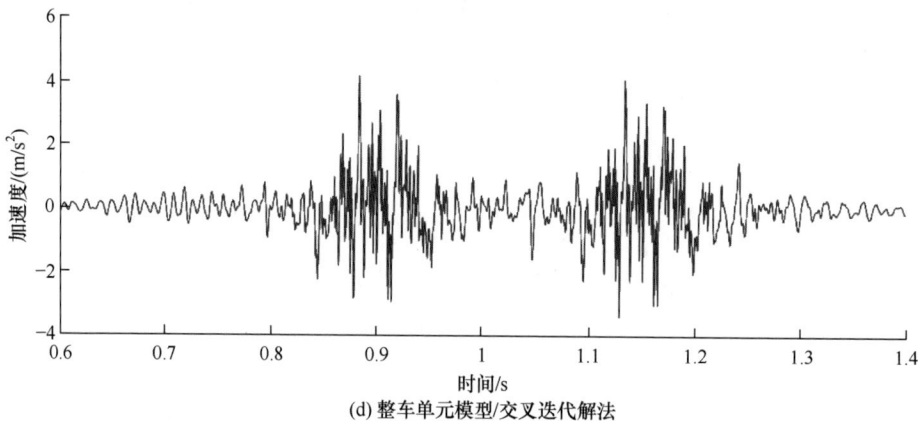

图 9.19 线路跨中轨道板垂向振动加速度

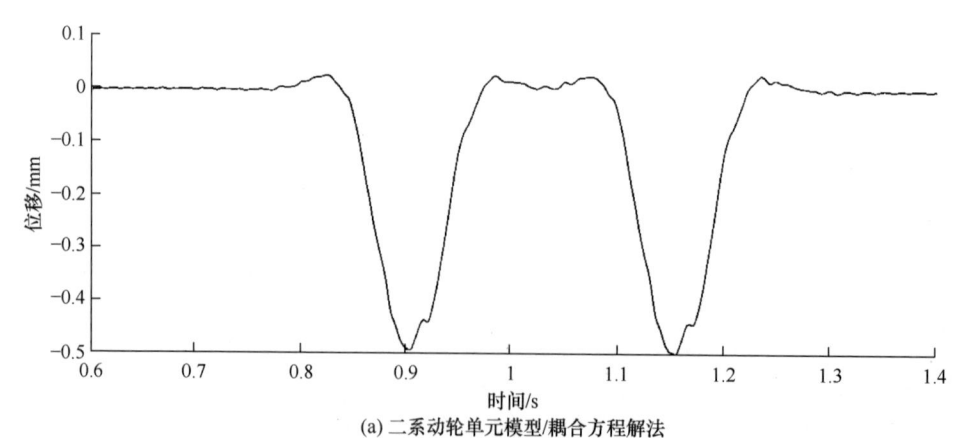

(a) 二系动轮单元模型/耦合方程解法

(b) 整车单元模型/耦合方程解法

(c) 二系动轮单元模型/交叉迭代解法

(d) 整车单元模型/交叉迭代解法

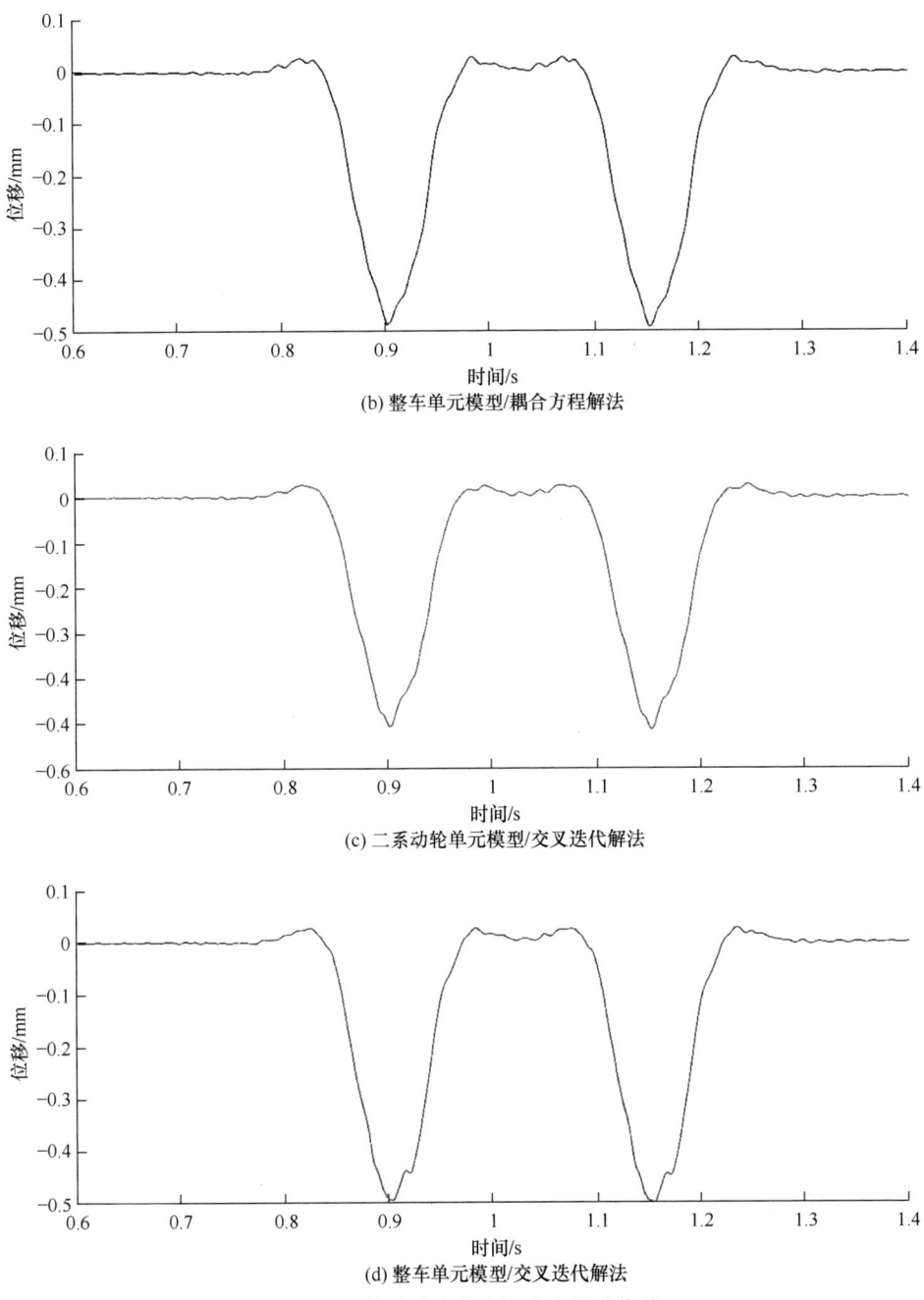

图 9.20 线路跨中底座板垂向振动位移

(a) 二系动轮单元模型/耦合方程解法

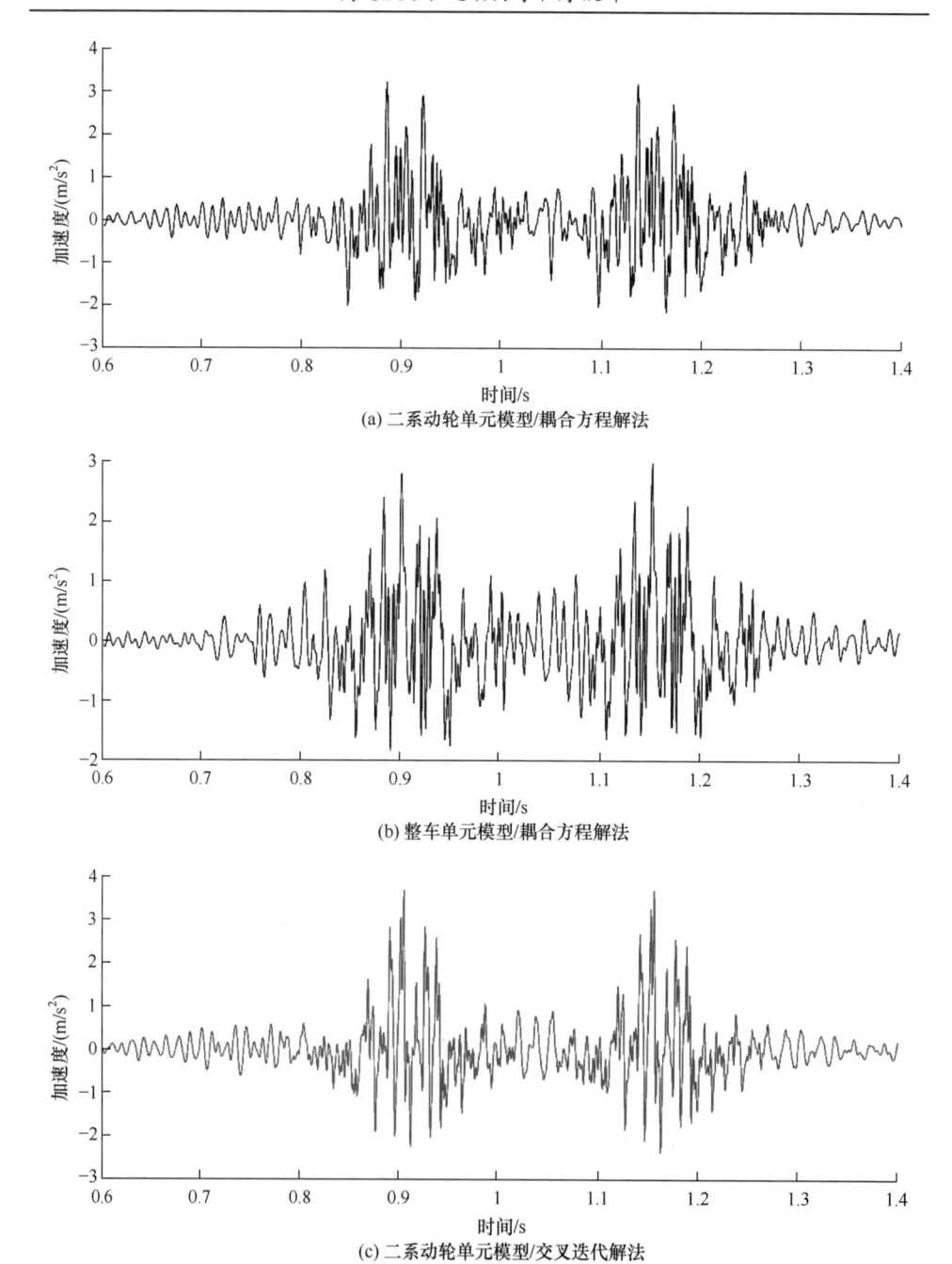

(b) 整车单元模型/耦合方程解法

(c) 二系动轮单元模型/交叉迭代解法

(d) 整车单元模型/交叉迭代解法

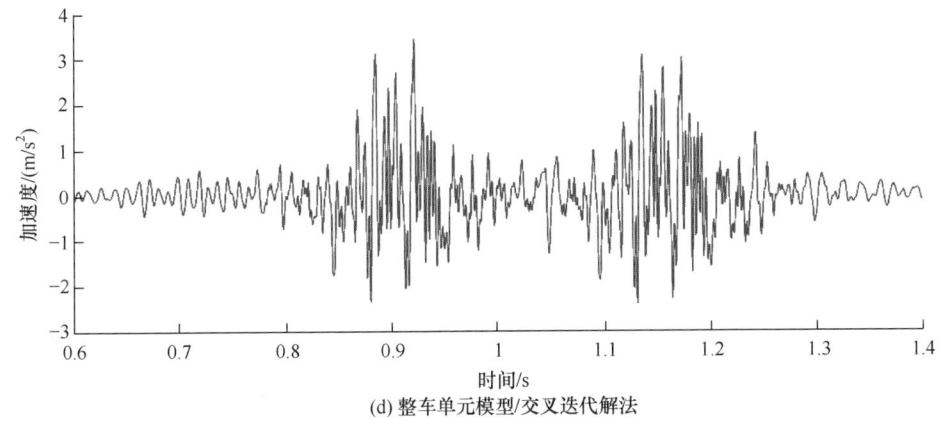

图 9.21　线路跨中底座板垂向振动加速度

表 9.2　4 种模型/解法的计算用时和最大迭代次数

模型/解法	计算用时/min	最大迭代次数	计算精度	程序编制	轮轨接触模式
二系动轮单元/耦合方程解法	3.1808	无	较高	较复杂	线性
整车单元/耦合方程解法	3.1287	无	高	复杂	线性
二系动轮单元/交叉迭代解法	1.2718	14	较高	容易	线性/非线性
整车单元/交叉迭代解法	1.2760	14	高	较容易	线性/非线性

从以上计算结果可得以下结论。

(1) 4 种列车-轨道耦合系统动力有限元模型和算法都有较高的计算精度，车辆和轨道结构动力响应的幅值和变化趋势吻合良好。耦合方程解法基于轮轨之间始终处于接触状态的假设，但是当轮轨表面存在较大的不平顺时，轮轨之间将处于分离状态。整车单元模型/交叉迭代解法考虑轮轨之间的接触、分离、轮轨力与接触位移之间的非线性，计算精度是最高的。

(2) 交叉迭代解法比耦合方程解法计算效率更高，算例显示相差 2~3 倍。随着模型规模的扩大，交叉迭代解法的计算效率可以达到耦合方程解法的 5~10 倍。在同一种解法中，二系动轮单元模型与整车模型计算效率基本相同。

(3) 交叉迭代解法具有较快的收敛速度，在上述计算中，收敛精度取 10^{-6}，最大迭代次数为 14，主要发生在初始计算阶段，待计算稳定后，一般迭代 4~6 次即可收敛。

(4) 在交叉迭代解法中，由于车辆和轨道是两个独立的子系统，求解的方程也是两个独立的动力学方程，而且方程的系数矩阵是不变的。变化的只是动力学方程右端的荷载项。因此，具有程序编制容易，计算效率高的特点。

综上所述，无论是计算精度、计算用时，还是编程难度，整车单元/交叉迭代解法都是 4 种列车-轨道耦合系统动力有限元模型和算法中最好的，而且还可以考虑轮轨之间的非线性接触。

9.3 列车-轨道耦合系统单节车模型与多节车模型对比分析

为了对比列车-轨道耦合系统单节车模型与多节车模型对车辆和轨道结构动力响应的影响，分别选择单节和 8 节编组高速列车 CRH3 以速度 250km/h 行驶于无砟轨道上时，引起车辆和轨道结构的动力响应。设线路长度为 640m，考虑轨道随机不平顺的影响，根据德国高速铁路低干扰轨道高低不平顺谱和轨道短波不平顺谱联合生成轨道不平顺样本，如图 9.22 所示。初始时刻 8 节列车位于线路左端，列车和轨道结构参数见表 5.1 和表 5.2。

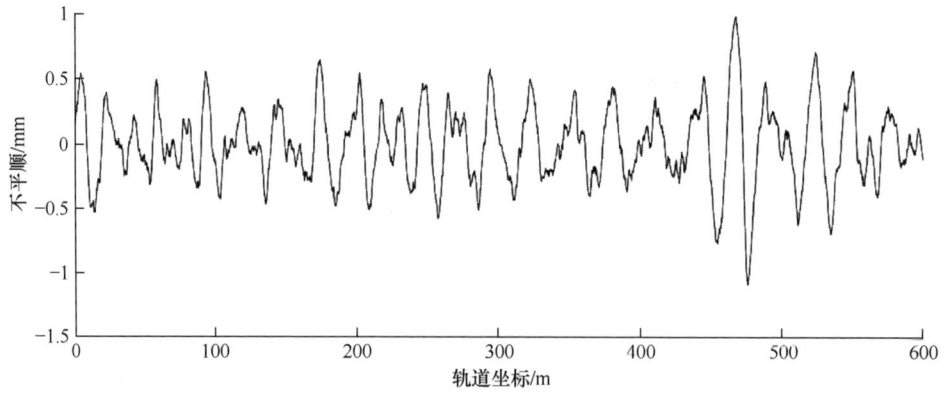

图 9.22 轨道高低随机不平顺样本

计算结果如图 9.23～图 9.32 所示。由此可以得到以下结论。

(1) 单节车模型与 8 节车模型计算得到的车辆动力响应相差很小，计算稳定后车体垂向振动加速度均在-0.3～0.3m/s^2 范围振荡，转向架垂向振动加速度均在-2～2m/s^2 范围振荡，轮对垂向振动加速度均在-10～10m/s^2 范围振荡，振动加速度幅值和变化趋势吻合良好。

(2) 单节车模型计算得到的轮轨垂向力在-140～-30kN 范围振荡，8 节车模型计算得到的轮轨垂向力的变化范围为-160～-20kN，后者的振动幅度大于前者，且作用时间长。

(3) 单节车模型与 8 节车模型计算得到的钢轨、轨道板和混凝土底座板的垂向振动位移吻合良好，振动位移幅值和变化规律相同。

(4) 单节车模型与 8 节车模型计算得到的钢轨、轨道板和混凝土底座板的垂向振动加速度略有差别，振动加速度幅值和变化趋势基本一致。

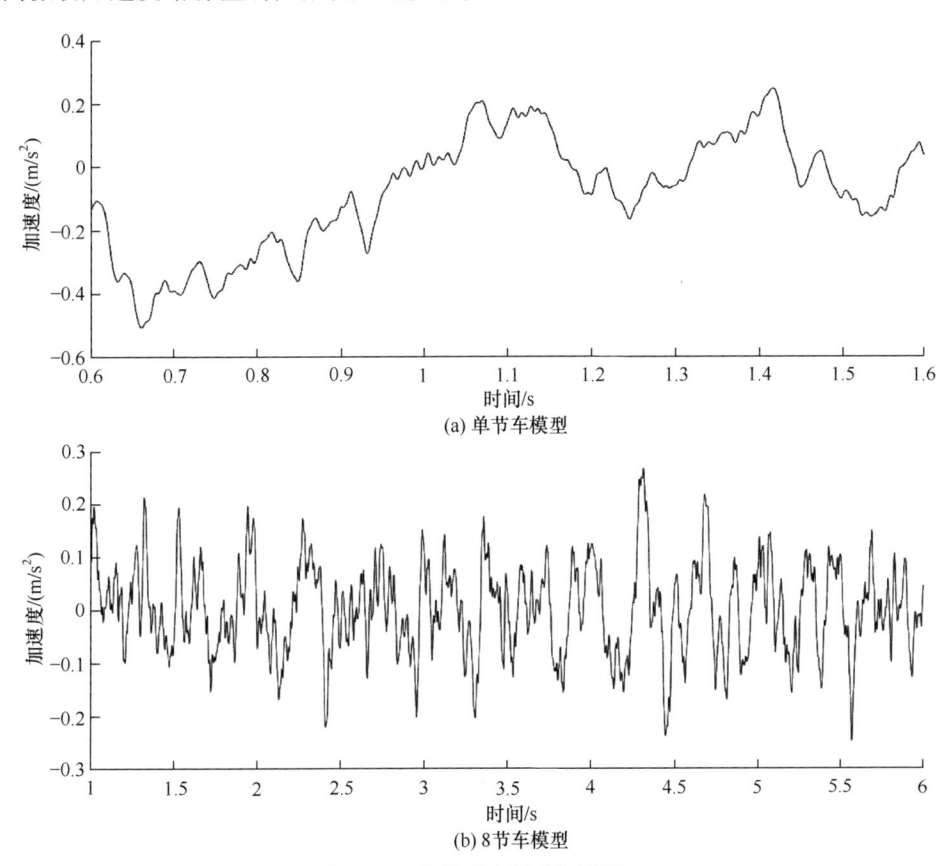

(a) 单节车模型

(b) 8节车模型

图 9.23　车体垂向振动加速度

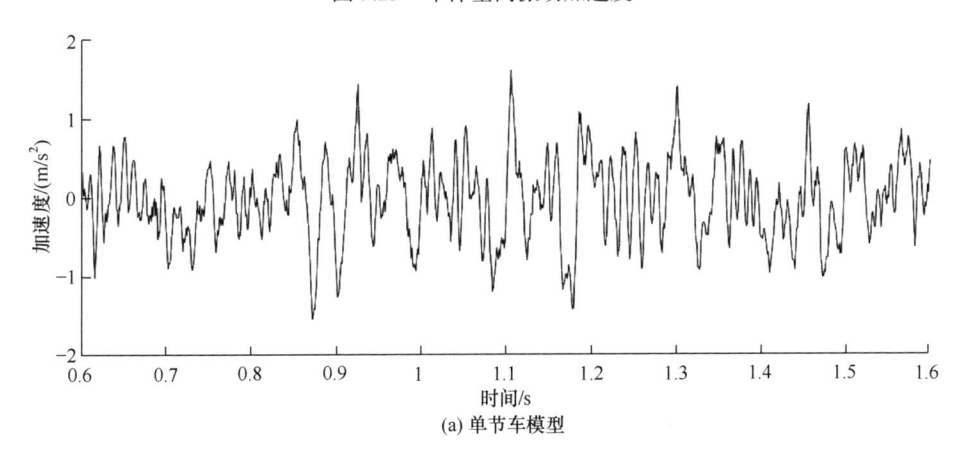

(a) 单节车模型

(b) 8节车模型

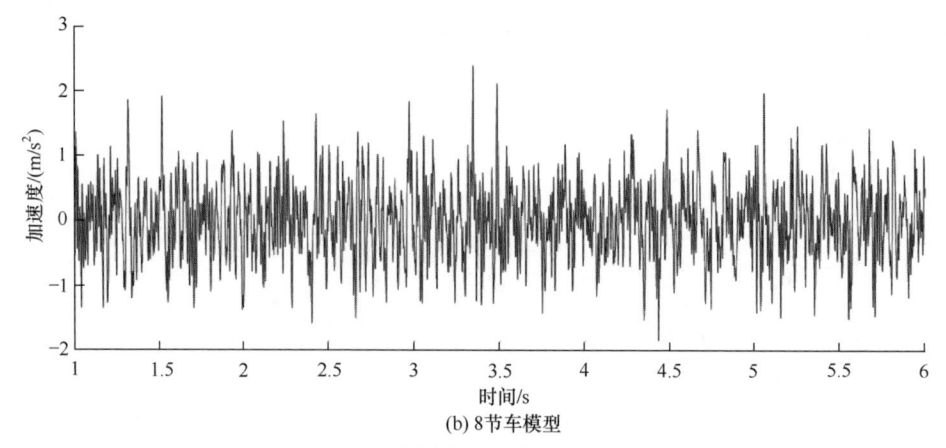

图 9.24 转向架垂向振动加速度

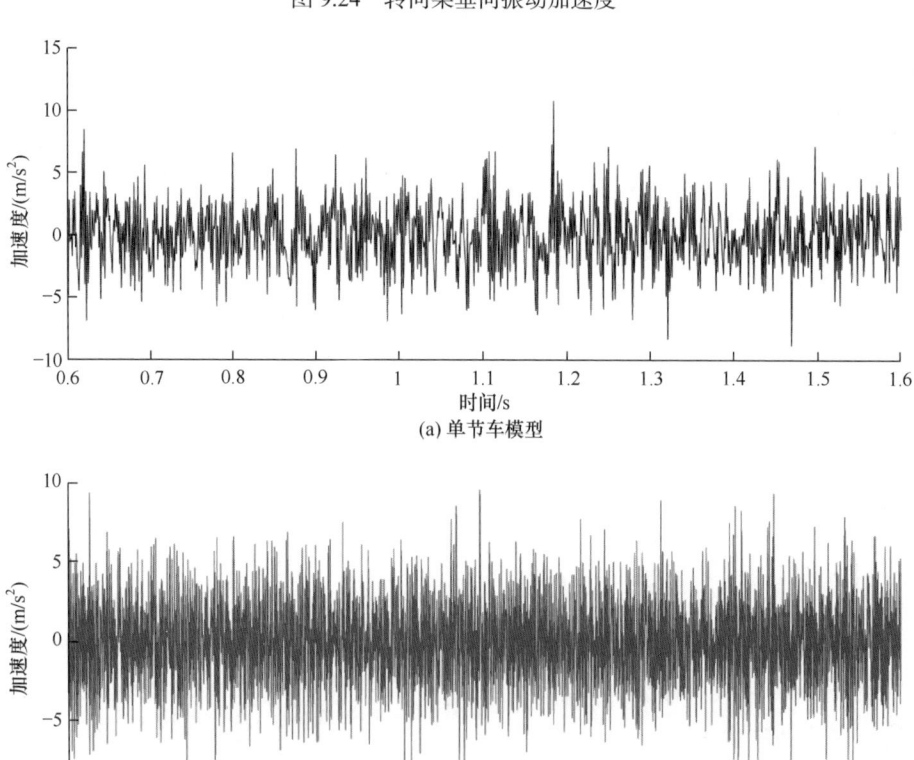

(a) 单节车模型

(b) 8节车模型

图 9.25 轮对垂向振动加速度

(a) 单节车模型

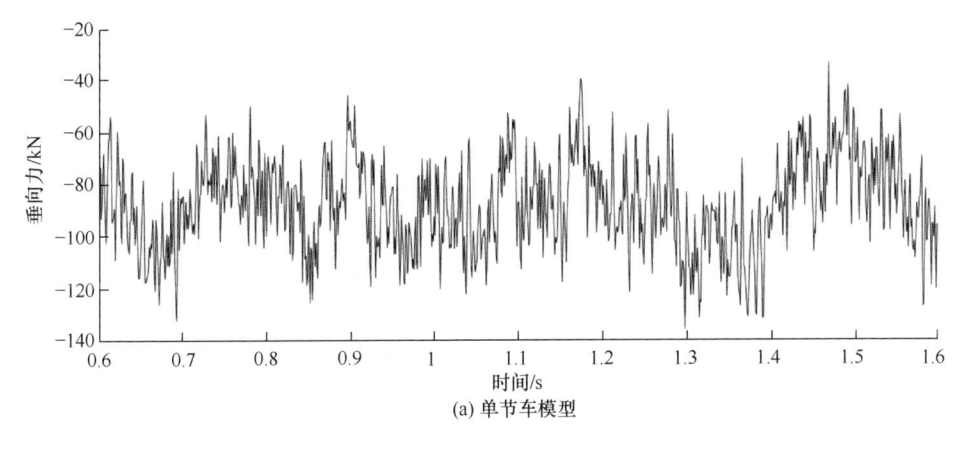

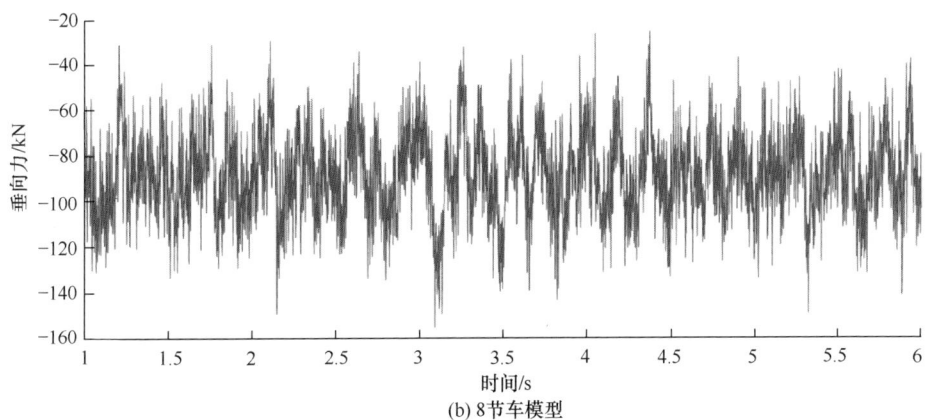

(b) 8节车模型

图 9.26 轮轨垂向力

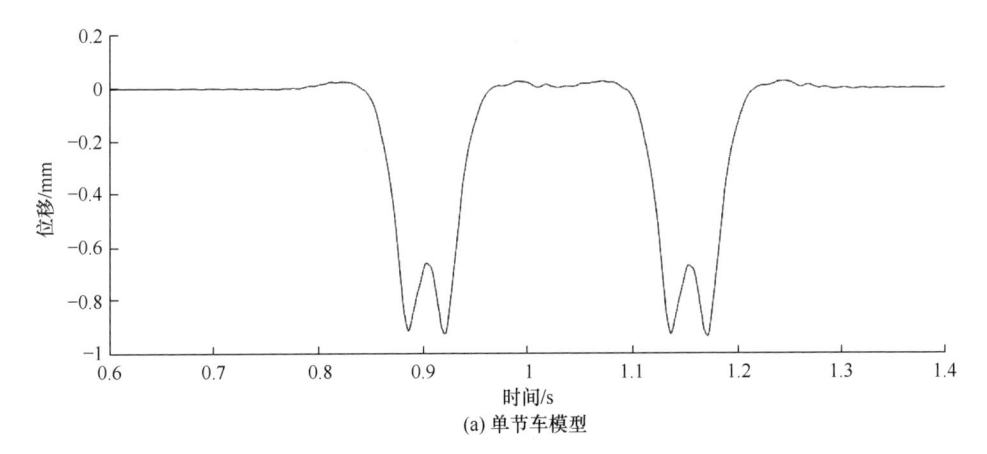

(a) 单节车模型

(b) 8节车模型

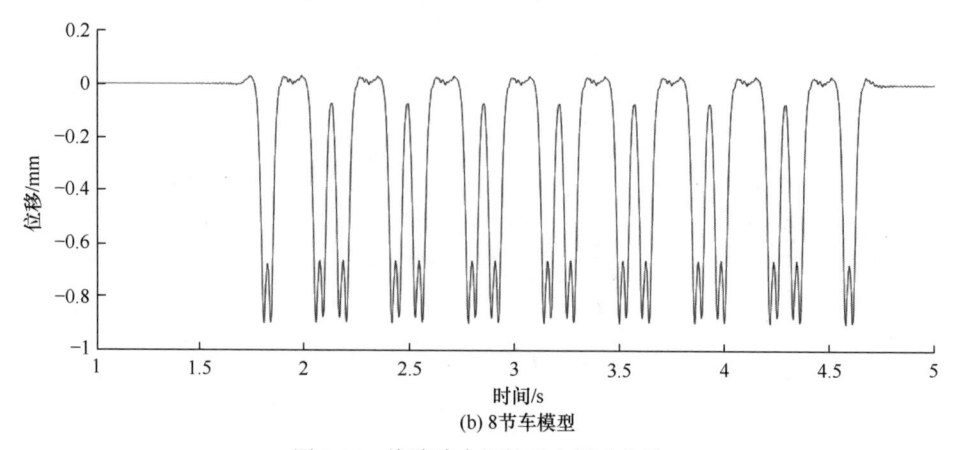

图 9.27　线路跨中钢轨垂向振动位移

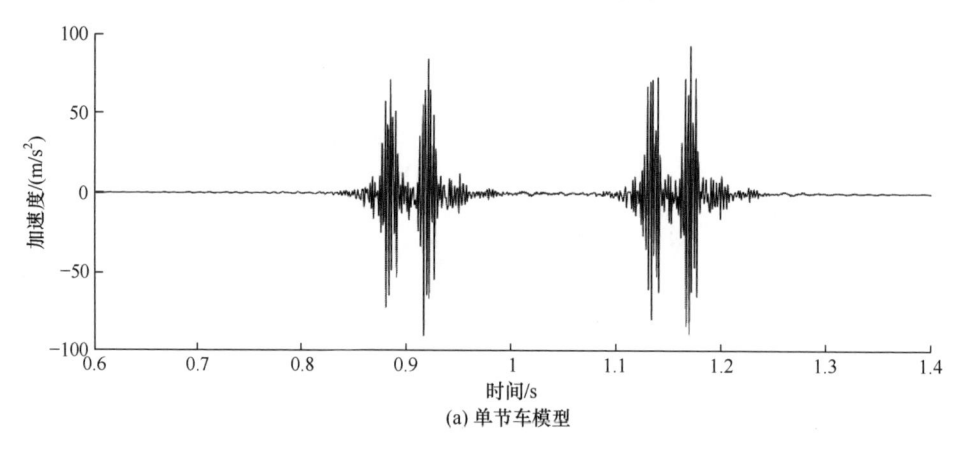

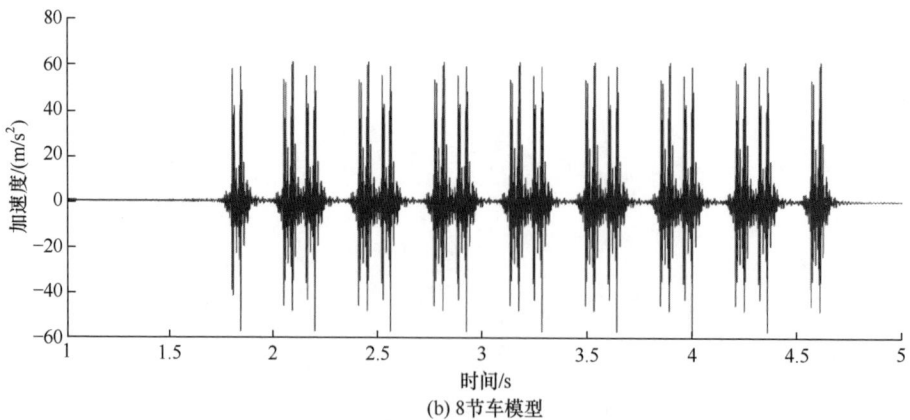

(a) 单节车模型

(b) 8节车模型

图 9.28　线路跨中钢轨垂向振动加速度

第 9 章　车辆-轨道耦合系统动力学模型中的几个问题

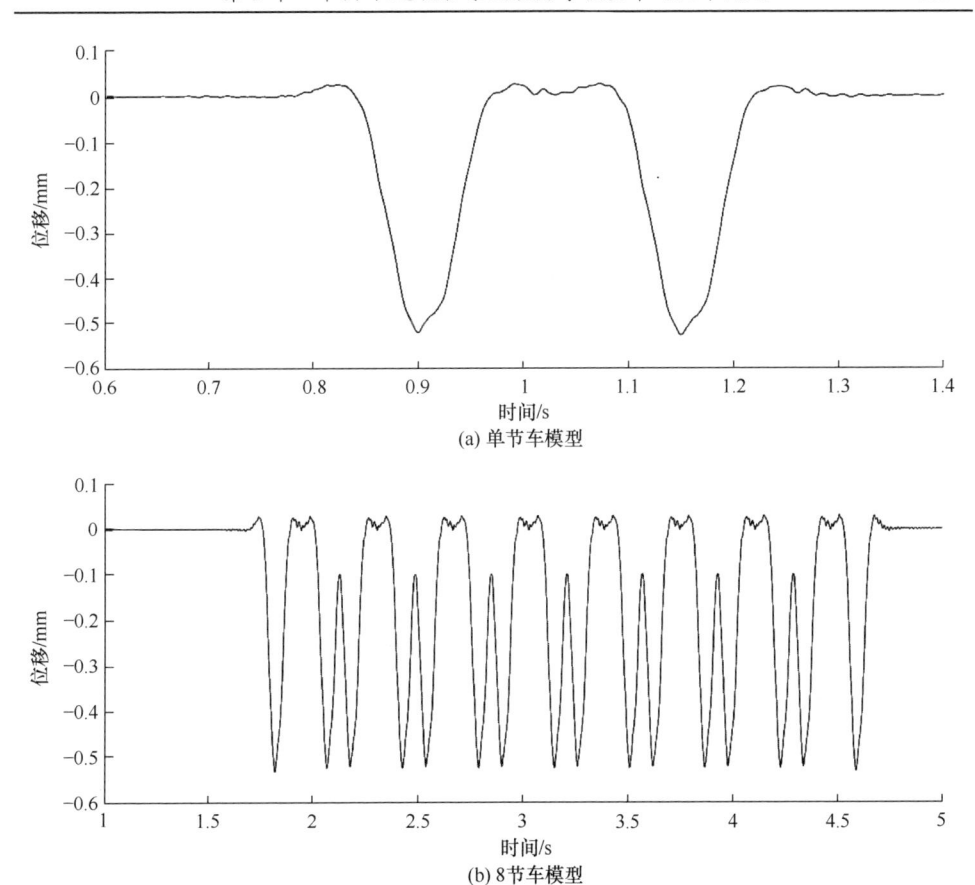

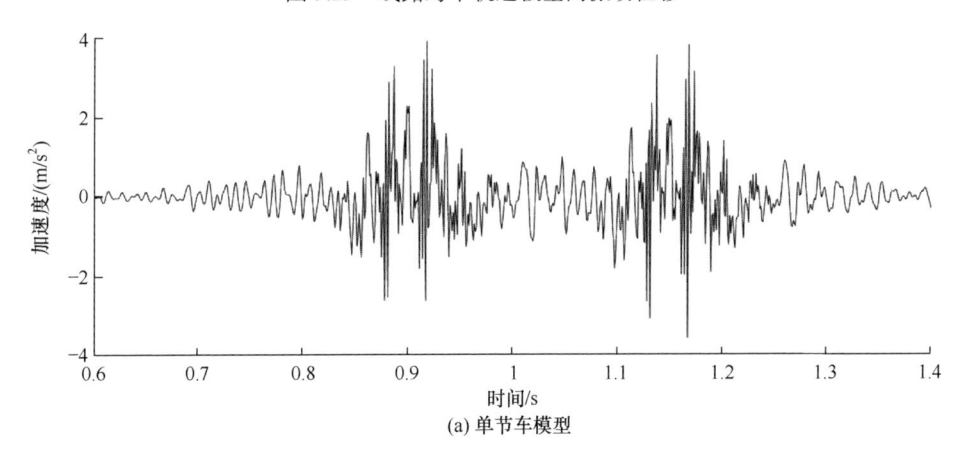

(a) 单节车模型

(b) 8节车模型

图 9.29　线路跨中轨道板垂向振动位移

(a) 单节车模型

(b) 8节车模型

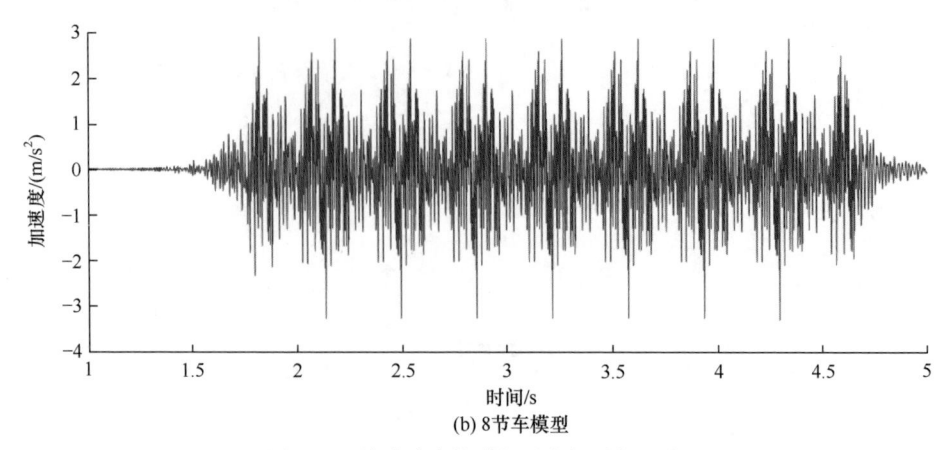

图 9.30　线路跨中轨道板垂向振动加速度

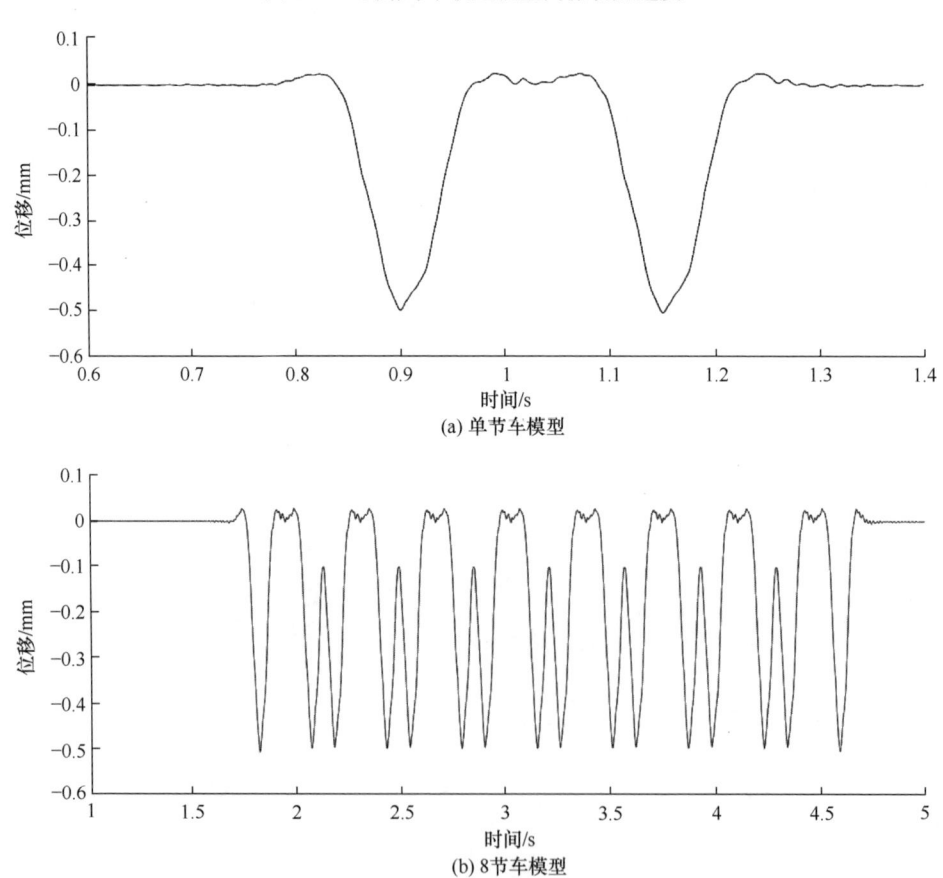

(a) 单节车模型

(b) 8节车模型

图 9.31　线路跨中底座板垂向振动位移

(a) 单节车模型

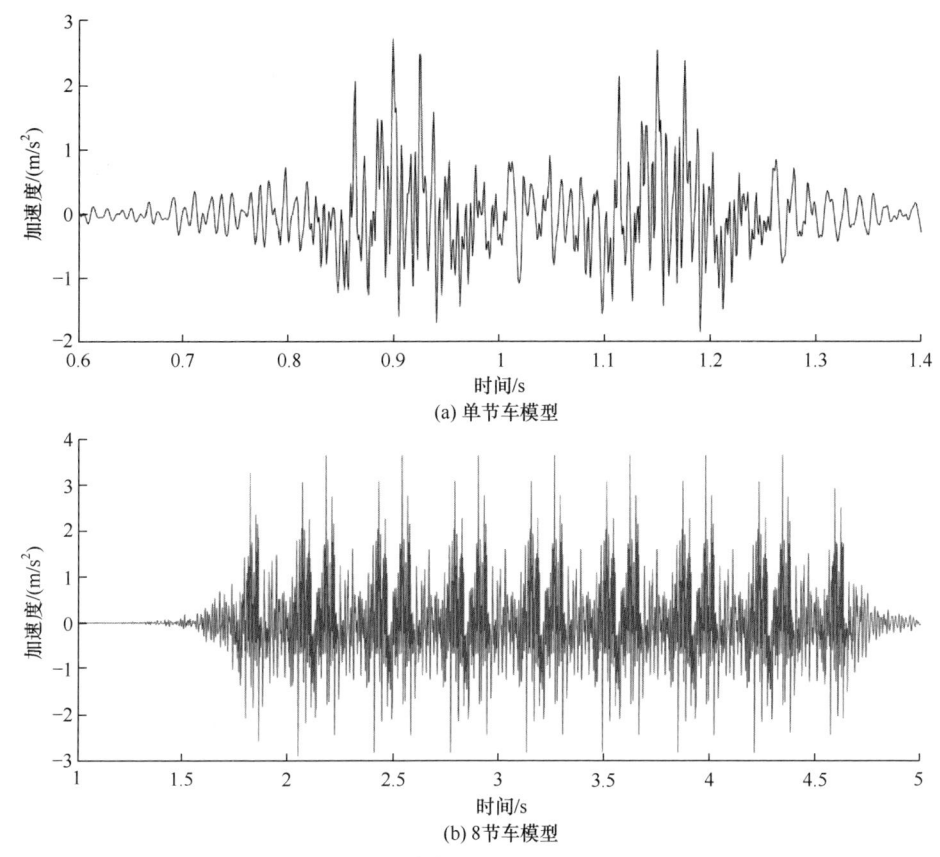

(b) 8节车模型

图 9.32 线路跨中底座板垂向振动加速度

通过对比列车-轨道耦合系统单节车模型与 8 节车模型对车辆和轨道结构动力响应的分析可知，除 8 节车模型得到的轮轨垂向力振幅比单节车模型计算结果稍大，两种车辆编组模型计算得到的车辆和轨道结构动力响应振幅和变化规律基本相同，但是 8 节车模型得到的结果持续作用时间要长。因此，在进行列车-轨道耦合系统动力响应分析时，为简化分析，可用单节车模型代替多节车模型。

9.4 列车-轨道-桥梁耦合系统单节车模型与多节车模型对比分析

为了对比列车-轨道-桥梁耦合系统单节车模型与多节车模型对车辆和轨道结构动力响应的影响，分别选择单节和 8 节编组高速列车 CRH3 以速度 250km/h 行驶于连续梁桥时，引起车辆、轨道和桥梁结构的动力响应。桥梁为 20 跨连续混凝土箱型双线铁路桥梁，桥上铺设 CRTS II 型板式轨道。不计桥墩的弹性变形，将桥墩简化为滚动支座。线路长度为 $32 \times 20 = 640\text{m}$，考虑轨道随机不平顺的影响，根据德国高速铁路低干扰轨道高低不平顺谱和轨道短波不平顺谱联合生成轨道不平顺样本。初始时刻 8 节列车位于线路左端，列车和轨道结构参数见表 5.1 和表 5.2，桥梁结构参数见表 5.3。

计算结果如图 9.33～图 9.42 所示。由此可以得到以下结论。

(1) 8 节车模型比单节车模型计算得到的车辆动力响应要大些，且持续振荡的时间更长。单节车模型得到的车体垂向振动加速度在计算稳定后，位于 $-0.2\sim0.2\text{m/s}^2$ 范围，而 8 节车模型得到的车体加速度位于 $-0.3\sim0.3\text{m/s}^2$ 范围；单节车模型得到的转向架垂向振动加速度位于 $-2\sim2\text{m/s}^2$ 范围，而 8 节车模型得到的转向架加速度位于 $-3\sim3\text{m/s}^2$ 范围；轮对垂向振动加速度两种模型得到的结果均在 $-10\sim10\text{m/s}^2$ 范围。

(2) 8 节车模型比单节车模型计算得到的轮轨垂向力振动幅度要大，且持续振

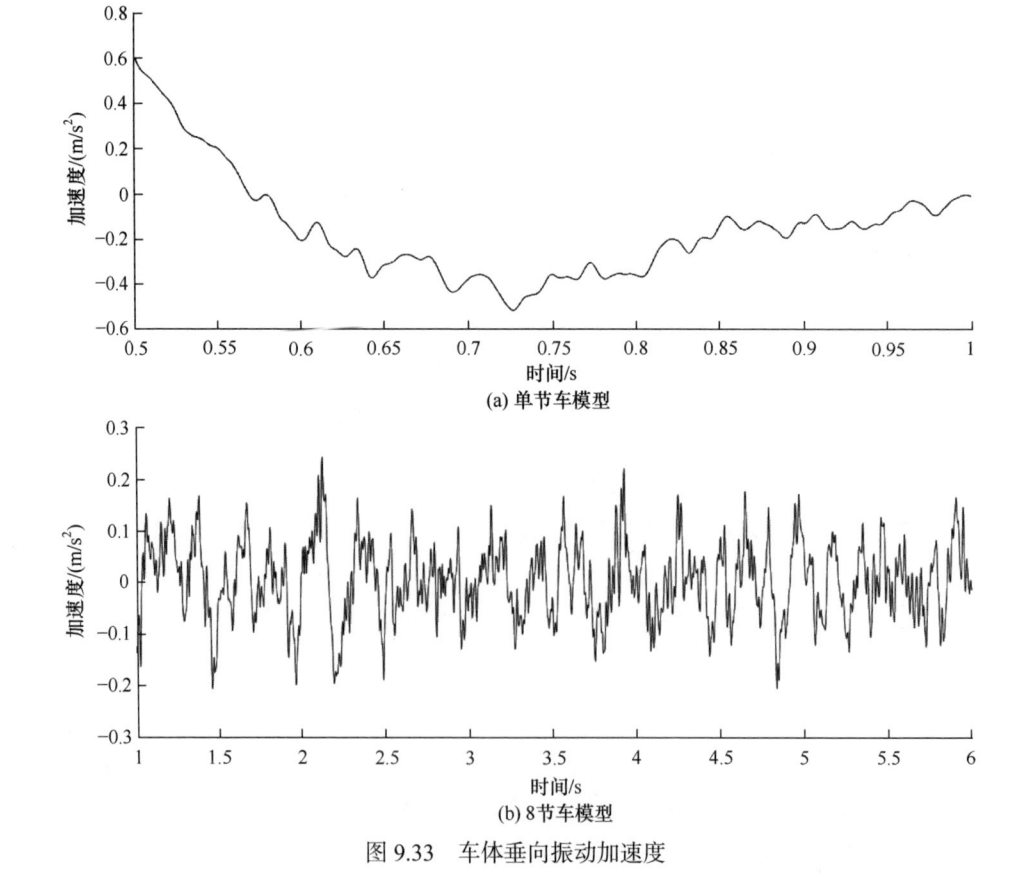

图 9.33 车体垂向振动加速度

荡的时间要长。单节车模型计算得到的轮轨垂向力在-120～-30kN 范围振荡,8 节车模型计算得到的轮轨垂向力的变化范围为-150～-10kN。

(3) 由于钢轨、轨道板和混凝土桥梁的位移受相邻连续梁变形的影响,单节车模型比 8 节车模型计算得到的钢轨、轨道板和混凝土桥梁的垂向振动位移要大,但是振动位移变化规律相同。

(4) 8 节车模型比单节车模型计算得到的钢轨、轨道板和混凝土桥梁的垂向振动加速度要大,持续作用时间要长。单节车模型计算得到的钢轨加速度位于-50～50m/s² 范围,而 8 节车模型计算得到的钢轨加速度位于-60～60m/s² 范围;单节车模型计算得到的轨道板加速度位于-5～5m/s² 范围,而 8 节车模型计算得到的轨道板加速度位于-7～7m/s² 范围;单节车模型计算得到的桥梁加速度位于-0.4～0.4m/s² 范围,而 8 节车模型计算得到的桥梁加速度位于-0.5～0.5m/s² 范围;振动加速度变化规律相同。

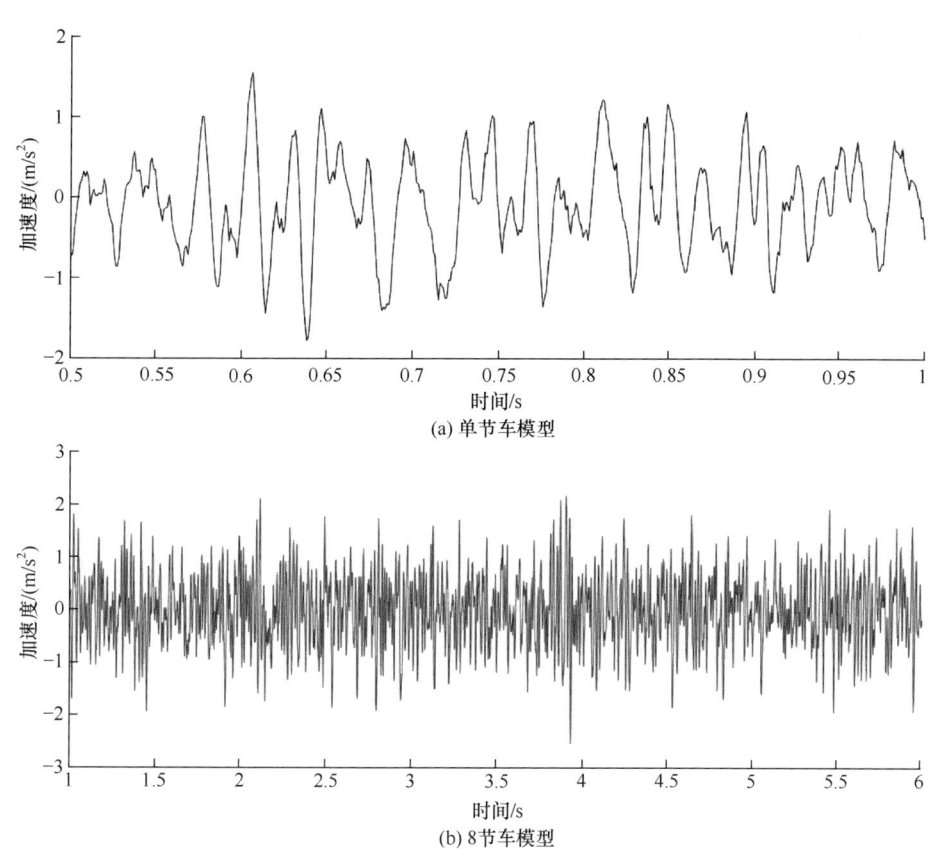

(a) 单节车模型

(b) 8节车模型

图 9.34 转向架垂向振动加速度

(a) 单节车模型

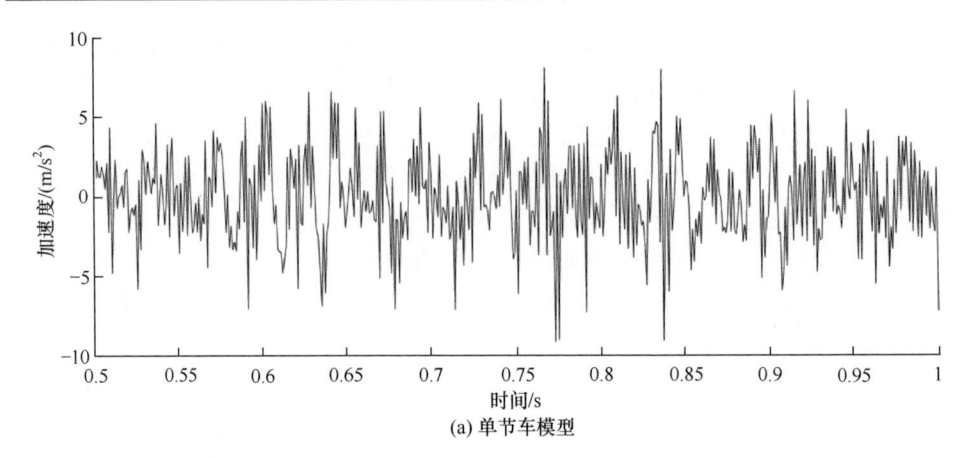

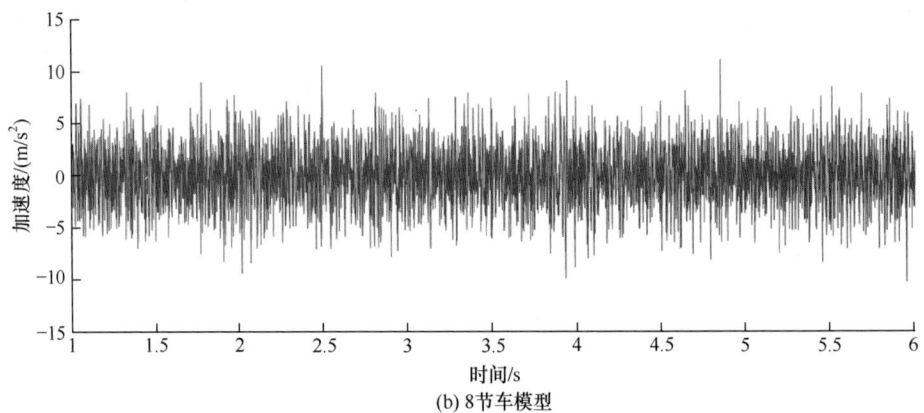

(b) 8节车模型

图 9.35 轮对垂向振动加速度

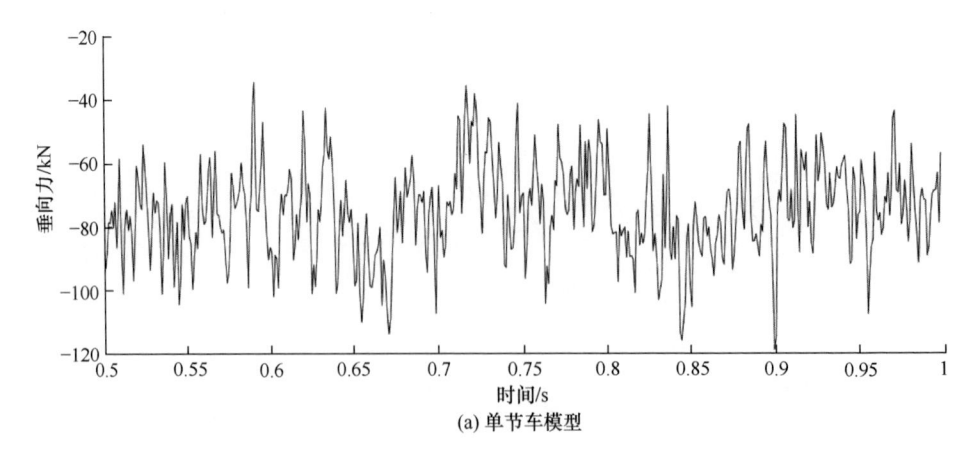

(a) 单节车模型

(b) 8节车模型

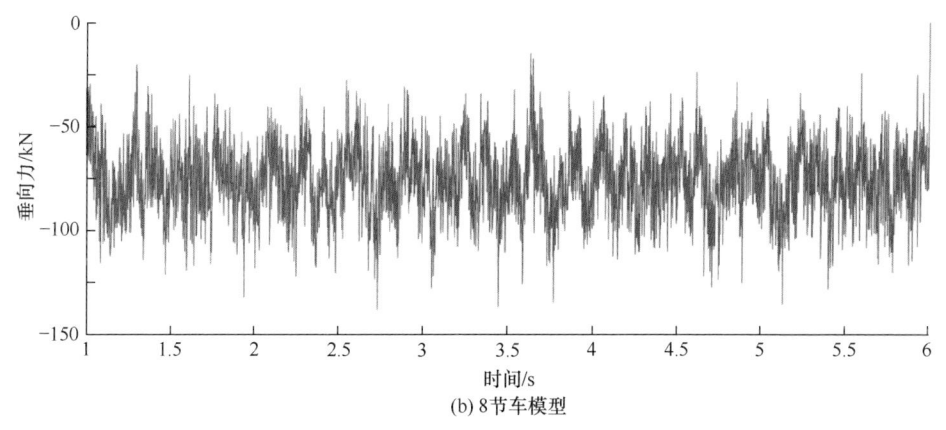

图 9.36 轮轨垂向力

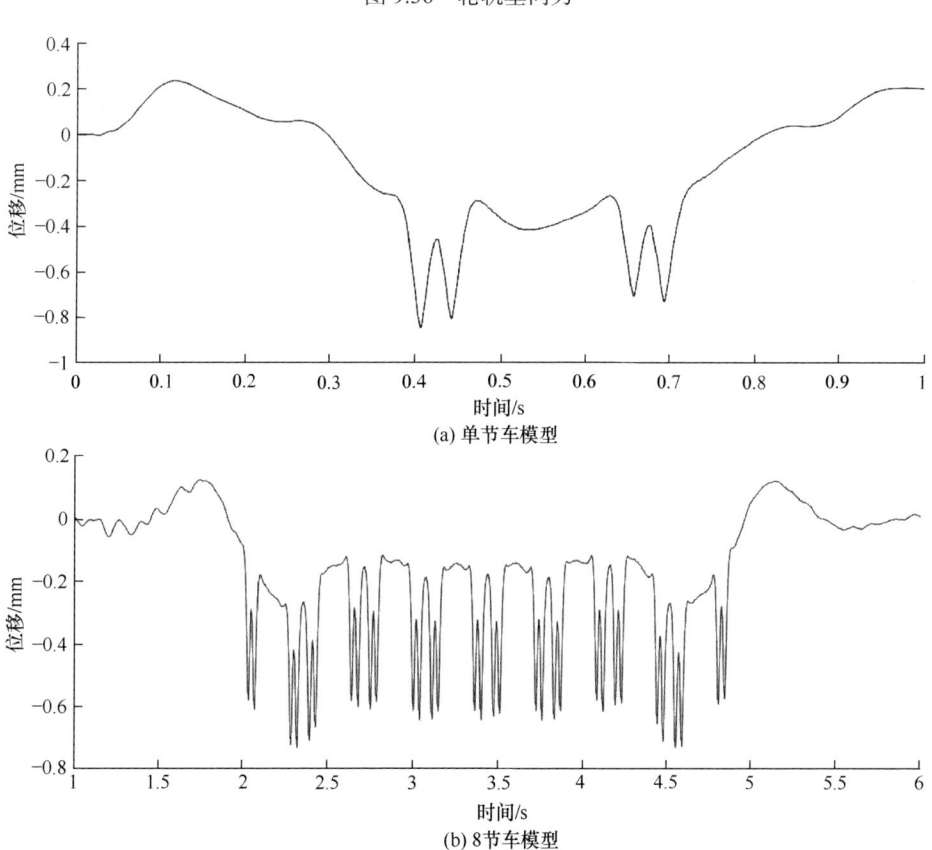

(a) 单节车模型

(b) 8节车模型

图 9.37 桥梁跨中钢轨垂向振动位移

(a) 单节车模型

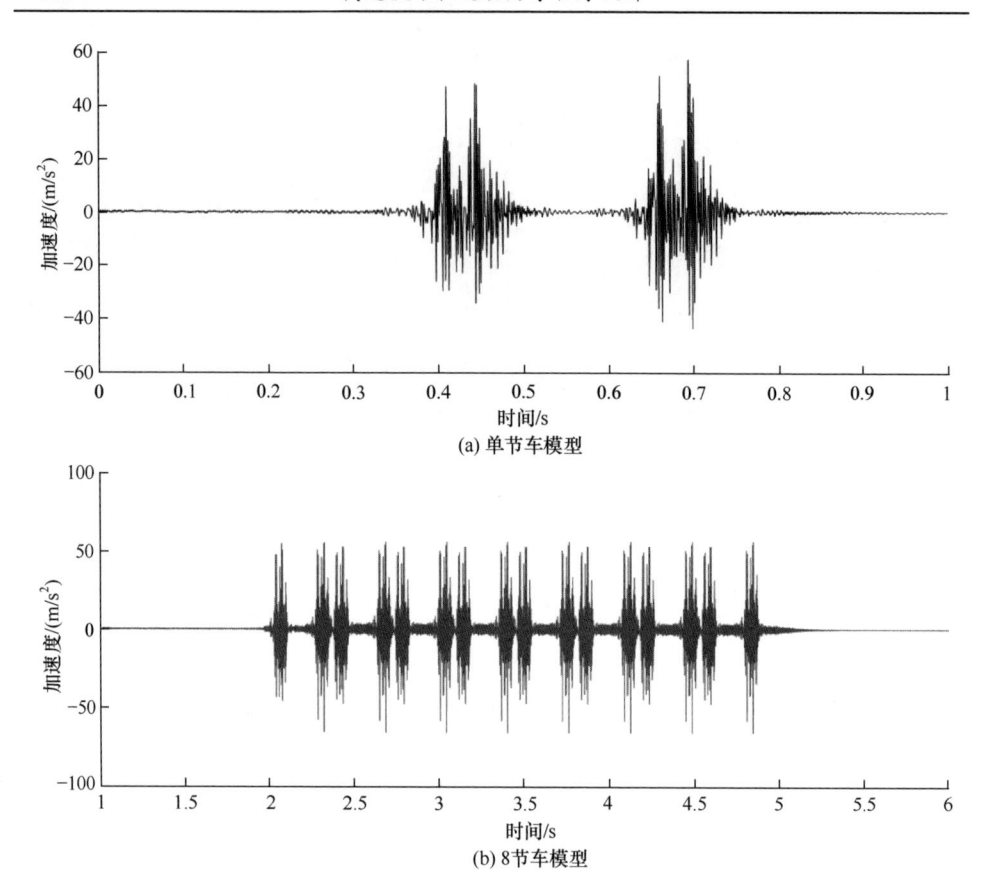

(b) 8节车模型

图 9.38 桥梁跨中钢轨垂向振动加速度

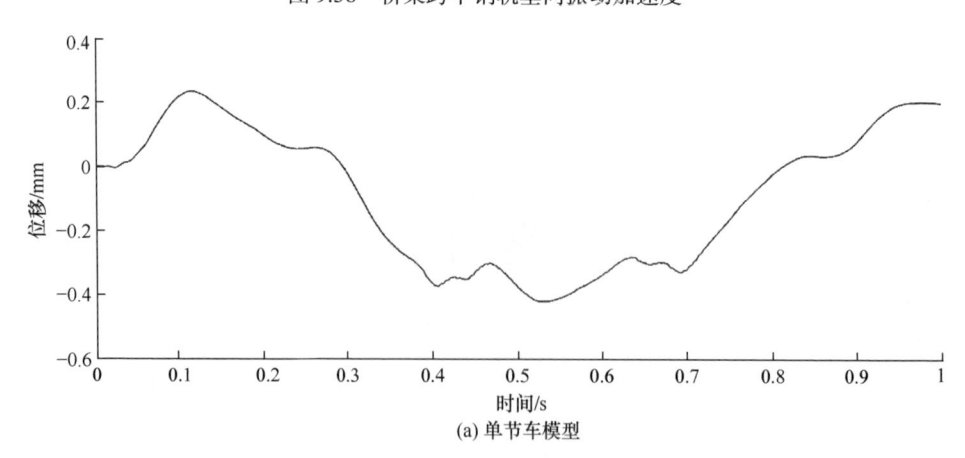

(a) 单节车模型

(b) 8节车模型

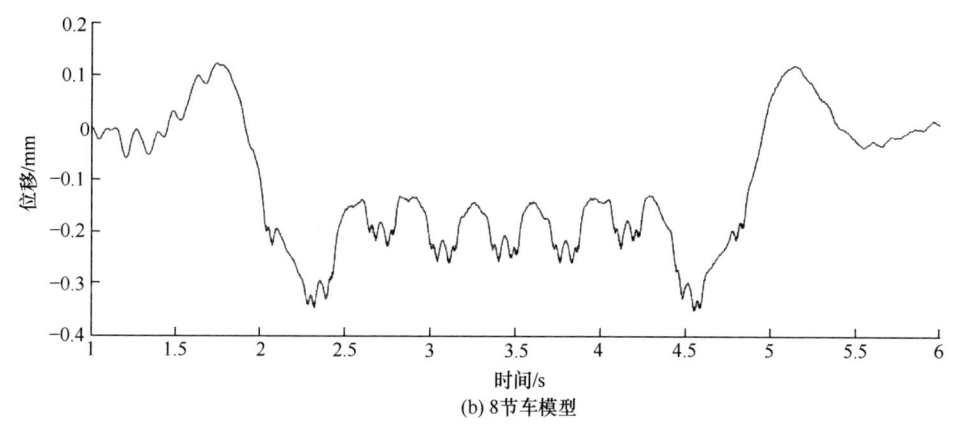

图 9.39　桥梁跨中轨道板垂向振动位移

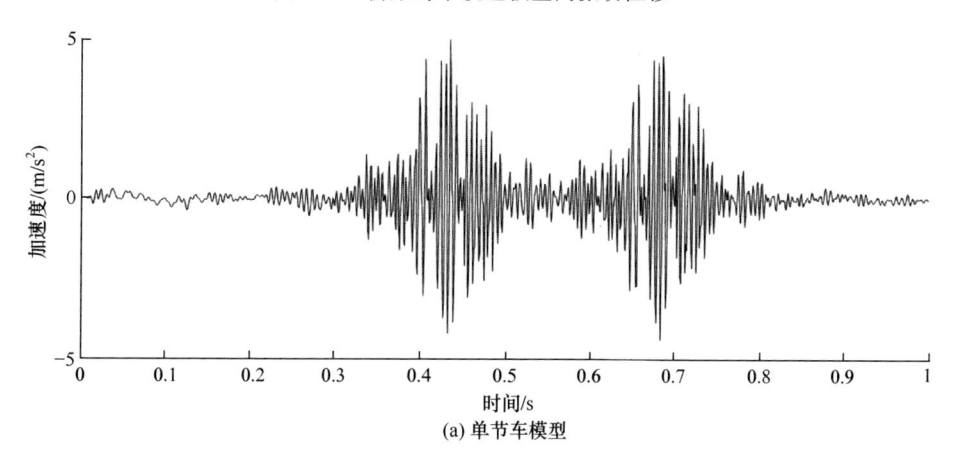

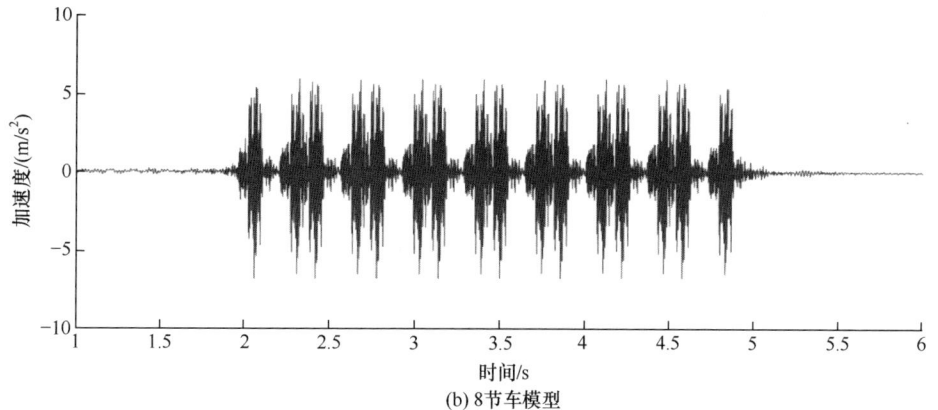

(a) 单节车模型

(b) 8节车模型

图 9.40　桥梁跨中轨道板垂向振动加速度

(a) 单节车模型

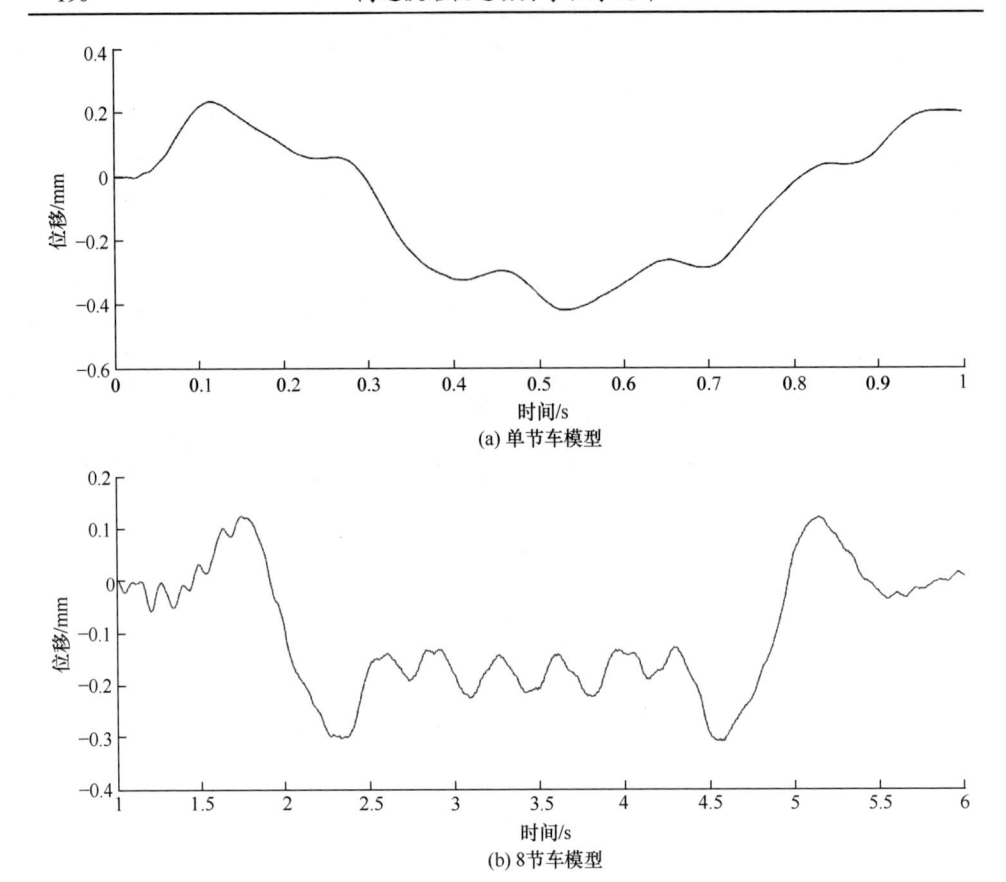

(b) 8节车模型

图 9.41 桥梁跨中桥梁垂向振动位移

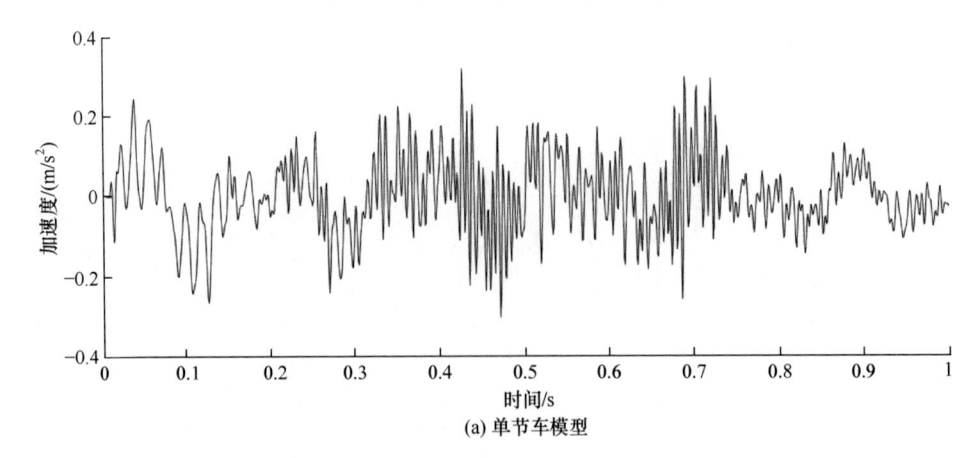

(a) 单节车模型

(b) 8节车模型

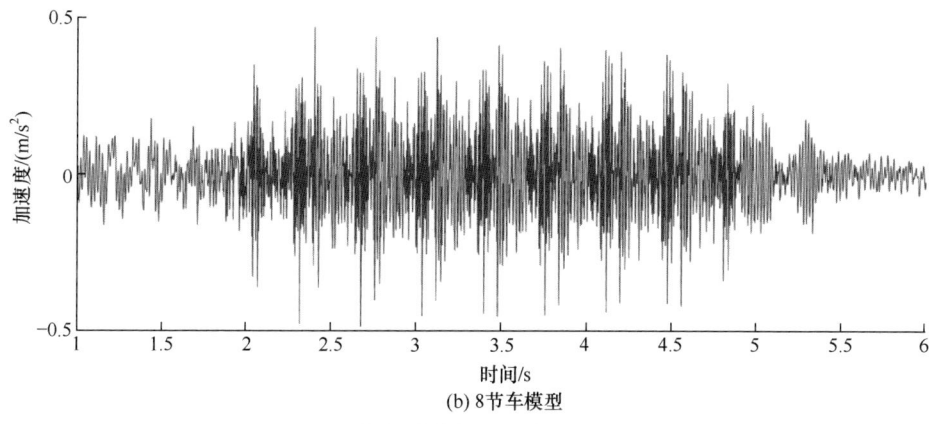

图 9.42　桥梁跨中桥梁垂向振动加速度

通过对比列车-轨道-桥梁耦合系统单节车模型与 8 节车模型对车辆、轨道和桥梁结构动力响应的影响，可知除钢轨、轨道板和桥梁的振动位移，8 节车模型比单节车模型计算得到的车辆、轨道和桥梁结构的动力响应大 20%～40%，且持续作用时间要长。因此，在进行列车-轨道-桥梁耦合系统动力响应分析时，为了获得较准确的结果，应选择多节车模型。

9.5　结　　论

通过上面的分析，可以得到如下结论。

(1) 采用层状梁轨道模型模拟实际轨道结构是完全可行的，层状梁轨道模型计算结果与三维块体单元模型计算结果吻合良好。

(2) 当土体刚度大于道砟刚度时(大多数实际轨道结构均属于此种情况)，考虑大地刚度的轨道层状梁模型计算结果与大地半无限空间轨道模型计算结果具有很好的一致性，说明用等效的黏弹性阻尼元件模拟大地土壤弹性是可行的，计算结果具有良好的精度。

(3) 交叉迭代法求解车辆-轨道非线性耦合系统动力学方程比常用的耦合方程解法效率更高、精度更好、用时更省、程序设计更容易，不但适用轮轨线性接触分析，而且适用轮轨非线性接触分析。通过引入松弛因子对轮轨接触力进行修正，可以加快交叉迭代算法的收敛速度。

(4) 在进行列车-轨道耦合系统动力响应分析时，多节车模型和单节车模型计算得到的车辆和轨道结构动力响应振幅和变化规律基本相同，差异表现为多节车模型得到的结果持续作用时间要长，为简化分析，可用单节车模型代替多节车模型。

(5) 在进行列车-轨道-桥梁耦合系统动力响应分析时，多节车模型比单节车模型计算得到的车辆、轨道和桥梁结构的动力响应大约要大 20%～40%，且持续作用时间要长，因此为了获得较准确的结果，应选择多节车模型。

参 考 文 献

[1] 雷晓燕. 高速铁路轨道动力学——模型、算法与应用. 2 版. 北京: 科学出版社, 2021.

[2] Lei X Y, Zhang B. Influence of track stiffness distribution on vehicle and track interactions in track transition. Proceedings of the Institution of Mechanical Engineers Part F, 2010, 224(1): 592-604.

[3] Lei X Y, Zhang B. Analysis of dynamic behavior for slab track of high-speed railway based on vehicle and track elements. Journal of Transportation Engineering, 2011, 137(4): 227-240.

[4] Lei X Y, Zhang B. Analyses of dynamic behavior of track transition with finite elements. Journal of Vibration and Control, 2011, 17(11): 1733-1747.

[5] Xu L, Chen Z W, Zhai W M. An advanced vehicle-slab track interaction model considering rail random irregularities. Journal of Vibration and Control, 2018, 24(19): 4592-4603.

[6] Yu Y W, Zhao L L, Zhou C C. A new vertical dynamic model for railway vehicle with passenger-train-track coupling vibration. Proceedings of the IMechE Part K: J. Multi-body Dynamics, 2020, 234(1): 134-146.

[7] Xiao H, Yang S, Wang H Y, et al. Initiation and development of rail corrugation based on track vibration in metro systems. Proceedings of the IMechE Part F: J. Rail and Rapid Transit, 2018, 232(9): 2228-2243.

[8] Khajehdezfuly A. Effect of rail pad stiffness on the wheel/rail force intensity in a railway slab track with short-wave irregularity. Proceedings of the IMechE Part F: J. Rail and Rapid Transit, 2019, 233(10): 1038-1049.

[9] Mosayebi S A, Esmaeili M, Zakeri J A. Numerical investigation of the effects of unsupported railway sleepers on train-induced environmental vibrations. Journal of Low Frequency Noise, Vibration and Active Control, 2017, 36(2): 160-176.

[10] Mousavi S H. Semiactive dynamic model of the rail track-vehicle system to reduce the vertical contact force interaction using magnetorheological dampers. Journal of Vibration and Control, 2021, 27(9, 10): 1132-1142.

[11] Kouroussis G, Verlinden O, Conti C. A two-step time simulation of ground vibrations induced by the railway traffic. Proceedings of the IMechE Part C: J. Mechanical Engineering Science, 2011, 226(2): 454-472.

[12] Kouroussis G, Verlinden O. Prediction of railway ground vibrations: Accuracy of a coupled lumped mass model for representing the track/soil interaction. Soil Dynamics and Earthquake Engineering, 2015, 69: 220-226.

[13] 翟婉明. 车辆-轨道耦合动力学. 3 版. 北京: 科学出版社, 2007.

[14] 娄平, 曾庆元. 车辆-轨道-桥梁系统竖向运动方程的建立. 铁道学报, 2004, 26(5): 71-80.

[15] 向俊, 赫丹. 高速列车与博格板式轨道系统竖向振动分析模型. 交通运输工程学报, 2007, 7(3): 1-5.

第 10 章　基于谱单元法的轨道结构中高频振动分析及程序

我国高速铁路大量采用无砟轨道结构，经过十余年的运营实践，无砟轨道结构病害陆续显现，如不均匀沉降产生的轨道板开裂、轮轨相互作用引起的轨道疲劳损伤、温度荷载引起的轨道结构裂缝等，有的病害已发展到较严重而必须进行限速和大修的程度。随着高速铁路大量投入运营、无砟轨道结构服役时间的增加和列车运行速度的不断提高，无砟轨道结构服役环境进一步恶化，导致车辆与轨道之间的相互作用更加激烈。轨道结构的激烈振动一方面会对轨道结构造成严重的损伤，另一方面会诱发轨道结构的强烈振动与噪声。轮轨之间激烈的相互作用引起轨道结构振动噪声的频率范围通常较宽，从几赫兹到上千赫兹。因此，研究轨道结构在中高频率范围的振动特性对轨道结构在全寿命周期中安全运营和绿色环保具有重要意义。

10.1　引　　言

传统的动力有限元法需要划分密集的单元，选取细小的积分步长才能分析较高频率的振动响应，由此产生的累积误差又直接影响计算结果的精度，因此不适应结构振动的中高频分析。谱元法是一种高精度的频域分析方法，特别适合宽频域结构振动分析问题[1]。谱元法从结构单元的波动方程出发，利用谱分析方法，将时域下的位移响应表现成谱分量的形式并代入轨道结构运动方程，通过求解谱分量形式的运动方程，考虑单元的边界条件，即可得到谱单元的刚度矩阵和谱单元方程。谱单元刚度矩阵与频率密切相关，能精确反映振动随频率变化的特性。类似于有限元法，谱元法将整体结构分解成由杆、梁、轴、板等单元组成的网格单元模型，利用变换矩阵，将单元坐标系下的谱单元刚度矩阵变换到整体坐标系下，并采用与有限元法相同的组合方式，得到整体结构的整体谱刚度矩阵。通过对结构荷载进行傅里叶变换，利用整体结构的谱刚度矩阵求解各个谱分量下各个结点的位移响应，再通过傅里叶逆变换，最终求得时域内结构的位移响应。若忽略傅里叶变换和傅里叶逆变换的计算误差，谱元法在解决结构动态问题上可认为是一种精度极高的数值计算方法。

谱元法的优点集中体现在建模的灵活性、算法的通用性和编程的简单性，在较宽的分析频率范围内，达到以较少的单元数取得较高的计算精度和计算效率，目前已经出现一些用谱元法分析实际工程问题的文献[2-10]。本章讨论基于谱单元法构建轨道结构中高频振动谱分析的模型和算法，通过将轨道结构分别简化为单层梁和三层梁模型，推导轨道结构的谱单元刚度矩阵和求解方程。基于该模型，运用 Matlab 编制计算程序，仿真分析无砟轨道结构参数对轨道结构中高频振动和一阶垂向 pinned-pinned 频率的影响，在此基础上总结无砟轨道结构中高频振动的规律。

10.2 轨道结构单层梁模型

长枕埋入式无砟轨道结构如图 10.1 所示。由于轨枕与混凝土道床板完全联结在一起，轨下基础的质量很大，道床板与混凝土底座之间几乎没有弹性，轨道的弹性主要靠轨下胶垫来提供。因此，长枕埋入式无砟轨道结构可简化为单层弹性点支承梁模型，利用谱元法将轨道结构划分为有限个谱单元，两相邻支承点间钢轨、支承弹簧阻尼划分为一个轨道谱单元。轨道结构单层弹性点支承梁谱单元模型如图 10.2 所示。

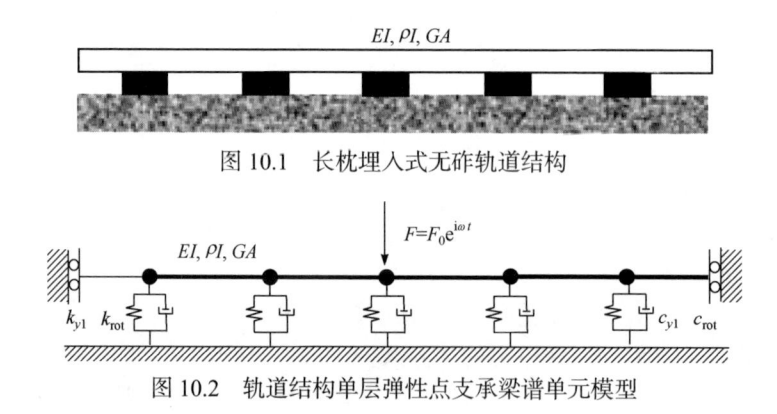

图 10.1　长枕埋入式无砟轨道结构

图 10.2　轨道结构单层弹性点支承梁谱单元模型

10.2.1　轨道结构单层梁模型谱单元刚度矩阵

轨道结构单层梁模型谱单元结点位移与结点荷载谱分量如图 10.3 所示。其中，钢轨简化为二维欧拉梁或铁摩辛柯梁，钢轨扣件简化为离散弹簧阻尼元件。假设材料、截面属性均匀一致，不考虑外部荷载作用的二维梁运动微分方程为

$$GAKC_1\left(\frac{\partial^2 v}{\partial x^2} - \frac{\partial \phi}{\partial x}\right) - \rho A \frac{\partial^2 v}{\partial t^2} = 0$$

$$EI\frac{\partial^2 \phi}{\partial x^2} + GAKC_1\left(\frac{\partial v}{\partial x} - \phi\right) - \rho IC_2\frac{\partial^2 \phi}{\partial t^2} = 0 \tag{10.1}$$

其中，G 为剪切弹性模量；A 为梁横截面面积；K 为剪切矫正因子；C_1、C_2 为梁类型参数，当 $C_1=1$、$C_2=1$ 时，式(10.1)为二维铁摩辛柯梁运动微分方程，当 $C_1=\infty$、$C_2=0$ 时，式(10.1)退化为二维 Bernoulli-Euler 梁运动微分方程；v 为梁的垂向位移；ϕ 为弯曲引起的转角；ρ 为材料密度；E 为弹性模量；I 为梁的横截面惯性矩。

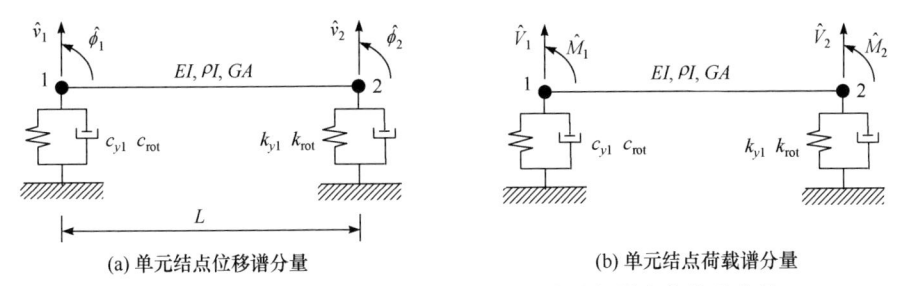

(a) 单元结点位移谱分量 (b) 单元结点荷载谱分量

图 10.3 轨道结构单层梁模型谱单元结点位移与结点荷载谱分量

梁的内力和位移有如下关系，即

$$V = GAKC_1\left(\frac{\partial v}{\partial x} - \phi\right)$$
$$M = EI\frac{\partial \phi}{\partial x} \tag{10.2}$$

其中，V 和 M 为梁内部剪力和弯矩。

式(10.1)的解可表示成谱分量的形式，即

$$v(x,t) = \frac{1}{N}\sum_{n=0}^{N-1}\hat{v}(x,\omega_n)\mathrm{e}^{-\mathrm{i}\omega_n t}$$
$$\phi(x,t) = \frac{1}{N}\sum_{n=0}^{N-1}\hat{\phi}(x,\omega_n)\mathrm{e}^{-\mathrm{i}\omega_n t}$$
$$V(x,t) = \frac{1}{N}\sum_{n=0}^{N-1}\hat{V}(x,\omega_n)\mathrm{e}^{-\mathrm{i}\omega_n t}$$
$$M(x,t) = \frac{1}{N}\sum_{n=0}^{N-1}\hat{M}(x,\omega_n)\mathrm{e}^{-\mathrm{i}\omega_n t}$$
$$\tag{10.3}$$

其中，$\hat{v}$、$\hat{\phi}$、$\hat{V}$ 和 $\hat{M}$ 为谱分量；N 为时域采样点数；ω_n 为圆频率。

定义轨道结构单层梁模型谱单元结点位移与结点荷载谱分量为

$$\boldsymbol{a}_b = \{\hat{v}_1 \quad \hat{\phi}_1 \quad \hat{v}_2 \quad \hat{\phi}_2\}^\mathrm{T} \tag{10.4}$$

$$\boldsymbol{Q}_b = \{\hat{V}_1 \quad \hat{M}_1 \quad \hat{V}_2 \quad \hat{M}_2\}^{\mathrm{T}} \tag{10.5}$$

将式(10.3)代入式(10.1)可得

$$GAKC_1\left(\frac{\partial^2 \hat{v}}{\partial x^2} - \frac{\partial \hat{\phi}}{\partial x}\right) + \rho A \omega_n^2 \hat{v} = 0$$
$$EI\frac{\partial^2 \hat{\phi}}{\partial x^2} + GAKC_1\left(\frac{\partial \hat{v}}{\partial x} - \hat{\phi}\right) + \rho I C_2 \omega_n^2 \hat{\phi} = 0 \tag{10.6}$$

式(10.6)的一般解为

$$\hat{v}(x,\omega_n) = v_0 \mathrm{e}^{-\mathrm{i}k\omega_n x}$$
$$\hat{\phi}(x,\omega_n) = \phi_0 \mathrm{e}^{-\mathrm{i}k\omega_n x} \tag{10.7}$$

其中，v_0 和 ϕ_0 为系数；$k(\omega)$ 为波数。

将式(10.7)代入式(10.6)可得频散方程，即

$$\begin{vmatrix} GAKC_1 k^2 - \rho A \omega^2 & -\mathrm{i}GAKC_1 k \\ \mathrm{i}GAKC_1 k & EIk^2 + GAKC_1 - \rho I C_2 \omega^2 \end{vmatrix} = 0 \tag{10.8}$$

解频散方程(10.8)，可得波数的 4 个解，即

$$k_1 = -k_3 = \sqrt{\frac{a_1}{2} + \sqrt{\frac{a_1^2}{4} - a_2}}, \quad k_2 = -k_4 = \sqrt{\frac{a_1}{2} - \sqrt{\frac{a_1^2}{4} - a_2}} \tag{10.9}$$

其中

$$a_1 = \frac{1}{GAKC_1 EI}(GAKC_1 \rho I C_2 \omega^2 + EI \rho A \omega^2)$$
$$a_2 = \frac{\rho A \omega^2}{GAKC_1 EI}(\rho I C_2 \omega^2 - GAKC_1) \tag{10.10}$$

由此，可将式(10.6)的解表示为

$$\hat{v} = R_1 A \mathrm{e}^{-\mathrm{i}k_1 x} + R_2 B \mathrm{e}^{-\mathrm{i}k_2 x} - R_1 C \mathrm{e}^{-\mathrm{i}k_1 (L-x)} - R_2 D \mathrm{e}^{-\mathrm{i}k_2 (L-x)}$$
$$\hat{\phi} = A \mathrm{e}^{-\mathrm{i}k_1 x} + B \mathrm{e}^{-\mathrm{i}k_2 x} + C \mathrm{e}^{-\mathrm{i}k_1 (L-x)} + D \mathrm{e}^{-\mathrm{i}k_2 (L-x)} \tag{10.11}$$

其中，A、B、C、D 为待定系数项；L 为轨道结构谱单元长度，取轨枕间距。

$$R_i = \frac{v_0}{\phi_0} = \frac{\mathrm{i}GAKC_1 k_i}{GAKC_1 k_i^2 - \rho A \omega^2}, \quad i = 1,2,3,4 \tag{10.12}$$

式(10.11)等号右侧前两项表示往右传播的波，后两项表示往左传播的波。

轨道结构谱单元的边界条件为

$$\begin{Bmatrix} \hat{v}(0,\omega) \\ \hat{\phi}(0,\omega) \\ \hat{v}(L,\omega) \\ \hat{\phi}(L,\omega) \end{Bmatrix} = \begin{Bmatrix} \hat{v}_1 \\ \hat{\phi}_1 \\ \hat{v}_2 \\ \hat{\phi}_2 \end{Bmatrix} = \boldsymbol{a}_b \tag{10.13}$$

其中，$\boldsymbol{a}_b$ 为谱单元结点位移向量。

运用位移边界条件式(10.13)，由式(10.11)可确定待定系数 A、B、C、D，将其代入(10.11)，可得

$$\hat{v}(x,\omega_n) = \hat{\boldsymbol{N}}\hat{\boldsymbol{L}}\hat{\boldsymbol{G}}\boldsymbol{a}_b \tag{10.14}$$

$$\hat{\phi}(x,\omega_n) = \hat{\boldsymbol{N}}\hat{\boldsymbol{G}}\boldsymbol{a}_b \tag{10.15}$$

其中

$$\hat{\boldsymbol{N}} = [\mathrm{e}^{-\mathrm{i}k_1 x} \quad \mathrm{e}^{-\mathrm{i}k_2 x} \quad \mathrm{e}^{-\mathrm{i}k_1(L-x)} \quad \mathrm{e}^{-\mathrm{i}k_2(L-x)}] \tag{10.16}$$

$$\hat{\boldsymbol{L}} = \mathrm{diag}\{R_1 \quad R_2 \quad -R_1 \quad -R_2\} \tag{10.17}$$

$$\hat{\boldsymbol{G}} = \begin{bmatrix} R_1 & R_2 & -R_1 \mathrm{e}^{-\mathrm{i}k_1 L} & -R_2 \mathrm{e}^{-\mathrm{i}k_2 L} \\ 1 & 1 & \mathrm{e}^{-\mathrm{i}k_1 L} & \mathrm{e}^{-\mathrm{i}k_2 L} \\ R_1 \mathrm{e}^{-\mathrm{i}k_1 L} & R_2 \mathrm{e}^{-\mathrm{i}k_2 L} & -R_1 & -R_2 \\ \mathrm{e}^{-\mathrm{i}k_1 L} & \mathrm{e}^{-\mathrm{i}k_2 L} & 1 & 1 \end{bmatrix}^{-1} = \begin{bmatrix} \hat{G}_{11} & \hat{G}_{12} & \hat{G}_{13} & \hat{G}_{14} \\ \hat{G}_{21} & \hat{G}_{22} & \hat{G}_{23} & \hat{G}_{24} \\ \hat{G}_{31} & \hat{G}_{32} & \hat{G}_{33} & \hat{G}_{34} \\ \hat{G}_{41} & \hat{G}_{42} & \hat{G}_{43} & \hat{G}_{44} \end{bmatrix} \tag{10.18}$$

其中，$\hat{\boldsymbol{G}}$ 为 4×4 矩阵；$\hat{G}_{11} = -\hat{G}_{33} = (r_1 + r_2 e_2)/\Delta$，$r_1 = (R_1 - R_2)(1-e_1 e_2)$，$r_2 = (R_1 + R_2)(e_1 - e_2), \Delta = r_1^2 - r_2^2, e_1 = \mathrm{e}^{-\mathrm{i}k_1 L}, e_2 = \mathrm{e}^{-\mathrm{i}k_2 L}$；$\hat{G}_{12} = \hat{G}_{34} = -R_2(r_1 - r_2 e_2)/\Delta$；$\hat{G}_{13} = -\hat{G}_{31} = -(r_1 e_2 + r_2)/\Delta$；$\hat{G}_{14} = \hat{G}_{32} = R_2(r_1 e_2 - r_2)/\Delta$；$\hat{G}_{21} = -\hat{G}_{43} = -(r_1 + r_2 e_1)/\Delta$；$\hat{G}_{22} = \hat{G}_{44} = R_1(r_1 - r_2 e_1)/\Delta$；$\hat{G}_{23} = -\hat{G}_{41} = (r_1 e_1 + r_2)/\Delta$；$\hat{G}_{24} = \hat{G}_{42} = -R_1(r_1 e_1 - r_2/\Delta)$。

$$\tag{10.19}$$

可见，轨道结构谱单元位移 $\hat{v}$ 和 $\hat{\phi}$ 的形函数分别为 $\hat{\boldsymbol{N}}\hat{\boldsymbol{L}}\hat{\boldsymbol{G}}$ 和 $\hat{\boldsymbol{N}}\hat{\boldsymbol{G}}$，显然该形函数与频率相关。

结合式(10.2)、式(10.3)和式(10.14)、式(10.15)可得

$$\hat{M}(x,\omega) = EI\frac{\partial \phi}{\partial x} = EI\hat{\boldsymbol{N}}'\hat{\boldsymbol{G}}\boldsymbol{a}_b \tag{10.20}$$

$$\hat{V}(x,\omega) = GAKC_1\left(\frac{\partial v}{\partial x} - \phi\right) = \rho I C_2 \frac{\partial^2 \phi}{\partial t^2} - EI\frac{\partial^2 \phi}{\partial x^2} = -EI\hat{\boldsymbol{N}}''\hat{\boldsymbol{G}}\boldsymbol{a}_b - \rho I C_2 \omega^2 \hat{\boldsymbol{N}}\hat{\boldsymbol{G}}\boldsymbol{a}_b$$

$$\tag{10.21}$$

当 $x=0$ 和 L 时，由式(10.20)和式(10.21)可得

$$\begin{bmatrix} -\hat{V}(0,\omega) \\ -\hat{M}(0,\omega) \\ \hat{V}(L,\omega) \\ \hat{M}(L,\omega) \end{bmatrix} = \hat{H}\hat{G} \begin{bmatrix} \hat{v}_1 \\ \hat{\phi}_1 \\ \hat{v}_2 \\ \hat{\phi}_2 \end{bmatrix} = Q_b \tag{10.22}$$

其中，Q_b 为谱结点荷载向量。

$$\hat{H} = \begin{bmatrix} EI\hat{N}''(0,\omega) + \rho IC_2\omega^2\hat{N}(0,\omega) \\ -EI\hat{N}'(0,\omega) \\ -EI\hat{N}''(L,\omega) - \rho IC_2\omega^2\hat{N}(L,\omega) \\ EI\hat{N}'(L,\omega) \end{bmatrix} \tag{10.23}$$

$$\begin{aligned}
\hat{N}(0,\omega) &= [1 \quad 1 \quad \mathrm{e}^{-\mathrm{i}k_1L} \quad \mathrm{e}^{-\mathrm{i}k_2L}] \\
\hat{N}'(0,\omega) &= [-\mathrm{i}k_1 \quad -\mathrm{i}k_2 \quad \mathrm{i}k_1\mathrm{e}^{-\mathrm{i}k_1L} \quad \mathrm{i}k_2\mathrm{e}^{-\mathrm{i}k_2L}] \\
\hat{N}''(0,\omega) &= [-k_1^2 \quad -k_2^2 \quad -k_1^2\mathrm{e}^{-\mathrm{i}k_1L} \quad -k_2^2\mathrm{e}^{-\mathrm{i}k_2L}] \\
\hat{N}(L,\omega) &= [\mathrm{e}^{-\mathrm{i}k_1L} \quad \mathrm{e}^{-\mathrm{i}k_2L} \quad 1 \quad 1] \\
\hat{N}'(L,\omega) &= [-\mathrm{i}k_1\mathrm{e}^{-\mathrm{i}k_1L} \quad -\mathrm{i}k_2\mathrm{e}^{-\mathrm{i}k_2L} \quad \mathrm{i}k_1 \quad \mathrm{i}k_2] \\
\hat{N}''(L,\omega) &= [-k_1^2\mathrm{e}^{-\mathrm{i}k_1L} \quad -k_2^2\mathrm{e}^{-\mathrm{i}k_2L} \quad -k_1^2 \quad -k_2^2]
\end{aligned} \tag{10.24}$$

由于谱元法与材料力学内力正负号的规定在梁左端相反，因此式(10.22)中 $\hat{V}(0,\omega)$ 和 $\hat{M}(0,\omega)$ 前存在负号。轨道结构谱单元结点位移向量与荷载向量的关系可表示为

$$S_b(\omega)a_b = Q_b \tag{10.25}$$

其中，$S_b(\omega) = \hat{H}\hat{G}$ 为钢轨弯曲变形引起的轨道结构单层梁模型谱单元刚度矩阵；$S_b(\omega)$ 与频率有关。

10.2.2 由钢轨扣件引起的轨道结构谱单元刚度矩阵

如图 10.3 所示，钢轨扣件引起的轨道结构谱单元刚度矩阵为

$$S_r(\omega) = k_r + \mathrm{i}\omega c_r \tag{10.26}$$

$$k_r = \begin{bmatrix} k_{y1} & 0 & 0 & 0 \\ 0 & k_{\mathrm{rot}} & 0 & 0 \\ 0 & 0 & k_{y1} & 0 \\ 0 & 0 & 0 & k_{\mathrm{rot}} \end{bmatrix} \tag{10.27}$$

$$\boldsymbol{c}_r = \begin{bmatrix} c_{y1} & 0 & 0 & 0 \\ 0 & c_{\text{rot}} & 0 & 0 \\ 0 & 0 & c_{y1} & 0 \\ 0 & 0 & 0 & c_{\text{rot}} \end{bmatrix} \tag{10.28}$$

其中，$\boldsymbol{k}_r$、$\boldsymbol{c}_r$ 为由钢轨扣件引起的刚度矩阵、阻尼矩阵；k_{y1}、c_{y1} 为钢轨扣件垂向刚度、阻尼；k_{rot}、c_{rot} 为钢轨垫板弯曲刚度、阻尼，即

$$k_{\text{rot}} = \frac{1}{12} b_r^2 k_{y1} \tag{10.29}$$

$$c_{\text{rot}} = \frac{1}{12} b_r^2 c_{y1} \tag{10.30}$$

其中，b_r 为钢轨垫板沿轨道纵向的长度。

由此可得单层梁模型轨道结构谱单元刚度矩阵，即

$$\boldsymbol{S}_t(\omega) = \boldsymbol{S}_b(\omega) + \boldsymbol{S}_r(\omega) \tag{10.31}$$

10.2.3 二维梁截断谱单元刚度矩阵

为了减小弹性波反射对计算结果的影响，在模型两端引入截断单元。二维梁右截断单元结点位移与荷载谱分量如图 10.4 所示。

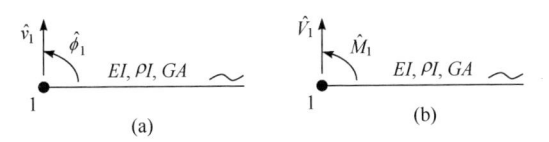

图 10.4 二维梁右截断单元结点位移与荷载谱分量

令式(10.11)中的 $C = D = 0$，位移解中的反射项被移除。因此，谱元法中二维梁右截断单元的位移解可表示为

$$\begin{aligned} \hat{v} &= R_1 A \mathrm{e}^{-\mathrm{i}k_1 x} + R_2 B \mathrm{e}^{-\mathrm{i}k_2 x} \\ \hat{\phi} &= A \mathrm{e}^{-\mathrm{i}k_1 x} + B \mathrm{e}^{-\mathrm{i}k_2 x} \end{aligned} \tag{10.32}$$

将 $x = 0$ 时的边界条件代入式(10.32)，即可确定待定系数 A、B，代入式(10.32)，运用式(10.20)~式(10.22)，可得

$$\begin{bmatrix} -\hat{V}(0,\omega) \\ -\hat{M}(0,\omega) \end{bmatrix} = \boldsymbol{S}_R \begin{bmatrix} \hat{v}_1 \\ \hat{\phi}_1 \end{bmatrix}$$

即

$$\boldsymbol{S}_R(\omega)\boldsymbol{a}_R = \boldsymbol{Q}_R \tag{10.33}$$

其中，$S_R(\omega)$ 为二维梁右截断单元的谱刚度矩阵，同样与频率有关，即

$$S_R = \begin{bmatrix} EI\dfrac{k_2^2 - k_1^2}{R_1 - R_2} & EI\dfrac{R_2 k_1^2 - R_1 k_2^2}{R_1 - R_2} + \rho I \omega^2 \\ EI\dfrac{\mathrm{i}(k_1 - k_2)}{R_1 - R_2} & EI\dfrac{\mathrm{i}(R_1 k_2 - R_2 k_1)}{R_1 - R_2} \end{bmatrix} \quad (10.34)$$

同理可推导向左传播弹性波、无向右反射波的二维梁截断单元的谱单元刚度矩阵，即

$$S_L = \begin{bmatrix} S_R(1,1) & -S_R(1,2) \\ -S_R(2,1) & S_R(2,2) \end{bmatrix} \quad (10.35)$$

10.2.4　整体结构的谱刚度矩阵

上述轨道结构谱单元的刚度矩阵是在局部坐标系中建立的，在形成整体谱刚度矩阵之前，还需将局部坐标系下的单元谱刚度矩阵转换到整体坐标系下的单元谱刚度矩阵，然后采取对号入座的方式，将所有单元谱刚度矩阵组集到整体谱刚度矩阵中来，进行位移边界条件的处理，最终可得到频域内求解整体结构结点力和结点位移谱分量方程，即

$$S(\omega)a = Q \quad (10.36)$$

其中，$S(\omega)$、a 和 Q 分别为系统的整体谱刚度矩阵、整体结点位移谱分量和整体结点荷载谱分量。

通过对施加于轨道结构上的外荷载进行傅里叶变换，利用整体结构的谱刚度矩阵即可求得不同频率下整体结点位移谱分量，然后通过傅里叶逆变换，最终求得时域内轨道结构的位移响应。

10.3　无砟轨道结构三层梁模型谱单元刚度矩阵

无砟轨道结构简化为三层梁模型，两轨枕间轨道结构为一个谱单元。无砟轨道结构三层梁谱单元法模型如图 10.5 所示。

钢轨、轨道板和底座板分别离散为弹性点支承和连续弹性支承的二维梁单元，相邻轨枕间距为一个单元，轨下扣件和垫板的垂向刚度和垂向阻尼分别为 k_{y1} 和 c_{y1}；钢轨垫板弯曲刚度和阻尼分别为 k_{rot} 和 c_{rot}；轨道板下水泥砂浆层的刚度系数和阻尼系数分别为 k_{y2} 和 c_{y2}；底座板下路基层的刚度系数和阻尼系数分别为 k_{y3} 和 c_{y3}[5]。图 10.5 中的 v_1 和 v_4 分别是钢轨的垂向位移；v_2 和 v_5 分别是轨道板

的垂向位移；v_3 和 v_6 分别是底座板的的垂向位移；ϕ_1 和 ϕ_4 分别是钢轨的转角；ϕ_2 和 ϕ_5 分别是轨道板的转角；ϕ_3 和 ϕ_6 分别是底座板的转角。

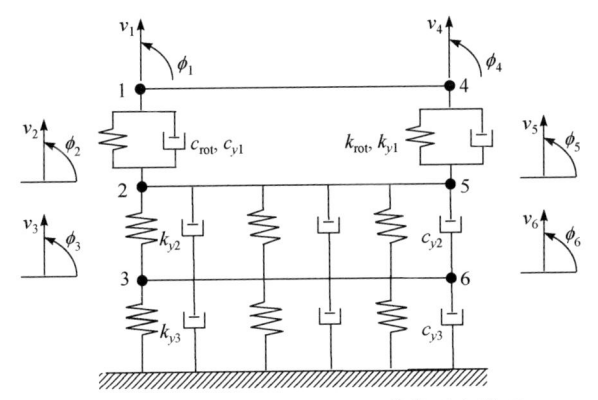

图 10.5 无砟轨道结构三层梁谱单元法模型

定义无砟轨道结构三层梁单元的结点位移向量为

$$\boldsymbol{a}^e = \{v_1 \quad \phi_1 \quad v_2 \quad \phi_2 \quad v_3 \quad \phi_3 \quad v_4 \quad \phi_4 \quad v_5 \quad \phi_5 \quad v_6 \quad \phi_6\}^{\mathrm{T}} \quad (10.37)$$

无砟轨道结构三层梁单元的刚度矩阵由钢轨、轨道板、底座板弯曲势能引起的刚度矩阵，以及钢轨扣件离散弹性点支承、CA 砂浆层和路基层的连续弹性支承引起的刚度矩阵组成。

钢轨弯曲刚度矩阵 $\boldsymbol{K}_r^e$ 为

$$\boldsymbol{K}_r^e = \frac{E_r I_r}{L^3} \begin{bmatrix} S_r(\omega)(1,1) & S_r(\omega)(1,2) & 0 & 0 & 0 & 0 & S_r(\omega)(1,3) & S_r(\omega)(1,4) & 0 & 0 & 0 & 0 \\ S_r(\omega)(2,1) & S_r(\omega)(2,2) & 0 & 0 & 0 & 0 & S_r(\omega)(2,3) & S_r(\omega)(2,4) & 0 & 0 & 0 & 0 \\ 0 & 0 & 0 & 0 & 0 & 0 & 0 & 0 & 0 & 0 & 0 & 0 \\ 0 & 0 & 0 & 0 & 0 & 0 & 0 & 0 & 0 & 0 & 0 & 0 \\ 0 & 0 & 0 & 0 & 0 & 0 & 0 & 0 & 0 & 0 & 0 & 0 \\ 0 & 0 & 0 & 0 & 0 & 0 & 0 & 0 & 0 & 0 & 0 & 0 \\ S_r(\omega)(3,1) & S_r(\omega)(3,2) & 0 & 0 & 0 & 0 & S_r(\omega)(3,3) & S_r(\omega)(3,4) & 0 & 0 & 0 & 0 \\ S_r(\omega)(4,1) & S_r(\omega)(4,2) & 0 & 0 & 0 & 0 & S_r(\omega)(4,3) & S_r(\omega)(4,4) & 0 & 0 & 0 & 0 \\ 0 & 0 & 0 & 0 & 0 & 0 & 0 & 0 & 0 & 0 & 0 & 0 \\ 0 & 0 & 0 & 0 & 0 & 0 & 0 & 0 & 0 & 0 & 0 & 0 \\ 0 & 0 & 0 & 0 & 0 & 0 & 0 & 0 & 0 & 0 & 0 & 0 \\ 0 & 0 & 0 & 0 & 0 & 0 & 0 & 0 & 0 & 0 & 0 & 0 \end{bmatrix}$$

(10.38)

其中，E_r 和 I_r 分别为钢轨的弹性模量和绕水平轴的截面惯性矩；L 为无砟轨道结构三层梁谱单元的长度；$S_r(\omega)$ 为钢轨的谱单元刚度矩阵；(1,1) 表示 $S_r(\omega)$ 第一行第一列的值，余同。

轨道板的弯曲刚度矩阵 K_s^e 为

$$K_s^e = \frac{E_s I_s}{L^3}\begin{bmatrix} 0 & 0 & 0 & 0 & 0 & 0 & 0 & 0 & 0 & 0 & 0 & 0 \\ 0 & 0 & 0 & 0 & 0 & 0 & 0 & 0 & 0 & 0 & 0 & 0 \\ 0 & 0 & S_s(\omega)(1,1) & S_s(\omega)(1,2) & 0 & 0 & 0 & 0 & S_s(\omega)(1,3) & S_s(\omega)(1,4) & 0 & 0 \\ 0 & 0 & S_s(\omega)(2,1) & S_s(\omega)(2,2) & 0 & 0 & 0 & 0 & S_s(\omega)(2,3) & S_s(\omega)(2,4) & 0 & 0 \\ 0 & 0 & 0 & 0 & 0 & 0 & 0 & 0 & 0 & 0 & 0 & 0 \\ 0 & 0 & 0 & 0 & 0 & 0 & 0 & 0 & 0 & 0 & 0 & 0 \\ 0 & 0 & 0 & 0 & 0 & 0 & 0 & 0 & 0 & 0 & 0 & 0 \\ 0 & 0 & 0 & 0 & 0 & 0 & 0 & 0 & 0 & 0 & 0 & 0 \\ 0 & 0 & S_s(\omega)(3,1) & S_s(\omega)(3,2) & 0 & 0 & 0 & 0 & S_s(\omega)(3,3) & S_s(\omega)(3,4) & 0 & 0 \\ 0 & 0 & S_s(\omega)(4,1) & S_s(\omega)(4,2) & 0 & 0 & 0 & 0 & S_s(\omega)(4,3) & S_s(\omega)(4,4) & 0 & 0 \\ 0 & 0 & 0 & 0 & 0 & 0 & 0 & 0 & 0 & 0 & 0 & 0 \\ 0 & 0 & 0 & 0 & 0 & 0 & 0 & 0 & 0 & 0 & 0 & 0 \end{bmatrix}$$

(10.39)

其中，E_s 和 I_s 分别为轨道板的弹性模量和绕水平轴的截面惯性矩；$S_s(\omega)$ 为轨道板的谱单元刚度矩阵。

底座板弯曲刚度矩阵 K_h^e 为

$$K_h^e = \frac{E_h I_h}{L^3}\begin{bmatrix} 0 & 0 & 0 & 0 & 0 & 0 & 0 & 0 & 0 & 0 & 0 & 0 \\ 0 & 0 & 0 & 0 & 0 & 0 & 0 & 0 & 0 & 0 & 0 & 0 \\ 0 & 0 & 0 & 0 & 0 & 0 & 0 & 0 & 0 & 0 & 0 & 0 \\ 0 & 0 & 0 & 0 & 0 & 0 & 0 & 0 & 0 & 0 & 0 & 0 \\ 0 & 0 & 0 & 0 & S_h(\omega)(1,1) & S_h(\omega)(1,2) & 0 & 0 & 0 & 0 & S_h(\omega)(1,3) & S_h(\omega)(1,4) \\ 0 & 0 & 0 & 0 & S_h(\omega)(2,1) & S_h(\omega)(2,2) & 0 & 0 & 0 & 0 & S_h(\omega)(2,3) & S_h(\omega)(2,4) \\ 0 & 0 & 0 & 0 & 0 & 0 & 0 & 0 & 0 & 0 & 0 & 0 \\ 0 & 0 & 0 & 0 & 0 & 0 & 0 & 0 & 0 & 0 & 0 & 0 \\ 0 & 0 & 0 & 0 & 0 & 0 & 0 & 0 & 0 & 0 & 0 & 0 \\ 0 & 0 & 0 & 0 & 0 & 0 & 0 & 0 & 0 & 0 & 0 & 0 \\ 0 & 0 & 0 & 0 & S_h(\omega)(3,1) & S_h(\omega)(3,2) & 0 & 0 & 0 & 0 & S_h(\omega)(3,3) & S_h(\omega)(3,4) \\ 0 & 0 & 0 & 0 & S_h(\omega)(4,1) & S_h(\omega)(4,2) & 0 & 0 & 0 & 0 & S_h(\omega)(4,3) & S_h(\omega)(4,4) \end{bmatrix}$$

(10.40)

其中，E_h 和 I_h 分别为底座板的弹性模量和绕水平轴的截面惯性矩；$S_h(\omega)$ 为底座板的谱单元刚度矩阵。

钢轨扣件离散弹性点支承的刚度矩阵 $\boldsymbol{K}_{1c}^e$ 为

$$\boldsymbol{K}_{1c}^e = \frac{1}{2}\begin{bmatrix} k_{y1} & 0 & -k_{y1} & 0 & 0 & 0 & 0 & 0 & 0 & 0 & 0 \\ & k_{\rm rot} & 0 & -k_{\rm rot} & 0 & 0 & 0 & 0 & 0 & 0 & 0 \\ & & k_{y1} & 0 & 0 & 0 & 0 & 0 & 0 & 0 & 0 \\ & & & k_{\rm rot} & 0 & 0 & 0 & 0 & 0 & 0 & 0 \\ & & & & 0 & 0 & 0 & 0 & 0 & 0 & 0 \\ & & & & & 0 & 0 & 0 & 0 & 0 & 0 \\ & & & & & & k_{y1} & 0 & -k_{y1} & 0 & 0 \\ & & & & & & & k_{\rm rot} & 0 & -k_{\rm rot} & 0 & 0 \\ & & & & & & & & k_{y1} & 0 & 0 \\ & & & & & & & & & k_{\rm rot} & 0 & 0 \\ & \text{对称} & & & & & & & & & 0 & 0 \\ & & & & & & & & & & & 0 \end{bmatrix} \quad (10.41)$$

其中，k_{y1} 为钢轨扣件的垂向刚度系数；$k_{\rm rot}$ 为钢轨垫板的弯曲刚度系数。

CA 砂浆层连续弹性支承引起的刚度矩阵 $\boldsymbol{K}_{2c}^e$ 为

$$\boldsymbol{K}_{2c}^e = \frac{k_{y2}L}{420}\begin{bmatrix} 0 & 0 & 0 & 0 & 0 & 0 & 0 & 0 & 0 & 0 & 0 \\ 0 & 0 & 0 & 0 & 0 & 0 & 0 & 0 & 0 & 0 & 0 \\ & & 156 & -22L & -156 & 22L & 0 & 0 & 54 & 13L & -54 & -13L \\ & & & 4L^2 & 22L & -4L^2 & 0 & 0 & -13L & -3L^2 & 13L & 3L^2 \\ & & & & 156 & -22L & 0 & 0 & -54 & -13L & 54 & 13L \\ & & & & & 4L^2 & 0 & 0 & 13L & 3L^2 & -13L & -3L^2 \\ & & & & & & 0 & 0 & 0 & 0 & 0 & 0 \\ & & & & & & & 0 & 0 & 0 & 0 & 0 \\ & & & & & & & & 156 & 22L & -156 & -22L \\ & & & & & & & & & 4L^2 & -22L & -4L^2 \\ & \text{对称} & & & & & & & & & 156 & 22L \\ & & & & & & & & & & & 4L^2 \end{bmatrix}$$

(10.42)

其中，k_{y2} 为 CA 砂浆层的刚度系数；L 为无砟轨道结构三层梁谱单元的长度。

路基层连续弹性支承引起的刚度矩阵 $\boldsymbol{K}_{3c}^e$ 为

$$\boldsymbol{K}_{3c}^{e} = \frac{k_{y3}L}{420} \begin{bmatrix} 0 & 0 & 0 & 0 & 0 & 0 & 0 & 0 & 0 & 0 & 0 & 0 \\ & 0 & 0 & 0 & 0 & 0 & 0 & 0 & 0 & 0 & 0 & 0 \\ & & 0 & 0 & 0 & 0 & 0 & 0 & 0 & 0 & 0 & 0 \\ & & & 0 & 0 & 0 & 0 & 0 & 0 & 0 & 0 & 0 \\ & & & & 156 & -22L & 0 & 0 & 0 & 0 & 54 & 13l \\ & & & & & 4L^2 & 0 & 0 & 0 & 0 & -13L & -3L^2 \\ & & & & & & 0 & 0 & 0 & 0 & 0 & 0 \\ & & & & & & & 0 & 0 & 0 & 0 & 0 \\ & & & & & & & & 0 & 0 & 0 & 0 \\ & & & & & & & & & 0 & 0 & 0 \\ \text{对称} & & & & & & & & & & 156 & 22L \\ & & & & & & & & & & & 4L^2 \end{bmatrix} \quad (10.43)$$

其中，k_{y3} 为路基层的刚度系数。

无砟轨道谱单元的刚度矩阵 $\boldsymbol{K}_l^e$ 可表示为

$$\boldsymbol{K}_l^e = \boldsymbol{K}_r^e + \boldsymbol{K}_s^e + \boldsymbol{K}_h^e + \boldsymbol{K}_{1c}^e + \boldsymbol{K}_{2c}^e + \boldsymbol{K}_{3c}^e \quad (10.44)$$

无砟轨道结构三层梁计算参数如表 10.1 所示。

表 10.1 无砟轨道结构三层梁计算参数

	类别	符号	数值		类别	符号	数值
	泊松比	v	0.3		剪切矫正因子	K	0.5329
	轨枕间距/m	L	0.625		轨下垫板沿纵向的长度/m	b_r	0.17
钢轨	弹性模量/GPa	E_r	210	扣件垫板	垂向刚度 /(MN/m)	k_{y1}	60
	密度/(kg/m³)	ρ_r	7800				
	截面面积/m²	A_r	7.745×10⁻³		垂向阻尼 /(kN·s/m)	c_{y1}	47.7
	绕水平轴惯性矩/m⁴	I_r	3.217×10⁻⁵				
轨道板	弹性模量/GPa	E_s	39	CA 砂浆	单位长度垂向刚度 /(MN/m²)	k_{y2}	900
	密度/(kg/m³)	ρ_s	2500				
	截面面积/m²	A_s	0.51/2		单位长度垂向阻尼 /(kN·s/m²)	c_{y2}	83
	绕水平轴惯性矩/m⁴	I_s	1.7×10⁻³/2				
底座板	弹性模量/GPa	E_h	30	路基	单位长度垂向刚度 /(MN/m²)	k_{y3}	60
	密度/(kg/m³)	ρ_h	2500				
	截面面积/m²	A_h	0.885/2		单位长度垂向阻尼 /(kN·s/m²)	c_{y3}	90
	绕水平轴惯性矩/m⁴	I_h	6.6×10⁻³/2				

无砟轨道结构三层梁谱单元的阻尼矩阵由钢轨扣件、CA 砂浆层和路基层引起的阻尼矩阵组成。其阻尼矩阵 $\boldsymbol{C}_l^e$ 可表示为

$$\boldsymbol{C}_l^e = \boldsymbol{C}_{1c}^e + \boldsymbol{C}_{2c}^e + \boldsymbol{C}_{3c}^e \tag{10.45}$$

其中，$\boldsymbol{C}_{1c}^e$ 为钢轨扣件引起的阻尼矩阵；$\boldsymbol{C}_{2c}^e$ 和 $\boldsymbol{C}_{3c}^e$ 为 CA 砂浆层和路基层引起的阻尼矩阵。

$\boldsymbol{C}_{1c}^e$、$\boldsymbol{C}_{2c}^e$ 和 $\boldsymbol{C}_{3c}^e$ 的形式与 $\boldsymbol{K}_{1c}^e$、$\boldsymbol{K}_{2c}^e$ 和 $\boldsymbol{K}_{3c}^e$ 的形式一致，只要将矩阵中的刚度系数替换成相应的阻尼系数即可。由此可得无砟轨道结构三层梁单元的谱刚度矩阵，即

$$\boldsymbol{S}_{3d}(\omega) = \boldsymbol{K}_l^e + \mathrm{i}\omega \boldsymbol{C}_l^e \tag{10.46}$$

10.4 基于谱单元法的轨道结构中高频振动分析程序

根据 10.2 节和 10.3 节建立的无砟轨道结构连续弹性三层梁模型和给出的算法，利用 Matlab 编制基于谱单元法的无砟轨道结构中高频振动分析程序 STV_SEM。源程序文件见附录 7。

程序的输入数据包括无砟轨道谱单元分析模型参数、无砟轨道结构参数、分析的频率步长和范围等。计算结果包括加载点处，距离加载点 5 根、10 根、15 根和 20 根轨枕处钢轨位移、钢轨速度和钢轨加速度导纳。

10.5 无砟轨道结构中高频振动分析

基于上述轨道结构三层梁模型和所开发的程序，运用谱单元法分析无砟轨道结构中、高频振动特性，并将基于欧拉梁模型与铁摩辛柯梁模型的计算结果进行对比。如图 10.6 所示，轨道结构模型长 64.375m，即 103 根轨枕间距，两轨枕间的轨道结构划分为图 10.5 所示的 2 个谱单元，共有 206 个无砟轨道结构谱单元，207 个结点。在轨道结构跨中钢轨，即 104 号结点上施加单位复简谐激励 $F = \mathrm{e}^{\mathrm{i}\omega t}$，

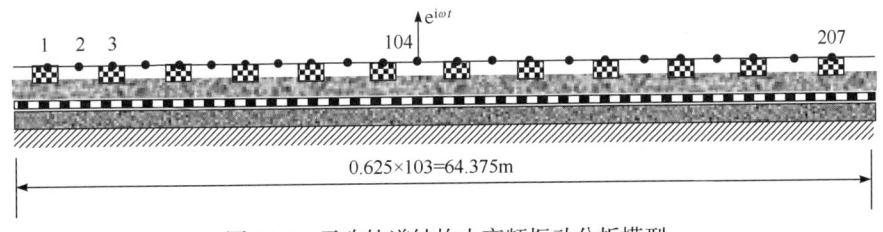

图 10.6 无砟轨道结构中高频振动分析模型

计算加载点处，距离加载点 5 根、10 根、15 根和 20 根轨枕处钢轨位移、钢轨速度和钢轨加速度导纳。计算结果如图 10.7~图 10.21 所示[11]。

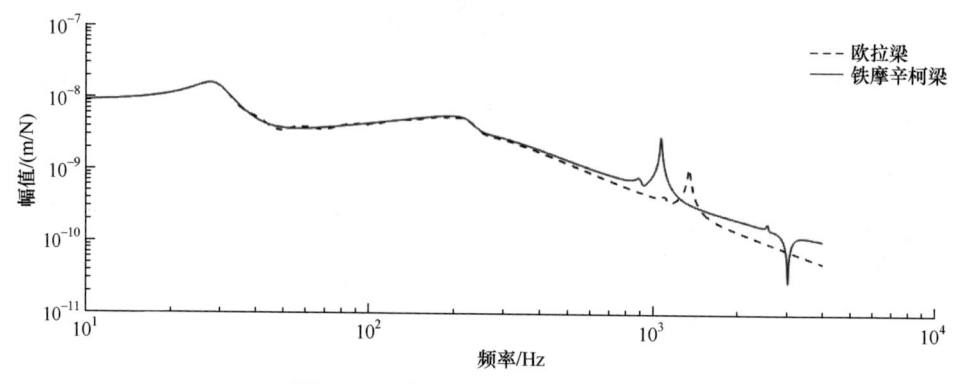

图 10.7　钢轨加载点处位移导纳幅值

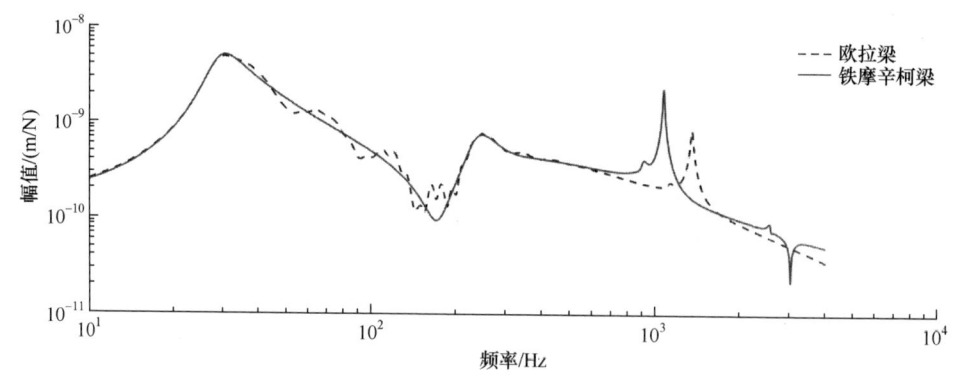

图 10.8　距钢轨加载点 5 根轨枕处位移导纳幅值

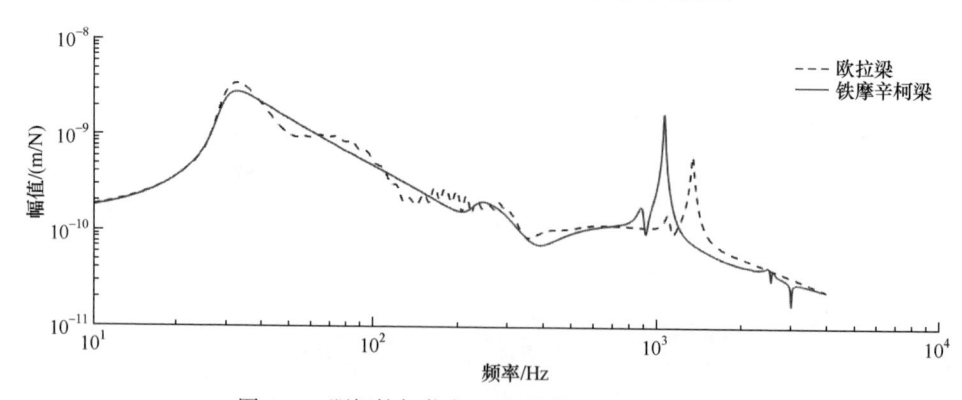

图 10.9　距钢轨加载点 10 根轨枕处位移导纳幅值

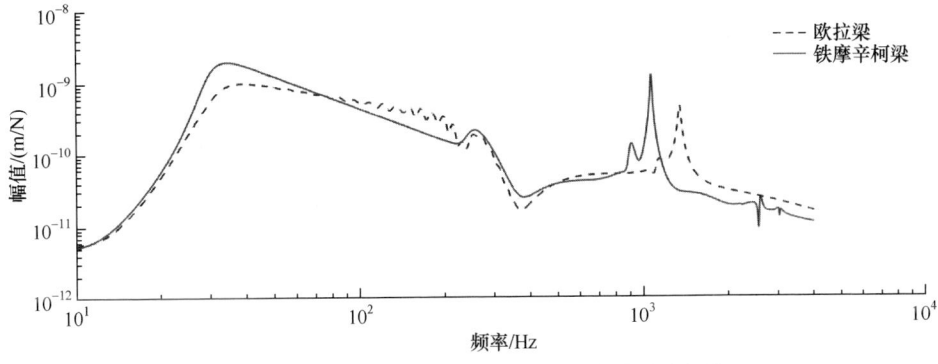

图 10.10　距钢轨加载点 15 根轨枕处位移导纳幅值

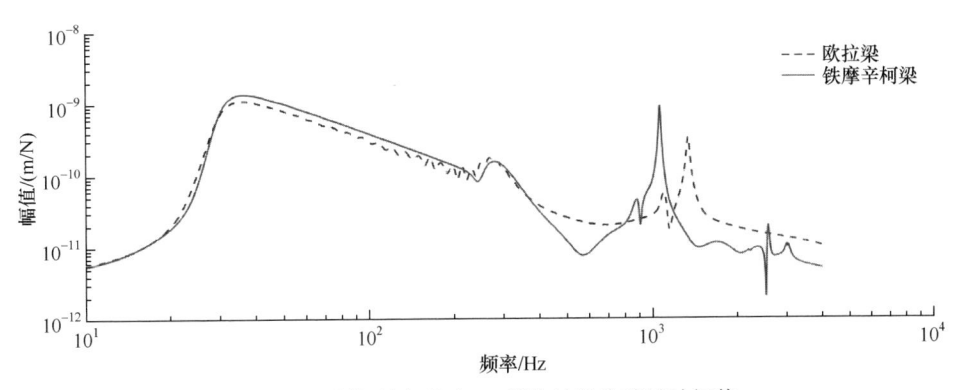

图 10.11　距钢轨加载点 20 根轨枕处位移导纳幅值

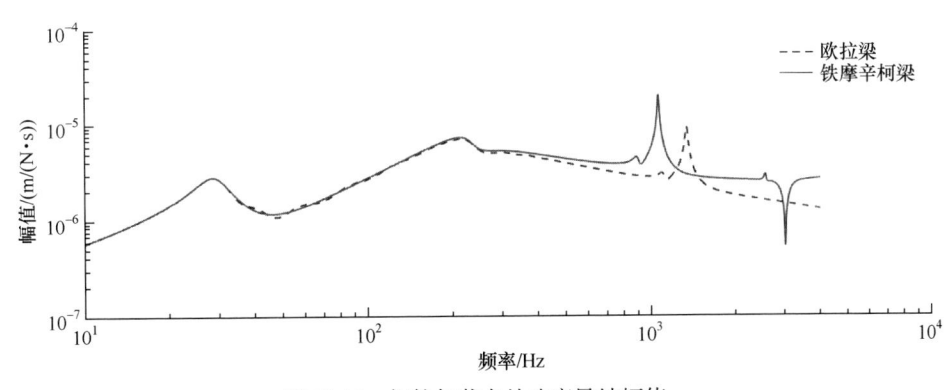

图 10.12　钢轨加载点处速度导纳幅值

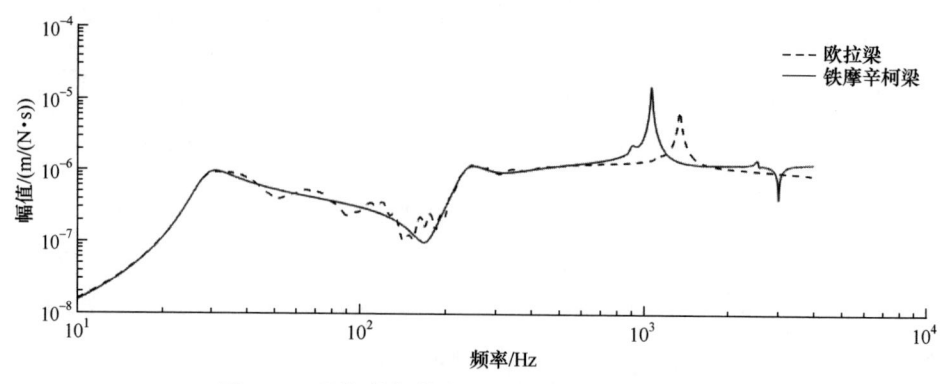

图 10.13　距钢轨加载点 5 根轨枕处速度导纳幅值

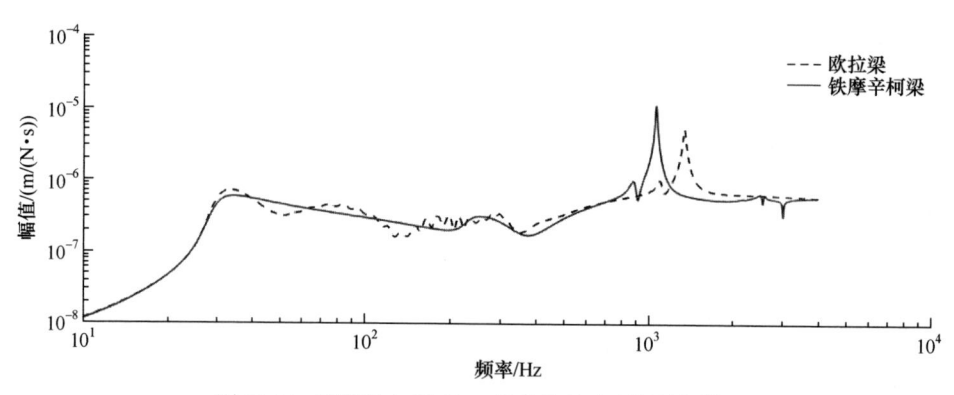

图 10.14　距钢轨加载点 10 根轨枕处速度导纳幅值

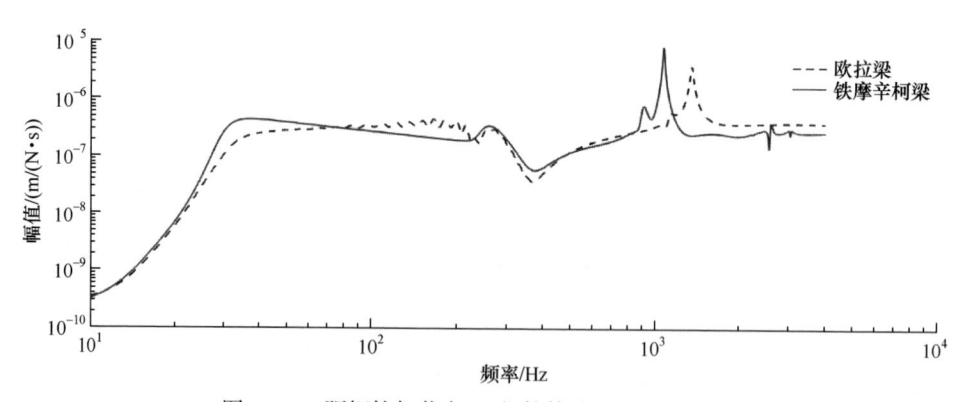

图 10.15　距钢轨加载点 15 根轨枕处速度导纳幅值

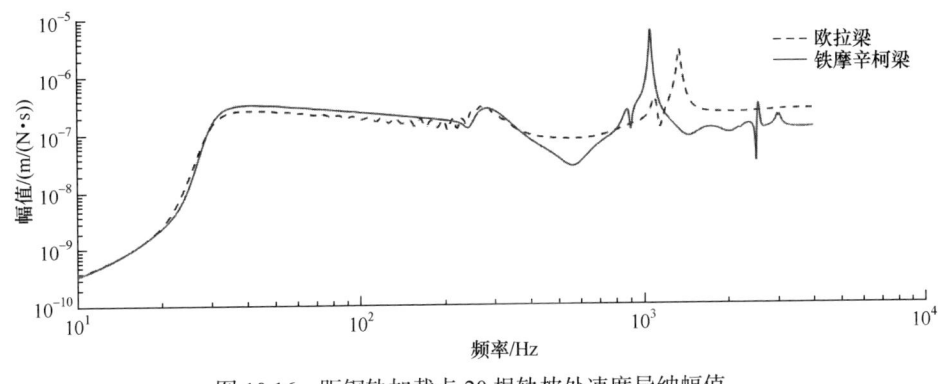

图 10.16　距钢轨加载点 20 根轨枕处速度导纳幅值

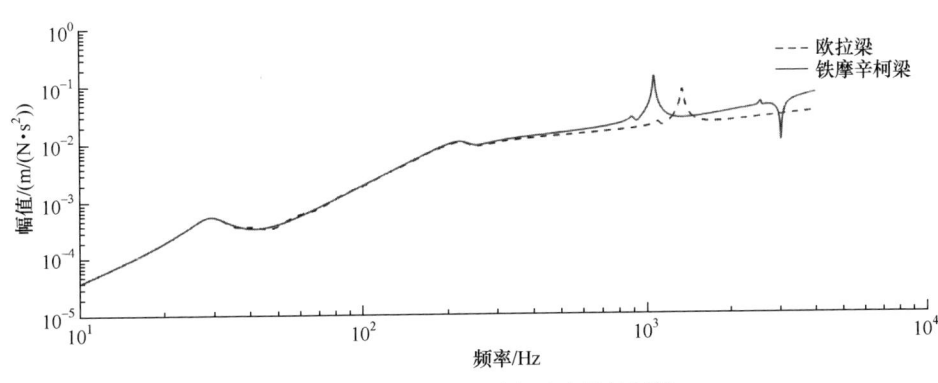

图 10.17　钢轨加载点处加速度导纳幅值

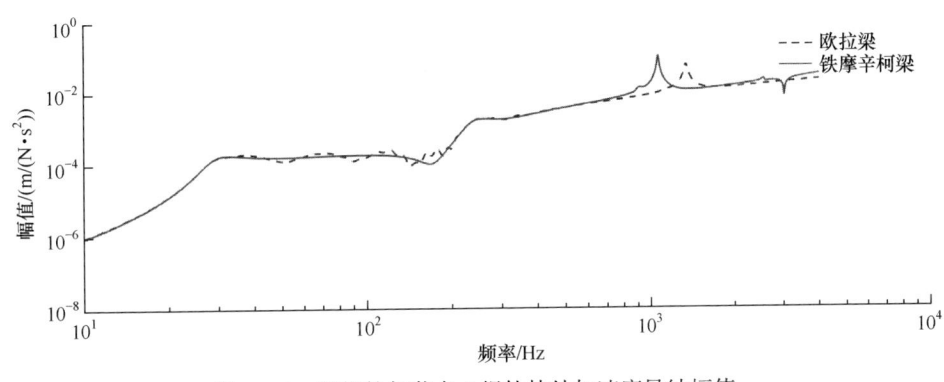

图 10.18　距钢轨加载点 5 根轨枕处加速度导纳幅值

由此可知，钢轨位移、速度和加速度导纳从加载点到距钢轨加载点 15 根轨枕处，欧拉梁模型和铁摩辛柯梁模型在 0~1000Hz 范围内的分析结果基本相同，大于 1000Hz 相差较大；当响应点位于距加载点 20 根轨枕处，钢轨位移、速度和加速度导纳在大于 200Hz 的频率范围均相差较大。

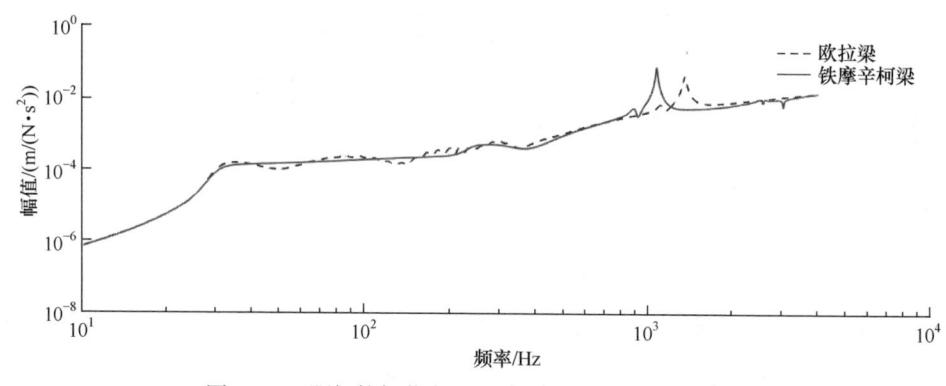

图 10.19　距钢轨加载点 10 根轨枕处加速度导纳幅值

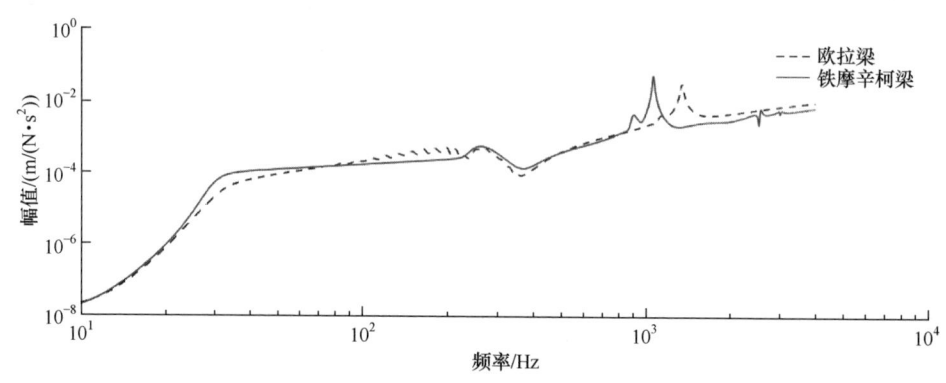

图 10.20　距钢轨加载点 15 根轨枕处加速度导纳幅值

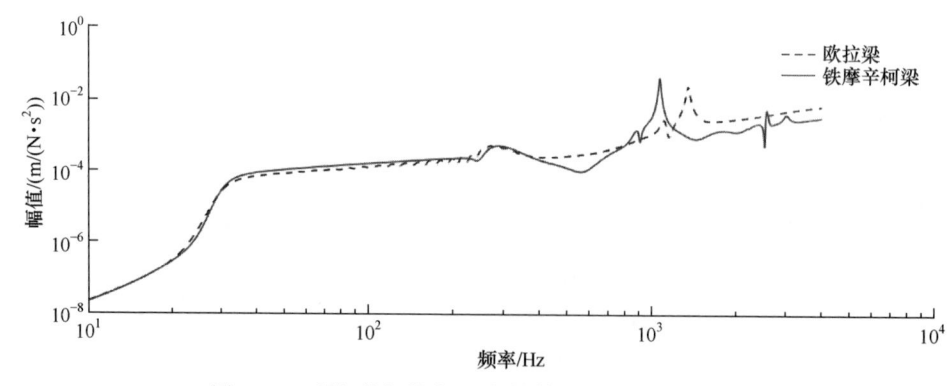

图 10.21　距钢轨加载点 20 根轨枕处加速度导纳幅值

欧拉梁模型和铁摩辛柯梁模型计算得到的轨道一阶 pinned-pinned 振动频率分别为 1345Hz 和 1070Hz，幅值达到波峰；铁摩辛柯梁模型在 3010Hz 时出现二阶 pinned-pinned 振动频率，幅值位于波谷。

10.6 无砟轨道结构中高频振动参数分析

应用无砟轨道结构三层梁模型,模型长度取 103 倍轨枕间距,计算参数如表 10.1 所示。在轨道结构中间位置的钢轨跨中施加单位复简谐激励 $F=\mathrm{e}^{\mathrm{i}\omega t}$,分析轨下扣件刚度、CA 砂浆刚度和路基刚度三种工况对加载点处、距离加载点 10 根轨枕处的钢轨位移和加速度导纳的影响,并将两种钢轨梁模型的计算结果进行对比。

10.6.1 轨下垫板和扣件刚度的影响

在表 10.1 其他参数不变的情况下,考虑六种扣件刚度系数,即 20MN/m、40MN/m、60MN/m、80MN/m、100MN/m、120MN/m 对轨道结构中、高频振动和一阶垂向 pinned-pinned 频率的影响。计算加载点处和距加载点 10 根轨枕处钢轨垂向振动位移和加速度导纳幅值,结果如图 10.22~图 10.25 所示[11]。

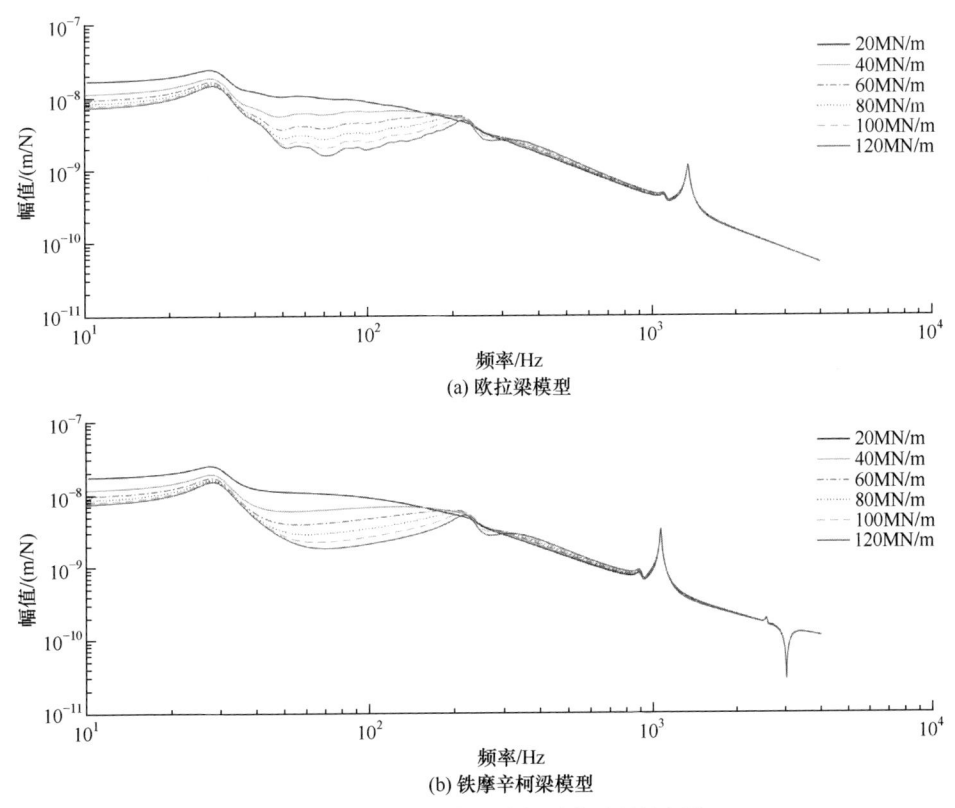

(a) 欧拉梁模型

(b) 铁摩辛柯梁模型

图 10.22 加载点钢轨垂向振动位移导纳幅值

· 212 ·　　　　　　　　高速铁路轨道动力学程序设计

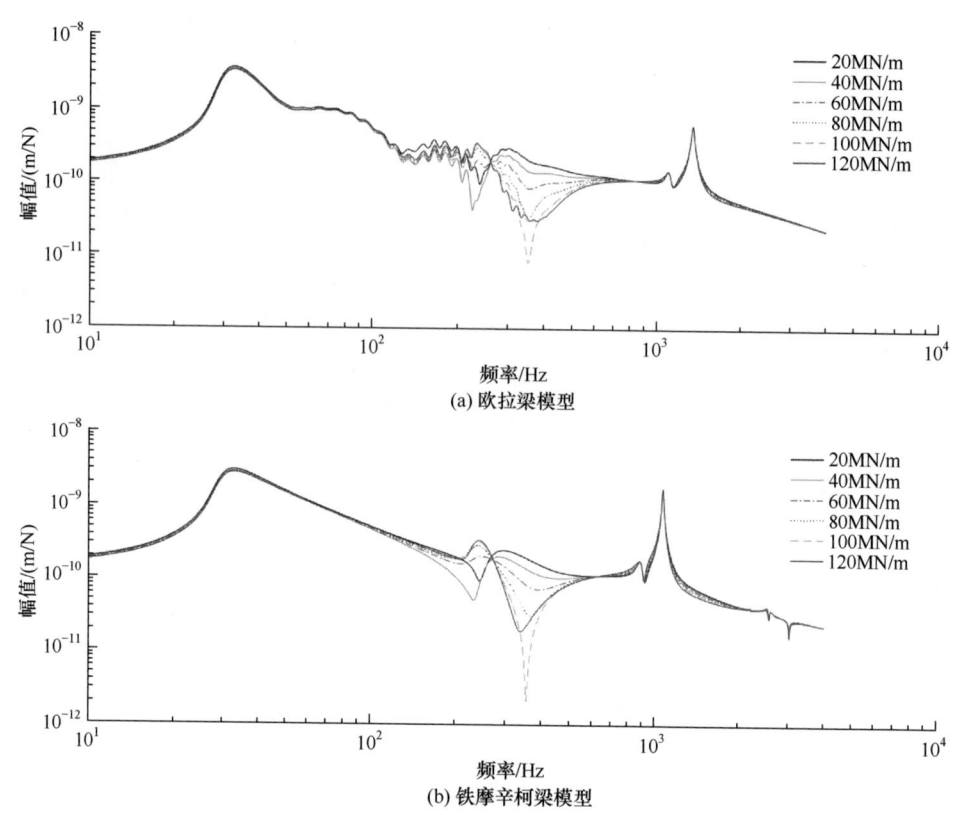

(a) 欧拉梁模型

(b) 铁摩辛柯梁模型

图 10.23　距加载点 10 根轨枕间距处钢轨垂向振动位移导纳幅值

由此可知，扣件刚度对钢轨振动影响较为显著，加载点钢轨位移导纳受扣件刚度影响的频率范围为 200Hz 以下，距加载点 10 根轨枕间距处的钢轨位移导纳受扣件刚度影响的频率范围为 100～700Hz。

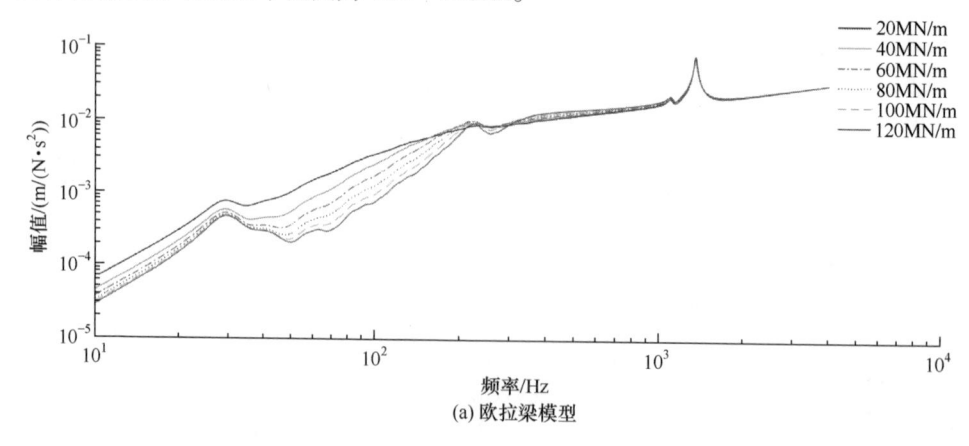

(a) 欧拉梁模型

(b) 铁摩辛柯梁模型

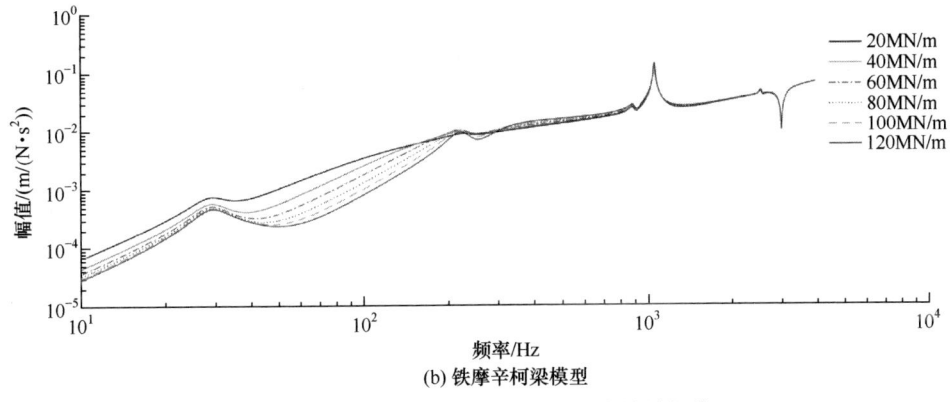

图 10.24 加载点钢轨垂向振动加速度导纳幅值

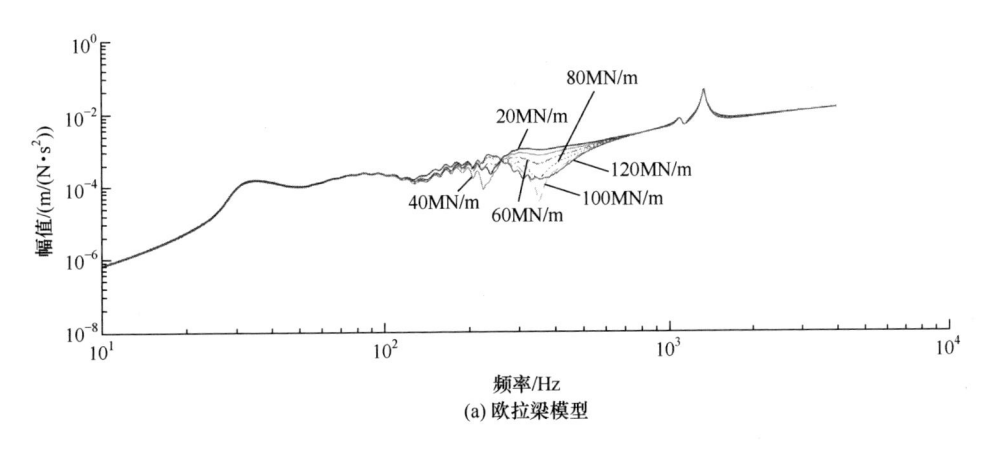

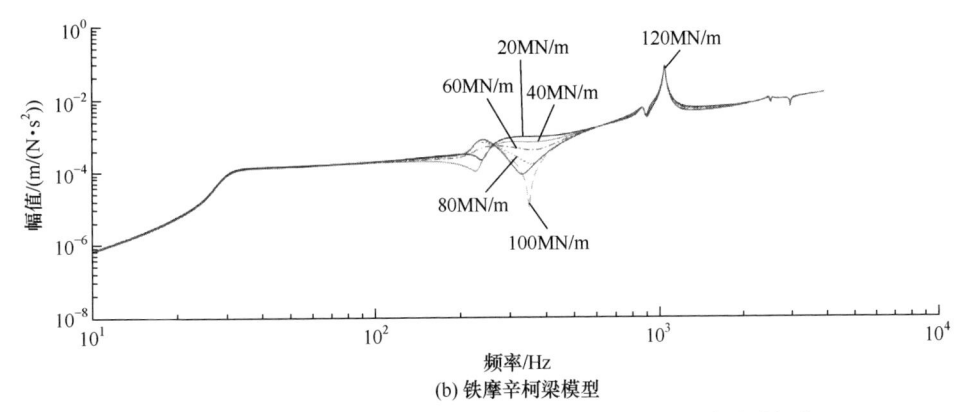

(a) 欧拉梁模型

(b) 铁摩辛柯梁模型

图 10.25 距加载点 10 根轨枕间距处钢轨垂向振动加速度导纳幅值

在频率 200Hz 以下时，加载点加速度导纳受扣件刚度影响较大，随着扣件刚度的增加，加载点处钢轨加速度导纳减小。在频率 200Hz 以上时，受扣件刚度影响较小。距加载点 10 根轨枕处的钢轨加速度导纳受扣件刚度影响的频率分布在 150~700Hz，随着扣件刚度的增加，钢轨加速度导纳减小。

钢轨的一阶 pinned-pinned 频率未受扣件刚度变化的影响。

10.6.2 CA 砂浆刚度的影响

在表 10.1 其他参数不变的情况下，考虑六种单位长度 CA 砂浆刚度，即 300、600、900、1200、1500、3000MN/m² 对钢轨垂向振动的影响，计算结果如图 10.26~图 10.29 所示[11]。

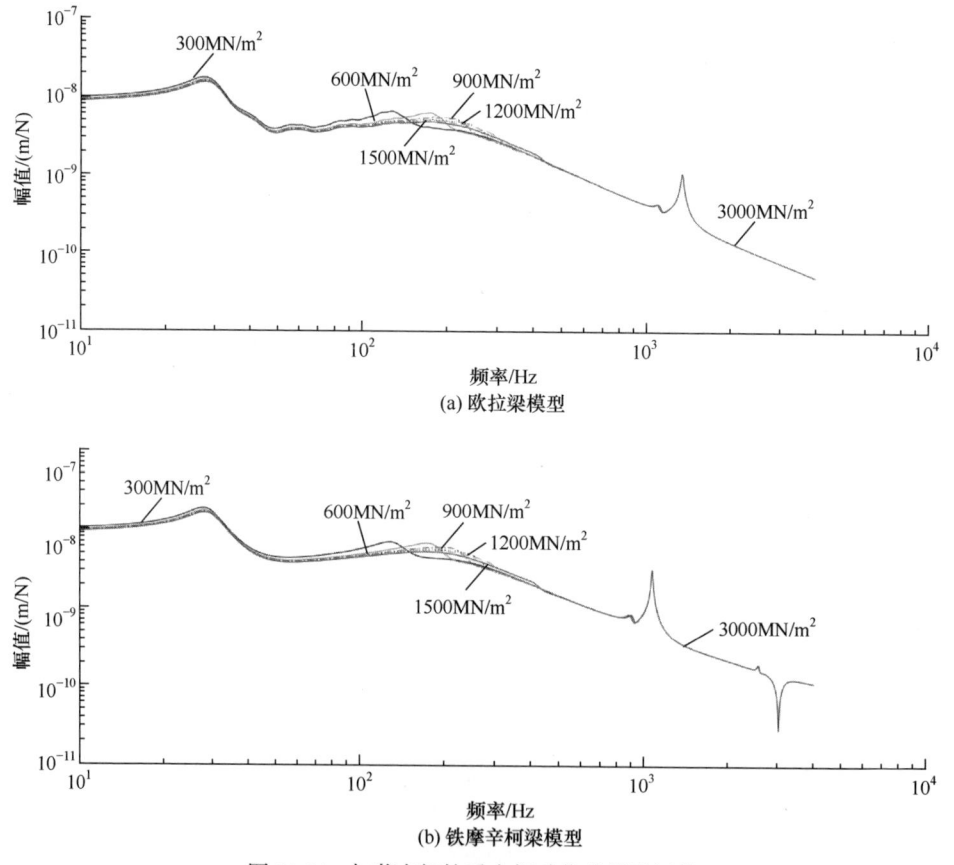

图 10.26 加载点钢轨垂向振动位移导纳幅值

第10章 基于谱单元法的轨道结构中高频振动分析及程序

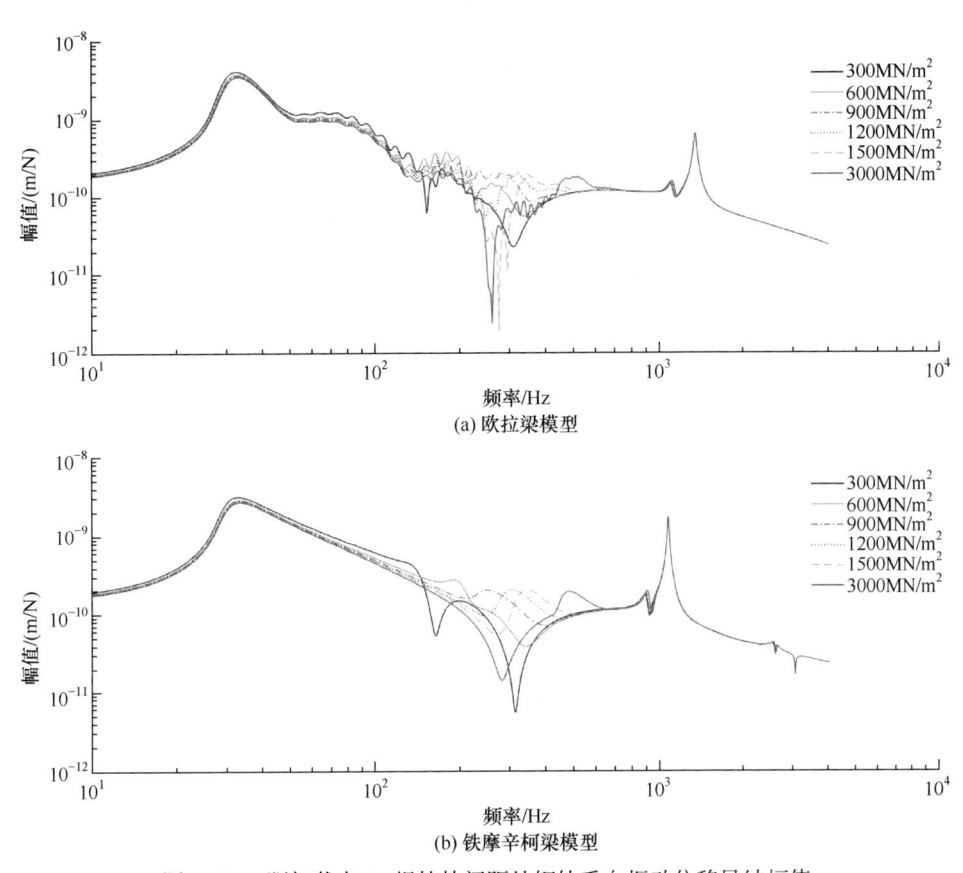

(a) 欧拉梁模型

(b) 铁摩辛柯梁模型

图 10.27 距加载点 10 根轨枕间距处钢轨垂向振动位移导纳幅值

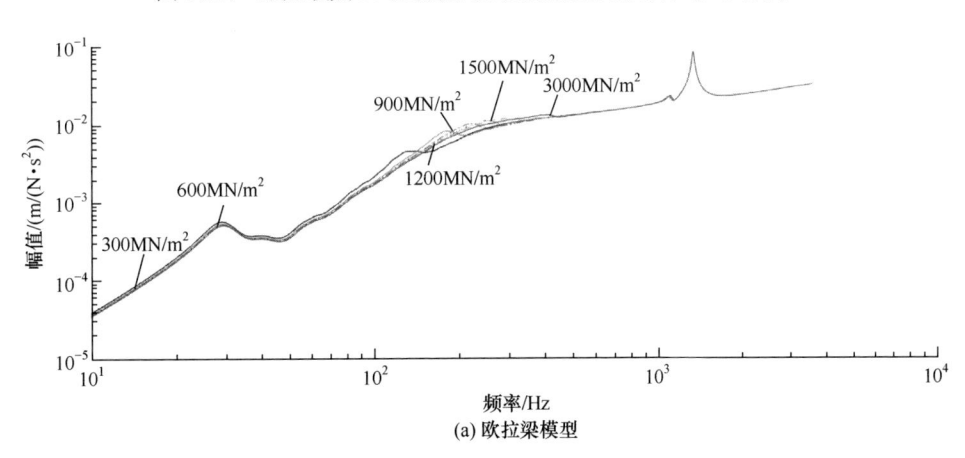

(a) 欧拉梁模型

(b) 铁摩辛柯梁模型

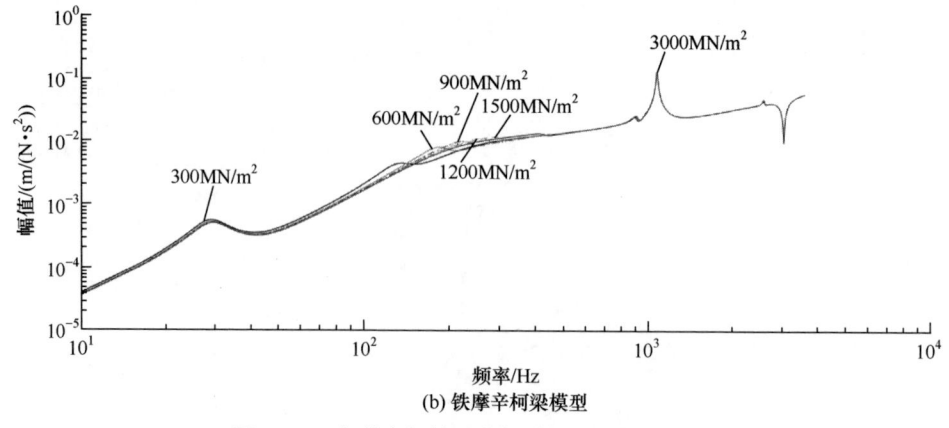

图 10.28　加载点钢轨垂向振动加速度导纳幅值

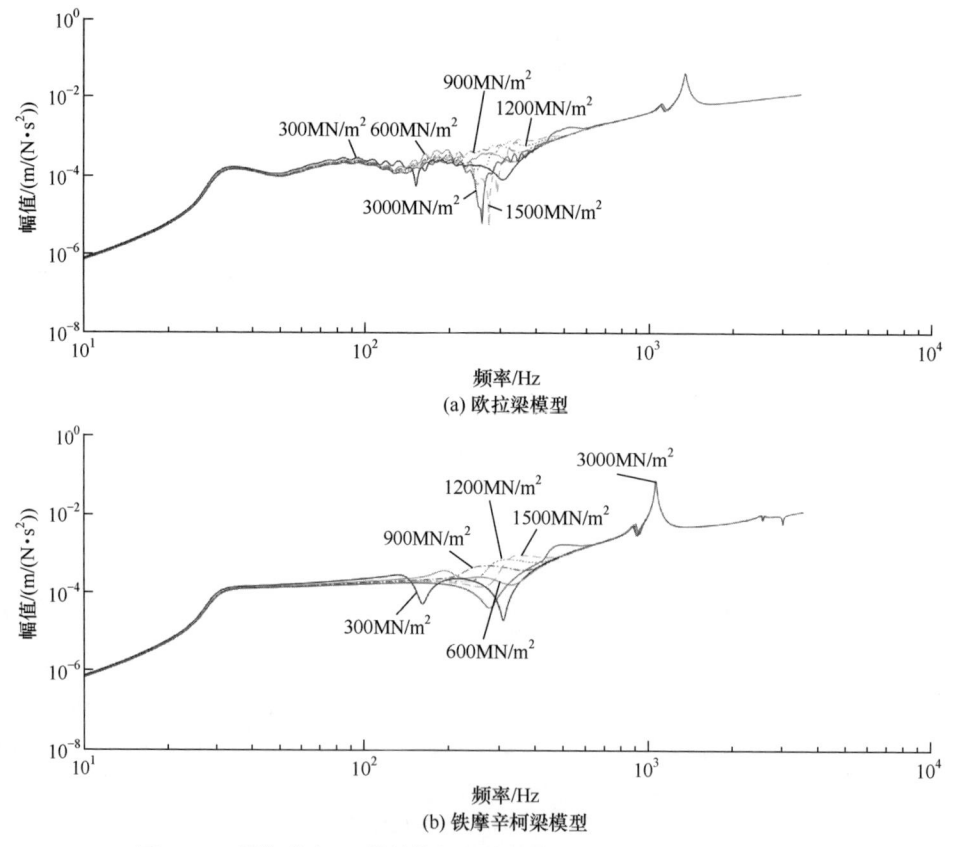

(a) 欧拉梁模型

(b) 铁摩辛柯梁模型

图 10.29　距加载点 10 根轨枕间距处钢轨垂向振动加速度导纳幅值

由此可知，CA 砂浆刚度对加载点的钢轨垂向振动影响较小，对于距加载点 10 根轨枕处钢轨的振动位移和加速度有一定的影响。钢轨垂向振动受 CA 砂浆刚度影响的频率范围分布在 100~700Hz。

同样，钢轨的一阶 pinned-pinned 频率不受 CA 砂浆刚度的影响。

10.6.3 路基刚度的影响

在表 10.1 其他参数不变的情况下，考虑六种单位长度路基刚度，即 20、40、60、80、100、120MN/m^2 对钢轨振动的影响，计算结果如图 10.30~图 10.33 所示[11]。

由此可知，路基刚度对钢轨垂向振动影响明显，增加路基刚度能显著减小钢轨垂向振动，这一现象在 60Hz 以下尤其明显。距加载点越远，受路基刚度影响的频率范围越宽。因此，路基刚度对轨道结构低频振动影响显著，增加路基刚度可以有效降低轨道结构的低频振动。

同样，钢轨的一阶 pinned-pinned 频率不受路基刚度的影响。

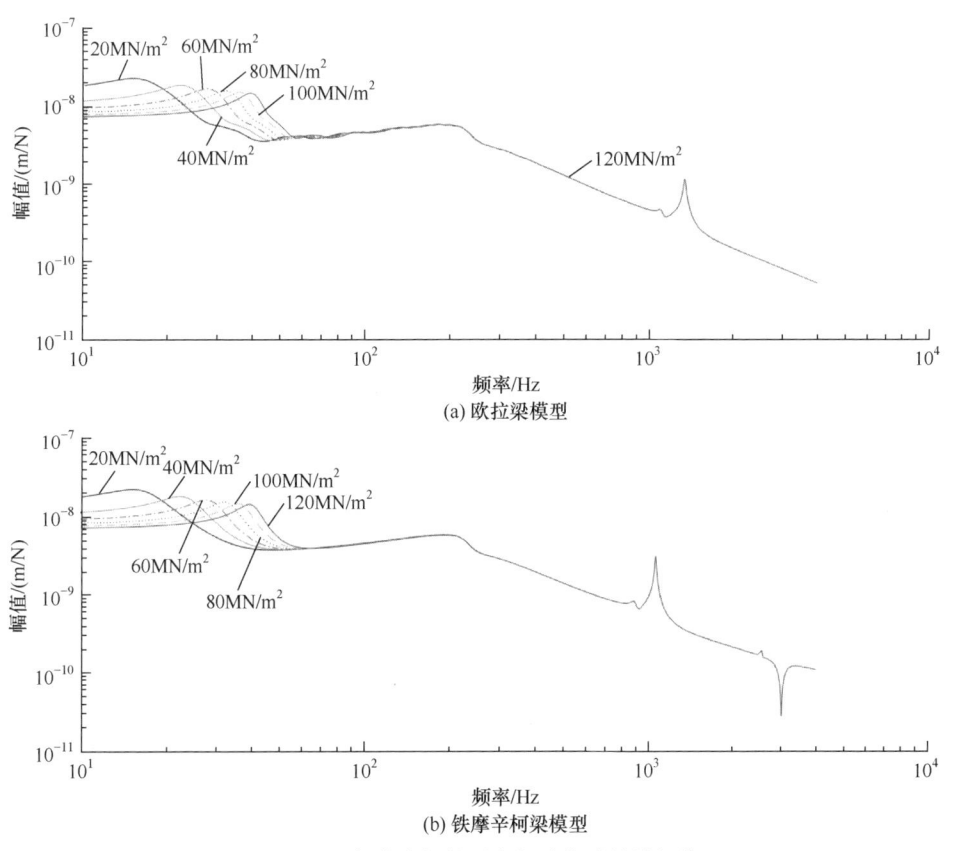

(a) 欧拉梁模型

(b) 铁摩辛柯梁模型

图 10.30　加载点钢轨垂向振动位移导纳幅值

(a) 欧拉梁模型

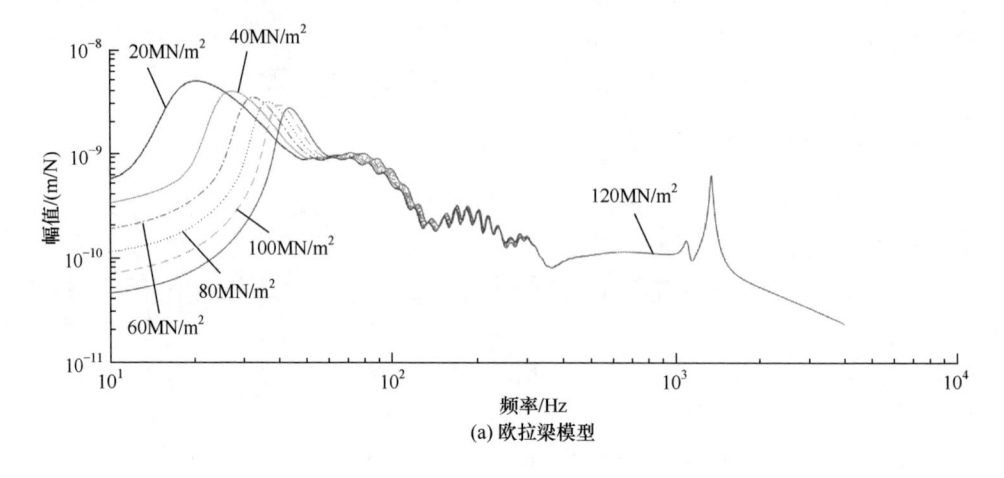

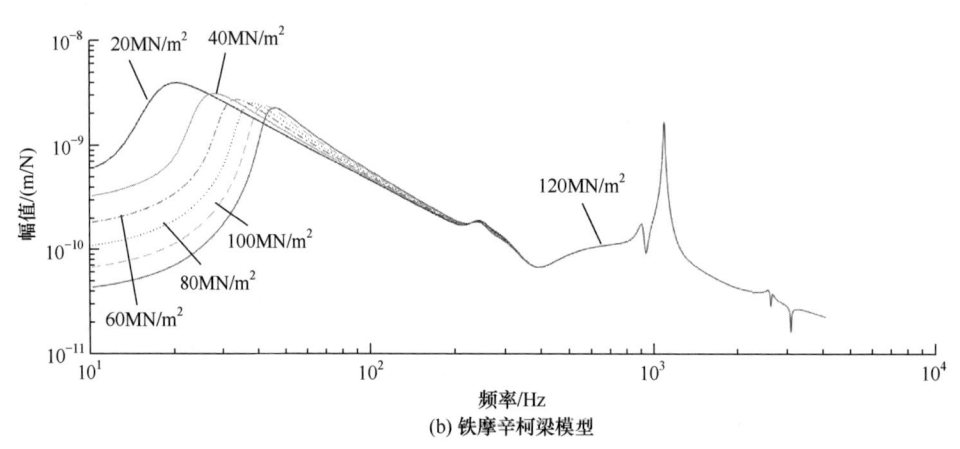

(b) 铁摩辛柯梁模型

图 10.31　距加载点 10 根轨枕间距处钢轨垂向振动位移导纳幅值

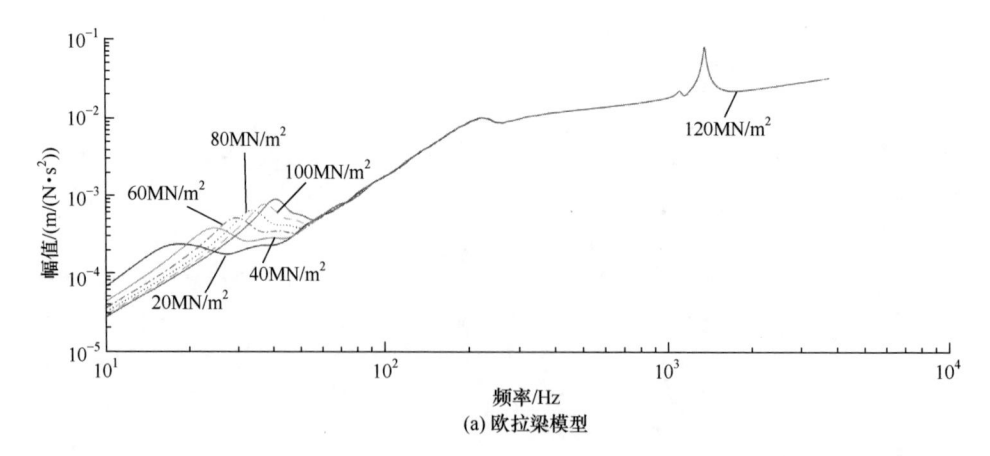

(a) 欧拉梁模型

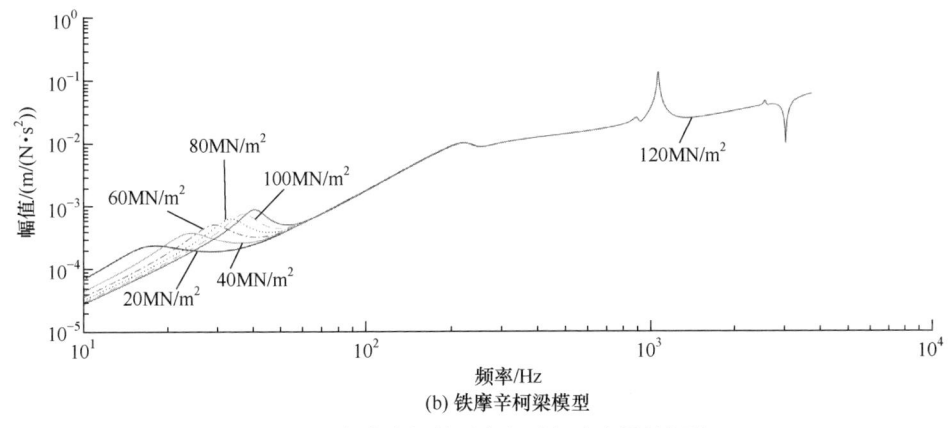

图 10.32 加载点钢轨垂向振动加速度导纳幅值

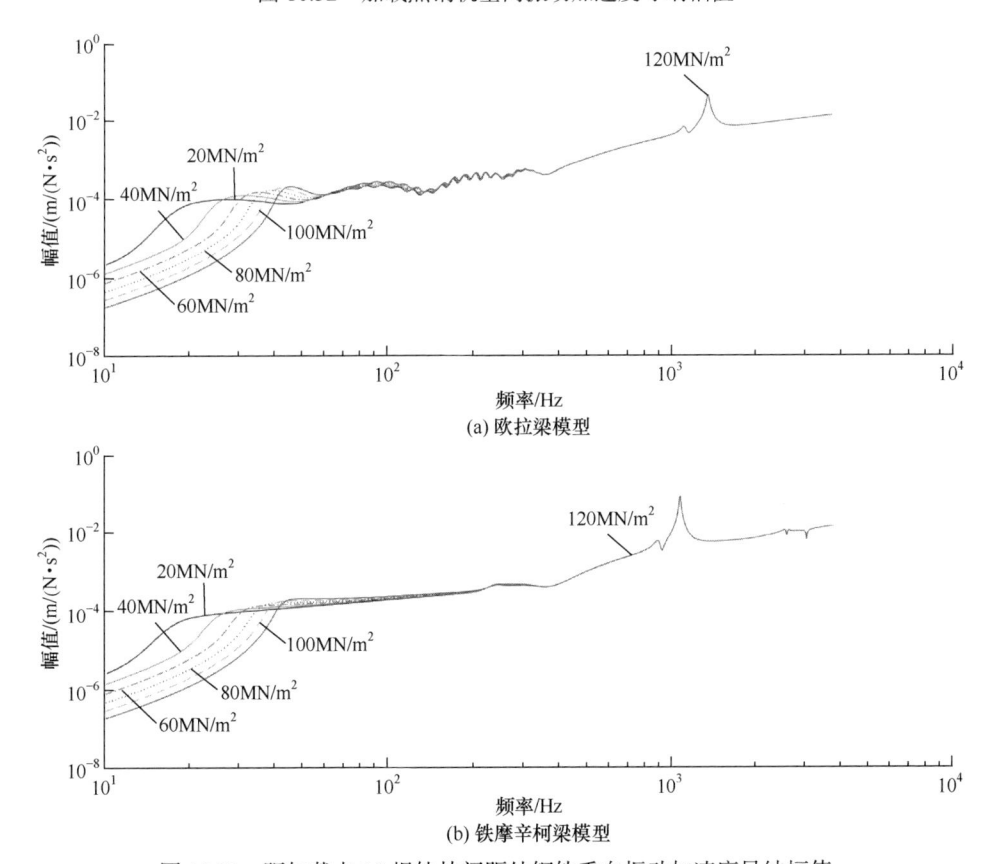

(b) 铁摩辛柯梁模型

图 10.33 距加载点 10 根轨枕间距处钢轨垂向振动加速度导纳幅值

10.6.4 结论

通过以上分析，得到如下结论。

(1) 扣件刚度在频率200~1000Hz范围对轨道结构振动有影响,在频率200Hz以下时影响显著。减小扣件刚度有利于轨道下部结构减振降噪,但是会强化车辆的振动;反之,增加扣件刚度能显著减小钢轨振动,有利于车辆减振,但是会加强轨道下部结构的振动。因此,应根据不同的减振对象和目的选择合适的扣件刚度。

(2) CA砂浆刚度在频率100~700Hz范围对轨道结构振动有影响,但是影响较小。由于CA砂浆的刚度远比扣件刚度和路基刚度大,因此对轨道结构的减振作用并不明显。

(3) 路基刚度在频率小于60Hz范围对轨道结构振动影响显著,增加路基刚度可以有效减小轨道结构的低频振动。

(4) 基于欧拉梁模型与铁摩辛柯梁模型的无砟轨道振动分析结果的差异主要是在中高频范围,铁摩辛柯梁模型在中高频范围适应性更好。欧拉梁模型的一阶pinned-pinned频率比铁摩辛柯梁的一阶pinned-pinned频率要高,钢轨的一阶pinned-pinned频率不受扣件、CA砂浆和路基刚度的影响。

参 考 文 献

[1] Doyle J F. Wave Propagation in Structures: Spectral Analysis Using Fast Discrete Fourier Transforms. 2nd ed. New York: Springer, 1997.

[2] Doyle J F. A spectrally formulated finite element for longitudinal wave propagation. International Journal of Analytical and Experimental Modal Analysis, 1988, 3: 1-5.

[3] Doyle J F, Farris T N. A spectrally formulated finite element for wave propagation in 3-D frame structures. International Journal of Analytical and Experimental Modal Analysis, 1990, 5: 223-237.

[4] Rizzi S A, Doyle J F. A spectral element approach to wave motion in layered solids. Journal of Vibration and Acoustics, 1992, 114(4): 569-576.

[5] 雷晓燕. 高速铁路轨道动力学——模型、算法与应用. 2版. 北京: 科学出版社, 2021.

[6] Gopalakrishnan S, Doyle J F. Spectral super-element for wave propagation in structures with local non-uniformities.Computer Methods in Applied Mechanics and Engineering, 1995, 121(1-4): 77-90.

[7] Lee U, Lee C. Spectral element modeling for extended Timoshenko Beams. Journal of Sound and Vibration, 2009, 319(3-5): 993-1002.

[8] Lee U, Jang I. Spectral element model for axially loaded bending-shear-torsion coupled composite Timoshenko beams. Composite Structure, 2010, 92(12): 2860-2870.

[9] 吴神花, 雷晓燕. 基于谱元法的车辆-轨道结构频域振动特性研究. 振动与冲击, 2021, 40(5): 1-7.

[10] 雷晓燕, 邢聪聪, 吴神花. 轨道结构中高频振动特性分析. 振动工程学报, 2020, 33(6): 1245-1252.

[11] 邢聪聪. 轨道结构中-高频振动特性及声功率的谱单元分析. 南昌: 华东交通大学硕士学位论文, 2019.

第 11 章 车辆-轨道-大地耦合系统振动敏感频率

当高速列车在轨道上运行时,由于轮轨接触表面之间的不平顺,轮轨相互作用加剧,形成附加动荷载,轮轨间的激烈振动经车轮向上传递到转向架和车体,向下经钢轨和扣件传递到轨道板、CA 砂浆层、底座板、路基和大地,引起车辆、轨道结构及线路周边环境振动。轨道不平顺直接影响列车的运行性能,严重的轨道不平顺会影响乘坐的舒适性,在某些情况下还会引起列车脱轨。因此,分析轨道不平顺与列车运行行为之间的关系,确定不同波长和振幅的轨道不平顺对车辆和轨道结构的影响程度和影响范围,建立适当的轨道不平顺评价方法和控制标准是十分重要的。在高速列车-轨道-大地这个耦合系统中,振动的产生和传递与列车、轨道和大地的固有动态特性密切相关。由于车辆、轨道、大地介质的自振频率和对轨道不平顺敏感波长的不同,车辆、轨道、大地激发系统振动的频率范围、目标对象和传递特性也有很大差异。本节重点讨论车辆-轨道-大地耦合系统振动敏感频率。

11.1 高速列车作用下轨道不平顺对轨道结构振动影响分析

为了分析高速列车作用下轨道随机不平顺对轨道结构振动的影响和频谱特性,建立列车-轨道非线性耦合系统动力学模型,如图 11.1 所示。图中,列车为 2 节 CRH3 高速动车(1 节头车+1 节中间车),列车速度为 250km/h,轨道类型为路基上的无砟轨道结构,模型长度 200m。高速动车 CRH3 计算参数见表 5.1。路基上无砟轨道结构参数见表 5.2。运用交叉迭代法求解列车-轨道非线性耦合系统动力有限元方程[1]。

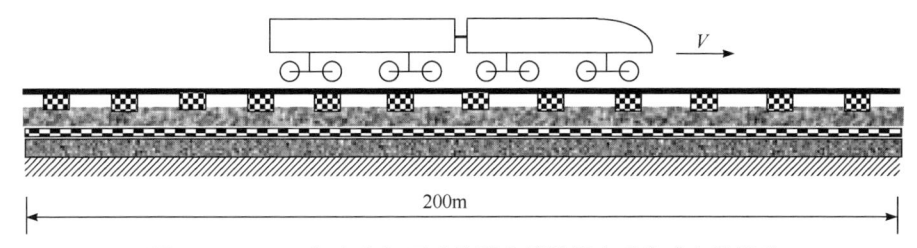

图 11.1 CRH3 高速动车-无砟轨道非线性耦合系统动力学模型

轨道不平顺考虑如下 4 种工况。
工况 1:轨道为理想平顺状态。

工况 2：波长为 1~200m 的轨道随机不平顺。

工况 3：波长为 0.05~1m 的钢轨短波不平顺。

工况 4：波长为 1~200m 的轨道随机不平顺+波长为 0.05~1m 的钢轨短波不平顺。

对于工况 1，假设轨道为理想平顺状态，考察 2 节 CRH3 高速动车以 250km/h 速度通过时引起线路跨中轨道结构的振动位移和振动加速度，计算结果如图 11.2 和图 11.3 所示。

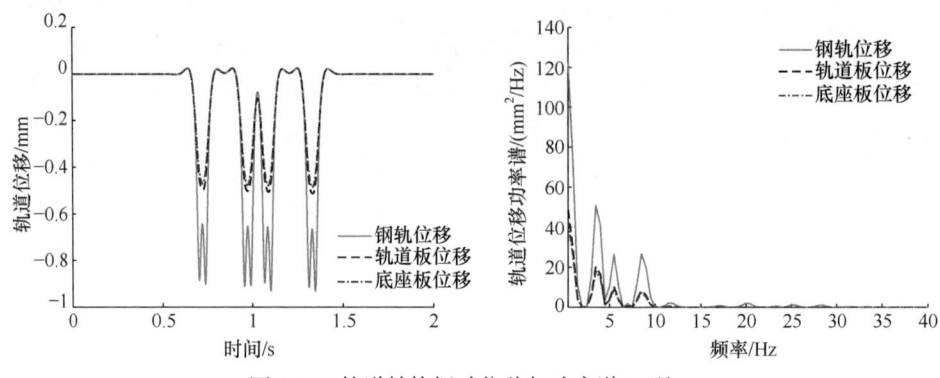

图 11.2 轨道结构振动位移与功率谱(工况 1)

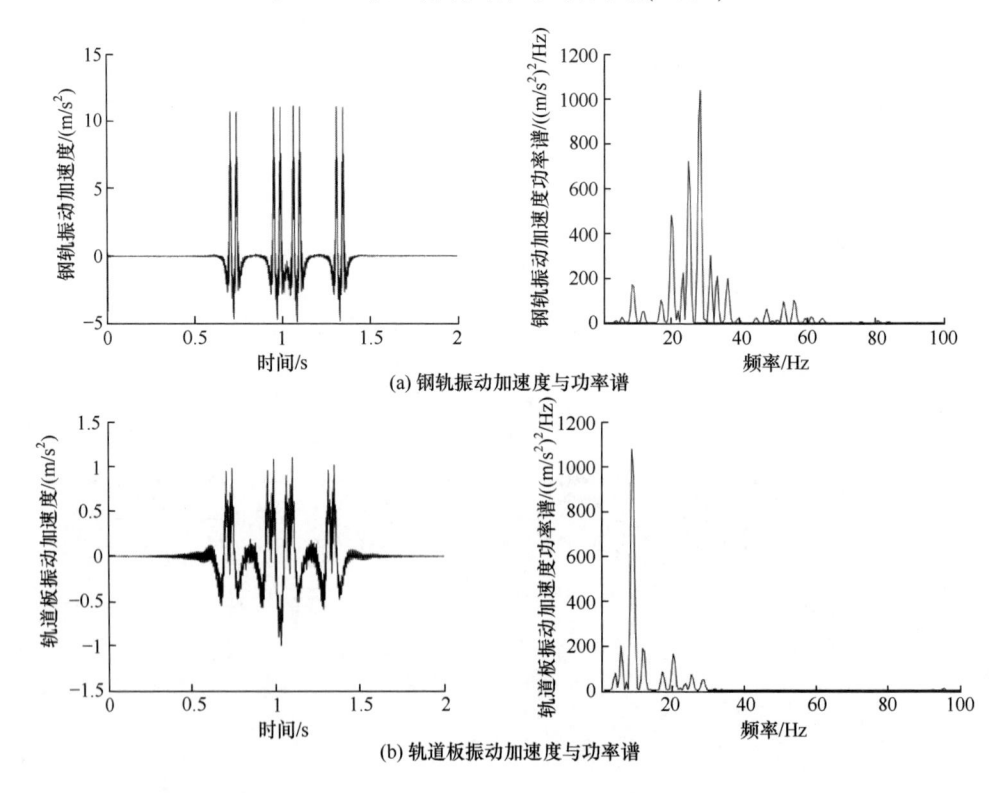

(a) 钢轨振动加速度与功率谱

(b) 轨道板振动加速度与功率谱

(c) 底座板振动加速度与功率谱

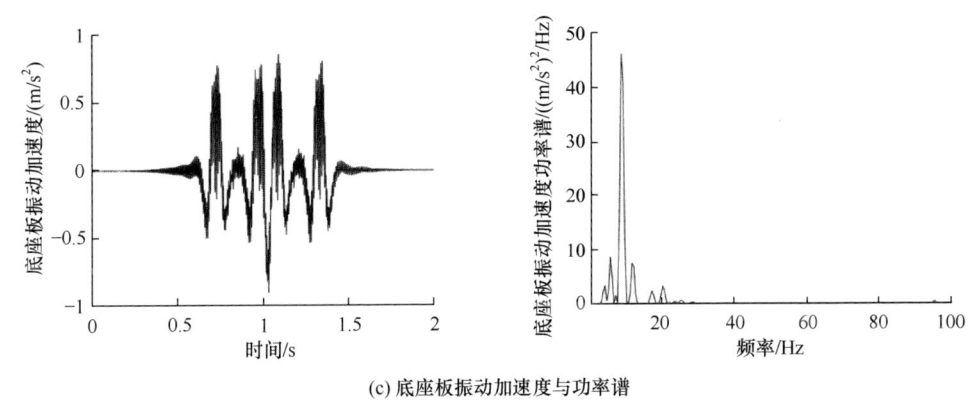

图 11.3 轨道结构振动加速度与功率谱(工况 1)

由此可得以下结论。

(1) 车辆通过频率 $f_1 = \dfrac{250}{3.6 \times 25} = 2.78 \text{Hz}$ 和转向架通过频率 $f_2 = \dfrac{250}{3.6 \times 17.375} = 4\text{Hz}$，以及这两种通过频率的整倍数频率是引起轨道结构振动位移的主要激励源。振动位移从钢轨经扣件传递到轨道板和底座板是逐渐衰减的。

(2) 转向架通过频率 4Hz 和轮对通过频率 $f_3 = \dfrac{250}{3.6 \times 2.5} = 27.78\text{Hz}$ 以及这两种通过频率的整倍数频率是引起钢轨振动加速度的主要激励源，钢轨振动加速度最大，轨道板振动加速度其次，底座板振动加速度略小于轨道板振动加速度。

对于工况 2，考虑波长为 1～200m(对应的激振频率为 0.35～70Hz)的轨道随机不平顺，采用德国高速铁路低干扰轨道谱生成轨道随机不平顺样本[1]，如图 11.4 所示。考察 2 节 CRH3 高速动车以 250km/h 速度通过时引起线路跨中轨道结构的振动位移和振动加速度，计算结果如图 11.5 和图 11.6 所示。

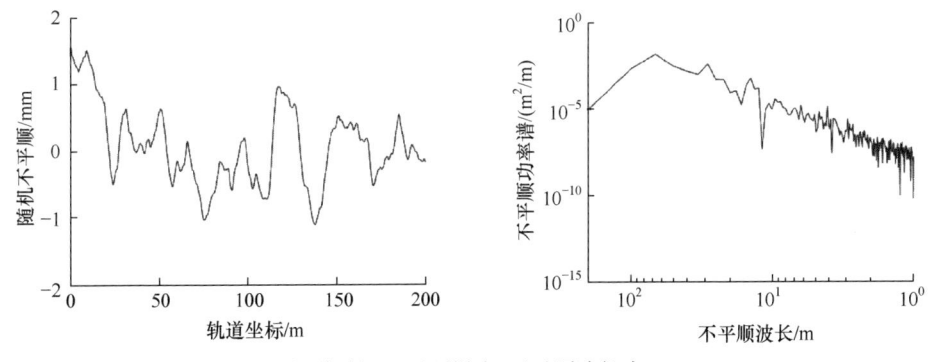

图 11.4 轨道随机不平顺样本(不平顺波长为 1～200m)

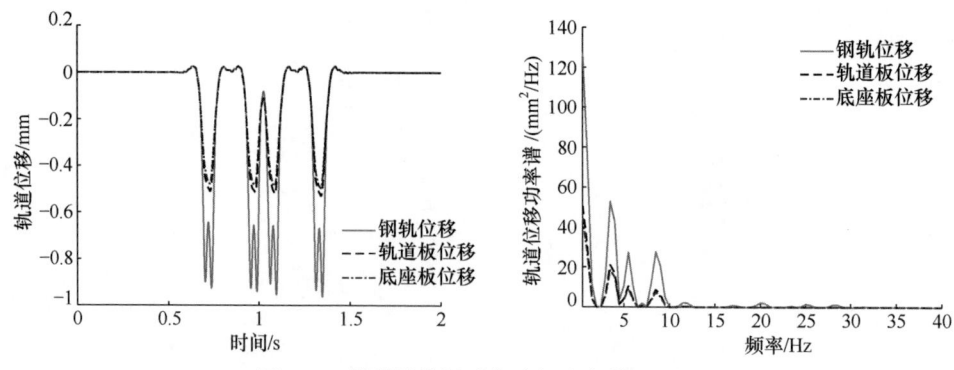

图 11.5 轨道结构振动位移与功率谱(工况 2)

由此可见，车辆通过频率 2.78Hz 和转向架通过频率 4Hz，以及这两种通过频率的整倍数频率是引起轨道结构振动位移的主要激励源，轨道随机不平顺对轨道结构振动位移影响较小，轨道结构振动位移的优势频率为 1～10Hz；转向架通过频率 4Hz、轮对通过频率 27.78Hz，以及轨道随机不平顺是引起轨道结构振动加速度的激励源，轨道结构振动加速度的优势频率为 4～70Hz。

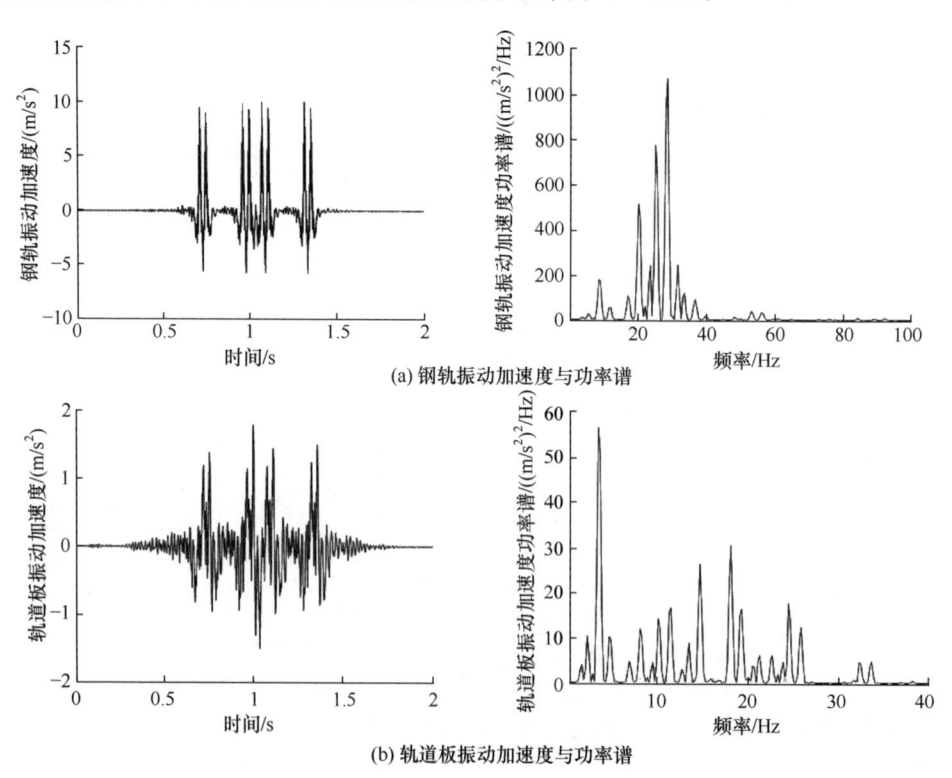

(a) 钢轨振动加速度与功率谱

(b) 轨道板振动加速度与功率谱

(c) 底座板振动加速度与功率谱

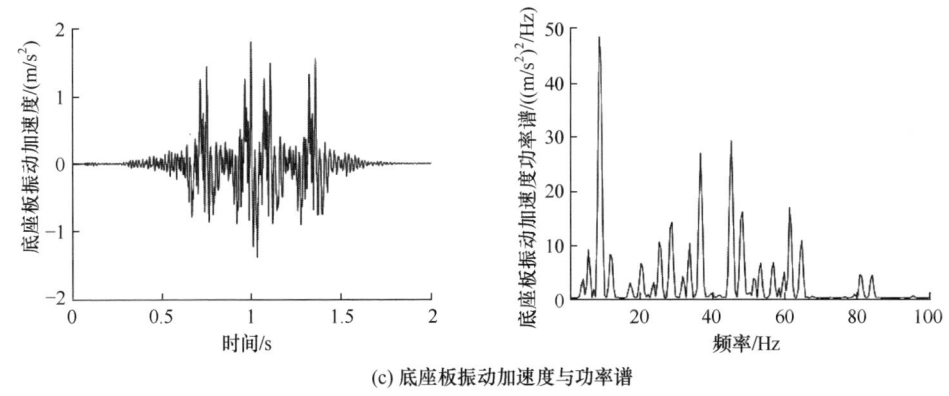

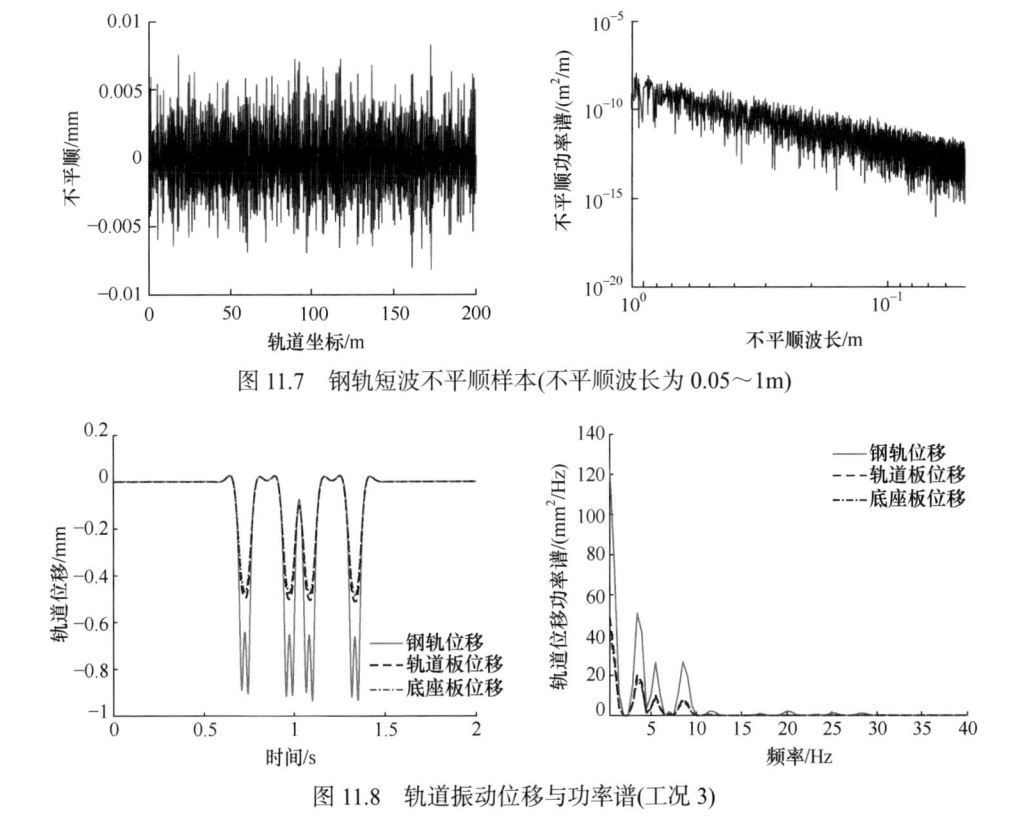

图 11.6 轨道结构振动加速度与功率谱(工况 2)

对于工况 3，考虑波长为 0.05～1m(对应的激振频率为 70～1380Hz)的钢轨短波不平顺，采用短波轨道不平顺功率谱密度函数 $S(f) = 0.036/f^{3.15}$ 生成钢轨短波不平顺样本[1](图 11.7)，考察 2 节 CRH3 高速动车以 250km/h 速度通过时引起线路跨中轨道结构的振动位移和振动加速度。计算结果如图 11.8 和图 11.9 所示。

图 11.7 钢轨短波不平顺样本(不平顺波长为 0.05～1m)

图 11.8 轨道振动位移与功率谱(工况 3)

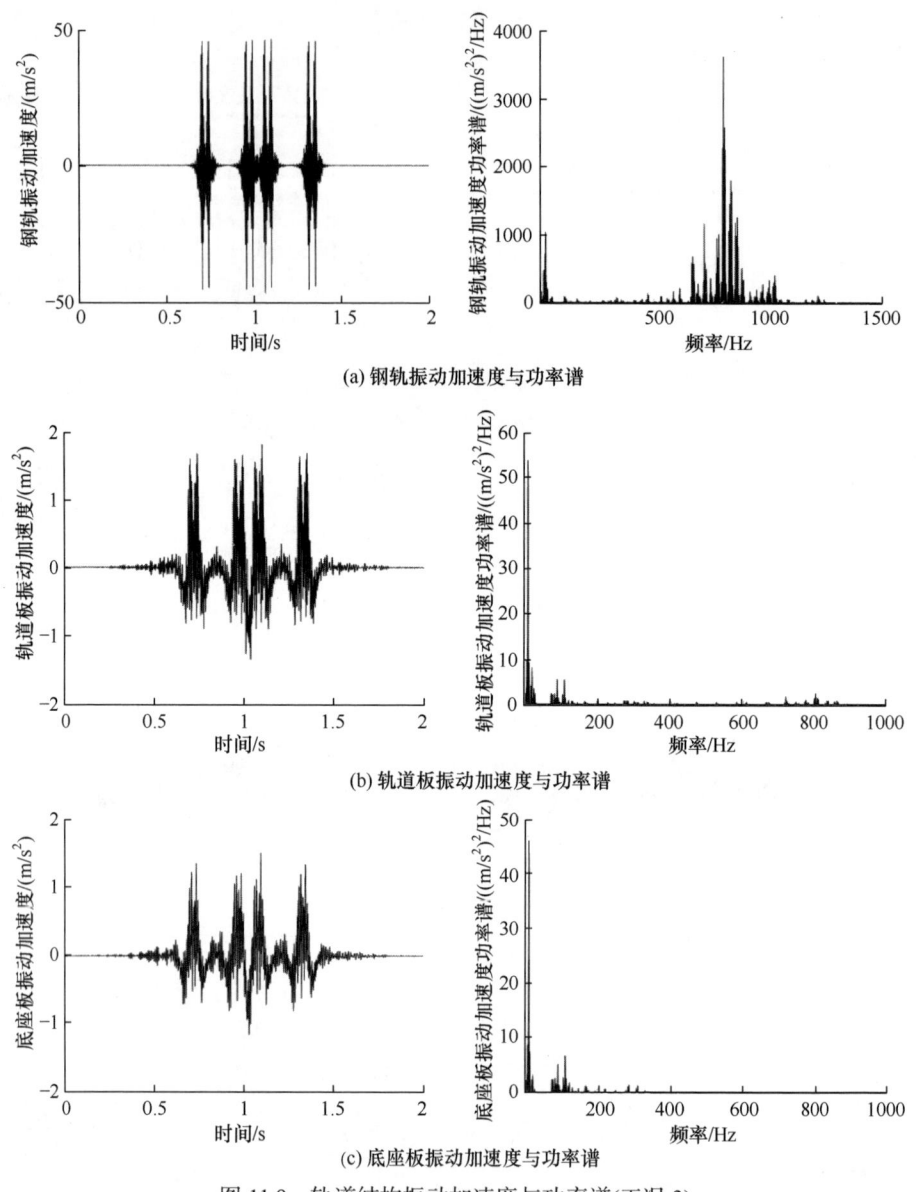

图 11.9 轨道结构振动加速度与功率谱(工况 3)

(a) 钢轨振动加速度与功率谱
(b) 轨道板振动加速度与功率谱
(c) 底座板振动加速度与功率谱

由此可见，车辆通过频率 2.78Hz 和转向架通过频率 4Hz，以及这两种通过频率的整倍数频率是引起轨道结构振动位移的主要激励源，钢轨短波不平顺的影响不明显；钢轨短波不平顺、转向架通过频率和轮对通过频率是引起轨道结构振动加速度的主要激励源。钢轨短波不平顺对钢轨振动加速度影响显著，钢轨振动加速度振幅为$-50\sim50\,\text{m/s}^2$，比工况 1 和工况 2 明显增加。然而，由于钢轨扣件和弹性垫板对于工况4，考虑轨道随机不平顺+钢轨短波不平顺，轨道随机不平顺同工况2，钢轨短波不平顺同工况3，轨道不平顺波长为 0.05～200m(对应的激振频率为0.35～1380Hz)，轨道不平顺样本如图11.10所示。考察2节CRH3高速动车以250km/h速度通过时引起线路跨中轨道结构的振动位移和振动加速度，计算结果如图11.11和图11.12所示。

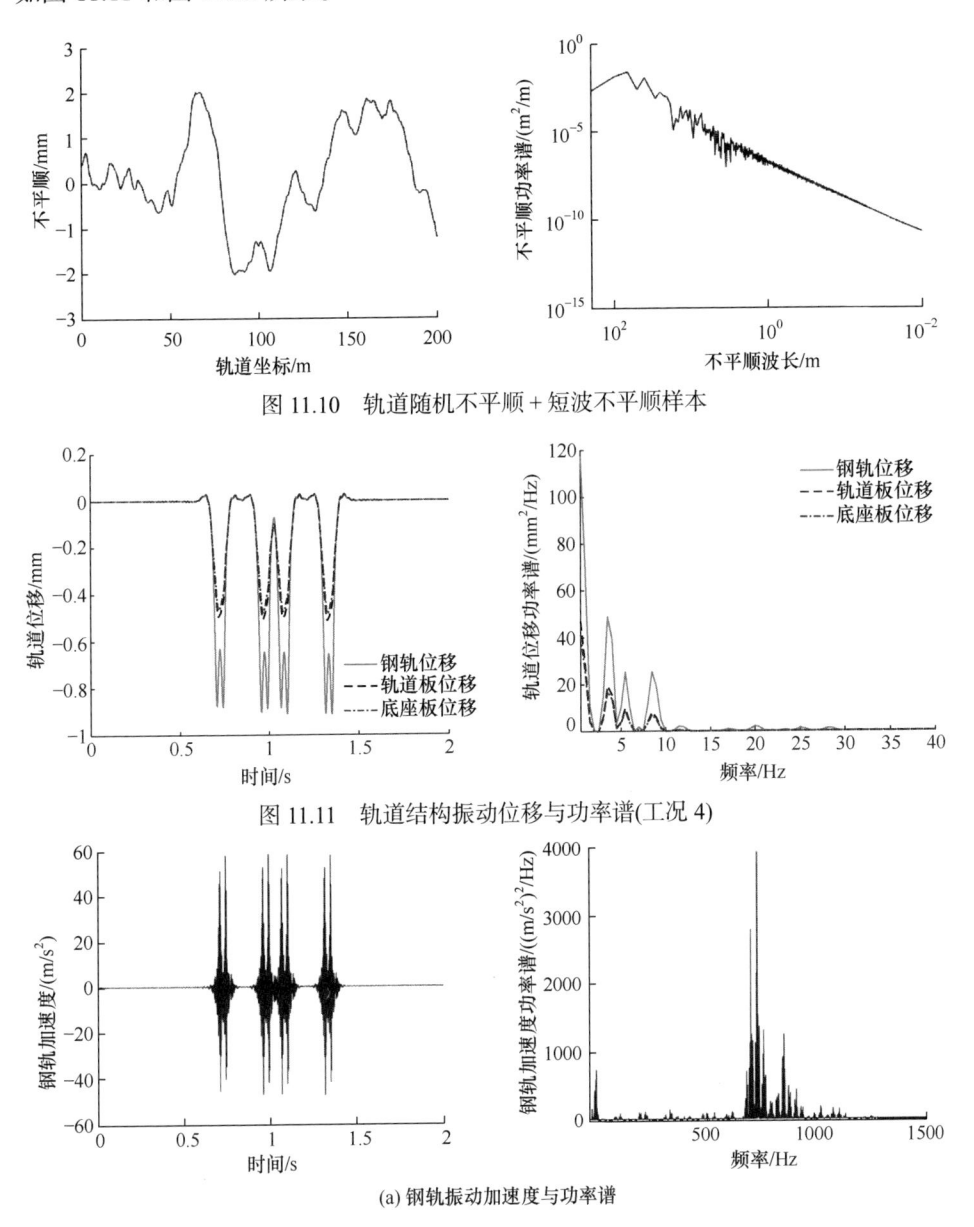

图11.10 轨道随机不平顺+短波不平顺样本

图11.11 轨道结构振动位移与功率谱(工况4)

(a) 钢轨振动加速度与功率谱

(b) 轨道板振动加速度与功率谱

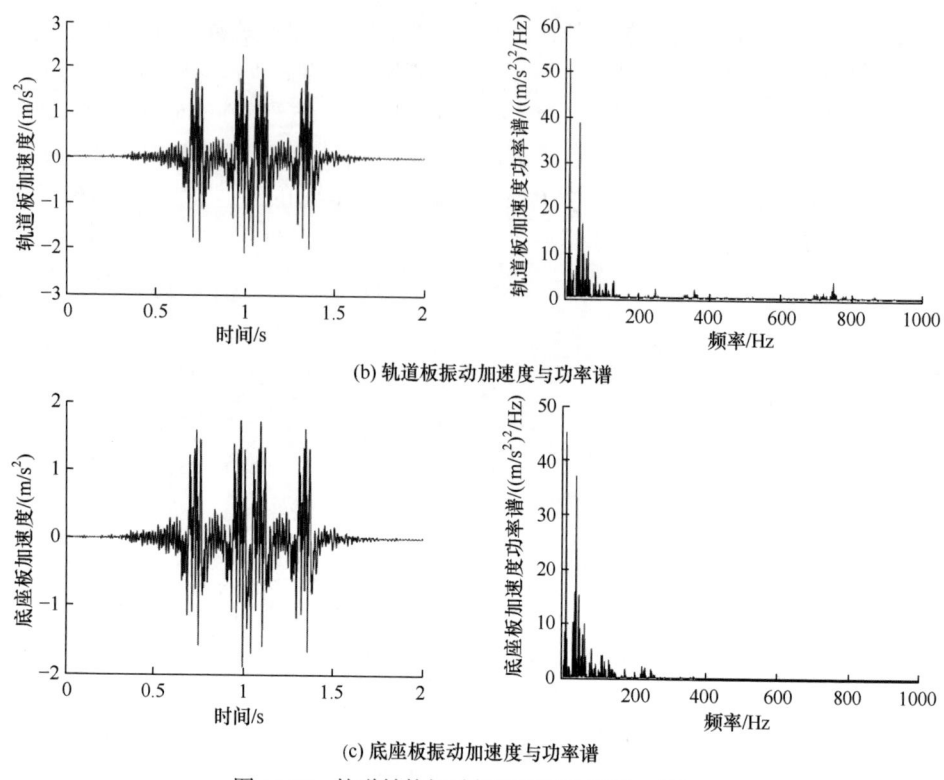

(c) 底座板振动加速度与功率谱

图 11.12 轨道结构振动加速度与功率谱(工况 4)

由此可见，车辆通过频率 2.78Hz 和转向架通过频率 4Hz，以及这两种通过频率的整倍数频率是引起轨道结构振动位移的主要激励源，振动位移优势频率为 1~10Hz；钢轨短波不平顺对钢轨振动加速度影响显著，转向架和轮对通过频率及轨道随机不平顺对轨道板和底座板振动加速度影响较大；振动加速度幅值从钢轨经扣件传递到轨道板和底座板迅速衰减，且高频振动成分也很快衰减。

11.2 轨道不平顺各工况对轨道结构各部件的动力影响分析

为了进一步分析轨道不平顺各工况对轨道结构各部件的动力影响，将对应 4 种轨道不平顺工况得到的钢轨振动位移、速度和加速度放到一起对比，如图 11.13~图 11.21 所示。

第11章 车辆-轨道-大地耦合系统振动敏感频率

图 11.13 对应 4 种工况得到的钢轨振动位移与功率谱

图 11.14 对应 4 种工况得到的钢轨振动速度与功率谱

图 11.15 对应 4 种工况得到的钢轨振动加速度与功率谱

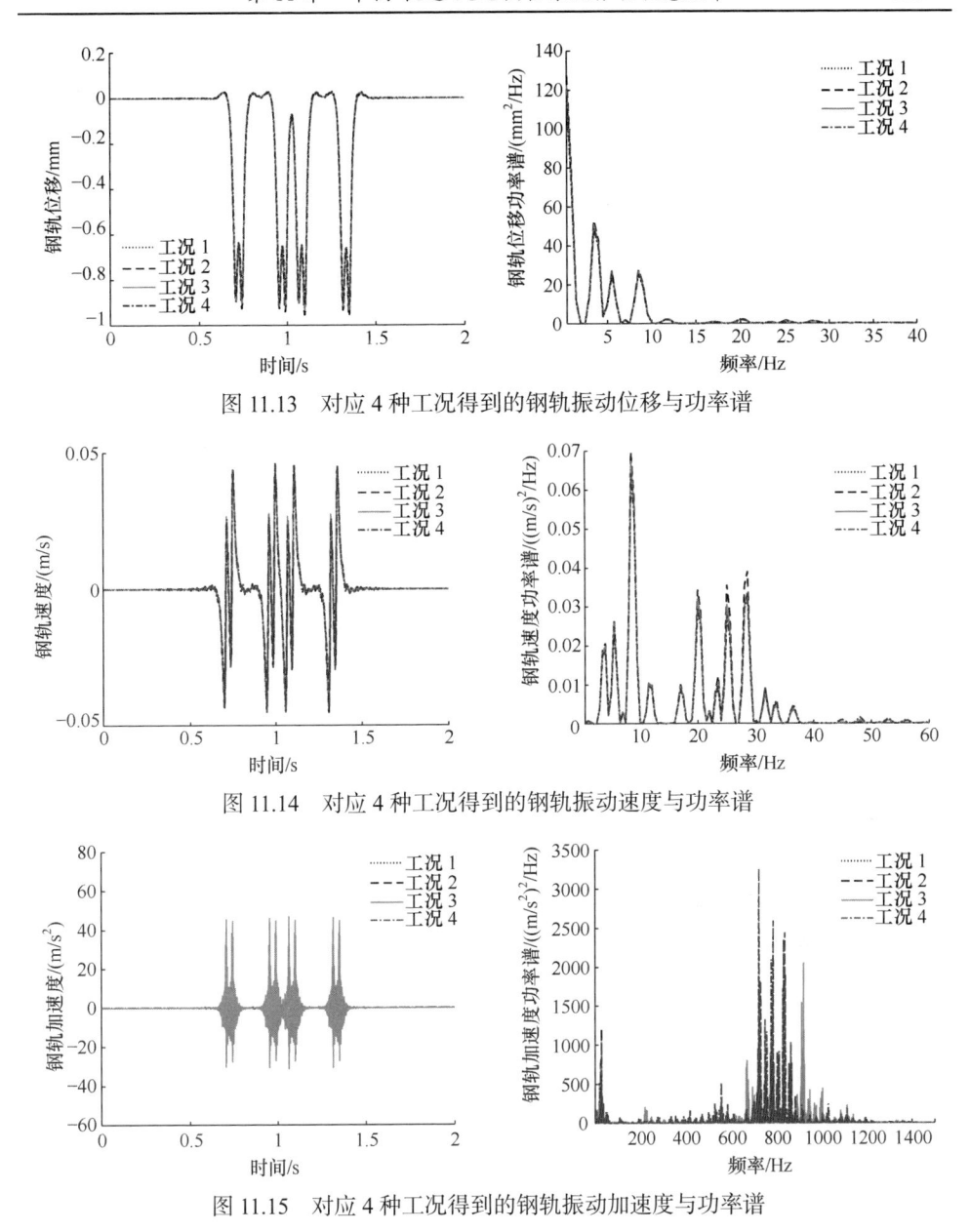

由图 11.13 可见，4 种工况下得到的钢轨振动位移与功率谱基本相同，车辆通过频率 2.78Hz 和转向架通过频率 4Hz，以及这两种通过频率的整倍数频率是引起钢轨振动位移的主要激励源，轨道随机不平顺对轨道结构振动位移影响较小，钢轨短波不平顺的影响可忽略不计，钢轨位移最大振幅在 1.0mm 以内，优势频率为 1~10Hz。

由图 11.14 可见，4 种工况下得到的钢轨振动速度与功率谱基本相同，车辆通过频率 2.78Hz、转向架通过频率 4Hz，以及这两种通过频率的整倍数频率是引起钢轨振动速度的主要激励源，轨道随机不平顺对轨道结构振动速度影响较小，钢轨短波不平顺的影响可忽略不计，钢轨振动速度的幅值范围为 $-0.05 \sim 0.05$ m/s，优势频率为 $1 \sim 40$Hz。

由图 11.15 可见，钢轨短波不平顺是引起钢轨振动加速度的主要激励源，转向架和轮对通过频率，以及轨道随机不平顺对钢轨振动加速度有较大影响，其中 $1 \sim 60$Hz 的钢轨低频振动主要由转向架和轮对通过频率及轨道随机不平顺激发，$600 \sim 1000$Hz 为钢轨高频振动的优势频率，主要由钢轨短波不平顺激发。钢轨振动加速度的振幅为 $-60 \sim 60$ m/s^2。

由图 11.16 可知，4 种工况下得到的轨道板振动位移与功率谱基本相同，车辆通过频率 2.78Hz、转向架通过频率 4Hz，以及这两种通过频率的整倍数频率是引起轨道板振动位移的主要激励源，轨道随机不平顺对轨道结构振动位移影响较小，钢轨短波不平顺的影响可忽略不计，轨道板位移与钢轨位移相比有较大衰减，最大振幅在 0.5mm 以内，优势频率为 $1 \sim 10$Hz。

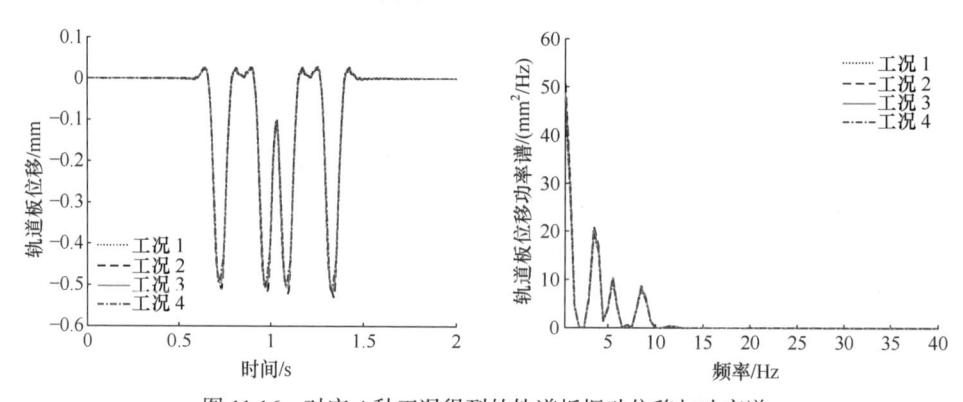

图 11.16 对应 4 种工况得到的轨道板振动位移与功率谱

由图 11.17 可知，4 种工况下得到的轨道板振动速度与功率谱基本相同，车辆通过频率 2.78Hz、转向架通过频率 4Hz，以及这两种通过频率的整倍数频率是引起轨道板振动速度的主要激励源，轨道随机不平顺对轨道结构振动速度影响较小，钢轨短波不平顺的影响可忽略不计，轨道板振动速度与钢轨速度相比有较大衰减，其幅值范围为 $-0.02 \sim 0.02$m/s，优势频率为 $1 \sim 15$Hz。

由图 11.18 可知，转向架和轮对通过频率，以及轨道随机不平顺是轨道板振动加速度的主要激励源，钢轨短波不平顺对轨道板振动加速度的影响较小。轨道板振动加速度与钢轨加速度相比有较大衰减，其幅值范围为 $-3 \sim 3$m/s^2，并且中高频振动也有较大衰减，优势频率为 $1 \sim 150$Hz。

图 11.17 对应 4 种工况得到的轨道板振动速度与功率谱

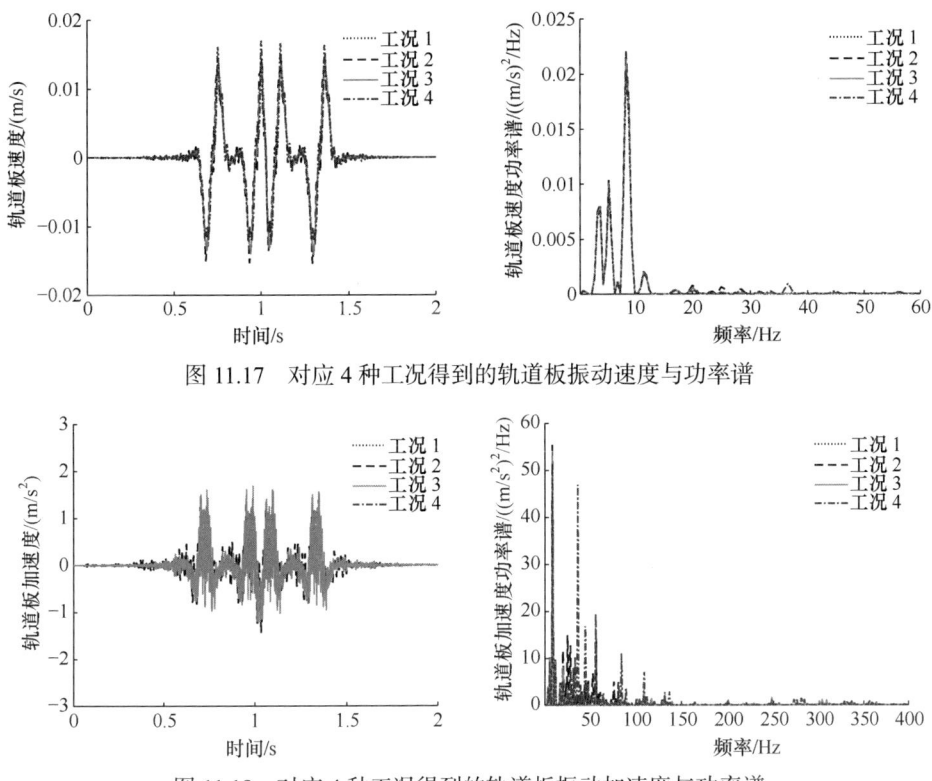

图 11.18 对应 4 种工况得到的轨道板振动加速度与功率谱

由图 11.19～图 11.21 可知，4 种工况下得到的底座板振动位移与功率谱基本相同，由于 CA 砂浆的刚度较大，底座板振动位移的时频特性与轨道板振动位移基本一致；4 种工况下得到的底座板振动速度与功率谱基本相同，底座板振动速度的时频特性与轨道板振动速度基本一致；4 种工况下得到的底座板振动加速度与功率谱基本相同，底座板振动加速度的时频特性与轨道板振动加速度基本一致。

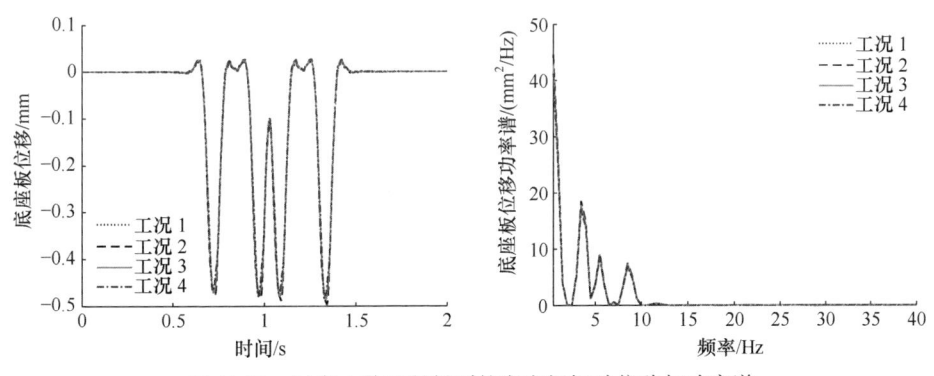

图 11.19 对应 4 种工况得到的底座板振动位移与功率谱

图 11.20　对应 4 种工况得到的底座板振动速度与功率谱

图 11.21　对应 4 种工况得到的底座板振动加速度与功率谱

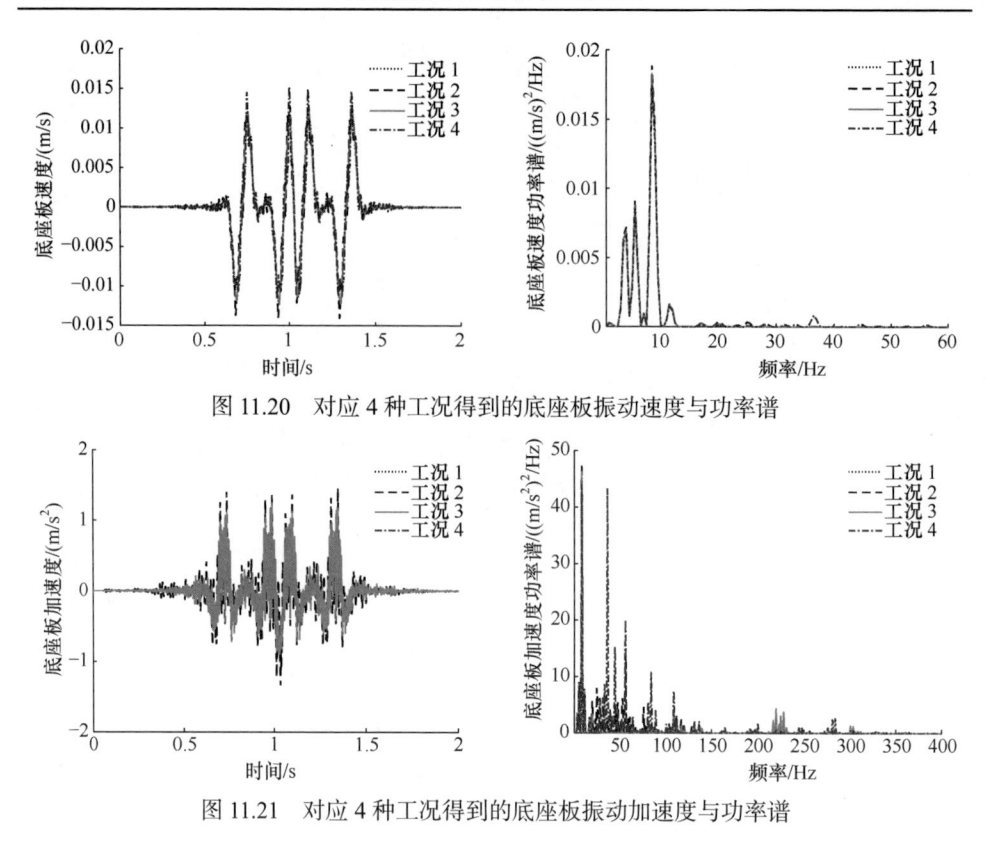

11.3　高速列车作用下轨道不平顺对车辆振动影响分析

1. 工况 1

在轨道为理想平顺的状态下，2 节 CRH3 高速动车以 250km/h 速度通过时引起的轮轨作用力，轮对、转向架和车体振动加速度如图 11.22～图 11.25 所示。

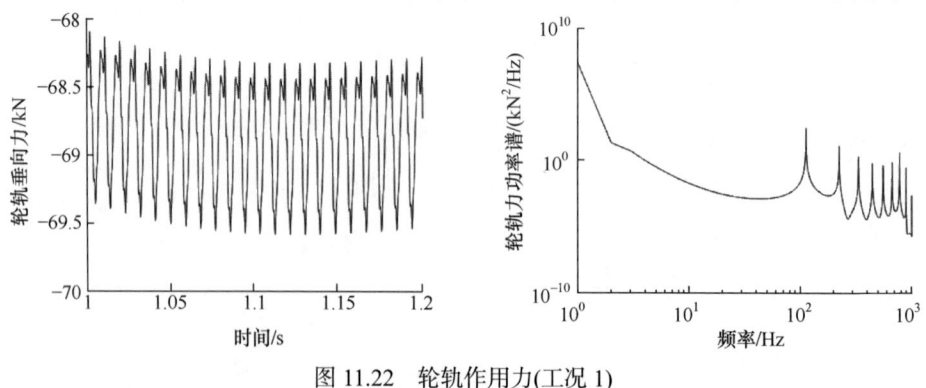

图 11.22　轮轨作用力(工况 1)

第 11 章 车辆-轨道-大地耦合系统振动敏感频率

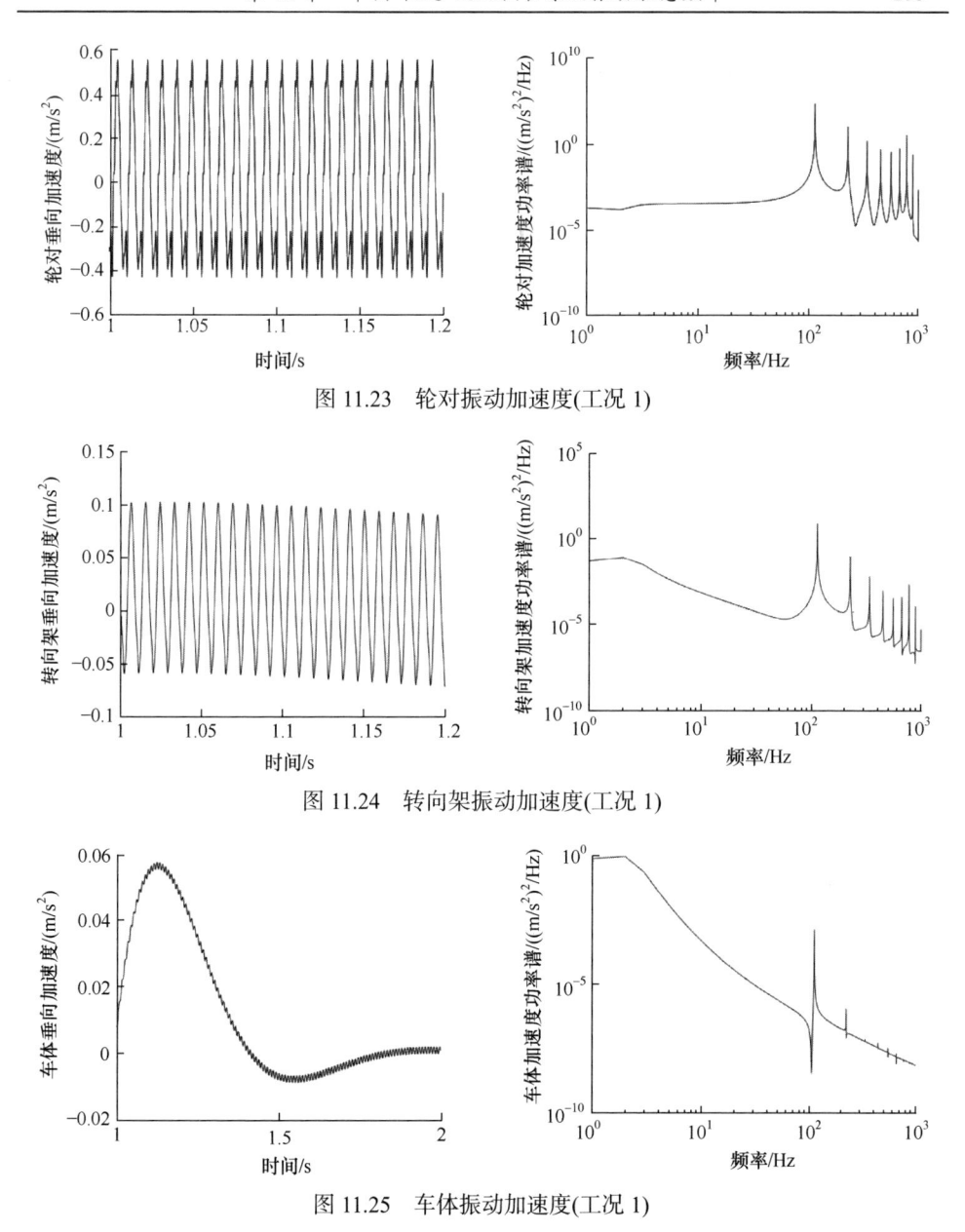

图 11.23 轮对振动加速度(工况 1)

图 11.24 转向架振动加速度(工况 1)

图 11.25 车体振动加速度(工况 1)

由此可见，轨道为理想平顺时，轮轨作用力、转向架和轮对振动加速度均为周期性振动，振动频率 $f_0 = \dfrac{250}{3.6 \times 0.625} = 111 \text{Hz}$，为列车通过轨枕间距 0.625m 的频率，车体振动加速度为围绕 0 点以频率 111Hz 作微小周期振动。

2. 工况 2

在波长为 1～200m(对应的激振频率为 0.35～70Hz)的轨道随机不平顺状态下，2 节 CRH3 高速动车以 250km/h 速度通过时引起的轮轨作用力，轮对、转向架和车体振动加速度如图 11.26～图 11.29 所示。

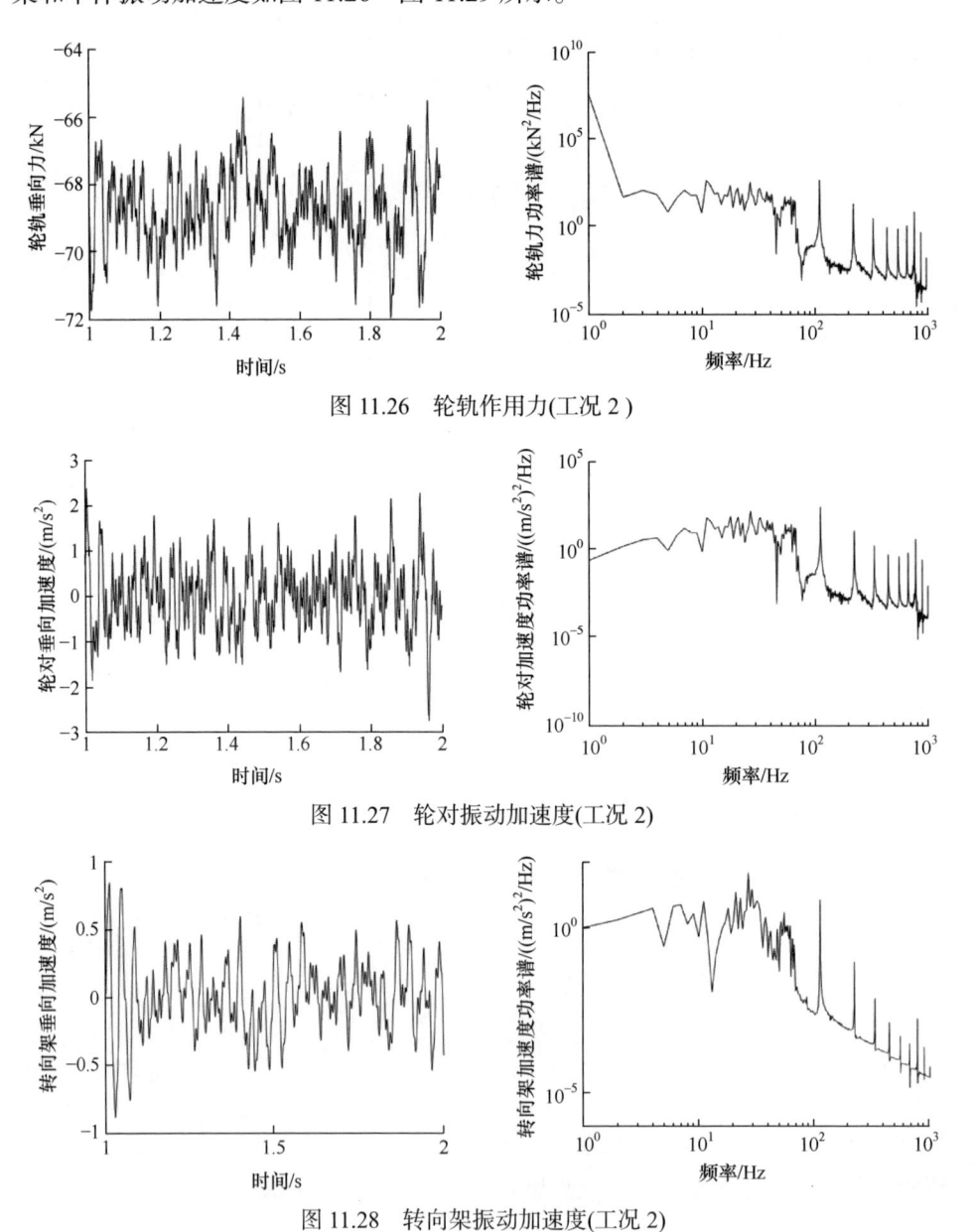

图 11.26 轮轨作用力(工况 2)

图 11.27 轮对振动加速度(工况 2)

图 11.28 转向架振动加速度(工况 2)

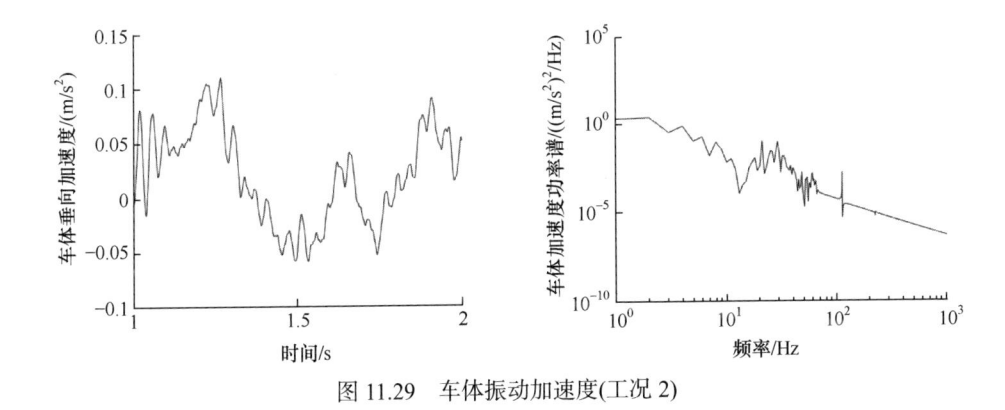

图 11.29　车体振动加速度(工况 2)

由此可见，仅考虑波长为 1~200m 的轨道随机不平顺时，轮轨作用力，轮对、转向架和车体振动加速度的峰值频率为 20~40Hz、60~70Hz 和 111Hz，它们分别对应列车通过波长为 1.75~3.5m、1~1.16m 轨道不平顺和轨枕间距 0.625m 的频率，其中轮轨作用力与轮对振动加速度的频谱曲线具有很好的一致性。车体振动加速度主要受轨道随机不平顺影响，其幅值位于 -0.15~$0.15\ m/s^2$，满足平稳性要求。

3. 工况 3

在波长为 0.05~1m 的钢轨短波不平顺状态下，2 节 CRH3 高速动车以 250km/h 速度通过时引起的轮轨作用力，轮对、转向架和车体振动加速度如图 11.30~图 11.33 所示。

由此可见，仅考虑波长为 0.05~1m 的钢轨短波不平顺时，轮轨作用力，轮对、转向架和车体振动加速度的峰值频率分别为 75~85Hz、750~850Hz 和 111Hz，它们分别对应列车通过波长为 0.82~0.93m、0.082~0.093m 的钢轨短波不平顺和轨枕间距 0.625m 的频率。车体振动加速度受钢轨短波不平顺的影响表现在曲线的毛刺上，但是数值很小。

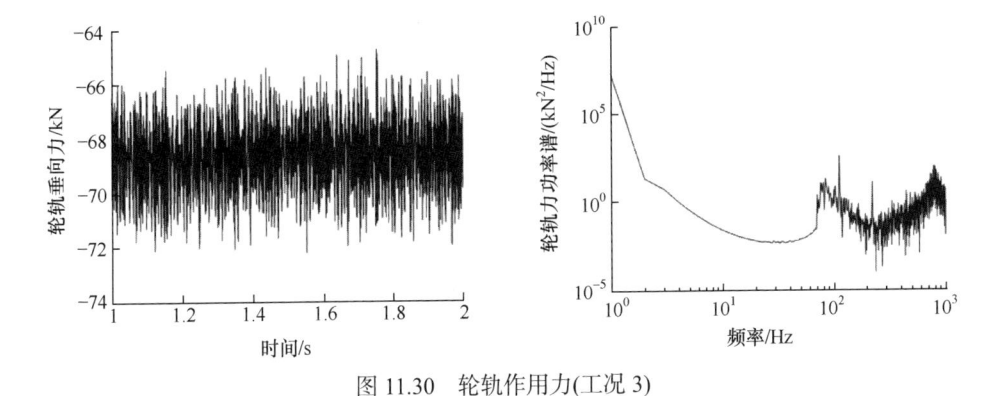

图 11.30　轮轨作用力(工况 3)

图 11.31 轮对振动加速度(工况 3)

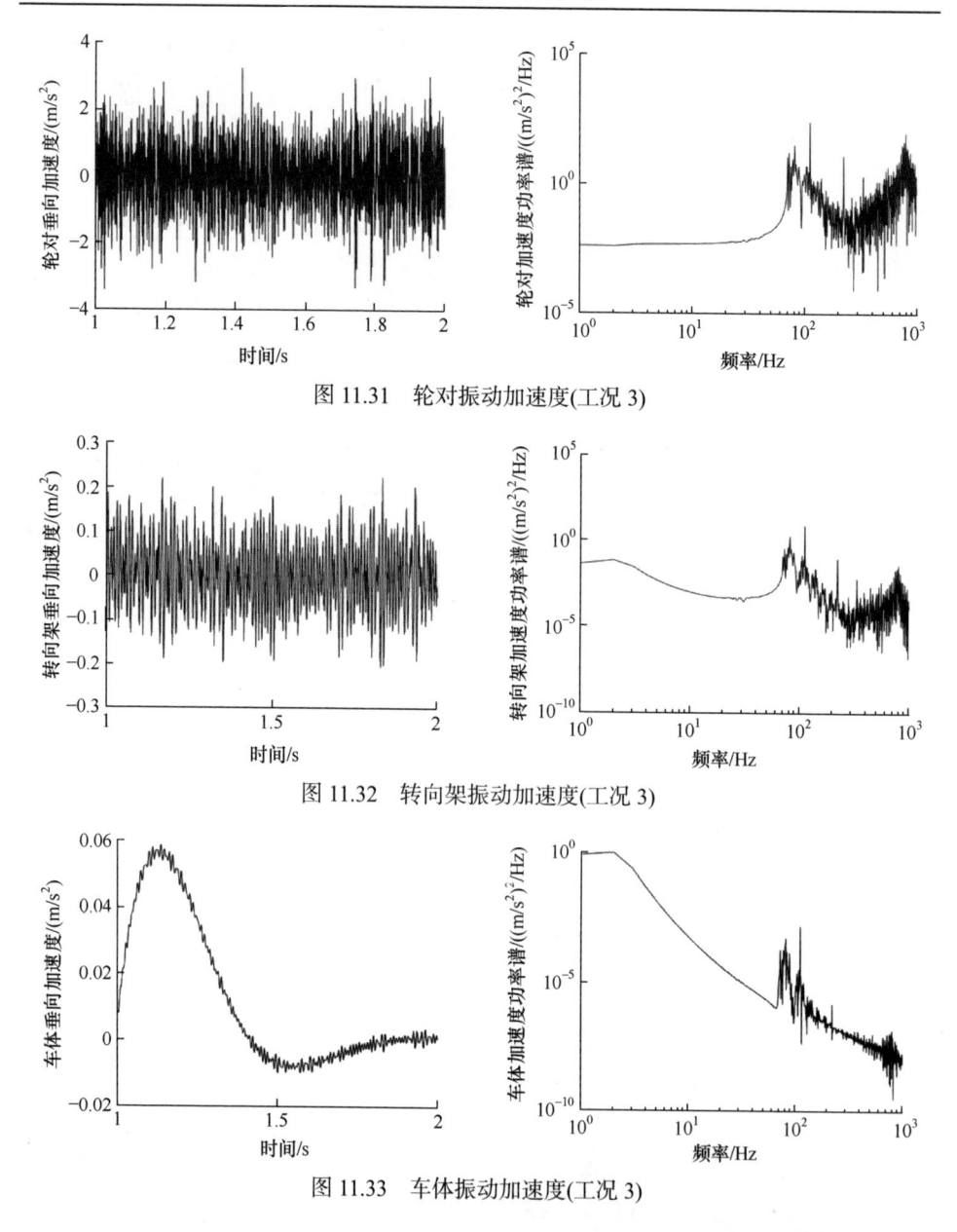

图 11.32 转向架振动加速度(工况 3)

图 11.33 车体振动加速度(工况 3)

4. 工况 4

在波长为 0.05~200m 的轨道随机不平顺+钢轨短波不平顺状态下,2 节 CRH3 高速动车以 250km/h 速度通过时引起的轮轨作用力,轮对、转向架和车体振动加速度如图 11.34~图 11.37 所示。

由此可见,考虑轨道随机不平顺+钢轨短波不平顺状态时,轮轨作用力、轮对和转向架振动加速度的峰值频率分别为 10~40Hz、60~90Hz、750~850Hz 和 111Hz，分别对应列车通过轨道随机不平顺、钢轨短波不平顺和轨枕间距的频率。车体振动加速度主要受轨道随机不平顺影响，其幅值位于 -0.15~$0.15\,\mathrm{m/s^2}$，满足平稳性要求。

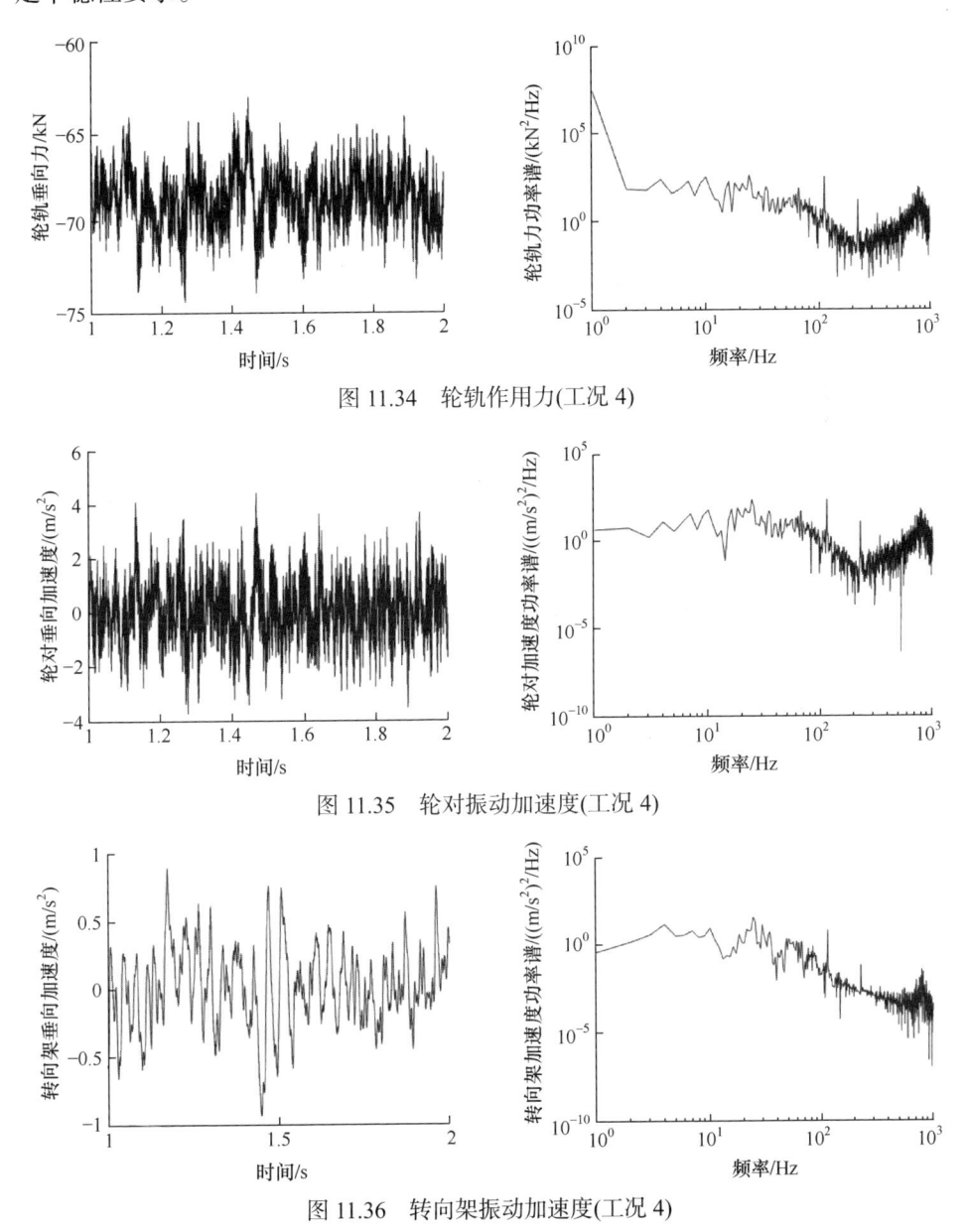

图 11.34 轮轨作用力(工况 4)

图 11.35 轮对振动加速度(工况 4)

图 11.36 转向架振动加速度(工况 4)

图 11.37 车体振动加速度(工况 4)

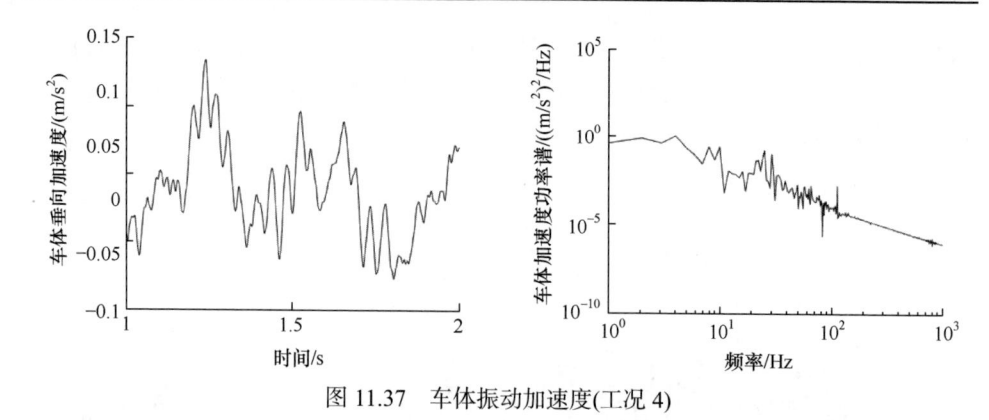

通过 11.1～11.3 节分析高速列车作用下轨道不平顺对轨道振动和车辆振动的影响，可以得到如下结论。

(1) 车辆通过频率 2.78Hz、转向架通过频率 4Hz，以及这两种通过频率的整倍数频率是引起轨道结构振动位移的主要激励源，轨道随机不平顺对轨道结构振动位移影响较小，钢轨短波不平顺的影响可忽略不计，位移振幅从钢轨经扣件传递到轨道板和底座板是逐渐衰减的，振动位移的优势频率为 1～10Hz。

(2) 车辆通过频率 2.78Hz、转向架通过频率 4Hz，以及这两种通过频率的整倍数频率是引起钢轨振动速度的主要激励源，轨道随机不平顺对轨道结构振动速度影响较小，钢轨短波不平顺的影响可忽略不计，钢轨振动速度的幅值为–0.05～0.05m/s，优势频率为 1～40Hz。轨道板和底座板的振动速度优势频率为 1～15Hz。

(3) 钢轨短波不平顺是引起钢轨振动加速度的主要激励源，转向架通过频率 4Hz 和轮对通过频率 27.78Hz，以及轨道随机不平顺对钢轨振动加速度有较大影响，其中 1～60Hz 的钢轨低频振动主要由转向架和轮对通过频率及轨道随机不平顺激发，600～1000Hz 为钢轨高频振动的优势频率，主要由钢轨短波不平顺激发。振动加速度从钢轨经扣件传递到轨道板和底座板迅速衰减，且高频振动成分也很快衰减。钢轨振动加速度的振幅为–60～60m/s^2，优势频率为 1～60Hz 和 600～1000Hz，而轨道板和底座板的优势频率则为 1～150Hz。

(4) 轨道随机不平顺、钢轨短波不平顺和轨枕间距对轮轨作用力、轮对和转向架振动加速度有较大影响，其峰值频率分别为 10～40Hz、60～90Hz、750～850Hz、111Hz。

(5) 车体振动加速度主要受波长为 1～200m 的轨道随机不平顺的影响，钢轨短波不平顺的影响可忽略不计，其振幅位于–0.15～0.15m/s^2，满足高速客车平稳性要求。

(6) 波长为 1～200m 的不平顺主要由道床和路基的不均匀残余变形、道床弹性不均匀、路桥、路涵和路隧轨道刚度突变引起的不平顺,以及桥梁变形等形成。该波长范围的不平顺主要激发车辆-轨道耦合系统的结构低频振动。其特点是振动传递远、衰减慢,是引起轨道结构、车辆、大地和环境振动的主要激励源。

(7) 波长为 0.05～1m 的不平顺主要由钢轨接头、焊缝、不均匀磨耗、轨头擦伤、剥离掉块、波浪和波纹磨耗等形成。该波长范围的不平顺主要激发轮轨系统的高频振动和轮轨噪声。

11.4 无砟轨道结构位移和加速度导纳分析

基于谱单元法的轨道结构中、高频振动分析模型和程序[2],对无砟轨道钢轨位移、速度和加速度进行导纳分析。无砟轨道结构采用三层梁模型(图 10.6),模型长度取 103 个轨枕间距。轨道结构参数见表 10.1。计算结果如图 11.38～图 11.40 所示。

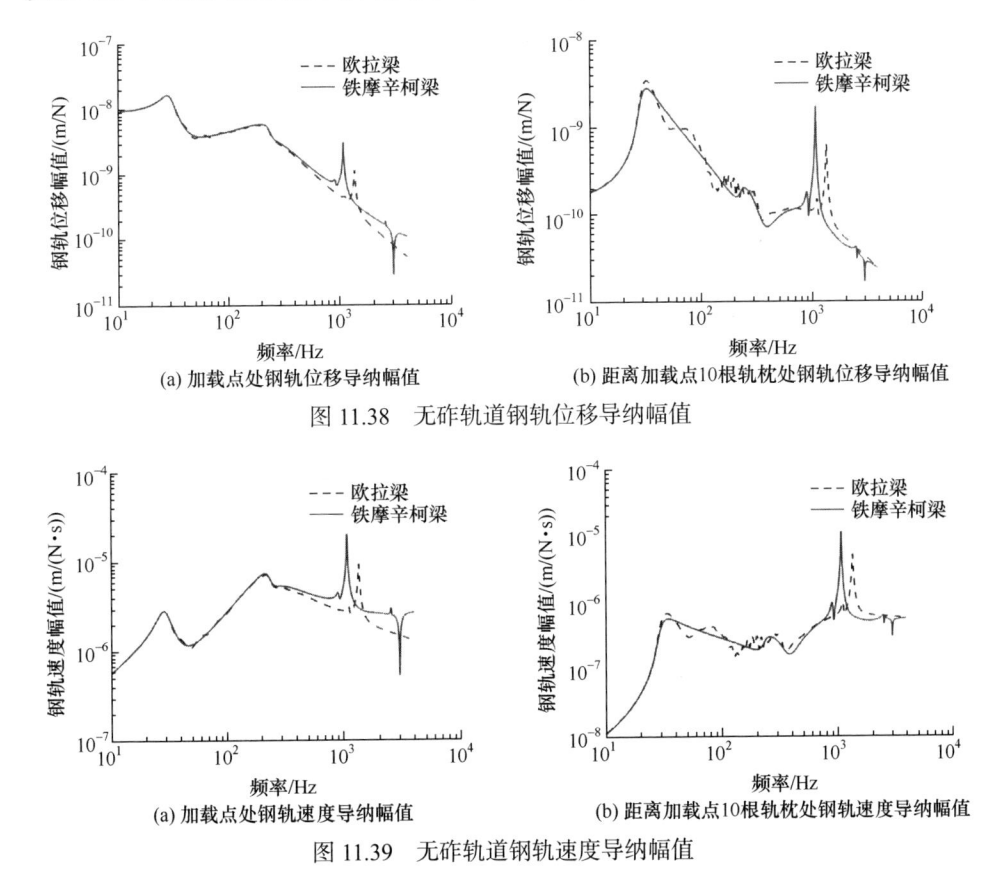

(a) 加载点处钢轨位移导纳幅值　　(b) 距离加载点10根轨枕处钢轨位移导纳幅值

图 11.38　无砟轨道钢轨位移导纳幅值

(a) 加载点处钢轨速度导纳幅值　　(b) 距离加载点10根轨枕处钢轨速度导纳幅值

图 11.39　无砟轨道钢轨速度导纳幅值

(a) 加载点处钢轨加速度导纳幅值 (b) 距离加载点10根轨枕处钢轨加速度导纳幅值

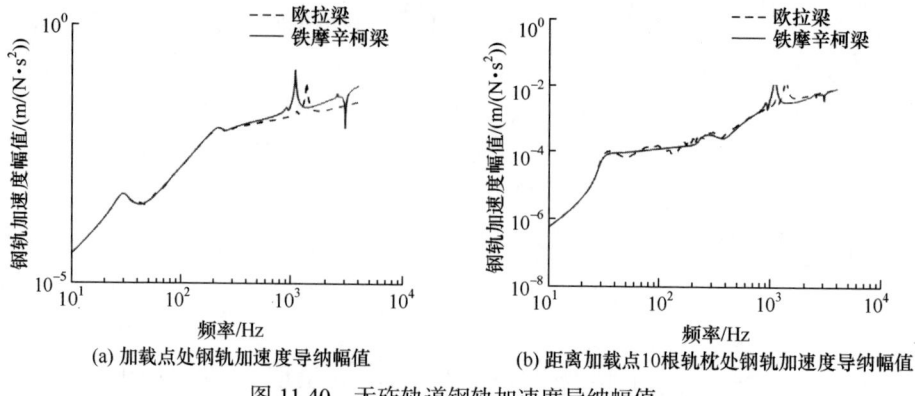

图 11.40 无砟轨道钢轨加速度导纳幅值

由此可见，加载点钢轨振动位移、速度和加速度导纳在频率 28Hz 和 200Hz 处有两个峰值，其中 200Hz 对应轨道结构的一阶垂向弯曲频率；距离加载点 10 根轨枕处钢轨振动位移、速度和加速度导纳在频率 35Hz 处取得峰值，其中频率 28Hz、35Hz 分别位于轮对通过频率和 1~50m 波长轨道随机不平顺激发的频率范围内，轨道结构容易产生共振；欧拉梁模型和铁摩辛柯梁模型计算得到的轨道一阶 pinned-pinned 振动频率分别为 1345Hz 和 1070Hz，幅值为波峰；铁摩辛柯梁模型在 3010 Hz 时出现第二阶 pinned-pinned 振动频率，幅值位于波谷。

11.5 高速列车诱发大地振动现场测试

为了分析路基段高速列车通过有砟轨道时引起大地振动频谱特性和分布规律，对昌九城际铁路路基段进行大地振动现场测试。

测试地点位于昌九城际铁路近昌北火车站的路基段线路，测试线路上运行有 CRH2A、CRH380、CR200、HXD3 等多种类型的列车，列车运行速度为 80~210km/h。选择典型路段的一个断面进行测点布置，如图 11.41 所示。在距离近轨中心线 10m、15m、20m、25m、30m、35m、40m、50m 的地面布置 8 个测点，每个测点分别沿 X(水平顺轨向)、Y(水平垂轨向)和 Z(垂直地面方向)三个方向安装加速度传感器。

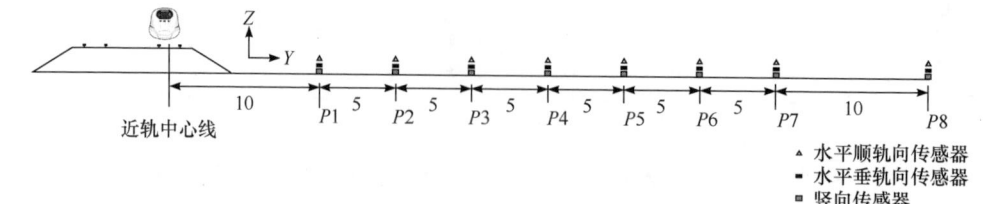

图 11.41 测点布置图(单位：m)

第 11 章 车辆-轨道-大地耦合系统振动敏感频率

实测得到 CRH2A 高速列车以速度 $V = 116$km/h 通过路基段有砟轨道引起大地各测点振动加速度峰值如图 11.42 所示。其中，近轨处 $P1$ 测点的三向振动加速度时程曲线和频谱图如图 11.43 和图 11.44 所示。

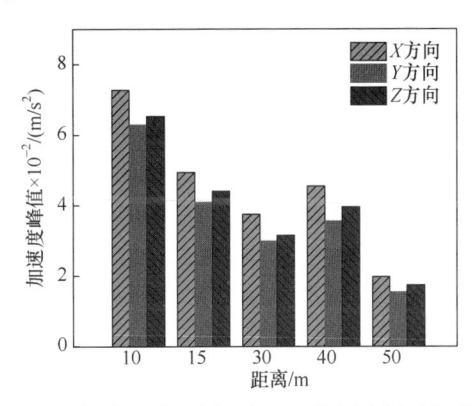

图 11.42　距近轨中心线不同距离地面各测点振动加速度峰值

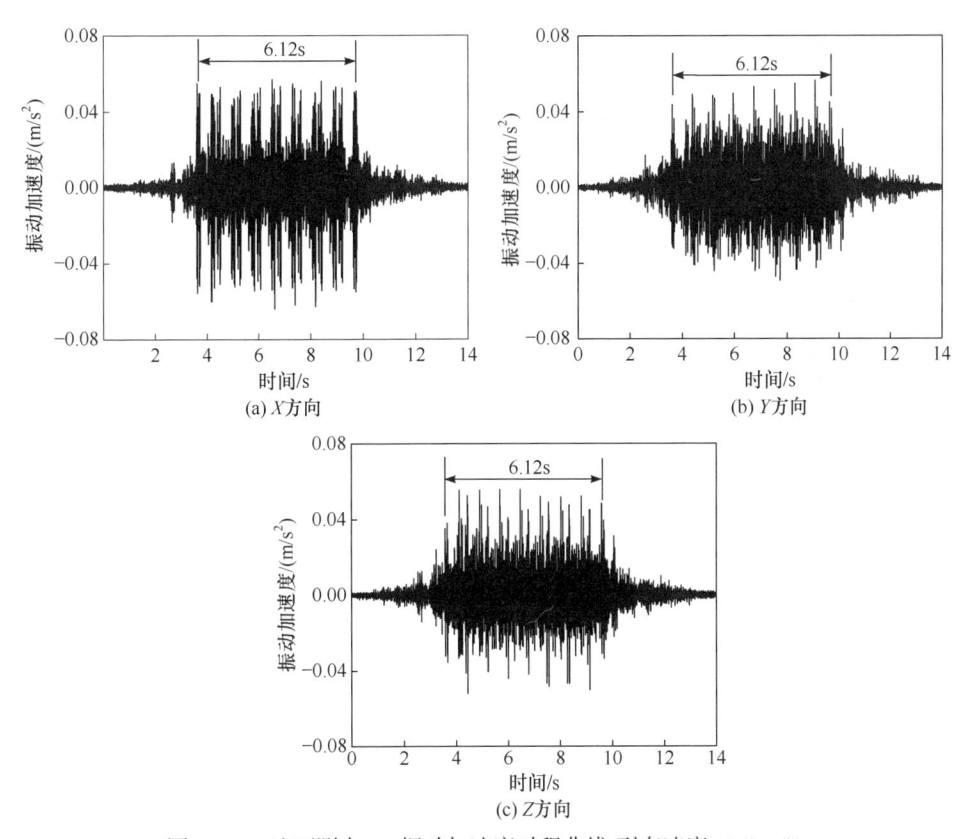

(a) X 方向

(b) Y 方向

(c) Z 方向

图 11.43　地面测点 $P1$ 振动加速度时程曲线(列车速度 116km/h)

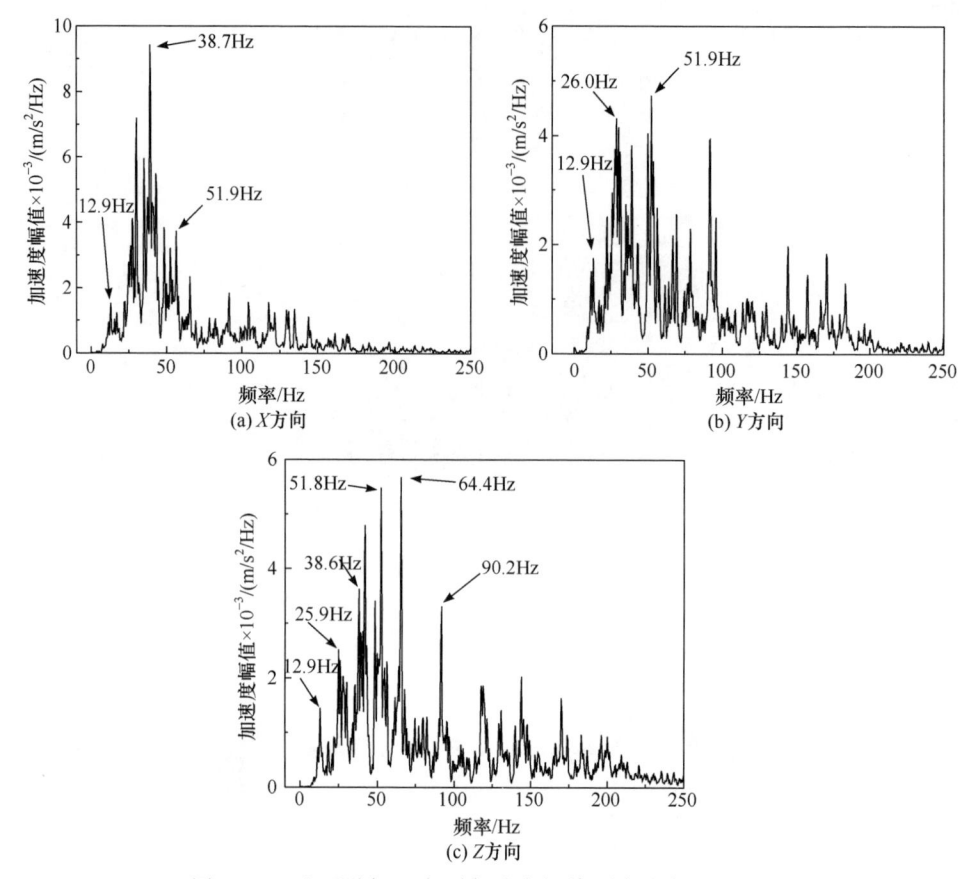

图 11.44　地面测点 $P1$ 振动加速度频谱(列车速度 116km/h)

由图 11.42 可见，随着距离的增大，X、Y、Z 方向加速度峰值总体呈逐渐衰减趋势，但是在 40 m($P7$ 测点)处三个方向均出现振动放大现象。

由图 11.43 和图 11.44 可见，地面测点 $P1$ 在 X、Y、Z 方向的加速度峰值分别为 0.0728m/s^2、0.0629m/s^2、0.0654m/s^2，对应的优势频率范围分别为 5~150Hz(X 方向)和 5~200Hz(Y 方向和 Z 方向)。

20 趟列车通过时，离开外轨中心线地面各测点实测垂向 Z 振级平均值如图 11.45 所示。由此可见，随着离开外轨中心线距离的增加，地面垂向 Z 振级总体呈现下降趋势，但是在 40m 处出现振动反弹现象，与相邻点 $P6$(35m)相比，$P7$ 点(40m)Z 振级增大 0.85dB。这是因为地表层为回填土，与相邻下层土之间存在刚度差，所以振动波在界面出现反射。

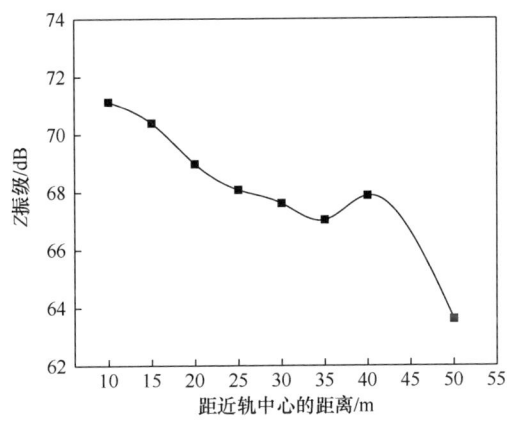

图 11.45　离开外轨中心线地面各测点实测垂向 Z 振级平均值

11.6　车辆-轨道-大地耦合系统各部件振动敏感频率

由于车辆、轨道和土壤的自振频率与固有动态特性不同,因此对诱发系统振动起着不同的作用。

在 15Hz 以下的低频范围,轨道结构主要受车辆动力学影响,当严重的轮轨不平顺激发车辆的固有模态时,由车辆动力学引起的低频振动能有效传递到大地,引起周边环境振动。

在 15～150Hz 的中频范围,轨道随机不平顺,以及轨道结构与土壤共振是引起轨道结构和大地振动的主要因素。

在大于 150Hz 的高频范围,钢轨表面短波不平顺和轮轨之间的蠕滑是引起轮轨振动的主要因素。车辆的动力作用经过某些特定波长的轮轨表面不平顺时将放大激励,导致轮轨作用力增大。

1000Hz 以上高频振动的激励源主要来自轮轨表面的粗糙度,轮轨间的高频振动将激发轮轨噪声。轮轨噪声是高速铁路的主要噪声源。由于轨道结构和土壤的材料阻尼和几何阻尼特性,高频振动迅速衰减,仅对钢轨有显著影响。

列车引起大地振动的频率范围为 1～200Hz 的低频,其中优势频率为 30～80Hz。由于大地存在几何阻尼和土壤材料阻尼,振动波在大地中传递衰减很快,主要表现在振动幅值随距离呈指数递减和高频振动迅速衰减。此外,如果将大地视为具有不同动力特性的层状介质,若两相邻表面土层的刚度相差很大,且受到垂向荷载的激励,则可能出现共振。共振频率可用下列公式计算[3],即

$$f_{\text{soil}} = \frac{c_p}{4h} \tag{11.1}$$

其中，c_p 为土壤的纵波速度；h 为第一层土的深度。

一般，这类共振发生在 20～60Hz 的频率范围，共振频率与大地构造有关。对于刚度随深度增加的层状土，振动能量很少传递到这个频率以下，也就是说层状土的界面起到阻止振动向地下传递，并将入射的振动能量反射到地面的作用，导致远离振源中心地面的某些区域振动出现放大现象。这个频率又称截止频率。

根据以上各节分析，参考 Kouroussis 等[3,4]、Heckl 等[5]、Lefeuve-Mesgoues 等[6] 和 Dahlberg[7] 的研究，现将车辆-轨道-大地耦合系统各部件振动敏感频率及引起振动部位总结于表 11.1 中，供轨道结构设计和轨道结构减振降噪技术人员参考。

表 11.1 车辆-轨道-大地耦合系统各部件振动频率及引起振动部位

部件	频率/Hz	引起振动部位	部件	频率/Hz	引起振动部位
车体沉浮振动	1～3	车辆的平稳性和舒适性	钢轨弯曲波	60～80	轨道结构振动
车辆通过频率	1～4	轨道结构振动、大地振动	钢轨-轨枕-道砟共振	50～300	轨道结构振动
转向架通过频率	4～7	轨道结构振动、大地振动	钢轨-扣件-轨道板共振	20～300	轨道结构振动
转向架沉浮振动	4～8	车辆的平稳性和舒适性	车辆通过轨枕频率	120～180	轮轨力、轨道结构振动
轮对通过频率	25～40	轨道结构振动、大地振动	钢轨-扣件共振	200～600	钢轨振动
上层土共振频率	20～60	轨道结构振动、大地振动	钢轨 Pin-Pin 共振	900～1200	轮轨力、钢轨振动
车轮失圆	30～80	轮轨力、轨道结构振动	车轮粗糙度	1500～3500	轮轨力、轮轨振动与噪声
车轮-轨道 $P2$ 共振	50～80	轮轨力、轨道结构振动	轨头粗糙度	3500～35000	轮轨力、轮轨振动与噪声

参 考 文 献

[1] 雷晓燕. 高速铁路轨道动力学——模型、算法与应用. 2 版. 北京: 科学出版社, 2021.

[2] 雷晓燕, 邢聪聪, 吴神花. 轨道结构中高频振动特性分析. 振动工程学报, 2020, 33(6): 1245-1252.

[3] Kouroussis G, Connolly D, Forde M, et al. Train speed calculation using ground vibrations. Journal of Rail and Rapid Transit, 2015, 229(5): 466-483.

[4] Kouroussis G, Verlinden O, Conti C. Influence of some vehicle and track parameters on the

environmental vibrations induced by railway traffic. Vehicle System Dynamics, 2012, 50(4): 619-639.

[5] Heckl M, Hauck G, Wettschureck R. Structure-borne sound and vibration from rail traffic. Journal of Sound and Vibration, 1996, 193(1): 175-184.

[6] Lefeuve-Mesgoues G, Peplow A T, Le Houédec D. Surface vibration due to a sequence of high speed moving harmonic rectangular loads. Soil Dynamics And Earthquake Engineering, 2002, 22(6): 459-473.

[7] Dahlberg T. Railway track dynamics-A survey. Linköping: Linköping University, 2003.

附录1 基于轨道不平顺谱构建轨道随机不平顺样本程序 Track_Sample

```
1  %%%%%%%%%%%%%%%%%%%%%%%%%%%%%%%%%%%%%%%%%%%%%%%%%%%%%%%%%%%%%%%%%
2  %  基于轨道不平顺谱构建轨道随机不平顺样本程序                            %
3  %  调用函数 Track_Irregularity_USA（美国轨道不平顺功率谱）生成轨道随机不平顺样本 %
4  %  调用函数 Track_Irregularity_GER（德国高速轨道不平顺功率谱）生成轨道随机不平顺样本 %
5  %  调用函数 Short_wave_Irregularity（短波不平顺谱）生成轨道短波不平顺样本  %
6  %%%%%%%%%%%%%%%%%%%%%%%%%%%%%%%%%%%%%%%%%%%%%%%%%%%%%%%%%%%%%%%%%
7  %              Developed by Dr. Sun Kui & Prof. Lei Xiaoyan    2021.4.10
8  %
9  % Distance：轨道里程
10 % d：轨道不平顺样本
11 tic
12 clc;
13 clear all;
14 close all;
15 fclose all;
16 %%
17 %计算参数
18 v=250/3.6;          %列车速度
19 dt=0.0001;          %时间步长
20 %%
21 Class=6;            % 美国轨道谱线路等级：可取 4,5,6
22 Lambda1=1;          % 不平顺波长下限
23 Lambda2=50;         % 不平顺波长上限
24 N=2500;             % 谐波数
25 dx=v*dt;            % 轨道不平顺样本的坐标间隔
26 L=250;              % 轨道不平顺样本总长度
27 %
28 % 根据美国六级轨道不平顺谱式（1.2）生成轨道高低不平顺样本
```

```
29  [Distance,d1]=Track_Irregularity_USA(Class,Lambda1,Lambda2,N,dx,L);
30  % 根据德国高速轨道不平顺谱（1.5）式生成轨道高低不平顺样本
31  [Distance,d2]=Track_Irregularity_GER(Lambda1,Lambda2,N,dx,L);
32  % 根据（1.11）式短波不平顺功率谱生成短波不平顺样本
33  [Distance,d3]=Short_wave_Irregularity(0.1,1,N,dx,L);
34  toc;
35  disp(['运行时间:',num2str(toc/60),'分钟']);
36  %% 绘制轨道不平顺样本
37  H1=figure;
38  plot(Distance,d1*100,'b');
39  box off;
40  %设置 x、y 轴的样式
41  xlabel('轨道里程 /m','Fontname', '宋体','FontSize',20);
42  ylabel('不平顺幅值(cm)','Fontname', '宋体','FontSize',20);
43  set(gca,'Fontname', '宋体','FontSize',20,'LineWidth',1.5);
44  H2=figure;
45  plot(Distance,d2*100,'b');
46  box off;
47  %设置 x、y 轴的样式
48  xlabel('高速铁路轨道里程 /m','Fontname', '宋体','FontSize',20);
49  ylabel('不平顺幅值(cm)','Fontname', '宋体','FontSize',20);
50  set(gca,'Fontname', '宋体','FontSize',20,'LineWidth',1.5);
51  H3=figure;
52  plot(Distance,d3*100,'b');
53  box off;
54  %设置 x、y 轴的样式
55  xlabel('轨道里程 /m','Fontname', '宋体','FontSize',20);
56  ylabel('短波不平顺幅值(cm)','Fontname', '宋体','FontSize',20);
57  set(gca,'Fontname', '宋体','FontSize',20,'LineWidth',1.5);
58  %% End
59  function [Distance,Irregularity]=Track_Irregularity_USA(Class,Lambda1,Lambda2,N,dx,L)
60  % ==========================================================================
61  %                                                        Developed by Sun Kui
62  % 采用三角级数法生成美国 4、5、6 级轨道高低不平顺谱
63  % 说明：空间波长为 1-50m 时，采用美国轨道高低不平顺功率谱密度函数式（1.2）
```

```
64  %           空间波长为0.1-50m时,采用美国轨道谱式(1.2)+短波谱式(1.11)
65  % 输入参数:
66  % Class: 线路等级 4,5,6
67  % Lambda1: 不平顺波长下限
68  % Lambda2: 不平顺波长上限
69  % N: 谐波数
70  % dx: 轨道不平顺样本的间隔距离
71  % L: 线路总长度
72  % 输出参数:
73  % Distance: 里程
74  % Irregularity: 高低不平顺样本
75  %
76  Av=[0.5376 0.2095 0.0339]; %粗糙度系数
77  wc=0.8245; %截断频率
78  Lambda_Low=Lambda1;
79  Lambda_High=Lambda2;
80  Wl=2*pi*(1/Lambda_High);%下限值
81  Wu=2*pi*(1/Lambda_Low);%上限值
82  ww=(Wu-Wl)/N;
83  %生成4、5、6级轨道高低不平顺样本曲线
84  if Class==4
85    i=1;
86  elseif Class==5
87    i=2;
88  else
89    i=3;
90  end
91  temp=0;
92  t=0:dx:L;       %线路长度取为Lm,步长dx
93  for k=1:N
94    w=Wl+(k-1/2)*ww;
95    Sv=0.25*Av(i)*wc*wc/((w*w+wc*wc)*w*w); %功率谱密度函数 cm^2/(rad/m)
96    Sv=Sv/10^4;                    %单位从 cm^2/(rad/m) 换算到 m^2/(rad/m)
97    bc=sqrt(4*Sv*ww);
98    ak=normrnd(0,bc);         %高斯随机变量,平均值为0,标准差为bc
```

```
 99    ok=rand*2*pi;                    %0-2*pi 均匀分布随机变量
100    temp=ak*sin(w*t+ok)+temp;        %谐波累加
101  end
102  Irregularity=temp;   % 轨道高低不平顺样本
103  Distance=t;          % 轨道里程
104  % End
105  function [Distance,Irregularity]=Track_Irregularity_GER(Lambda1, Lambda2, N, dx, L)
106  % ===============================================================================
107  %                                              Developed by Dr. Sun Kui
108  % 采用三角级数法生成德国轨道高低不平顺谱
109  % 输入参数:
110  % Lambda1: 不平顺波长下限 m
111  % Lambda2: 不平顺波长上限 m
112  % N: 谐波数
113  % dx: 轨道不平顺样本的间隔距离 m
114  % L: 线路总长度 m
115  % 输出参数:
116  % Distance: 里程
117  % d: 轨道不平顺样本
118  %
119  Av=4.032e-7;     %粗糙度系数
120  wc=0.8246;       %截断频率
121  wr=0.0206;       %截断频率
122  ws=0.4380;       %截断频率
123  Lambda_Low=Lambda1;
124  Lambda_High=Lambda2;
125  Wl=2*pi*(1/Lambda_High);   %下限值
126  Wu=2*pi*(1/Lambda_Low);    %上限值
127  ww=(Wu-Wl)/N;
128  %生成德国高速铁路低干扰轨道高低不平顺样本曲线
129  t=0:dx:L;        %线路长度取为Lm,步长 dx
130  temp=0;
131  for k=1:N        %按照谐波数进行循环累加
132    w=Wl+(k-1/2)*ww;
133    Sv=Av*wc^2/(w^2+wr^2)/(w^2+ws^2);    %轨道高低不平顺功率谱密度函数
```

```
134    bc=sqrt(4*Sv*ww);
135    ak=normrnd(0,bc);              %高斯随机变量，平均值为0，标准差为bc
136    ok=rand*2*pi;                  %0-2*pi均匀分布随机变量
137    temp=ak*sin(w*t+ok)+temp;      %谐波累加
138  end
139  Irregularity=temp;    % 轨道高低不平顺样本
140  Distance=t;           % 轨道里程
141  % End
142  function [Distance, Irregularity]=Short_wave_Irregularity(Lambda1, Lambda2, N, dx, L)
143  % ============================================================================
144  %                                         Developed by Dr. Sun Kui
145  % 采用三角级数法生成短波轨道高低不平顺谱
146  % 说明：取空间波长为0.01-1m
147  % 输入参数：
148  % Lambda1: 不平顺波长下限 m
149  % Lambda2: 不平顺波长上限 m
150  % N: 谐波数
151  % dx: 轨道不平顺样本的间隔距离 m
152  % L: 线路总长度 m
153  % 输出参数：
154  % Distance: 里程
155  % d: 轨道不平顺样本
156  %
157  Lambda_Low=Lambda1;
158  Lambda_High=Lambda2;
159  Wl=2*pi*(1/Lambda_High);   %下限值
160  Wu=2*pi*(1/Lambda_Low);    %上限值
161  ww=(Wu-Wl)/N;
162  %生成短波高低不平顺样本曲线
163  temp=0;
164  t=0:dx:L;         %线路长度取为Lm, 步长 dx
165  for k=1:N         %按照谐波数进行循环累加
166    w=Wl+(k-1/2)*ww;
167    Sv=0.036*(w/(2*pi))^(-3.15);    %轨道高低不平顺功率谱密度函数 mm^2/(rad/m)
168    bc=sqrt(4*Sv*ww);
```

```
169    ak=normrnd(0,bc);              %高斯随机变量,平均值为 0,标准差为 bc
170    ok=rand*2*pi;                  %0-2*pi 均匀分布随机变量
171    temp=ak*sin(w*t+ok)+temp;      %谐波累加
172  end
173  Irregularity=temp/1000;    % 轨道高低不平顺样本
174  Distance=t;                % 轨道里程
175  % End
```

附录 2　基于傅里叶变换法的有砟轨道结构振动程序 BTV_FT

```
1   %%%%%%%%%%%%%%%%%%%%%%%%%%%%%%%%%%%%%%%%%%%%%%%%%%%%%%%
2   %    基于傅里叶变换法的有砟轨道结构振动程序 BTV_FT               %
3   %    根据2.3节有砟轨道结构连续弹性三层梁模型和算法编制              %
4   %%%%%%%%%%%%%%%%%%%%%%%%%%%%%%%%%%%%%%%%%%%%%%%%%%%%%%%
5   %                    Developed by Prof. Lei Xiaoyan    2021.4.10
6   tic
7   clc;
8   clear all;
9   close all;
10  fclose all;
11  % 输入轨道结构参数
12  ltie=0.625;       % 轨枕间距
13  EI=6.625e+06;     % 钢轨抗弯刚度
14  mr=60;            % 单位长度钢轨质量
15  mt=170/ltie;      % 单位长度轨枕质量
16  mb=2720/2;        % 单位长度道砟质量
17  kp=60e+06/ltie;   % 单位长度扣件刚度
18  kb=120e+06;       % 单位长度道砟刚度
19  ks=60e+06;        % 单位长度路基刚度
20  cp=50e+03/ltie;   % 单位长度扣件阻尼
21  cb=60e+03;        % 单位长度道砟阻尼
22  cs=90e+03;        % 单位长度路基阻尼
23  % 输入列车参数
24  itrain=6;         % 列车类型参数
25  ncar=7;           % 列车牵引的车辆数
26  v=160/3.6;        % 列车速度
27  T=5;              % 列车行驶时间
28  dt=0.0025;        % 时间步长
```

附录2 基于傅里叶变换法的有砟轨道结构振动程序 BTV_FT ·253·

```
29    nt=T/dt;
30    eye=sqrt(-1);
31    Omega=2*pi*0;        % 简谐外荷载频率
32    % 输入计算参数
33    n=512;
34    nn=2*n;
35    db=0.002*2*pi;
36    dx=2*pi/(nn*db);
37    xm=275;          % 选择轨道中间点 x=275m 输出轨道结构动力响应分析结果
38    m=fix(xm/dx);
39    %
40    if itrain==1     % TGV 高速动车参数
41        Ftrain=170e+03/2;   % 头尾车轴重
42        Fcar=168e+03/2;     % 中间车轴重
43        Mw=2000/2;          % 轮对质量
44        lloco=22.16;        % 头尾车长度
45        lcar=21.98;         % 中间车长度
46        a(1)=-3.52;         % 第1轮对距离坐标原点距离
47        a(2)=-6.52;         % 第2轮对距离坐标原点距离
48        a(3)=-17.52;        % 第3轮对距离坐标原点距离
49        a(4)=-20.52;        % 第4轮对距离坐标原点距离
50        a(5)=-(lloco+1.64); % 第5轮对距离坐标原点距离
51        a(6)=-(lloco+4.64); % 第6轮对距离坐标原点距离
52        a(7)=-(lloco+17.34);% 第7轮对距离坐标原点距离
53        a(8)=-(lloco+20.34);% 第8轮对距离坐标原点距离
54    elseif itrain==2    % CRH3 高速动车参数
55        Ftrain=150.0e+03/2;  % 同上
56        Fcar=150.0e+03/2;
57        Mw=2400/2;
58        lloco=25.675;
59        lcar=25.675;
60        a(1)=-2.9;
61        a(2)=-5.4;
62        a(3)=-20.275;
63        a(4)=-22.775;
```

```
64      a(5)=-(lloco+2.9);
65      a(6)=-(lloco+5.4);
66      a(7)=-(lloco+20.275);
67      a(8)=-(lloco+22.775);
68    elseif itrain==3      % C62 货车参数
69      Ftrain=210e+03/2;      % 同上
70      Fcar=210e+03/2;
71      Mw=2400/2;
72      lloco=21.25;
73      lcar=13.438;
74      a(1)=-4.54;
75      a(2)=-7.54;
76      a(3)=-16.00;
77      a(4)=-19.00;
78      a(5)=-(lloco+1.494);
79      a(6)=-(lloco+3.244);
80      a(7)=-(lloco+10.194);
81      a(8)=-(lloco+11.944);
82    elseif itrain==4      % ICE 高速动车参数
83      Ftrain=168e+03/2;      % 同上
84      Fcar=145e+03/2;
85      Mw=2200/2;
86      lloco=20.16;
87      lcar=24.34;
88      a(1)=-3.7;
89      a(2)=-6.7;
90      a(3)=-15.16;
91      a(4)=-18.16;
92      a(5)=-(lloco+2.27);
93      a(6)=-(lloco+5.07);
94      a(7)=-(lloco+19.27);
95      a(8)=-(lloco+22.07);
96    elseif itrain==5      % 地铁 B 型车参数
97      Ftrain=140e+03/2;      % 同上
98      Fcar=140e+03/2;
```

附录2 基于傅里叶变换法的有砟轨道结构振动程序BTV_FT ·255·

```
99      Mw=1539/2;
100     lloco=19.00;
101     lcar=19.00;
102     a(1)=-2.10;
103     a(2)=-4.30;
104     a(3)=-14.70;
105     a(4)=-16.90;
106     a(5)=-(lloco+2.10);
107     a(6)=-(lloco+4.30);
108     a(7)=-(lloco+14.70);
109     a(8)=-(lloco+16.90);
110  elseif itrain==6      % 地铁A型车参数
111     Ftrain=160e+03/2;       % 同上
112     Fcar=160e+03/2;
113     Mw=1770/2;
114     lloco=22.00;
115     lcar=22.00;
116     a(1)=-1.90;
117     a(2)=-4.40;
118     a(3)=-17.60;
119     a(4)=-20.10;
120     a(5)=-(lloco+1.90);
121     a(6)=-(lloco+4.40);
122     a(7)=-(lloco+17.60);
123     a(8)=-(lloco+20.10);
124  end
125  for i=1:4
126     F0(i)=Ftrain;
127  end;
128  for i=5:4*(ncar+1)
129     F0(i)=Fcar;
130  end;
131  for icar=1:ncar-1
132    for j=1:4
133        a(4*(icar+1)+j)=-lcar+a(4*icar+j);
```

```
134      end
135    end
136    % 对时间步长循环
137    for it=1:nt
138        t=it*dt;
139        for k=1:1:nn
140            B=(k-n)*db-db/2;    % 波数
141            F=0;
142            for l=1:4*(ncar+1);
143                F=F+F0(l)*exp(-eye*B*a(l));
144            end;
145            Aq=ks+kb-mb*(Omega-B*v)^2+eye*(Omega-B*v)*(cs+cb);
146            Bq=kb+kp-mt*(Omega-B*v)^2+eye*(Omega-B*v)*(cb+cp);
147            Cq=EI*B^4-mr*(Omega-B*v)^2+eye*(Omega-B*v)*cp+kp;
148            % 分别计算频域中的钢轨、轨枕和道床位移
149            Wq(k)=-(Aq*Bq-(eye*(Omega-B*v)*cb+kb)^2)*F*exp(-eye*B*v*t)/...
150                  (Cq*(Aq*Bq-(eye*(Omega-B*v)*cb+kb)^2)-Aq*(eye*(Omega-B*v)*cp+kp)^2);
151            Zq(k)=Aq*(eye*(Omega-B*v)*cp+kp)*Wq(k)/(Aq*Bq-(eye*(Omega-B*v)*cb+kb)^2);
152            Yq(k)=(eye*(Omega-B*v)*cb+kb)*Zq(k)/Aq;
153            Wcq(k)=eye*(Omega-B*v)*Wq(k);              % 频域中的钢轨速度
154            Waq(k)=-(Omega-B*v)^2*Wq(k);               % 频域中的钢轨加速度
155            Zcq(k)=eye*(Omega-B*v)*Zq(k);              % 频域中的轨枕速度
156            Zaq(k)=-(Omega-B*v)^2*Zq(k);               % 频域中的轨枕加速度
157            Ycq(k)=eye*(Omega-B*v)*Yq(k);              % 频域中的道床速度
158            Yaq(k)=-(Omega-B*v)^2*Yq(k);               % 频域中的道床加速度
159        end;
160        % 对频域中的位移、速度和加速度进行傅里叶逆变换
161        w1=nn*db*ifft(Wq,nn)/(2*pi);
162        wc1=nn*db*ifft(Wcq,nn)/(2*pi);
163        wa1=nn*db*ifft(Waq,nn)/(2*pi);
164        z1=nn*db*ifft(Zq,nn)/(2*pi);
165        zc1=nn*db*ifft(Zcq,nn)/(2*pi);
166        za1=nn*db*ifft(Zaq,nn)/(2*pi);
167        y1=nn*db*ifft(Yq,nn)/(2*pi);
168        yc1=nn*db*ifft(Ycq,nn)/(2*pi);
```

```
169   ya1=nn*db*ifft(Yaq,nn)/(2*pi);
170   % 对 Matlab 傅里叶逆变换结果重新排序
171   for j=1:n-1;
172       w(j)=w1(n+j+1);
173       wc(j)=wc1(n+j+1);
174       wa(j)=wa1(n+j+1);
175       z(j)=z1(n+j+1);
176       zc(j)=zc1(n+j+1);
177       za(j)=za1(n+j+1);
178       y(j)=y1(n+j+1);
179       yc(j)=yc1(n+j+1);
180       ya(j)=ya1(n+j+1);
181   end;
182   for j=1:n+1
183       w(n-1+j)=w1(j);
184       wc(n-1+j)=wc1(j);
185       wa(n-1+j)=wa1(j);
186       z(n-1+j)=z1(j);
187       zc(n-1+j)=zc1(j);
188       za(n-1+j)=za1(j);
189       y(n-1+j)=y1(j);
190       yc(n-1+j)=yc1(j);
191       ya(n-1+j)=ya1(j);
192   end;
193   for j=1:nn;
194       w(j)=w(j)*exp(-eye*(n-0.5)*(j-n)*pi/n);      % 乘以式(2.18) 中的指数函数
195       phw(j)=atan2(imag(w(j)),real(w(j)));          % 计算相位角
196       wc(j)=wc(j)*exp(-eye*(n-0.5)*(j-n)*pi/n);     % 同上
197       phwc(j)=atan2(imag(wc(j)),real(wc(j)));       % 同上
198       wa(j)=wa(j)*exp(-eye*(n-0.5)*(j-n)*pi/n);     % 同上
199       phwa(j)=atan2(imag(wa(j)),real(wa(j)));       % 同上
200       z(j)=z(j)*exp(-eye*(n-0.5)*(j-n)*pi/n);
201       phz(j)=atan2(imag(z(j)),real(z(j)));
202       zc(j)=zc(j)*exp(-eye*(n-0.5)*(j-n)*pi/n);
203       phzc(j)=atan2(imag(zc(j)),real(zc(j)));
```

```
204    za(j)=za(j)*exp(-eye*(n-0.5)*(j-n)*pi/n);
205    phza(j)=atan2(imag(za(j)),real(za(j)));
206    y(j)=y(j)*exp(-eye*(n-0.5)*(j-n)*pi/n);
207    phy(j)=atan2(imag(y(j)),real(y(j)));
208    yc(j)=yc(j)*exp(-eye*(n-0.5)*(j-n)*pi/n);
209    phyc(j)=atan2(imag(yc(j)),real(yc(j)));
210    ya(j)=ya(j)*exp(-eye*(n-0.5)*(j-n)*pi/n);
211    phya(j)=atan2(imag(ya(j)),real(ya(j)));
212   end;
213  % 根据式（2.23）取实部计算时域中轨道结构的位移、速度和加速度
214  wout=abs(w).*cos(phw+Omega*t);
215  woutc=abs(wc).*cos(phwc+Omega*t);
216  wouta=abs(wa).*cos(phwa+Omega*t);
217  zout=abs(z).*cos(phz+Omega*t);
218  zoutc=abs(zc).*cos(phzc+Omega*t);
219  zouta=abs(za).*cos(phza+Omega*t);
220  yout=abs(y).*cos(phy+Omega*t);
221  youtc=abs(yc).*cos(phyc+Omega*t);
222  youta=abs(ya).*cos(phya+Omega*t);
223  % 生成轨道中间点 x=275m 处钢轨、轨枕和道床的位移、速度和加速度时程曲线
224  ww(it)=wout(m);
225  wwc(it)=woutc(m);
226  wwa(it)=wouta(m);
227  zz(it)=zout(m);
228  zzc(it)=zoutc(m);
229  zza(it)=zouta(m);
230  yy(it)=yout(m);
231  yyc(it)=youtc(m);
232  yya(it)=youta(m);
233 end
234 % 计算作用于轨枕上的动压力、单位长度道床和路基上的动压力时程曲线
235 forcew=(kp*(ww-zz)+cp*(wwc-zzc))*ltie*10^(-3);
236 forcez=(kb*(zz-yy)+cb*(zzc-yyc))*10^(-3);
237 forcey=(ks*yy+cs*yyc)*10^(-3);
238 toc;
```

```
239    disp(['运行时间:',num2str(toc/60),'分钟']);
240    %% 绘制轨道结构（钢轨、轨枕、道床）动力响应时程曲线
241    xt=dt*(1:nt);      % 生成时间坐标
242    H1=figure;
243    plot(xt,1000*ww,'k-');
244    xlabel(['时间 /s'],'FontSize',20);
245    ylabel(['钢轨位移 /mm'],'FontSize',20);
246    set(gca,'FontSize',16,'LineWidth',1.5);
247    %
248    wout=fft(1000*ww,nt);
249    wpsd=abs(wout).^2/nt;
250    f=1/dt;
251    freq=f*(1:nt/2)/nt;
252    wpsd(1)=[];
253    %
254    H2=figure;
255    plot(freq,wpsd(1:nt/2),'k-')
256    xlim([0 100])
257    xlabel(['频率（Hz）'],'FontSize',20);
258    ylabel(['钢轨位移 PSD (mm^{2}/Hz)'],'FontSize',20);
259    set(gca,'FontSize',16,'LineWidth',1.5);
260    %
261    H3=figure;
262    plot(xt,wwc,'k-');
263    xlabel(['时间 /s'],'FontSize',20);
264    ylabel(['钢轨速度 /(m/s)'],'FontSize',20);
265    set(gca,'FontSize',16,'LineWidth',1.5);
266    %
267    H4=figure;
268    plot(xt,wwa,'k-');
269    xlabel(['时间 /s'],'FontSize',20);
270    ylabel(['钢轨加速度 /(m/s2)'],'FontSize',20);
271    set(gca,'FontSize',16,'LineWidth',1.5);
272    %
273    H5=figure;
```

```
274    plot(xt,1000*zz,'k-');
275    xlabel(['时间 /s'],'FontSize',20);
276    ylabel(['轨枕位移 /mm'],'FontSize',20);
277    set(gca,'FontSize',16,'LineWidth',1.5);
278    %
279    H6=figure;
280    plot(xt,zzc,'k-');
281    xlabel(['时间 /s'],'FontSize',20);
282    ylabel(['轨枕速度 /(m/s)'],'FontSize',20);
283    set(gca,'FontSize',16,'LineWidth',1.5);
284    %
285    H7=figure;
286    plot(xt,zza,'k-');
287    xlabel(['时间 /s'],'FontSize',20);
288    ylabel(['轨枕加速度 /(m/s2)'],'FontSize',20);
289    set(gca,'FontSize',16,'LineWidth',1.5);
290    %
291    H8=figure;
292    plot(xt,1000*yy,'k-');
293    xlabel(['时间 /s'],'FontSize',20);
294    ylabel(['道床位移 /mm'],'FontSize',20);
295    set(gca,'FontSize',16,'LineWidth',1.5);
296    %
297    H9=figure;
298    plot(xt,yyc,'k-');
299    xlabel(['时间 /s'],'FontSize',20);
300    ylabel(['道床速度 /(m/s)'],'FontSize',20);
301    set(gca,'FontSize',16,'LineWidth',1.5);
302    %
303    H10=figure;
304    plot(xt,yya,'k-');
305    xlabel(['时间 /s'],'FontSize',20);
306    ylabel(['道床加速度 /(m/s2)'],'FontSize',20);
307    set(gca,'FontSize',16,'LineWidth',1.5);
308    %
```

```
309  H11=figure;
310  plot(xt,forcew,'k-');
311  xlabel(['时间 /s'],'FontSize',20);
312  ylabel(['作用于轨枕上的动压力/(kN)'],'FontSize',16);
313  set(gca,'FontSize',16,'LineWidth',1.5);
314  %
315  H12=figure;
316  plot(xt,forcez,'k-');
317  xlabel(['时间 /s'],'FontSize',20);
318  ylabel(['作用于单位长度道床上的动压力/(kN/m)'],'FontSize',16);
319  set(gca,'FontSize',16,'LineWidth',1.5);
320  %
321  H13=figure;
322  plot(xt,forcey,'k-');
323  xlabel(['时间 /s'],'FontSize',20);
324  ylabel(['作用于单位长度大地上的动压力/(kN/m)'],'FontSize',16);
325  set(gca,'FontSize',16,'LineWidth',1.5);
326  % End
```

附录3　基于交叉迭代法的车辆-轨道非线性耦合系统动力有限元程序 VT_NFE

```
1   %%%%%%%%%%%%%%%%%%%%%%%%%%%%%%%%%%%%%%%%%%%%%%%%%%%%%%%%%%
2   % 基于交叉迭代法的车辆-轨道非线性耦合系统有限元程序 VT_NFE          %
3   % 模型与算法：10自由度车辆单元，无砟轨道单元，交叉迭代求解，Newmark 直接积分法  %
4   % 列车类型：高速动车 CRH3；轨道结构：CRTS II 型板式无砟轨道，考虑轨道高低不平顺  %
5   %%%%%%%%%%%%%%%%%%%%%%%%%%%%%%%%%%%%%%%%%%%%%%%%%%%%%%%%%%
6   %            Developed by Dr. Sun Kui and Prof. Lei Xiaoyan    2021.4.10
7   tic
8   clc;
9   clear all;
10  close all;
11  fclose all;
12  %%
13  % 第一部分：数据输入
14  % CRH3 型车辆计算参数
15  mc=40000/2;        % 1/2 车体质量
16  mt=3200/2;         % 1/2 构架质量
17  mw=2400/2;         % 1/2 轮对质量
18  jc=5.47e5;         % 车体点头惯量
19  jt=6.8e3;          % 构架点头惯量
20  ks2=0.8e6;         % 二系悬挂刚度
21  ks1=2.08e6;        % 一系悬挂刚度
22  cs2=120e3;         % 二系悬挂阻尼
23  cs1=100e3;         % 一系悬挂阻尼
24  l1=2.5/2;          % 车辆轴距之半
25  l2=17.375/2;       % 车辆定距之半
26  %%
27  %CRTS 二型板式无砟轨道计算参数
28  Er=2.059e11;       % 钢轨弹性模量 Pa
```

```
29    Ir=0.3217e-4;            % 钢轨惯性矩 m^4
30    mr=60.64;                % 钢轨单位长度质量 kg/m
31    DensityS=2500;           % 轨道板密度
32    Ws=2.55/2;               % 轨道板宽度一半
33    Hs=0.2;                  % 轨道板高度 m
34    Es=3.9e10;               % 轨道板的弹性模量 Pa
35    Is=Ws*Hs^3/12;           % 轨道板惯性矩 m^4
36    ms=Ws*Hs*DensityS;       % 轨道板的单位长度质量 kg/m
37    DensityB=2500;           % 底座板密度 kg/m^3
38    Wb=2.95/2;               % 底座板宽度 m
39    Hb=0.3;                  % 底座板高度 m
40    Eb=3.0e10;               % 底座板的弹性模量 Pa
41    Ib=Wb*Hb^3/12/2;         % 底座板惯性矩 m^4 一半
42    mb=Wb*Hb*DensityB/2;     % 底座板的单位长度质量 kg/m
43    % 梁单元参数行向量
44    E=zeros(1,3);
45    I=zeros(1,3);
46    m=zeros(1,3);
47    E(1)=Er;E(2)=Es;E(3)=Eb;
48    I(1)=Ir;I(2)=Is;I(3)=Ib;
49    m(1)=mr;m(2)=ms;m(3)=mb;
50    %%
51    % 弹簧阻尼单元参数
52    krb=6e7;                 % 扣件垫板的支承弹性系数 N/m
53    crb=5e4;                 % 扣件垫板的阻尼系数 N.s/m
54    kca=9e8;                 % CA 砂浆弹簧的支承弹性系数 N/m
55    cca=8.3e4;               % CA 砂浆弹簧的阻尼系数 N.s/m
56    ksub=6e7;                % 路基弹簧的支承弹性系数 N/m
57    csub=9e4;                % 路基弹簧的阻尼系数 N.s/m 9e4*lsub
58    % 弹簧阻尼单元行向量
59    K_Spring=zeros(1,3);     % 弹簧阻尼单元刚度
60    C_Spring=zeros(1,3);     % 弹簧阻尼单元阻尼
61    K_Spring(1)=krb;K_Spring(2)=kca;K_Spring(3)=ksub;
62    C_Spring(1)=crb;C_Spring(2)=cca;C_Spring(3)=csub;
63    % 比例阻尼系数
```

```matlab
64    aalfar=0.5;
65    beetar=0.0002;
66    %%
67    % 求解参数
68    l=150;              % 线路总长度
69    ls=0.625;           % 单元长度,轨枕间距 m
70    Num_Ele=l/ls;       % 轨道结构单元总数 240
71    Num_Node=(Num_Ele+1)*3;  % 轨道结构节点总数 723
72    DOF=2*Num_Node;     % 轨道结构自由度总数 1446(p197)
73    % 列车工况 1-4
74    Case=2;    % 考虑列车工况 2
75    switch(Case)
76        case 1
77            V=200/3.6;      % 车辆运行速度
78            t=2.2;          % 运行总时长
79        case 2
80            V=250/3.6;      % 车辆运行速度
81            t=1.8;          % 运行总时长
82        case 3
83            V=300/3.6;      % 车辆运行速度
84            t=1.5;          % 运行总时长
85        case 4
86            V=350/3.6;      % 车辆运行速度
87            t=1.2;          % 运行总时长
88    end
89    dt=0.0005;          % 积分步长
90    n=floor(t/dt);      % 时间步数
91    n1=floor(n/3);      % 消除车辆静平衡对结果的影响,提取响应时剔除时间 T/3s
92    %%
93    % 根据德国低干扰谱生成轨道高低不平顺样本
94    % Distance-里程;  d-轨道不平顺值
95    dx=V*dt;
96    [Distance,d]=Track_Irregularity_GER(1,30,3500,dx,1);
97    % 累加短波不平顺
98    [Distance1,d1]=Short_wave_Irregularity(0.1,1,3500,dx,1);
```

```
99   d=(0.5*d+0.1*d1)/5;
100  %%
101  % 第二部分：车辆单元
102  % 车辆单元位移向量
103  %    ae={vc fi_c vt1 vt2 fi_1 fi_2 vw1 vw2 vw3 vw4 }'车轮从右往左编号
104  % 计算车辆单元矩阵
105  [Mu,Ku,Cu] = Train_element_matrix(mc,mt,mw,jc,jt,ks1,cs1,ks2,cs2,l1,l2);
106  % 荷载向量
107  g=9.8;
108  Qug=-g*[mc 0 mt mt 0 0 mw mw mw mw]';
109  % 轮轨接触刚度
110  R=0.42;  %车轮半径
111  G=3.86*R^(-0.115)*10^(-8);% 接触挠度系数
112  po=(mc+2*mt+4*mw)*g/4;      % 车轮静荷载
113  kw=3/2/G*po^(1/3);
114  Kw=diag([0 0 0 0 0 0 kw kw kw kw]);
115  %%
116  % 第三部分：组装轨道结构的总矩阵
117  % 无砟轨道单元矩阵
118  [Ke,Ce,Me] = Track_element_matrix(ls,E,I,m,aalfar,beetar,K_Spring,C_Spring);
119  % 组装模型的总矩阵
120  M=zeros(Num_Node*2,Num_Node*2);
121  K=zeros(Num_Node*2,Num_Node*2);
122  C=zeros(Num_Node*2,Num_Node*2);
123  for  b=1:Num_Ele      % 按单元数循环
124      for i=1:12        % 按单元自由度循环
125          for j=1:12  % 按单元自由度循环
126              K(6*b-6+i,6*b-6+j)=K(6*b-6+i,6*b-6+j)+Ke(i,j);
127              M(6*b-6+i,6*b-6+j)=M(6*b-6+i,6*b-6+j)+Me(i,j);
128              C(6*b-6+i,6*b-6+j)=C(6*b-6+i,6*b-6+j)+Ce(i,j);
129          end
130      end
131  end
132  %%
133  %第四部分：数值求解
```

```
134    %%%%%%%%%%% 输入初始参数：轮轨力修正因子、结点位移修正因子、迭代收敛精度等
135    aa1=0.4;      % 轮轨力修正因子 松弛因子 通常取 0.3-0.5
136    aa2=1;        % 结点位移修正因子
137    esp0=10^(-8); % 迭代收敛精度
138    kmax=1;       % 初始最大迭代次数
139    Xt0(:,1)=zeros(Num_Node*2,1);   % 初始轨道结构的位移（0时刻）
140    Vt0(:,1)=zeros(Num_Node*2,1);   % 初始轨道结构的速度
141    At0(:,1)=zeros(Num_Node*2,1);   % 初始轨道结构的加速度
142    Xv0(:,1)=zeros(10,1);  % 初始车辆的位移（0时刻）
143    Vv0(:,1)=zeros(10,1);  % 初始车辆的速度
144    Av0(:,1)=zeros(10,1);  % 初始车辆的加速度
145    % newmark 迭代参数
146    alfa=0.25;
147    deta=0.5;
148    c0=1/alfa/dt^2;
149    c1=deta/alfa/dt;
150    c2=1/alfa/dt;
151    c3=1/2/alfa-1;
152    c4=deta/alfa-1;
153    c5=dt/2*(deta/alfa-2);
154    c6=dt*(1-deta);
155    c7=deta*dt;
156    % 第一时间步的初值假定求解
157    Xt(:,1)=Xt0(:,1);    % 第1步的轨道结构位移
158    Vt(:,1)=Vt0(:,1);    % 第1步的轨道结构速度
159    At(:,1)=At0(:,1);    % 第1步的轨道结构加速度
160    % 取出车轮所在单元钢轨节点位移（竖向位移和转角）
161    alc(:,1)=[0 0 0 0 0 0 0 0]'; % 向量的专置
162    % 计算车辆部分的newmark迭代
163    Ku1=Ku+Kw;                   % 车辆结构等效刚度
164    Ku2=Ku1+c0*Mu+c1*Cu;         % 车辆结构的有效刚度矩阵，式(5.9)左端项
165    Qu2(:,1)=Qug+Kw*alc(:,1);    % 式(5.9)右端荷载
166    % 第1步的车辆有效荷载
167    Qu3(:,1)=Qu2(:,1)+Mu*(c0*Xv0(:,1)+c2*Vv0(:,1)+c3*Av0(:,1))+Cu*(c1*Xv0(:,1)+...
168           c4*Vv0(:,1)+c5*Av0(:,1));
```

169	Xv(:,1)=inv(Ku2)*Qu3(:,1);	% 第 1 步的车辆的位移
170	Av(:,1)=c0*(Xv(:,1)-Xv0(:,1))-c2*Vv0(:,1)-c3*Av0(:,1);	% 第 1 步的车辆加速度
171	Vv(:,1)=Vv0(:,1)+c6*Av0(:,1)+c7*Av(:,1);	% 第 1 步的车辆速度
172	Ku3=Ku+c0*Mu+c1*Cu;	% 形成车辆的有效刚度矩阵，式（5.1）左端项
173	K11=K+c0*M+c1*C;	% 形成轨道结构的有效刚度矩阵，式（5.10）左端项
174	na=inv(K11);	
175	nb=inv(Ku3);	
176	n_break=t/dt;	
177	% 对时间步长循环	
178	for j=2:n+1	
179	t(j)=(j-1)*dt;	% 车辆走过的时间
180	s2=V*t(j);	% 车辆走过的位移
181	% 如果第 1 车轮驶出桥梁，则中止循环	
182	if s2>l-(2*l2+2*l1+4*ls)	
183	n_break=j-1;	
184	break	
185	end	
186	WheelsetX4=s2;	% 轮 4 的 x 坐标
187	WheelsetX3=s2+2*l1;	% 轮 3 的 x 坐标
188	WheelsetX2=s2+2*l2;	% 轮 2 的 x 坐标
189	WheelsetX1=s2+2*l2+2*l1;	% 轮 1 的 x 坐标
190	qoele4=fix(WheelsetX4/ls)+1;	% 轮 4 所在的单元，即最左边的车轮
191	qoele3=fix(WheelsetX3/ls)+1;	% 轮 3 所在的单元
192	qoele2=fix(WheelsetX2/ls)+1;	% 轮 2 所在的单元
193	qoele1=fix(WheelsetX1/ls)+1;	% 轮 1 所在的单元，即最右边的车轮
194	x4=ls-(qoele4*ls-s2);	% 轮 4 距左侧节点的距离
195	x3=ls-(qoele3*ls-s2-2*l1);	% 轮 3 距左侧节点的距离
196	x2=ls-(qoele2*ls-s2-2*l2);	% 轮 2 距左侧节点的距离
197	x1=ls-(qoele1*ls-s2-2*l1-2*l2);	% 轮 1 距左侧节点的距离
198	x8=ls-x4;	% 轮 4 距右侧节点的距离
199	x7=ls-x3;	% 轮 3 距右侧节点的距离
200	x6=ls-x2;	% 轮 2 距右侧节点的距离
201	x5=ls-x1;	% 轮 1 距右侧节点的距离
202	% 轮 4 所在梁单元的位移插值函数	
203	N1=1-3/ls^2*x4^2+2/ls^3*x4^3;	

```
204     N2=-x4+2/ls*x4^2-1/ls^2*x4^3;
205     N3=3/ls^2*x4^2-2/ls^3*x4^3;
206     N4=1/ls*x4^2-1/ls^2*x4^3;
207     % 轮 3 所在梁单元的位移插值函数
208     N5=1-3/ls^2*x3^2+2/ls^3*x3^3;
209     N6=-x3+2/ls*x3^2-1/ls^2*x3^3;
210     N7=3/ls^2*x3^2-2/ls^3*x3^3;
211     N8=1/ls*x3^2-1/ls^2*x3^3;
212     % 轮 2 所在梁单元的位移插值函数
213     N9=1-3/ls^2*x2^2+2/ls^3*x2^3;
214     N10=-x2+2/ls*x2^2-1/ls^2*x2^3;
215     N11=3/ls^2*x2^2-2/ls^3*x2^3;
216     N12=1/ls*x2^2-1/ls^2*x2^3;
217     % 轮 1 所在梁单元的位移插值函数
218     N13=1-3/ls^2*x1^2+2/ls^3*x1^3;
219     N14=-x1+2/ls*x1^2-1/ls^2*x1^3;
220     N15=3/ls^2*x1^2-2/ls^3*x1^3;
221     N16=1/ls*x1^2-1/ls^2*x1^3;
222     % 通过 matlab 的插值函数计算得到车轮位置处的轨道不平顺数值
223     dd1=interp1(Distance,d,WheelsetX1,'spline'); % 轮 1 处的轨道不平顺
224     dd2=interp1(Distance,d,WheelsetX2,'spline'); % 轮 2 处的轨道不平顺
225     dd3=interp1(Distance,d,WheelsetX3,'spline'); % 轮 3 处的轨道不平顺
226     dd4=interp1(Distance,d,WheelsetX4,'spline'); % 轮 4 处的轨道不平顺
227     esp=1;
228     k=2;
229     Q11(:,1)=zeros(Num_Node*2,1); % 轨道荷载向量归零
230     while esp>esp0
231         % 计算轮 1 处的轮轨力
232         if (alc(7,k-1)-Xv(7,k-1)+dd1)<0
233             Py11(k)=0;
234         else
235             Py11(k)=-1/G^(3/2)*(abs(alc(7,k-1)-Xv(7,k-1)+dd1))^(3/2);
236         end
237         % 计算轮 2 处的轮轨力
238         if (alc(8,k-1)-Xv(8,k-1)+dd2)<0
```

```
239         Py21(k)=0;
240     else
241         Py21(k)=-1/G^(3/2)*(abs(alc(8,k-1)-Xv(8,k-1)+dd2))^(3/2);
242     end
243     % 计算轮3处的轮轨力
244     if (alc(9,k-1)-Xv(9,k-1)+dd3)<0
245         Py31(k)=0;
246     else
247         Py31(k)=-1/G^(3/2)*(abs(alc(9,k-1)-Xv(9,k-1)+dd3))^(3/2);
248     end
249     % 计算轮4处的轮轨力
250     if (alc(10,k-1)-Xv(10,k-1)+dd4)<0
251         Py41(k)=0;
252     else
253         Py41(k)=-1/G^(3/2)*(abs(alc(10,k-1)-Xv(10,k-1)+dd4))^(3/2);
254     end
255     if k==2
256         Py1(k)=Py11(k); % 轮1处的轮轨力
257         Py2(k)=Py21(k); % 轮2处的轮轨力
258         Py3(k)=Py31(k); % 轮3处的轮轨力
259         Py4(k)=Py41(k); % 轮4处的轮轨力
260     elseif k>2
261             % 运用松弛法对轮轨力进行修正
262         Py1(k)=Py1(k-1)+aa1*(Py11(k)-Py1(k-1)); % 轮1处的轮轨力
263         Py2(k)=Py2(k-1)+aa1*(Py21(k)-Py2(k-1)); % 轮2处的轮轨力
264         Py3(k)=Py3(k-1)+aa1*(Py31(k)-Py3(k-1)); % 轮3处的轮轨力
265         Py4(k)=Py4(k-1)+aa1*(Py41(k)-Py4(k-1)); % 轮4处的轮轨力
266     end
267     Py5=Py1(k);
268     Py6=Py2(k);
269     Py7=Py3(k);
270     Py8=Py4(k);
271     % 将轮1处的轮轨力分配成节点荷载
272     F11=[Py5*x5^2/ls^3*(ls+2*x1) -Py5*x5^2*x1/ls^2 0 0 0 0;
273         Py5*x1^2/ls^3*(ls+2*x5)  Py5*x1^2*x5/ls^2 0 0 0 0]';
```

```
274        % 将轮 2 处的轮轨力分配成节点荷载
275            F12=[Py6*x6^2/ls^3*(ls+2*x2)  -Py6*x6^2*x2/ls^2 0 0 0 0;
276                  Py6*x2^2/ls^3*(ls+2*x6)   Py6*x2^2*x6/ls^2 0 0 0 0]';
277        % 将轮 3 处的轮轨力分配成节点荷载
278            F13=[Py7*x7^2/ls^3*(ls+2*x3)  -Py7*x7^2*x3/ls^2 0 0 0 0;
279                  Py7*x3^2/ls^3*(ls+2*x7)   Py7*x3^2*x7/ls^2 0 0 0 0]';
280        % 将轮 4 处的轮轨力分配成节点荷载
281            F14=[Py8*x8^2/ls^3*(ls+2*x4)  -Py8*x8^2*x4/ls^2 0 0 0 0;
282                  Py8*x4^2/ls^3*(ls+2*x8)   Py8*x4^2*x8/ls^2 0 0 0 0]';
283        % 将 4 个轮轨作用力赋给轨道荷载向量
284            for i=1:Num_Node*2
285                if  (i>=(qoele4-1)*6+1)&&(i<=(qoele4-1)*6+12)
286                    Q11(i,k)=Q11(i,1)+F14(i-(qoele4-1)*6);
287                elseif  (i>=(qoele3-1)*6+1)&&(i<=(qoele3-1)*6+12)
288                    Q11(i,k)=Q11(i,1)+F13(i-(qoele3-1)*6);
289                elseif  (i>=(qoele2-1)*6+1)&&(i<=(qoele2-1)*6+12)
290                    Q11(i,k)=Q11(i,1)+F12(i-(qoele2-1)*6);
291                elseif  (i>=(qoele1-1)*6+1)&&(i<=(qoele1-1)*6+12)
292                    Q11(i,k)=Q11(i,1)+F11(i-(qoele1-1)*6);
293                else
294                    Q11(i,k)=Q11(i,1);
295                end
296            end
297        % 以下对轨道进行 newmark 迭代
298        % 第 k 步的钢轨有效荷载
299            Q12(:,k)=Q11(:,k)+M*(c0*Xt0(:,j-1)+c2*Vt0(:,j-1)+c3*At0(:,j-1))+...
300                  C*(c1*Xt0(:,j-1)+c4*Vt0(:,j-1)+c5*At0(:,j-1));
301            a11(:,k)=na*Q12(:,k);
302        % 计算第 k 步钢轨位移、加速度和速度
303            Xt(:,k)=Xt(:,k-1)+aa2*(a11(:,k)-Xt(:,k-1));  % 利用松弛法对轨道位移修正
304            At(:,k)=c0*(Xt(:,k)-Xt0(:,j-1))-c2*Vt0(:,j-1)-c3*At0(:,j-1);
305            Vt(:,k)=Vt0(:,j-1)+c6*At0(:,j-1)+c7*At(:,k);
306        % 取出 4 个车轮所在单元钢轨节点位移（竖向位移和转角）
307            ai4=Xt((qoele4-1)*6+1:(qoele4-1)*6+2,k);    % i 节点的
308            aj4=Xt((qoele4-1)*6+7:(qoele4-1)*6+8,k);    % j 节点的
```

附录3　基于交叉迭代法的车辆-轨道非线性耦合系统动力有限元程序 VT_NFE ·271·

```
309      ai3=Xt((qoele3-1)*6+1:(qoele3-1)*6+2,k);    % i 节点的
310      aj3=Xt((qoele3-1)*6+7:(qoele3-1)*6+8,k);    % j 节点的
311      ai2=Xt((qoele2-1)*6+1:(qoele2-1)*6+2,k);    % i 节点的
312      aj2=Xt((qoele2-1)*6+7:(qoele2-1)*6+8,k);    % j 节点的
313      ai1=Xt((qoele1-1)*6+1:(qoele1-1)*6+2,k);    % i 节点的
314      aj1=Xt((qoele1-1)*6+7:(qoele1-1)*6+8,k);    % j 节点的
315      % 通过钢轨节点位移插值计算车轮所在处的钢轨位移
316      vlc4=[N1 N2 N3 N4]*[ai4;aj4];
317      vlc3=[N5 N6 N7 N8]*[ai3;aj3];
318      vlc2=[N9 N10 N11 N12]*[ai2;aj2];
319      vlc1=[N13 N14 N15 N16]*[ai1;aj1];
320      % 车轮所在单元钢轨节点位移（竖向位移和转角）
321      alc(:,k)=[0 0 0 0 0 0 vlc1 vlc2 vlc3 vlc4]';
322      % 计算车辆部分的 newmark 迭代
323      Py9(k)=-1/G^(3/2)*(abs(alc(7,k)-Xv(7,k-1)+dd1))^(3/2);    % 轮1处的轮轨力
324      Py10(k)=-1/G^(3/2)*(abs(alc(8,k)-Xv(8,k-1)+dd2))^(3/2);   % 轮2处的轮轨力
325      Py11(k)=-1/G^(3/2)*(abs(alc(9,k)-Xv(9,k-1)+dd3))^(3/2);   % 轮3处的轮轨力
326      Py12(k)=-1/G^(3/2)*(abs(alc(10,k)-Xv(10,k-1)+dd4))^(3/2);% 轮4处的轮轨力
327      if (alc(7,k)-Xv(7,k-1)+dd1)<0
328          Py13=0;
329      else
330          Py13=Py9(k);
331      end
332      if (alc(8,k)-Xv(8,k-1)+dd2)<0
333          Py14=0;
334      else
335          Py14=Py10(k);
336      end
337      if (alc(9,k)-Xv(9,k-1)+dd3)<0
338          Py15=0;
339      else
340          Py15=Py11(k);
341      end
342      if (alc(10,k)-Xv(10,k-1)+dd4)<0
343          Py16=0;
```

```
344         else
345             Py16=Py12(k);
346         end
347         Fu(:,k)=-[0 0 0 0 0 Py13 Py14 Py15 Py16]';   % 作用于车辆上的轮轨力向量
348         Qu2(:,k)=Qug+Fu(:,k);      % 作用于车辆上的总荷载向量
349         % 第k步车辆的有效荷载
350         Qu3(:,k)=Qu2(:,k)+Mu*(c0*Xv0(:,j-1)+c2*Vv0(:,j-1)+c3*Av0(:,j-1))+...
351             Cu*(c1*Xv0(:,j-1)+c4*Vv0(:,j-1)+c5*Av0(:,j-1));
352         Xv(:,k)=nb*Qu3(:,k);       % 第k步车辆的位移
353         Av(:,k)=c0*(Xv(:,k)-Xv0(:,j-1))-c2*Vv0(:,j-1)-c3*Av0(:,j-1);   % 车辆加速度
354         Vv(:,k)=Vv0(:,j-1)+c6*Av0(:,j-1)+c7*Av(:,k);                    % 车辆速度
355         % 计算当前迭代步与上一迭代步轨道结构位移之差
356         da1(:,k)=(Xt(:,k)-Xt(:,k-1));
357         esp1(k)=sum(da1(:,k).^2)/sum(Xt(:,k).^2);
358         if k==2
359             esp=1;
360         elseif k>2
361             esp=esp1(k);
362         end
363         k=k+1;
364     end
365     if (k>=kmax)
366         kmax=k;
367     end
368     esp2(j)=esp1(k-1);   % 误差
369     % 将迭代收敛后的各响应值作为下一时步的初值
370     Fw1(:,j)=Fu(:,k-1);  % 轮轨力
371     Xt0(:,j)=Xt(:,k-1);  % 轨道结构位移
372     Vt0(:,j)=Vt(:,k-1);  % 轨道结构速度
373     At0(:,j)=At(:,k-1);  % 轨道结构加速度
374     Xv0(:,j)=Xv(:,k-1);  % 车辆位移
375     Vv0(:,j)=Vv(:,k-1);  % 车辆速度
376     Av0(:,j)=Av(:,k-1);  % 车辆加速度
377     Xt(:,1)= Xt0(:,j);   % 每一时间步中迭代时的初值
378     a1c(:,1)=[0 0 0 0 0 v1c1 v1c2 v1c3 v1c4]';    % 每一时间步中迭代时的初值
```

```
379      Xv(:,1)=Xv0(:,j);    % 每一时间步中迭代时的初值
380      if rem(j,100)==0
381        disp(j);
382      end
383    end
384    toc;
385    disp(['运行时间:',num2str(toc/60),'分钟']);
386    disp(['Maximum iteration number: kmax=',num2str(kmax)]);
387    %%
388    % 第五部分：后处理
389    % 5.1 提取车辆响应
390    % 绘制轨道不平顺样本
391    figure;
392    plot(Distance,d*1000,'-b');
393    % 设置x、y轴的样式
394    xlabel(['轨道坐标/m'],'Fontname','宋体','FontSize',20);
395    ylabel(['轨道高低不平顺/mm'],'Fontname','宋体','FontSize',20);
396    set(gca,'Fontname','宋体','FontSize',20,'LineWidth',1.5);
397    legend(['\fontname{宋体}整车模型/交叉迭代法'])
398    if n>n_break
399      n=n_break;
400    end
401    %%
402    % 绘制车体垂向位移时程曲线
403    Plot_Vehicle_Result(Xv0(1,:)*1000,n,n1,dt,'时间/s','车体垂向位移/(mm)',20);
404    % 绘制转向架垂向位移时程曲线
405    Plot_Vehicle_Result(Xv0(3,:)*1000,n,n1,dt,'时间/s','前转向架垂向位移/(mm)',20);
406    Plot_Vehicle_Result(Xv0(4,:)*1000,n,n1,dt,'时间/s','后转向架垂向位移/(mm)',20);
407    % 绘制轮对垂向位移时程曲线
408    Plot_Vehicle_Result(Xv0(7,:)*1000,n,n1,dt,'时间/s','第1轮对垂向位移/(mm)',20);
409    Plot_Vehicle_Result(Xv0(8,:)*1000,n,n1,dt,'时间/s','第2轮对垂向位移/(mm)',20);
410    %%
411    % 绘制车体垂向速度时程曲线
412    Plot_Vehicle_Result(Vv0(1,:),n,n1,dt,'时间/s','车体垂向速度/(m/s)',20);
413    % 绘制转向架垂向速度时程曲线
```

```
414    Plot_Vehicle_Result(Vv0(3,:),n,n1,dt,'时间/s','前转向架垂向速度/(m/s)',20);
415    Plot_Vehicle_Result(Vv0(4,:),n,n1,dt,'时间/s','后转向架垂向速度/(m/s)',20);
416    % 绘制轮对垂向速度时程曲线
417    Plot_Vehicle_Result(Vv0(7,:),n,n1,dt,'时间/s','第1轮对垂向速度/(m/s)',20);
418    Plot_Vehicle_Result(Vv0(8,:),n,n1,dt,'时间/s','第2轮对垂向速度/(m/s)',20);
419    %%
420    % 绘制车体垂向加速度时程曲线
421    Plot_Vehicle_Result(Av0(1,:),n,n1,dt,'时间/s','车体垂向加速度/(m/s^2)',20);
422    xlim([0.6 1.6]);
423    % 绘制转向架垂向加速度时程曲线
424    Plot_Vehicle_Result(Av0(3,:),n,n1,dt,'时间/s','前转向架垂向加速度/(m/s^2)',20);
425    xlim([0.6 1.6]);
426    Plot_Vehicle_Result(Av0(4,:),n,n1,dt,'时间/s','后转向架垂向加速度/(m/s^2)',20);
427    xlim([0.6 1.6]);
428    % 绘制第1轮对垂向加速度时程曲线
429    Plot_Vehicle_Result(Av0(7,:),n,n1,dt,'时间/s','第1轮对垂向加速度/(m/s^2)',20);
430    xlim([0.6 1.6]);
431    Plot_Vehicle_Result(Av0(8,:),n,n1,dt,'时间/s','第2轮对垂向加速度/(m/s^2)',20);
432    xlim([0.6 1.6]);
433    %%
434    % 绘制轮轨垂向力时程曲线
435    % Plot_Vehicle_Result(-Fw1(8,:)/1000,n,n1,dt,'时间/s','轮轨垂向力/kN',18);
436    Plot_Vehicle_Result(-Fw1(7,:)/1000,n,n1,dt,'时间/s','第1轮轨垂向力/kN',20);
437    xlim([0.6 1.6]);
438    Plot_Vehicle_Result(-Fw1(8,:)/1000,n,n1,dt,'时间/s','第2轮轨垂向力/kN',20);
439    xlim([0.6 1.6]);
440    Plot_Vehicle_Result(-Fw1(9,:)/1000,n,n1,dt,'时间/s','第3轮轨垂向力/kN',20);
441    xlim([0.6 1.6]);
442    Plot_Vehicle_Result(-Fw1(10,:)/1000,n,n1,dt,'时间/s','第4轮轨垂向力/kN',20);
443    xlim([0.6 1.6]);
444    %%
445    % 5.2 提取轨道响应
446    % 绘制线路跨中轨道结构振动响应时程曲线
447    % 提取线路中间130号单元
448    Track_Ele_Num=130; % 响应点位于线路中间130号单元的130*3+1=391,392,393号结点垂向响应
```

```matlab
449  % 钢轨
450  Rail_Node_Num=Track_Ele_Num*6+1;  % 钢轨垂向位移对应的自由度编号
451  Plot_Track_Result(Xt0(Rail_Node_Num,:)*1000,n,1,dt,'时间/s','钢轨位移/(mm)',20);
452  xlim([0.6 1.4]);
453  Plot_Track_Result(Vt0(Rail_Node_Num,:),n,1,dt,'时间/s','钢轨速度/(m/s)',20);
454  xlim([0.6 1.4]);
455  Plot_Track_Result(At0(Rail_Node_Num,:),n,1,dt,'时间/s','钢轨加速度/(m/s^2)',20);
456  xlim([0.6 1.4]);
457  %%
458  % 轨道板振动响应
459  Slab_Node_Num=Track_Ele_Num*6+3;  % 轨道板垂向位移对应的自由度编号
460  Plot_Track_Result(Xt0(Slab_Node_Num,:)*1000,n,1,dt,'时间/s','轨道板位移/(mm)',20);
461  xlim([0.6 1.4]);
462  Plot_Track_Result(Vt0(Slab_Node_Num,:),n,1,dt,'时间/s','轨道板速度/(m/s)',20);
463  xlim([0.6 1.4]);
464  Plot_Track_Result(At0(Slab_Node_Num,:),n,1,dt,'时间/s','轨道板加速度/(m/s^2)',20);
465  xlim([0.6 1.4]);
466  %%
467  % 底座板
468  Base_Node_Num=Track_Ele_Num*6+5;       % 底座板垂向位移对应的自由度编号
469  Plot_Track_Result(Xt0(Base_Node_Num,:)*1000,n,1,dt,'时间/s','底座板位移/(mm)',20);
470  xlim([0.6 1.4]);
471  Plot_Track_Result(Vt0(Base_Node_Num,:),n,1,dt,'时间/s','底座板速度/(m/s)',20);
472  xlim([0.6 1.4]);
473  Plot_Track_Result(At0(Base_Node_Num,:),n,1,dt,'时间/s','底座板加速度/(m/s^2)',20);
474  xlim([0.6 1.4])
475  %% End
476  function [Mv,Kv,Cv] = Train_element_matrix(mc,mt,mw,jc,jt,ks1,cs1,ks2,cs2,l1,l2)
477  % ================================================================
478  %                                              Developed by Wang Hai
479  % 说明:
480  % 生成10自由度的车辆单元的刚度矩阵、阻尼矩阵和质量矩阵
481  % 输入参数:
482  % ks1: 一系弹簧悬挂刚度
483  % ks2: 二系弹簧悬挂刚度
```

```
484    % l1：转向架半长
485    % l2：车辆定距半长
486    % mc：0.5 倍车体质量
487    % jc：车体转动惯量
488    % mt：0.5 倍转向架质量
489    % jt：转向架转动惯量
490    % mw：0.5 倍轮对质量
491    % 输出参数：
492    % Kv：车辆单元的质量矩阵
493    % Cv：车辆单元的阻尼矩阵
494    % Mv：车辆单元的刚度矩阵
495    %%
496    % 1. 刚度矩阵
497    % 定义车辆单元的结点位移向量为 ae={vc fi_c vt1 vt2 fi_1 fi_2 vw1 vw2 vw3 vw4 }'
498    Kv=[2*ks2    0            -ks2        -ks2       0            0            0         0         0       0
499         0           2*ks2*(l2^2)  ks2*l2   -ks2*l2   0            0            0         0         0       0
500        -ks2        ks2*l2      2*ks1+ks2  0          0            0           -ks1     -ks1      0       0
501        -ks2       -ks2*l2      0           2*ks1+ks2 0            0            0         0        -ks1    -ks1
502         0           0            0           0          2*ks1*(l1^2) 0            ks1*l1  -ks1*l1  0       0
503         0           0            0           0          0            2*ks1*(l1^2) 0         0         ks1*l1 -ks1*l1
504         0           0           -ks1        0          ks1*l1       0            ks1      0         0       0
505         0           0           -ks1        0         -ks1*l1       0            0         ks1       0       0
506         0           0            0          -ks1       0            ks1*l1       0         0         ks1     0
507         0           0            0          -ks1       0           -ks1*l1       0         0         0       ks1];
508    %%
509    % 2. 质量矩阵
510    Mv=[ mc 0  0  0  0  0  0  0  0  0
511         0  jc 0  0  0  0  0  0  0  0
512         0  0  mt 0  0  0  0  0  0  0
513         0  0  0  mt 0  0  0  0  0  0
514         0  0  0  0  jt 0  0  0  0  0
515         0  0  0  0  0  jt 0  0  0  0
516         0  0  0  0  0  0  mw 0  0  0
517         0  0  0  0  0  0  0  mw 0  0
518         0  0  0  0  0  0  0  0  mw 0
```

```
519          0  0  0  0  0  0  0  0  0  mw ];
520   %%
521   % 3. 阻尼矩阵
522   Cv=[2*cs2   0          -cs2       -cs2     0         0         0          0         0
523        0     2*cs2*(l2^2) cs2*l2    -cs2*l2  0         0         0          0         0
524       -cs2   cs2*l2      2*cs1+cs2  0        0         0        -cs1       -cs1       0
525       -cs2  -cs2*l2      0          2*cs1+cs2 0        0         0         -cs1      -cs1
526        0     0           0          0        2*cs1*(l1^2) 0      cs1*l1   -cs1*l1     0
527        0     0           0          0        0         2*cs1*(l1^2) 0      cs1*l1   -cs1*l1
528        0     0          -cs1        0        cs1*l1    0         cs1        0         0
529        0     0          -cs1        0       -cs1*l1    0         0          cs1       0
530        0     0           0         -cs1      0         cs1*l1    0          0         cs1      0
531        0     0           0         -cs1      0        -cs1*l1    0          0         0        cs1 ];
532   end
533   function [Ke,Ce,Me] = Track_element_matrix(l,E,I,m,aalfa,beeta,K_Spring,C_Spring)
534   % ==========================================================================
535   %                                           Developed by Dr. KUI SUN
536   % 说明：
537   % 生成12自由度的无砟轨道单元的刚度矩阵、阻尼矩阵和质量矩阵
538   % 输入参数：
539   % l：梁单元的长度，即扣件间距
540   % E：梁单元的弹性模量数组
541   % I：梁单元的截面惯性矩数组
542   % m：梁单元的单位长度质量数组
543   % aalfa：比例阻尼系数
544   % beeta：比例阻尼系数
545   % K_Spring：弹簧单元的刚度数组
546   % C_Spring：弹簧单元的阻尼数组
547   % 输出参数：
548   % Ke：无砟轨道单元的质量矩阵
549   % Ce：无砟轨道单元的阻尼矩阵
550   % Me：无砟轨道单元的刚度矩阵
551   %%
552   % 1. 初始化参数
553   Er=E(1);Es=E(2);Ef=E(3);
```

```
554  Ir=I(1);Is=I(2);If=I(3);
555  Mr=m(1);Ms=m(2);Mf=m(3);
556  ky11=K_Spring(1);ky22=K_Spring(2);ky33=K_Spring(3);
557  cy11=C_Spring(1);cy22=C_Spring(2);cy33=C_Spring(3);
558  %%
559  % 2.刚度矩阵
560  % 定义板式轨道单元的节点位移向量为
561  %     ae={v1 theta1 v2 theta2 v3 theta3 v4 theta4 v5 theta5 v6 theta6}'
562  % 钢轨单元的弯曲刚度矩阵
563  kr=Er*Ir/l^3*...
564    [12     -6*l    0  0  0  0  -12    -6*l    0  0  0  0
565     -6*l   4*l^2   0  0  0  0   6*l    2*l^2  0  0  0  0
566      0      0      0  0  0  0    0      0     0  0  0  0
567      0      0      0  0  0  0    0      0     0  0  0  0
568      0      0      0  0  0  0    0      0     0  0  0  0
569      0      0      0  0  0  0    0      0     0  0  0  0
570     -12    6*l     0  0  0  0   12     6*l    0  0  0  0
571     -6*l   2*l^2   0  0  0  0   6*l    4*l^2  0  0  0  0
572      0      0      0  0  0  0    0      0     0  0  0  0
573      0      0      0  0  0  0    0      0     0  0  0  0
574      0      0      0  0  0  0    0      0     0  0  0  0
575      0      0      0  0  0  0    0      0     0  0  0  0];
576  % 轨道板单元的弯曲刚度矩阵
577  ks=Es*Is/l^3*...
578    [0      0      0      0      0  0  0  0     0       0  0  0
579     0      0      0      0      0  0  0  0     0       0  0  0
580     0      0     12     -6*l    0  0  0  0   -12     -6*l  0  0
581     0      0    -6*l    4*l^2   0  0  0  0    6*l    2*l^2 0  0
582     0      0      0      0      0  0  0  0     0       0  0  0
583     0      0      0      0      0  0  0  0     0       0  0  0
584     0      0      0      0      0  0  0  0     0       0  0  0
585     0      0      0      0      0  0  0  0     0       0  0  0
586     0      0    -12     6*l     0  0  0  0    12     6*l   0  0
587     0      0    -6*l    2*l^2   0  0  0  0    6*l    4*l^2 0  0
588     0      0      0      0      0  0  0  0     0       0   0  0
```

```
589         0    0    0    0    0    0    0    0    0    0    0];
590  % 底座板单元的弯曲刚度矩阵
591  kf=Ef*If/l^3*...
592     [0    0    0    0    0    0    0    0    0    0    0
593      0    0    0    0    0    0    0    0    0    0    0
594      0    0    0    0    0    0    0    0    0    0    0
595      0    0    0    0    0    0    0    0    0    0    0
596      0    0    0    0   12   -6*l   0    0    0   -12  -6*l
597      0    0    0    0  -6*l  4*l^2  0    0    0   6*l  2*l^2
598      0    0    0    0    0    0    0    0    0    0    0
599      0    0    0    0    0    0    0    0    0    0    0
600      0    0    0    0    0    0    0    0    0    0    0
601      0    0    0    0    0    0    0    0    0    0    0
602      0    0    0    0   -12  6*l   0    0    0   12   6*l
603      0    0    0    0  -6*l  2*l^2  0    0    0   6*l  4*l^2];
604  % 离散支承弹簧的刚度矩阵
605  k1c=1/2*...
606     [ky11  0  -ky11  0    0    0    0    0    0    0    0
607      0    0    0    0    0    0    0    0    0    0    0
608     -ky11  0   ky11  0    0    0    0    0    0    0    0
609      0    0    0    0    0    0    0    0    0    0    0
610      0    0    0    0    0    0    0    0    0    0    0
611      0    0    0    0    0    0    0    0    0    0    0
612      0    0    0    0    0    0   ky11  0  -ky11  0    0
613      0    0    0    0    0    0    0    0    0    0    0
614      0    0    0    0    0    0  -ky11  0   ky11  0    0
615      0    0    0    0    0    0    0    0    0    0    0
616      0    0    0    0    0    0    0    0    0    0    0
617      0    0    0    0    0    0    0    0    0    0    0];
618  % 第一层连续支承弹簧的刚度矩阵
619  k2c=ky22/1*l/420*...
620     [0    0    0    0    0    0    0    0    0    0    0
621      0    0    0    0    0    0    0    0    0    0    0
622      0    0   156  -22*l  -156  22*l   0    0   54   13*l  -54  -13*l
623      0    0  -22*l  4*l^2  22*l  -4*l^2  0    0  -13*l  -3*l^2  13*l  3*l^2
```

624	0	0	-156	22*l	156	-22*l	0	0	-54	-13*l	54	13*l
625	0	0	22*l	-4*l^2	-22*l	4*l^2	0	0	13*l	3*l^2	-13*l	-3*l^2
626	0	0	0	0	0	0	0	0	0	0	0	0
627	0	0	0	0	0	0	0	0	0	0	0	0
628	0	0	54	-13*l	-54	13*l	0	0	156	22*l	-156	-22*l
629	0	0	13*l	-3*l^2	-13*l	3*l^2	0	0	22*l	4*l^2	-22*l	-4*l^2
630	0	0	-54	13*l	54	-13*l	0	0	-156	-22*l	156	22*l
631	0	0	-13*l	3*l^2	13*l	-3*l^2	0	0	-22*l	-4*l^2	22*l	4*l^2];

632 % 第二层连续支弹簧的刚度矩阵

633 k3c=ky33/l*l/420*...

634	[0	0	0	0	0	0	0	0	0	0	0	0
635	0	0	0	0	0	0	0	0	0	0	0	0
636	0	0	0	0	0	0	0	0	0	0	0	0
637	0	0	0	0	0	0	0	0	0	0	0	0
638	0	0	0	0	156	-22*l	0	0	0	0	54	13*l
639	0	0	0	0	-22*l	4*l^2	0	0	0	0	-13*l	-3*l^2
640	0	0	0	0	0	0	0	0	0	0	0	0
641	0	0	0	0	0	0	0	0	0	0	0	0
642	0	0	0	0	0	0	0	0	0	0	0	0
643	0	0	0	0	0	0	0	0	0	0	0	0
644	0	0	0	0	54	-13*l	0	0	0	0	156	22*l
645	0	0	0	0	13*l	-3*l^2	0	0	0	0	22*l	4*l^2];

646 %%

647 % 3.质量矩阵

648 % 钢轨单元的质量矩阵

649 mr=Mr*l/420*...

650	[156	-22*l	0	0	0	0	54	13*l	0	0	0	0
651	-22*l	4*l^2	0	0	0	0	-13*l	-3*l^2	0	0	0	0
652	0	0	0	0	0	0	0	0	0	0	0	0
653	0	0	0	0	0	0	0	0	0	0	0	0
654	0	0	0	0	0	0	0	0	0	0	0	0
655	0	0	0	0	0	0	0	0	0	0	0	0
656	54	-13*l	0	0	0	0	156	22*l	0	0	0	0
657	13*l	-3*l^2	0	0	0	0	22*l	4*l^2	0	0	0	0
658	0	0	0	0	0	0	0	0	0	0	0	0

```
659      0    0    0     0      0   0   0     0      0      0   0   0
660      0    0    0     0      0   0   0     0      0      0   0   0
661      0    0    0     0      0   0   0     0      0      0   0   0];
662    % 轨道板单元的质量矩阵
663    ms=Ms*l/420*...
664      [0   0    0     0      0   0   0     0      0      0   0   0
665      0    0    0     0      0   0   0     0      0      0   0   0
666      0    0   156   -22*l   0   0   0     0     54     13*l  0   0
667      0    0  -22*l  4*l^2   0   0   0     0    -13*l   -3*l^2 0   0
668      0    0    0     0      0   0   0     0      0      0   0   0
669      0    0    0     0      0   0   0     0      0      0   0   0
670      0    0    0     0      0   0   0     0      0      0   0   0
671      0    0    0     0      0   0   0     0      0      0   0   0
672      0    0   54   -13*l    0   0   0     0    156    22*l   0   0
673      0    0  13*l  -3*l^2   0   0   0     0    22*l   4*l^2  0   0
674      0    0    0     0      0   0   0     0      0      0   0   0
675      0    0    0     0      0   0   0     0      0      0   0   0];
676    % 底座板单元的质量矩阵
677    mf=Mf*l/420*...
678      [0   0    0     0      0      0   0   0   0     0      0      0
679      0    0    0     0      0      0   0   0   0     0      0      0
680      0    0    0     0      0      0   0   0   0     0      0      0
681      0    0    0     0      0      0   0   0   0     0      0      0
682      0    0    0     0    156   -22*l  0   0   0     0     54    13*l
683      0    0    0     0   -22*l   4*l^2 0   0   0     0    -13*l  -3*l^2
684      0    0    0     0      0      0   0   0   0     0      0      0
685      0    0    0     0      0      0   0   0   0     0      0      0
686      0    0    0     0      0      0   0   0   0     0      0      0
687      0    0    0     0      0      0   0   0   0     0      0      0
688      0    0    0     0     54   -13*l  0   0   0     0    156   22*l
689      0    0    0     0    13*l  -3*l^2 0   0   0     0    22*l  4*l^2];
690    %%
691    % 4.阻尼矩阵
692    % 离散支承弹簧的阻尼矩阵
693    c1c=1/2*...
```

694	[cy11	0	-cy11	0	0	0	0	0	0	0	0
695	0	0	0	0	0	0	0	0	0	0	0
696	-cy11	0	cy11	0	0	0	0	0	0	0	0
697	0	0	0	0	0	0	0	0	0	0	0
698	0	0	0	0	0	0	0	0	0	0	0
699	0	0	0	0	0	0	0	0	0	0	0
700	0	0	0	0	0	0	cy11	0	-cy11	0	0
701	0	0	0	0	0	0	0	0	0	0	0
702	0	0	0	0	0	0	-cy11	0	cy11	0	0
703	0	0	0	0	0	0	0	0	0	0	0
704	0	0	0	0	0	0	0	0	0	0	0
705	0	0	0	0	0	0	0	0	0	0	0];

706　% 第一层连续支承弹簧的阻尼矩阵
707　c2c=cy22*l/420*...

708	[0	0	0	0	0	0	0	0	0	0	0
709	0	0	0	0	0	0	0	0	0	0	0
710	0	0	156	-22*l	-156	22*l	0	0	54	13*l	-54	-13*l
711	0	0	-22*l	4*l^2	22*l	-4*l^2	0	0	-13*l	-3*l^2	13*l	3*l^2
712	0	0	-156	22*l	156	-22*l	0	0	-54	-13*l	54	13*l
713	0	0	22*l	-4*l^2	-22*l	4*l^2	0	0	13*l	3*l^2	-13*l	-3*l^2
714	0	0	0	0	0	0	0	0	0	0	0
715	0	0	0	0	0	0	0	0	0	0	0
716	0	0	54	-13*l	-54	13*l	0	0	156	22*l	-156	-22*l
717	0	0	13*l	-3*l^2	-13*l	3*l^2	0	0	22*l	4*l^2	-22*l	-4*l^2
718	0	0	-54	13*l	54	-13*l	0	0	-156	-22*l	156	22*l
719	0	0	-13*l	3*l^2	13*l	-3*l^2	0	0	-22*l	-4*l^2	22*l	4*l^2];

720　% 第二层连续支承弹簧的阻尼矩阵
721　c3c=cy33*l/420*...

722	[0	0	0	0	0	0	0	0	0	0
723	0	0	0	0	0	0	0	0	0	0
724	0	0	0	0	0	0	0	0	0	0
725	0	0	0	0	0	0	0	0	0	0
726	0	0	0	0	156	-22*l	0	0	0	54	13*l
727	0	0	0	0	-22*l	4*l^2	0	0	0	-13*l	-3*l^2
728	0	0	0	0	0	0	0	0	0	0	0

```matlab
729                   0    0    0    0         0          0        0   0   0      0      0
730                   0    0    0    0         0          0        0   0   0      0      0
731                   0    0    0    0         0          0        0   0   0      0      0
732                   0    0    0    0        54        -13*l      0   0   0    156    22*l
733                   0    0    0    0       13*l      -3*l^2      0   0   0    22*l  4*l^2];
734  % 比例阻尼
735  cb=aalfa*mr+beeta*kr+aalfa*ms+beeta*ks+aalfa*mf+beeta*kf;
736  %%
737  % 5.组装轨道单元的刚度矩阵、质量矩阵、阻尼矩阵
738  Ke=kr+ks+kf+k1c+k2c+k3c;   %钢轨、轨道板、底座板弯曲刚度和三层支承刚度矩阵
739  Me=mr+ms+mf;               %钢轨、轨道板、底座板质量矩阵
740  Ce=cb+c1c+c2c+c3c;         %比例阻尼、三层阻尼矩阵
741  end
742  function Plot_Vehicle_Result(Y,n,n1,dt,Xlabel,Ylabel,FontSize)
743  % ===============================================================
744  %                         Developed by Dr. KUI SUN
745  % 说明：绘制车辆子系统的动力响应曲线
746  % 输入参数：
747  % Y：车辆的响应矩阵，可以是位移、速度和加速度响应矩阵
748  % n：列车运行总的时间步数
749  % n1：列车达到静平衡的时间步数
750  % dt：时间步长
751  % Xlabel：X轴标题
752  % Ylabel：Y轴标题
753  % FontSize：字体大小
754  Time=dt*(n1:n);
755  figure;
756  plot(Time,Y(n1:n),'-b');
757  % 设置 x、y 轴的样式
758  xlabel(Xlabel,'Fontname','宋体','FontSize',FontSize)
759  ylabel(Ylabel,'Fontname','宋体','FontSize',FontSize)
760  set(gca,'Fontname','宋体','FontSize',20,'LineWidth',1.5);
761  end
762  function Plot_Track_Result(Y,n,n1,dt,Xlabel,Ylabel,FontSize)
763  % ===============================================================
```

```
764  %                            Developed by Dr. Sun Kui
765  % 说明：绘制轨道结构子系统的动力响应曲线
766  % 输入参数：
767  % Y：轨道结构的响应矩阵，可以是位移、速度和加速度响应矩阵
768  % n：列车运行总的时间步数
769  % n1：列车达到静平衡的时间步数
770  % dt：时间步长
771  % Xlabel: X轴标题
772  % Ylabel: Y轴标题
773  % FontSize：字体大小
774  Time=dt*(n1:n);
775  figure;
776  plot(Time,Y(n1:n),'-b');
777  % 设置x、y轴的样式
778  xlabel(Xlabel,'Fontname','宋体','FontSize',FontSize)
779  ylabel(Ylabel,'Fontname','宋体','FontSize',FontSize)
780  set(gca,'Fontname','宋体','FontSize',20,'LineWidth',1.5);
781  End
```

附录4 基于交叉迭代法的车辆-轨道-简支桥耦合系统纵向/垂向动力有限元程序 VTBNFE_Lv

```
1   %%%%%%%%%%%%%%%%%%%%%%%%%%%%%%%%%%%%%%%%%%%%%%%%%%%%%%%%%%%%%%%
2   %   基于交叉迭代法的车辆-轨道-简支桥耦合系统纵向/垂向动力有限元程序 VTBNFE_Lv       %
3   %   列车类型：高速动车CRH3；CRST II 无砟轨道结构；桥梁结构：32*3 三跨简支箱梁        %
4   %   模型与算法：交叉迭代求解，Newmark 直接积分法，考虑轨道高低不平顺               %
5   %   车辆单元：17 自由度；无砟轨道-桥梁单元：18 自由度，单元长度：1/2 轨枕间距        %
6   %%%%%%%%%%%%%%%%%%%%%%%%%%%%%%%%%%%%%%%%%%%%%%%%%%%%%%%%%%%%%%%
7   %             Developed by Prof. Lei Xiaoyan & Wang Hai, 2021.4.10
8   tic
9   clc;
10  clear;
11  close all;
12  fclose all;
13  %%
14  % 第一部分：数据输入
15  % CRH3 型车辆计算参数
16  mc=40000/2;      % 整车质量
17  mt=3200/2;       % 转向架质量
18  mw=2400/2;       % 车轮质量
19  jc=5.47e5;       % 车体点头惯量
20  jt=6.8e3;        % 构架点头惯量
21  ks2=0.8e6;       % 二系悬挂刚度
22  ks1=2.08e6;      % 一系悬挂刚度
23  cs2=120e3;       % 二系悬挂阻尼
24  cs1=100e3;       % 一系悬挂阻尼
25  l1=2.5/2;        % 二分之一的固定轴距
26  l2=17.375/2;     % 二分之一的转向架中心距离
27  us=0.164;        % 轮轨摩擦系数
28  %%
```

```
29    % CRTS 二型板式无砟轨道计算参数
30    Er=2.059e11;        % 钢轨弹性模量 Pa
31    Ir=0.3217e-4;       % 钢轨惯性矩 m^4
32    mr=60.64;           % 钢轨单位长度质量 kg/m
33    Ar=77.45e-4;        % 钢轨截面积 m^2
34    DensityS=2500;      % 轨道板密度
35    Ws=2.55/2;          % 轨道板宽度 m 一半
36    Hs=0.2;             % 轨道板高度 m
37    As=Ws*Hs;           % 轨道板截面积一半
38    Es=3.6e10;          % 轨道板的弹性模量 Pa
39    Is=Ws*Hs^3/12;      % 轨道板惯性矩 m^4
40    ms=Ws*Hs*DensityS;  % 轨道板的单位长度质量 kg/m
41    % 桥梁参数
42    Eb=36.2e9;          % 桥梁弹性模量
43    Ib=9.25/2;          % 1/2 桥梁截面惯性矩
44    DensityB=2500;      % 桥梁密度 kg/m^3
45    Sb=8.75/2;          % 1/2 桥梁截面面积 m^2
46    mb=Sb*DensityB;     % 1/2 桥梁单位长度质量 kg/m
47    % 桥梁接缝单元参数
48    Ej=0;               % 桥梁接缝单元弹性模量
49    mj=mb;              % 桥梁接缝单位长度质量 kg/m
50    lj=0.5/2;           % 桥梁接缝单元长度 m
51    % 梁单元参数行向量
52    Aa=zeros(1,3);      % 面积向量
53    E=zeros(1,3);       % 广义梁单元弹性模量
54    Ebj=zeros(1,3);     % 接缝单元弹性模量
55    I=zeros(1,3);
56    m=zeros(1,3);       % 广义梁单元质量
57    mbj=zeros(1,3);     % 接缝单元质量
58    E(1)=Er;E(2)=Es;E(3)=Eb;            % 广义梁单元弹性模量向量
59    Ebj(1)=Er;Ebj(2)=Es;Ebj(3)=Ej;      % 接缝单元弹性模量向量
60    I(1)=Ir;I(2)=Is;I(3)=Ib;            % 梁单元截面惯性矩向量
61    m(1)=mr;m(2)=ms;m(3)=mb;            % 广义梁单元质量向量
62    mbj(1)=mr;mbj(2)=ms;mbj(3)=mj;      % 接缝单元质量向量
63    Aa(1)=Ar;Aa(2)=As;Aa(3)=Sb;
```

```
64  %%
65  % 弹簧阻尼单元参数
66  krb=6e7;              % 扣件垫板的支承弹性系数 N/m
67                crb=5e4;        % 扣件垫板的阻尼系数 N.s/m
68  ls=0.5/2;             % 扣件间距 m
69  kca=9e8;              % CA砂浆弹簧的支承弹性系数 N/m
70  cca=8.3e4;            % CA砂浆弹簧的阻尼系数 N.s/m
71  % 弹簧阻尼单元行向量
72  K_Spring=zeros(1,2);  % 弹簧阻尼单元刚度
73  C_Spring=zeros(1,2);  % 弹簧阻尼单元阻尼
74  K_Spring(1)=krb;K_Spring(2)=kca;
75  C_Spring(1)=crb;C_Spring(2)=cca;
76  %%
77  % 求解参数
78  % 列车工况 1-4
79  Case=2;    % 考虑列车工况 2
80  switch(Case)
81      case 1
82          V=200/3.6;     % 车辆运行速度
83          t=1.3;         % 运行总时长
84      case 2
85          V=250/3.6;     % 车辆运行速度
86          t=1.0;         % 运行总时长
87      case 3
88          V=300/3.6;     % 车辆运行速度
89          t=0.85;        % 运行总时长
90      case 4
91          V=350/3.6;     % 车辆运行速度
92          t=0.75;        % 运行总时长
93  end
94  dt=0.0005;            % 时间步长
95  n=floor(t/dt);        % 时间步数
96  n1=floor(n/2);        % 消除车辆静平衡对结果的影响,提取响应时扣除时间 T/2s
97  Num_Ele=386;          % 模型中广义梁单元 384+桥梁接缝单元 2
98  Num_Node=(Num_Ele+1)*3; % 模型中节点总数 1161
```

```
99   DOF=3*Num_Node;              % 轨道模型总自由度
100  l=(Num_Ele-2)*ls+2*lj;       % 线路长度 96.5m
101  % 用于组装轨道结构总矩阵时判断单元类型
102  Type_Ele=zeros(Num_Ele,1);   % 单元类型向量
103  Type_Ele(129)=1;Type_Ele(258)=1;  % 单元类型向量：0-广义梁单元，1-接缝单元
104  % 比例阻尼系数
105  aalfar=0.5;                  % 比例阻尼系数 0.5
106  beetar=0.0002;               % 比例阻尼系数 0.0002
107  %%
108  % 根据德国低干扰谱生成轨道高低不平顺样本
109  % Distance-里程；  d-轨道不平顺值
110  dx=V*dt;
111  [Distance,d]=Track_Irregularity_GER(1,30,3500,dx,1);
112  % 累加短波不平顺
113  [Distance1,d1]=Short_wave_Irregularity(0.1,1,3500,dx,1);
114  d=(0.5*d+0.1*d1)/5;
115  %%
116  % 第二部分：车辆单元
117  % 定义车辆单元的结点位移向量为
118  % ae={uc vc θ ut1 ut2 vt1 vt2 θt1 θt2 uw1 uw2 uw3 uw4 vw1 vw2 vw3 vw4}' 车轮从右往左编号
119  [Mu,Ku,Cu] = Train_element_matrix_Lv(mc,mt,mw,jc,jt,ks1,cs1,ks2,cs2,l1,l2);
120  % 荷载向量
121  g=9.8;
122  Qug=-g*[0 mc 0 0 0 mt mt 0 0 0 0 0 0 mw mw mw mw]';
123  % 轮轨接触刚度
124  R=0.42; % 车轮半径
125  G=3.86*R^(-0.115)*10^(-8); % 接触挠度系数
126  po=(mc+2*mt+4*mw)*g/4;    % 车轮静荷载
127  kw=3/2/G*po^(1/3);
128  Kw=diag([0 0 0 0 0 0 0 0 0 0 0 0 0 kw kw kw kw]);
129  %%
130  % 第三部分：组装轨道结构的总矩阵
131  % 组装轨道结构的总矩阵
132  M=zeros(Num_Node*3,Num_Node*3);
133  K=zeros(Num_Node*3,Num_Node*3);
```

```
134    C=zeros(Num_Node*3,Num_Node*3);
135    for   b=1:Num_Ele      % 按单元数循环
136        xx=mod(b,2);       % 求余数,判别b的奇偶性
137        if xx==0
138            if Type_Ele(b)==0  % 单元类型向量:0-广义梁单元,1-接缝单元
139                [Ke,Ce,Me]=Track_bridge_element_matrix_Lv2(ls,E,I,m,aalfar,...
140                    beetar,K_Spring,C_Spring,Aa);    % 广义梁单元
141            else
142                [Ke,Ce,Me]=Track_bridge_element_matrix_Lv2(ls,Ebj,I,mbj,aalfar,...
143                    beetar,K_Spring,C_Spring,Aa);% 接缝单元
144            end
145        else
146            if Type_Ele(b)==0
147                [Ke,Ce,Me]=Track_bridge_element_matrix_Lv1(ls,E,I,m,aalfar,...
148                    beetar,K_Spring,C_Spring,Aa);     % 广义梁单元
149            else
150                [Ke,Ce,Me]=Track_bridge_element_matrix_Lv1(ls,Ebj,I,mbj,aalfar,...
151                    beetar,K_Spring,C_Spring,Aa); % 接缝单元
152            end
153        end
154        for i=1:18      % 按单元自由度循环
155            for j=1:18  % 按单元自由度循环
156                K(9*b-9+i,9*b-9+j)=K(9*b-9+i,9*b-9+j)+Ke(i,j);
157                M(9*b-9+i,9*b-9+j)=M(9*b-9+i,9*b-9+j)+Me(i,j);
158                C(9*b-9+i,9*b-9+j)=C(9*b-9+i,9*b-9+j)+Ce(i,j);
159            end
160        end
161    end
162    %%
163    % 第四部分:数值求解
164    % 输入初始参数:轮轨力修正因子、结点位移修正因子、迭代收敛精度等
165    aa1=0.4;  % 轮轨力修正因子 松弛因子 通常取0.3-0.5
166    aa2=1;    % 结点位移修正因子
167    esp0=10^(-6);  % 迭代收敛精度
168    kmax=1;        % 初始最大迭代次数
```

```
169    Xt0(:,:)=zeros(Num_Node*3,n);    % 初始轨道结构的位移（0时刻）
170    Vt0(:,:)=zeros(Num_Node*3,n);    % 初始轨道结构的速度
171    At0(:,:)=zeros(Num_Node*3,n);    % 初始轨道结构的加速度
172    Xv0(:,:)=zeros(17,n);    % 初始车辆的位移（0时刻）
173    Vv0(:,:)=zeros(17,n);    % 初始车辆的速度
174    Av0(:,:)=zeros(17,n);    % 初始车辆的加速度
175    % newmark 迭代参数
176    alfa=0.25;
177    deta=0.5;
178    c0=1/alfa/dt^2;
179    c1=deta/alfa/dt;
180    c2=1/alfa/dt;
181    c3=1/2/alfa-1;
182    c4=deta/alfa-1;
183    c5=dt/2*(deta/alfa-2);
184    c6=dt*(1-deta);
185    c7=deta*dt;
186    % 第一时间步的初值假定求解
187    Xt(:,1)=Xt0(:,1);    % 第1步的轨道结构位移
188    Vt(:,1)=Vt0(:,1);    % 第1步的轨道结构速度
189    At(:,1)=At0(:,1);    % 第1步的轨道结构加速度
190    % 车辆位移（轮轨接触处钢轨位移向量）
191    alc(:,1)=[0 0 0 0 0 0 0 0 0 0 0 0 0 0 0 0 0]';    % 轮轨接触处钢轨位移向量
192    % 计算车辆部分的newmark 迭代
193    Ku1=Ku+Kw;    % 车辆结构等效刚度
194    Ku2=Ku1+c0*Mu+c1*Cu;    % 车辆结构的有效刚度矩阵，(5.9)式左端项
195    Qu2(:,1)=Qug+Kw*alc(:,1);    % (5.9)式右端荷载
196    % 第1步的车辆有效荷载
197    Qu3(:,1)=Qu2(:,1)+Mu*(c0*Xv0(:,1)+c2*Vv0(:,1)+c3*Av0(:,1))+Cu*(c1*Xv0(:,1)+...
198        c4*Vv0(:,1)+c5*Av0(:,1));
199    Xv(:,1)=inv(Ku2)*Qu3(:,1);    % 第1步的车辆的位移
200    Av(:,1)=c0*(Xv(:,1)-Xv0(:,1))-c2*Vv0(:,1)-c3*Av0(:,1);    % 第1步的车辆加速度
201    Vv(:,1)=Vv0(:,1)+c6*Av0(:,1)+c7*Av(:,1);    % 第1步的车辆速度
202    Ku3=Ku+c0*Mu+c1*Cu;    %形成车辆单元的有效刚度矩阵，(5.1)式左端项
203    K11=K+c0*M+c1*C;    %形成轨道结构的有效刚度矩阵，(5.10)式左端项
```

```
204    % 施加桥梁约束之前提取计算桥墩反力相关的有效刚度矩阵,有效荷载向量
205    KK0=zeros(6,DOF);    % 提取与计算桥墩反力相关的有效刚度矩阵
206    FF0=zeros(6,n);
207    % 为计算桥墩反力,提取与桥墩反力相关的有效刚度矩阵和有效荷载
208    % 提取桥梁1,3,5支座对应的有效刚度矩阵(单元左侧支座扣件)
209    KK0(1,:)=K11(8,:);
210    KK0(3,:)=K11(1169,:);
211    KK0(5,:)=K11(2330,:);
212    % 提取桥梁2,4,6支座对应的有效刚度矩阵(单元右侧支座扣件)
213    KK0(2,:)=K11(1160,:);
214    KK0(4,:)=K11(2321,:);
215    KK0(6,:)=K11(3482,:);
216    % 对轨道-桥梁子系统有效刚度矩阵施加桥梁位移边界条件(桥梁支座约束)
217    for jb=1:3 % 对桥梁1,3,5支座施加位移约束(单元左端有扣件情况)
218        %垂向位移约束
219        K11(129*3*3*(jb-1)+8,:)=0;
220        K11(:,129*3*3*(jb-1)+8)=0;
221        K11(129*3*3*(jb-1)+8,129*3*3*(jb-1)+8)=1; % 主对角线上元素取1,所在行和列的其他元素取0
222        % 纵向位移约束
223        K11(129*3*3*(jb-1)+7,:)=0;
224        K11(:,129*3*3*(jb-1)+7)=0;
225        K11(129*3*3*(jb-1)+7,129*3*3*(jb-1)+7)=1; % 主对角线上元素取1,所在行和列的其他元素取0
226    end
227    % 对桥梁2,4,6支座施加垂向位移约束(单元右端有扣件情况)
228        K11(128*3*3+8,:)=0;
229        K11(:,128*3*3+8)=0;
230        K11(128*3*3+8,128*3*3+8)=1; % 主对角线上元素取 1,所在行和列的其他元素取 0
231        K11(257*3*3+8,:)=0;
232        K11(:,257*3*3+8)=0;
233        K11(257*3*3+8,257*3*3+8)=1; % 主对角线上元素取 1,所在行和列的其他元素取 0
234        K11(386*3*3+8,:)=0;
235        K11(:,386*3*3+8)=0;
236        K11(386*3*3+8,386*3*3+8)=1; % 主对角线上元素取 1,所在行和列的其他元素取 0
237    na=inv(K11);
238    nb=inv(Ku3);
```

```
239    n_break=t/dt;
240    % 对时间步长循环
241    for j=2:n
242        t(j)=(j-1)*dt;          % 车辆走过的时间
243        s2=V*t(j);              % 车辆走过的位移
244        % 如果第1车轮驶出桥梁,则中止循环
245        if s2>l-(2*l2+2*l1+4*ls)
246            n_break=j-1;
247            break
248        end
249        WheelsetX4=s2;          % 轮4的x坐标
250        WheelsetX3=s2+2*l1;     % 轮3的x坐标
251        WheelsetX2=s2+2*l2;     % 轮2的x坐标
252        WheelsetX1=s2+2*l2+2*l1; % 轮1的x坐标
253        qoele4=fix(WheelsetX4/ls)+1;   % 轮4所在的单元,即最左边的车轮
254        qoele3=fix(WheelsetX3/ls)+1;   % 轮3所在的单元
255        qoele2=fix(WheelsetX2/ls)+1;   % 轮2所在的单元
256        qoele1=fix(WheelsetX1/ls)+1;   % 轮1所在的单元,即最右边的车轮
257        x4=ls-(qoele4*ls-s2);          % 轮4距左侧节点的距离
258        x3=ls-(qoele3*ls-s2-2*l1);     % 轮3距左侧节点的距离
259        x2=ls-(qoele2*ls-s2-2*l2);     % 轮2距左侧节点的距离
260        x1=ls-(qoele1*ls-s2-2*l1-2*l2); % 轮1距左侧节点的距离
261        x8=ls-x4;   % 轮4距右侧节点的距离
262        x7=ls-x3;   % 轮3距右侧节点的距离
263        x6=ls-x2;   % 轮2距右侧节点的距离
264        x5=ls-x1;   % 轮1距右侧节点的距离
265        % 轮4所在梁单元的位移插值函数
266        N1=1-3/ls^2*x4^2+2/ls^3*x4^3;
267        N2=-x4+2/ls*x4^2-1/ls^2*x4^3;
268        N3=3/ls^2*x4^2-2/ls^3*x4^3;
269        N4=1/ls*x4^2-1/ls^2*x4^3;
270        % 轮3所在梁单元的位移插值函数
271        N5=1-3/ls^2*x3^2+2/ls^3*x3^3;
272        N6=-x3+2/ls*x3^2-1/ls^2*x3^3;
273        N7=3/ls^2*x3^2-2/ls^3*x3^3;
```

```matlab
274    N8=1/ls*x3^2-1/ls^2*x3^3;
275    % 轮2所在梁单元的位移插值函数
276    N9=1-3/ls^2*x2^2+2/ls^3*x2^3;
277    N10=-x2+2/ls*x2^2-1/ls^2*x2^3;
278    N11=3/ls^2*x2^2-2/ls^3*x2^3;
279    N12=1/ls*x2^2-1/ls^2*x2^3;
280    % 轮1所在梁单元的位移插值函数
281    N13=1-3/ls^2*x1^2+2/ls^3*x1^3;
282    N14=-x1+2/ls*x1^2-1/ls^2*x1^3;
283    N15=3/ls^2*x1^2-2/ls^3*x1^3;
284    N16=1/ls*x1^2-1/ls^2*x1^3;
285    % 通过matlab的插值函数计算得到车轮位置处的轨道不平顺数值
286    dd1=interp1(Distance,d,WheelsetX1,'spline'); % 轮1处的轨道不平顺
287    dd2=interp1(Distance,d,WheelsetX2,'spline'); % 轮2处的轨道不平顺
288    dd3=interp1(Distance,d,WheelsetX3,'spline'); % 轮3处的轨道不平顺
289    dd4=interp1(Distance,d,WheelsetX4,'spline'); % 轮4处的轨道不平顺
290    esp=1;
291    k=2;
292    Q11(:,1)=zeros(Num_Node*3,1); % 轨道荷载向量归零
293    while esp>esp0
294        % 计算轮1处的轮轨力
295        if (a1c(14,k-1)-Xv(14,k-1)+dd1)<0
296            Py11(k)=0;
297        else
298            Py11(k)=-1/G^(3/2)*(abs(a1c(14,k-1)-Xv(14,k-1)+dd1))^(3/2);
299        end
300        % 计算轮2处的轮轨力
301        if (a1c(15,k-1)-Xv(15,k-1)+dd2)<0
302            Py21(k)=0;
303        else
304            Py21(k)=-1/G^(3/2)*(abs(a1c(15,k-1)-Xv(15,k-1)+dd2))^(3/2);
305        end
306        % 计算轮3处的轮轨力
307        if (a1c(16,k-1)-Xv(16,k-1)+dd3)<0
308            Py31(k)=0;
```

```
309            else
310                Py31(k)=-1/G^(3/2)*(abs(alc(16,k-1)-Xv(16,k-1)+dd3))^(3/2);
311            end
312            % 计算轮 4 处的轮轨力
313            if (alc(17,k-1)-Xv(17,k-1)+dd4)<0
314                Py41(k)=0;
315            else
316                Py41(k)=-1/G^(3/2)*(abs(alc(17,k-1)-Xv(17,k-1)+dd4))^(3/2);
317            end
318            if k==2
319                Py1(k)=Py11(k);   % 轮 1 处的轮轨力
320                Py2(k)=Py21(k);   % 轮 2 处的轮轨力
321                Py3(k)=Py31(k);   % 轮 3 处的轮轨力
322                Py4(k)=Py41(k);   % 轮 4 处的轮轨力
323            elseif k>2
324            % 运用松弛法对轮轨力进行修正
325                Py1(k)=Py1(k-1)+aa1*(Py11(k)-Py1(k-1));  % 轮 1 处的轮轨力
326                Py2(k)=Py2(k-1)+aa1*(Py21(k)-Py2(k-1));  % 轮 2 处的轮轨力
327                Py3(k)=Py3(k-1)+aa1*(Py31(k)-Py3(k-1));  % 轮 3 处的轮轨力
328                Py4(k)=Py4(k-1)+aa1*(Py41(k)-Py4(k-1));  %轮 4 处的轮轨力
329            end
330            Py5=Py1(k);
331            Py6=Py2(k);
332            Py7=Py3(k);
333            Py8=Py4(k);
334            Pu1=us*Py5;       % 轮一处摩擦力
335            Pu2=us*Py6;       % 轮二处摩擦力
336            Pu3=us*Py7;       % 轮三处摩擦力
337            Pu4=us*Py8;       % 轮四处摩擦力
338            % 将轮 1 处的轮轨力分配成节点荷载
339            Fl1=[Pu1*x5/ls Py5*x5^2/ls^3*(ls+2*x1)  -Py5*x5^2*x1/ls^2 0 0 0 0 0;
340                   Pu1*x1/ls Py5*x1^2/ls^3*(ls+2*x5)   Py5*x1^2*x5/ls^2 0 0 0 0 0]';
341            % 将轮 2 处的轮轨力分配成节点荷载
342            Fl2=[Pu2*x6/ls Py6*x6^2/ls^3*(ls+2*x2)  -Py6*x6^2*x2/ls^2 0 0 0 0 0;
343                   Pu2*x2/ls Py6*x2^2/ls^3*(ls+2*x6)   Py6*x2^2*x6/ls^2 0 0 0 0 0]';
```

```
344         % 将轮3处的轮轨力分配成节点荷载
345         F13=[Pu3*x7/ls Py7*x7^2/ls^3*(ls+2*x3)  -Py7*x7^2*x3/ls^2 0 0 0 0 0 0;
346              Pu3*x3/ls Py7*x3^2/ls^3*(ls+2*x7)   Py7*x3^2*x7/ls^2 0 0 0 0 0 0]';
347         % 将轮4处的轮轨力分配成节点荷载
348         F14=[Pu4*x8/ls Py8*x8^2/ls^3*(ls+2*x4)  -Py8*x8^2*x4/ls^2 0 0 0 0 0 0;
349              Pu4*x4/ls Py8*x4^2/ls^3*(ls+2*x8)   Py8*x4^2*x8/ls^2 0 0 0 0 0 0]';
350         % 将4个轮轨作用力赋给轨道荷载向量
351         for i=1:Num_Node*3
352             if  (i>=(qoele4-1)*9+1)&&(i<=(qoele4-1)*9+18)
353                 Q11(i,k)=Q11(i,1)+F14(i-(qoele4-1)*9);
354             elseif  (i>=(qoele3-1)*9+1)&&(i<=(qoele3-1)*9+18)
355                 Q11(i,k)=Q11(i,1)+F13(i-(qoele3-1)*9);
356             elseif  (i>=(qoele2-1)*9+1)&&(i<=(qoele2-1)*9+18)
357                 Q11(i,k)=Q11(i,1)+F12(i-(qoele2-1)*9);
358             elseif  (i>=(qoele1-1)*9+1)&&(i<=(qoele1-1)*9+18)
359                 Q11(i,k)=Q11(i,1)+F11(i-(qoele1-1)*9);
360             else
361                 Q11(i,k)=Q11(i,1);
362             end
363         end
364         % 以下对轨道进行newmark迭代
365         % 第k步的钢轨有效荷载
366         Q12(:,k)=Q11(:,k)+M*(c0*Xt0(:,j-1)+c2*Vt0(:,j-1)+c3*At0(:,j-1))+...
367                     C*(c1*Xt0(:,j-1)+c4*Vt0(:,j-1)+c5*At0(:,j-1));
368         % 施加边界条件之前提取计算墩反力所需要的有效荷载向量
369         % 提取桥梁1,3,5支座对应的有效荷载向量
370         F0(1,:,k)=M(8,:)*(c0*Xt0(:,j-1)+c2*Vt0(:,j-1)+c3*At0(:,j-1))+...
371                     C(8,:)*(c1*Xt0(:,j-1)+c4*Vt0(:,j-1)+c5*At0(:,j-1));
372         F0(3,:,k)=M(1169,:)*(c0*Xt0(:,j-1)+c2*Vt0(:,j-1)+c3*At0(:,j-1))+...
373                     C(1169,:)*(c1*Xt0(:,j-1)+c4*Vt0(:,j-1)+c5*At0(:,j-1));
374         F0(5,:,k)=M(2330,:)*(c0*Xt0(:,j-1)+c2*Vt0(:,j-1)+c3*At0(:,j-1))+...
375                     C(2330,:)*(c1*Xt0(:,j-1)+c4*Vt0(:,j-1)+c5*At0(:,j-1));
376         % 提取桥梁2,4,6支座对应的有效荷载向量
377         F0(2,:,k)=M(1160,:)*(c0*Xt0(:,j-1)+c2*Vt0(:,j-1)+c3*At0(:,j-1))+...
378                     C(1160,:)*(c1*Xt0(:,j-1)+c4*Vt0(:,j-1)+c5*At0(:,j-1));
```

```
379        F0(4,:,k)=M(2321,:)*(c0*Xt0(:,j-1)+c2*Vt0(:,j-1)+c3*At0(:,j-1))+...
380              C(2321,:)*(c1*Xt0(:,j-1)+c4*Vt0(:,j-1)+c5*At0(:,j-1));
381        F0(6,:,k)=M(3482,:)*(c0*Xt0(:,j-1)+c2*Vt0(:,j-1)+c3*At0(:,j-1))+...
382              C(3482,:)*(c1*Xt0(:,j-1)+c4*Vt0(:,j-1)+c5*At0(:,j-1));
383        % 对轨道-桥梁子系统右端有效荷载项施加桥梁边界条件
384        for jb=1:3   % 对桥梁支座1,3,5施加纵向,垂向边界条件
385              Ql2(129*3*3*(jb-1)+8,k)=0;
386              Ql2(129*3*3*(jb-1)+7,k)=0;
387        end
388        Ql2(128*3*3+8,k)=0;        % 对桥梁支座2,4,6施加垂向边界条件
389        Ql2(257*3*3+8,k)=0;
390        Ql2(386*3*3+8,k)=0;
391        a11(:,k)=na*Ql2(:,k); % 求解轨道-桥梁子系统方程得到轨道结点位移
392        % 第k步的钢轨位移
393        Xt(:,k)=Xt(:,k-1)+aa2*(a11(:,k)-Xt(:,k-1));     % 利用松弛法对轨道位移修正
394        At(:,k)=c0*(Xt(:,k)-Xt0(:,j-1))-c2*Vt0(:,j-1)-c3*At0(:,j-1); % 钢轨加速度
395        Vt(:,k)=Vt0(:,j-1)+c6*At0(:,j-1)+c7*At(:,k);             % 钢轨速度
396        % 取出4个车轮所在单元钢轨节点位移(竖向位移和转角)
397        ai4=Xt((qoele4-1)*9+2:(qoele4-1)*9+3,k);       % i 节点的
398        aj4=Xt((qoele4-1)*9+11:(qoele4-1)*9+12,k);     % j 节点的
399        ai3=Xt((qoele3-1)*9+2:(qoele3-1)*9+3,k);       % i 节点的
400        aj3=Xt((qoele3-1)*9+11:(qoele3-1)*9+12,k);     % j 节点的
401        ai2=Xt((qoele2-1)*9+2:(qoele2-1)*9+3,k);       % i 节点的
402        aj2=Xt((qoele2-1)*9+11:(qoele2-1)*9+12,k);     % j 节点的
403        ai1=Xt((qoele1-1)*9+2:(qoele1-1)*9+3,k);       % i 节点的
404        aj1=Xt((qoele1-1)*9+11:(qoele1-1)*9+12,k);     % j 节点的
405        % 车轮竖向位移
406        vlc4=[N1 N2 N3 N4]*[ai4;aj4];
407        vlc3=[N5 N6 N7 N8]*[ai3;aj3];
408        vlc2=[N9 N10 N11 N12]*[ai2;aj2];
409        vlc1=[N13 N14 N15 N16]*[ai1;aj1];
410        % 车轮竖向位移
411        alc(:,k)=[0 0 0 0 0 0 0 0 0 0 0 vlc1 vlc2 vlc3 vlc4]';
412        % 计算车辆部分的newmark迭代
413        Py9(k)=-1/G^(3/2)*(abs(alc(14,k)-Xv(14,k-1)+dd1))^(3/2);     % 轮1处的轮轨力
```

```
414        Py10(k)=-1/G^(3/2)*(abs(alc(15,k)-Xv(15,k-1)+dd2))^(3/2);    % 轮2处的轮轨力
415        Py11(k)=-1/G^(3/2)*(abs(alc(16,k)-Xv(16,k-1)+dd3))^(3/2);    % 轮3处的轮轨力
416        Py12(k)=-1/G^(3/2)*(abs(alc(17,k)-Xv(17,k-1)+dd4))^(3/2);    % 轮4处的轮轨力
417        if (alc(14,k)-Xv(14,k-1)+dd1)<0
418            Py13=0;
419        else
420            Py13=Py9(k);
421        end
422        if (alc(15,k)-Xv(15,k-1)+dd2)<0
423            Py14=0;
424        else
425            Py14=Py10(k);
426        end
427        if (alc(16,k)-Xv(16,k-1)+dd3)<0
428            Py15=0;
429        else
430            Py15=Py11(k);
431        end
432        if (alc(17,k)-Xv(17,k-1)+dd4)<0
433            Py16=0;
434        else
435            Py16=Py12(k);
436        end
437        Fu(:,k)=-[0 0 0 0 0 0 0 0 us*Py13 us*Py14 us*Py15 us*Py16 ...
438            Py13 Py14 Py15 Py16]';   % 作用于车辆上的轮轨力向量
439        Qu2(:,k)=Qug+Fu(:,k);        % 作用于车辆上的总荷载向量
440        % 第k步车辆的有效荷载
441        Qu3(:,k)=Qu2(:,k)+Mu*(c0*Xv0(:,j-1)+c2*Vv0(:,j-1)+c3*Av0(:,j-1))+...
442            Cu*(c1*Xv0(:,j-1)+c4*Vv0(:,j-1)+c5*Av0(:,j-1));
443        Xv(:,k)=nb*Qu3(:,k);         % 第k步车辆的位移
444        Av(:,k)=c0*(Xv(:,k)-Xv0(:,j-1))-c2*Vv0(:,j-1)-c3*Av0(:,j-1);  % 车辆加速度
445        Vv(:,k)=Vv0(:,j-1)+c6*Av0(:,j-1)+c7*Av(:,k);                  % 车辆速度
446        % 计算当前迭代步与上一迭代步轨道结构位移之差
447        dal(:,k)=(Xt(:,k)-Xt(:,k-1));
448        esp1(k)=sum(dal(:,k).^2)/sum(Xt(:,k).^2);
```

```
449            if k==2
450                esp=1;
451            elseif k>2
452                esp=esp1(k);
453            end
454            k=k+1;
455        end
456        if (k>=kmax)
457            kmax=k;
458        end
459        % 提取与计算桥墩反力相关的有效荷载
460        FF0(1,j)=F0(1,:,k-1);
461        FF0(2,j)=F0(2,:,k-1);
462        FF0(3,j)=F0(3,:,k-1);
463        FF0(4,j)=F0(4,:,k-1);
464        FF0(5,j)=F0(5,:,k-1);
465        FF0(6,j)=F0(6,:,k-1);
466        %
467        esp2(j)=esp1(k-1);   % 误差
468        % 将迭代收敛后的各响应值作为下一时步的初值
469        Fw1(:,j)=Fu(:,k-1); % 轮轨力
470        Xt0(:,j)=Xt(:,k-1); % 轨道结构位移
471        Vt0(:,j)=Vt(:,k-1); % 轨道结构速度
472        At0(:,j)=At(:,k-1); % 轨道结构加速度
473        Xv0(:,j)=Xv(:,k-1); % 车辆位移
474        Vv0(:,j)=Vv(:,k-1); % 车辆速度
475        Av0(:,j)=Av(:,k-1); % 车辆加速度
476        Xt(:,1)= Xt0(:,j);   % 每一时间步中迭代时的初值
477        alc(:,1)=[0 0 0 0 0 0 0 0 0 0 0 0 vlc1 vlc2 vlc3 vlc4]';
478        Xv(:,1)=Xv0(:,j);    % 每一时间步中迭代时的初值
479        if rem(j,100)==0
480           disp(j);
481        end
482    end
483    toc;
```

```matlab
484    disp(['运行时间:',num2str(toc/60),'分钟']);
485    disp(['Maximum iteration number: kmax=',num2str(kmax)]);
486    %% 第五部分 计算桥墩顶反力
487    Fb=zeros(4,n);    % 存放4个桥墩支座反力时域数据向量
488    for i=1:n-1
489        Fb(1,i)=KK0(1,:)*Xt0(:,i+1)-FF0(1,i);    % 计算桥墩1的反力
490        Fb(2,i)=KK0(2,:)*Xt0(:,i+1)-FF0(2,i)+KK0(3,:)*Xt0(:,i+1)-FF0(3,i);    % 桥墩2的反力
491        Fb(3,i)=KK0(4,:)*Xt0(:,i+1)-FF0(4,i)+KK0(5,:)*Xt0(:,i+1)-FF0(5,i);    % 桥墩3的反力
492        Fb(4,i)=KK0(6,:)*Xt0(:,i+1)-FF0(6,i);    % 桥墩4的反力
493    end
494    %%
495    % 第六部分：后处理
496    % 6.1 提取车辆响应
497    % 绘制轨道不平顺样本
498    figure;
499    plot(Distance,d*1000,'b');
500    % 设置x、y轴的样式
501    xlabel(['轨道坐标/m'],'FontSize',20);
502    ylabel(['轨道高低不平顺/mm'],'FontSize',20);
503    set(gca,'FontSize',20,'LineWidth',1.5);
504    % legend(['纵向/垂向振动-交叉迭代法'])
505    if n>n_break
506        n=n_break;
507    end
508    %%
509    % 绘制车体垂向加速度时程曲线
510    Plot_Vehicle_Result(Av0(2,:),n,n1,dt,'时间/s','车体垂向加速度/(m/s^2)',20);
511    % 绘制转向架垂向加速度时程曲线
512    Plot_Vehicle_Result(Av0(6,:),n,n1,dt,'时间/s','前转向架垂向加速度/(m/s^2)',20);
513    Plot_Vehicle_Result(Av0(7,:),n,n1,dt,'时间/s','后转向架垂向加速度/(m/s^2)',20);
514    % 绘制轮对垂向加速度时程曲线
515    Plot_Vehicle_Result(Av0(14,:),n,n1,dt,'时间/s','第1轮对垂向加速度/(m/s^2)',20);
516    Plot_Vehicle_Result(Av0(15,:),n,n1,dt,'时间/s','第2轮对垂向加速度/(m/s^2)',20);
517    %%
518    % 绘制车体纵向加速度时程曲线
```

```
519    Plot_Vehicle_Result(Av0(1,:),n,n1,dt,'时间/s','车体纵向加速度/(m/s^2)',20);
520    % 绘制转向架纵向加速度时程曲线
521    Plot_Vehicle_Result(Av0(4,:),n,n1,dt,'时间/s','前转向架纵向加速度/(m/s^2)',20);
522    Plot_Vehicle_Result(Av0(5,:),n,n1,dt,'时间/s','后转向架纵向加速度/(m/s^2)',20);
523    % 绘制轮对纵向加速度时程曲线
524    Plot_Vehicle_Result(Av0(10,:),n,n1,dt,'时间/s','第1轮对纵向加速度/(m/s^2)',20);
525    Plot_Vehicle_Result(Av0(11,:),n,n1,dt,'时间/s','第2轮对纵向加速度/(m/s^2)',20);
526    %%
527    % 绘制轮轨垂向力时程曲线
528    Plot_Vehicle_Result(-Fw1(14,:)/1000,n,n1,dt,'时间/s','第1轮轨垂向力/kN',20);
529    Plot_Vehicle_Result(-Fw1(15,:)/1000,n,n1,dt,'时间/s','第2轮轨垂向力/kN',20);
530    Plot_Vehicle_Result(-Fw1(10,:)/1000,n,n1,dt,'时间/s','第1轮轨纵向力/kN',20);
531    Plot_Vehicle_Result(-Fw1(11,:)/1000,n,n1,dt,'时间/s','第2轮轨纵向力/kN',20);
532    %%
533    % 绘制桥墩垂向反力时程曲线
534    Plot_Vehicle_Result(Fb(1,:)/1000,n,1,dt,'时间/s','第1桥墩垂向反力/kN',20);
535    Plot_Vehicle_Result(Fb(2,:)/1000,n,1,dt,'时间/s','第2桥墩垂向反力/kN',20);
536    Plot_Vehicle_Result(Fb(3,:)/1000,n,1,dt,'时间/s','第3桥墩垂向反力/kN',20);
537    Plot_Vehicle_Result(Fb(4,:)/1000,n,1,dt,'时间/s','第4桥墩垂向反力/kN',20);
538    %%
539    %% 6.2 提取轨道-桥梁结构的振动响应
540    % Plot_Track_Result(Y,n,n1,dt,Xlabel,Ylabel,FontSize)
541    Track_Ele_Num=193;              % 第Track_Ele_Num个广义梁单元
542    % 钢轨
543    Rail_Node_Num=(Track_Ele_Num-1)*9+2; % 钢轨垂向位移对应的自由度编号
544    Plot_Track_Result(Xt0(Rail_Node_Num,:)*1000,n,1,dt,'时间/s','钢轨垂向位移/(mm)',20);
545    Plot_Track_Result(Vt0(Rail_Node_Num,:),n,1,dt,'时间/s','钢轨垂向速度/(m/s)',20);
546    Plot_Track_Result(At0(Rail_Node_Num,:),n,1,dt,'时间/s','钢轨垂向加速度/(m/s^2)',20);
547    %%
548    Rail_Node_Num=(Track_Ele_Num-1)*9+1; % 钢轨纵向位移对应的自由度编号
549    Plot_Track_Result(Xt0(Rail_Node_Num,:)*1000,n,1,dt,'时间/s','钢轨纵向位移/(mm)',20);
550    Plot_Track_Result(Vt0(Rail_Node_Num,:),n,1,dt,'时间/s','钢轨纵向速度/(m/s)',20);
551    Plot_Track_Result(At0(Rail_Node_Num,:),n,1,dt,'时间/s','钢轨纵向加速度/(m/s^2)',20);
552    %%
553    % 轨道板振动响应
```

```
554  Slab_Node_Num=(Track_Ele_Num-1)*9+5;  % 轨道板垂向位移对应的自由度编号
555  Plot_Track_Result(Xt0(Slab_Node_Num,:)*1000,n,1,dt,'时间/s','轨道板垂向位移/(mm)',20);
556  Plot_Track_Result(Vt0(Slab_Node_Num,:),n,1,dt,'时间/s','轨道板垂向速度/(m/s)',20);
557  Plot_Track_Result(At0(Slab_Node_Num,:),n,1,dt,'时间/s','轨道板垂向加速度/(m/s^2)',20);
558  %%
559  Slab_Node_Num=(Track_Ele_Num-1)*9+4;  % 轨道板纵向位移对应的自由度编号
560  Plot_Track_Result(Xt0(Slab_Node_Num,:)*1000,n,1,dt,'时间/s','轨道板纵向位移/(mm)',20);
561  Plot_Track_Result(Vt0(Slab_Node_Num,:),n,1,dt,'时间/s','轨道板纵向速度/(m/s)',20);
562  Plot_Track_Result(At0(Slab_Node_Num,:),n,1,dt,'时间/s','轨道板纵向加速度/(m/s^2)',20);
563  %%
564  % 桥梁振动响应
565  Bridge_Node_Num=(Track_Ele_Num-1)*9+8;  % 桥梁垂向位移对应的自由度编号
566  Plot_Track_Result(Xt0(Bridge_Node_Num,:)*1000,n,1,dt,'时间/s','桥梁垂向位移/(mm)',20);
567  Plot_Track_Result(Vt0(Bridge_Node_Num,:),n,1,dt,'时间/s','桥梁垂向速度/(m/s)',20);
568  Plot_Track_Result(At0(Bridge_Node_Num,:),n,1,dt,'时间/s','桥梁垂向加速度/(m/s^2)',20);
569  %%
570  Bridge_Node_Num=(Track_Ele_Num-1)*9+7;  % 桥梁纵向位移对应的自由度编号
571  Plot_Track_Result(Xt0(Bridge_Node_Num,:)*1000,n,1,dt,'时间/s','桥梁纵向位移/(mm)',20);
572  Plot_Track_Result(Vt0(Bridge_Node_Num,:),n,1,dt,'时间/s','桥梁纵向速度/(m/s)',20);
573  Plot_Track_Result(At0(Bridge_Node_Num,:),n,1,dt,'时间/s','桥梁纵向加速度/(m/s^2)',20);
574  %% End
575  function [Mv,Kv,Cv]=Train_element_matrix_Lv(mc,mt,mw,jc,jt,ks1,cs1,ks2,cs2,l1,l2)
576  % ===============================================================
577  %                                       Developed by Wang Hai
578  % 说明：
579  % 生成17自由度的车辆单元的刚度矩阵、阻尼矩阵和质量矩阵
580  % 输入参数：
581  % ks1：一系弹簧悬挂刚度
582  % ks2：二系弹簧悬挂刚度
583  % l1: 转向架半长
584  % l2: 车辆定距半长
585  % mc: 0.5倍车体质量
586  % jc: 车体转动惯量
587  % mt: 0.5倍转向架质量
588  % jt: 转向架转动惯量
```

```
589    % mw: 0.5倍轮对质量
590    % 输出参数:
591    % Kv: 车辆单元的质量矩阵
592    % Cv: 车辆单元的阻尼矩阵
593    % Mv: 车辆单元的刚度矩阵
594    % 数据处理
595    ksx1=ks1;        % 一系弹簧悬挂纵向刚度
596    ksx2=ks2;        % 二系弹簧悬挂纵向刚度
597    csx1=cs1;        % 一系弹簧悬挂纵向阻尼
598    csx2=cs2;        % 二系弹簧悬挂纵向阻尼
599    %%
600    % 1. 刚度矩阵
601    % 定义车辆单元的结点位移向量为 ae={uc vc θ ut1 ut2 vt1 vt2 θt1 θt2 uw1 uw2 uw3 uw4 vw1 vw2 vw3 vw4}'
602    Kv=[2*ksx2      0          0              -ksx2        -ksx2    0          0          0           0  ...
603     0          0          0          0          0          0          0;
604     0          2*ks2      0              0            0        -ks2       -ks2       0           0  ...
605     0          0          0          0          0          0          0;
606     0          0          2*ks2*(l2^2)   0            0        ks2*l2     -ks2*l2    0           0  ...
607     0          0          0          0          0          0          0;
608     -ksx2      0          0              2*ksx1+ksx2  0        0          0          0           0  ...
609     -ksx1      -ksx1      0          0          0          0          0;
610     -ksx2      0          0              0            2*ksx1+ksx2  0      0          0           0  ...
611     0          0          -ksx1      -ksx1      0          0          0;
612     0          -ks2       ks2*l2         0            0        2*ks1+ks2  0          0           0  ...
613     0          0          0          0          -ks1       -ks1       0;
614     0          -ks2       -ks2*l2        0            0        0          2*ks1+ks2  0           0  ...
615     0          0          0          0          -ks1       -ks1;
616     0          0          0              0            0        0          0          2*ks1*(l1^2) 0  ...
617     0          0          0          0          ks1*l1     -ks1*l1    0;
618     0          0          0              0            0        0          0          0           2*ks1*(l1^2) ...
619     0          0          0          0          ks1*l1     -ks1*l1;
620     0          0          0              -ksx1        0        0          0          0           0  ...
621     ksx1       0          0          0          0          0          0;
622     0          0          0              -ksx1        0        0          0          0           0  ...
623     0          ksx1       0          0          0          0          0;
```

```
624      0      0      0            0         -ksx1    0       0      0     0  ...
625      0      0     ksx1          0          0       0       0;
626      0      0      0            0         -ksx1    0       0      0     0  ...
627      0      0      0           ksx1        0       0       0;
628      0      0      0            0          0      -ks1     0     ks1*l1  0 ...
629      0      0      0            0         ks1      0       0;
630      0      0      0            0          0      -ks1     0    -ks1*l1  0 ...
631      0      0      0            0          0       ks1     0;
632      0      0      0            0          0       0     -ks1    0    ks1*l1 ...
633      0      0      0            0          0       0      ks1    0;
634      0      0      0            0          0       0     -ks1    0   -ks1*l1 ...
635      0      0      0            0          0       0       0     ks1 ];
636  %%
637  % 2. 质量矩阵
638  Mv=[ mc 0  0  0  0  0  0  0  0  0  0  0  0  0 0 0 0
639      0 mc  0  0  0  0  0  0  0  0  0  0  0  0 0 0 0
640      0  0 jc  0  0  0  0  0  0  0  0  0  0  0 0 0 0
641      0  0  0 mt  0  0  0  0  0  0  0  0  0  0 0 0 0
642      0  0  0  0 mt  0  0  0  0  0  0  0  0  0 0 0 0
643      0  0  0  0  0 mt  0  0  0  0  0  0  0  0 0 0 0
644      0  0  0  0  0  0 mt  0  0  0  0  0  0  0 0 0 0
645      0  0  0  0  0  0  0 jt  0  0  0  0  0  0 0 0 0
646      0  0  0  0  0  0  0  0 jt  0  0  0  0  0 0 0 0
647      0  0  0  0  0  0  0  0  0 mw  0  0  0  0 0 0 0
648      0  0  0  0  0  0  0  0  0  0 mw  0  0  0 0 0 0
649      0  0  0  0  0  0  0  0  0  0  0 mw  0  0 0 0 0
650      0  0  0  0  0  0  0  0  0  0  0  0 mw  0 0 0 0
651      0  0  0  0  0  0  0  0  0  0  0  0  0 mw 0 0 0
652      0  0  0  0  0  0  0  0  0  0  0  0  0  0 mw 0 0
653      0  0  0  0  0  0  0  0  0  0  0  0  0  0 0 mw 0
654      0  0  0  0  0  0  0  0  0  0  0  0  0  0 0 0 mw ];
655  %%
656  % 3. 阻尼矩阵
657  Cv=[ 2*csx2   0       0         -csx2      -csx2   0       0      0     0  ...
658      0       0       0           0          0       0       0;
```

```matlab
659        0    2*cs2    0                   0        0       -cs2    -cs2    0           0     ...
660        0    0        0        0          0        0        0       0;
661        0    0        2*cs2*(l2^2)   0    0        cs2*l2  -cs2*l2 0       0           ...
662        0    0        0        0          0        0        0       0;
663       -csx2 0        0        2*csx1+csx2    0    0        0       0       0           ...
664       -csx1 -csx1    0        0          0        0        0       0;
665       -csx2 0        0        0          2*csx1+csx2   0   0       0       0           ...
666        0    0        -csx1    -csx1      0        0        0       0;
667        0    -cs2     cs2*l2   0          0        2*cs1+cs2    0   0       0           ...
668        0    0        0        0         -cs1     -cs1      0       0;
669        0    -cs2    -cs2*l2   0          0        0        2*cs1+cs2    0   0           ...
670        0    0        0        0          0        0       -cs1    -cs1;
671        0    0        0        0          0        0        0      2*cs1*(l1^2)    0    ...
672        0    0        0        0          cs1*l1  -cs1*l1   0       0;
673        0    0        0        0          0        0        0       0      2*cs1*(l1^2) ...
674        0    0        0        0          0        0       cs1*l1 -cs1*l1;
675        0    0        0        0         -csx1     0        0       0       0           ...
676       csx1  0        0        0          0        0        0       0;
677        0    0        0        0         -csx1     0        0       0       0           ...
678        0    csx1     0        0          0        0        0       0;
679        0    0        0        0          0       -csx1     0       0       0           ...
680        0    0        csx1     0          0        0        0       0;
681        0    0        0        0          0       -csx1     0       0       0           ...
682        0    0        0        csx1       0        0        0       0;
683        0    0        0        0          0        0       -cs1     0       cs1*l1     0    ...
684        0    0        0        0          cs1      0        0       0;
685        0    0        0        0          0        0       -cs1     0      -cs1*l1     0    ...
686        0    0        0        0          0        cs1      0       0;
687        0    0        0        0          0        0        0      -cs1     0          cs1*l1 ...
688        0    0        0        0          0        0        cs1     0;
689        0    0        0        0          0        0        0      -cs1     0         -cs1*l1 ...
690        0    0        0        0          0        0        0       cs1 ];
691   end
692   function [Ke,Ce,Me]=Track_bridge_element_matrix_Lv1(l,E,I,m,aalfa,beeta,K_Spring,C_Spring,Aa)
693   % ================================================================
```

```
694  %                                                              Developed by Wang Hai
695  % 说明：考虑左边有扣件（离散支承弹簧）
696  % 生成18自由度的无砟轨道单元的刚度矩阵、阻尼矩阵和质量矩阵
697  % 输入参数：
698  % l：梁单元的长度，即扣件间距
699  % E：梁单元的弹性模量数组
700  % I：梁单元的截面惯性矩数组
701  % m：梁单元的单位长度质量数组
702  % aalfa：比例阻尼系数
703  % beeta：比例阻尼系数
704  % K_Spring：弹簧单元的刚度数组
705  % C_Spring：弹簧单元的阻尼数组
706  % 输出参数：
707  % Ke：无砟轨道单元的质量矩阵
708  % Ce：无砟轨道单元的阻尼矩阵
709  % Me：无砟轨道单元的刚度矩阵
710  % Ar：钢轨截面积
711  % As：轨道板截面积
712  % Ab：桥梁截面积
713  % kx11： 扣减垫板纵向刚度
714  % kx22： 砂浆层纵向刚度
715  % cx11： 扣件垫板纵向阻尼
716  % cx22： 水泥砂浆纵向阻尼
717  %%
718  % 1.初始化参数
719  Er=E(1);Es=E(2);Eb=E(3);
720  Ir=I(1);Is=I(2);Ib=I(3);
721  Mr=m(1);Ms=m(2);Mb=m(3);
722  Ar=Aa(1);As=Aa(2);Ab=Aa(3);
723  kx11=K_Spring(1);kx22=K_Spring(2);
724  ky11=K_Spring(1);ky22=K_Spring(2);
725  cy11=C_Spring(1);cy22=C_Spring(2);
726  cx11=C_Spring(1);cx22=C_Spring(2);
727  %%
728  % 2.刚度矩阵
```

```
729  % 定义板式轨道单元的节点位移向量为
730  % ae={u1  v1  theta1  u2  v2  theta2  u3  v3  theta3   u4  v4  theta4  u5  v5  theta5  u6  v6  theta6}'
731  % 钢轨单元的弯曲刚度矩阵
732  kr=[Er*Ar/l        0              0            0    0    0    0    0    0 ...
733      -Er*Ar/l       0              0            0    0    0    0    0    0;
734       0         12*Er*Ir/l^3   -6*Er*Ir/l^2     0    0    0    0    0    0 ...
735       0         -12*Er*Ir/l^3  -6*Er*Ir/l^2     0    0    0    0    0    0;
736       0         -6*Er*Ir/l^2   4*Er*Ir/l        0    0    0    0    0    0 ...
737       0         6*Er*Ir/l^2    2*Er*Ir/l        0    0    0    0    0    0;
738       0         0              0                0    0    0    0    0    0 ...
739       0         0              0                0    0    0    0    0    0;
740       0         0              0                0    0    0    0    0    0 ...
741       0         0              0                0    0    0    0    0    0;
742       0         0              0                0    0    0    0    0    0 ...
743       0         0              0                0    0    0    0    0    0;
744       0         0              0                0    0    0    0    0    0 ...
745       0         0              0                0    0    0    0    0    0;
746       0         0              0                0    0    0    0    0    0 ...
747       0         0              0                0    0    0    0    0    0;
748       0         0              0                0    0    0    0    0    0 ...
749       0         0              0                0    0    0    0    0    0;
750      -Er*Ar/l   0              0                0    0    0    0    0    0 ...
751      Er*Ar/l    0              0                0    0    0    0    0    0;
752       0         -12*Er*Ir/l^3  6*Er*Ir/l^2      0    0    0    0    0    0 ...
753       0         12*Er*Ir/l^3   6*Er*Ir/l^2      0    0    0    0    0    0;
754       0         -6*Er*Ir/l^2   2*Er*Ir/l        0    0    0    0    0    0 ...
755       0         6*Er*Ir/l^2    4*Er*Ir/l        0    0    0    0    0    0;
756       0         0              0                0    0    0    0    0    0 ...
757       0         0              0                0    0    0    0    0    0;
758       0         0              0                0    0    0    0    0    0 ...
759       0         0              0                0    0    0    0    0    0;
760       0         0              0                0    0    0    0    0    0 ...
761       0         0              0                0    0    0    0    0    0;
762       0         0              0                0    0    0    0    0    0 ...
763       0         0              0                0    0    0    0    0    0;
```

764		0	0	0		0	0	0	0	0	0 ...
765		0	0		0	0	0	0	0	0	0;
766		0	0	0		0	0	0	0	0	0 ...
767		0	0		0	0	0	0	0	0	0];
768	% 预制轨道板单元的弯曲刚度矩阵										
769	ks=[0	0	0	0		0		0	0	0	0 ...
770	0	0	0	0		0			0	0	0;
771	0	0	0	0		0			0	0	0 ...
772	0	0	0	0		0			0	0	0;
773	0	0	0	0		0			0	0	0 ...
774	0	0	0	0		0			0	0	0;
775	0	0	0	Es*As/l		0			0	0	0 ...
776	0	0	0	-Es*As/l		0			0	0	0;
777	0	0	0	0		12*Es*Is/l^3	-6*Es*Is/l^2	0	0	0 ...
778	0	0	0	0		-12*Es*Is/l^3	-6*Es*Is/l^2	0	0	0;
779	0	0	0	0		-6*Es*Is/l^2	4*Es*Is/l	0	0	0 ...
780	0	0	0	0		6*Es*Is/l^2	2*Es*Is/l	0	0	0;
781	0	0	0	0		0		0	0	0 ...
782	0	0	0	0		0			0	0	0;
783	0	0	0	0		0			0	0	0 ...
784	0	0	0	0		0			0	0	0;
785	0	0	0	0		0			0	0	0 ...
786	0	0	0	0		0			0	0	0;
787	0	0	0	0		0			0	0	0 ...
788	0	0	0	0		0			0	0	0;
789	0	0	0	0		0			0	0	0 ...
790	0	0	0	0		0			0	0	0;
791	0	0	0	0		0			0	0	0 ...
792	0	0	0	0		0			0	0	0;
793	0	0	0	-Es*As/l		0			0	0	0 ...
794	0	0	0	Es*As/l		0			0	0	0;
795	0	0	0	0		-12*Es*Is/l^3	6*Es*Is/l^2	0	0	0 ...
796	0	0	0	0		12*Es*Is/l^3	6*Es*Is/l^2	0	0	0;
797	0	0	0	0		-6*Es*Is/l^2	2*Es*Is/l	0	0	0 ...
798	0	0	0	0		6*Es*Is/l^2	4*Es*Is/l	0	0	0;

```
799       0    0    0    0        0            0         0    0    0 ...
800       0    0    0    0        0            0         0    0    0;
801       0    0    0    0        0            0         0    0    0 ...
802       0    0    0    0        0            0         0    0    0;
803       0    0    0    0        0            0         0    0    0 ...
804       0    0    0    0        0            0         0    0    0 ];
805  % 桥梁单元的弯曲刚度矩阵
806  kf=[0    0    0    0    0        0         0           0 ...
807       0    0    0    0    0        0         0           0;
808       0    0    0    0    0        0         0           0 ...
809       0    0    0    0    0        0         0           0;
810       0    0    0    0    0        0         0           0 ...
811       0    0    0    0    0        0         0           0;
812       0    0    0    0    0        0         0           0 ...
813       0    0    0    0    0        0         0           0;
814       0    0    0    0    0        0         0           0 ...
815       0    0    0    0    0        0         0           0;
816       0    0    0    0    0        0         0           0 ...
817       0    0    0    0    0        0         0           0;
818       0    0    0    0    0    Eb*Ab/l      0           0 ...
819       0    0    0    0    0       -Eb*Ab/l  0           0;
820       0    0    0    0    0    0   12*Eb*Ib/l^3  -6*Eb*Ib/l^2 ...
821       0    0    0    0    0    0  -12*Eb*Ib/l^3  -6*Eb*Ib/l^2;
822       0    0    0    0    0    0   -6*Eb*Ib/l^2   4*Eb*Ib/l ...
823       0    0    0    0    0    0    6*Eb*Ib/l^2   2*Eb*Ib/l;
824       0    0    0    0    0        0         0           0 ...
825       0    0    0    0    0        0         0           0;
826       0    0    0    0    0        0         0           0 ...
827       0    0    0    0    0        0         0           0;
828       0    0    0    0    0        0         0           0 ...
829       0    0    0    0    0        0         0           0;
830       0    0    0    0    0        0         0           0 ...
831       0    0    0    0    0        0         0           0;
832       0    0    0    0    0        0         0           0 ...
833       0    0    0    0    0        0         0           0;
```

```
834       0    0    0    0    0    0       0            0         0   ...
835       0    0    0    0    0         0       0              0;
836       0    0    0    0    0    0    -Eb*Ab/l       0             0   ...
837       0    0    0    0    0         Eb*Ab/l        0             0;
838       0    0    0    0    0    0    -12*Eb*Ib/l^3  6*Eb*Ib/l^2  ...
839       0    0    0    0    0         12*Eb*Ib/l^3   6*Eb*Ib/l^2;
840       0    0    0    0    0    0    -6*Eb*Ib/l^2   2*Eb*Ib/l    ...
841       0    0    0    0    0         6*Eb*Ib/l^2    4*Eb*Ib/l ];
842  % 左边离散支承弹簧的刚度矩阵
843  k1c=1/2*...
844      [kx11    0      0           -kx11    0    0    0    0   ...
845       0       0      0     0      0       0    0    0;
846       0       ky11   0            0       -ky11 0   0    0   ...
847       0       0      0     0      0       0    0    0;
848       0       0      0            0       0    0    0    0   ...
849       0       0      0     0      0       0    0    0;
850      -kx11    0      0            kx11    0    0    0    0   ...
851       0       0      0     0      0       0    0    0;
852       0      -ky11   0            0       ky11 0   0    0   ...
853       0       0      0     0      0       0    0    0;
854       0       0      0            0       0    0    0    0   ...
855       0       0      0     0      0       0    0    0;
856       0       0      0            0       0    0    0    0   ...
857       0       0      0     0      0       0    0    0;
858       0       0      0            0       0    0    0    0   ...
859       0       0      0     0      0       0    0    0;
860       0       0      0            0       0    0    0    0   ...
861       0       0      0     0      0       0    0    0;
862       0       0      0            0       0    0    0    0   ...
863       0       0      0     0      0       0    0    0;
864       0       0      0            0       0    0    0    0   ...
865       0       0      0     0      0       0    0    0;
866       0       0      0            0       0    0    0    0   ...
867       0       0      0     0      0       0    0    0;
868       0       0      0            0       0    0    0    0   ...
```

```
869        0    0    0    0    0    0    0    0;
870        0         0    0         0    0    0    0    0 ...
871        0    0    0    0    0    0    0    0;
872        0         0    0         0    0    0    0    0 ...
873        0    0    0    0    0    0    0    0;
874        0         0    0         0    0    0    0    0 ...
875        0    0    0    0    0    0    0    0;
876        0         0    0         0    0    0    0    0 ...
877        0    0    0    0    0    0    0    0;
878        0         0    0         0    0    0    0    0 ...
879        0    0    0    0    0    0    0    0];
880   % 第一层连续支承弹簧的刚度矩阵
881   k2c=[0 0 0    0              0              0              0              0       ...
882        0 0 0    0              0              0              0              0;
883        0 0 0    0              0              0              0              0       ...
884        0 0 0    0              0              0              0              0;
885        0 0 0    0              0              0              0              0       ...
886        0 0 0    0              0              0              0              0;
887        0 0 0    kx22*l/3       0              0              -kx22*l/3      0              0       ...
888        0 0 0    kx22*l/6       0              0              -kx22*l/6      0              0;
889        0 0 0    0              13*ky22*l/35   -11*ky22*l^2/210   0          -13*ky22*l/35  11*ky22*l^2/210 ...
890        0 0 0    0              9*ky22*l/70    13*ky22*l^2/420    0          -9*ky22*l/70   -13*ky22*l^2/420;
891        0 0 0    0              -11*ky22*l^2/210  ky22*l^3/105    0          11*ky22*l^2/210   -ky22*l^3/105 ...
892        0 0 0    0              -13*ky22*l^2/420  -ky22*l^3/140   0          13*ky22*l^2/420   ky22*l^3/140;
893        0 0 0    -kx22*l/3      0              0              kx22*l/3       0              0       ...
894        0 0 0    -kx22*l/6      0              0              kx22*l/6       0              0;
895        0 0 0    0              -13*ky22*l/35   11*ky22*l^2/210   0          13*ky22*l/35   -11*ky22*l^2/210 ...
896        0 0 0    0              -9*ky22*l/70   -13*ky22*l^2/420    0         9*ky22*l/70    13*ky22*l^2/420;
897        0 0 0    0              11*ky22*l^2/210   -ky22*l^3/105   0          -11*ky22*l^2/210  ky22*l^3/105 ...
898        0 0 0    0              13*ky22*l^2/420   ky22*l^3/140    0          -13*ky22*l^2/420  -ky22*l^3/140;
899        0 0 0    0              0              0              0              0       ...
900        0 0 0    0              0              0              0              0;
901        0 0 0    0              0              0              0              0       ...
902        0 0 0    0              0              0              0              0;
903        0 0 0    0              0              0              0              0       ...
```

904	0 0 0	0	0	0	0	0	0;
905	0 0 0	kx22*l/6	0	0	-kx22*l/6	0	0	...
906	0 0 0	kx22*l/3	0	0	-kx22*l/3	0	0;
907	0 0 0	0	9*ky22*l/70	-13*ky22*l^2/420	0	-9*ky22*l/70	13*ky22*l^2/420 ...
908	0 0 0	0	13*ky22*l/35	11*ky22*l^2/210	0	-13*ky22*l/35	-11*ky22*l^2/210;
909	0 0 0	0	13*ky22*l^2/420	-ky22*l^3/140	0	-13*ky22*l^2/420	ky22*l^3/140 ...
910	0 0 0	0	11*ky22*l^2/210	ky22*l^3/105	0	-11*ky22*l^2/210	-ky22*l^3/105;
911	0 0 0	-kx22*l/6	0	0	kx22*l/6	0	0	...
912	0 0 0	-kx22*l/3	0	0	kx22*l/3	0	0;
913	0 0 0	0	-9*ky22*l/70	13*ky22*l^2/420	0	9*ky22*l/70	-13*ky22*l^2/420 ...
914	0 0 0	0	-13*ky22*l/35	-11*ky22*l^2/210	0	13*ky22*l/35	11*ky22*l^2/210;
915	0 0 0	0	-13*ky22*l^2/420	ky22*l^3/140	0	13*ky22*l^2/420	-ky22*l^3/140 ...
916	0 0 0	0	-11*ky22*l^2/210	-ky22*l^3/105	0	11*ky22*l^2/210	ky22*l^3/105];
917	%%
918	% 3.质量矩阵
919	% 钢轨单元的质量矩阵
920	mr=Mr*l/420*...
921	[140 0 0 0 0 0 0 0 0 70 0 0 0 0 0 0 0 0
922	0 156 -22*l 0 0 0 0 0 0 0 54 13*l 0 0 0 0 0 0
923	0 -22*l 4*l^2 0 0 0 0 0 0 0 -13*l -3*l^2 0 0 0 0 0 0
924	0 0 0 0 0 0 0 0 0 0 0 0 0 0 0 0 0 0
925	0 0 0 0 0 0 0 0 0 0 0 0 0 0 0 0 0 0
926	0 0 0 0 0 0 0 0 0 0 0 0 0 0 0 0 0 0
927	0 0 0 0 0 0 0 0 0 0 0 0 0 0 0 0 0 0
928	0 0 0 0 0 0 0 0 0 0 0 0 0 0 0 0 0 0
929	0 0 0 0 0 0 0 0 0 0 0 0 0 0 0 0 0 0
930	70 0 0 0 0 0 0 0 0 140 0 0 0 0 0 0 0 0
931	0 54 -13*l 0 0 0 0 0 0 0 156 22*l 0 0 0 0 0 0
932	0 13*l -3*l^2 0 0 0 0 0 0 0 22*l 4*l^2 0 0 0 0 0 0
933	0 0 0 0 0 0 0 0 0 0 0 0 0 0 0 0 0 0
934	0 0 0 0 0 0 0 0 0 0 0 0 0 0 0 0 0 0
935	0 0 0 0 0 0 0 0 0 0 0 0 0 0 0 0 0 0
936	0 0 0 0 0 0 0 0 0 0 0 0 0 0 0 0 0 0
937	0 0 0 0 0 0 0 0 0 0 0 0 0 0 0 0 0 0
938	0 0 0 0 0 0 0 0 0 0 0 0 0 0 0 0 0 0];

```
939  % 预制轨道板单元的质量矩阵
940  ms=Ms*l/420*...
941  [0   0   0   0    0      0       0   0   0    0   0   0    0    0       0       0   0   0
942   0   0   0   0    0      0       0   0   0    0   0   0    0    0       0       0   0   0
943   0   0   0   0    0      0       0   0   0    0   0   0    0    0       0       0   0   0
944   0   0   0   140  0      0       0   0   0    0   0   0    70   0       0       0   0   0
945   0   0   0   0    156    -22*l   0   0   0    0   0   0    0    54      13*l    0   0   0
946   0   0   0   0    -22*l  4*l^2   0   0   0    0   0   0    0    -13*l   -3*l^2  0   0   0
947   0   0   0   0    0      0       0   0   0    0   0   0    0    0       0       0   0   0
948   0   0   0   0    0      0       0   0   0    0   0   0    0    0       0       0   0   0
949   0   0   0   0    0      0       0   0   0    0   0   0    0    0       0       0   0   0
950   0   0   0   0    0      0       0   0   0    0   0   0    0    0       0       0   0   0
951   0   0   0   0    0      0       0   0   0    0   0   0    0    0       0       0   0   0
952   0   0   0   0    0      0       0   0   0    0   0   0    0    0       0       0   0   0
953   0   0   0   70   0      0       0   0   0    0   0   0    140  0       0       0   0   0
954   0   0   0   0    54     -13*l   0   0   0    0   0   0    0    156     22*l    0   0   0
955   0   0   0   0    13*l   -3*l^2  0   0   0    0   0   0    0    22*l    4*l^2   0   0   0
956   0   0   0   0    0      0       0   0   0    0   0   0    0    0       0       0   0   0
957   0   0   0   0    0      0       0   0   0    0   0   0    0    0       0       0   0   0
958   0   0   0   0    0      0       0   0   0    0   0   0    0    0       0       0   0   0];
959  % 桥梁单元的质量矩阵
960  mf=Mb*l/420*...
961  [0   0   0   0    0      0       0   0   0    0   0   0    0    0       0       0   0   0
962   0   0   0   0    0      0       0   0   0    0   0   0    0    0       0       0   0   0
963   0   0   0   0    0      0       0   0   0    0   0   0    0    0       0       0   0   0
964   0   0   0   0    0      0       0   0   0    0   0   0    0    0       0       0   0   0
965   0   0   0   0    0      0       0   0   0    0   0   0    0    0       0       0   0   0
966   0   0   0   0    0      0       0   0   0    0   0   0    0    0       0       0   0   0
967   0   0   0   0    0      140     0   0   0    0   0   0    0    0       0       70  0   0
968   0   0   0   0    0      0       156 -22*l 0  0   0   0    0    0       0       0   54  13*l
969   0   0   0   0    0      0       -22*l 4*l^2 0 0   0   0    0    0       0       0   -13*l -3*l^2
970   0   0   0   0    0      0       0   0   0    0   0   0    0    0       0       0   0   0
971   0   0   0   0    0      0       0   0   0    0   0   0    0    0       0       0   0   0
972   0   0   0   0    0      0       0   0   0    0   0   0    0    0       0       0   0   0
973   0   0   0   0    0      0       0   0   0    0   0   0    0    0       0       0   0   0
```

附录4 基于交叉迭代法的车辆-轨道-简支桥耦合系统纵向/垂向动力有限元程序 VTBNFE_Lv

```
974       0    0    0    0    0    0    0      0      0    0  0    0  0  0    0    0    0
975       0    0    0    0    0    0    0      0      0    0  0    0  0  0    0    0    0
976       0    0    0    0    0   70    0      0      0    0  0    0  0  0  140    0    0
977       0    0    0    0    0    0   54   -13*l    0    0  0    0  0  0    0  156  22*l
978       0    0    0    0    0    0  13*l  -3*l^2   0    0  0    0  0  0    0  22*l 4*l^2];
979 %%
980 % 4.阻尼矩阵
981 % 离散支承弹簧的阻尼矩阵
982 c1c=1/2*...
983    [cx11    0    0   -cx11   0    0    0    0    0    0    0    0    0    0    0    0    0
984     0    cy11   0     0   -cy11  0    0    0    0    0    0    0    0    0    0    0    0
985     0     0    0     0     0    0    0    0    0    0    0    0    0    0    0    0    0
986   -cx11   0    0    cx11   0    0    0    0    0    0    0    0    0    0    0    0    0
987     0   -cy11  0     0    cy11  0    0    0    0    0    0    0    0    0    0    0    0
988     0     0    0     0     0    0    0    0    0    0    0    0    0    0    0    0    0
989     0     0    0     0     0    0    0    0    0    0    0    0    0    0    0    0    0
990     0     0    0     0     0    0    0    0    0    0    0    0    0    0    0    0    0
991     0     0    0     0     0    0    0    0    0    0    0    0    0    0    0    0    0
992     0     0    0     0     0    0    0   cx11   0  -cx11  0    0    0    0    0    0    0
993     0     0    0     0     0    0    0   cy11   0  -cy11  0    0    0    0    0    0    0
994     0     0    0     0     0    0    0    0    0    0    0    0    0    0    0    0    0
995     0     0    0     0     0    0   -cx11  0   cx11   0   0    0    0    0    0    0    0
996     0     0    0     0     0    0   -cy11  0   cy11   0   0    0    0    0    0    0    0
997     0     0    0     0     0    0    0    0    0    0    0    0    0    0    0    0    0
998     0     0    0     0     0    0    0    0    0    0    0    0    0    0    0    0    0
999     0     0    0     0     0    0    0    0    0    0    0    0    0    0    0    0    0
1000    0     0    0     0     0    0    0    0    0    0    0    0    0    0    0    0    0 ];
1001 % 第一层连续支承弹簧的阻尼矩阵
1002 c2c=[0  0  0    0           0         0          0          0           0     ...
1003       0  0  0    0           0         0          0          0           0;
1004       0  0  0    0           0         0          0          0           0     ...
1005       0  0  0    0           0         0          0          0           0;
1006       0  0  0    0           0         0          0          0           0     ...
1007       0  0  0    0           0         0          0          0           0;
1008       0  0  0  cx22*l/3      0         0       -cx22*l/3     0           0     ...
```

```
1009      0  0  0   cx22*l/6      0                0              -cx22*l/6       0                0;
1010      0  0  0   0             13*cy22*l/35     -11*cy22*l^2/210 0             -13*cy22*l/35    11*cy22*l^2/210 ...
1011      0  0  0   0             9*cy22*l/70      13*cy22*l^2/420  0             -9*cy22*l/70     -13*cy22*l^2/420;
1012      0  0  0   0             -11*cy22*l^2/210 cy22*l^3/105     0             11*cy22*l^2/210  -cy22*l^3/105 ...
1013      0  0  0   0             -13*cy22*l^2/420 -cy22*l^3/140    0             13*cy22*l^2/420  cy22*l^3/140;
1014      0  0  0   -cx22*l/3     0                0                cx22*l/3      0                0 ...
1015      0  0  0   -cx22*l/6     0                0                cx22*l/6      0                0;
1016      0  0  0   0             -13*cy22*l/35    11*cy22*l^2/210  0             13*cy22*l/35     -11*cy22*l^2/210 ...
1017      0  0  0   0             -9*cy22*l/70     -13*cy22*l^2/420 0             9*cy22*l/70      13*cy22*l^2/420;
1018      0  0  0   0             11*cy22*l^2/210  -cy22*l^3/105    0             -11*cy22*l^2/210 cy22*l^3/105 ...
1019      0  0  0   0             13*cy22*l^2/420  cy22*l^3/140     0             -13*cy22*l^2/420 -cy22*l^3/140;
1020      0  0  0   0             0                0                0             0                0 ...
1021      0  0  0   0             0                0                0             0                0;
1022      0  0  0   0             0                0                0             0                0 ...
1023      0  0  0   0             0                0                0             0                0;
1024      0  0  0   0             0                0                0             0                0 ...
1025      0  0  0   0             0                0                0             0                0;
1026      0  0  0   cx22*l/6      0                0                -cx22*l/6     0                0 ...
1027      0  0  0   cx22*l/3      0                0                -cx22*l/3     0                0;
1028      0  0  0   0             9*cy22*l/70      -13*cy22*l^2/420 0             -9*cy22*l/70     13*cy22*l^2/420 ...
1029      0  0  0   0             13*cy22*l/35     11*cy22*l^2/210  0             -13*cy22*l/35    -11*cy22*l^2/210;
1030      0  0  0   0             13*cy22*l^2/420  -cy22*l^3/140    0             -13*cy22*l^2/420 cy22*l^3/140 ...
1031      0  0  0   0             11*cy22*l^2/210  cy22*l^3/105     0             -11*cy22*l^2/210 -cy22*l^3/105;
1032      0  0  0   -cx22*l/6     0                0                cx22*l/6      0                0 ...
1033      0  0  0   -cx22*l/3     0                0                cx22*l/3      0                0;
1034      0  0  0   0             -9*cy22*l/70     13*cy22*l^2/420  0             9*cy22*l/70      -13*cy22*l^2/420 ...
1035      0  0  0   0             -13*cy22*l/35    -11*cy22*l^2/210 0             13*cy22*l/35     11*cy22*l^2/210;
1036      0  0  0   0             -13*cy22*l^2/420 cy22*l^3/140     0             13*cy22*l^2/420  -cy22*l^3/140 ...
1037      0  0  0   0             -11*cy22*l^2/210 -cy22*l^3/105    0             11*cy22*l^2/210  cy22*l^3/105 ];
1038   % 比例阻尼
1039   cb=aalfa*mr+beeta*kr+aalfa*ms+beeta*ks+aalfa*mf+beeta*kf;
1040   %%
1041   % 5.组装轨道单元的刚度矩阵、质量矩阵、阻尼矩阵
1042   Ke=kr+ks+kf+k1c+k2c;       % 钢轨、轨道板、支承层弯曲刚度和三层支承刚度矩阵
1043   Me=mr+ms+mf;               % 钢轨、轨道板、支承层质量矩阵
```

```
1044 Ce=cb+c1c+c2c;         % 比例阻尼、三层阻尼矩阵
1045 end
1046 function [Ke,Ce,Me]=Track_bridge_element_matrix_Lv2(l,E,I,m,aalfa,beeta,K_Spring,C_Spring,Aa)
1047 % ========================================================================= =========
1048 %                                                                     Developed by Wanghai
1049 % 说明：考虑右边有扣件（离散支承弹簧）
1050 % 生成18自由度的无砟轨道单元的刚度矩阵、阻尼矩阵和质量矩阵
1051 % 输入参数：
1052 % l：梁单元的长度，即扣件间距
1053 % E：梁单元的弹性模量数组
1054 % I：梁单元的截面惯性矩数组
1055 % m：梁单元的单位长度质量数组
1056 % aalfa：比例阻尼系数
1057 % beeta：比例阻尼系数
1058 % K_Spring：弹簧单元的刚度数组
1059 % C_Spring：弹簧单元的阻尼数组
1060 % 输出参数：
1061 % Ke：无砟轨道单元的质量矩阵
1062 % Ce：无砟轨道单元的阻尼矩阵
1063 % Me：无砟轨道单元的刚度矩阵
1064 % Ar：钢轨截面积
1065 % As：轨道板截面积
1066 % Ab：桥梁截面积
1067 % kx11：扣减垫板纵向刚度
1068 % kx22：砂浆层纵向刚度
1069 % cx11：扣件垫板纵向阻尼
1070 % cx22：水泥砂浆纵向阻尼
1071 %%
1072 % 1.初始化参数
1073 Er=E(1);Es=E(2);Eb=E(3);
1074 Ir=I(1);Is=I(2);Ib=I(3);
1075 Mr=m(1);Ms=m(2);Mb=m(3);
1076 Ar=Aa(1);As=Aa(2);Ab=Aa(3);
1077 kx11=K_Spring(1);kx22=K_Spring(2);
1078 ky11=K_Spring(1);ky22=K_Spring(2);
```

```
1079  cy11=C_Spring(1);cy22=C_Spring(2);
1080  cx11=C_Spring(1);cx22=C_Spring(2);
1081  %%
1082  % 2.刚度矩阵
1083  % 定义板式轨道单元的节点位移向量为
1084  % ae={u1  v1  theta1 u2  v2 theta2 u3  v3 theta3  u4  v4 theta4 u5  v5 theta5 u6  v6 theta6}'
1085  % 钢轨单元的弯曲刚度矩阵
1086  kr=[Er*Ar/l        0              0            0    0    0    0    0    0 ...
1087   -Er*Ar/l          0              0            0    0    0    0    0    0;
1088   0              12*Er*Ir/l^3   -6*Er*Ir/l^2    0    0    0    0    0    0 ...
1089   0             -12*Er*Ir/l^3   -6*Er*Ir/l^2    0    0    0    0    0    0;
1090   0              -6*Er*Ir/l^2    4*Er*Ir/l      0    0    0    0    0    0 ...
1091   0               6*Er*Ir/l^2    2*Er*Ir/l      0    0    0    0    0    0;
1092   0                 0              0            0    0    0    0    0    0 ...
1093   0                 0              0            0    0    0    0    0    0;
1094   0                 0              0            0    0    0    0    0    0 ...
1095   0                 0              0            0    0    0    0    0    0;
1096   0                 0              0            0    0    0    0    0    0 ...
1097   0                 0              0            0    0    0    0    0    0;
1098   0                 0              0            0    0    0    0    0    0 ...
1099   0                 0              0            0    0    0    0    0    0;
1100   0                 0              0            0    0    0    0    0    0 ...
1101   0                 0              0            0    0    0    0    0    0;
1102   0                 0              0            0    0    0    0    0    0 ...
1103   0                 0              0            0    0    0    0    0    0;
1104  -Er*Ar/l            0              0            0    0    0    0    0    0 ...
1105   Er*Ar/l            0              0            0    0    0    0    0    0;
1106   0             -12*Er*Ir/l^3    6*Er*Ir/l^2    0    0    0    0    0    0 ...
1107   0              12*Er*Ir/l^3    6*Er*Ir/l^2    0    0    0    0    0    0;
1108   0              -6*Er*Ir/l^2    2*Er*Ir/l      0    0    0    0    0    0 ...
1109   0               6*Er*Ir/l^2    4*Er*Ir/l      0    0    0    0    0    0;
1110   0                 0              0            0    0    0    0    0    0 ...
1111   0                 0              0            0    0    0    0    0    0;
1112   0                 0              0            0    0    0    0    0    0 ...
1113   0                 0              0            0    0    0    0    0    0;
```

1114	0	0	0	0	0	0	0	0	0 ...
1115	0	0	0	0	0	0	0	0	0;
1116	0	0	0	0	0	0	0	0	0 ...
1117	0	0	0	0	0	0	0	0	0;
1118	0	0	0	0	0	0	0	0	0 ...
1119	0	0	0	0	0	0	0	0	0;
1120	0	0	0	0	0	0	0	0	0 ...
1121	0	0	0	0	0	0	0	0	0];
1122	% 预制轨道板单元的弯曲刚度矩阵									
1123	ks=[0	0	0	0	0	0	0	0	0 ...
1124	0	0	0	0	0	0	0	0	0;
1125	0	0	0	0	0	0	0	0	0 ...
1126	0	0	0	0	0	0	0	0	0;
1127	0	0	0	0	0	0	0	0	0 ...
1128	0	0	0	0	0	0	0	0	0;
1129	0	0	0	Es*As/l	0	0	0	0	0 ...
1130	0	0	0	-Es*As/l	0	0	0	0	0;
1131	0	0	0	0	12*Es*Is/l^3	-6*Es*Is/l^2	0	0	0 ...
1132	0	0	0	0	-12*Es*Is/l^3	-6*Es*Is/l^2	0	0	0;
1133	0	0	0	0	-6*Es*Is/l^2	4*Es*Is/l	0	0	0 ...
1134	0	0	0	0	6*Es*Is/l^2	2*Es*Is/l	0	0	0;
1135	0	0	0	0	0	0	0	0	0 ...
1136	0	0	0	0	0	0	0	0	0;
1137	0	0	0	0	0	0	0	0	0 ...
1138	0	0	0	0	0	0	0	0	0;
1139	0	0	0	0	0	0	0	0	0 ...
1140	0	0	0	0	0	0	0	0	0;
1141	0	0	0	0	0	0	0	0	0 ...
1142	0	0	0	0	0	0	0	0	0;
1143	0	0	0	0	0	0	0	0	0 ...
1144	0	0	0	0	0	0	0	0	0;
1145	0	0	0	0	0	0	0	0	0 ...
1146	0	0	0	0	0	0	0	0	0;
1147	0	0	0	-Es*As/l	0	0	0	0	0 ...
1148	0	0	0	Es*As/l	0	0	0	0	0;

```
1149    0    0    0    0    -12*Es*Is/1^3    6*Es*Is/1^2    0    0    0    ...
1150    0    0    0    0    12*Es*Is/1^3     6*Es*Is/1^2    0    0    0;
1151    0    0    0    0    -6*Es*Is/1^2     2*Es*Is/1      0    0    0    ...
1152    0    0    0    0    6*Es*Is/1^2      4*Es*Is/1      0    0    0;
1153    0    0    0    0    0                0              0    0    0    ...
1154    0    0    0    0    0                0              0    0    0;
1155    0    0    0    0    0                0              0    0    0    ...
1156    0    0    0    0    0                0              0    0    0;
1157    0    0    0    0    0                0              0    0    0    ...
1158    0    0    0    0    0                0              0    0    0];
1159 % 桥梁单元的弯曲刚度矩阵
1160 kf=[0   0    0    0    0    0    0    0    0    ...
1161    0    0    0    0    0    0    0    0    0;
1162    0    0    0    0    0    0    0    0    0    ...
1163    0    0    0    0    0    0    0    0    0;
1164    0    0    0    0    0    0    0    0    0    ...
1165    0    0    0    0    0    0    0    0    0;
1166    0    0    0    0    0    0    0    0    0    ...
1167    0    0    0    0    0    0    0    0    0;
1168    0    0    0    0    0    0    0    0    0    ...
1169    0    0    0    0    0    0    0    0    0;
1170    0    0    0    0    0    0    0    0    0    ...
1171    0    0    0    0    0    0    0    0    0;
1172    0    0    0    0    0    0    Eb*Ab/1    0    0    ...
1173    0    0    0    0    0    0    -Eb*Ab/1   0    0;
1174    0    0    0    0    0    0    0    12*Eb*Ib/1^3    -6*Eb*Ib/1^2 ...
1175    0    0    0    0    0    0    0    -12*Eb*Ib/1^3   -6*Eb*Ib/1^2;
1176    0    0    0    0    0    0    0    -6*Eb*Ib/1^2    4*Eb*Ib/1    ...
1177    0    0    0    0    0    0    0    6*Eb*Ib/1^2     2*Eb*Ib/1;
1178    0    0    0    0    0    0    0    0    0    ...
1179    0    0    0    0    0    0    0    0    0;
1180    0    0    0    0    0    0    0    0    0    ...
1181    0    0    0    0    0    0    0    0    0;
1182    0    0    0    0    0    0    0    0    0    ...
1183    0    0    0    0    0    0    0    0    0;
```

1184	0	0	0	0	0	0	0	0	0	...
1185	0	0	0	0	0	0	0	0	0;	
1186	0	0	0	0	0	0	0	0	0	...
1187	0	0	0	0	0	0	0	0	0;	
1188	0	0	0	0	0	0	0	0	0	...
1189	0	0	0	0	0	0	0	0	0;	
1190	0	0	0	0	0	0	-Eb*Ab/l	0	0	...
1191	0	0	0	0	0	0	Eb*Ab/l	0	0;	
1192	0	0	0	0	0	0	0	-12*Eb*Ib/l^3	6*Eb*Ib/l^2	...
1193	0	0	0	0	0	0	0	12*Eb*Ib/l^3	6*Eb*Ib/l^2;	
1194	0	0	0	0	0	0	0	-6*Eb*Ib/l^2	2*Eb*Ib/l	...
1195	0	0	0	0	0	0	0	6*Eb*Ib/l^2	4*Eb*Ib/l];	

1196 % 右边离散支承弹簧的刚度矩阵
1197 k1c=1/2*...

1198	[0	0	0	0	0	0	0	0	0	0	0	0	0	0	0
1199	0	0	0	0	0	0	0	0	0	0	0	0	0	0	0
1200	0	0	0	0	0	0	0	0	0	0	0	0	0	0	0
1201	0	0	0	0	0	0	0	0	0	0	0	0	0	0	0
1202	0	0	0	0	0	0	0	0	0	0	0	0	0	0	0
1203	0	0	0	0	0	0	0	0	0	0	0	0	0	0	0
1204	0	0	0	0	0	0	0	0	0	0	0	0	0	0	0
1205	0	0	0	0	0	0	0	0	0	0	0	0	0	0	0
1206	0	0	0	0	0	0	0	0	0	0	0	0	0	0	0
1207	0	0	0	0	0	0	kx11	0	0	-kx11	0	0	0	0	0
1208	0	0	0	0	0	0	0	ky11	0	0	-ky11	0	0	0	0
1209	0	0	0	0	0	0	0	0	0	0	0	0	0	0	0
1210	0	0	0	0	0	0	-kx11	0	0	kx11	0	0	0	0	0
1211	0	0	0	0	0	0	0	-ky11	0	0	ky11	0	0	0	0
1212	0	0	0	0	0	0	0	0	0	0	0	0	0	0	0
1213	0	0	0	0	0	0	0	0	0	0	0	0	0	0	0
1214	0	0	0	0	0	0	0	0	0	0	0	0	0	0	0
1215	0	0	0	0	0	0	0	0	0	0	0	0	0	0	0];

1216 % 第一层连续支承弹簧的刚度矩阵
1217 k2c=[0 0 0   0   0   0   0   0 ...
1218   0 0 0   0   0   0   0   0;

```
1219     0  0  0   0            0                 0                0               0                 0            …
1220     0  0  0   0            0                 0                0               0                 0;
1221     0  0  0   0            0                 0                0               0                 0            …
1222     0  0  0   0            0                 0                0               0                 0;
1223     0  0  0   kx22*l/3     0                 0                -kx22*l/3       0                 0            …
1224     0  0  0   kx22*l/6     0                 0                -kx22*l/6       0                 0;
1225     0  0  0   0            13*ky22*l/35      -11*ky22*l^2/210 0               -13*ky22*l/35     11*ky22*l^2/210 …
1226     0  0  0   0            9*ky22*l/70       13*ky22*l^2/420  0               -9*ky22*l/70      -13*ky22*l^2/420;
1227     0  0  0   0            -11*ky22*l^2/210  ky22*l^3/105     0               11*ky22*l^2/210   -ky22*l^3/105 …
1228     0  0  0   0            -13*ky22*l^2/420  -ky22*l^3/140    0               13*ky22*l^2/420   ky22*l^3/140;
1229     0  0  0   -kx22*l/3    0                 0                kx22*l/3        0                 0            …
1230     0  0  0   -kx22*l/6    0                 0                kx22*l/6        0                 0;
1231     0  0  0   0            -13*ky22*l/35     11*ky22*l^2/210  0               13*ky22*l/35      -11*ky22*l^2/210 …
1232     0  0  0   0            -9*ky22*l/70      -13*ky22*l^2/420 0               9*ky22*l/70       13*ky22*l^2/420;
1233     0  0  0   0            11*ky22*l^2/210   -ky22*l^3/105    0               -11*ky22*l^2/210  ky22*l^3/105 …
1234     0  0  0   0            13*ky22*l^2/420   ky22*l^3/140     0               -13*ky22*l^2/420  -ky22*l^3/140;
1235     0  0  0   0            0                 0                0               0                 0            …
1236     0  0  0   0            0                 0                0               0                 0;
1237     0  0  0   0            0                 0                0               0                 0            …
1238     0  0  0   0            0                 0                0               0                 0;
1239     0  0  0   0            0                 0                0               0                 0            …
1240     0  0  0   0            0                 0                0               0                 0;
1241     0  0  0   kx22*l/6     0                 0                -kx22*l/6       0                 0            …
1242     0  0  0   kx22*l/3     0                 0                kx22*l/3        0                 0;
1243     0  0  0   0            9*ky22*l/70       -13*ky22*l^2/420 0               -9*ky22*l/70      13*ky22*l^2/420 …
1244     0  0  0   0            13*ky22*l/35      11*ky22*l^2/210  0               -13*ky22*l/35     -11*ky22*l^2/210;
1245     0  0  0   0            13*ky22*l^2/420   -ky22*l^3/140    0               -13*ky22*l^2/420  ky22*l^3/140 …
1246     0  0  0   0            11*ky22*l^2/210   ky22*l^3/105     0 -11*ky22*l^2/210 -ky22*l^3/105;
1247     0  0  0   -kx22*l/6    0                 0                kx22*l/6        0                 0            …
1248     0  0  0   -kx22*l/3    0                 0                kx22*l/3        0                 0;
1249     0  0  0   0            -9*ky22*l/70      13*ky22*l^2/420  0               9*ky22*l/70       -13*ky22*l^2/420 …
1250     0  0  0   0            -13*ky22*l/35     -11*ky22*l^2/210 0               13*ky22*l/35      11*ky22*l^2/210;
1251     0  0  0   0            -13*ky22*l^2/420  ky22*l^3/140     0               13*ky22*l^2/420   -ky22*l^3/140 …
1252     0  0  0   0            -11*ky22*l^2/210  -ky22*l^3/105    0               11*ky22*l^2/210   ky22*l^3/105 ];
1253 %%
```

```
1254 % 3.质量矩阵
1255 % 钢轨单元的质量矩阵
1256 mr=Mr*l/420*...
1257    [140    0       0       0   0   0   0   0   0   70      0       0       0   0   0   0   0   0
1258    0       156     -22*l   0   0   0   0   0   0   0       54      13*l    0   0   0   0   0   0
1259    0       -22*l   4*l^2   0   0   0   0   0   0   0       -13*l   -3*l^2  0   0   0   0   0   0
1260    0       0       0       0   0   0   0   0   0   0       0       0       0   0   0   0   0   0
1261    0       0       0       0   0   0   0   0   0   0       0       0       0   0   0   0   0   0
1262    0       0       0       0   0   0   0   0   0   0       0       0       0   0   0   0   0   0
1263    0       0       0       0   0   0   0   0   0   0       0       0       0   0   0   0   0   0
1264    0       0       0       0   0   0   0   0   0   0       0       0       0   0   0   0   0   0
1265    0       0       0       0   0   0   0   0   0   0       0       0       0   0   0   0   0   0
1266    70      0       0       0   0   0   0   0   0   140     0       0       0   0   0   0   0   0
1267    0       54      -13*l   0   0   0   0   0   0   0       156     22*l    0   0   0   0   0   0
1268    0       13*l    -3*l^2  0   0   0   0   0   0   0       22*l    4*l^2   0   0   0   0   0   0
1269    0       0       0       0   0   0   0   0   0   0       0       0       0   0   0   0   0   0
1270    0       0       0       0   0   0   0   0   0   0       0       0       0   0   0   0   0   0
1271    0       0       0       0   0   0   0   0   0   0       0       0       0   0   0   0   0   0
1272    0       0       0       0   0   0   0   0   0   0       0       0       0   0   0   0   0   0
1273    0       0       0       0   0   0   0   0   0   0       0       0       0   0   0   0   0   0
1274    0       0       0       0   0   0   0   0   0   0       0       0       0   0   0   0   0   0];
1275 % 预制轨道板单元的质量矩阵
1276 ms=Ms*l/420*...
1277    [0      0       0       0   0   0   0   0   0   0       0       0       0   0   0
1278    0       0       0       0   0   0   0   0   0   0       0       0       0   0   0
1279    0       0       0       0   0   0   0   0   0   0       0       0       0   0   0
1280    0       0       0       140 0   0   0   0   0   0       0       0       70  0   0
1281    0       0       0       0   156 -22*l 0 0   0   0       0       0       0   54  13*l 0   0   0
1282    0       0       0       0   -22*l 4*l^2 0 0 0   0       0       0       0   -13*l -3*l^2 0 0 0
1283    0       0       0       0   0   0   0   0   0   0       0       0       0   0   0
1284    0       0       0       0   0   0   0   0   0   0       0       0       0   0   0
1285    0       0       0       0   0   0   0   0   0   0       0       0       0   0   0
1286    0       0       0       0   0   0   0   0   0   0       0       0       0   0   0
1287    0       0       0       0   0   0   0   0   0   0       0       0       0   0   0
1288    0       0       0       0   0   0   0   0   0   0       0       0       0   0   0
```

```
1289      0    0   0    0   70   0       0    0   0   0   0   140  0    0    0   0   0
1290      0    0   0    0   54  -13*l    0    0   0   0   0    0   156  22*l 0   0   0
1291      0    0   0    0   13*l -3*l^2  0    0   0   0   0    0   22*l 4*l^2 0  0   0
1292      0    0   0    0   0    0       0    0   0   0   0    0    0    0    0   0   0
1293      0    0   0    0   0    0       0    0   0   0   0    0    0    0    0   0   0
1294      0    0   0    0   0    0       0    0   0   0   0    0    0    0    0   0   0 ];
1295 % 桥梁单元的质量矩阵
1296 mf=Mb*l/420*...
1297      [0   0   0    0   0    0       0    0   0   0   0    0    0    0    0   0   0
1298      0    0   0    0   0    0       0    0   0   0   0    0    0    0    0   0   0
1299      0    0   0    0   0    0       0    0   0   0   0    0    0    0    0   0   0
1300      0    0   0    0   0    0       0    0   0   0   0    0    0    0    0   0   0
1301      0    0   0    0   0    0       0    0   0   0   0    0    0    0    0   0   0
1302      0    0   0    0   0    0       0    0   0   0   0    0    0    0    0   0   0
1303      0    0   0    0   0    0      140   0   0   0   0    0    0    0   70   0   0
1304      0    0   0    0   0    0      156 -22*l 0   0   0    0    0    0   54  13*l
1305      0    0   0    0   0    0     -22*l 4*l^2 0  0   0    0    0    0   0  -13*l -3*l^2
1306      0    0   0    0   0    0       0    0   0   0   0    0    0    0    0   0   0
1307      0    0   0    0   0    0       0    0   0   0   0    0    0    0    0   0   0
1308      0    0   0    0   0    0       0    0   0   0   0    0    0    0    0   0   0
1309      0    0   0    0   0    0       0    0   0   0   0    0    0    0    0   0   0
1310      0    0   0    0   0    0       0    0   0   0   0    0    0    0    0   0   0
1311      0    0   0    0   0    0       0    0   0   0   0    0    0    0    0   0   0
1312      0    0   0    0   0    0      70    0   0   0   0    0    0   140    0   0   0
1313      0    0   0    0   0    0      54 -13*l   0   0   0    0    0    0  156 22*l
1314      0    0   0    0   0    0     13*l -3*l^2 0   0   0    0    0    0   22*l 4*l^2
1315      ];
1316 %%
1317 % 4. 阻尼矩阵
1318 % 离散支承弹簧的阻尼矩阵
1319 c1c=1/2*...
1320      [cx11  0   0  -cx11  0      0    0   0   0   0    0    0    0    0   0   0
1321       0   cy11  0    0   -cy11   0    0   0   0   0    0    0    0    0   0   0
1322       0    0    0    0    0      0    0   0   0   0    0    0    0    0   0   0
1323     -cx11  0    0   cx11  0      0    0   0   0   0    0    0    0    0   0   0
```

附录4　基于交叉迭代法的车辆-轨道-简支桥耦合系统纵向/垂向动力有限元程序 VTBNFE_Lv　· 323 ·

```
1324     0    -cy11  0     0    cy11  0    0    0    0    0    0    0    0    0    0
1325     0     0     0     0     0    0    0    0    0    0    0    0    0    0    0
1326     0     0     0     0     0    0    0    0    0    0    0    0    0    0    0
1327     0     0     0     0     0    0    0    0    0    0    0    0    0    0    0
1328     0     0     0     0     0    0    0    0    0    0    0    0    0    0    0
1329     0     0     0     0     0    0    0   cx11  0    0  -cx11  0    0    0    0
1330     0     0     0     0     0    0    0    0   cy11  0    0  -cy11  0    0    0
1331     0     0     0     0     0    0    0    0    0    0    0    0    0    0    0
1332     0     0     0     0     0    0    0  -cx11  0    0   cx11  0    0    0    0
1333     0     0     0     0     0    0    0    0  -cy11  0    0   cy11  0    0    0
1334     0     0     0     0     0    0    0    0    0    0    0    0    0    0    0
1335     0     0     0     0     0    0    0    0    0    0    0    0    0    0    0
1336     0     0     0     0     0    0    0    0    0    0    0    0    0    0    0
1337     0     0     0     0     0    0    0    0    0    0    0    0    0    0   0];
1338 % 第一层连续支承弹簧的阻尼矩阵
1339 c2c=[0 0 0    0              0              0              0              0         ...
1340     0 0 0    0              0              0              0              0         ;
1341     0 0 0    0              0              0              0              0         ...
1342     0 0 0    0              0              0              0              0         ;
1343     0 0 0    0              0              0              0              0         ...
1344     0 0 0    0              0              0              0              0         ;
1345     0 0 0  cx22*l/3         0              0           -cx22*l/3         0         ...
1346     0 0 0  cx22*l/6         0              0           -cx22*l/6         0         ;
1347     0 0 0    0        13*cy22*l/35   -11*cy22*l^2/210    0        -13*cy22*l/35   11*cy22*l^2/210 ...
1348     0 0 0    0         9*cy22*l/70    13*cy22*l^2/420    0         -9*cy22*l/70  -13*cy22*l^2/420;
1349     0 0 0    0       -11*cy22*l^2/210  cy22*l^3/105      0        11*cy22*l^2/210  -cy22*l^3/105 ...
1350     0 0 0    0       -13*cy22*l^2/420 -cy22*l^3/140      0        13*cy22*l^2/420   cy22*l^3/140;
1351     0 0 0 -cx22*l/3         0              0            cx22*l/3         0         ...
1352     0 0 0 -cx22*l/6         0              0            cx22*l/6         0         ;
1353     0 0 0    0       -13*cy22*l/35   11*cy22*l^2/210     0         13*cy22*l/35  -11*cy22*l^2/210 ...
1354     0 0 0    0        -9*cy22*l/70  -13*cy22*l^2/420     0          9*cy22*l/70   13*cy22*l^2/420;
1355     0 0 0    0        11*cy22*l^2/210  -cy22*l^3/105     0       -11*cy22*l^2/210   cy22*l^3/105 ...
1356     0 0 0    0        13*cy22*l^2/420  -cy22*l^3/140     0       -13*cy22*l^2/420  -cy22*l^3/140;
1357     0 0 0    0              0              0              0              0         ...
1358     0 0 0    0              0              0              0              0         ;
```

```
1359    0 0 0    0            0              0                0        0                0              ...
1360    0 0 0    0            0              0                0        0                0;
1361    0 0 0    0            0              0                0        0                0              ...
1362    0 0 0    0            0              0                0        0                0;
1363    0 0 0    cx22*l/6     0              0                -cx22*l/6 0               0              ...
1364    0 0 0    cx22*l/3     0              0                -cx22*l/3 0               0;
1365    0 0 0    0            9*cy22*l/70    -13*cy22*l^2/420 0        -9*cy22*l/70     13*cy22*l^2/420 ...
1366    0 0 0    0            13*cy22*l/35   11*cy22*l^2/210  0        -13*cy22*l/35    -11*cy22*l^2/210;
1367    0 0 0    0            13*cy22*l^2/420 -cy22*l^3/140   0        -13*cy22*l^2/420 cy22*l^3/140    ...
1368    0 0 0    0            11*cy22*l^2/210 cy22*l^3/105    0        -11*cy22*l^2/210 -cy22*l^3/105;
1369    0 0 0    -cx22*l/6    0              0                cx22*l/6  0               0              ...
1370    0 0 0    -cx22*l/3    0              0                cx22*l/3  0               0;
1371    0 0 0    0            -9*cy22*l/70   13*cy22*l^2/420  0        9*cy22*l/70      -13*cy22*l^2/420 ...
1372    0 0 0    0            -13*cy22*l/35  -11*cy22*l^2/210 0        13*cy22*l/35     11*cy22*l^2/210;
1373    0 0 0    0            -13*cy22*l^2/420 cy22*l^3/140   0        13*cy22*l^2/420  -cy22*l^3/140   ...
1374    0 0 0    0            -11*cy22*l^2/210 -cy22*l^3/105  0        11*cy22*l^2/210  cy22*l^3/105 ];
1375  % 比例阻尼
1376  cb=aalfa*mr+beeta*kr+aalfa*ms+beeta*ks+aalfa*mf+beeta*kf;
1377  %%
1378  % 5.组装轨道单元的刚度矩阵、质量矩阵、阻尼矩阵
1379  Ke=kr+ks+kf+k1c+k2c;     % 钢轨、轨道板、支承层弯曲刚度和三层支承刚度矩阵
1380  Me=mr+ms+mf;             % 钢轨、轨道板、支承层质量矩阵
1381  Ce=cb+c1c+c2c;           % 比例阻尼、三层阻尼矩阵
1382  End
```

附录 5 二系动轮单元-轨道-桥梁耦合系统动力有限元程序 WTB_FE

```
1  %%%%%%%%%%%%%%%%%%%%%%%%%%%%%%%%%%%%%%%%%%%%%%%%%%%%
2  %   二系动轮单元-轨道-桥梁耦合系统动力有限元程序 WT_BFE              %
3  %   模型与算法：动轮单元，轨道-桥梁单元，耦合方程解法，Newmark 直接积分法  %
4  %   列车类型：高速动车 CRH3；轨道结构：CRTSⅡ无砟轨道；3*32m 连续箱型桥梁  %
5  %%%%%%%%%%%%%%%%%%%%%%%%%%%%%%%%%%%%%%%%%%%%%%%%%%%%
6  %                Developed by Prof. Lei Xiaoyan    2021.4.10
7  tic
8  clc;
9  clear all;
10 close all;
11 fclose all;
12 %%
13 % 第一部分：参数输入
14 % 车辆 CRH3 参数
15 mc=40000/8;        % 1/8 车体质量
16 mt=3200/4;         % 1/4 构架质量
17 mw=2400/2;         % 1/2 轮对质量
18 ks2=0.8e6/2;       % 二系悬挂刚度
19 ks1=2.08e6;        % 一系悬挂刚度
20 cs2=120e3/2;       % 二系悬挂阻尼
21 cs1=100e3;         % 一系悬挂阻尼
22 kc=1500e6;         % 轮轨接触刚度
23 lt=2.5/2;          % 车辆轴距之半
24 lc=17.375/2;       % 车辆定距之半
25 %% CRTS 二型板式无砟轨道计算参数
26 Er=2.059e11;       % 钢轨弹性模量 Pa
27 Ir=0.3217e-4;      % 钢轨惯性矩 m^4
28 mr=60.64;          % 钢轨单位长度质量 kg/m
```

29	DensityS=2500;	% 轨道板密度
30	Ws=2.55/2;	% 轨道板宽度 m 一半
31	Hs=0.2;	% 轨道板高度 m
32	Es=3.9e10;	% 轨道板的弹性模量 Pa
33	Is=Ws*Hs^3/12;	% 轨道板惯性矩 m^4
34	ms=Ws*Hs*DensityS;	% 轨道板的单位长度质量 kg/m
35	% 桥梁参数	
36	Eb=36.2e9;	% 桥梁弹性模量
37	Ib=9.25/2;	% 1/2 桥梁截面惯性矩
38	DensityB=2500;	% 桥梁密度 kg/m^3
39	Sb=8.75/2;	% 1/2 桥梁截面面积 m^2
40	mb=Sb*DensityB;	% 1/2 桥梁单位长度质量 kg/m
41	% 梁单元参数向量	
42	E=zeros(1,3);	
43	I=zeros(1,3);	
44	m=zeros(1,3);	
45	E(1)=Er;E(2)=Es;E(3)=Eb;	
46	I(1)=Ir;I(2)=Is;I(3)=Ib;	
47	m(1)=mr;m(2)=ms;m(3)=mb;	
48	%%	
49	% 弹簧阻尼单元参数	
50	krb=6e7;	% 扣件垫板的支承弹性系数 N/m
51	crb=5e4;	% 扣件垫板的阻尼系数 N.s/m
52	kca=9e8;	% CA 砂浆弹簧的支承弹性系数 N/m
53	cca=8.3e4;	% CA 砂浆弹簧的阻尼系数 N.s/m
54	% 弹簧阻尼单元行向量	
55	K_Spring=zeros(1,2);	% 弹簧阻尼单元刚度
56	C_Spring=zeros(1,2);	% 弹簧阻尼单元阻尼
57	K_Spring(1)=krb;K_Spring(2)=kca;	
58	C_Spring(1)=crb;C_Spring(2)=cca;	
59	% 比例阻尼系数	
60	aalfar=0.5;	
61	beetar=0.0002;	
62	% 求解参数	
63	L=3*32;	% 桥梁总长度

```
64    ls=0.5;              % 单元长度，轨枕间距 m
65    Num_Ele=L/ls;        % 模型轨道-桥梁单元总数 192
66    Num_Node=(Num_Ele+1)*3;  % 轨道-桥梁子系统节点总数 579
67    DOF=2*Num_Node;      % 轨道-桥梁子系统自由度总数 1158
68    % 列车工况 1-4
69    Case=2;    % 考虑列车工况 2
70    switch(Case)
71        case 1
72            v=200/3.6;    % 车辆运行速度
73            T=1.3;        % 运行总时长
74        case 2
75            v=250/3.6;    % 车辆运行速度
76            T=1.0;        % 运行总时长
77        case 3
78            v=300/3.6;    % 车辆运行速度
79            T=0.85;       % 运行总时长
80        case 4
81            v=350/3.6;    % 车辆运行速度
82            T=0.75;       % 运行总时长
83    end
84    dt=0.001;            % 时间积分步长
85    n=floor(T/dt);       % 时间步数
86    n1=n/2.5;            % 消除车辆静平衡对结果的影响,提取响应时扣除时间 T/4s
87    %%
88    % 第二部分：组装轨道-桥梁子系统总矩阵
89    M=zeros(DOF+12,DOF+12);   % 模型总质量矩阵
90    C=zeros(DOF+12,DOF+12);   % 模型总阻尼矩阵
91    K=zeros(DOF+12,DOF+12);   % 模型总刚度矩阵
92    % 板式轨道-桥梁单元矩阵
93    [Ke,Ce,Me]=Track_bridge_element_matrix(ls,E,I,m,aalfar,beetar,K_Spring,C_Spring);
94    % 组装轨道-桥梁子系统的总矩阵
95    for  b=1:Num_Ele     % 按单元数循环
96        for i=1:12        % 按单元自由度循环
97            for j=1:12    % 按单元自由度循环
98                K(6*b-6+i,6*b-6+j)=K(6*b-6+i,6*b-6+j)+Ke(i,j);
```

```
 99            M(6*b-6+i,6*b-6+j)=M(6*b-6+i,6*b-6+j)+Me(i,j);
100            C(6*b-6+i,6*b-6+j)=C(6*b-6+i,6*b-6+j)+Ce(i,j);
101        end
102    end
103 end
104 % 组集动轮单元质量矩阵（7.23）式,刚度矩阵（7.25）中不变的部分,及阻尼矩阵（7.30）
105 for j=1:4        % 对轮对数循环
106     M(DOF+3*(j-1)+1,DOF+3*(j-1)+1)=mc;   % 组集动轮单元质量矩阵
107     M(DOF+3*(j-1)+2,DOF+3*(j-1)+2)=mt;
108     M(DOF+3*(j-1)+3,DOF+3*(j-1)+3)=mw;
109 % 组集动轮单元刚度矩阵,见（7.25）式右端第1项
110     K(DOF+3*(j-1)+1,DOF+3*(j-1)+1)=ks2;
111     K(DOF+3*(j-1)+1,DOF+3*(j-1)+2)=-ks2;
112     K(DOF+3*(j-1)+2,DOF+3*(j-1)+1)=-ks2;
113     K(DOF+3*(j-1)+2,DOF+3*(j-1)+2)=ks1+ks2;
114     K(DOF+3*(j-1)+2,DOF+3*(j-1)+3)=-ks1;
115     K(DOF+3*(j-1)+3,DOF+3*(j-1)+2)=-ks1;
116     K(DOF+3*(j-1)+3,DOF+3*(j-1)+3)=kc+ks1; % 刚度矩阵（7.25）式主对角线元素
117 % 组集动轮单元阻尼矩阵,见（7.30）式
118     C(DOF+3*(j-1)+1,DOF+3*(j-1)+1)=cs2;
119     C(DOF+3*(j-1)+1,DOF+3*(j-1)+2)=-cs2;
120     C(DOF+3*(j-1)+2,DOF+3*(j-1)+1)=-cs2;
121     C(DOF+3*(j-1)+2,DOF+3*(j-1)+2)=cs1+cs2;
122     C(DOF+3*(j-1)+2,DOF+3*(j-1)+3)=-cs1;
123     C(DOF+3*(j-1)+3,DOF+3*(j-1)+2)=-cs1;
124     C(DOF+3*(j-1)+3,DOF+3*(j-1)+3)=cs1;
125 end
126 %%
127 % 第二部分：生成轨道不平顺
128 % 根据德国低干扰谱生成轨道高低不平顺样本
129 % Distance-里程；  d-轨道不平顺值
130 dx=v*dt;
131 [Distance,d]=Track_Irregularity_GER(1,30,3500,dx,L);
132 % 累加短波不平顺
133 [Distance1,d1]=Short_wave_Irregularity(0.1,1,3500,dx,L);
```

```
134    d=(0.5*d+0.1*d1)/5;
135    %%
136    % 第四部分：对时间步长循环，计算车辆，轨道和桥梁响应
137    % 4.1 初始化矩阵
138    Xb=zeros(DOF+12,n);    % 模型总结点位移矩阵
139    Vb=zeros(DOF+12,n);    % 模型总结点速度矩阵
140    Ab=zeros(DOF+12,n);    % 模型总结点结速度矩阵
141    % 4.2 Newmark 积分常数
142    alpha=0.25;delta=0.5;
143    c0=1/alpha/dt^2;
144    c1=delta/alpha/dt;
145    c2=1/alpha/dt;
146    c3=1/2/alpha-1;
147    c4=delta/alpha-1;
148    c5=dt*(delta/alpha-2)/2;
149    c6=dt*(1-delta);
150    c7=delta*dt;
151    % 4.3 进入时间步长循环
152    ii_1=zeros(4,1);       % 车轮所在单元左节点编号-1
153    ii=zeros(4,1);         % 车轮所在单元右节点编号-1
154    xc=zeros(4,1);         % 车轮所在单元局部坐标 xc
155    KK0=zeros(4,DOF+12,n); % 提取与计算桥墩反力相关的有效刚度矩阵
156    F0=zeros(4,n);         % 提取与计算桥墩反力相关的有效荷载向量
157    dd=zeros(4,1);         % 四个车轮位置处的轨道不平顺数值向量
158    n_break=T/dt;          % 车轮驶出桥梁中断计算时的时间步
159    for i=1:n               % 对时间步长循环
160        t=i*dt;
161        xw=[v*t+2*(lc+lt);v*t+2*lc;v*t+2*lt;v*t]; % 计算当前步各车轮的坐标
162        % 通过插值计算车轮位置处的轨道不平顺数值
163        dd(1)=interp1(Distance,d,xw(1),'spline'); % 轮 1 处的轨道不平顺
164        dd(2)=interp1(Distance,d,xw(2),'spline'); % 轮 2 处的轨道不平顺
165        dd(3)=interp1(Distance,d,xw(3),'spline'); % 轮 3 处的轨道不平顺
166        dd(4)=interp1(Distance,d,xw(4),'spline'); % 轮 4 处的轨道不平顺
167        K1=zeros(DOF+12,DOF+12);    % 存放组集动轮单元刚度矩阵的临时矩阵
168        F1=zeros(DOF+12,1);         % 存放组集动轮单元结点荷载的临时向量
```

```
169    for j=1:4          % 对车轮数循环
170        if xw(j)>=L % 如果车轮驶出了桥梁，则中断循环，并记录时间步长
171            n_break=i-1;
172            disp(i)
173            break
174        else
175            ii_1(j)=3*floor(xw(j)/ls);           % 车轮所在单元左节点编号-1
176            ii(j)=ii_1(j)+3;                     % 车轮所在单元右节点编号-1
177            xc(j)=xw(j)-floor(xw(j)/ls)*ls;      % 车轮所在单元局部坐标 xc
178            % 计算插值函数 N1-N4
179            N1=1-3*(xc(j)/ls)^2+2*(xc(j)/ls)^3;
180            N2=-xc(j)+2*xc(j)^2/ls-xc(j)^3/ls^2;
181            N3=3*(xc(j)/ls)^2-2*(xc(j)/ls)^3;
182            N4=xc(j)^2/ls-xc(j)^3/ls^2;
183            % 组集动轮单元中变化的刚度矩阵,见（7.25）式右端第 2 项
184            K1(2*ii_1(j)+1,2*ii_1(j)+1)=kc*N1*N1;
185            K1(2*ii_1(j)+1,2*ii_1(j)+2)=kc*N1*N2;
186            K1(2*ii_1(j)+1,2*ii(j)+1)=kc*N1*N3;
187            K1(2*ii_1(j)+1,2*ii(j)+2)=kc*N1*N4;
188            K1(2*ii_1(j)+2,2*ii_1(j)+1)=kc*N2*N1;
189            K1(2*ii_1(j)+2,2*ii_1(j)+2)=kc*N2*N2;
190            K1(2*ii_1(j)+2,2*ii(j)+1)=kc*N2*N3;
191            K1(2*ii_1(j)+2,2*ii(j)+2)=kc*N2*N4;
192            K1(2*ii(j)+1,2*ii_1(j)+1)=kc*N3*N1;
193            K1(2*ii(j)+1,2*ii_1(j)+2)=kc*N3*N2;
194            K1(2*ii(j)+1,2*ii(j)+1)=kc*N3*N3;
195            K1(2*ii(j)+1,2*ii(j)+2)=kc*N3*N4;
196            K1(2*ii(j)+2,2*ii_1(j)+1)=kc*N4*N1;
197            K1(2*ii(j)+2,2*ii_1(j)+2)=kc*N4*N2;
198            K1(2*ii(j)+2,2*ii(j)+1)=kc*N4*N3;
199            K1(2*ii(j)+2,2*ii(j)+2)=kc*N4*N4;
200            K1(DOF+3*(j-1)+3,2*ii_1(j)+1)=-kc*N1;
201            K1(DOF+3*(j-1)+3,2*ii_1(j)+2)=-kc*N2;
202            K1(DOF+3*(j-1)+3,2*ii(j)+1)=-kc*N3;
203            K1(DOF+3*(j-1)+3,2*ii(j)+2)=-kc*N4;
```

```
204        K1(2*ii_1(j)+1,DOF+3*(j-1)+3)=-kc*N1;
205        K1(2*ii_1(j)+2,DOF+3*(j-1)+3)=-kc*N2;
206        K1(2*ii(j)+1,DOF+3*(j-1)+3)=-kc*N3;
207        K1(2*ii(j)+2,DOF+3*(j-1)+3)=-kc*N4;
208        % 组集动轮单元结点荷载和由不平顺引起的荷载向量
209        F1(2*ii_1(j)+1,1)=-kc*dd(j)*N1;
210        F1(2*ii_1(j)+2,1)=-kc*dd(j)*N2;
211        F1(2*ii(j)+1,1)=-kc*dd(j)*N3;
212        F1(2*ii(j)+2,1)=-kc*dd(j)*N4;
213        F1(DOF+3*(j-1)+1)=-mc*9.8;
214        F1(DOF+3*(j-1)+2)=-mt*9.8;
215        F1(DOF+3*(j-1)+3)=kc*dd(j)-mw*9.8;
216    end
217 end
218 % 组集动轮单元刚度矩阵形成 Newmark 算法的有效刚度矩阵
219 KK=K+K1+c0*M+c1*C;
220 % 形成 Newmark 算法的有效载荷向量
221 FF=F1+M*(c0*Xb(:,i)+c2*Vb(:,i)+c3*Ab(:,i))+C*(c1*Xb(:,i)+c4*Vb(:,i)+c5*Ab(:,i));
222 % 为计算桥墩反力,提取与桥墩反力相关的有效刚度矩阵和有效荷载
223 KK0(1,:,i)=KK(5,:);
224 KK0(2,:,i)=KK(389,:);
225 KK0(3,:,i)=KK(773,:);
226 KK0(4,:,i)=KK(1157,:);
227 F0(1,i)=M(5,:)*(c0*Xb(:,i)+c2*Vb(:,i)+c3*Ab(:,i))+C(5,:)*(c1*Xb(:,i)+...
228     c4*Vb(:,i)+c5*Ab(:,i));
229 F0(2,i)=M(389,:)*(c0*Xb(:,i)+c2*Vb(:,i)+c3*Ab(:,i))+C(389,:)*(c1*Xb(:,i)+...
230     c4*Vb(:,i)+c5*Ab(:,i));
231 F0(3,i)=M(773,:)*(c0*Xb(:,i)+c2*Vb(:,i)+c3*Ab(:,i))+C(773,:)*(c1*Xb(:,i)+...
232     c4*Vb(:,i)+c5*Ab(:,i));
233 F0(4,i)=M(1157,:)*(c0*Xb(:,i)+c2*Vb(:,i)+c3*Ab(:,i))+C(1157,:)*(c1*Xb(:,i)+...
234     c4*Vb(:,i)+c5*Ab(:,i));
235 % 对轨道-桥梁子系统有效刚度矩阵和有效载荷向量施加桥梁位移边界条件(桥梁支座约束)
236 % 主对角线上元素取 1,所在行和列的其他元素取 0
237 for jb=1:(3+1)    % 对桥梁支座数循环
238     KK(64*3*2*(jb-1)+5,:)=0;
```

```
239         KK(:,64*3*2*(jb-1)+5)=0;
240         KK(64*3*2*(jb-1)+5,64*3*2*(jb-1)+5)=1;
241         FF(64*3*2*(jb-1)+5)=0;
242     end
243     % 解线性代数方程组得到结点位移
244     Xb(:,i+1)=KK\FF;
245     % 计算结点加速度
246     Ab(:,i+1)=c0*(Xb(:,i+1)-Xb(:,i))-c2*Vb(:,i)-c3*Ab(:,i);
247     % 计算结点速度
248     Vb(:,i+1)=Vb(:,i)+c6*Ab(:,i)+c7*Ab(:,i+1);
249     if rem(i,100)==0
250         disp(i);
251     end
252 end
253 toc;
254 disp(['运行时间:',num2str(toc/60),'分钟']);
255 %%
256 % 第五部分 计算轮轨作用力
257 %
258 if n>n_break
259     n=n_break;
260 end
261 Fwr=zeros(4,n); % 轮轨作用力向量
262 for i=1:(n-1)    % 对时间步长循环
263     t=i*dt;
264     xw=[v*t+2*(lc+lt);v*t+2*lc;v*t+2*lt;v*t]; % 计算当前步各车轮的坐标
265     % 通过插值计算车轮位置处的轨道不平顺数值
266     dd(1)=interp1(Distance,d,xw(1),'spline'); % 轮1处的轨道不平顺
267     dd(2)=interp1(Distance,d,xw(2),'spline'); % 轮2处的轨道不平顺
268     dd(3)=interp1(Distance,d,xw(3),'spline'); % 轮3处的轨道不平顺
269     dd(4)=interp1(Distance,d,xw(4),'spline'); % 轮4处的轨道不平顺
270     Vrail=zeros(4,1);
271     for j=1:4       % 对车轮循环
272         if xw(j)>=L
273             Fwr(j,i)=0;
```

```matlab
            else
                ii_1(j)=3*floor(xw(j)/ls);              % 车轮所在单元左节点编号-1
                ii(j)=ii_1(j)+3;                        % 车轮所在单元右节点编号-1
                xc(j)=xw(j)-floor(xw(j)/ls)*ls;         % 车轮所在单元局部坐标 xc
                N1=1-3*(xc(j)/ls)^2+2*(xc(j)/ls)^3;     % 插值函数 N1-N4
                N2=-xc(j)+2*xc(j)^2/ls-xc(j)^3/ls^2;
                N3=3*(xc(j)/ls)^2-2*(xc(j)/ls)^3;
                N4=xc(j)^2/ls-xc(j)^3/ls^2;
                % 计算与车轮接触的钢轨位移和轮轨作用力
                Vrail(j)=N1*Xb(2*ii_1(j)+1,i)+N2*Xb(2*ii_1(j)+2,i)+N3*Xb(2*ii(j)+1,i)+...
                    N4*Xb(2*ii(j)+2,i);
                Fwr(j,i)=kc*(Xb(DOF+3*(j-1)+3,i)-Vrail(j)-dd(j));  % 计算轮轨作用力
            end
        end
end
%%
% 第六部分  计算桥墩反力
Fb=zeros(4,n); % 存放 4 个桥墩支座反力时域数据向量
for i=1:n
    Fb(1,i)=KK0(1,:,i)*Xb(:,i+1)-F0(1,i);  % 计算桥墩支座 1 的反力
    Fb(2,i)=KK0(2,:,i)*Xb(:,i+1)-F0(2,i);  % 计算桥墩支座 2 的反力
    Fb(3,i)=KK0(3,:,i)*Xb(:,i+1)-F0(3,i);  % 计算桥墩支座 3 的反力
    Fb(4,i)=KK0(4,:,i)*Xb(:,i+1)-F0(4,i);  % 计算桥墩支座 4 的反力
end
%%
% 第七部分：输出计算结果
% 绘制轨道不平顺样本
figure;
plot(Distance,d*1000,'-b');
% 设置 x、y 轴的样式
xlabel(['轨道坐标/m'],'Fontname','宋体','FontSize',20);
ylabel(['轨道高低不平顺/mm'],'Fontname','宋体','FontSize',20);
set(gca,'Fontname','宋体','FontSize',20,'LineWidth',1.5);
legend(['\fontname{宋体}二系动轮单元模型/耦合方程解法'])
% 绘制车辆动力响应时程曲线
```

```matlab
309  % 绘制车体垂向位移时程曲线
310  Plot_Vehicle_Result(Xb(DOF+1,:)*1000,n,n1,dt,'时间/s','第1车体垂向位移/(mm)',20);
311  % 绘制转向架垂向位移时程曲线
312  Plot_Vehicle_Result(Xb(DOF+2,:)*1000,n,n1,dt,'时间/s','第1转向架垂向位移/(mm)',20);
313  % 绘制第1轮对垂向位移时程曲线
314  Plot_Vehicle_Result(Xb(DOF+3,:)*1000,n,n1,dt,'时间/s','第1轮对垂向位移/(mm)',20);
315  %%
316  % 绘制车体垂向速度时程曲线
317  Plot_Vehicle_Result(Vb(DOF+1,:),n,n1,dt,'时间/s','第1车体垂向速度/(m/s)',20);
318  % 绘制转向架垂向速度时程曲线
319  Plot_Vehicle_Result(Vb(DOF+2,:),n,n1,dt,'时间/s','第1转向架垂向速度/(m/s)',20);
320  % 绘制轮对垂向速度时程曲线
321  Plot_Vehicle_Result(Vb(DOF+3,:),n,n1,dt,'时间/s','第1轮对垂向速度/(m/s)',20);
322  % 绘制车体垂向加速度时程曲线
323  Plot_Vehicle_Result(Ab(DOF+7,:),n,n1,dt,'时间/s','车体垂向加速度/(m/s^2)',20);
324  xlim([0.5 1]);
325  % 绘制转向架垂向加速度时程曲线
326  Plot_Vehicle_Result(Ab(DOF+8,:),n,n1,dt,'时间/s','转向架垂向加速度/(m/s^2)',20);
327  xlim([0.5 1]);
328  % 绘制第2轮对垂向加速度时程曲线
329  Plot_Vehicle_Result(Ab(DOF+9,:),n,n1,dt,'时间/s','轮对垂向加速度/(m/s^2)',20);
330  xlim([0.5 1]);
331  % 绘制轮轨垂向力时程曲线
332  Plot_Vehicle_Result(Fwr(1,:)/1000,n-1,n1,dt,'时间/s','第1轮轨垂向力/kN',20);
333  xlim([0.5 1]);
334  Plot_Vehicle_Result(Fwr(2,:)/1000,n-1,n1,dt,'时间/s','第2轮轨垂向力/kN',20);
335  xlim([0.5 1]);
336  Plot_Vehicle_Result(Fwr(3,:)/1000,n-1,n1,dt,'时间/s','轮轨垂向力/kN',20);
337  xlim([0.5 1]);
338  Plot_Vehicle_Result(Fwr(4,:)/1000,n-1,n1,dt,'时间/s','第4轮轨垂向力/kN',20);
339  xlim([0.5 1]);
340  % 绘制桥墩反力时程曲线
341  Plot_Vehicle_Result(Fb(1,:)/1000,n,1,dt,'时间/s','第1桥墩反力/kN',20);
342  Plot_Vehicle_Result(Fb(2,:)/1000,n,1,dt,'时间/s','第2桥墩反力/kN',20);
343  Plot_Vehicle_Result(Fb(3,:)/1000,n,1,dt,'时间/s','第3桥墩反力/kN',20);
```

```
344  Plot_Vehicle_Result(Fb(4,:)/1000,n,1,dt,'时间/s','第4桥墩反力/kN',20);
345  %
346  % 绘制轨道-桥梁结构跨中位移时程曲线
347  % 提取轨道-桥梁跨中单元号
348  Track_Ele_Num=96; % 响应点位于96号单元（第2跨桥梁跨中）的289,290,291号结点垂向响应
349  % 钢轨振动响应
350  Rail_Node_Num=Track_Ele_Num*6+1; %钢轨垂向位移对应的自由度编号
351  Plot_Track_Result(Xb(Rail_Node_Num,:)*1000,n,1,dt,'时间/s','钢轨位移/(mm)',20);
352  Plot_Track_Result(Vb(Rail_Node_Num,:),n,1,dt,'时间/s','钢轨速度/(m/s)',20);
353  Plot_Track_Result(Ab(Rail_Node_Num,:),n,1,dt,'时间/s','钢轨加速度/(m/s^2)',20);
354  %%
355  % 轨道板振动响应
356  Slab_Node_Num=Track_Ele_Num*6+3; % 轨道板垂向位移对应的自由度编号
357  Plot_Track_Result(Xb(Slab_Node_Num,:)*1000,n,1,dt,'时间/s','轨道板位移/(mm)',20);
358  Plot_Track_Result(Vb(Slab_Node_Num,:),n,1,dt,'时间/s','轨道板速度/(m/s)',20);
359  Plot_Track_Result(Ab(Slab_Node_Num,:),n,1,dt,'时间/s','轨道板加速度/(m/s^2)',20);
360  %%
361  % 桥梁振动响应
362  Bridge_Node_Num=Track_Ele_Num*6+5; %桥梁跨中垂向位移对应的自由度编号
363  Plot_Track_Result(Xb(Bridge_Node_Num,:)*1000,n,1,dt,'时间/s','桥梁位移/(mm)',20);
364  Plot_Track_Result(Vb(Bridge_Node_Num,:),n,1,dt,'时间/s','桥梁速度/(m/s)',20);
365  Plot_Track_Result(Ab(Bridge_Node_Num,:),n,1,dt,'时间/s','桥梁加速度/(m/s^2)',20);
366  %% End
367  function [Ke,Ce,Me]=Track_bridge_element_matrix(l,E,I,m,aalfa,beeta,K_Spring,C_Spring)
368  % ========================================================================
369  %                                            Developed by Dr. Sun Kui
370  % 说明：
371  % 生成12自由度的无砟轨道-桥梁单元的刚度矩阵、阻尼矩阵和质量矩阵
372  % 输入参数：
373  % l：梁单元的长度,即扣件间距
374  % E：梁单元的弹性模量数组
375  % I：梁单元的截面惯性矩数组
376  % m：梁单元的单位长度质量数组
377  % aalfa：比例阻尼系数
378  % beeta：比例阻尼系数
```

```
379  % K_Spring：弹簧单元的刚度数组
380  % C_Spring：弹簧单元的阻尼数组
381  % 输出参数：
382  % Ke：无砟轨道单元的质量矩阵
383  % Ce：无砟轨道单元的阻尼矩阵
384  % Me：无砟轨道单元的刚度矩阵
385  %1.初始化参数
386  Er=E(1);Es=E(2);Ef=E(3);
387  Ir=I(1);Is=I(2);If=I(3);
388  Mr=m(1);Ms=m(2);Mf=m(3);
389  ky11=K_Spring(1);ky22=K_Spring(2);
390  cy11=C_Spring(1);cy22=C_Spring(2);
391  % 2.刚度矩阵
392  % 定义板式轨道单元的节点位移向量为
393  % ae={v1 theta1 v2 theta2 v3 theta3 v4 theta4 v5 theta5 v6 theta6}'
394  % 钢轨单元的弯曲刚度矩阵
395  kr=Er*Ir/l^3*...
396     [12    -6*l   0   0   0   0   -12   -6*l   0   0   0   0
397     -6*l   4*l^2  0   0   0   0    6*l   2*l^2  0   0   0   0
398      0      0     0   0   0   0    0     0     0   0   0   0
399      0      0     0   0   0   0    0     0     0   0   0   0
400      0      0     0   0   0   0    0     0     0   0   0   0
401      0      0     0   0   0   0    0     0     0   0   0   0
402     -12    6*l    0   0   0   0    12    6*l   0   0   0   0
403     -6*l   2*l^2  0   0   0   0    6*l   4*l^2 0   0   0   0
404      0      0     0   0   0   0    0     0     0   0   0   0
405      0      0     0   0   0   0    0     0     0   0   0   0
406      0      0     0   0   0   0    0     0     0   0   0   0
407      0      0     0   0   0   0    0     0     0   0   0   0];
408  % 轨道板单元的弯曲刚度矩阵
409  ks=Es*Is/l^3*...
410     [0   0   0    0     0   0   0   0    0     0   0   0
411      0   0   0    0     0   0   0   0    0     0   0   0
412      0   0   12  -6*l   0   0   0   0   -12   -6*l  0   0
413      0   0  -6*l  4*l^2 0   0   0   0    6*l   2*l^2 0   0
```

414	0	0	0	0	0	0	0	0	0	0	0	0
415	0	0	0	0	0	0	0	0	0	0	0	0
416	0	0	0	0	0	0	0	0	0	0	0	0
417	0	0	0	0	0	0	0	0	0	0	0	0
418	0	0	-12	6*l	0	0	0	0	12	6*l	0	0
419	0	0	-6*l	2*l^2	0	0	0	0	6*l	4*l^2	0	0
420	0	0	0	0	0	0	0	0	0	0	0	0
421	0	0	0	0	0	0	0	0	0	0	0	0];

422 % 桥梁单元的弯曲刚度矩阵
423 kf=Ef*If/l^3*...

424	[0	0	0	0	0	0	0	0	0	0	0	0
425	0	0	0	0	0	0	0	0	0	0	0	0
426	0	0	0	0	0	0	0	0	0	0	0	0
427	0	0	0	0	0	0	0	0	0	0	0	0
428	0	0	0	0	12	-6*l	0	0	0	0	-12	-6*l
429	0	0	0	0	-6*l	4*l^2	0	0	0	0	6*l	2*l^2
430	0	0	0	0	0	0	0	0	0	0	0	0
431	0	0	0	0	0	0	0	0	0	0	0	0
432	0	0	0	0	0	0	0	0	0	0	0	0
433	0	0	0	0	0	0	0	0	0	0	0	0
434	0	0	0	0	-12	6*l	0	0	0	0	12	6*l
435	0	0	0	0	-6*l	2*l^2	0	0	0	0	6*l	4*l^2];

436 % 离散支承弹簧的刚度矩阵
437 k1c=1/2*...

438	[ky11	0	-ky11	0	0	0	0	0	0	0	0	0
439	0	0	0	0	0	0	0	0	0	0	0	0
440	-ky11	0	ky11	0	0	0	0	0	0	0	0	0
441	0	0	0	0	0	0	0	0	0	0	0	0
442	0	0	0	0	0	0	0	0	0	0	0	0
443	0	0	0	0	0	0	0	0	0	0	0	0
444	0	0	0	0	0	0	ky11	0	-ky11	0	0	0
445	0	0	0	0	0	0	0	0	0	0	0	0
446	0	0	0	0	0	0	-ky11	0	ky11	0	0	0
447	0	0	0	0	0	0	0	0	0	0	0	0
448	0	0	0	0	0	0	0	0	0	0	0	0

```
449           0      0       0        0       0      0   0    0      0      0       0
450  % 第一层连续支承弹簧的刚度矩阵
451  k2c=ky22/1*l/420*...
452       [0      0      0        0        0       0   0    0      0      0       0
453        0      0      0        0        0       0   0    0      0      0       0
454        0      0    156     -22*l    -156    22*l   0    0     54    13*l    -54    -13*l
455        0      0   -22*l    4*l^2    22*l   -4*l^2  0    0   -13*l  -3*l^2  13*l    3*l^2
456        0      0   -156     22*l     156    -22*l   0    0    -54   -13*l    54     13*l
457        0      0    22*l   -4*l^2   -22*l   4*l^2   0    0    13*l   3*l^2 -13*l   -3*l^2
458        0      0      0        0        0       0   0    0      0      0       0
459        0      0      0        0        0       0   0    0      0      0       0
460        0      0     54    -13*l     -54    13*l    0    0    156   22*l   -156   -22*l
461        0      0    13*l   -3*l^2   -13*l   3*l^2   0    0    22*l  4*l^2  -22*l  -4*l^2
462        0      0    -54    13*l      54    -13*l    0    0   -156  -22*l    156    22*l
463        0      0   -13*l   3*l^2    13*l   -3*l^2   0    0   -22*l -4*l^2   22*l   4*l^2];
464  %%
465  % 3.质量矩阵
466  % 钢轨单元的质量矩阵
467  mr=Mr*l/420*...
468       [156   -22*l     0       0       0       0    54   13*l    0      0      0      0
469       -22*l  4*l^2     0       0       0       0  -13*l -3*l^2   0      0      0      0
470         0      0       0       0       0       0     0     0     0      0      0      0
471         0      0       0       0       0       0     0     0     0      0      0      0
472         0      0       0       0       0       0     0     0     0      0      0      0
473         0      0       0       0       0       0     0     0     0      0      0      0
474        54   -13*l      0       0       0       0   156   22*l    0      0      0      0
475       13*l  -3*l^2     0       0       0       0   22*l  4*l^2   0      0      0      0
476         0      0       0       0       0       0     0     0     0      0      0      0
477         0      0       0       0       0       0     0     0     0      0      0      0
478         0      0       0       0       0       0     0     0     0      0      0      0
479         0      0       0       0       0       0     0     0     0      0      0     0];
480  % 轨道板单元的质量矩阵
481  ms=Ms*l/420*...
482       [0      0       0        0       0       0    0     0      0      0      0
483        0      0       0        0       0       0    0     0      0      0      0
```

附录5　二系动轮单元-轨道-桥梁耦合系统动力有限元程序WTB_FE

484	0	0	156	-22*l	0	0	0	0	54	13*l	0	0
485	0	0	-22*l	4*l^2	0	0	0	0	-13*l	-3*l^2	0	0
486	0	0	0	0	0	0	0	0	0	0	0	0
487	0	0	0	0	0	0	0	0	0	0	0	0
488	0	0	0	0	0	0	0	0	0	0	0	0
489	0	0	0	0	0	0	0	0	0	0	0	0
490	0	0	54	-13*l	0	0	0	0	156	22*l	0	0
491	0	0	13*l	-3*l^2	0	0	0	0	22*l	4*l^2	0	0
492	0	0	0	0	0	0	0	0	0	0	0	0
493	0	0	0	0	0	0	0	0	0	0	0	0];

494　% 支承层单元的质量矩阵

495　mf=Mf*l/420*...

496	[0	0	0	0	0	0	0	0	0	0	0	0
497	0	0	0	0	0	0	0	0	0	0	0	0
498	0	0	0	0	0	0	0	0	0	0	0	0
499	0	0	0	0	0	0	0	0	0	0	0	0
500	0	0	0	0	156	-22*l	0	0	0	0	54	13*l
501	0	0	0	0	-22*l	4*l^2	0	0	0	0	-13*l	-3*l^2
502	0	0	0	0	0	0	0	0	0	0	0	0
503	0	0	0	0	0	0	0	0	0	0	0	0
504	0	0	0	0	0	0	0	0	0	0	0	0
505	0	0	0	0	0	0	0	0	0	0	0	0
506	0	0	0	0	54	-13*l	0	0	0	0	156	22*l
507	0	0	0	0	13*l	-3*l^2	0	0	0	0	22*l	4*l^2];

508

509　% 4.阻尼矩阵

510　% 离散支承弹簧的阻尼矩阵

511　c1c=1/2*...

512	[cy11	0	-cy11	0	0	0	0	0	0	0	0	0
513	0	0	0	0	0	0	0	0	0	0	0	0
514	-cy11	0	cy11	0	0	0	0	0	0	0	0	0
515	0	0	0	0	0	0	0	0	0	0	0	0
516	0	0	0	0	0	0	0	0	0	0	0	0
517	0	0	0	0	0	0	0	0	0	0	0	0
518	0	0	0	0	0	0	cy11	0	-cy11	0	0	0

```
519         0      0      0           0       0       0       0       0       0       0       0
520         0      0      0           0       0       0    -cy11      0     cy11      0       0
521         0      0      0           0       0       0       0       0       0       0       0
522         0      0      0           0       0       0       0       0       0       0       0
523         0      0      0           0       0       0       0       0       0       0      0];
524    % 第一层连续支承弹簧的阻尼矩阵
525    c2c=cy22*l/420*...
526       [0      0       0           0       0       0       0       0       0       0       0
527        0      0       0           0       0       0       0       0       0       0       0
528        0      0     156       -22*l    -156    22*l       0       0      54    13*l    -54   -13*l
529        0      0    -22*l     4*l^2    22*l   -4*l^2     0       0   -13*l   -3*l^2  13*l   3*l^2
530        0      0    -156      22*l     156    -22*l      0       0     -54   -13*l     54   13*l
531        0      0     22*l    -4*l^2   -22*l    4*l^2     0       0    13*l    3*l^2  -13*l  -3*l^2
532        0      0       0           0       0       0       0       0       0       0       0
533        0      0       0           0       0       0       0       0       0       0       0
534        0      0      54     -13*l     -54    13*l       0       0     156    22*l    -156   -22*l
535        0      0    13*l    -3*l^2   -13*l   3*l^2      0       0    22*l   4*l^2   -22*l  -4*l^2
536        0      0     -54     13*l       54   -13*l       0       0    -156   -22*l    156   22*l
537        0      0   -13*l    3*l^2    13*l   -3*l^2      0       0   -22*l  -4*l^2    22*l   4*l^2];
538    % 比例阻尼
539    cb=aalfa*mr+beeta*kr+aalfa*ms+beeta*ks+aalfa*mf+beeta*kf;
540    %%
541    % 5.组装轨道单元的刚度矩阵、质量矩阵、阻尼矩阵
542    Ke=kr+ks+kf+k1c+k2c;        % 钢轨、轨道板、支承层弯曲刚度和三层支承刚度矩阵
543    Me=mr+ms+mf;                % 钢轨、轨道板、支承层质量矩阵
544    Ce=cb+c1c+c2c;              % 比例阻尼、三层阻尼矩阵
545    end
```

附录6 基于车辆/轨道单元的列车-轨道耦合系统动力有限元程序 TT_FE

```
1   %%%%%%%%%%%%%%%%%%%%%%%%%%%%%%%%%%%%%%%%%%%%%%%%%%%%%%%%
2   % 基于车辆/轨道单元的列车-轨道耦合系统动力有限元程序 TT_FE         %
3   % 模型与算法：车辆单元，轨道单元，耦合方程解法，Newmark 直接积分法    %
4   % 列车类型：高速动车 CRH3；CRTS Ⅱ型板式无砟轨道，考虑轨道高低不平顺   %
5   %%%%%%%%%%%%%%%%%%%%%%%%%%%%%%%%%%%%%%%%%%%%%%%%%%%%%%%%
6   %              Developed by Prof. Lei Xiaoyan     2021.4.10
7   tic
8   clc;
9   clear;
10  close all;
11  fclose all;
12  %%
13  % 第一部分：参数输入
14  % 车辆 CRH3 参数
15  mc=40000/2;        % 1/2 车体质量
16  mt=3200/2;         % 1/2 构架质量
17  mw=2400/2;         % 1/2 轮对质量
18  jc=5.47e5;         % 车体点头惯量
19  jt=6.8e3;          % 构架点头惯量
20  ks2=0.8e6;         % 二系悬挂刚度
21  ks1=2.08e6;        % 一系悬挂刚度
22  cs2=120e3;         % 二系悬挂阻尼
23  cs1=100e3;         % 一系悬挂阻尼
24  kc=1500e6;         % 轮轨接触刚度
25  lt=2.5/2;          % 车辆轴距之半
26  lc=17.375/2;       % 车辆定距之半
27  %CRTS 二型板式无砟轨道计算参数
28  Er=2.059e11;       % 钢轨弹性模量 Pa
```

```
29    Ir=0.3217e-4;        % 钢轨惯性矩 m^4
30    mr=60.64;            % 钢轨单位长度质量 kg/m
31    DensityS=2500;       % 轨道板密度
32    Ws=2.55/2;           % 轨道板宽度 m 一半
33    Hs=0.2;              % 轨道板高度 m
34    Es=3.9e10;           % 轨道板的弹性模量 Pa
35    Is=Ws*Hs^3/12;       % 轨道板惯性矩 m^4
36    ms=Ws*Hs*DensityS;   % 轨道板的单位长度质量 kg/m(取半分析所以宽度为一半的值 Ws)
37    DensityB=2500;       % 支承层密度 kg/m^3
38    Wb=2.95/2;           % 支承层宽度 m
39    Hb=0.3;              % 支承层高度 m
40    Eb=3.0e10;           % 支承层的弹性模量 Pa
41    Ib=Wb*Hb^3/12/2;     % 支承层惯性矩 m^4 一半
42    mb=Wb*Hb*DensityB/2; % 支承层的单位长度质量 kg/m
43    %梁单元参数向量
44    E=zeros(1,3);        % 将三种梁单元（轨道梁、轨道板梁、底座板）弹性模量定义为一个向量
45    I=zeros(1,3);        % 将三种梁单元（轨道梁、轨道板梁、底座板）惯性矩定义为一个向量
46    m=zeros(1,3);        % 将三种梁单元（轨道梁、轨道板梁、底座板）单位长度质量定义为一个向量
47    E(1)=Er;E(2)=Es;E(3)=Eb;
48    I(1)=Ir;I(2)=Is;I(3)=Ib;
49    m(1)=mr;m(2)=ms;m(3)=mb;
50    %%
51    % 弹簧阻尼单元参数
52    krb=6e7;             % 扣件垫板的支承弹性系数 N/m
53    crb=5e4;             % 扣件垫板的阻尼系数 N.s/m
54    kca=9e8;             % CA 砂浆弹簧的支承弹性系数 N/m
55    cca=8.3e4;           % CA 砂浆弹簧的阻尼系数 N.s/m
56    ksub=6e7;            % 路基弹簧的支承弹性系数 N/m
57    csub=9e4;            % 路基弹簧的阻尼系数 N.s/m 9e4*lsub
58    % 弹簧阻尼单元行向量
59    K_Spring=zeros(1,3); % 弹簧阻尼单元刚度
60    C_Spring=zeros(1,3); % 弹簧阻尼单元阻尼
61    K_Spring(1)=krb;K_Spring(2)=kca;K_Spring(3)=ksub;
62    C_Spring(1)=crb;C_Spring(2)=cca;C_Spring(3)=csub;
63    % 比例阻尼系数
```

```
64    aalfar=0.5;
65    beetar=0.0002;
66    % 求解参数
67    L=150;              % 线路总长度
68    ls=0.625;           % 单元长度,轨枕间距 m
69    Num_Ele=L/ls;       % 轨道结构单元总数 240
70    Num_Node=(Num_Ele+1)*3;  % 轨道结构节点总数 723
71    DOF=2*Num_Node;     % 轨道结构自由度总数 1446(p197)
72    % 列车工况 1-4
73    Case=2;    % 考虑列车工况 2
74    switch(Case)
75        case 1
76            v=200/3.6;       % 车辆运行速度
77            T=2.2;           % 运行总时长
78        case 2
79            v=250/3.6;       % 车辆运行速度
80            T=1.8;           % 运行总时长
81        case 3
82            v=300/3.6;       % 车辆运行速度
83            T=1.5;           % 运行总时长
84        case 4
85            v=350/3.6;       % 车辆运行速度
86            T=1.2;           % 运行总时长
87    end
88    dt=0.001;           % 积分步长
89    n=floor(T/dt);      % 时间步数
90    n1=floor(n/3);      % 消除车辆静平衡对结果的影响,提取响应时扣除时间 T/3 s
91    %%
92    % 第二部分:组装车辆-轨道系统总矩阵
93    M=zeros(DOF+10,DOF+10);   % 模型总质量矩阵
94    C=zeros(DOF+10,DOF+10);   % 模型总阻尼矩阵
95    K=zeros(DOF+10,DOF+10);   % 模型总刚度矩阵
96    % 车辆单元结点位移向量
97    % ae={vc fi_c vt1 vt2 fi_1 fi_2 vw1 vw2 vw3 vw4 }'车轮从右往左编号
98    % 计算车辆单元矩阵
```

```
99     [Mv,Kv,Cv] = Train_element_matrix(mc,mt,mw,jc,jt,ks1,cs1,ks2,cs2,lt,lc);
100    % 计算无砟轨道单元矩阵
101    [Ke,Ce,Me] = Track_element_matrix(ls,E,I,m,aalfar,beetar,K_Spring,C_Spring);
102    % 组装轨道子系统的总刚度矩阵、总质量矩阵、总阻尼矩阵
103    for   b=1:Num_Ele    % 按单元数循环
104        for i=1:12       % 按单元自由度循环
105            for j=1:12   % 按单元自由度循环
106                K(6*b-6+i,6*b-6+j)=K(6*b-6+i,6*b-6+j)+Ke(i,j);
107                M(6*b-6+i,6*b-6+j)=M(6*b-6+i,6*b-6+j)+Me(i,j);
108                C(6*b-6+i,6*b-6+j)=C(6*b-6+i,6*b-6+j)+Ce(i,j);
109            end
110        end
111    end
112    % 根据式(8.6)、式(8.22)和式(8.25)形成车辆单元不变部分的刚度矩阵、质量矩阵
113    % 和阻尼矩阵,并组装到总刚度、总质量和总阻尼矩阵中
114    for ii1=DOF+1:DOF+10
115        for jj1=DOF+1:DOF+10
116            K(ii1,jj1)=Kv(ii1-DOF,jj1-DOF);
117            M(ii1,jj1)=Mv(ii1-DOF,jj1-DOF);
118            C(ii1,jj1)=Cv(ii1-DOF,jj1-DOF);
119        end
120    end
121    %%
122    % 第二部分:生成轨道不平顺
123    % 根据德国低干扰谱生成轨道高低不平顺样本
124    % Distance-里程;  d-轨道不平顺值
125    dx=v*dt;
126    [Distance,d]=Track_Irregularity_GER(1,30,3500,dx,L);
127    % 累加短波不平顺
128    [Distance1,d1]=Short_wave_Irregularity(0.1,1,3500,dx,L);
129    d=(0.5*d+0.1*d1)/5;
130    %%
131    % 第四部分:对时间步长循环,计算车辆,轨道和桥梁响应
132    % 4.1 初始化矩阵
133    Xb=zeros(DOF+10,n); % 模型总结点位移矩阵
```

```
134    Vb=zeros(DOF+10,n);  % 模型总结点速度矩阵
135    Ab=zeros(DOF+10,n);  % 模型总结点结速度矩阵
136    % 4.2 Newmark 积分常数
137    alpha=0.25;delta=0.5;
138    c0=1/alpha/dt^2;
139    c1=delta/alpha/dt;
140    c2=1/alpha/dt;
141    c3=1/2/alpha-1;
142    c4=delta/alpha-1;
143    c5=dt*(delta/alpha-2)/2;
144    c6=dt*(1-delta);
145    c7=delta*dt;
146    % 4.3 进入时间步长循环
147    ii_1=zeros(4,1);        % 车轮所在单元左节点编号-1
148    ii=zeros(4,1);          % 车轮所在单元右节点编号-1
149    xc=zeros(4,1);          % 车轮所在单元局部坐标 xc
150    dd=zeros(4,1);          % 四个车轮位置处的轨道不平顺数值向量
151    n_break=T/dt;           % 车轮驶出桥梁中断计算时的时间步
152    for i=1:n                % 对时间步长循环
153        t=i*dt;
154        xw=[v*t+2*(lc+lt);v*t+2*lc;v*t+2*lt;v*t];  % 计算当前步各车轮的坐标
155        % 通过插值计算车轮位置处的轨道不平顺数值
156        dd(1)=interp1(Distance,d,xw(1),'spline');  % 轮 1 处的轨道不平顺
157        dd(2)=interp1(Distance,d,xw(2),'spline');  % 轮 2 处的轨道不平顺
158        dd(3)=interp1(Distance,d,xw(3),'spline');  % 轮 3 处的轨道不平顺
159        dd(4)=interp1(Distance,d,xw(4),'spline');  % 轮 4 处的轨道不平顺
160        K1=zeros(DOF+10,DOF+10);  % 存放组集车辆单元刚度矩阵的临时矩阵
161        F1=zeros(DOF+10,1);       % 存放组集车辆单元结点荷载的临时向量
162        % 车辆结点荷载输入
163        F1(DOF+1,1)=-mc*9.8;
164        F1(DOF+3,1)=-mt*9.8;
165        F1(DOF+4,1)=-mt*9.8;
166        for j=1:4                 % 对车轮数循环
167            if xw(j)>=L  % 如果车轮驶出了桥梁,则中断循环,并记录时间步长
168                n_break=i-1;
```

```
169         disp(i)
170         break
171     else
172         ii_1(j)=3*floor(xw(j)/ls);           % 车轮所在单元左节点编号-1
173         ii(j)=ii_1(j)+3;                      % 车轮所在单元右节点编号-1
174         xc(j)=xw(j)-floor(xw(j)/ls)*ls;       % 车轮所在单元局部坐标 xc
175         % 计算插值函数 N1-N4
176         N1=1-3*(xc(j)/ls)^2+2*(xc(j)/ls)^3;
177         N2=-xc(j)+2*xc(j)^2/ls-xc(j)^3/ls^2;
178         N3=3*(xc(j)/ls)^2-2*(xc(j)/ls)^3;
179         N4=xc(j)^2/ls-xc(j)^3/ls^2;
180         % 组集车辆单元变化部分的刚度矩阵,见式(8.4)右端第 2 项
181         K1(2*ii_1(j)+1,2*ii_1(j)+1)=kc*N1*N1;
182         K1(2*ii_1(j)+1,2*ii_1(j)+2)=kc*N1*N2;
183         K1(2*ii_1(j)+1,2*ii(j)+1)=kc*N1*N3;
184         K1(2*ii_1(j)+1,2*ii(j)+2)=kc*N1*N4;
185         K1(2*ii_1(j)+2,2*ii_1(j)+1)=kc*N2*N1;
186         K1(2*ii_1(j)+2,2*ii_1(j)+2)=kc*N2*N2;
187         K1(2*ii_1(j)+2,2*ii(j)+1)=kc*N2*N3;
188         K1(2*ii_1(j)+2,2*ii(j)+2)=kc*N2*N4;
189         K1(2*ii(j)+1,2*ii_1(j)+1)=kc*N3*N1;
190         K1(2*ii(j)+1,2*ii_1(j)+2)=kc*N3*N2;
191         K1(2*ii(j)+1,2*ii(j)+1)=kc*N3*N3;
192         K1(2*ii(j)+1,2*ii(j)+2)=kc*N3*N4;
193         K1(2*ii(j)+2,2*ii_1(j)+1)=kc*N4*N1;
194         K1(2*ii(j)+2,2*ii_1(j)+2)=kc*N4*N2;
195         K1(2*ii(j)+2,2*ii(j)+1)=kc*N4*N3;
196         K1(2*ii(j)+2,2*ii(j)+2)=kc*N4*N4;
197         K1(DOF+6+j,2*ii_1(j)+1)=-kc*N1;
198         K1(DOF+6+j,2*ii_1(j)+2)=-kc*N2;
199         K1(DOF+6+j,2*ii(j)+1)=-kc*N3;
200         K1(DOF+6+j,2*ii(j)+2)=-kc*N4;
201         K1(2*ii_1(j)+1,DOF+6+j)=-kc*N1;
202         K1(2*ii_1(j)+2,DOF+6+j)=-kc*N2;
203         K1(2*ii(j)+1,DOF+6+j)=-kc*N3;
```

```
204          K1(2*ii(j)+2,DOF+6+j)=-kc*N4;
205          K1(DOF+6+j,DOF+6+j)=kc+ks1; % 刚度矩阵式(8.4)主对角线元素
206          % 组集车辆单元轮对处由不平顺引起的荷载向量和车轮静荷载,见式(8.15)和式(8.14)
207          F1(2*ii_1(j)+1,1)=-kc*dd(j)*N1;
208          F1(2*ii_1(j)+2,1)=-kc*dd(j)*N2;
209          F1(2*ii(j)+1,1)=-kc*dd(j)*N3;
210          F1(2*ii(j)+2,1)=-kc*dd(j)*N4;
211          F1(DOF+6+j,1)=kc*dd(j)-mw*9.8;
212        end
213      end
214      % 组集车辆单元刚度矩阵形成 Newmark 算法的有效刚度矩阵
215      KK=K+K1+c0*M+c1*C;
216      % 形成 Newmark 算法的有效载荷向量
217      FF=F1+M*(c0*Xb(:,i)+c2*Vb(:,i)+c3*Ab(:,i))+(C)*(c1*Xb(:,i)+c4*Vb(:,i)+...
218          c5*Ab(:,i));
219      % 解线性代数方程组得到结点位移
220      Xb(:,i+1)=KK\FF;
221      % 计算结点加速度
222      Ab(:,i+1)=c0*(Xb(:,i+1)-Xb(:,i))-c2*Vb(:,i)-c3*Ab(:,i);
223      % 计算结点速度
224      Vb(:,i+1)=Vb(:,i)+c6*Ab(:,i)+c7*Ab(:,i+1);
225      if rem(i,100)==0
226         disp(i);
227      end
228  end
229  toc;
230  disp(['运行时间:',num2str(toc/60),'分钟']);
231  %%
232  % 第五部分 计算轮轨作用力
233  %
234  Fwr=zeros(4,n); % 轮轨作用力向量
235  if n>n_break
236      n=n_break;
237  end
238  for i=1:n          % 对时间步长循环
```

```
239     t=i*dt;
240     xw=[v*t+2*(lc+lt);v*t+2*lc;v*t+2*lt;v*t];  % 计算当前步各车轮的坐标
241     % 通过插值计算车轮位置处的轨道不平顺数值
242     dd(1)=interp1(Distance,d,xw(1),'spline');  % 轮 1 处的轨道不平顺
243     dd(2)=interp1(Distance,d,xw(2),'spline');  % 轮 2 处的轨道不平顺
244     dd(3)=interp1(Distance,d,xw(3),'spline');  % 轮 3 处的轨道不平顺
245     dd(4)=interp1(Distance,d,xw(4),'spline');  % 轮 4 处的轨道不平顺
246     Vrail=zeros(4,1);
247     for j=1:4       % 对车轮循环
248         if  xw(j)>=L
249             Fwr(j,i)=0;
250         else
251             ii_1(j)=3*floor(xw(j)/ls);         % 车轮所在单元左节点编号-1
252             ii(j)=ii_1(j)+3;                    % 车轮所在单元右节点编号-1
253             xc(j)=xw(j)-floor(xw(j)/ls)*ls;    % 车轮所在单元局部坐标 xc
254             N1=1-3*(xc(j)/ls)^2+2*(xc(j)/ls)^3;  % 插值函数 N1-N4
255             N2=-xc(j)+2*xc(j)^2/ls-xc(j)^3/ls^2;
256             N3=3*(xc(j)/ls)^2-2*(xc(j)/ls)^3;
257             N4=xc(j)^2/ls-xc(j)^3/ls^2;
258             % 计算与车轮接触的钢轨位移和轮轨作用力
259             Vrail(j)=N1*Xb(2*ii_1(j)+1,i)+N2*Xb(2*ii_1(j)+2,i)+N3*Xb(2*ii(j)+1,i)+...
260                 N4*Xb(2*ii(j)+2,i);
261             Fwr(j,i)=kc*(Xb(DOF+6+j,i)-Vrail(j)-dd(j));  % 计算轮轨作用力
262         end
263     end
264 end
265 %%
266 % 第六部分：输出计算结果
267 % 绘制轨道不平顺样本
268 figure;
269 plot(Distance,d*1000,'-b');
270 % 设置 x、y 轴的样式
271 xlabel(['轨道坐标/m'],'Fontname', '宋体','FontSize',20);
272 ylabel(['轨道高低不平顺/mm'],'Fontname', '宋体','FontSize',20);
273 set(gca,'Fontname', '宋体','FontSize',20,'LineWidth',1.5);
```

```
274     legend(['\fontname{宋体}整车模型/耦合方程解法'])
275     % 绘制车辆动力响应时程曲线（绘图时用xlim控制稳定段输出）
276     %%
277     % 绘制车体垂向位移时程曲线
278     Plot_Vehicle_Result(Xb(DOF+1,:)*1000,n,n1,dt,'时间/s','车体垂向位移/(mm)',20);
279     %%
280     % 绘制转向架垂向位移时程曲线
281     Plot_Vehicle_Result(Xb(DOF+3,:)*1000,n,n1,dt,'时间/s','前转向架垂向位移/(mm)',20);
282     Plot_Vehicle_Result(Xb(DOF+4,:)*1000,n,n1,dt,'时间/s','后转向架垂向位移/(mm)',20);
283     %%
284     % 绘制轮对垂向位移时程曲线
285     Plot_Vehicle_Result(Xb(DOF+7,:)*1000,n,n1,dt,'时间/s','第1轮对垂向位移/(mm)',20);
286     Plot_Vehicle_Result(Xb(DOF+8,:)*1000,n,n1,dt,'时间/s','第2轮对垂向位移/(mm)',20);
287     %%
288     % 绘制车体垂向速度时程曲线
289     Plot_Vehicle_Result(Vb(DOF+1,:),n,n1,dt,'时间/s','车体垂向速度/(m/s)',20);
290     %%
291     % 绘制转向架垂向速度时程曲线
292     Plot_Vehicle_Result(Vb(DOF+3,:),n,n1,dt,'时间/s','前转向架垂向速度/(m/s)',20);
293     Plot_Vehicle_Result(Vb(DOF+4,:),n,n1,dt,'时间/s','后转向架垂向速度/(m/s)',20);
294     %%
295     % 绘制轮对垂向速度时程曲线
296     Plot_Vehicle_Result(Vb(DOF+7,:),n,n1,dt,'时间/s','第1轮对垂向速度/(m/s)',20);
297     Plot_Vehicle_Result(Vb(DOF+8,:),n,n1,dt,'时间/s','第2轮对垂向速度/(m/s)',20);
298     %%
299     % 绘制车体垂向加速度时程曲线
300     Plot_Vehicle_Result(Ab(DOF+1,:),n,n1,dt,'时间/s','车体垂向加速度/(m/s^2)',20);
301     xlim([0.6 1.6]);
302     %%
303     % 绘制转向架垂向加速度时程曲线
304     Plot_Vehicle_Result(Ab(DOF+3,:),n,n1,dt,'时间/s','前转向架垂向加速度/(m/s^2)',20);
305     xlim([0.6 1.6]);
306     Plot_Vehicle_Result(Ab(DOF+4,:),n,n1,dt,'时间/s','后转向架垂向加速度/(m/s^2)',20);
307     xlim([0.6 1.6]);
308     %%
```

```
309  % 绘制轮对垂向加速度时程曲线
310  Plot_Vehicle_Result(Ab(DOF+7,:),n,n1,dt,'时间/s','第1轮对垂向加速度/(m/s^2)',20);
311  xlim([0.6 1.6]);
312  Plot_Vehicle_Result(Ab(DOF+8,:),n,n1,dt,'时间/s','第2轮对垂向加速度/(m/s^2)',20);
313  xlim([0.6 1.6]);
314  %%
315  % 绘制轮轨垂向力时程曲线
316  Plot_Vehicle_Result(Fwr(1,:)/1000,n,n1,dt,'时间/s','第1轮轨垂向力/kN',20);
317  xlim([0.6 1.6]);
318  Plot_Vehicle_Result(Fwr(2,:)/1000,n,n1,dt,'时间/s','第2轮轨垂向力/kN',20);
319  xlim([0.6 1.6]);
320  Plot_Vehicle_Result(Fwr(3,:)/1000,n,n1,dt,'时间/s','第3轮轨垂向力/kN',20);
321  xlim([0.6 1.6]);
322  Plot_Vehicle_Result(Fwr(4,:)/1000,n,n1,dt,'时间/s','第4轮轨垂向力/kN',20);
323  xlim([0.6 1.6]);
324  %%
325  % 绘制线路跨中轨道结构振动响应时程曲线
326  % 提取线路中间130号单元
327  Track_Ele_Num=130; % 响应点位于线路中间130号单元的130*3+1=391,392,393号结点垂向响应
328  % 钢轨振动响应
329  Rail_Node_Num=Track_Ele_Num*6+1; % 钢轨垂向位移对应的自由度编号
330  Plot_Track_Result(Xb(Rail_Node_Num,:)*1000,n,1,dt,'时间/s','钢轨位移/(mm)',20);
331  xlim([0.6 1.4]);
332  Plot_Track_Result(Vb(Rail_Node_Num,:),n,1,dt,'时间/s','钢轨速度/(m/s)',20);
333  xlim([0.6 1.4]);
334  Plot_Track_Result(Ab(Rail_Node_Num,:),n,1,dt,'时间/s','钢轨加速度/(m/s^2)',20);
335  xlim([0.6 1.4]);
336  %%
337  % 轨道板振动响应
338  Slab_Node_Num=Track_Ele_Num*6+3; % 轨道板垂向位移对应的自由度编号
339  Plot_Track_Result(Xb(Slab_Node_Num,:)*1000,n,1,dt,'时间/s','轨道板位移/(mm)',20);
340  xlim([0.6 1.4]);
341  Plot_Track_Result(Vb(Slab_Node_Num,:),n,1,dt,'时间/s','轨道板速度/(m/s)',20);
342  xlim([0.6 1.4]);
343  Plot_Track_Result(Ab(Slab_Node_Num,:),n,1,dt,'时间/s','轨道板加速度/(m/s^2)',20);
```

```
344  xlim([0.6 1.4]);
345  %%
346  % 底座板振动响应
347  Base_Node_Num=Track_Ele_Num*6+5;         % 底座板垂向位移对应的自由度编号
348  Plot_Track_Result(Xb(Base_Node_Num,:)*1000,n,1,dt,'时间/s','底座板位移/(mm)',20);
349  xlim([0.6 1.4]);
350  Plot_Track_Result(Vb(Base_Node_Num,:),n,1,dt,'时间/s','底座板速度/(m/s)',20);
351  xlim([0.6 1.4]);
352  Plot_Track_Result(Ab(Base_Node_Num,:),n,1,dt,'时间/s','底座板加速度/(m/s^2)',20);
353  xlim([0.6 1.4])
354  %% End
```

附录7 基于谱单元法的无砟轨道结构中高频振动分析程序 STV_SEM

```
1   %%%%%%%%%%%%%%%%%%%%%%%%%%%%%%%%%%%%%%%%%%%%%%%%%%%%%%%%
2   % 基于谱单元法的无砟轨道结构中高频振动分析程序 STV_SEM        %
3   % 模型与算法：谱单元法，Bernoulli-Euler梁模型，Timoshenko梁模型  %
4   % 荷载：简谐荷载；轨道：CRTSⅡ型板式无砟轨道，轨道结构三层梁模型  %
5   %%%%%%%%%%%%%%%%%%%%%%%%%%%%%%%%%%%%%%%%%%%%%%%%%%%%%%%%
6   %         Developed by Xing Congcong and Prof. Lei Xiaoyan    2021.4.10
7   tic
8   clc;
9   clear all;
10  close all;
11  fclose all;
12  %%% 无砟轨道三层梁模型 欧拉梁和铁摩辛柯梁%%%
13  %%%% 第一部分 输入参数%%%%
14  Er=210e9;          % 钢轨弹性质量
15  pr=7800;           % 钢轨密度
16  Ar=7.745e-3;       % 钢轨截面积
17  Ir=3.217*10^(-5);  % 钢轨惯性矩
18  Es=39e9;           % 轨道板惯性矩
19  ps=2500;           % 轨道板密度
20  As=2.55*0.2/2;     % 轨道板截面积 0.51/2
21  Is=1.7e-3/2;       % 轨道板惯性矩
22  Eh=30e9;           % 混凝土底座弹性模量
23  ph=2500;           % 混凝土底座密度
24  Ah=0.885/2;        % 混凝土底座截面积
25  Ih=6.6e-3/2;       % 混凝土底座惯性矩
26  ky1=60e6;          % 垫板和扣件垂向刚度系数
27  cy1=47.7e3;        % 垫板和扣件垂向阻尼系数
28  br=0.17;           % 轨下垫板沿纵向的长度
```

```
29    krot=1/12*br^2*ky1; % 扣件扭转刚度
30    crot=cy1*krot/ky1;  % 扣件扭转阻尼
31    ky2=900e6; % CA 砂浆刚度系数
32    cy2=83e3;  % CA 砂浆阻尼系数
33    ky3=60e6;  % 路基刚度系数
34    cy3=90e3;  % 路基阻尼系数
35    eye=sqrt(-1);
36    v=0.3;     % 泊松比
37    Gr0=Er/(2*(1+v)); % 钢轨剪切模量
38    Gs0=Es/(2*(1+v)); % 轨道板剪切模量
39    Gh0=Eh/(2*(1+v)); % 底座板剪切模量
40    K=0.5329;         % 剪切矫正因子
41    %%% 第二部分 数据计算
42    l=0.625/2;        % 单元长度
43    s=62.5+0.625*3;   % 模型长度
44    noele=206;        % 单元数
45    nonode=noele+1;   % 节点数 207
46    q=zeros(nonode*6,1); % 谱元法方程荷载向量
47    q(619,1)=1;       % 轨道结构跨中施加单位简谐荷载
48    f=10:1:4000;      % 对频率循环
49    tt=length(f);
50    for n=1:1:tt
51       w=f(n)*2*pi;   % 圆频率
52    %% 欧拉梁模型
53    % 计算欧拉梁钢轨谱单元刚度矩阵
54    okr=sqrt(w)*sqrt(sqrt(pr*Ar/Er/Ir));
55    odetar=1/(1-cos(okr*l)*cosh(okr*l));
56    osr11=odetar*(cos(okr*l)*sinh(okr*l)+sin(okr*l)*cosh(okr*l))*(okr*l)^3;
57    osr12=odetar*sinh(okr*l)*sin(okr*l)*okr^2*l^3;
58    osr13=-odetar*(sinh(okr*l)+sin(okr*l))*(okr*l)^3;
59    osr14=odetar*(cosh(okr*l)-cos(okr*l))*okr^2*l^3;
60    osr21=osr12;
61    osr22=odetar*(-cos(okr*l)*sinh(okr*l)+sin(okr*l)*cosh(okr*l))*okr*l^3;
62    osr23=-osr14;
63    osr24=odetar*(sinh(okr*l)-sin(okr*l))*okr*l^3;
```

```
64      osr31=osr13;
65      osr32=osr23;
66      osr33=osr11;
67      osr34=-osr12;
68      osr41=osr14;
69      osr42=osr24;
70      osr43=osr34;
71      osr44=osr22;
72      % 欧拉梁钢轨截断单元
73      okkr11=Er*Ir*(eye*okr^3-okr^3);
74      okkr12=Er*Ir*eye*okr^2;
75      okkr21=Er*Ir*eye*okr^2;
76      okkr22=Er*Ir*(eye*okr+okr);
77      % 欧拉梁钢轨谱单元刚度矩阵
78      oKr=Er*Ir/(l^3)*...
79          [osr11   osr12   0   0   0   0   osr13   osr14   0   0   0   0
80           osr21   osr22   0   0   0   0   osr23   osr24   0   0   0   0
81           0       0       0   0   0   0   0       0       0   0   0   0
82           0       0       0   0   0   0   0       0       0   0   0   0
83           0       0       0   0   0   0   0       0       0   0   0   0
84           0       0       0   0   0   0   0       0       0   0   0   0
85           osr31   osr32   0   0   0   0   osr33   osr34   0   0   0   0
86           osr41   osr42   0   0   0   0   osr43   osr44   0   0   0   0
87           0       0       0   0   0   0   0       0       0   0   0   0
88           0       0       0   0   0   0   0       0       0   0   0   0
89           0       0       0   0   0   0   0       0       0   0   0   0
90           0       0       0   0   0   0   0       0       0   0   0   0];
91      % 形成欧拉梁钢轨谱元法总刚度矩阵
92      okr2=zeros(nonode*6,nonode*6);
93      for b=1:noele
94          for i=1:12
95              for j=1:12
96                  okr2(6*b-6+i,6*b-6+j)=okr2(6*b-6+i,6*b-6+j)+oKr(i,j);
97              end
98          end
```

```
99    end
100   % 向左截断单元
101   okr2(1,1)=okr2(1,1)+okkr11;
102   okr2(1,2)=okr2(1,2)-okkr12;
103   okr2(2,1)=okr2(2,1)-okkr21;
104   okr2(2,2)=okr2(2,2)+okkr22;
105   % 向右截断单元
106   okr2(nonode*6-5,nonode*6-5)=okr2(nonode*6-5,nonode*6-5)+okkr11;
107   okr2(nonode*6-5,nonode*6-4)=okr2(nonode*6-5,nonode*6-4)+okkr12;
108   okr2(nonode*6-4,nonode*6-5)=okr2(nonode*6-4,nonode*6-5)+okkr21;
109   okr2(nonode*6-4,nonode*6-4)=okr2(nonode*6-4,nonode*6-4)+okkr22;
110   % 计算欧拉梁轨道板谱单元刚度矩阵
111   oks=sqrt(w)*sqrt(sqrt(ps*As/Es/Is));
112   odetas=1/(1-cos(oks*l)*cosh(oks*l));
113   oss11=odetas*(cos(oks*l)*sinh(oks*l)+sin(oks*l)*cosh(oks*l))*(oks*l)^3;
114   oss12=odetas*sinh(oks*l)*sin(oks*l)*oks^2*l^3;
115   oss13=-odetas*(sinh(oks*l)+sin(oks*l))*(oks*l)^3;
116   oss14=odetas*(cosh(oks*l)-cos(oks*l))*oks^2*l^3;
117   oss21=oss12;
118   oss22=odetas*(-cos(oks*l)*sinh(oks*l)+sin(oks*l)*cosh(oks*l))*oks*l^3;
119   oss23=-oss14;
120   oss24=odetas*(sinh(oks*l)-sin(oks*l))*oks*l^3;
121   oss31=oss13;
122   oss32=oss23;
123   oss33=oss11;
124   oss34=-oss12;
125   oss41=oss14;
126   oss42=oss24;
127   oss43=oss34;
128   oss44=oss22;
129   % 欧拉梁轨道板截断单元
130   okks11=Es*Is*(eye*oks^3-oks^3);
131   okks12=Es*Is*eye*oks^2;
132   okks21=Es*Is*eye*oks^2;
133   okks22=Es*Is*(eye*oks+oks);
```

```
134   % 轨道板谱单元刚度矩阵
135   oKs=Es*Is/(l^3)*...
136       [0 0    0      0      0  0  0  0      0      0      0 0
137        0 0    0      0      0  0  0  0      0      0      0 0
138        0 0    oss11  oss12  0  0  0  oss13  oss14  0 0
139        0 0    oss21  oss22  0  0  0  oss23  oss24  0 0
140        0 0    0      0      0  0  0  0      0      0      0 0
141        0 0    0      0      0  0  0  0      0      0      0 0
142        0 0    0      0      0  0  0  0      0      0      0 0
143        0 0    0      0      0  0  0  0      0      0      0 0
144        0 0    oss31  oss32  0  0  0  oss33  oss34  0 0
145        0 0    oss41  oss42  0  0  0  oss43  oss44  0 0
146        0 0    0      0      0  0  0  0      0      0      0 0
147        0 0    0      0      0  0  0  0      0      0      0 0];
148   % 形成欧拉梁轨道板谱元法总刚度矩阵
149     oks2=zeros(nonode*6,nonode*6);
150   for b=1:noele
151       for i=1:12
152           for j=1:12
153               oks2(6*b-6+i,6*b-6+j)=oks2(6*b-6+i,6*b-6+j)+oKs(i,j);
154           end
155       end
156   end
157   % 向左截断单元
158   oks2(3,3)=oks2(3,3)+okks11;
159   oks2(3,4)=oks2(3,4)-okks12;
160   oks2(4,3)=oks2(4,3)-okks21;
161   oks2(4,4)=oks2(4,4)+okks22;
162   % 向右截断单元
163   oks2(nonode*6-3,nonode*6-3)=oks2(nonode*6-3,nonode*6-3)+okks11;
164   oks2(nonode*6-3,nonode*6-2)=oks2(nonode*6-3,nonode*6-2)+okks12;
165   oks2(nonode*6-2,nonode*6-3)=oks2(nonode*6-2,nonode*6-3)+okks21;
166   oks2(nonode*6-2,nonode*6-2)=oks2(nonode*6-2,nonode*6-2)+okks22;
167   % 计算欧拉梁底座板谱单元刚度矩阵
168   okh=sqrt(w)*sqrt(sqrt(ph*Ah/Eh/Ih));
```

附录7 基于谱单元法的无砟轨道结构中高频振动分析程序 STV_SEM

```
169  odetah=1/(1-cos(okh*l)*cosh(okh*l));
170  osh11=odetah*(cos(okh*l)*sinh(okh*l)+sin(okh*l)*cosh(okh*l))*(okh*l)^3;
171  osh12=odetah*sinh(okh*l)*sin(okh*l)*okh^2*l^3;
172  osh13=-odetah*(sinh(okh*l)+sin(okh*l))*(okh*l)^3;
173  osh14=odetah*(cosh(okh*l)-cos(okh*l))*okh^2*l^3;
174  osh21=osh12;
175  osh22=odetah*(-cos(okh*l)*sinh(okh*l)+sin(okh*l)*cosh(okh*l))*okh*l^3;
176  osh23=-osh14;
177  osh24=odetah*(sinh(okh*l)-sin(okh*l))*okh*l^3;
178  osh31=osh13;
179  osh32=osh23;
180  osh33=osh11;
181  osh34=-osh12;
182  osh41=osh14;
183  osh42=osh24;
184  osh43=osh34;
185  osh44=osh22;
186  % 欧拉梁底座板截断单元
187  okkh11=Eh*Ih*(eye*okh^3-okh^3);
188  okkh12=Eh*Ih*eye*okh^2;
189  okkh21=Eh*Ih*eye*okh^2;
190  okkh22=Eh*Ih*(eye*okh+okh);
191  % 底座板谱单元刚度矩阵
192  oKh=Eh*Ih/(l^3)*...
193       [0  0  0  0     0      0      0  0  0     0      0
194        0  0  0  0     0      0      0  0  0     0      0
195        0  0  0  0     0      0      0  0  0     0      0
196        0  0  0  0     0      0      0  0  0     0      0
197        0  0  0  0   osh11  osh12   0  0  0   osh13  osh14
198        0  0  0  0   osh21  osh22   0  0  0   osh23  osh24
199        0  0  0  0     0      0      0  0  0     0      0
200        0  0  0  0     0      0      0  0  0     0      0
201        0  0  0  0     0      0      0  0  0     0      0
202        0  0  0  0     0      0      0  0  0     0      0
203        0  0  0  0   osh31  osh32   0  0  0   osh33  osh34
```

```
204          0  0  0  0  osh41 osh42 0  0  0  osh43 osh44];
205    % 形成欧拉梁底座板谱元法总刚度矩阵
206      okh2=zeros(nonode*6, nonode*6);
207      for b=1:noele
208        for i=1:12
209          for j=1:12
210            okh2(6*b-6+i, 6*b-6+j)=okh2(6*b-6+i, 6*b-6+j)+oKh(i, j);
211          end
212        end
213      end
214    % 向左截断单元
215    okh2(5, 5)=okh2(5, 5)+okkh11;
216    okh2(5, 6)=okh2(5, 6)-okkh12;
217    okh2(6, 5)=okh2(6, 5)-okkh21;
218    okh2(6, 6)=okh2(6, 6)+okkh22;
219    % 向右截断单元
220    okh2(nonode*2-1, nonode*2-1)=okh2(nonode*2-1, nonode*2-1)+okkh11;
221    okh2(nonode*2-1, nonode*2)=okh2(nonode*2-1, nonode*2)+okkh12;
222    okh2(nonode*2, nonode*2-1)=okh2(nonode*2, nonode*2-1)+okkh21;
223    okh2(nonode*2, nonode*2)=okh2(nonode*2, nonode*2)+okkh22;
224    % 由钢轨扣件离散支撑引起的刚度(相邻两轨枕间的钢轨划分成2个单元, 但只有左右结点有扣件,
225    % 中间结点无扣件, 为此, 将2个单元合二为一, 得到由钢轨扣件离散支撑引起的刚度矩阵为18*18)
226    k1c=(1/2)*...
227       [ky1   0    -ky1   0     0 0 0 0 0 0 0 0  0  0  0  0  0 0
228         0    krot   0    -krot 0 0 0 0 0 0 0 0  0  0  0  0  0 0
229        -ky1  0     ky1   0     0 0 0 0 0 0 0 0  0  0  0  0  0 0
230         0   -krot   0    krot  0 0 0 0 0 0 0 0  0  0  0  0  0 0
231         0    0     0     0     0 0 0 0 0 0 0 0  0  0  0  0  0 0
232         0    0     0     0     0 0 0 0 0 0 0 0  0  0  0  0  0 0
233         0    0     0     0     0 0 0 0 0 0 0 0  0  0  0  0  0 0
234         0    0     0     0     0 0 0 0 0 0 0 0  0  0  0  0  0 0
235         0    0     0     0     0 0 0 0 0 0 0 0  0  0  0  0  0 0
236         0    0     0     0     0 0 0 0 0 0 0 0  0  0  0  0  0 0
237         0    0     0     0     0 0 0 0 0 0 0 0  0  0  0  0  0 0
238         0    0     0     0     0 0 0 0 0 0 0 0  0  0  0  0  0 0
```

```
239        0  0    0      0     0   0 0 0 0 0 0  ky1    0   -ky1   0    0 0
240        0  0    0      0     0   0 0 0 0 0 0   0    krot   0   -krot 0 0
241        0  0    0      0     0   0 0 0 0 0 0 -ky1    0    ky1   0    0 0
242        0  0    0      0     0   0 0 0 0 0 0   0   -krot   0   krot  0 0
243        0  0    0      0     0   0 0 0 0 0 0   0     0     0    0    0 0
244        0  0    0      0     0   0 0 0 0 0 0   0     0     0    0    0 0];
245  % 由 CA 砂浆连续支撑引起的刚度
246    k2c=(ky2*l)/420*...
247     [0 0    0       0        0      0 0 0    0       0       0       0
248      0 0    0       0        0      0 0 0    0       0       0       0
249      0 0   156    -22*l    -156   22*l 0 0   54     13*l    -54    -13*l
250      0 0  -22*l   4*l^2    22*l  -4*l^2 0 0 -13*l  -3*l^2   13*l    3*l^2
251      0 0  -156    22*l      156  -22*l 0 0  -54    -13*l     54    13*l
252      0 0   22*l  -4*l^2   -22*l   4*l^2 0 0  13*l   3*l^2   -13*l  -3*l^2
253      0 0    0       0        0      0 0 0    0       0       0       0
254      0 0    0       0        0      0 0 0    0       0       0       0
255      0 0   54    -13*l     -54    13*l 0 0  156    22*l    -156   -22*l
256      0 0  13*l   -3*l^2   -13*l   3*l^2 0 0  22*l   4*l^2   -22*l  -4*l^2
257      0 0  -54    13*l       54   -13*l 0 0 -156   -22*l     156    22*l
258      0 0 -13*l   3*l^2    13*l   -3*l^2 0 0 -22*l  -4*l^2    22*l   4*l^2];
259  % 由路基连续支撑引起的刚度
260    k3c=(ky3*l)/420*...
261     [0 0 0 0    0       0     0 0 0    0       0
262      0 0 0 0    0       0     0 0 0    0       0
263      0 0 0 0    0       0     0 0 0    0       0
264      0 0 0 0    0       0     0 0 0    0       0
265      0 0 0 0   156    -22*l   0 0 0   54     13*l
266      0 0 0 0  -22*l    4*l^2  0 0 0  -13*l  -3*l^2
267      0 0 0 0    0       0     0 0 0    0       0
268      0 0 0 0    0       0     0 0 0    0       0
269      0 0 0 0    0       0     0 0 0    0       0
270      0 0 0 0    0       0     0 0 0    0       0
271      0 0 0 0   54    -13*l    0 0 0  156    22*l
272      0 0 0 0  13*l   -3*l^2   0 0 0   22*l   4*l^2];
273  % 由钢轨扣件离散支撑引起的阻尼
```

```
274        c1c=(1/2)*...
275        [cy1    0      -cy1    0     0 0 0 0 0 0    0      0      0      0     0 0
276         0      crot    0     -crot  0 0 0 0 0 0    0      0      0      0     0 0
277        -cy1    0       cy1    0     0 0 0 0 0 0    0      0      0      0     0 0
278         0     -crot    0      crot  0 0 0 0 0 0    0      0      0      0     0 0
279         0      0       0      0     0 0 0 0 0 0    0      0      0      0     0 0
280         0      0       0      0     0 0 0 0 0 0    0      0      0      0     0 0
281         0      0       0      0     0 0 0 0 0 0    0      0      0      0     0 0
282         0      0       0      0     0 0 0 0 0 0    0      0      0      0     0 0
283         0      0       0      0     0 0 0 0 0 0    0      0      0      0     0 0
284         0      0       0      0     0 0 0 0 0 0    0      0      0      0     0 0
285         0      0       0      0     0 0 0 0 0 0    0      0      0      0     0 0
286         0      0       0      0     0 0 0 0 0 0    0      0      0      0     0 0
287         0      0       0      0     0 0 0 0 0 0   cy1     0     -cy1    0     0 0
288         0      0       0      0     0 0 0 0 0 0    0     crot    0    -crot   0 0
289         0      0       0      0     0 0 0 0 0 0  -cy1     0      cy1    0     0 0
290         0      0       0      0     0 0 0 0 0 0    0    -crot    0     crot   0 0
291         0      0       0      0     0 0 0 0 0 0    0      0      0      0     0 0
292         0      0       0      0     0 0 0 0 0 0    0      0      0      0     0 0];
293  % 由 CA 砂浆连续支撑引起的阻尼
294        c2c=(cy2*l)/420*...
295        [0 0     0         0          0         0       0 0     0         0          0         0
296         0 0     0         0          0         0       0 0     0         0          0         0
297         0 0     156      -22*l      -156       22*l    0 0     54        13*l      -54       -13*l
298         0 0    -22*l     4*l^2      22*l      -4*l^2   0 0    -13*l     -3*l^2     13*l      3*l^2
299         0 0    -156       22*l      156       -22*l    0 0    -54       -13*l      54        13*l
300         0 0     22*l     -4*l^2     -22*l      4*l^2   0 0     13*l     3*l^2     -13*l     -3*l^2
301         0 0     0         0          0         0       0 0     0         0          0         0
302         0 0     0         0          0         0       0 0     0         0          0         0
303         0 0     54       -13*l      -54        13*l    0 0     156       22*l      -156      -22*l
304         0 0     13*l     -3*l^2     -13*l      3*l^2   0 0     22*l     4*l^2      -22*l     -4*l^2
305         0 0    -54        13*l      54        -13*l    0 0    -156      -22*l      156       22*l
306         0 0    -13*l     3*l^2      13*l      -3*l^2   0 0    -22*l    -4*l^2      22*l      4*l^2];
307  % 由路基连续支撑引起的阻尼
308        c3c=(cy3*l)/420*...
```

```
309         [0 0 0 0   0      0        0 0 0 0   0       0
310          0 0 0 0   0      0        0 0 0 0   0       0
311          0 0 0 0   0      0        0 0 0 0   0       0
312          0 0 0 0   0      0        0 0 0 0   0       0
313          0 0 0 0   156    -22*l    0 0 0 0   54      13*l
314          0 0 0 0   -22*l  4*l^2    0 0 0 0   -13*l   -3*l^2
315          0 0 0 0   0      0        0 0 0 0   0       0
316          0 0 0 0   0      0        0 0 0 0   0       0
317          0 0 0 0   0      0        0 0 0 0   0       0
318          0 0 0 0   0      0        0 0 0 0   0       0
319          0 0 0 0   54     -13*l    0 0 0 0   156     22*l
320          0 0 0 0   13*l   -3*l^2   0 0 0 0   22*l    4*l^2];
321     c=c2c+c3c;
322     k1=k2c+k3c+eye*w*c;
323     kk1=zeros(nonode*6,nonode*6);
324     for b=1:noele
325         for i=1:12
326             for j=1:12
327                 kk1(6*b-6+i,6*b-6+j)=kk1(6*b-6+i,6*b-6+j)+k1(i,j);
328             end
329         end
330     end
331     k2=k1c+eye*w*c1c;
332     kk2=zeros(6*nonode,6*nonode);
333     for b=1:(noele/2)
334         for i=1:18
335             for j=1:18
336                 kk2(12*b-12+i,12*b-12+j)=kk2(12*b-12+i,12*b-12+j)+k2(i,j);
337             end
338         end
339     end
340     kk3=kk1+kk2;
341     ok=okr2+oks2+okh2+kk3;   % 欧拉梁模型无砟轨道结构三层梁谱元法总刚度矩阵
342     ok=sparse(ok);
343     d1(:,n)=(ok)\q(:,1);     % 欧拉梁位移导纳
```

```
344    v1(:,n)=eye*w*d1(:,n);  % 欧拉梁速度导纳
345    aa1(:,n)=-w^2*d1(:,n);  % 欧拉梁加速度导纳
346    %% 铁摩辛柯梁
347    %% 铁摩辛柯梁钢轨谱单元刚度矩阵
348    ar1=(Gr0*Ar*K*pr*Ir*w^2+Er*Ir*pr*Ar*w^2)/(Gr0*Ar*K*Er*Ir);  % 式(10.10)中的 a1
349    ar2=((pr*Ar*w^2)*(pr*Ir*w^2-Gr0*Ar*K))/(Gr0*Ar*K*Er*Ir);   % 式(10.10)中的 a2
350    kr1=sqrt(ar1/2+sqrt(ar1^2/4-ar2));  % 式(10.9)中的 k1
351    kr3=-kr1;                            % 式(10.9)中的 k3
352    kr2=sqrt(ar1/2-sqrt(ar1^2/4-ar2));  % 式(10.9)中的 k2
353    kr4=-kr2;                            % 式(10.9)中的 k4
354    Rr1=(eye*Gr0*Ar*K*kr1)/(Gr0*Ar*K*kr1^2-pr*Ar*w^2);  % 式(10.12)中的 R1
355    Rr2=(eye*Gr0*Ar*K*kr2)/(Gr0*Ar*K*kr2^2-pr*Ar*w^2);  % 式(10.12)中的 R2
356    er1=exp(-eye*kr1*l);
357    er2=exp(-eye*kr2*l);
358    rr1=(Rr1-Rr2)*(1-er1*er2);    % 式(10.19)中的 r1
359    rr2=(Rr1+Rr2)*(er1-er2);      % 式(10.19)中的 r2
360    tdetar=rr1^2-rr2^2;           % 式(10.19)中的三角形 detar
361    Gr11=(rr1+rr2*er2)/tdetar;    % 形成式(10.18)G 矩阵
362    Gr12=-Rr2*(rr1-rr2*er2)/tdetar;
363    Gr13=-(rr1*er2+rr2)/tdetar;
364    Gr14=Rr2*(rr1*er2-rr2)/tdetar;
365    Gr21=-(rr1+rr2*er1)/tdetar;
366    Gr22=Rr1*(rr1-rr2*er1)/tdetar;
367    Gr23=(rr1*er1+rr2)/tdetar;
368    Gr24=-Rr1*(rr1*er1-rr2)/tdetar;
369    Gr31=-Gr13;
370    Gr32=Gr14;
371    Gr33=-Gr11;
372    Gr34=Gr12;
373    Gr41=-Gr23;
374    Gr42=Gr24;
375    Gr43=-Gr21;
376    Gr44=Gr22;
377    Gr=[Gr11 Gr12 Gr13 Gr14;Gr21 Gr22 Gr23 Gr24;Gr31 Gr32 Gr33 Gr34;...
378        Gr41 Gr42 Gr43 Gr44];
```

附录7 基于谱单元法的无砟轨道结构中高频振动分析程序 STV_SEM

```
379   Nr00=[1 1 er1 er2];                              % 当x=0时，N(0,w)的值
380   Nr01=[-eye*kr1 -eye*kr2 eye*kr1*er1 eye*kr2*er2];  % 当x=0时，N(0,w)求一次导的值
381   Nr02=[-kr1^2 -kr2^2 -kr1^2*er1 -kr2^2*er2];      % 当x=0时，N(0,w)求两次导的值
382   Nr10=[er1 er2 1 1];                              % 当x=1时，N(1,w)的值
383   Nr11=[-eye*kr1*er1 -eye*kr2*er2 eye*kr1 eye*kr2];  % 当x=1时，N(1,w)求一次导的值
384   Nr12=[-kr1^2*er1 -kr2^2*er2 -kr1^2 -kr2^2];      % 当x=1时，N(1,w)求两次导的值
385   Hr11=Er*Ir*Nr02+pr*Ir*w^2*Nr00;
386   Hr21=-Er*Ir*Nr01;
387   Hr31=-Er*Ir*Nr12-pr*Ir*w^2*Nr10;
388   Hr41=Er*Ir*Nr11;
389   Hr=[Hr11;Hr21; Hr31; Hr41];    % 形成式(10.23)H矩阵
390   tsr=Hr*Gr;                     % 形成钢轨的谱单元刚度矩阵 S=HG
391   %%% 铁摩辛柯梁钢轨截断单元式(10.34)
392   tkkr11=Er*Ir*(kr2^2-kr1^2)/(Rr1-Rr2);
393   tkkr12=Er*Ir*(Rr2*kr1^2-Rr1*kr2^2)/(Rr1-Rr2)+w^2*pr*Ir;
394   tkkr21=Er*Ir*eye*(kr1-kr2)/(Rr1-Rr2);
395   tkkr22=Er*Ir*eye*(Rr1*kr2-Rr2*kr1)/(Rr1-Rr2);
396   % 钢轨谱刚度矩阵式（10.38）
397   tKr=[tsr(1,1) tsr(1,2) 0 0 0 0 tsr(1,3) tsr(1,4) 0 0 0 0
398        tsr(2,1) tsr(2,2) 0 0 0 0 tsr(2,3) tsr(2,4) 0 0 0 0
399        0        0        0 0 0 0 0        0        0 0 0 0
400        0        0        0 0 0 0 0        0        0 0 0 0
401        0        0        0 0 0 0 0        0        0 0 0 0
402        0        0        0 0 0 0 0        0        0 0 0 0
403        tsr(3,1) tsr(3,2) 0 0 0 0 tsr(3,3) tsr(3,4) 0 0 0 0
404        tsr(4,1) tsr(4,2) 0 0 0 0 tsr(4,3) tsr(4,4) 0 0 0 0
405        0        0        0 0 0 0 0        0        0 0 0 0
406        0        0        0 0 0 0 0        0        0 0 0 0
407        0        0        0 0 0 0 0        0        0 0 0 0
408        0        0        0 0 0 0 0        0        0 0 0 0];
409   % 形成铁摩辛柯梁谱元法钢轨总刚度矩阵
410   tkr2=zeros(nonode*6,nonode*6);
411   for b=1:noele
412       for i=1:12
413           for j=1:12
```

```
414            tkr2(6*b-6+i,6*b-6+j)=tkr2(6*b-6+i,6*b-6+j)+tKr(i,j);
415          end
416        end
417      end
418      % 向左截断单元
419      tkr2(1,1)=tkr2(1,1)+tkkr11;
420      tkr2(1,2)=tkr2(1,2)-tkkr12;
421      tkr2(2,1)=tkr2(2,1)-tkkr21;
422      tkr2(2,2)=tkr2(2,2)+tkkr22;
423      % 向右截断单元
424      tkr2(nonode*6-5,nonode*6-5)=tkr2(nonode*6-5,nonode*6-5)+tkkr11;
425      tkr2(nonode*6-5,nonode*6-4)=tkr2(nonode*6-5,nonode*6-4)+tkkr12;
426      tkr2(nonode*6-4,nonode*6-5)=tkr2(nonode*6-4,nonode*6-5)+tkkr21;
427      tkr2(nonode*6-4,nonode*6-4)=tkr2(nonode*6-4,nonode*6-4)+tkkr22;
428      % 铁摩辛柯梁轨道板谱单元刚度矩阵
429      as1=(Gs0*As*K*ps*Is*w^2+Es*Is*ps*As*w^2)/(Gs0*As*K*Es*Is);
430      as2=((ps*As*w^2)*(ps*Is*w^2-Gs0*As*K))/(Gs0*As*K*Es*Is);
431      ks1=sqrt(as1/2+sqrt(as1^2/4-as2));
432      ks3=-ks1;
433      ks2=sqrt(as1/2-sqrt(as1^2/4-as2));
434      ks4=-ks2;
435      Rs1=(eye*Gs0*As*K*ks1)/(Gs0*As*K*ks1^2-ps*As*w^2);
436      Rs2=(eye*Gs0*As*K*ks2)/(Gs0*As*K*ks2^2-ps*As*w^2);
437      es1=exp(-eye*ks1*l);
438      es2=exp(-eye*ks2*l);
439      rs1=(Rs1-Rs2)*(1-es1*es2);
440      rs2=(Rs1+Rs2)*(es1-es2);
441      tdetas=rs1^2-rs2^2;
442      Gs11=(rs1+rs2*es2)/tdetas;
443      Gs12=-Rs2*(rs1-rs2*es2)/tdetas;
444      Gs13=-(rs1*es2+rs2)/tdetas;
445      Gs14=Rs2*(rs1*es2-rs2)/tdetas;
446      Gs21=-(rs1+rs2*es1)/tdetas;
447      Gs22=Rs1*(rs1-rs2*es1)/tdetas;
448      Gs23=(rs1*es1+rs2)/tdetas;
```

```
449    Gs24=-Rs1*(rs1*es1-rs2)/tdetas;
450    Gs31=-Gs13;
451    Gs32=Gs14;
452    Gs33=-Gs11;
453    Gs34=Gs12;
454    Gs41=-Gs23;
455    Gs42=Gs24;
456    Gs43=-Gs21;
457    Gs44=Gs22;
458    Gs=[Gs11 Gs12 Gs13 Gs14;Gs21 Gs22 Gs23 Gs24;Gs31 Gs32 Gs33 Gs34;...
459         Gs41 Gs42 Gs43 Gs44];
460    Ns00=[1 1 es1 es2];  % 当x=0时，N(0,w)的值。
461    Ns01=[-eye*ks1 -eye*ks2 eye*ks1*es1 eye*ks2*es2];  % 当x=0时，N(0,w)求一次导的值
462    Ns02=[-ks1^2 -ks2^2 -ks1^2*es1 -ks2^2*es2];        % 当x=0时，N(0,w)求两次导的值
463    Ns10=[es1 es2 1 1];  % 当x=1时，N(1,w)的值。
464    Ns11=[-eye*ks1*es1 -eye*ks2*es2 eye*ks1 eye*ks2];  % 当x=1时，N(1,w)求一次导的值
465    Ns12=[-ks1^2*es1 -ks2^2*es2 -ks1^2 -ks2^2];        % 当x=1时，N(1,w)求两次导的值
466    Hs11=Es*Is*Ns02+ps*Is*w^2*Ns00;
467    Hs21=-Es*Is*Ns01;
468    Hs31=-Es*Is*Ns12-ps*Is*w^2*Ns10;
469    Hs41=Es*Is*Ns11;
470    Hs=[Hs11;Hs21; Hs31; Hs41];
471    tss=Hs*Gs;
472    % 铁摩辛柯梁轨道板截断单元
473    tkks11=Es*Is*(ks2^2-ks1^2)/(Rs1-Rs2);
474    tkks12=Es*Is*(Rs2*ks1^2-Rs1*ks2^2)/(Rs1-Rs2)+w^2*ps*Is;
475    tkks21=Es*Is*eye*(ks1-ks2)/(Rs1-Rs2);
476    tkks22=Es*Is*eye*(Rs1*ks2-Rs2*ks1)/(Rs1-Rs2);
477    % 轨道板谱单元刚度矩阵
478    tKs=[0 0    0       0       0 0 0 0       0       0 0
479         0 0    0       0       0 0 0 0       0       0 0
480         0 0    tss(1,1) tss(1,2) 0 0 0 0 tss(1,3) tss(1,4) 0 0
481         0 0    tss(2,1) tss(2,2) 0 0 0 0 tss(2,3) tss(2,4) 0 0
482         0 0    0       0       0 0 0 0       0       0 0
483         0 0    0       0       0 0 0 0       0       0 0
```

484	0 0	0	0	0 0 0	0	0	0 0
485	0 0	0	0	0 0 0	0	0	0 0
486	0 0	tss(3,1)	tss(3,2)	0 0 0	tss(3,3)	tss(3,4)	0 0
487	0 0	tss(4,1)	tss(4,2)	0 0 0	tss(4,3)	tss(4,4)	0 0
488	0 0	0	0	0 0 0	0	0	0 0
489	0 0	0	0	0 0 0	0	0	0 0];

```
490  % 形成铁摩辛柯梁谱元法轨道板总刚度矩阵
491  tks2=zeros(nonode*6,nonode*6);
492  for b=1:noele
493      for i=1:12
494          for j=1:12
495              tks2(6*b-6+i,6*b-6+j)=tks2(6*b-6+i,6*b-6+j)+tKs(i,j);
496          end
497      end
498  end
499  % 向左截断单元
500  tks2(3,3)=tks2(3,3)+tkks11;
501  tks2(3,4)=tks2(3,4)-tkks12;
502  tks2(4,3)=tks2(4,3)-tkks21;
503  tks2(4,4)=tks2(4,4)+tkks22;
504  % 向右截断单元
505  tks2(nonode*6-3,nonode*6-3)=tks2(nonode*6-3,nonode*6-3)+tkks11;
506  tks2(nonode*6-3,nonode*6-2)=tks2(nonode*6-3,nonode*6-2)+tkks12;
507  tks2(nonode*6-2,nonode*6-3)=tks2(nonode*6-2,nonode*6-3)+tkks21;
508  tks2(nonode*6-2,nonode*6-2)=tks2(nonode*6-2,nonode*6-2)+tkks22;
509  % 铁摩辛柯梁底座板谱单元刚度矩阵
510  ah1=(Gh0*Ah*K*ph*Ih*w^2+Eh*Ih*ph*Ah*w^2)/(Gh0*Ah*K*Eh*Ih);
511  ah2=((ph*Ah*w^2)*(ph*Ih*w^2-Gh0*Ah*K))/(Gh0*Ah*K*Eh*Ih);
512  kh1=sqrt(ah1/2+sqrt(ah1^2/4-ah2));
513  kh3=-kh1;
514  kh2=sqrt(ah1/2-sqrt(ah1^2/4-ah2));
515  kh4=-kh2;
516  Rh1=(eye*Gh0*Ah*K*kh1)/(Gh0*Ah*K*kh1^2-ph*Ah*w^2);
517  Rh2=(eye*Gh0*Ah*K*kh2)/(Gh0*Ah*K*kh2^2-ph*Ah*w^2);
518  eh1=exp(-eye*kh1*l);
```

```
519    eh2=exp(-eye*kh2*1);
520    rh1=(Rh1-Rh2)*(1-eh1*eh2);
521    rh2=(Rh1+Rh2)*(eh1-eh2);
522    tdetah=rh1^2-rh2^2;
523    Gh11=(rh1+rh2*eh2)/tdetah;
524    Gh12=-Rh2*(rh1-rh2*eh2)/tdetah;
525    Gh13=-(rh1*eh2+rh2)/tdetah;
526    Gh14=Rh2*(rh1*eh2-rh2)/tdetah;
527    Gh21=-(rh1+rh2*eh1)/tdetah;
528    Gh22=Rh1*(rh1-rh2*eh1)/tdetah;
529    Gh23=(rh1*eh1+rh2)/tdetah;
530    Gh24=-Rh1*(rh1*eh1-rh2)/tdetah;
531    Gh31=-Gh13;
532    Gh32=Gh14;
533    Gh33=-Gh11;
534    Gh34=Gh12;
535    Gh41=-Gh23;
536    Gh42=Gh24;
537    Gh43=-Gh21;
538    Gh44=Gh22;
539    Gh=[Gh11 Gh12 Gh13 Gh14;Gh21 Gh22 Gh23 Gh24;Gh31 Gh32 Gh33 Gh34;...
540        Gh41 Gh42 Gh43 Gh44];
541    Nh00=[1 1 eh1 eh2];                       % 当 x=0 时，N(0,w)的值
542    Nh01=[-eye*kh1 -eye*kh2 eye*kh1*eh1 eye*kh2*eh2]; % 当 x=0 时，N(0,w)求一次导的值
543    Nh02=[-kh1^2 -kh2^2 -kh1^2*eh1 -kh2^2*eh2];  % 当 x=0 时，N(0,w)求两次导的值
544    Nh10=[eh1 eh2 1 1];                       % 当 x=1 时，N(1,w)的值
545    Nh11=[-eye*kh1*eh1 -eye*kh2*eh2 eye*kh1 eye*kh2]; % 当 x=1 时，N(1,w)求一次导的值
546    Nh12=[-kh1^2*eh1 -kh2^2*eh2 -kh1^2 -kh2^2]; % 当 x=1 时，N(1,w)求两次导的值
547    Hh11=Eh*Ih*Nh02+ph*Ih*w^2*Nh00;
548    Hh21=-Eh*Ih*Nh01;
549    Hh31=-Eh*Ih*Nh12-ph*Ih*w^2*Nh10;
550    Hh41=Eh*Ih*Nh11;
551    Hh=[Hh11;Hh21;Hh31; Hh41];
552    tsh=Hh*Gh;
553    %% 铁摩辛柯梁底座板截断单元
```

```
554    tkkh11=Eh*Ih*(kh2^2-kh1^2)/(Rh1-Rh2);
555    tkkh12=Eh*Ih*(Rh2*kh1^2-Rh1*kh2^2)/(Rh1-Rh2)+w^2*ph*Ih;
556    tkkh21=Eh*Ih*eye*(kh1-kh2)/(Rh1-Rh2);
557    tkkh22=Eh*Ih*eye*(Rh1*kh2-Rh2*kh1)/(Rh1-Rh2);
558    % 底座板谱单元刚度矩阵
559    tKh=[0 0 0 0      0      0 0 0 0      0
560         0 0 0 0      0      0 0 0 0      0
561         0 0 0 0      0      0 0 0 0      0
562         0 0 0 0      0      0 0 0 0      0
563         0 0 0 0 tsh(1,1) tsh(1,2) 0 0 0 tsh(1,3) tsh(1,4)
564         0 0 0 0 tsh(2,1) tsh(2,2) 0 0 0 tsh(2,3) tsh(2,4)
565         0 0 0 0      0      0 0 0 0      0
566         0 0 0 0      0      0 0 0 0      0
567         0 0 0 0      0      0 0 0 0      0
568         0 0 0 0      0      0 0 0 0      0
569         0 0 0 0 tsh(3,1) tsh(3,2) 0 0 0 tsh(3,3) tsh(3,4)
570         0 0 0 0 tsh(4,1) tsh(4,2) 0 0 0 tsh(4,3) tsh(4,4)];
571    % 形成铁摩辛柯梁谱元法底座板总刚度矩阵
572    tkh2=zeros(nonode*6,nonode*6);
573    for b=1:noele
574        for i=1:12
575            for j=1:12
576                tkh2(6*b-6+i,6*b-6+j)=tkh2(6*b-6+i,6*b-6+j)+tKh(i,j);
577            end
578        end
579    end
580    % 向左截断单元
581    tkh2(5,5)=tkh2(5,5)+tkkh11;
582    tkh2(5,6)=tkh2(5,6)-tkkh12;
583    tkh2(6,5)=tkh2(6,5)-tkkh21;
584    tkh2(6,6)=tkh2(6,6)+tkkh22;
585    % 向右截断单元
586    tkh2(nonode*6-1,nonode*6-1)=tkh2(nonode*6-1,nonode*6-1)+tkkh11;
587    tkh2(nonode*6-1,nonode*6)=tkh2(nonode*6-1,nonode*6)+tkkh12;
588    tkh2(nonode*6,nonode*6-1)=tkh2(nonode*6,nonode*6-1)+tkkh21;
```

附录7 基于谱单元法的无砟轨道结构中高频振动分析程序 STV_SEM

```
589    tkh2(nonode*6,nonode*6)=tkh2(nonode*6,nonode*6)+tkkh22;
590    tk=tkr2+tks2+tkh2+kk3;    % 形成铁摩辛柯梁模型无砟轨道结构三层梁谱元法总刚度矩阵
591    tk=sparse(tk);
592    d2(:,n)=(tk)\q(:,1);    % 铁摩辛柯梁位移导纳
593    v2(:,n)=eye*w*d2(:,n);  % 铁摩辛柯梁速度导纳
594    aa2(:,n)=-w^2*d2(:,n);  % 铁摩辛柯梁加速度导纳
595        if rem(n,100)==0
596         disp(n);
597        end
598    end
599    toc;
600    disp(['运行时间:',num2str(toc/60),'分钟']);
601    %% 输出加载点、距离加载点 5、10、15、20 米处钢轨位移导纳、速度导纳和加速度导纳
602    figure('numbertitle','on','name','钢轨加载点处位移导纳幅值')
603    plot(f,abs(d1(607,:)),'b--','LineWidth',1.5);hold on;
604    plot(f,abs(d2(607,:)),'r-','LineWidth',1.5);hold on;
605    box off;
606    set(gca,'Yscale','log');
607    set(gca,'Xscale','log');
608    set(gca,'Fontname', '宋体','FontSize',16,'LineWidth',1.5);
609    xlabel('频率/Hz','FontSize',20);
610    ylabel('位移导纳幅值/(m/N)','FontSize',20);
611    legend('欧拉梁','铁摩辛柯梁');
612    %
613    figure('numbertitle','on','name','钢轨距加载点 5 根轨枕处位移导纳幅值')
614    plot(f,abs(d1(547,:)),'b--','LineWidth',1.5);hold on;
615    plot(f,abs(d2(547,:)),'r-','LineWidth',1.5);hold on;
616    box off;
617    set(gca,'Yscale','log');
618    set(gca,'Xscale','log');
619    set(gca,'Fontname', '宋体','FontSize',16,'LineWidth',1.5);
620    xlabel('频率/Hz','FontSize',20);
621    ylabel('导纳幅值/(m/N)','FontSize',20);
622    legend('欧拉梁','铁摩辛柯梁');
623    %
```

```
624  figure('numbertitle','on','name','钢轨距加载点 10 根轨枕处位移导纳幅值')
625  plot(f,abs(d1(487,:)),'b--','LineWidth',1.5);hold on;
626  plot(f,abs(d2(487,:)),'r-','LineWidth',1.5);hold on;
627  box off;
628  set(gca,'Yscale','log');
629  set(gca,'Xscale','log');
630  set(gca,'Fontname','宋体','FontSize',16,'LineWidth',1.5);
631  xlabel('频率/Hz','FontSize',20);
632  ylabel('位移导纳幅值/(m/N)','FontSize',20);
633  legend('欧拉梁','铁摩辛柯梁');
634  %
635  figure('numbertitle','on','name','钢轨距加载点 15 根轨枕处位移导纳幅值')
636  plot(f,abs(d1(427,:)),'b--','LineWidth',1.5);hold on;
637  plot(f,abs(d2(427,:)),'r-','LineWidth',1.5);hold on;
638  box off;
639  set(gca,'Yscale','log');
640  set(gca,'Xscale','log');
641  set(gca,'Fontname','宋体','FontSize',16,'LineWidth',1.5);
642  xlabel('频率/Hz','FontSize',20);
643  ylabel('位移导纳幅值/(m/N)','FontSize',20);
644  legend('欧拉梁','铁摩辛柯梁');
645  %
646  figure('numbertitle','on','name','钢轨距加载点 20 根轨枕处位移导纳幅值')
647  plot(f,abs(d1(367,:)),'b--','LineWidth',1.5);hold on;
648  plot(f,abs(d2(367,:)),'r-','LineWidth',1.5);hold on;
649  box off;
650  set(gca,'Yscale','log');
651  set(gca,'Xscale','log');
652  set(gca,'Fontname','宋体','FontSize',16,'LineWidth',1.5);
653  xlabel('频率/Hz','FontSize',20);
654  ylabel('位移导纳幅值/(m/N)','FontSize',20);
655  legend('欧拉梁','铁摩辛柯梁');
656  %
657  figure('numbertitle','on','name','钢轨加载点处速度导纳幅值')
658  plot(f,abs(v1(607,:)),'b--','LineWidth',1.5);hold on;
```

```
659    plot(f,abs(v2(607,:)),'r-','LineWidth',1.5);hold on;
660    box off;
661    set(gca,'Yscale','log');
662    set(gca,'Xscale','log');
663    set(gca,'Fontname','宋体','FontSize',16,'LineWidth',1.5);
664    xlabel('频率/Hz','FontSize',20);
665    ylabel('速度导纳幅值/（m/(N*s)）','FontSize',20);
666    legend('欧拉梁','铁摩辛柯梁');
667    %
668    figure('numbertitle','on','name','钢轨距加载点5根轨枕处速度导纳幅值')
669    plot(f,abs(v1(547,:)),'b--','LineWidth',1.5);hold on;
670    plot(f,abs(v2(547,:)),'r-','LineWidth',1.5);hold on;
671    box off;
672    set(gca,'Yscale','log');
673    set(gca,'Xscale','log');
674    set(gca,'Fontname','宋体','FontSize',16,'LineWidth',1.5);
675    xlabel('频率/Hz','FontSize',20);
676    ylabel('速度导纳幅值/（m/(N*s)）','FontSize',20);
677    legend('欧拉梁','铁摩辛柯梁');
678    %
679    figure('numbertitle','on','name','钢轨距加载点10根轨枕处速度导纳幅值')
680    plot(f,abs(v1(487,:)),'b--','LineWidth',1.5);hold on;
681    plot(f,abs(v2(487,:)),'r-','LineWidth',1.5);hold on;
682    box off;
683    set(gca,'Yscale','log');
684    set(gca,'Xscale','log');
685    set(gca,'Fontname','宋体','FontSize',16,'LineWidth',1.5);
686    xlabel('频率/Hz','FontSize',20);
687    ylabel('速度导纳幅值/（m/(N*s)）','FontSize',20);
688    legend('欧拉梁','铁摩辛柯梁',2);
689    %
690    figure('numbertitle','on','name','钢轨距加载点15根轨枕处速度导纳幅值')
691    plot(f,abs(v1(427,:)),'b--','LineWidth',1.5);hold on;
692    plot(f,abs(v2(427,:)),'r-','LineWidth',1.5);hold on;
693    box off;
694    set(gca,'Yscale','log');
```

```
695  set(gca,'Xscale','log');
696  set(gca,'Fontname','宋体','FontSize',16,'LineWidth',1.5);
697  xlabel('频率/Hz','FontSize',20);
698  ylabel('速度导纳幅值/(m/(N*s))','FontSize',20);
699  legend('欧拉梁','铁摩辛柯梁',2);
700  %
701  figure('numbertitle','on','name','钢轨距加载点20根轨枕处速度导纳幅值')
702  plot(f,abs(v1(367,:)),'b--','LineWidth',1.5);hold on;
703  plot(f,abs(v2(367,:)),'r-','LineWidth',1.5);hold on;
704  box off;
705  set(gca,'Yscale','log');
706  set(gca,'Xscale','log');
707  set(gca,'Fontname','宋体','FontSize',16,'LineWidth',1.5);
708  xlabel('频率/Hz','FontSize',20);
709  ylabel('速度导纳幅值/(m/(N*s))','FontSize',20);
710  legend('欧拉梁','铁摩辛柯梁',2);
711  %
712  figure('numbertitle','on','name','钢轨加载点处加速度导纳幅值')
713  plot(f,abs(aa1(607,:)),'b--','LineWidth',1.5);hold on;
714  plot(f,abs(aa2(607,:)),'r-','LineWidth',1.5);hold on;
715  box off;
716  set(gca,'Yscale','log');
717  set(gca,'Xscale','log');
718  set(gca,'Fontname','宋体','FontSize',16,'LineWidth',1.5);
719  xlabel('频率/Hz','FontSize',20);
720  ylabel('加速度导纳幅值/(m/(N*s^2))','FontSize',20);
721  legend('欧拉梁','铁摩辛柯梁');
722  %
723  figure('numbertitle','on','name','钢轨距加载点5根轨枕处加速度导纳幅值')
724  plot(f,abs(aa1(547,:)),'b--','LineWidth',1.5);hold on;
725  plot(f,abs(aa2(547,:)),'r-','LineWidth',1.5);hold on;
726  box off;
727  set(gca,'Yscale','log');
728  set(gca,'Xscale','log');
729  set(gca,'Fontname','宋体','FontSize',16,'LineWidth',1.5);
730  xlabel('频率/Hz','FontSize',20);
```

```
731  ylabel('加速度导纳幅值/(m/(N*s^2))','FontSize',20);
732  legend('欧拉梁','铁摩辛柯梁');
733  %
734  figure('numbertitle','on','name','钢轨距加载点10根轨枕处加速度导纳幅值')
735  plot(f,abs(aa1(487,:)),'b--','LineWidth',1.5);hold on;
736  plot(f,abs(aa2(487,:)),'r-','LineWidth',1.5);hold on;
737  box off;
738  set(gca,'Yscale','log');
739  set(gca,'Xscale','log');
740  set(gca,'Fontname','宋体','FontSize',16,'LineWidth',1.5);
741  xlabel('频率/Hz','FontSize',20);
742  ylabel('加速度导纳幅值/(m/(N*s^2))','FontSize',20);
743  legend('欧拉梁','铁摩辛柯梁',2);
744  %
745  figure('numbertitle','on','name','钢轨距加载点15根轨枕处加速度导纳幅值')
746  plot(f,abs(aa1(427,:)),'b--','LineWidth',1.5);hold on;
747  plot(f,abs(aa2(427,:)),'r-','LineWidth',1.5);hold on;
748  box off;
749  set(gca,'Yscale','log');
750  set(gca,'Xscale','log');
751  set(gca,'Fontname','宋体','FontSize',16,'LineWidth',1.5);
752  xlabel('频率/Hz','FontSize',20);
753  ylabel('加速度导纳幅值/(m/(N*s^2))','FontSize',20);
754  legend('欧拉梁','铁摩辛柯梁',2);
755  %
756  figure('numbertitle','on','name','钢轨距加载点20根轨枕处加速度导纳幅值')
757  plot(f,abs(aa1(367,:)),'b--','LineWidth',1.5);hold on;
758  plot(f,abs(aa2(367,:)),'r-','LineWidth',1.5);hold on;
759  box off;
760  set(gca,'Yscale','log');
761  set(gca,'Xscale','log');
762  set(gca,'Fontname','宋体','FontSize',16,'LineWidth',1.5);
763  xlabel('频率/Hz','FontSize',20);
764  ylabel('加速度导纳幅值/(m/(N*s^2))','FontSize',20);
765  legend('欧拉梁','铁摩辛柯梁',2);
766  %% End
```

彩　　图

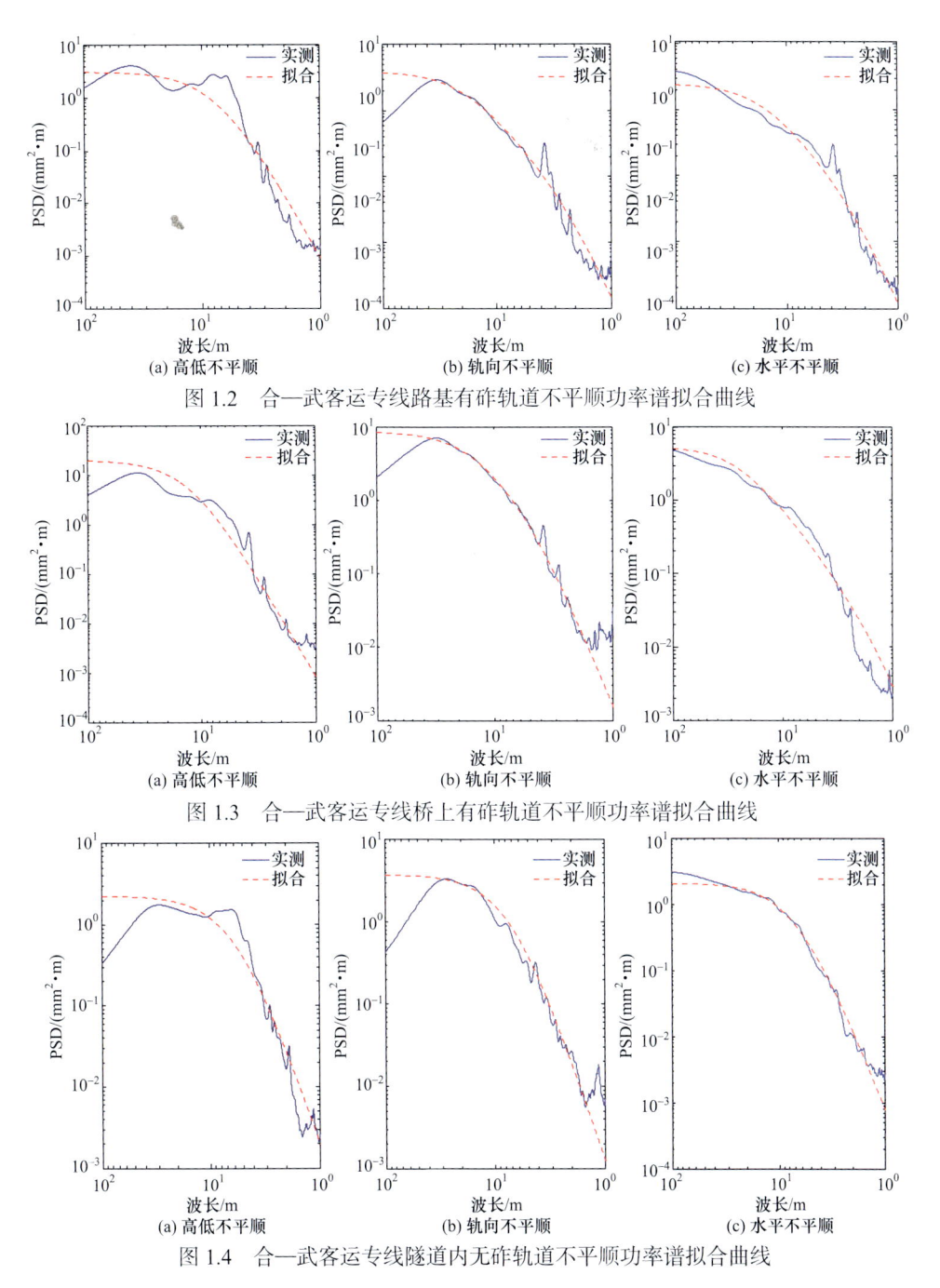

图 1.2　合—武客运专线路基有砟轨道不平顺功率谱拟合曲线

图 1.3　合—武客运专线桥上有砟轨道不平顺功率谱拟合曲线

图 1.4　合—武客运专线隧道内无砟轨道不平顺功率谱拟合曲线

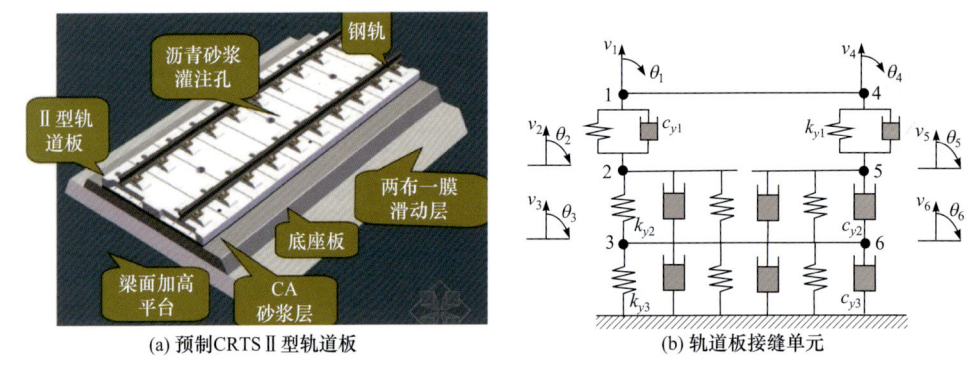

图 3.6 考虑轨道板接缝的板式轨道单元模型

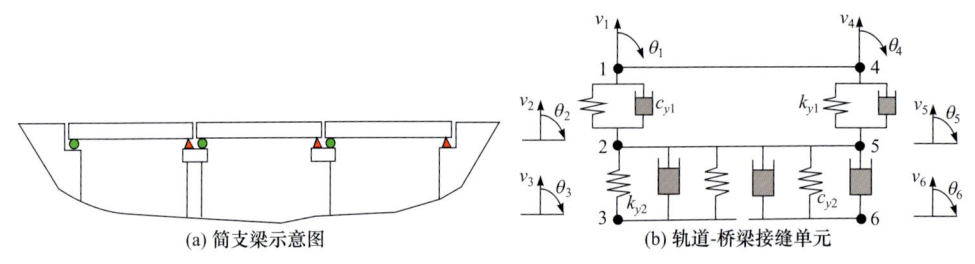

图 3.8 考虑梁端接缝的板式轨道-桥梁单元模型

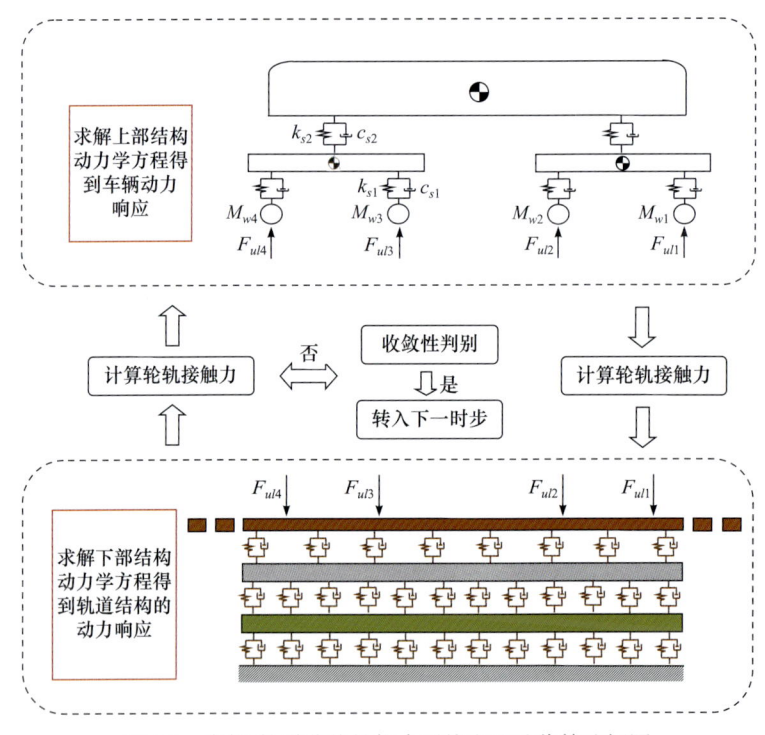

图 5.3 车辆-轨道非线性耦合系统交叉迭代算法框图

图 5.4 车辆-轨道非线性耦合系统动力有限元模型

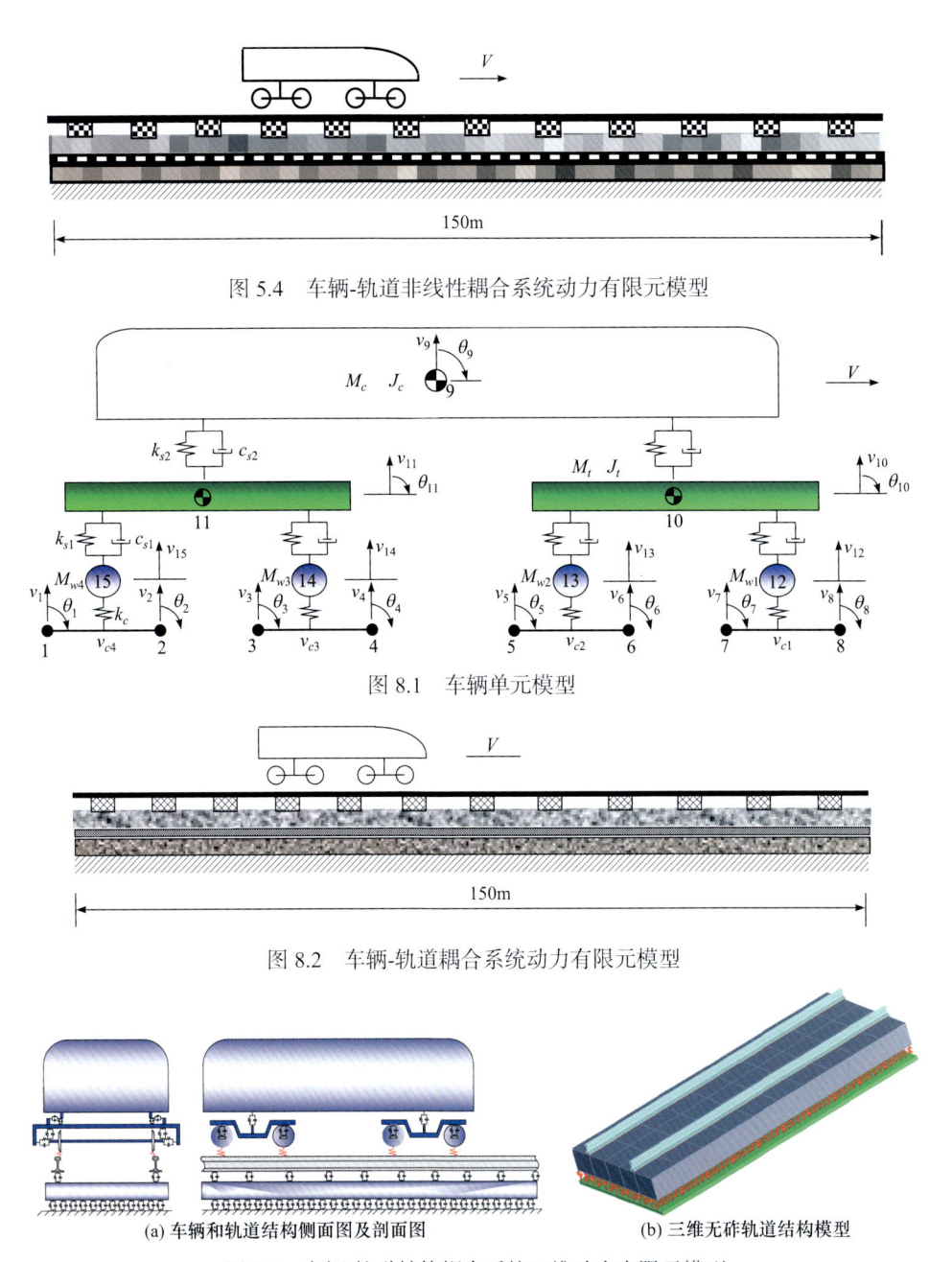

图 8.1 车辆单元模型

图 8.2 车辆-轨道耦合系统动力有限元模型

(a) 车辆和轨道结构侧面图及剖面图　　(b) 三维无砟轨道结构模型

图 9.1 车辆-轨道结构耦合系统三维动力有限元模型

图 9.8 普通土对应的钢轨位移柔度幅值

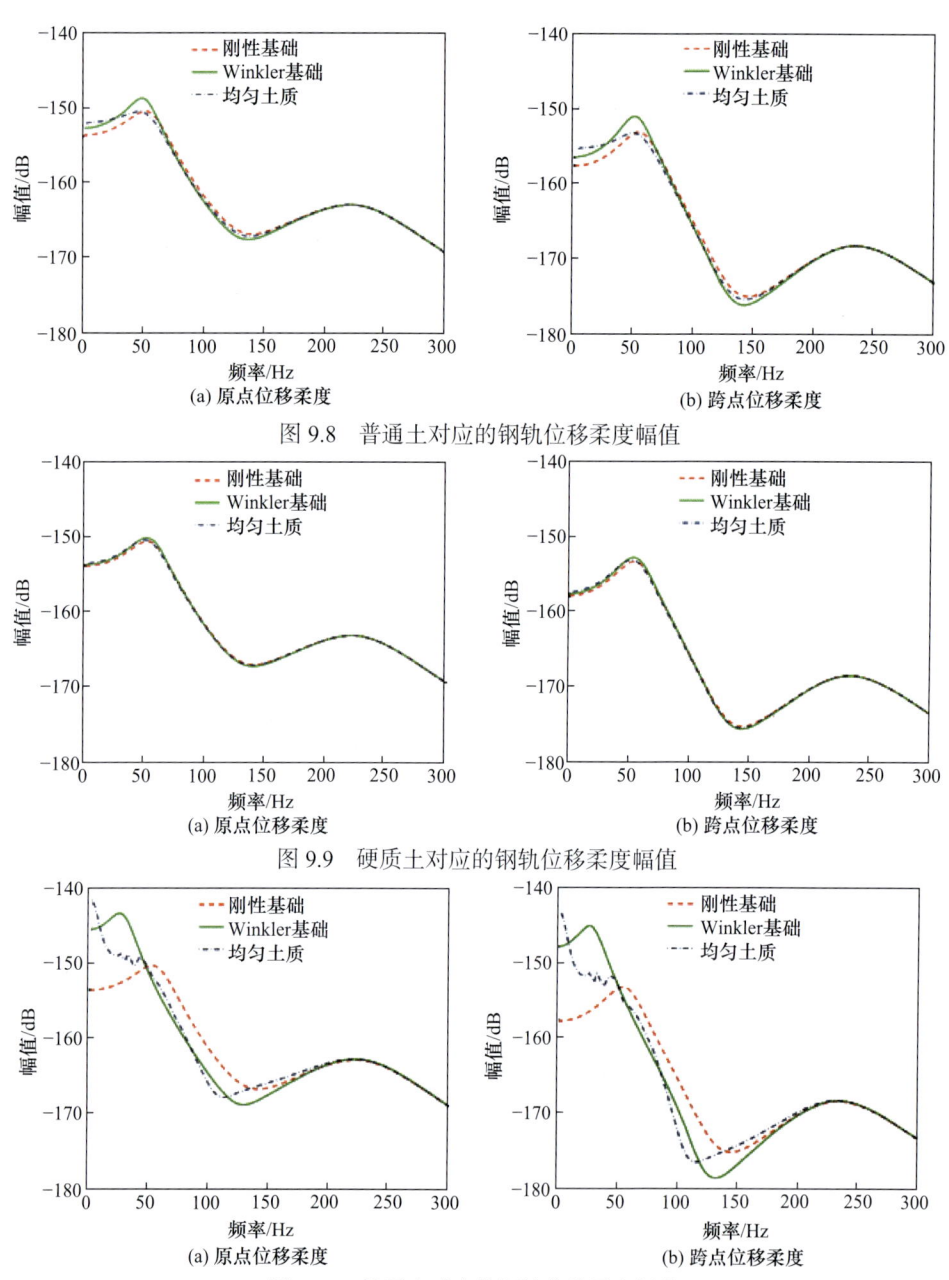

图 9.9 硬质土对应的钢轨位移柔度幅值

图 9.10 软质土对应的钢轨位移柔度幅值

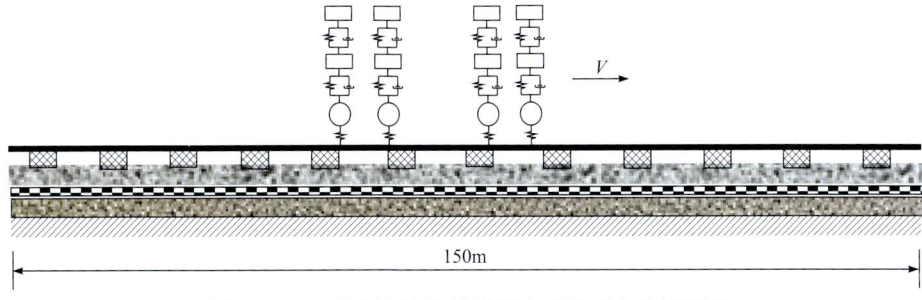

图 9.11　二系动轮单元-轨道耦合系统动力分析模型

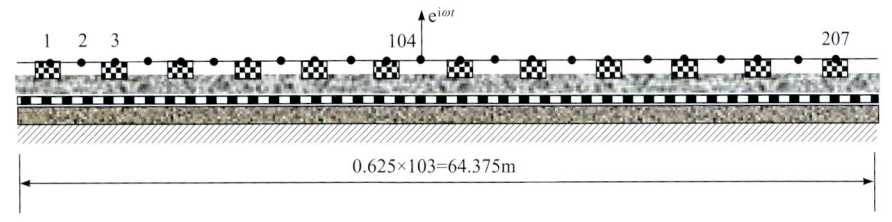

图 10.6　无砟轨道结构中高频振动分析模型

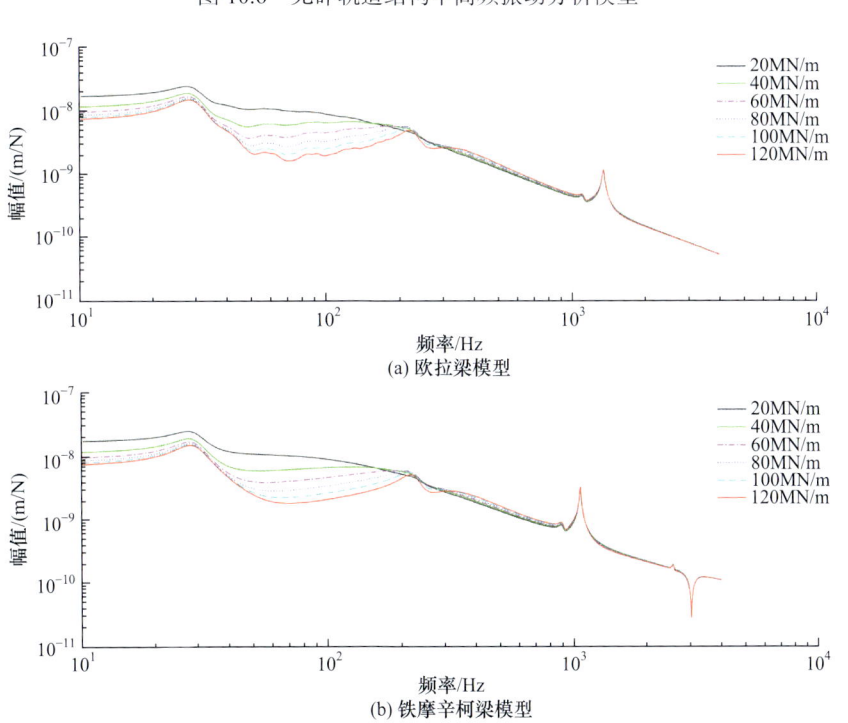

(a) 欧拉梁模型

(b) 铁摩辛柯梁模型

图 10.22　加载点钢轨垂向振动位移导纳幅值

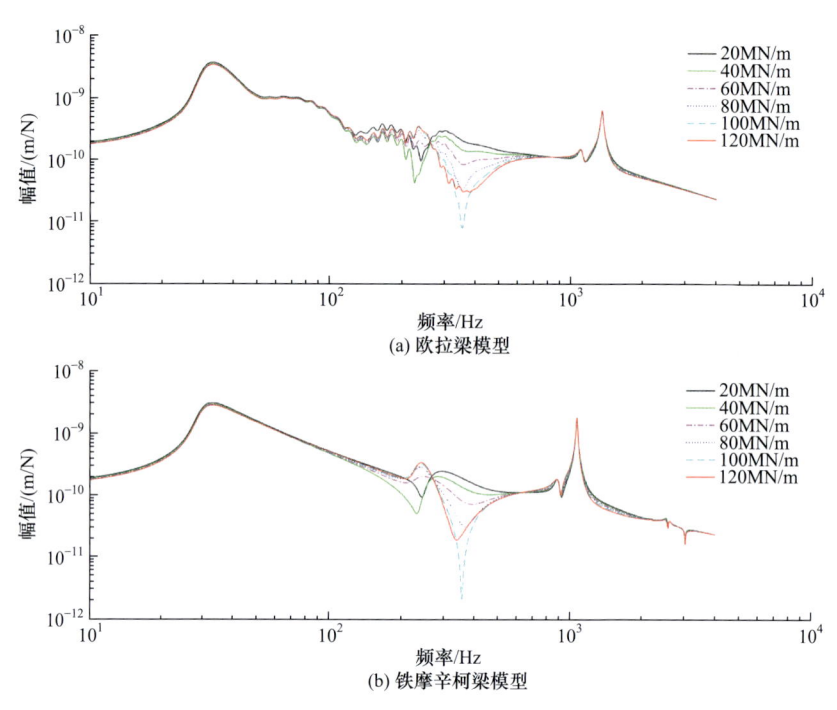

图 10.23 距加载点 10 根轨枕间距处钢轨垂向振动位移导纳幅值

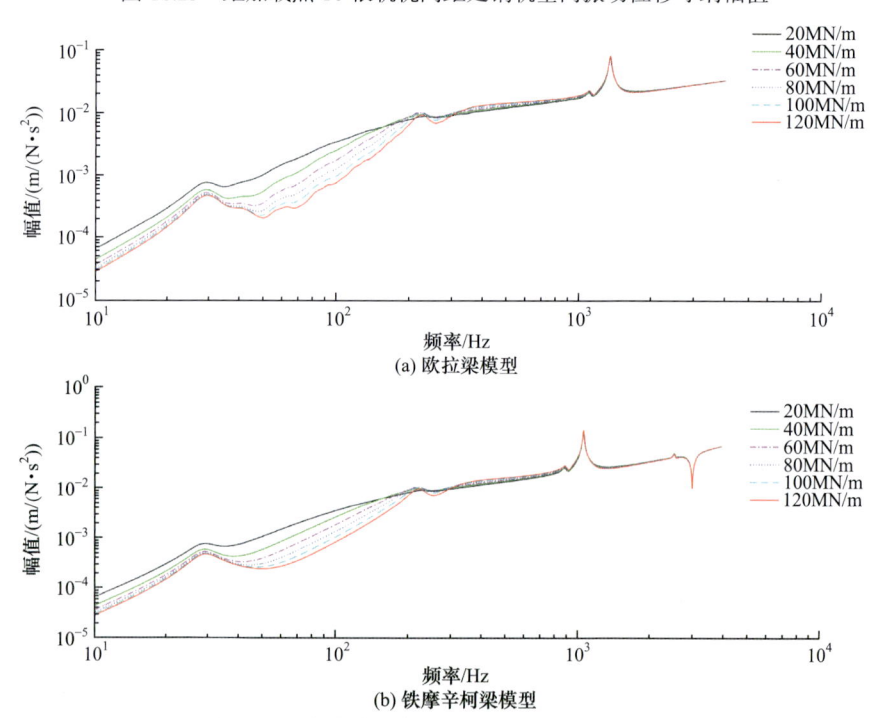

图 10.24 加载点钢轨垂向振动加速度导纳幅值

图 10.25 距加载点 10 根轨枕间距处钢轨垂向振动加速度导纳幅值

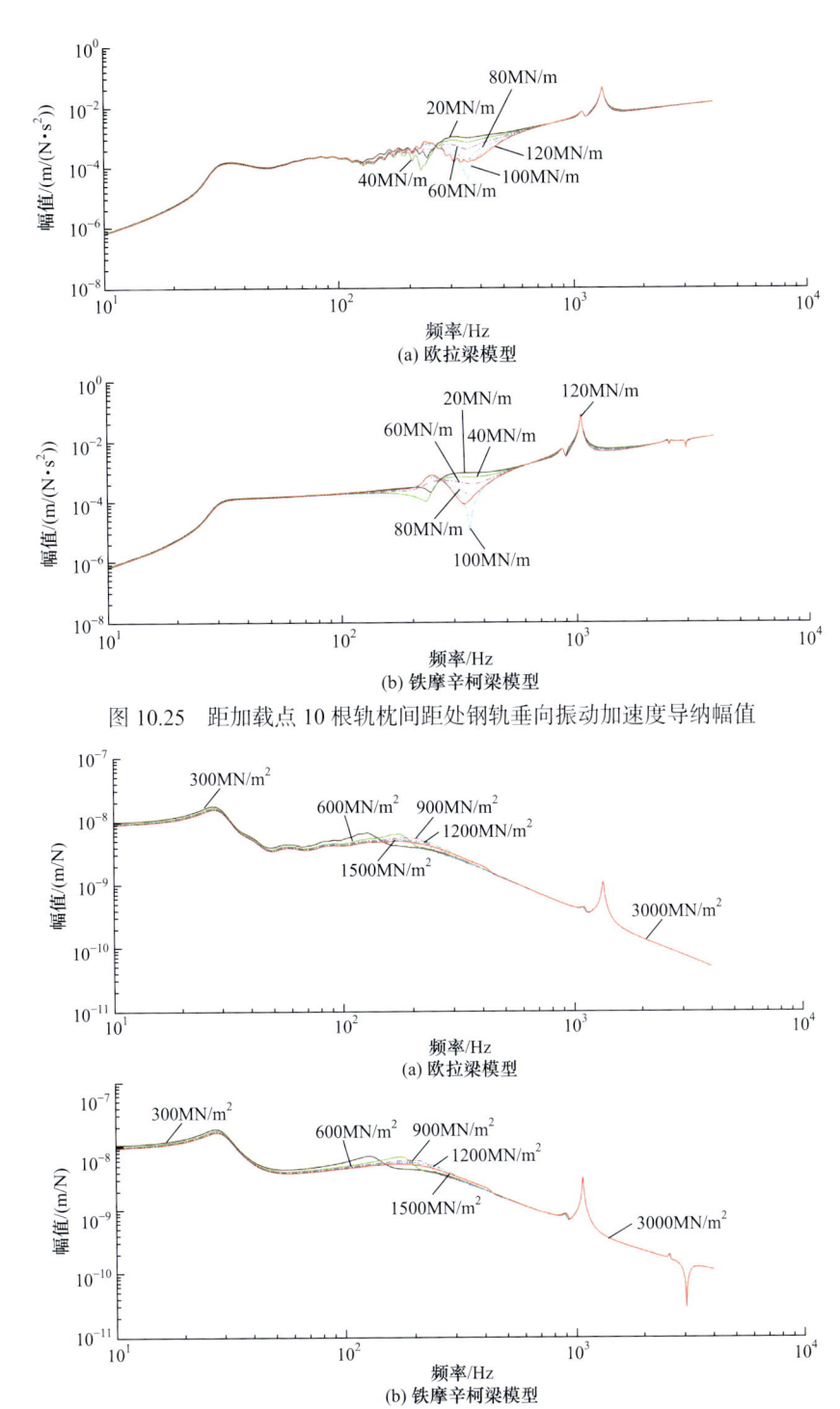

图 10.26 加载点钢轨垂向振动位移导纳幅值

(a) 欧拉梁模型

(b) 铁摩辛柯梁模型

图 10.27 距加载点 10 根轨枕间距处钢轨垂向振动位移导纳幅值

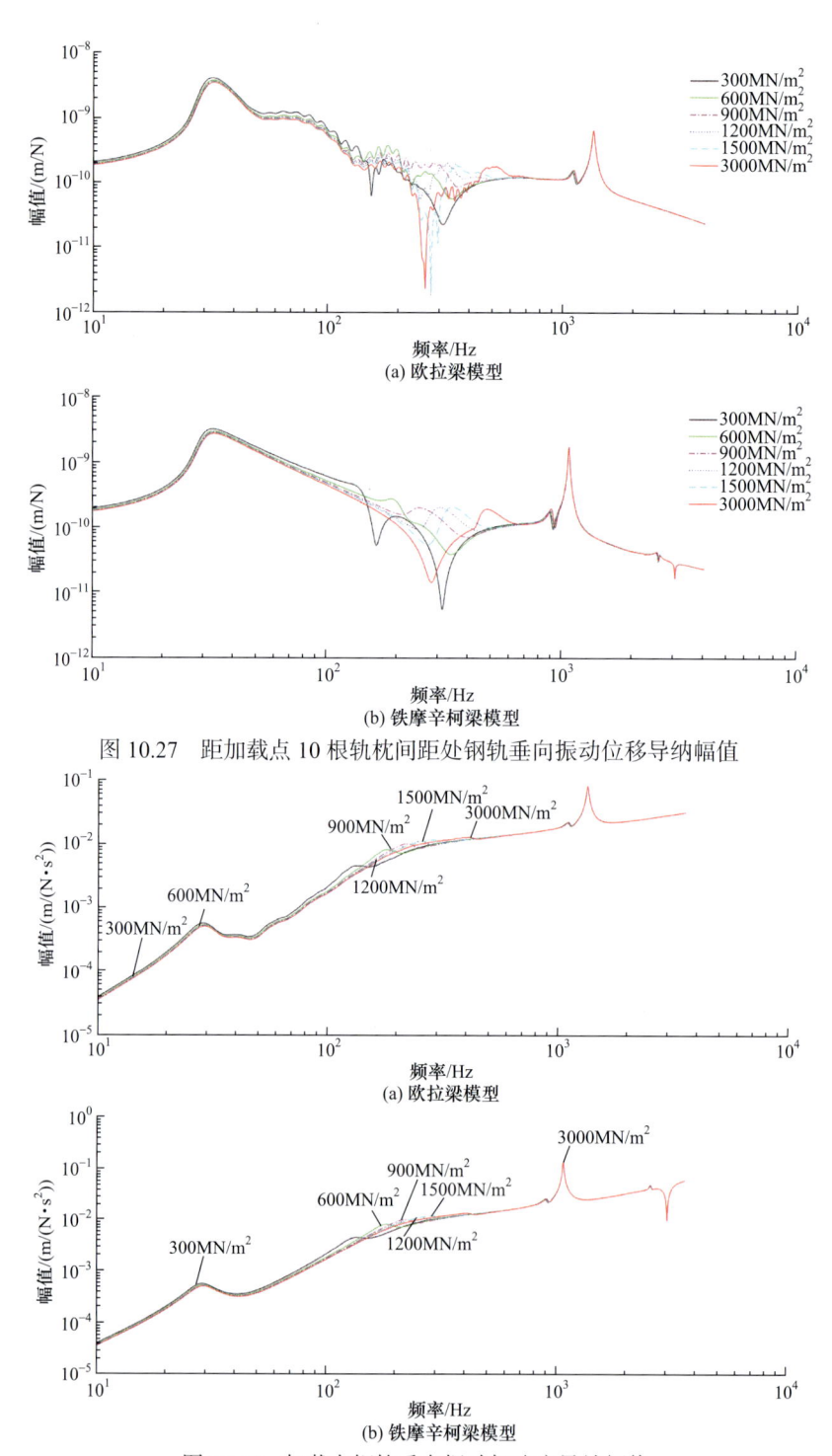

(a) 欧拉梁模型

(b) 铁摩辛柯梁模型

图 10.28 加载点钢轨垂向振动加速度导纳幅值

图 10.29 距加载点 10 根轨枕间距处钢轨垂向振动加速度导纳幅值

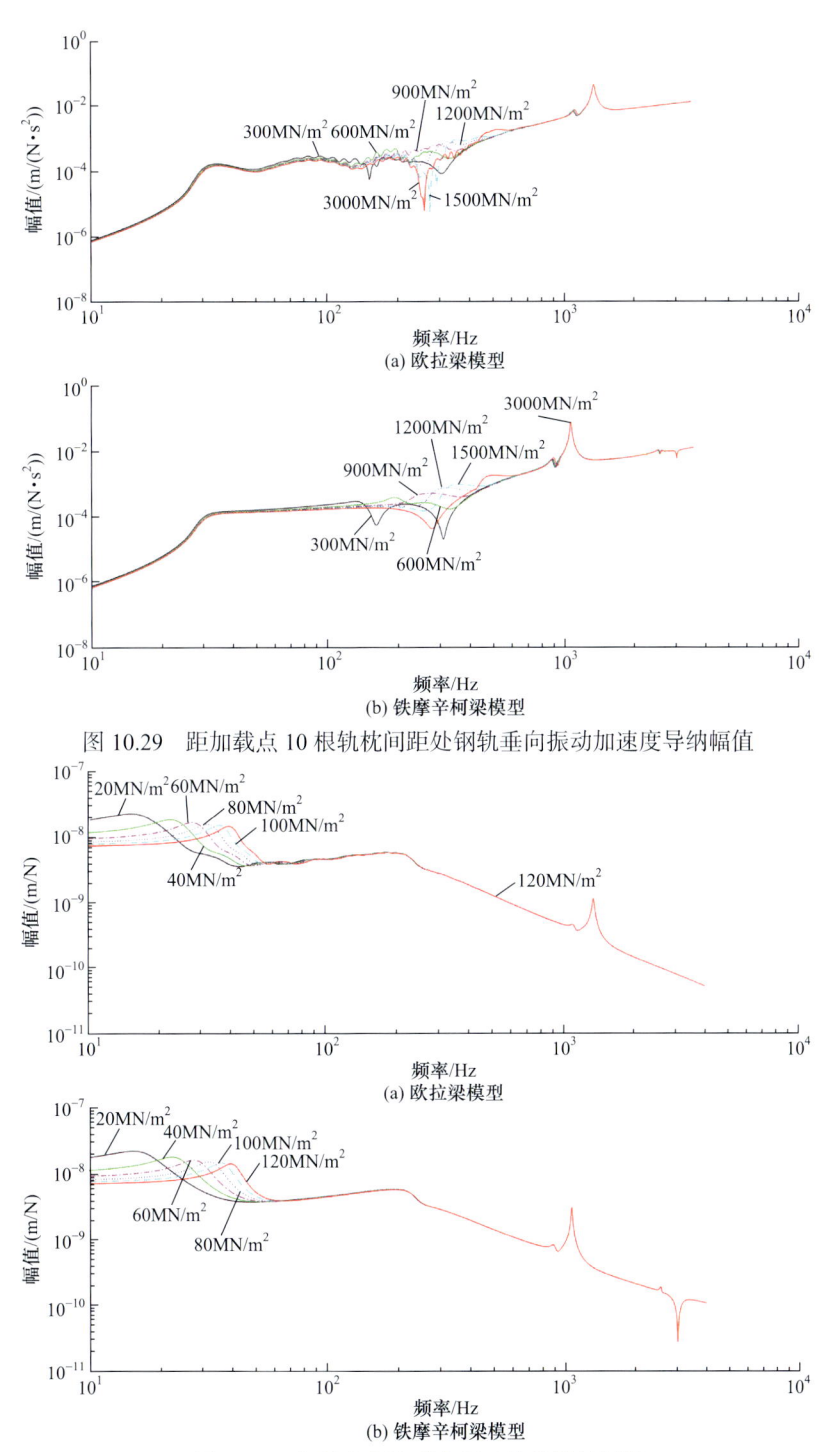

图 10.30 加载点钢轨垂向振动位移导纳幅值

图 10.31 距加载点 10 根轨枕间距处钢轨垂向振动位移导纳幅值

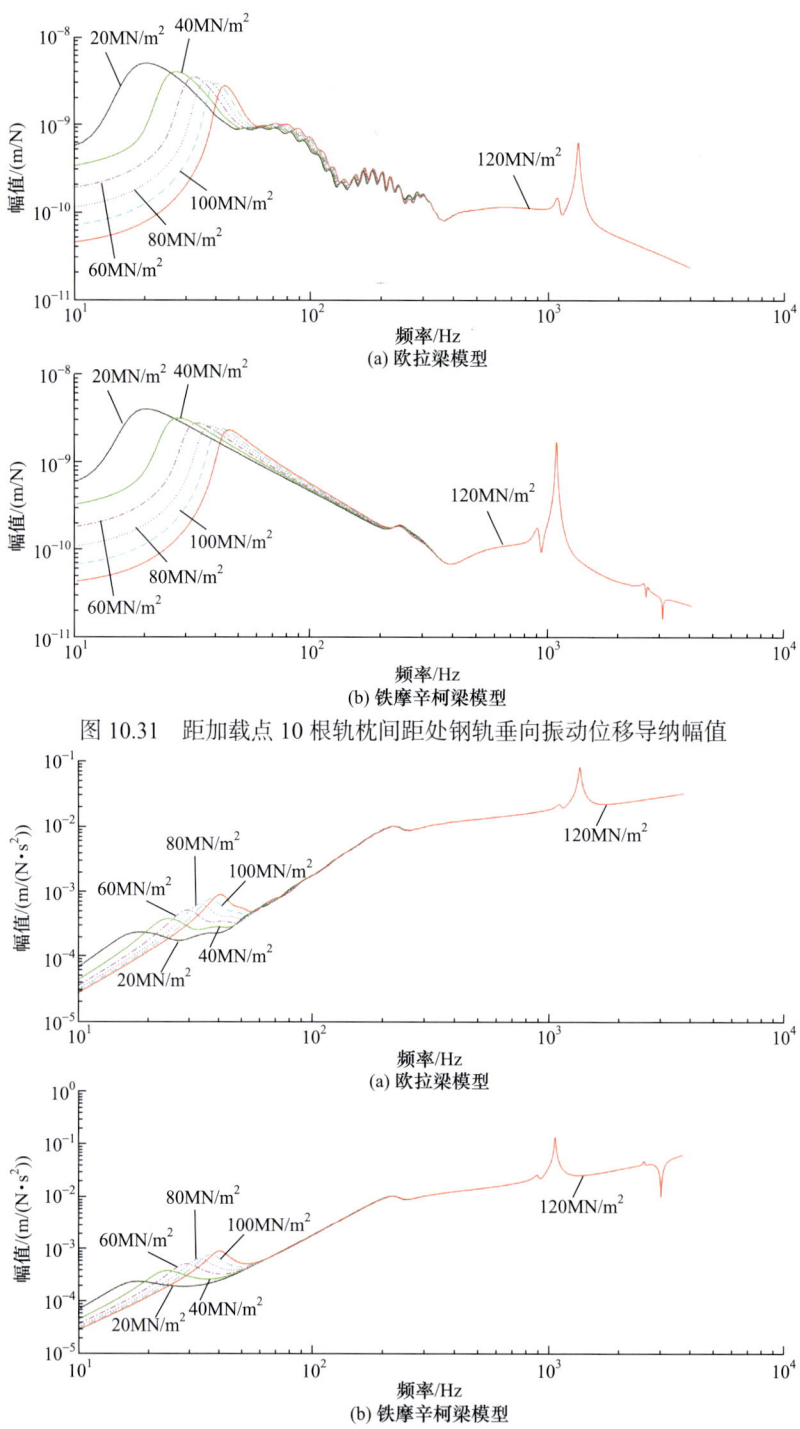

图 10.32 加载点钢轨垂向振动加速度导纳幅值

图 10.33 距加载点 10 根轨枕间距处钢轨垂向振动加速度导纳幅值

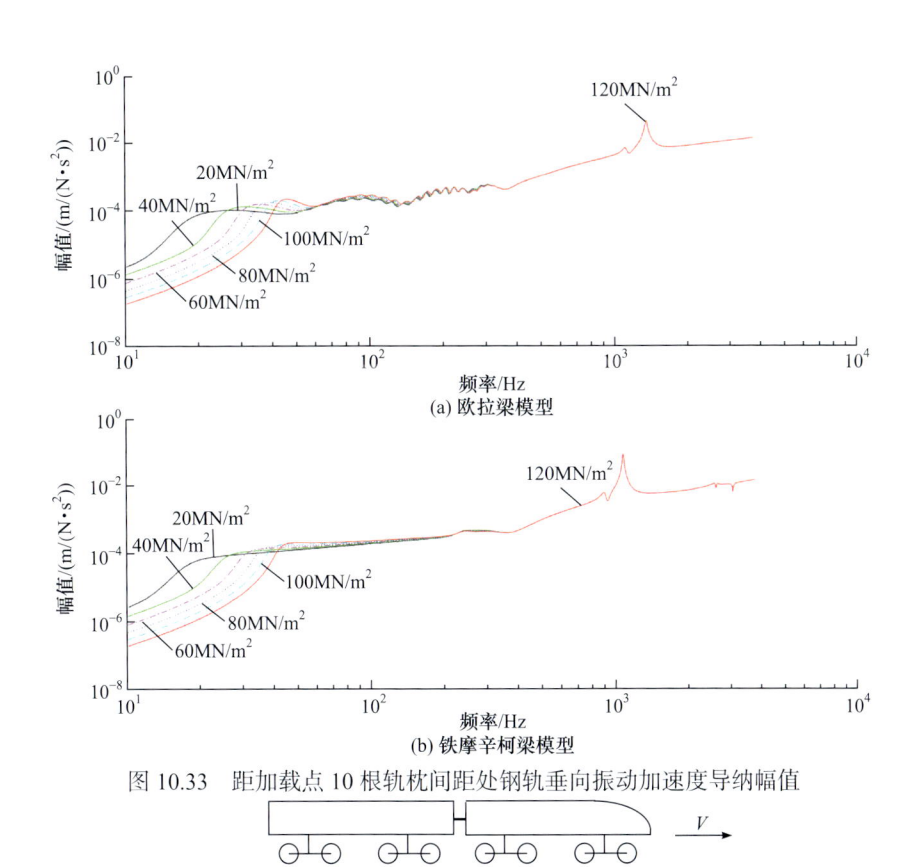

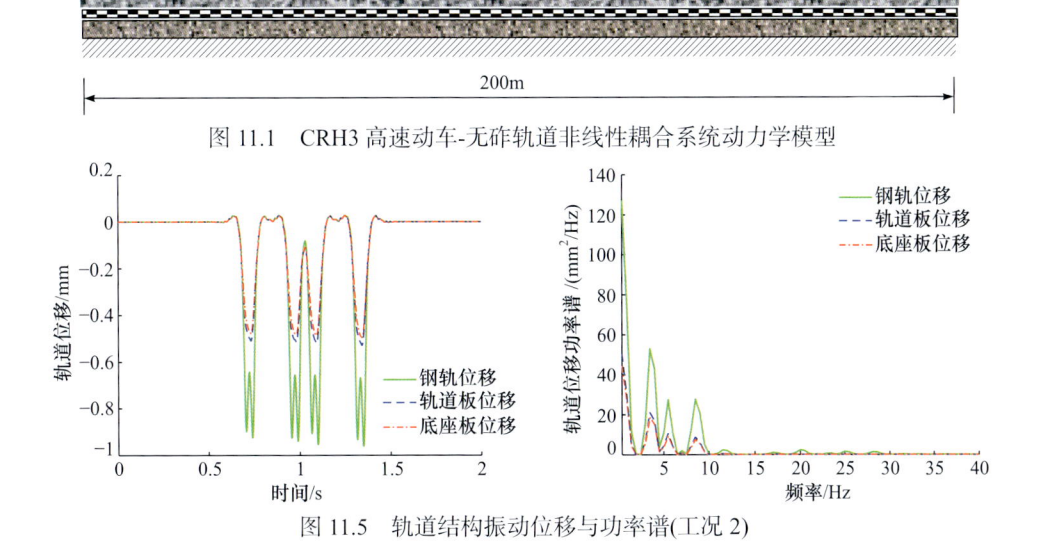

图 11.1 CRH3 高速动车-无砟轨道非线性耦合系统动力学模型

图 11.5 轨道结构振动位移与功率谱(工况 2)

图 11.8　轨道振动位移与功率谱(工况 3)

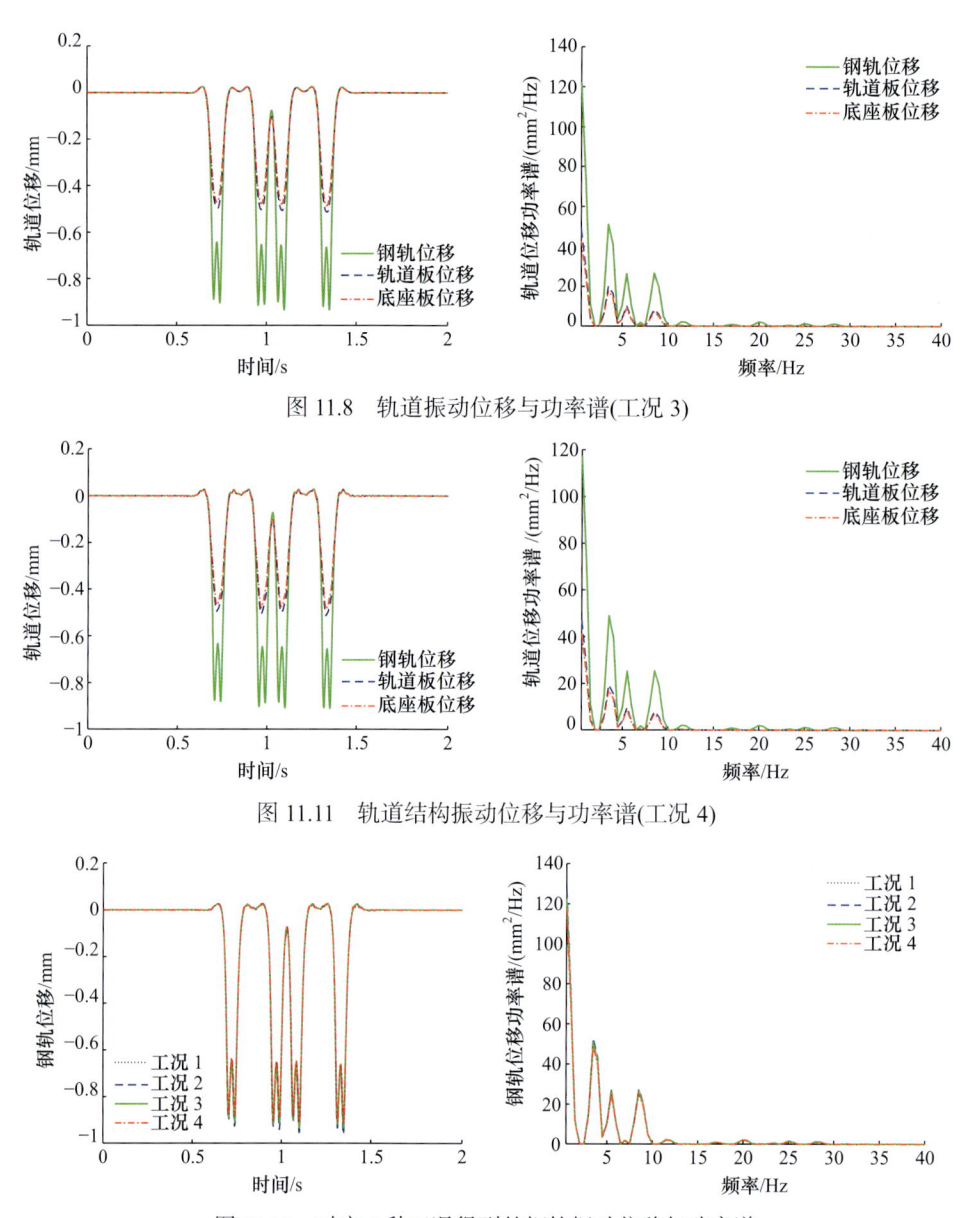

图 11.11　轨道结构振动位移与功率谱(工况 4)

图 11.13　对应 4 种工况得到的钢轨振动位移与功率谱

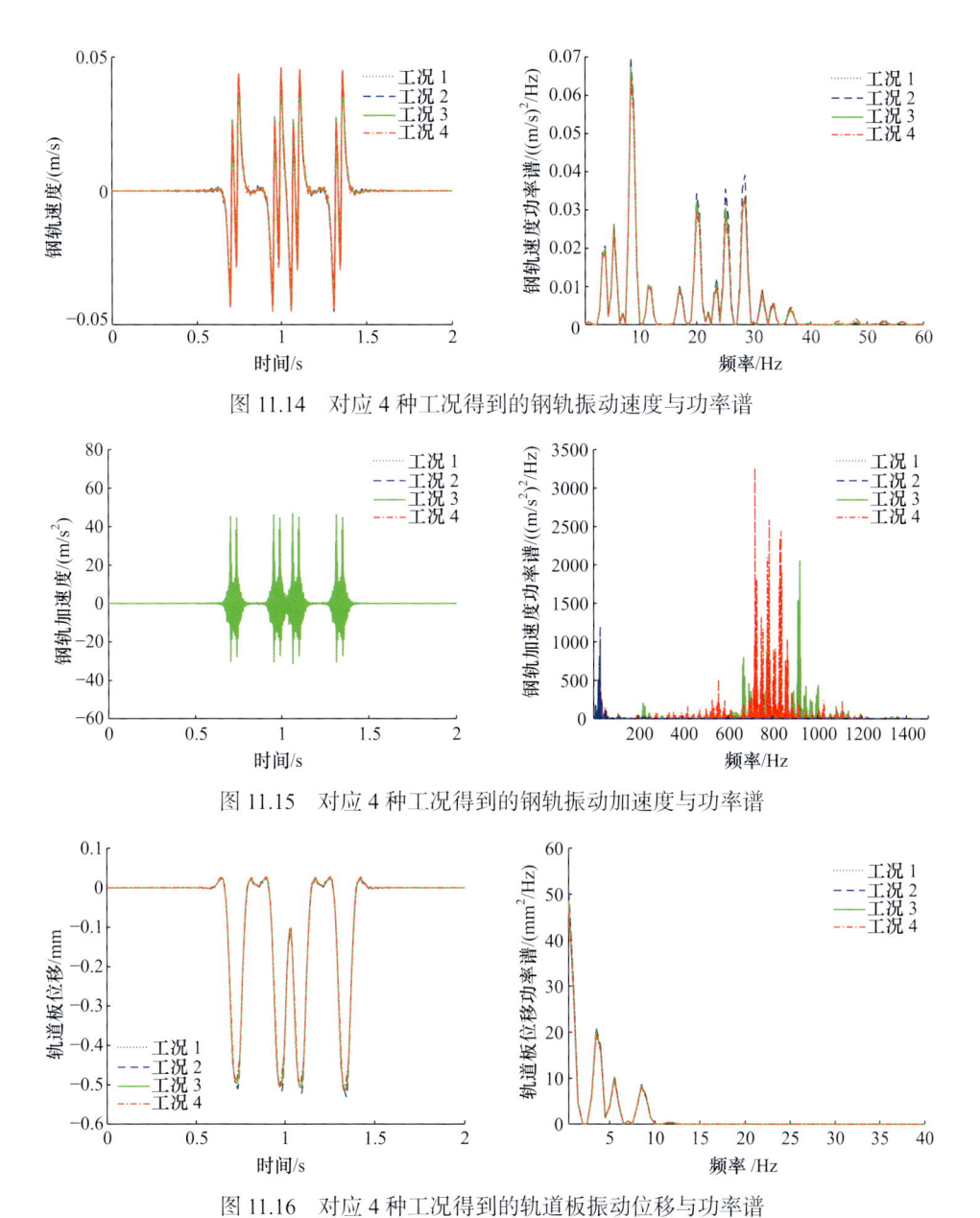

图 11.14　对应 4 种工况得到的钢轨振动速度与功率谱

图 11.15　对应 4 种工况得到的钢轨振动加速度与功率谱

图 11.16　对应 4 种工况得到的轨道板振动位移与功率谱

图 11.17 对应 4 种工况得到的轨道板振动速度与功率谱

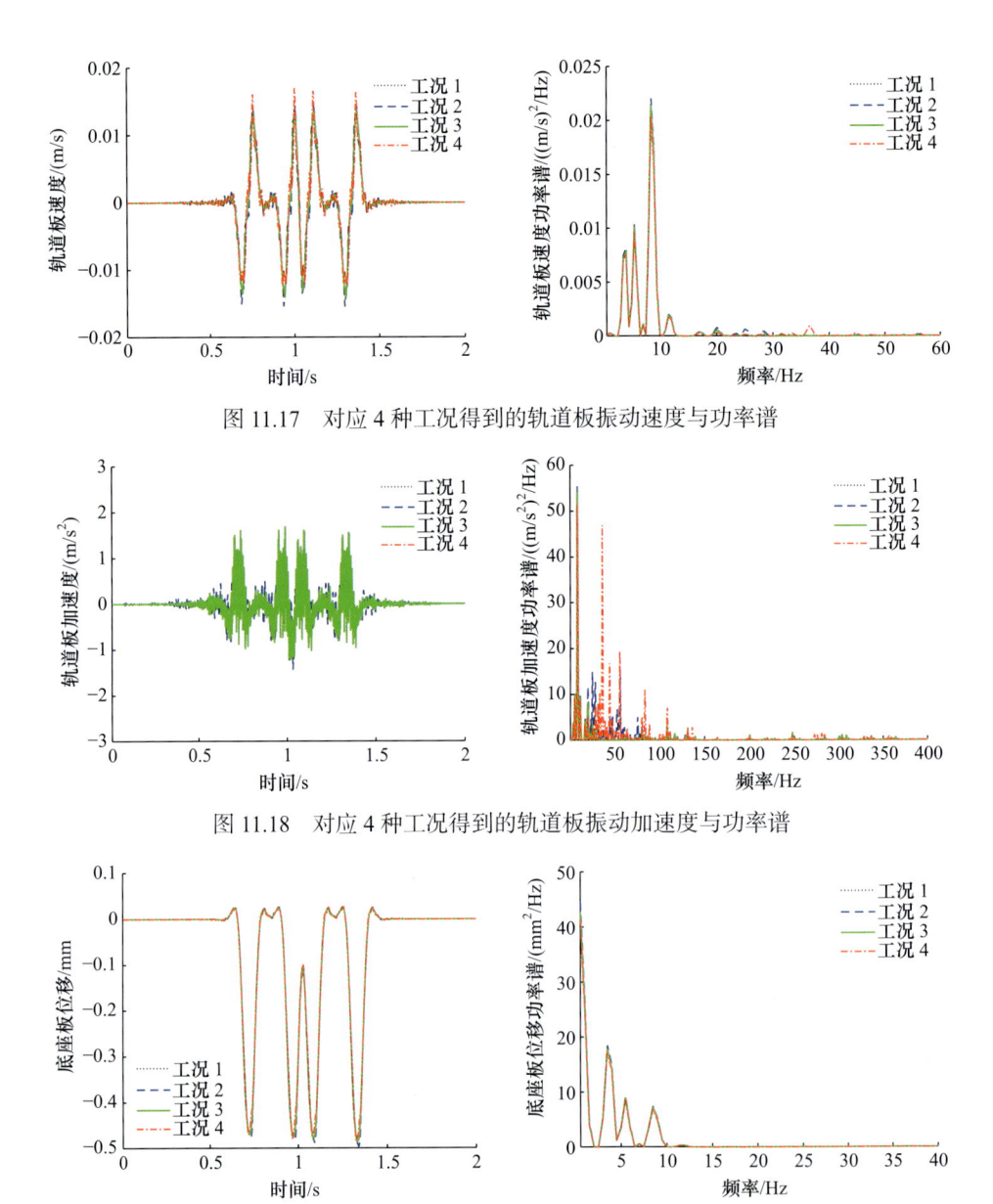

图 11.18 对应 4 种工况得到的轨道板振动加速度与功率谱

图 11.19 对应 4 种工况得到的底座板振动位移与功率谱

图 11.20 对应 4 种工况得到的底座板振动速度与功率谱

图 11.21 对应 4 种工况得到的底座板振动加速度与功率谱

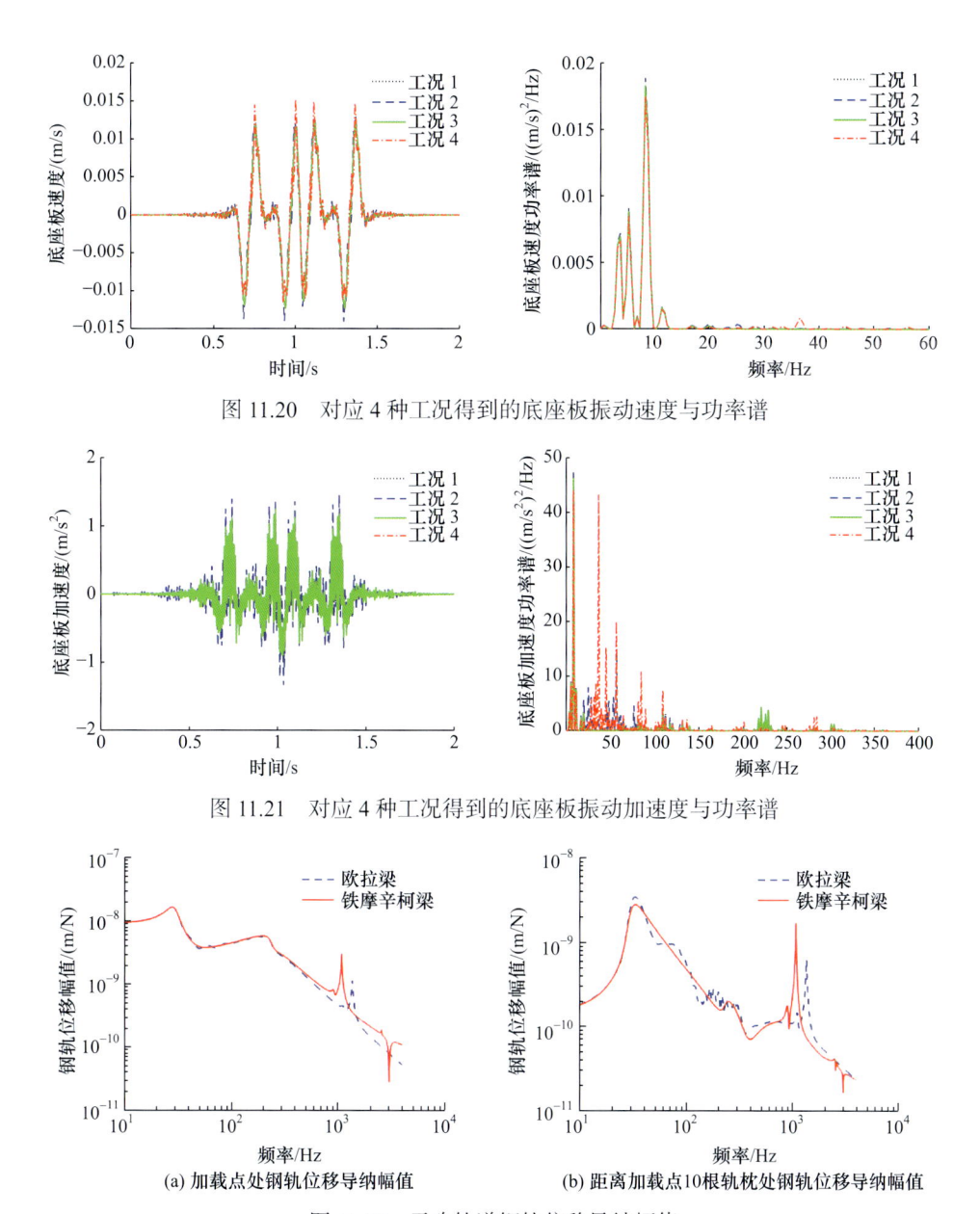

(a) 加载点处钢轨位移导纳幅值

(b) 距离加载点10根轨枕处钢轨位移导纳幅值

图 11.38 无砟轨道钢轨位移导纳幅值

(a) 加载点处钢轨速度导纳幅值   (b) 距离加载点10根轨枕处钢轨速度导纳幅值

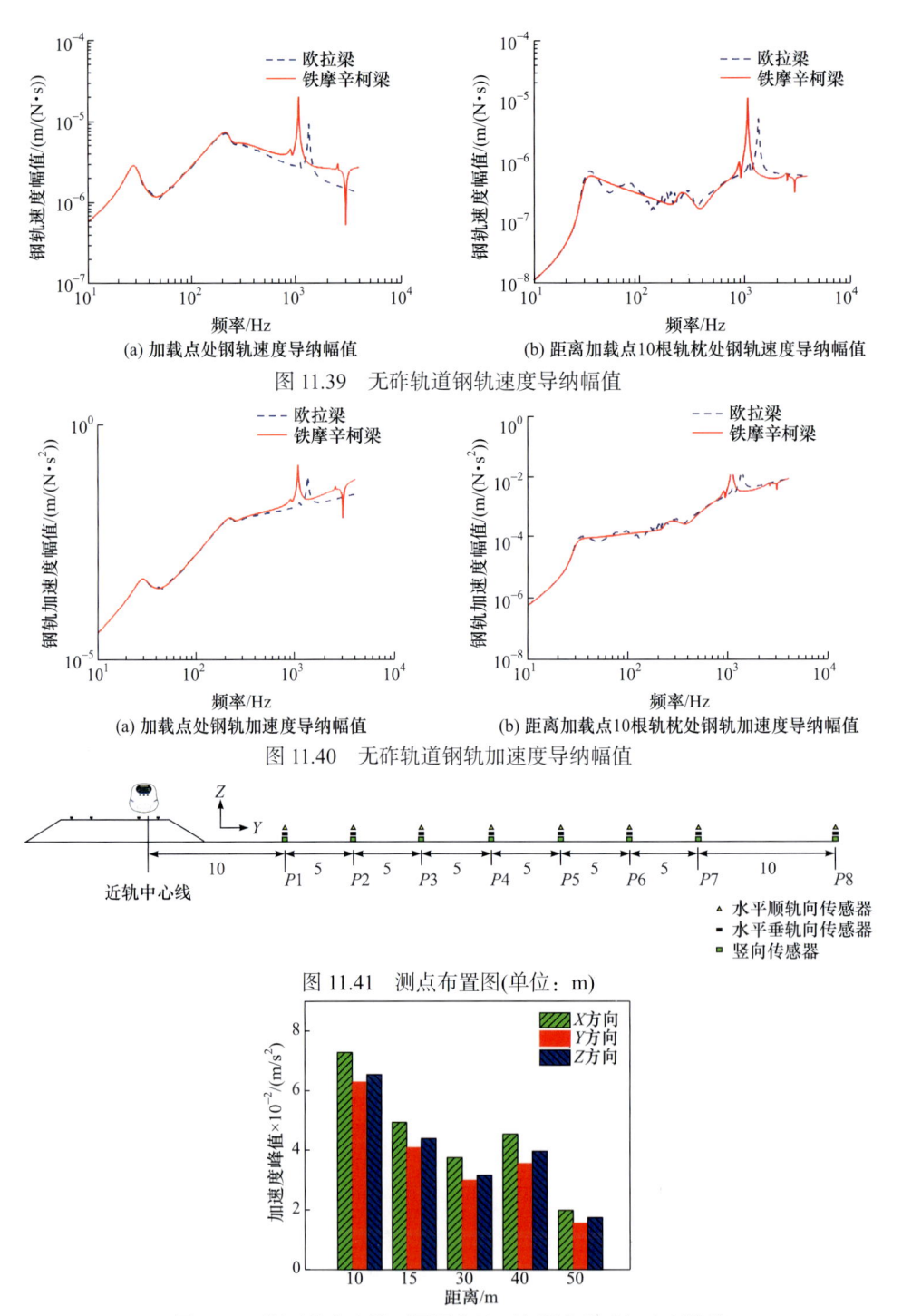

图 11.39　无砟轨道钢轨速度导纳幅值

(a) 加载点处钢轨加速度导纳幅值   (b) 距离加载点10根轨枕处钢轨加速度导纳幅值

图 11.40　无砟轨道钢轨加速度导纳幅值

图 11.41　测点布置图(单位：m)

图 11.42　距近轨中心线不同距离地面各测点振动加速度峰值